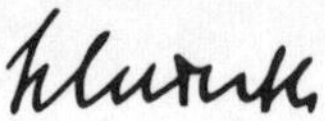

WOLFGANG
SCHÄUBLE

# ERINNERUNGEN

## Mein Leben in der Politik

Mitarbeit
HILMAR SACK UND JENS HACKE

KLETT-COTTA

MIX
Papier | Fördert gute Waldnutzung
FSC® C083411
www.fsc.org

Klett-Cotta
www.klett-cotta.de
J. G. Cotta'sche Buchhandlung Nachfolger GmbH
Rotebühlstraße 77, 70178 Stuttgart
Fragen zur Produktsicherheit: produktsicherheit@klett-cotta.de

Dieses Werk wurde vermittelt durch die Literarische Agentur Gaeb & Eggers

Cover: Rothfos & Gabler, Hamburg
unter Verwendung einer Abbildung von © Steffen Roth
Gesetzt von Dörlemann Satz, Lemförde
Gedruckt und gebunden von CPI – Clausen & Bosse, Leck
ISBN 978-3-608-98844-4
E-Book ISBN 978-3-608-12329-6

Bibliografische Information der Deutschen Nationalbibliothek
Die Deutsche Nationalbibliothek verzeichnet diese Publikation in der
Deutschen Nationalbibliografie; detaillierte bibliografische Daten
sind im Internet über http://dnb.d-nb.de abrufbar.

# INHALT

## ANHANG

# ÜBER KREISE, DIE SICH SCHLIESSEN – EIN VORWORT

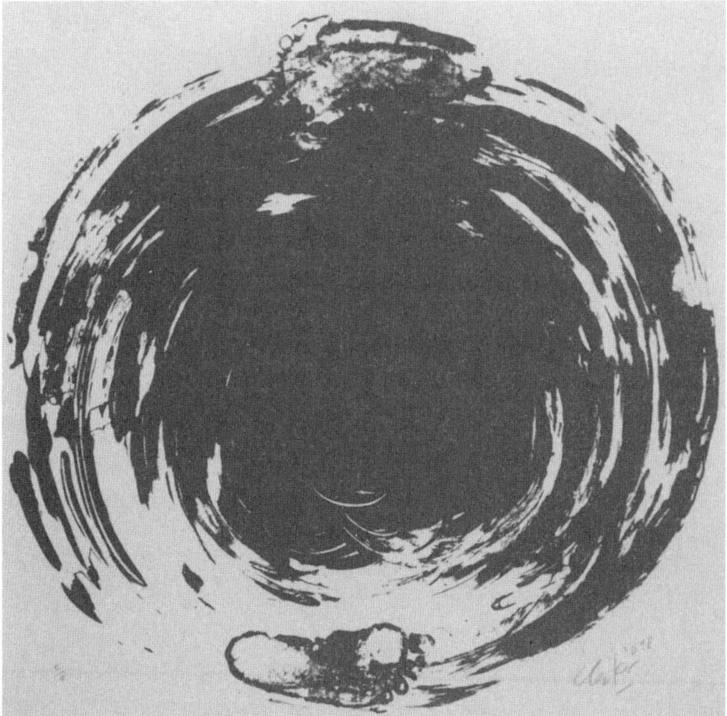

◂ Das Gemälde aus der Serie *Ouroboros – Im Kreise gehen* hing in Wolfgang Schäubles letztem Bundestagsbüro.

OPTIMISMUS IST PFLICHT.

*Karl Popper*

Während ich an diesen Vorbemerkungen schreibe, blicke ich von meinem Schreibtisch auf Günther Ueckers Kunstwerk aus beigem Wüstensand – allerdings nicht wegen der für mein Alter passenden Metapher von der Zeit, die einem wie Sand durch die Finger rinnt. Wissenschaftler haben vielmehr herausgefunden, dass Menschen ungewollt irgendwann im Kreis laufen. Anfang und Ende: Dazwischen liegt nicht zwingend eine lineare Strecke. Umwege erkennen wir im Nachhinein besser, Abwege oft zu spät. Und manchmal kehrt man eben an seine Anfänge zurück. Dann schließt sich ein Kreis. Meine Kreise werden kleiner: Das ist eine Erfahrung, die ich derzeit mache, ein Empfinden, das Ueckers Bild in mir weckt – und das mir einen Anstoß dazu gab, dieses Buch zu schreiben.

Mit dem Wahlausgang im September 2021 habe ich als »einfacher« Abgeordneter erneut das Bundestagsbüro bezogen, in dem ich vor über zwei Jahrzehnten als Oppositionsführer neben kurzen Höhenflügen persönlich die bittersten Stunden meiner politischen Karriere erlebte. Ich habe sogar im Plenum des Bundestags wieder dort Platz genommen, wo ich vor über fünfzig Jahren meine parlamentarische Karriere begonnen habe: auf den Hinterbänken. Von dort schaue ich auf die zuletzt viel zu zahlreich gewordenen Abgeordnetenreihen vor mir, auf die Kolleginnen und Kollegen, bei denen ich häufig den Eindruck habe, sie könnten nicht mehr nur meine Kinder, sondern längst meine Enkel sein.

So muss es Ludwig Erhard ergangen sein, als ich 1972 mit gerade dreißig Jahren das erste Mal in den Bundestag gewählt wurde – wenn er den badischen Jungspund überhaupt wahrgenommen hat. Erhard gehörte zu denen, die noch im 19. Jahrhundert geboren waren, im Kaiserreich. Für mich damals ferne Geschichte. Heute sind die jungen Abgeordneten nach dem Fall der Berliner Mauer geboren, die jüngste sogar zwei Jahre nach der Abwahl Helmut Kohls, und ich vermute, dass ihnen meine Erfahrungen einer Kindheit in der Nachkriegszeit und das Aufwachsen in einer Welt des Kalten Krieges ähnlich weit entfernt erscheinen müssen. Und mir selbst? Was verbindet mich noch mit dem jungen Mann, der ausgerechnet im retrospektiv so wild erscheinenden »Achtundsechzig« seine parteipolitische Karriere in der badischen CDU begann? Es gibt Prägungen, die einen ein Leben lang begleiten, davon wird in diesem Buch noch zu reden sein.

Aber trennt uns denn eigentlich wirklich so viel von früher? Vergleicht man die beengte Lebenswelt meiner Nachkriegsjugend im Schwarzwald mit der globalisierten Mobilität, mit der die junge Generation heute aufwächst: Wer wollte es bestreiten? Auch im Parlament sehe ich die veränderten Lebensstile. Da, wo ich noch das Bild vom sitzungsleitenden Präsidenten im bundestagseigenen formellen Cut vor Augen habe, geht es heute ungezwungener zu, mitunter reichlich unkonventionell. Vor allem sehe ich bedeutend mehr weibliche Abgeordnete als 1972, selbst wenn es noch immer zu wenige sind. Und wo im Plenumsbetrieb früher das Gespräch mit dem Sitznachbarn oder die Zeitungslektüre über zähe Momente hinweghalf, ist heute das Handy nicht mehr wegzudenken. Angela Merkel machte es als Kanzlerin zum zentralen Medium ihrer Kommunikation – und auch meine Freude am Sudoku-Spiel ließ sich so nicht lange vor der neugierigen Öffentlichkeit verbergen.

Und doch: Selbst wer sich aus den Volksvertretungen des 19. Jahrhunderts in den Bundestag verirren würde, müsste nicht zwangsläufig die Regeln des Parlamentarismus neu erlernen. Den Schlagabtausch zwischen Regierung und Opposition, das Prinzip von Rede und Gegenrede, die Entscheidung durch die Mehrheit – das alles würde er wiedererkennen. Dass er sich allerdings bei einem Wortbeitrag etwa über komplizierte steuerrechtliche Probleme auf zwei bis drei Minuten Redezeit beschränken müsste, würde ihn schon irritieren. Die dreiviertel Stunde, die ich noch in einer meiner ersten Reden als junger Parlamentarier eingeräumt bekam, erreichen manche Abgeordnete heute in der ganzen Legislaturperiode nicht. Das muss kein Schaden sein.

Zu den aufwühlenden Erfahrungen meiner Arbeit an diesem Buch gehört, dass während ich daran schrieb, längst vergangen Geglaubtes wieder auf die Vorderbühne der Politik drängte. Wie die meisten hätte ich doch im Leben nicht geglaubt, dass Krieg mitten in Europa wieder bittere Realität werden könnte. Dass Grenzen noch einmal gewaltsam verschoben würden und dass sich zwischen dem Westen und Russland erneut ein Vorhang senkt, der ganz plötzlich den Kalten Krieg zum Bezugspunkt unserer Analysen werden lässt. Aufs Neue stellen sich sicherheits- und verteidigungspolitische Fragen in Deutschland und Europa, die mich seit Langem bewegen. Ein Kreis schließt sich in gewisser Weise auch hier.

Auf die Zäsurerfahrung der Pandemie sattelte sich 2022 mit dem russischen Angriffskrieg gegen die Ukraine das Bewusstsein, eine Zeitenwende zu erleben. Und so sehr wir einerseits damit beschäftigt sind, lange überfällige Fragen endlich anzugehen, so sehr öden mich die rückblickenden persönlichen Schuldzuweisungen an. Es zählt zu den bemerkenswerten Momenten im Entstehungsprozess dieses Buches, dass in Teilen der Öffentlichkeit, ausgerechnet als ich mich noch einmal selbstkritisch mit der – wie zu zeigen sein wird – viel zu späten Einsicht meiner Partei in die visionäre brandtsche Politik des Wandels durch Annäherung befasste, diese Grundidee der deutschen Ostpolitik in Bausch und Bogen verdammt wird. Im Nachhinein unbedingt besser zu wissen, wie politisch hätte gehandelt werden können, gehört zu der Form von Klugscheißerei, die schon im Privaten nur schwer erträglich ist. Dass in der Vergangenheit nicht alles richtig gemacht wurde, ist offensichtlich. Ein anklagender Moralismus bleibt jedoch im Ausblenden aller Zeitumstände unhistorisch und ist dadurch oft selbstgerecht. Demgegenüber erscheint mir zwingend, politisches Handeln in seiner jeweiligen Epoche nachzuvollziehen, sich die Spielräume und Alternativen zu vergegenwärtigen, die es damals realistisch gegeben hat. Das versuche ich, jedenfalls soweit ich die Dinge übersehe, wobei auch ich im Wissen um den späteren Geschichtsverlauf manchmal zu neuen Einschätzungen komme.

Natürlich bedeuten meine Erinnerungen eine subjektive Sicht auf die vergangenen fünfzig Jahre unseres Landes. Auf den wechselvollen Weg von der Bonner zur Berliner Republik. Dass der Blick aus meinem Büro auf die Rückseite des Reichstagsgebäudes fällt, unmittelbar dorthin, wo vor über drei Jahrzehnten noch die Berliner Mauer nicht nur eine Stadt, sondern den ganzen Kontinent teilte, zeigt mir: Veränderung war immer – und vieles wird im Übrigen in der Rückschau anders bewertet als mitten im Streit. Auch deshalb, weil ich aus eigenem Erleben weiß, dass Erregung und Krisengefühle nichts Neues sind, schätze ich Gelassenheit als Tugend. Das Gefühl zu Beginn des Ukrainekriegs allerdings, nicht die Spur einer Ahnung, geschweige denn eine eigene Antwort zu haben, wie wir aus dem gewaltsamen Konflikt mit Russland wieder herauskommen können, gehört zu den beunruhigendsten Erfahrungen meines politischen Lebens.

Die Zumutungen der Welt spüren wir heute drängender, unmittelbarer. Vieles wandelt sich zu schnell, ist zu komplex, um es noch zu durchdringen. Zu viel scheint kaum noch in unserer Kontrolle zu liegen. Das macht Angst, weil es dem menschlichen Bedürfnis widerspricht, Zusammenhänge zu erkennen und Erklärungen zu suchen. Wo scheinbar oder tatsächlich keine Zusammenhänge existieren, akzeptiert der Mensch eine dürftige Erklärung eher als gar keine. Wir wollen den Dingen in der Welt einen Sinn geben, selbst wenn es sich um Koinzidenzen und nicht um Kausalitäten handelt.

Im Blick auf das eigene Leben gilt das erst recht. Oft genug drehen wir uns nur um uns selbst, manchmal schließt sich auch – wie gesehen – ein Kreis. Und in seltenen Fällen macht man die Erfahrung, dass es zumindest scheinbar nicht nur ein Leben gibt. Dass man gelegentlich die Chance zum Neuanfang erhält – oder auch gezwungen wird, sein Leben ganz neu einzurichten. *Zwei Leben* hat ein Biograf sein Buch über mich einmal betitelt, was richtig und falsch ist. Denn so sehr sich mein Leben vor und nach dem Attentat auch unterscheidet, am Ende ist es doch nur das eine Leben, das ich führen darf. Von ihm handelt dieses Buch.

Es ist ein Leben über Jahrzehnte in der Politik und für die Politik – für Außenstehende natürlich weit mehr als für mich persönlich. Vorrangig von diesem *politischen* Leben werde ich erzählen. Da wir aber noch immer in einer Welt leben, in der weder Maschinen noch Algorithmen Politik machen, werden die Leser und Leserinnen am Ende meiner Streifzüge durch die bundesrepublikanische Geschichte so auch etwas mehr von mir als Mensch erfahren haben. Von dem, was mich antreibt, was mir Halt gab und gibt und was mir die Zuversicht verleiht, ohne die ich Politik nicht machen könnte. Ohne die mir die menschliche Existenz an sich unvorstellbar erscheint.

Wenn ich mich und mein Handeln erklären soll, bleibt es bei meiner – für einen Konservativen vielleicht überraschenden – Grundhaltung, wonach Leben Bewegung bedeutet. Ständige Veränderung. Leben vollzieht sich vor allem in der Begegnung mit Menschen. Deshalb wird auch in diesem Buch viel von ihnen die Rede sein, von spannenden Begegnungen, von bereichernden Gesprächen, aber auch von menschlichen Enttäuschungen und von Verletzungen, wie sie eben nur Menschen einander zufügen können.

Sich politisch zu engagieren, sich öffentlich zu exponieren, ist mit viel Ärger und mit noch mehr Kritik verbunden. Wer aber das Gefühl hat, er opfere sich für die Politik, sollte dringend damit aufhören. Ich habe das nie so empfunden. Im Gegenteil. Politik ist ein Wettbewerb um Macht, bedeutet Kampf um Einfluss, gibt Gestaltungsmöglichkeiten. Politik unterliegt Regeln und Gesetzmäßigkeiten, aber sie verlangt auch Kreativität und Imagination. Es braucht Geduld. Fehlt es an Gespür für das richtige Timing, scheitert man selbst mit dem, was durchsetzbar wäre. Mangelt es wiederum an Einsicht dafür, wo der Kampf nicht lohnt, läuft man Gefahr, bloß mit dem Kopf gegen die Wand zu rennen. Ich kenne beides, aber ich bin auch dankbar und zufrieden mit dem, was mir, wie ich finde, ganz gut gelungen ist. Davon werde ich natürlich besonders gerne erzählen, ohne auszusparen, welche Mühen es teilweise gekostet hat. In der Gesamtschau werden manche dann vielleicht besser verstehen, warum mir Politik auch nach fünf Jahrzehnten im Parlament noch immer Freude macht. Andere werden vermutlich erst recht mit dem Kopf schütteln. Als Erklärung für mich habe ich dazu einmal von Camus das Bild des glücklichen Sisyphos entliehen.

Der Kreis schließt sich – für mich heißt das in der Rückschau: aus Wagemut wird Erfahrung. Und am Ende steht die nur vordergründig banale Einsicht, dass die Welt nicht schwarz-weiß ist – und das Leben voller Kompromisse. Bei dem, was ich in einem halben Jahrhundert Politik erlebt habe, ging es ausreichend bunt zu, es fehlte weder an Licht noch Schatten. Mich daran erinnernd, sehe ich zwangsläufig vieles von dem, was früher war, heute anders, durch die angehäuften Erfahrungen hindurch, durch den Schleier zwischen gestern und heute. Ich habe über all die Jahre keine persönlichen Aufzeichnungen geführt, genaue zeitliche Abläufe erschließen sich mir deshalb allenfalls durch Terminkalender, die meine treuen Mitarbeiterinnen geführt haben, in Bonn lange Helga Heyden und die letzten zwei Jahrzehnte in Berlin Nicole Gudehus. Dass ich dabei manches Mal selbst verblüfft bin, wie dieses Pensum an Terminen, noch dazu über viele Jahre auf internationalem Parkett, zu stemmen war, ist das eine. Das andere ist die Einsicht, wie schnell die eigene Erinnerung der Selbsttäuschung unterliegt. Wiederholt machte ich die Erfahrung, wie unzuverlässig das eigene Gedächtnis ist.

Als Jurist ist mir die Gefahr der Selbsttäuschung in Zeugenaussagen vor Gericht natürlich bekannt. Und auch wenn ich nicht die Absicht habe, in diesem Buch mit mir ins Gericht zu gehen: Beim Erarbeiten habe ich mir ganz bewusst zwei Co-Autoren an die Seite geholt, die mir, wo ich mir unsicher war oder mich zunächst partout nicht mehr zu erinnern vermochte, durch das Graben in alten Reden, unzähligen Interviews und anderen Archivalien, aber auch durch die Erkenntnisse der Wissenschaft auf die Sprünge halfen. Vieles habe ich mir auf dieser Quellenbasis so selbst wieder rekonstruieren können. Und wenn die beiden es dabei mit eigenen Fragen und korrigierendem Nachbohren doch einmal zu weit trieben, half der ebenso freundliche wie nachdrückliche Hinweis, dass es am Ende immer noch *meine* Erinnerungen seien, die wir da verfassen. Dennoch hat so manche Information, von der ich erst bei der Arbeit an diesem Buch aus den Erinnerungen anderer und der wissenschaftlichen Literatur erfuhr, auch meinen Blick und meine Einschätzung verändert.

Denn Memoiren zu schreiben, ist eine Begegnung mit sich selbst. Viele Bewertungen der Wissenschaft und Beobachtungen in klugen wie weniger klugen Porträts, die in den vergangenen fünfzig Jahren über mich publiziert wurden, habe ich zum ersten Mal gelesen, sei es, weil ich damals nicht die Zeit hatte oder weil ich einfach nicht die Lust verspürte, sie zu lesen. Bleibenden Eindruck hinterließ vor allem, wie sehr auch enge Weggefährten Dinge anders in Erinnerung behalten haben als ich – oder schlicht vergessen zu haben scheinen, was ich selbst als ganz zentral ansehe. Neben solch interessanten Einsichten boten sich mir teils erstaunliche Urteile, die meinen Widerspruch provozierten – so bleibt sogar der Blick auf das eigene Leben streitbar und bisweilen überraschend, immer aber lohnend. Nach wie vor treibt mich vor allem die Neugierde an, die Lust darauf, immer weiter zu lernen. Und so war die intensive Arbeit an diesem Buch zuallererst eine bereichernde Selbsterfahrung, nicht selten angeregt durch das reibungsvolle Gegenüber von Fremd- und Selbstwahrnehmungen.

In der Rückschau neigt man vermutlich dazu, sich im Zweifel besser zu machen, als man war. Ich habe ja auch nicht von Anfang an alles so gesehen, wie ich es heute sehe. Ich habe Fehler gemacht – wenn auch manchmal andere als die, die mir meine Kritiker öffentlich vorhielten. Ich habe Entwicklungen falsch eingeschätzt, Alternativen nicht wahrgenommen oder nicht sehen wollen. Auch davon wird selbstkritisch die Rede sein. Aber zur großen, letztlich überzogenen Geste des *mea culpa* tauge ich nicht. Wenn früher in Interviews allzu forsch Selbstkritik eingefordert wurde, pflegte ich gern zu erwidern: »Wir sind hier nicht im Politbüro.« Der Zwang zur öffentlichen

Selbstkritik verträgt sich nicht gut mit unserem freiheitlichen Verfassungsverständnis. Deshalb kennt unsere Ordnung auch das Recht, sich nicht selbst belasten zu müssen. Dass ich im Übrigen jungen Journalisten den Witz mit dem Politbüro heute vermutlich erklären müsste, zeigt nur noch einmal, wie grundlegend sich die Zeiten verändert haben. Zum Glück!

Wenn es mir dennoch gelungen sein sollte, in meinen Erinnerungen nicht allzu selbstgerecht geblieben zu sein, dann deshalb, weil ich ehrlich darum bemüht war, mich an Worten Helmut Schmidts zu orientieren. Sie haben mich bereits als junger Abgeordneter tief beeindruckt, als ich sie im »deutschen Herbst« 1977 im Bundestag hörte. Ihre über diese Ausnahmesituation weit hinausweisende, lebenskluge Bedeutung sehe ich am Ende meines politischen Wirkens noch viel deutlicher. Schmidt sagte damals: »Wer weiß, dass er so oder so, trotz allen Bemühens, mit Versäumnis und Schuld belastet sein wird, wie immer er handelt, der wird von sich selbst nicht sagen wollen, er habe alles getan und alles sei richtig gewesen. Er wird nicht versuchen, Schuld und Versäumnis den anderen zuzuschieben, denn er weiß: Die anderen stehen vor der gleichen unausweichlichen Verstrickung. Wohl aber wird er sagen dürfen: Dieses und dieses haben wir entschieden, jenes und jenes haben wir aus diesen oder jenen Gründen unterlassen. Alles dies haben wir zu verantworten.«

In diesem Sinne will ich berichten von dem, was ich in fünfzig Jahren Politik gestalten konnte. Was ich erreicht habe und woran ich gescheitert bin. Was ich getan und was ich unterlassen habe. Kurz: Was *ich* zu verantworten habe.

# I.

# WAS NACHWIRKT: HERKUNFT – PRÄGUNGEN – ÜBERZEUGUNGEN

◄ WM-Finale 1974 in München: Hinter Franz Beckenbauer steht Wolfgang Schäuble mit seiner Ehefrau. Links neben ihm Fritz Walter. Am rechten Bildrand: Pélé.

4. JULI 1954. BERN, STADION WANKDORF. Zur selben Zeit in Hornberg im Schwarzwald – aus dem Radio eine aufgeregte Stimme: »Bozsik, immer wieder Bozsik, der rechte Läufer der Ungarn am Ball. Er hat den Ball – verloren diesmal, gegen Schäfer. Schäfer nach innen geflankt. Kopfball – abgewehrt. Aus dem Hintergrund müsste Rahn schießen – Rahn schießt – Tooooor! Tooooor! Tooooor! Tooooor!«

Ist es zu klischeebehaftet, die Schilderung einer deutschen Nachkriegsjugend mit dem »Wunder von Bern« zu beginnen? Wie immer liegt auch in diesem Klischee mehr als ein Körnchen Wahrheit. Der Sieg über Ungarn im Finale der Fußballweltmeisterschaft 1954 war das prägende Erlebnis meiner Jugend. Auch Jahrzehnte später, und wäre die Nacht nach stundenlangen Verhandlungen in Brüssel noch so kurz gewesen, hätte ich die Namen der Mannschaft von Sepp Herberger im Schlaf aufsagen können.

An diesem 4. Juli '54 tat ich vor Spielbeginn lautstark kund, dass wir natürlich gewinnen würden, ein Optimist war ich schon als Kind. Von solchen Prophezeiungen hielt mein Vater gar nichts. Als die Ungarn schnell 2:0 in Führung gingen, verlor er, völlig ungewöhnlich für ihn, die Beherrschung und klebte mir eine, mit dem lauten Ausruf: »Das hasch jetzt davon!« – als wäre ich an den Gegentoren schuld gewesen. Das Gebrüll, das ich danach anstimmte, kippte bald in Triumphgeheul um, weil ich doch recht behielt und »wir« gegen die hochfavorisierten Ungarn tatsächlich Weltmeister wurden.

Fußball, Sport im Allgemeinen, war mir damals furchtbar wichtig – und ist es mir ein Leben lang geblieben. Immer wieder blitzen in diesem Buch große Sportmomente auf, die sich mir ins Gedächtnis gebrannt haben und die nicht selten mein Erinnern strukturieren. In meiner Kindheit wurde nach der Schule mit meinen beiden Brüdern und Freunden draußen gekickt, wenn ich Torwart spielte mit Knieschützern, die mir meine Mutter gestrickt hatte. In der Jugend geht es im Fußball schon ziemlich robust zur Sache. Einer der älteren Mitspieler gab mir einmal zu verstehen: »Du musst selber austeilen. Denn wenn du selbst austeilst, musst du weniger einstecken.« Diesen Ratschlag habe ich nicht vergessen – und ich habe die Erfahrung gemacht, dass er manchmal auch außerhalb des Platzes zutrifft.

Ich war schnell, kam über die Flügel, da ich aber relativ klein und schmächtig bin, war ich schon körperlich nicht der beste Fußballer und sicher kein Führungsspieler. Das gehört wohl leider zu den Defiziten meiner Biografie. Ehrgeiz zeigte ich dennoch schon damals. Die kolportierte Geschichte, dass ich bei einer drohenden Niederlage einfach den Ball, der mir gehörte (ein Privileg!), unter den Arm nahm und nach Hause ging, mag ich aber nicht bestätigen. Ich widerspreche allerdings auch meinem jüngeren Bruder nicht, der gesagt hat, sollte die Geschichte nicht stimmen, sei sie zumindest gut erfunden.

Als Kind war mir natürlich überhaupt nicht bewusst, dass der Titelgewinn 1954 im kollektiven Empfinden zu einer mythischen Gründungserzählung der Bundesrepublik taugte. Ich hätte es auch nicht verstanden, für mich war es einfach Fußball. Die private Erinnerung und ein sich über Generationen verfestigendes Geschichtsbild müssen eben nicht deckungsgleich sein. Dass individuelles Erinnern und kollektives Gedächtnis sogar ein ungemein spannungsreiches Verhältnis eingehen können, ist eine Erfahrung, die wir Deutschen im Umgang mit unserer wechselhaften Geschichte immer wieder machen.

Prominente Vorbilder hatte ich in meinem Leben keine, wenn es aber ein Idol meiner Jugend gab, dann war es Fritz Walter, der Kapitän der Weltmeistermannschaft. Genau zwanzig Jahre nach dem ersten Titel, als Deutschland in München wieder im Endspiel einer Fußballweltmeisterschaft stand, saß ich im Olympiastadion ausgerechnet neben ihm. Obwohl noch ein junger Abgeordneter in der ersten Legislaturperiode, durfte ich als Obmann meiner Fraktion im Bundestagssportausschuss auf der Ehrentribüne Platz nehmen. So saß ich da in einer Reihe nicht nur mit Fritz Walter, sondern auch mit Pélé. Zu meinen Teamkollegen im FC Bundestag, der Abgeordnetenfußballmannschaft, in der ich mitspielte, sagte ich später gern scherzhaft: »Da saßen die bedeutendsten drei Fußballer in einer Reihe …« Es war ein unvergessliches Erlebnis, der Jubel nach dem Schlusspfiff groß. Auf Fotos von der Pokalübergabe an Franz Beckenbauer ist im Hintergrund neben mir auch meine Frau zu sehen. Sogar mein Sohn war damals dabei – noch in ihrem Bauch. Die Fußballbegeisterung, die er mit mir teilt, wird hier ihren Ausgang genommen haben.

Ich hatte Fritz Walter als Schüler angeschrieben und um ein Autogramm gebeten. Den handschriftlichen Briefentwurf bewahrte meine Mutter lange auf, deshalb konnte ich ihn Fritz Walter später zeigen, als sich unsere Wege in meiner Zeit als für den Sport zuständiger Bundesinnenminister erneut kreuzten. Der kindliche Brief rührte ihn sichtlich – so wie es mich bewegt hat, als er mich 1990 nach dem Attentat in der Klinik anrief. Er hatte mich sogar besuchen wollen, was ihm gesundheitlich jedoch nicht möglich war, wenigstens mit mir telefonieren wollte er aber unbedingt. Das WM-Finale '74 habe ich also nicht allein wegen des gewonnenen Titels in Erinnerung. Unvergessen bleibt mir, wie Fritz Walter mit den Spielern auf dem Rasen des Münchner Olympiastadions mitfieberte. Im Triumphzug war er '54 durch Deutschland gefahren, durch ein geteiltes Land. Das »Wunder von Bern« – man muss sich das immer wieder bewusst machen – vollzog sich kein Jahrzehnt nach Ende des Zweiten Weltkriegs, in dem Fritz Walter Soldat gewesen war. Die bedingungslose Kapitulation hatte er im Kriegsgefangenenlager nahe der Ukraine erlebt. Obwohl furchtbar geschwächt, soll er dort mit Lagerpolizisten Fußball gespielt haben, die ihn vor dem Abtransport nach Sibirien bewahrten. Reich geworden ist keiner der Helden von '54. Von den beiden Torschützen eröffnete Max Morlock einen Kiosk für Tabak und Zeitschriften in Nürnberg, der »Boss« Helmut Rahn wurde Gebrauchtwagenhändler. Fritz Walters Bruder Ottmar betrieb eine Tankstelle in Kaiserslautern. Und nun fieberte dieser grundbescheidene Mann mit Beckenbauer, Netzer & Co, alles begnadete Fußballer – und längst abgebrühte Profis, internationale Stars. Was für ein Unterschied, dachte ich mir schon damals. Was für eine unglaubliche Entwicklung – auch wenn die goldene Generation der Siebziger noch weit entfernt war von der Abgezocktheit des Milliardengeschäfts heute. Vor allem aber: was für ein Wandel, den dieses Land in so kurzer Zeit, von einer Generation zur nächsten, vollzogen hatte.

Ehrgeiz, Leistungsbereitschaft, der Wille zum Erfolg, aber auch Bodenständigkeit, Heimatverbundenheit, Bescheidenheit – und vor allem Anstand: Das alles verbinde ich mit Fritz Walter. Es sind prägende Werte, die auch meinen Eltern wichtig waren. Als Anspruch und Leitwerte haben sie mich ein Leben lang begleitet – selbst wenn ich bestimmt nicht allen immer gleichermaßen gerecht wurde. Wer und was wir sind, speist sich ganz wesentlich aus den Erfahrungen und Erzählungen in unseren Familien. Auch davon soll im Folgenden die Rede sein, wenn ich auf meinen Weg in die Politik zurückblicke. Es geht – nicht streng chronologisch, sondern mehr in Schlaglichtern – um Prägungen durch meine Herkunft und durch das, was in meiner Familie vorgelebt wurde. Um Überzeugungen, die sich aus den Zeitumständen herausgebildet haben, und um das, was Halt im Leben gab und Orientierung für ein politisches Leben gibt.

## HEIMAT SCHWARZWALD UND DER HALT IN DER FAMILIE

Der Schwarzwald hat mich geprägt – es ist nicht zu leugnen: bis in meine Sprachfärbung. Er ist meine Heimat. Dieser sehr deutsche Begriff drückt viel von dem aus, was mir wichtig ist: Herkunft, Nähe und Vertrautheit, Tradition. Der aufopferungsvolle Kampf, den die Ukrainer derzeit für ihre Heimat führen, hat mir noch einmal bewusst gemacht, dass wir alle, die wir in den vergangenen 75 Jahren in Deutschland aufwuchsen, zu glücklichen Generationen zählen. Denn wir durften in Zeiten leben, in denen uns der äußerste Einsatz für die Heimat erspart geblieben ist. Es würde mir sehr schwerfallen, auf meine Heimat verzichten zu müssen – auch wenn ich stets versuche, mir auch die Neugier auf das Fremde zu bewahren. Aber der Mensch braucht Wurzeln.

Ich bezeichne mich gern als ein Kind des ländlichen Raumes. Lärmende Metropolen wie New York oder Paris faszinieren mich, aber dauerhaft leben wollte ich dort nicht. Aufgewachsen bin ich in Hornberg, einer Kleinstadt mit 4000 Einwohnern. Das Städtchen ist allenfalls durch das berühmte »Hornberger Schießen« bekannt, bei dem der Legende nach statt scharfer Munition ein kernig gerufenes »Piff Paff« zum Einsatz kam, und über das ich deshalb gern als erste Abrüstungsinitiative der Weltgeschichte spotte. Die kleinstädtische Gesellschaft Hornbergs war eine begrenzte Welt. Großstadt – das war damals für uns Kinder schon, wenn wir zu Onkel und Tante nach Mannheim fuhren. Da gab es Eisdielen und Partys in Kellern. Und Luzern, wo ich einmal die Schulferien bei einer Tante verbringen durfte, hatte für uns schon etwas von Hollywood. Angesichts der vernetzten Welt meiner Enkel wird mir erst richtig bewusst, wie klein und beengt die Welt meiner Kindheit und Jugend war.

Ich bin darin behütet aufgewachsen. Vielleicht ging mir deshalb das Kosmopolitische immer etwas ab. Andere mögen weltoffener sein, mobiler, mehrere Sprachen sprechen – dafür habe ich, was mich erdet: das Vertrauen zueinander und den Zusammenhalt in einem bekannten und geliebten Umfeld. In existenziellen Krisen rückt die Familie in den Mittelpunkt. Als ich nach dem Attentat im Krankenhaus lag, haben mir meine Eltern jeden Tag eine Karte geschrieben. Das war alles, was sie in dieser Situation tun konnten, aber sie taten es jeden Tag. Ein starker Familienverbund ist für mich eine Kraftquelle. Dass es meiner Frau und mir gelungen ist, seit dem Attentat mit unseren Kindern und später den Enkeln jährlich zusammen an der Nordsee Urlaub zu machen, und mir meine Kinder trotz der häufigen Abwesenheit, die meine politische Karriere mit sich brachte, heute sagen, ich sei da gewesen, wenn es nötig war: Das macht mich glücklich und – obwohl meine Frau für den Zusammenhalt der Familie immer entscheidend gewesen ist – auch ein wenig stolz.

Meine Familiengeschichte ist für das 20. Jahrhundert recht charakteristisch. Meine Eltern gehörten in der frühen Bundesrepublik zu den typischen Aufsteigern aus der Mittelschicht. Mein Vater stammte aus bescheidenen Verhältnissen. Sie ließen nicht zu, dass er, obwohl ein begabter Schüler, Abitur machen konnte. Die Schule verließ er nach der Mittleren Reife, um eine kaufmännische Lehre zu absolvieren. Bei der Buntweberei Hornberg arbeitete er sich bis zum kaufmännischen Leiter hoch. Die Krise der Weberei hat er früh antizipiert und neben seinem Beruf eine Ausbildung zum Helfer in Steuerangelegenheiten gemacht. Mitte der fünfziger Jahre wagte er sich mit einem Kundenstamm aus Kleinbetrieben, Handwerkern und Gaststätten in die Selbstständigkeit. Am Ende schaffte er es mit Fleiß und harter Arbeit über den Steuerbevollmächtigten bis zum Steuerberater. Es ist eine echte Aufstiegsbiografie der Wirtschaftswunderjahre, die mir rückblickend noch mehr imponiert als damals schon.

Von der Entnazifizierung war mein Vater nicht betroffen. Für die Nazis hatte er keine Sympathien, Widerstand hat er allerdings auch nicht geleistet. Er versuchte wohl, so gut es in diesen Zeiten ging, ein anständiges Leben zu führen. Gesprochen haben wir darüber wenig. Nach dem Krieg schloss er sich der neu gegründeten Vorläuferpartei der CDU an, wurde in Hornberg für

Jahrzehnte ihr Vorsitzender und 1947 in den damals noch badischen Landtag gewählt. Für meine Mutter war es nicht einfach mit einem so vielbeschäftigten Mann, an dessen Seite sie die klassisch-bürgerliche Rolle der Hausfrau übernahm. Sie war Tochter eines schwäbischen Kupferschmiedemeisters in Owen/Teck – ein Sozialdemokrat, der Mitglied im Kreistag war. Dort verbrachten wir Kinder oft die Schulferien. Das Energische und Aufrichtige hat meine Mutter wohl von ihm geerbt.

Als wir Kinder aus dem Haus waren, suchte sie nach einer eigenen Aufgabe. Später habe ich verstanden, dass es schon in ihrer Generation der Wunsch vieler Frauen war, nicht lebenslang auf die Rolle von Hausfrau und Mutter beschränkt zu bleiben. Vielleicht lag darin sogar ein Grund dafür, warum ich ab 1976 in der Enquetekommission des Bundestags »Frau und Gesellschaft« mitarbeitete, in der es um die tatsächliche Verwirklichung der Gleichberechtigung ging. Damals allerdings, in den frühen sechziger Jahren, lehnten wir Söhne ihre Vorstellung ab, in einem Modegeschäft als Verkäuferin zu arbeiten. Heute wundert mich das selbst. Offenbar verstiegen wir uns in dem Glauben, das als Familie nicht nötig zu haben, womöglich dachten wir sogar, etwas Besseres zu sein. Dabei spürte ich in meiner kurzen Zeit am Gymnasium in Triberg genauso, was uns von den wohlhabenden Familien der Schüler, die dort im Internat waren, unterschied. Immerhin hatten wir ein Kindermädchen, und wir wussten durchaus, dass wir zum Bürgertum gehörten – auch wenn meine Mutter gerne dafür warb, dass das Handwerk einen goldenen Boden habe.

Heute sehe ich vieles klarer. Das gilt auch dafür, dass meine Mutter nach meiner ersten Bundestagskandidatur einige Zeit nicht mehr mit mir geredet hat. Ich habe das, so beschäftigt wie ich immer war, zunächst gar nicht bemerkt. Später hat sie mir deutlich gemacht, dass sie böse auf mich gewesen sei. Schließlich hätte ich wissen müssen, was ich meiner Frau und meiner Familie mit meiner Kandidatur antat – meine erste Tochter war da gerade erst geboren. Ihren Ärger habe ich inzwischen verstanden, und so idyllisch, wie ich mein Aufwachsen in Hornberg in Erinnerung habe, war die Zeit für meine Mutter offenkundig nicht. Von uns Kindern hat sie das aber ferngehalten und uns so eine behütete Kindheit ermöglicht.

Mein Vater war unser Vorbild. Die Integrität, für die er über Parteigrenzen hinweg respektiert wurde, kommt schon darin zum Ausdruck, dass er für den *Schwarzwälder Boten* die Berichte aus dem Stadtrat schrieb – obwohl er ihm selbst angehörte. Seine Darstellungen waren offenbar nicht parteilich, sondern objektiv. Er war eben ein korrekter, anständiger Mann. Was sich gehört und was nicht, solche bürgerlichen Werte wurden bei uns zu Hause hochgehalten. Eine von mir häufig erzählte Anekdote gibt einen Eindruck davon: Meine Mutter hat recht spät, mit etwa fünfzig Jahren, den Führerschein gemacht. Als sie einmal mit dem Auto in die Stadt fuhr, hatte sie das nötige Kleingeld für die Parkuhr nicht dabei und musste deshalb verbotenerweise parken. Am Folgetag fuhr sie wieder hin und warf nachträglich zwanzig Pfennig ein. Wir Kinder haben uns damals amüsiert, heute berührt mich dagegen, wie ernst es meine Mutter damit meinte, dass man nicht klaut, nicht betrügt, auch im Kleinen nicht.

In der wohlgeordneten Welt meines bürgerlich-protestantischen Elternhauses gab meine Mutter den Ton an. Sie war allerdings öfters krank, und dann fielen mir lästige Haushaltsaufgaben zu. Mein jüngerer Bruder hat es einmal so zusammengefasst: Beim Kochen von Linsen und Spätzle gab ich die erstklassige Hausfrau. Ansonsten taugte ich auch für die Rolle der strengen Mutter. Wir waren drei Brüder: Frieder, fünf Jahre älter als ich, Thomas, sechs Jahre jünger. Der Mittlere von dreien zu sein, ist nicht immer einfach. Heute heißt das »Sandwich-Kind«. Ich habe mich immer als »SAB« bezeichnet, den »Seggel am Bahnhof«, den man stehen gelassen hat. Im Schwäbischen ist »Seggel« ein Schimpfwort, und meine Mutter hätte es als unanständig nie in den Mund genommen. Aber es passte. Ich war wohl ziemlich frech damals und habe oft widersprochen. Und ich war ein furchtbarer Rechthaber – manches ist eben früh angelegt. Meinen selbstbewussten Durchsetzungswillen hat sicher geschärft, dass ich in der Regel der Jüngste war, weil ich früh eingeschult wurde.

Wenn Thomas in einer Biografie über mich mit den Worten zitiert wird, das Hauptproblem meiner Kindheit und Jugendzeit sei die Existenz des älteren Bruders Frieder gewesen, der mehr und anderes durfte als ich, dann ist da etwas Wahres dran. Aus Sicht der Familie wurde der schwelende Konflikt zwischen uns beiden einmal so dargestellt: Der Ältere konnte nur schlecht verlieren – und ich war ein schlechter Gewinner. Was das für den Frieden in einem sportbegeisterten Haus bedeutete, kann man sich ausmalen. Für mich blieb Frieder gleichwohl immer der große Bruder – bis zu seinem Tod. Dass er mich allein gelassen hat in dieser Welt, trage ich ihm nach. Aber so ist nun mal das Leben. Ich habe auch Thomas überlebt. Nach meiner lebensgefährlichen Verletzung 1990, die mich in den Rollstuhl zwingt, hätte wohl keiner gedacht, dass ausgerechnet ich der letzte von uns dreien sein würde. Die Abwesenheit beider Brüder schmerzt.

## ÜBER GENERATIONEN UND WAS SIE VERBINDET

Ich bin im Krieg geboren, am 18. September 1942. Ein paar Tage zuvor hatte der deutsche Angriff auf Stalingrad begonnen, der zum Wendepunkt im Kriegsverlauf wurde. Ich habe nicht einmal schemenhafte Erinnerungen an die ersten Jahre, mein Bild des Krieges ist das der Erzählungen in der Familie. Unsere Mutter verbrachte mit uns Kindern wohl eine Reihe von Nächten im Luftschutzbunker, bis die Familie wegen der ständigen Luftangriffe auf einen Bauernhof mitten im Wald evakuiert wurde. Und ausgerechnet über diesem Hof entledigte sich ein angeschossener Flieger der Luftwaffe, der notlanden musste, seiner Bombenlast. Das Gehöft brannte lichterloh, und alle mussten so schnell wie möglich raus. Glücklicherweise kam niemand zu Schaden, aber plötzlich schrie jemand: »Wo ist denn unser Wolf?« Mein älterer Bruder fand mich unter einigen Wolldecken, die schon ein bisschen angekokelt waren und leicht rauchten. Wenn wir uns später wieder einmal stritten, hieß es deshalb gern, mit dieser Heldentat habe er wohl einen schweren Fehler begangen.

Wir hatten unheimliches Glück, weil mein Vater keinen Kriegsdienst leisten musste. Die Hornberger Buntweberei war als kriegswichtiger Betrieb eingestuft, was ihn davor bewahrte, in die Wehrmacht eingezogen zu werden. Vom Kriegsende, das wir bei den Großeltern am Fuß der Schwäbischen Alb erlebten, schilderten mir später meine Eltern, wie die Amerikaner mit ihren Panzern ins Dorf gerollt kamen. In der Kupferschmiede meines Großvaters hatten sich mit einer Panzerfaust bewaffnete Jugendliche versteckt, um die Amerikaner anzugreifen. Mein Großvater entdeckte sie und schickte sie nach Hause, da er sich bewusst war, dass ein einziger Schuss das Dorf in Schutt und Asche legen könnte. Dieser Mut hätte ihn fast noch das Leben gekostet, als einer der selbst ernannten Helden ihn standrechtlich erschießen wollte. Er wurde von den anderen in letzter Minute zurückgehalten.

In den Nachkriegsjahren ging es uns objektiv nicht schlecht. Wir litten keinen Hunger. Mein Vater ging zu umliegenden Bauernhöfen, um Stoff aus der Weberei für Lebensmittel einzutauschen. Geredet wurde darüber nicht. Sein Trachtenjanker, den er dann anzog, trug bei uns allerdings den Titel »Hamster-Kittel«. Das in Anwesenheit Fremder zu sagen, war aus guten Gründen natürlich untersagt. Das Umland der Stadt war nach dem Krieg überlebenswichtig. Hornberg besaß recht viel Industrie und außerdem eine Eisenbahnbrücke, mit der die Schwarzwaldbahn ein Tal überquerte. Beides war zum Ziel alliierter Bombardements geworden, die Stadt daher 1945 ziemlich zerstört. Das weiß ich allerdings nur von Fotografien, denn zu meinem eigenen Erstaunen erinnere ich mich überhaupt nicht an die Trümmerlandschaften, die unser kollektives Bild von der Nachkriegszeit prägen. Wenn ich Aufnahmen aus der Zeit sehe, denke ich bisweilen: So zerstört war das? Und ich gehörte zu denen, die darin lebten und aufwuchsen? Es hatte damals gar nichts Bedrückendes für mich. Wenn ich zurückdenke, war auch der Anblick der vielen Kriegsversehrten unter den Heimkehrern so selbstverständlich, dass man sie gar nicht wirklich wahrnahm. Eher schon bemerkten wir die Flüchtlinge, die beim Hornberger Schloss untergebracht waren. Von ihnen hielten wir uns fern.

1950 war ein Drittel aller Arbeitslosen in der Bundesrepublik Flüchtlinge oder Vertriebene. Mit offenen Armen wurden die wenigsten von ihnen empfangen. Die Einheimischen waren damit beschäftigt, selbst über die Runden zu kommen, und neue Nachbarn bedeuteten, noch enger zusammenrücken zu müssen. Mitgefühl gab es da wenig. Als »Rucksack-Deutsche« seien sie noch lange nach ihrer Ankunft in der neuen Heimat ausgegrenzt worden, erinnert sich mein Kollege Volker Kauder. Seine Eltern waren als Donauschwaben aus Jugoslawien geflohen. Die Vertriebenen waren in der frühen Bundesrepublik zwar vielerorts nicht willkommen, aber sie hatten politisches Gewicht. Weil sie sich engagierten und weil sie sich als Teil des neuen Gemeinwesens sahen und daran teilhaben wollten. Ich habe erst lernen müssen, welche Verletzungen der Verlust der Heimat für diese Menschen bedeutete, mich dann aber später politisch dafür starkgemacht, den Erlebnissen der Betroffenen und ihrer Trauer um die eigenen Opfer und die verlorene Heimat angemessen Raum zu geben.

Wenn ich mich mit Jahrgangsgenossen über unsere Kindheit in Hornberg unterhalte, wird nie schlecht über diese Zeit geredet. Nicht einmal von denen, die in Nachkriegsbaracken aufwachsen mussten. Es gehört wohl zu den erstaunlichsten Fähigkeiten des Menschen, sich den jeweiligen Gegebenheiten anzupassen. Dazu fällt mir die Geschichte ein, die Vernon Walters, der amerikanische Botschafter in Bonn zur Zeit von Mauerfall und Wiedervereinigung, gern erzählte. Als er 1945 in Begleitung eines US-amerikanischen Generals durch eine der zerstörten Ruhrgebietsstädte fuhr und diesen auf eine Blechdose mit Schnittblumen in der Fensterhöhle einer Ruine hinwies, kommentierte der das mit den Worten: »Dieses Volk wird nicht untergehen. Wer in einer solchen Ruinenlandschaft Blumen in eine Blechdose stellt, glaubt an die Zukunft.« Mir zeigt die Erfahrung meiner Jugend, wie relativ Zufriedenheit doch ist. Im Übrigen: Zu spüren, wie wenig das eigene Erleben mit dem Bild übereinstimmt, das von dieser Zeit gemeinhin gezeichnet wird, sensibilisiert dafür, dass es immer sehr unterschiedliche Erfahrungsräume gibt.

Ich bin zwar im Krieg geboren, aber von der Generation der eigentlichen Kriegskinder trennen mich entscheidende Jahre. Helmut Kohl, Heiner Geißler oder Kurt Biedenkopf gehörten zu dieser »vergessenen Generation«. Wie prägend die jugendliche Kriegserfahrung war, konnte ich an Kohl sehen, der seine Politik regelmäßig nicht allein aus der Geschichte, sondern aus dem eigenen Erleben von Krieg und Gewaltherrschaft ableitete. An seinen im Krieg gefallenen Bruder erinnerte er häufig. Gerade vor diesem biografischen Hintergrund habe ich nie begriffen, wieso seine Formulierung von der »Gnade der späten Geburt« so missverstanden wurde. Die Wendung ist ja nicht falsch, sie wurde nur missgünstig ausgelegt. Kohl wollte sagen, dass wir später Geborenen manche Versuchung nicht hätten aushalten müssen, und das sei eine Gnade. Kohl gehörte zur »skeptischen Generation« (Helmut Schelsky) der Flakhelfer, die ihr Verantwortungsgefühl für den Frieden und ihr politisches Handeln aus einem historischen Bewusstsein heraus begründete: aus der Erfahrung von Krieg und dem Jahr 1945 als Zusammenbruch und Nullpunkt.

Bei Helmut Schmidt und Richard von Weizsäcker spürte ich vor allem im höheren Alter das Verbindende der Kriegsgeneration über die Parteigrenzen hinweg. Sie hatten den »Scheiß Krieg«, wie Schmidt ohne hanseatische Noblesse oft zischte, nicht nur als Kind erlebt, sondern waren selbst Soldaten gewesen. Aus ihren späteren Reden, etwa bei Gelöbnissen vor Rekruten, war das herauszuhören. Schmidt hat nach dem Krieg und der Gefangenschaft sehr schnell Karriere gemacht, durch unglaublichen Fleiß und auch mit echtem Bildungshunger, der viele seiner Generation kennzeichnete, die verlorene Zeit nachgeholt. Er war nicht nur ein Politiker, der sich früh für sicherheitspolitische und strategische Fragen interessierte – und darüber lange vor seiner Zeit als Verteidigungsminister Bücher schrieb. Er war auch ein versierter Pianist, Musikkenner, noch dazu bewandert auf dem Gebiet der bildenden Künste. Seine im besten Sinne kleinbürgerlich-sozialdemokratische Aufstiegsgeschichte, geprägt von der NS- und Kriegserfahrung, und der in seinen Büchern aufleuchtende, sich leidenschaftlich erschlossene umfassende Bildungshorizont haben mir imponiert.

Ich selbst habe nie nach dem Verbindenden in »meiner« Generation gesucht. Ein besonderes Gruppenbewusstsein habe ich nicht entwickelt. Im Bundestag bin ich heute ein Unikum, denn es ist um mich mit den Jahren einsamer geworden. Wer so lange dabei ist, hat viele kommen und gehen sehen. Irgendwann fehlten die Kollegen, mit denen ich den politischen Aufstieg zusammen erlebt hatte, diejenigen, mit denen ich in Regierungsverantwortung stand. Vieles von dem, was manche junge Abgeordnete heute wichtig finden, ist mir fremd. Die öffentliche Dauerpräsenz in Echtzeit, bei der man mehr durch Pose denn mit Argumenten auffällt, schätze ich nicht und muss ich auch nicht mehr lernen. Bewahrt habe ich mir aber die Neugierde darauf, was die jungen Kolleginnen und Kollegen bewegt. Wenn ich mich etwa mit der früheren JUSO-Chefin Jessica Rosenthal oder der damals jüngsten Grünen-Abgeordneten Emilia Fester zum Interview treffe, ist das ein anregender Gedankenaustausch – bei dem allerdings beide Seiten die Erfahrung machen, wie viel unsere Generationen voneinander trennt. So wäre mir als junger Abgeordneter nie in den Sinn gekommen, Politik nur oder vor allem für meine eigene Generation machen zu wollen. Mein Verständnis als Abgeordneter war immer, wie es Artikel 38 unseres Grundgesetzes bestimmt, Abgeordneter des »ganzen Volkes« zu sein.

## SCHATTEN DER VERGANGENHEIT

Geprägt hat mich weniger die Erfahrung, noch im Krieg geboren zu sein, als vielmehr das Aufwachsen in der frühen Bundesrepublik – und dabei vor allem das Grundgefühl, dass es damals immer aufwärtsging. Das Wirtschaftswunder war in meiner Jugend mit Händen zu greifen. Vielleicht ist in dieser Erfahrung mit angelegt, warum ich mir in allen Situationen des Lebens, auch den schwersten, die Zuversicht immer bewahren konnte. Dabei hatte sich der demokratische Neubeginn nach 1945 unter schwierigen Bedingungen vollzogen. Es galt, eine stabile Verfassung ins Werk zu setzen und die zersplitterte Gesellschaft zusammenzuführen, eine Gesellschaft aus Nazis und Mitläufern, Verfolgten und Verfolgern, Soldaten, Ausgebombten und Flüchtlingen, Katholiken und Protestanten, Versehrten und Davongekommenen, Bürgerlichen und Arbeitern, Deutschnationalen, Zentrumsanhängern und Liberalen, Menschen, die von Politik nichts mehr wissen, und Menschen, die die Politik vor Radikalen schützen wollten. Wie tief die Gräben zwischen all denen waren, die für die Demokratie gewonnen werden sollten, machen wir uns nur selten bewusst. Unser heutiger Pluralismus ist zwar etwas völlig anderes, doch auch damals stand man vor der gewaltigen Aufgabe, die Gesellschaft zu einen und eine neue demokratische Kultur zu verankern. Dass dies unter den damaligen Bedingungen gelungen ist, kann uns ermutigen, in unserem Bemühen nicht nachzulassen, Vielfalt zuzulassen und gleichzeitig im Pflegen des Verbindenden ein Mehr an Gemeinsamkeit zu schaffen.

Zur Zeit der Entnazifizierung kamen am Wochenende häufig Besucher zu uns nach Hause. Dort hielt mein Vater in unserem Wohnzimmer seine Bürgersprechstunde als Abgeordneter ab. Er hörte sich die Anliegen der Bürger an und half, wo er konnte. In der Welt eines Kindes gibt es wenig Raum für Zwischentöne, kein Grau. Es gibt hell und dunkel, gut und böse. Und auch wenn ich erst, als ich viel älter war, wirklich begriff, was Deutsche Juden und auch anderen in ganz Europa angetan haben, hatte ich als Kind offenbar dennoch ein Gefühl von Gerechtigkeit. Denn meinen Vater fragte ich damals verdutzt, wieso er sich auch für die einsetze, die doch böse gewesen waren – Nazis. Ich bekam dann meine erste Lehrstunde darin, dass man bei allem differenzieren müsse. Dass es mächtige Menschen gegeben hatte, böse und wahnsinnige, und Menschen, kleine, einfache Leute, die ihnen auf den Leim gegangen waren. Täter, die schuldig sind, und Mitläufer, die zu schwach waren, um dagegenzuhalten, was man ihnen nachsehen müsse. Es war eine kindgerechte Erklärung, aber sie ist bezeichnend für das Dilemma nach 1945, in und mit einer Gesellschaft von Tätern den demokratischen Neuanfang zu wagen.

Die »Stunde Null« ist deshalb ein missverständlicher Begriff. Personell und strukturell musste an so vieles angeknüpft werden, darüber ist viel und kontrovers geschrieben worden. Während die Mitscherlichs in den sechziger Jahren die »Unfähigkeit zu trauern« brandmarkten, sprach der Philosoph Hermann Lübbe Anfang der achtziger Jahre vom »kommunikativen Beschweigen«, das überhaupt erst ermöglichte, die Deutschen so unmittelbar nach dem Zivilisationsbruch in einen demokratischen Staat zu integrieren. Täter und Mitläufer wollten nicht darüber reden (wussten aber natürlich übereinander Bescheid), Kriegsheimkehrer konnten es meist nicht, weil sie im Krieg zu viel Entmenschlichung erlebt hatten. Nicht darüber reden zu können, betraf vor allem die Opfer der Verbrechen. Ignatz Bubis hat mir eindrücklich davon erzählt. Bei anderen, die wie Ruth Klüger oder Jorge Semprún spät die Kraft fanden, doch noch Zeugnis über ihr Schicksal im Holocaust abzulegen, ist es nachzulesen.

In meiner Erinnerung wurde von Diktatur und Nationalsozialismus nicht viel geredet – aber wir haben auch nicht gefragt. Welche Vorgeschichte etwa unsere Lehrer hatten, spielte keine Rolle. Im Nachhinein wurde mir klarer, was wir damals allenfalls dunkel ahnten: dass für manche unter ihnen die Jahre der Diktatur kein Ruhmesblatt waren. Warum uns die nahe Vergangenheit so wenig interessiert hat, wundert mich heute selbst. Immerhin ist mir ein sozialdemokratischer Geschichtslehrer im Gedächtnis geblieben, der die Jahre der Diktatur im Unterricht thematisierte.

Dass Deutsche versucht hatten, alle Juden zu vernichten, war uns als Verbrechen, wenn auch abstrakt und schemenhaft, durchaus präsent. Im Alltag gab es keine Juden. Ich kann mich jedenfalls nicht erinnern, dass ich in meiner Kindheit und Jugend jemals einen Juden gesehen hätte. Deshalb hat mich 2022 bei der Gedenkstunde des Deutschen Bundestags für die Opfer des Nationalsozialismus sehr ergriffen, als die Zeitzeugin Inge Auerbacher von ihrer Kindheit in dem badischen Dorf Kippenheim erzählte. Ich habe sie kurz darauf noch einmal in unserer gemeinsamen badischen Heimat zum Gespräch getroffen. Auerbacher blieb lange das letzte jüdische Kind, das dort geboren wurde. Als Vierjährige erlebte sie die Pogromnacht vom 9. auf den 10. November 1938, und ihre noch halbwegs heile Kinderwelt brach zusammen. Die Synagoge des Ortes wurde nur deshalb nicht niedergebrannt, weil die christlichen Häuser in der Nachbarschaft Feuer hätten fangen können. Auerbacher berichtete zwar auch von der Unterstützung christlicher Freunde im Ort, vor allem aber von Ausgrenzung und Verfolgung – bis zu dem Moment ihrer Deportation nach Theresienstadt, als ihr ein Aufseher eine Holzbrosche entriss und zurief: »Du brauchsch des ned, wo du nagosch.«

Auschwitz wurde mir frühestens im Studium zu einem Begriff, insbesondere durch die juristische Aufarbeitung dieser Jahre. Neben dem Jahrhundertprozess gegen Adolf Eichmann 1961 in Jerusalem brachten Mitte der sechziger

Jahre die Verfahren gegen Angehörige der KZ-Wachmannschaften die Verbrechen in den Vernichtungslagern zu Bewusstsein. Welchen Anfeindungen der hessische Generalstaatsanwalt Fritz Bauer, von dem ich damals nicht viel wusste, ausgesetzt gewesen war, habe ich erst später verstanden. Ebenso die wirkliche Bedeutung der Prozesse, die über die juristische Aufarbeitung hinaus vor allem darin lag, dass der Zivilisationsbruch, als den wir den Nationalsozialismus und den Holocaust heute erkennen, erstmals in der Breite der Gesellschaft Namen und Gesichter bekam – von Opfern wie von Tätern.

Prägend wurden für mich die zeitgleichen Debatten über die Verjährung von NS-Verbrechen, die nach geltendem Recht mit dem 8. Mai 1965 eintrat. Diese Auseinandersetzung hat das ganze Jahrzehnt und noch weit darüber hinaus die Gemüter bewegt. Nicht nur aus Sicht eines angehenden Juristen war das eine brisante Angelegenheit. Es ging um die Frage, wie wir als Gesellschaft mit der dunklen Vergangenheit umgehen wollen – in einer Zeit, als auf das einvernehmliche Beschweigen der offene Generationenkonflikt folgte. Die moralische Empörung war groß, dass zwanzig Jahre nach den entsetzlichen Taten die Verjährung greifen und Täter gerade in dem Moment der Verfolgung entgehen sollten, als die Öffentlichkeit für diese Verbrechen sensibel wurde. Gleichzeitig war es ein Dilemma, denn die Frage der Verjährung tangierte formaljuristisch das hohe Gut der Rechtssicherheit. Die Aufhebung der Verjährungsfristen bedeutete einen Verstoß gegen das Rückwirkungsverbot: *Nulla poena sine lege* – so lautet der rechtsstaatliche Grundsatz, dass die Strafbarkeit zum Zeitpunkt der Tat bestimmt sein muss. Mit diesen juristischen Prinzipien ließ sich der Holocaust aber nicht bewältigen. So habe ich das damals empfunden, und so sah es nach eindrucksvoller Debatte auch die Mehrheit des Bundestags. Dennoch einigte man sich zunächst nur darauf, den Beginn der Verjährungsfrist auf den 1. Januar 1950 festzulegen. FDP-Bundesjustizminister Ewald Bucher, der als junger Mann NSDAP- und SA-Mitglied gewesen war, hatte sich vehement gegen eine Verlängerung ausgesprochen und trat von seinem Amt zurück. 1969 wurde die Verjährung für Völkermord schließlich aufgehoben, 1979 auch für Mord.

Beeindruckt hat mich und meine Freunde damals vor allem die Rede von Ernst Benda im Deutschen Bundestag. Benda war ein vergleichsweise junger Abgeordneter der CDU, noch dazu Mitbegründer des RCDS, des »Ringes Christlich-Demokratischer Studenten«. Sein Satz, das Rechtsgefühl eines Volkes werde in unerträglicher Weise korrumpiert, wenn Morde ungesühnt bleiben müssten, obwohl sie gesühnt werden könnten, und sein Eintreten dafür, dass sich die Deutschen um ihrer selbst willen von den Mördern unter ihnen befreien müssten, machten ihn zum »Helden« einer jüngeren Generation mit ihrem Anspruch auf Aufarbeitung. Für Benda erwies sich die Rede als Karrieresprungbrett. Sein Weg führte in kurzer Folge vom Parlamentarischen Staatssekretär im Bundesinnenministerium über das Ministeramt am Ende der Kanzlerschaft Kiesinger zum Präsidenten des Bundesverfassungsgerichts 1971.

Für die in den sechziger Jahren aufbrechende, heftige Auseinandersetzung um die deutsche Vergangenheit steht symbolisch die Ohrfeige, die Beate Klarsfeld 1968 Kurt Georg Kiesinger wegen seiner NSDAP-Mitgliedschaft auf offener Bühne gab. Ich war damals im Saal anwesend und bekam in den hinteren Reihen der Berliner Kongresshalle zumindest mit, dass etwas geschehen war, ohne jedoch Einzelheiten zu erkennen. Dabei war der Parteitag in der von den Studentenprotesten aufgeputschten Stimmung aus guten Gründen hermetisch abgesichert worden. Dass Klarsfeld im anschließenden Prozess von Horst Mahler vertreten wurde, der zunächst als RAF-Mitglied und später dann als Neonazi und Holocaust-Leugner wiederholt im Gefängnis saß, lässt einen ob der Wendungen, die das Leben schreibt, nur staunen. Ihr Mann, der Holocaust-Überlebende Serge Klarsfeld, hat die Aktion einmal als Ohrfeige einer Tochter für den Vater bezeichnet. Sie habe symbolisch die Abrechnung der deutschen Jugend mit der Vätergeneration ausgedrückt, es sei ein Akt der Befreiung gewesen. Mir blieb das fremd – nicht nur weil ich den tätlichen Angriff auf den Kanzler ablehnte und wenig davon hielt, eine Person stellvertretend für andere anzuklagen. Ich hatte vor allem das Glück, zu meinem Vater ein ungebrochen gutes Verhältnis zu haben. Im Privaten machte er, der in der christlichen Arbeiterbewegung aktiv gewesen war, keinen Hehl daraus, wie fern ihm die Nazis im Habitus und mit ihrer unchristlichen Ideologie standen. Den mädchenhaften Schwärmereien meiner Mutter und ihrer zwei Schwestern für das Regime trat er gemeinsam mit seinem künftigen Schwiegervater, dem sozialdemokratischen Schmiedemeister, früh entgegen.

Die heftigen Konflikte, die Teile meiner Generation und viele Jüngere nicht nur gesellschaftlich, sondern gerade im Privaten austrugen, habe ich also nicht erlebt. Ich stand nie in Opposition zu meinen Eltern. Die familiäre Entfremdung und bleibenden Verletzungen, die diese Auseinandersetzungen vielfach hinterließen, kenne ich deshalb nur aus Erzählungen. Dass aber mein Erleben der Nachkriegszeit nicht die Erfahrung aller war, lernte ich auch bei Heinrich

Böll. Das Katholisch-Rheinische in seinen Werken blieb mir zwar immer unzugänglich, mich faszinierte jedoch das Gebrochene seiner Generation, das sich in den Figuren seiner Romane spiegelt: durch Krieg, Verstrickung, Hunger. All das, was ich so nicht erleben musste.

## UNSERE GESCHICHTE ALS BLEIBENDE VERANTWORTUNG

Je älter ich werde, umso unfassbarer ist es für mich, dass eine hochzivilisierte Gesellschaft, und eben nicht nur ein paar Verbrecher, zu solchen Verirrungen wie die Deutschen im Nationalsozialismus fähig ist. Mein Interesse an Geschichte war schon als Gymnasiast ausgeprägt, und es verstärkte sich im Laufe meines Lebens kontinuierlich, weshalb ich hier zeitlich etwas aushole. Doch Wissen ist das eine, das Empfinden an den Orten der Verbrechen etwas völlig anderes. Ich bin spät, erst nach 2002, nach Israel gereist, aber schon der erste Besuch in Yad Vashem hat mich nicht mehr losgelassen. In meiner zweiten Amtszeit als Innenminister entstand dann eine bis heute andauernde Freundschaft mit meinem damaligen israelischen Kollegen Avi Dichter, einem Kind von Shoah-Überlebenden. Mit ihm besuchte ich in Berlin das Mahnmal für die ermordeten Juden Europas, und ich vergesse nie, wie er in Tränen ausbrach, als er mir im »Ort der Information« die Namen seiner im Holocaust ermordeten Familienmitglieder zeigte.

Als Bundestagspräsident habe ich dort im Jahr 2021 mit meinem israelischen Kollegen Yuli-Yoel Edelstein einen Kranz niedergelegt – nicht etwa jeder einen, sondern gemeinsam einen, dessen Schleife die Farben beider Staaten trug. Das hatte es bis dahin noch nicht gegeben. Edelstein, der mich zuvor bei meinem offiziellen Besuch anlässlich des siebzigsten Jahrestags der Gründung Israels vor der Knesset mit militärischen Ehren empfangen hatte, ist wie Dichter ein Sohn von Holocaust-Überlebenden. Am Mahnmal, neben dem Brandenburger Tor und in Sichtweite des Reichstagsgebäudes, sprach er von seinem zerrissenen Herzen, an diesem Ort zu stehen und der Millionen ermordeten Juden Europas zu gedenken. Das hat mich tief berührt, und ich empfand es als eine Geste großen Vertrauens in unseren Staat. Ich bin überzeugt, dieses Vertrauen konnte über den Abgründen unserer Geschichte überhaupt nur wachsen, weil wir Deutschen uns zur Schuld, die unser Land trägt, bekennen. Es ist beschämend und manchmal zum Verzweifeln, dass Ewiggestrige dies immer noch nicht verstanden haben.

Zum zentralen Ort für das Bekenntnis zu unserer besonderen Verantwortung sind seit 1996 die Gedenkstunden im Deutschen Bundestag geworden. Als Fraktionsvorsitzender hatte ich 1995 eine Anregung von Gregor Gysi aufgegriffen und Bundespräsident Roman Herzog vorgeschlagen, zum Jahrestag der Befreiung von Auschwitz immer am 27. Januar einen solchen Gedenktag anzuordnen. Entsprechend der Proklamation durch den Bundespräsidenten ist das Gedenken ausdrücklich allen Opfern des Nationalsozialismus gewidmet. Ein Gedenken, das einzelne Opfergruppen herausgehoben würdigt, habe ich deshalb eher skeptisch gesehen. Das brachte mir in meiner Amtszeit heftigen Gegenwind von Aktivisten aus der schwul-lesbischen Community ein, die sich Respekt auf ihre Fahnen geschrieben haben, selbst aber den sachlichen Erwägungen, die mich leiteten, nicht immer vorurteilsfrei begegnen wollten. Unweigerlich zwingt das Gedenken an eine bestimmte Opfergruppe zur Abwägung zwischen den verschiedenen Opfergruppen, was man mit guten Gründen für unangemessen halten kann – abgesehen davon, dass man ungewollt der Logik der Täter mit ihrer Einteilung von Menschen in Gruppen folgt. Und wo, bei welcher Opfergruppe, hört man dann eigentlich auf? Wo entsteht bei dieser Schwerpunktsetzung des Gedenkens womöglich unabsichtlich eine Unwucht angesichts von sechs Millionen ermordeter Juden, auch wenn niemand anzweifelt, dass jedes Opfer gleich zählt? Mich wie das Bundestagspräsidium hat bei der Gestaltung der Gedenkstunden vor allem der Wunsch geleitet, solange dies überhaupt noch möglich ist, Überlebende des Holocausts als Gastredner einzuladen – und solche gab es in der gleichgeschlechtlichen Opfergruppe damals schon nicht mehr. Ich halte meine Argumente noch immer für stichhaltig, zumindest bedenkenswert, bekenne aber auch: Als ich am 27. Januar 2023 an der Gedenkstunde teilnahm, bei der auf Entscheidung meiner Nachfolgerin der Verfolgung von gleichgeschlechtlichen Opfergruppen gedacht und auch daran erinnert wurde, wie lange wir selbst noch in meiner politisch aktiven Zeit gebraucht haben, das Unrecht zu begreifen und zu beseitigen, habe ich die Kritik, die ich zuvor erfahren hatte, besser verstanden.

Ich verdanke den Gedenkstunden bleibende Eindrücke vor allem durch die persönliche Begegnung mit den letzten Zeitzeugen, darunter die Cellistin Anita Lasker-Wallfisch, die 2018 von dem unglaublichen Zufall berichtete, der sie und ihre Schwester Renate nach der Deportation im Vernichtungslager Auschwitz-Birkenau wieder zusammenführte. Dort spielte sie in der Lagerkapelle. Die besondere Beziehung der beiden Schwestern zueinander, die auch das Lager Bergen-Belsen überlebt und sich geschworen hatten, nie wieder deutschen Boden zu betreten, erlebte ich bei einem gemeinsamen Mittagessen. Es sind diese individuellen Schicksale und die damit verbundenen Geschichten, die uns jenseits der eigentlich unfassbaren Zahl von sechs Millionen ermordeten Juden erschüttern und die Dimensionen des Völkermords erahnen lassen.

Der Historiker Saul Friedländer hat diese Fassungslosigkeit als »Primärgefühl« im Angesicht der Shoah bezeichnet. Er selbst hat als Kind den Holocaust in einem katholischen Internat versteckt überlebt, wovon er auf meine Einladung hin 2019 im Bundestag erzählte. In seinen wissenschaftlichen Werken hat er ein einzigartiges Gesamtbild der europaweiten Judenverfolgung geschaffen. Es gewinnt seine besondere Kraft gerade aus der spannungsvollen Beziehung zwischen der abstrakten statistischen Darstellung der Verwaltungs- und Mordmaßnahmen und den lebendigen Erinnerungen der Zeitzeugen. Ich habe in meiner einführenden Rede zu verdeutlichen versucht, was mir im Laufe meines Lebens bewusst geworden ist. Dass beides einander ergänzen muss: nüchterne Objektivierung durch wissenschaftliche Erkenntnis und Emotionalisierung. Denn es braucht Empathie, um mehr wissen zu wollen und zu verstehen.

Dass wir dies als Aufgabe künftigen Generationen vermitteln wollen, hat mich dazu veranlasst, in der Gedenkstunde 2021 den Blick von der unmittelbaren Zeitzeugenschaft auch auf die Tradierung in der zweiten und dritten Generation zu lenken. Neben Charlotte Knobloch, der langjährigen Vorsitzenden des Zentralrats der Juden in Deutschland, lud ich Marina Weisband ein, die als Kind aus der Ukraine nach Deutschland gekommen war und vielen vor allem als frühere Sprecherin der Piratenpartei bekannt ist. Sie sprach als eine Vertreterin der Generation junger deutscher Juden, die als selbstverständlicher Teil einer vielfältigen deutschen Gegenwart wahrgenommen werden wollen – und die dennoch damit ringen, dass es unmöglich ist, aus dem Schatten der Vergangenheit zu treten. Ihre kluge, differenzierte und zugleich leidenschaftlich vorgetragene Rede ließ die kleinkrämerischen parteipolitischen Vorbehalte, die zuvor auch aus meiner Partei laut wurden, verstummen. Die anschließende Zeremonie, bei der ich im Andachtsraum des Bundestags zusammen mit dem Bundespräsidenten und der Kanzlerin als Zeichen unserer Verpflichtung gegenüber dem deutschen Judentum die Patenschaft für die frisch restaurierte Sulzbacher Thorarolle übernahm, machte die Gedenkstunde für mich zu einem außergewöhnlichen Erlebnis.

## MEINE NÄHE ZU ISRAEL UND FRANKREICH

Besonders eindrücklich dafür, wie Geschichte die Politik mitbestimmt, wurde für mich der Besuch des israelischen Staatspräsidenten Reuven Rivlin anlässlich seiner Rede zum 27. Januar 2020. Wir trafen uns am Vorabend zu einem Ehrenessen im Dahlemer Amtshaus des Bundestagspräsidenten, und Rivlin, der von besonders einnehmender Art ist, wusste die Tischgesellschaft blendend zu unterhalten. Doch irgendwann nahm der Abend eine unerwartete Wendung und die Atmosphäre wurde angespannt. Über den Ticker der Nachrichtenagenturen, den Mitglieder aus dem Stab des Präsidenten unter dem Tisch mitlasen, liefen erste Meldungen über den von Donald Trump lange angekündigten US-Friedensplan für den Nahen Osten auf Grundlage einer Zwei-Staaten-Lösung des israelisch-palästinensischen Konflikts. Nach und nach entwickelte sich darüber eine lebhafte Debatte unter den Delegationsmitgliedern, der wir Deutschen interessiert lauschten. Jeder von uns spürte, dass es hier nicht nur um politische Verhandlungen ging, sondern Existenzielles berührt war. Die Selbstverpflichtung Deutschlands, dass die Sicherheit Israels auch unsere besondere Verantwortung und das Recht der Juden auf einen eigenen Staat nicht verhandelbar ist, teile ich. Nach dem 7. Oktober 2023 und dem pogromartigen Terrorangriff der Hamas auf Israel muss sich allerdings mehr denn je beweisen, wie ernst wir es damit meinen.

Reuven Rivlin hatte 1965 noch gegen die Ankunft des ersten deutschen Botschafters in Israel auf der Straße protestiert. Seit der Befreiung von Auschwitz waren da gerade einmal zwei Jahrzehnte vergangen. Wer sich überlegt, was er selbst vor zwanzig Jahren gemacht hat, wird nachempfinden, wie gegenwärtig die Epoche des Vernichtungskriegs damals noch gewesen sein muss. Die Aussöhnung mit Israel war auch für mich ein großes Thema – und eines, bei dem heftig gestritten wurde. Denn mit Israel diplomatische Beziehungen aufzunehmen, konnte der Hallstein-Doktrin zuwiderlaufen. Benannt nach dem Staatssekretär im Auswärtigen Amt, Walter Hallstein, bestimmte dieser

Glaubenssatz die deutsche Außenpolitik seit den fünfziger Jahren. Die Bundesrepublik betrachtete demnach die Aufnahme diplomatischer Beziehungen zur DDR durch Drittstaaten als unfreundlichen Akt. Es war aber abzusehen, dass die arabischen Staaten auf die Aufnahme diplomatischer Beziehungen der Bundesrepublik zu Israel ihrerseits damit reagieren würden, Beziehungen zur DDR aufzunehmen. Hier zeigt sich, wie sehr die großen außenpolitischen Fragen der Zeit immer eng verwoben waren mit der deutschen Teilung. Ich stand aufseiten derer, denen die Aussöhnung mit Israel dennoch wichtiger war. Die Begegnung Adenauers und Ben-Gurions 1960 im New Yorker Waldorf Astoria, die überhaupt erst ermöglichte, sich über dem Abgrund, der beide Länder teilt, die Hände zu reichen, hatte ich als Abiturient aufmerksam verfolgt. Zusammen mit der Verjährungsdebatte näherte ich mich über diese Entwicklung in den deutsch-israelischen Beziehungen der Vergangenheitsaufarbeitung allmählich an und entwickelte ein Gefühl dafür, dass wir angesichts des Entsetzlichen, das Deutsche Juden angetan hatten, in einer besonderen Pflicht gegenüber Israel stehen.

Zeitgleich zeigte sich im Verhältnis der Bundesrepublik zu Frankreich, dass zwischen jahrzehntelangen erbitterten Feinden Aussöhnung möglich ist. Ich bin in der französischen Besatzungszone aufgewachsen. Französisch lernte ich als erste Fremdsprache – weshalb ich mir noch später, auf dem internationalen Parkett, mit Englisch schwertat. Die Franzosen in Hornberg habe ich allerdings nicht als Besatzer empfunden, sie fielen auch nicht besonders auf. In Erinnerung ist mir vor allem ein freundlicher Offizier der Kommandantur, der bei uns im Haus wohnte. Als Jugendlicher beteiligte ich mich an einem Projekt der Kriegsgräberfürsorge in den Vogesen. Tagsüber haben wir auf dem Soldatenfriedhof Munster gearbeitet und die Gräber gepflegt. Der Kulturaustausch war dabei mindestens so prägend wie das, was wir bei unserer Arbeit über die kriegerische deutsch-französische Geschichte erfuhren – und über das Wunder der Versöhnung, das wir abends im Zeltlager ganz praktisch zelebrierten. Auf dem Friedhof lagen Gefallene aus dem Ersten Weltkrieg. Die Vogesen, insbesondere der Hartmannswillerkopf, waren vor allem im ersten Kriegsjahr einer der verlustreichen Hauptkampfplätze. Der ganze Irrsinn dieses Krieges wird hier in einer eindrucksvollen deutsch-französischen Gedenkstätte greifbar. Der Erste Weltkrieg, das wurde mir in den späteren Gesprächen mit meinen französischen und britischen Partnern klar, hat in deren nationaler Erinnerungskultur noch immer einen hohen Stellenwert, an den sie am 11. November, dem Tag des Waffenstillstands von Compiègne, erinnern. Für uns Deutsche ist das alles weit weg, völlig überlagert durch die Katastrophen der Nazi-Herrschaft und des Zweiten Weltkriegs.

In meiner Kindheit und Jugend im mittleren Schwarzwald lag das Nachbarland, so nah es geografisch scheint, nicht wirklich um die Ecke. Kehl, das Frankreich nach dem Zweiten Weltkrieg als Brückenkopf auf der anderen Rheinseite von Straßburg eigentlich behalten wollte, war noch bis 1953 Teil der schon von den Nazis bei Kriegsbeginn eingeführten »Roten Zone«, eines Sonderverwaltungsgebiets mit einer Reihe von Beschränkungen. Die Franzosen betrieben nach 1945 im Elsass zunächst eine andere Politik als nach dem Ersten Weltkrieg. Damals hatte man den Elsässern, natürlich nicht ohne Probleme, Zeit gelassen zu entscheiden, ob sie lieber zu Frankreich oder zu Deutschland gehören wollten. Jetzt herrschte strenge Abgrenzung. Verwaltungsangehörige wurden aus »Innerfrankreich« ins Elsass versetzt, die deutsche Sprache nicht gelehrt und der elsässische Dialekt nicht gefördert. Straßburg entwickelte sich in der Folge erst einmal weg vom Rhein, auch städtebaulich. Heute nenne ich mich dagegen gerne und stolz Nachbar von Straßburg. Die Grenzstadt Kehl in meinem Wahlkreis ist praktisch ein Vorort der elsässischen Metropole. Für diese Entwicklung der Grenzregion habe ich mich als Abgeordneter sehr engagiert.

## EIN KIND DES KALTEN KRIEGES

In den fünfziger und sechziger Jahren war Frankreich chic, ob im Kino oder in der Mode. Politisch waren für mich aber die USA der eigentliche Garant für die Freiheit und unsere Art zu leben. Der Kalte Krieg hat mein politisches Denken zweifellos bis heute geprägt. Ich habe noch eine dunkle Erinnerung an den 17. Juni 1953, an die Berichte von sowjetischen Panzern in den Straßen Berlins und anderer Städte – in »der Zone«, wie wir damals sagten. DDR, das kam uns nicht über die Lippen. Krieg war damals eine reale Gefahr und in Korea bereits schreckliche Wirklichkeit. Zu Beginn der fünfziger Jahre war die Angst davor auch bei meinen Eltern allgegenwärtig.

Der Kalte Krieg manifestiert sich in meiner Erinnerung vor allem in der zugespitzten Krise im Oktober und November 1956, als der Volksaufstand in Ungarn und die internationale Krise am Suezkanal alle Aufmerksamkeit auf sich zogen. Die brutale Gewalt, mit der die Sowjetunion in Ungarn ihren Einflussbereich sicherte, hat mich erschreckt – zumal mir als Jugendlichen die große Sportnation Ungarn nahestand. Ich kann mich auch noch recht gut an den Versuch der Briten und Franzosen erinnern, in der Auseinandersetzung mit Ägypten unter General Nasser die strategisch wichtige Wasserstraße in der Hand zu behalten. Es war ein undurchdachtes Abenteuer ohne Rückendeckung der Amerikaner – und dann auch schnell zu Ende, als die Sowjetunion mit einem Atomschlag drohte. Anthony Eden, der im Schatten Churchills so lange auf seine Chance als Premierminister gewartet hatte, verlor prompt sein Amt, und Briten wie Franzosen mussten infolge des Debakels einsehen, keine Weltmacht mehr zu sein. Noch dem Letzten wurde damals klar, dass es ohne die Vereinigten Staaten nicht ging. Sie waren es, die uns in der Blockkonfrontation des Kalten Kriegs, der ständig heiß zu werden drohte, schützten. Die USA als einzig wahre Schutzmacht des Westens – das ist mein Grundverständnis von Kindheit an. Und das ist bis heute so geblieben.

Es lag über all den Jahren eine ungeheure Anspannung, die Angst vor dem »unwiderruflich letzten Krieg der Menschheit«, vor dem John F. Kennedy eindrucksvoll warnte. Der drohende »Atomtod« war seit der Wiederbewaffnungsdebatte in den fünfziger Jahren ständiger Begleiter. Mit der Eskalation der Kubakrise 1962 stand die Welt für einige Tage tatsächlich am Abgrund. Ich habe dieses Gefühl der existenziellen Bedrohung nicht vergessen – und im Superlativ des Schreckens, den wir uns in der Wahrnehmung der gegenwärtigen Krisenakkumulation angewöhnt haben, sollten wir uns daran erinnern. Der Schock hatte bereits im August 1961 tief gesessen, als die DDR den Westteil Berlins abriegelte. Die Situation war dramatisch, und Konrad Adenauer verließ mitten im Bundestagswahlkampf sein politisches Gespür, als er viel zu lange wartete, um sich im eingemauerten freien Teil Berlins zu zeigen. Dass jede weitere Eskalation Krieg bedeuten könnte, haben wir damals alle verstanden, deswegen war es zwar bedrückend, aber nachvollziehbar, dass die USA nicht gegen die sowjetischen Panzer vorgingen. Erst einmal schien die deutsche Teilung unüberwindbar. Der Mauerbau in Berlin, so viel hatte ich begriffen, war als deutschlandpolitischer Einschnitt eben auch nur ein Teil des viel größeren internationalen Systemkonflikts.

Außenpolitik interessierte mich bereits als Jugendlicher. In dieser Phase der Blockkonfrontation war US-Außenminister John Foster Dulles prägend, der gegenüber den Sowjets kompromisslos auftrat. Es gab die Sorge, dass Staaten mit zu großer Nähe und dadurch unter zu starkem Einfluss des kommunistischen Herrschaftsbereichs wie Dominosteine vom Westen abfallen könnten. Die von George F. Kennan maßgeblich skizzierte Politik des Containment hatte schon mit dem Marshall-Plan das Ziel verfolgt, das Ausbreiten des Kommunismus einzudämmen. Das Konzept der nuklearen Abschreckung baute mit dem Wissen um die gegenseitige Vernichtungsfähigkeit darauf, dass ein ausreichendes Maß an Rationalität vorhanden sei – etwas, das in der Konfrontation mit Putin nicht mehr sicher scheint und deshalb die Bedrohung so anders macht. Stabil war das Gleichgewicht des Schreckens zwischen den Weltmächten jedoch nicht. Wir erlebten lange den Rüstungswettlauf beider Blöcke. Und auch wenn der Eiserne Vorhang für den europäischen Kontinent sogar eine Periode des relativen Friedens bedeutete, war es global gesehen eine Zeit voller dynamischer Konflikte und Stellvertreterkriege. Immer wieder ging es in der Berichterstattung um Kuba, das nach dem Putsch Fidel Castros isoliert wurde, dann zunehmend um den Krieg in Vietnam. Von den verdeckten Operationen der USA in der Phase der Dekolonialisierung auf dem afrikanischen Kontinent und in Lateinamerika, wo sich die US-Politik gegen sozialistische Regierungen richtete und dazu auch Militärjunten stützte, habe ich erst viel später gelesen. Das hatte gravierende Folgen für Anspruch und Selbstbild der westlichen Führungsmacht als moralisches Vorbild.

Für die westdeutsche Politik und Gesellschaft bedeutete der Kalte Krieg auch, von der Sicherheit und dem Schutz zu profitieren, den andere, namentlich die Vereinigten Staaten, uns garantierten. Die Bundesrepublik war zu diesem Zeitpunkt weder in der Lage noch willens, in diesen außen- und sicherheitspolitischen Angelegenheiten mitzuentscheiden. Und eigentlich war es doch auch ganz bequem, nicht selbst vorsorgen zu müssen. Die behütete Haltung – sollen das doch die Amerikaner machen – erleichterte vieles, und wir konnten als moralische Besserwisser die USA sogar noch kritisieren, um zu zeigen, dass wir aus unserer Vergangenheit gelernt haben. Diese Attitüde ist bis heute in Deutschland spürbar. Vor dem Hintergrund unserer Geschichte ist die sicherheitspolitische Reserviertheit zwar verständlich, wird dadurch aber noch nicht richtig, wie wir seit dem Angriffskrieg Russlands auf die Ukraine in einer Art Schnellkurs lernen. In den deutschen Reaktionen zeigt sich, dass wir einem Dilemma viel zu lange ausgewichen sind. Die Sicherheit des Friedens gibt es nicht kostenlos. Ihn zu wahren oder auch erst zu schaffen, verlangt Einsatzwillen für die eigenen Überzeugungen und politische Führung, um die Bevölkerung davon zu überzeugen: *Si vis pacem, para bellum.* Alles hat einen moralischen Preis. Das ist der Grund, weshalb ich Pazifismus als ethische Haltung respektiere, diese aber zur politischen Gestaltung für nicht geeignet halte. Die Vergangenheit kann jedenfalls nicht das Feigenblatt dafür sein, sich dauerhaft der Verantwortung für die eigene Sicherheit und die Europas zu entziehen.

In den sechziger Jahren wurde die Debatte über die Europa-, Sicherheits- und Deutschlandpolitik innerhalb der Union vom überaus komplexen außenpolitischen Grundsatzstreit zwischen »Gaullisten« und »Atlantikern« dominiert. Die Atlantiker versammelten sich hinter Außen-, später dann Verteidigungsminister Gerhard Schröder, die Gaullisten hinter Adenauer, Strauß und Bundestagspräsident Eugen Gerstenmaier, der am 20. Juli 1944 mit Pistole und Taschenbibel im Gepäck im Berliner Bendlerblock auf den Umsturz gehofft hatte und als einer der wenigen aus dem Widerstand gegen Hitler nicht zum Tode verurteilt worden war, sondern im Zuchthaus überlebte. Er hatte in meinen Augen zwar stets etwas Rechthaberisches, aber seine Biografie, auch als Gründer des Hilfswerks der EKD, beeindruckte mich. Dennoch fand ich mich nicht in seinem Lager. De Gaulles Vision vom »europäischen Europa« kollidierte mit meiner Überzeugung, die USA als wesentlichen Garanten für die Sicherheit der Bundesrepublik anzusehen – auch wenn im Zuge der Berlinkrise eine gewisse Ernüchterung bei mir und in Teilen der Partei gegenüber dem transatlantischen Partner eingekehrt war. In der heftigen Kontroverse entwickelte Gerstenmaier seine Ellipsentheorie, wonach die NATO nicht mehr als ein Kreis mit einem Mittelpunkt, also mit der Befehlszentrale Washington im Zentrum, sondern als Ellipse mit dann zwei Brennpunkten gedacht werden solle – neben der US-Hauptstadt eben auch Paris. Bei allen frankophilen Gefühlen: So weit ging meine Liebe zum Nachbarland dann doch nicht. In dieser strategisch zentralen Frage stand ich aufseiten der USA – sie waren unsere Schutzmacht.

Nicht zuletzt Kennedy hatte gerade uns Jüngere elektrisiert, dagegen verblasste selbst die Reise Charles de Gaulles durch die Bundesrepublik mit seinem umjubelten Auftritt in Ludwigsburg. Neben Kennedy und dem Glamour, den seine Frau Jacqueline verbreitete, sahen der französische Staatspräsident und vor allem Adenauer sehr alt aus. Sichtbar wurde der Generationenbruch beim Berlinbesuch im Juni 1963, als der junge US-Präsident neben dem greisen Kanzler stand, begleitet vom charismatischen Regierenden Bürgermeister West-Berlins Willy Brandt. Der Schock über Kennedys Ermordung wenige Monate später saß über Parteigrenzen und Generationen hinweg bei allen tief. In Freiburg nahm ich an einer Kundgebung am Münster teil, die Bilder von seinem legendären Auftritt vor dem Schöneberger Rathaus waren da noch frisch.

Der jahrelange Konflikt zwischen Atlantikern und Gaullisten verlor dann spätestens mit den Regierungswechseln 1969 in Paris und in Bonn und mit dem Gang der Union in die Opposition an Schärfe. Die neue Ostpolitik der jetzt sozialliberalen Regierung unter Brandt beruhigte fürs Erste die Auseinandersetzungen innerhalb der Union, indem sie die Lagerbildung zwischen den beiden großen Volksparteien nachdrücklich forcierte.

## MEINE PARTEIPOLITISCHE HEIMAT: KONSERVATIV? CHRISTDEMOKRAT!

Ich wuchs in einem politischen Haushalt auf, in dem viel diskutiert wurde. Das prägt fürs Leben. Wie meine Brüder unterstützte ich das politische Engagement unseres Vaters, wir klebten in Wahlkämpfen Plakate und besuchten Versammlungen, oft auch der politischen Konkurrenz. Alle drei fanden wir unsere politische Heimat in der CDU, und auch Thomas sollte die Leidenschaft für die Politik später zum Beruf machen. Er war zunächst lange kommunalpolitisch erfolgreich und reüssierte dann in der baden-württembergischen Landespolitik.

Leitfigur der deutschen Politik war für mich in den Jahren der politischen Selbstfindung wie für viele andere damals der Bundeskanzler. Konrad Adenauer hat in seiner Amtszeit die Westintegration der Bundesrepublik durchgesetzt, das enge deutsch-französische Verhältnis begründet und die europäische Einigung mit auf den Weg gebracht. Als konservative Galionsfigur wurde er in den Worten seines Biografen Hans-Peter Schwarz zum entschiedenen »politischen Neuerer«. Dabei polarisierte er mit seinem rigorosen Antikommunismus, der die freiheitliche Demokratie für die bundesrepublikanische Gesellschaft umso heller strahlen ließ, zumal es dank der Sozialen Marktwirtschaft ökonomisch rasant aufwärtsging.

»Nehmen Sie die Menschen, wie sie sind, andere gibt es nicht«, lautete einer seiner Grundsätze, wofür er heftig gescholten wurde. Es wurde ihm vorgeworfen, dass er wichtige Positionen pragmatisch mit NS-Belasteten besetzt hatte – allen voran Hans Globke, dem Chef des Kanzleramts. Ich vermute, dass er auf die fachliche und administrative Kompetenz mangels besserer Alternativen nicht verzichten wollte. So ganz anders war die Situation in der DDR nach dem Ende der SED-Diktatur auch nicht. Jede politische Führung tut nach grundstürzenden Veränderungen gut daran, das richtige Maß zu halten zwischen juristischer, moralischer und politischer Verantwortung und der Aufgabe, über alte Spaltungen hinweg auch zusammenzuführen. Im Übrigen hatte Adenauer persönlich eine reine Weste, und so hat es seinem Ansehen nicht wirklich geschadet. Er mag ein politisches Schlitzohr gewesen sein, aber er war eben auch eine Autorität. Er hielt die Balance zwischen seiner volkstümlichen Direktheit und seinem bürgerlichen Anspruch. Und er sprach in verständlicher Sprache über komplexe Fragen, um die es schon in der jungen Bundesrepublik ging.

Das Bild der SPD als Feind wurde in meiner Familie nicht gepflegt, auch wenn uns die oft bitterbösen Angriffe Kurt Schumachers gegen den Kanzler erregten und ich sogar einmal aus einer SPD-Wahlkampfversammlung geworfen wurde, weil ich meine freche Klappe nicht halten konnte. Die FDP stand uns in grundsätzlichen politischen Positionen zwar näher, aber wir Söhne spürten immer eine gewisse Distanz unseres Vaters zum Habitus und zum Gesellschaftsbild der Liberalen. Die CDU war damals nicht »schickimicki«, und das ist sie auch heute nicht. Sie ist im Vergleich zu anderen Parteien ländlicher geprägt. Ihre mangelnde Verwurzelung in den Großstädten zählt immer noch zu den großen Problemen der Union. Damals gehörten ihr relativ viele Arbeiter an, allerdings weniger die gewerkschaftlich gebundenen. Adenauer übte parteiübergreifend gerade auf die sogenannten einfachen Leute eine enorme Ausstrahlung aus. Wir waren die Partei der »Normalen«, eher kirchlich Orientierten, des Mittelstands, darunter viele Frauen – jedenfalls in der Wählerschaft der CDU. Unter den Mitgliedern war das nicht der Fall, aber die Zustimmung unter den Wählerinnen zu Adenauer war hoch. Nach meiner späteren Erfahrung wählen Frauen übrigens, anders als viele voraussetzen, keineswegs automatisch mehrheitlich Frauen – was innerparteilich Teil einer Erklärung für unser langes Ringen um eine Frauenquote ist.

Ein christdemokratisches Weltbild während des Wirtschaftswunders im geteilten Land hatte klare Koordinaten: Gesellschaftlich hieß es, klassisch-bürgerliche Werte zu wahren, politisch, festen Kurs gegen den Kommunismus zu halten. Die Deutsche Einheit war nur in Frieden *und* Freiheit zu gewinnen – und im Zweifel stand Freiheit vor Einheit. In den Auseinandersetzungen mit den Sozialdemokraten der fünfziger Jahre, als Stalin mit seinen Deutschlandnoten lockte, war die Union bei der Überzeugung geblieben, dass die Einheit nicht um den Preis der Neutralisierung des Landes erkauft werden durfte.

Zum Markenkern der CDU gehörte natürlich die Soziale Marktwirtschaft. Adenauers konsequente Politik von Westintegration und europäischer Einigung wäre ohne die erfolgreiche wirtschaftliche und soziale Entwicklung, die mit dem Begriff »Wirtschaftswunder« beschrieben und mit dem Namen Ludwig Erhard verbunden ist, wahrscheinlich nicht so stabil und erfolgreich gewesen. In der Bundesrepublik setzten vor allem die Sozialdemokraten eher auf den Staat, der Gerechtigkeit herstellen soll, als auf die Selbstregulierungskräfte des freien Marktes. Ich hielt dagegen schon als junger Mann mehr davon, dass nur da, wo der Markt die Kombination aus Gerechtigkeit und Fairness nicht gewährleistet, der ausgleichende Staat eingreifen muss. Die Soziale Marktwirtschaft beruht auf der ausgewogenen Balance zwischen einer auf Markt und Wettbewerb gründenden Wirtschaftsordnung und einem auf Chancengleichheit und sozialen Ausgleich zielenden Gesellschaftssystem. Das Denken Ludwig Erhards als »Vater« des deutschen Wirtschaftswunders folgte dem Verständnis einer humanen Ordnung, die dem Menschen die Entfaltung seiner Möglichkeiten erlaubt, die gleichzeitig aber auch einen Rahmen steckt, der soziale Gerechtigkeit ermöglicht. Dem Menschen zu einem verantwortlichen Umgang mit Freiheit zu verhelfen, sollte nicht durch Zwang erfolgen, sondern durch klug gesetzte Anreize. Der zugrunde liegenden ordoliberalen Wirtschaftskonzeption der Freiburger Schule um Walter Eucken und seine Mitstreiter Alexander Rüstow, Franz Böhm und Wilhelm Röpke habe ich mich in meiner Studienzeit gedanklich immer stärker angenähert. Sie ist werteorientiert und anthropozentrisch. Ökonomisches Handeln ist demnach kein Selbstzweck, sein Ziel ist vielmehr das Wohlergehen der Menschen. Der Mensch ist allerdings, so sehr er zur Freiheit begabt und zu Großem fähig ist – in den Worten Kants –, auch aus allzu krummem Holz geschnitzt; verführbar, ängstlich, irrational. Er handelt nicht nur zum Wohle der Mitmenschen, weshalb dem Markt und seinen Akteuren dort, wo diese die gesellschaftlichen Werte und die Legitimation unserer Wirtschaftsordnung unterlaufen könnten, durch die Politik Grenzen gesetzt werden müssen.

Der Nestor der katholischen Soziallehre in Deutschland, Oswald von Nell-

Breuning, hat die Soziale Marktwirtschaft als eine dem Menschen besonders gemäße Ordnung bezeichnet, weil sie ihn moralisch weder über- noch unterfordere. Er dürfe seinem Eigennutz folgen und müsse gleichzeitig soziale Grenzen, Ausgleich und Nachhaltigkeit akzeptieren. Eine Politik, die dem Menschen in seiner Schwäche, seiner Stärke und in seinem Freiheitsbedürfnis gerecht werden will, muss das Gleichgewicht zwischen zu wenigen und zu vielen Regeln permanent neu justieren. Dieser Aufgabe fühle ich mich politisch verpflichtet. Es geht um Maß und Mitte. Die vollkommene Harmonie zwischen den Kräften des Marktes und sozialen Erwägungen bleibt dabei jedoch ein Ideal, das in dynamischen Gesellschaften niemals zu realisieren ist.

Ich bin in meinem politischen Leben immer wieder danach gefragt worden, was ich darunter verstehe, konservativ zu sein. In einer Welt rasanter Veränderungen ist es notwendig, dem Wandel eine menschenverträgliche Gestalt zu geben. Konservativ zu sein, heißt für mich gerade nicht, der Macht ergeben zu sein, rückwärtsgewandt, altmodisch oder gar reaktionär, im Gegenteil. Eine konservative Grundhaltung erlaubt Neues, aber sie zwingt nicht dazu, Bewährtes radikal abzulehnen, Erfahrung einfach beiseitezuschieben. Der Konservative, wie ich ihn verstehe, steht deshalb auch nicht notwendigerweise im Widerspruch zu technologischem Fortschritt oder gesellschaftspolitischer Veränderung. Er nimmt sich aber die Freiheit, das Machbare danach zu befragen, ob es sich mit den Werten und Tugenden verträgt, die wir schätzen.

Das Neue muss sich gegenüber dem Vorhandenen beweisen. Zwar ist nichts per se richtig, weil es schon immer so war, aber es ist deswegen auch nicht unbedingt falsch: In dem Sinne bin ich in meiner Grundausrichtung konservativ. Aber ich habe mich eigentlich nie als in erster Linie konservativen Politiker verstanden, sondern als Christdemokraten. Denn unverwechselbar an der CDU ist für mich das Menschenbild, das darauf basiert, wie der Mensch ist – und nicht, wie er sein soll. Die christliche Auffassung, die vom fehlbaren Menschen ausgeht, ist für mich das, was in der Union über alle Unterschiede hinweg verbindet. Deshalb berührt die Debatte über das »C« das Selbstverständnis der Partei, und deshalb verrät der gelegentlich diskutierte Gedanke, das »C« zu streichen, ein fundamentales Unverständnis über das, was die Partei an Gemeinsamkeit braucht.

## MEIN »KONFIRMANDENGLAUBE«: NIMM DICH NICHT ZU WICHTIG

Über meinen Glauben habe ich in ausführlichen Gesprächen häufig Auskunft gegeben und ihn darin als Quelle der Vergewisserung und der Gelassenheit beschrieben. Ich fühle mich durch ihn für die Widrigkeiten des Lebens besser gerüstet, auch wenn das nicht immer gleich stark wirkt. Ich empfinde mich nicht als besonders fromm, spreche lieber von einer Art »Konfirmandenglauben«, den ich mir bewahrt habe. Ich glaube eben, dass wir nicht aus eigener Macht heraus leben und dass wir uns mit dem Grund unserer Existenz gar nicht beschäftigen können, ohne auf eine Dimension zu stoßen, die sich menschlichen Kategorien entzieht.

Die größte Entsprechung für das, was ich glaube, habe ich in der Musik von Bach gefunden, der in seinen Passionen den Menschen nicht heldenhaft zeigt, sondern sündig und begrenzt. Musik begleitet mich schon mein ganzes Leben und ist noch wichtiger geworden, seitdem ich durch die Querschnittslähmung anderen Leidenschaften wie dem Sport nicht mehr nachgehen kann. Für mich hat sie eine ungemein tröstende Kraft, so wie ich im Laufe meines Lebens immer stärker die Erfahrung gemacht habe, wie wichtig mir der Halt im Glauben ist. Der Glaube ermöglicht eine realistische Perspektive: Es gibt Dinge, die wir nicht beeinflussen können, wie in meinem Fall das Attentat eines geistig Verwirrten. Die Begrenztheit der menschlichen Existenz ist unausweichlich, diese ist unvollkommen, doch sie hat auch ihre Freiheiten: In diesem Bewusstsein erkenne ich eine gute Grundlage für realistisches Handeln, für eine pragmatische und menschenwürdige Politik.

Auf die Frage, was der beste Rat in meinem Leben gewesen sei, antworte ich gern mit dem Hinweis auf die in meiner Jugend populäre italienische Filmreihe *Don Camillo und Peppone*. In einer Folge wendet sich Pfarrer Don Camillo mit seinen Sorgen an das Kruzifix in seiner Dorfkirche und bekommt von Jesus die Antwort: »Nimm dich nicht so wichtig.« Von Papst Johannes XXIII. wird Ähnliches erzählt. Er soll im Traum einem Engel von der übergroßen Verantwortung geklagt haben, die auf ihm laste, und der Engel habe geantwortet: »Giovanni, nimm dich nicht so wichtig.« In diesem Rat schwingt eine Reminiszenz an das Menschenbild mit, das einem Christen wie mir naheliegt: die Erinnerung an die Vergänglichkeit. Der Mensch ist verantwortlich, aber nicht allmächtig. »Wo immer in der Welt einer nicht mehr weiß, dass er höchstens der Zweite ist, da ist bald der Teufel los.« Das hat Bischof Joachim Reinelt 1995 zum fünfzigsten Jahrestag der Bombardierung Dresdens gesagt. Der Satz begleitet mich seitdem, denn Christen wissen, dass wir Menschen nur für die vorletzten Dinge zuständig sind. Für mich gibt es keinen treffenderen Ausdruck der demütigen Selbstbegrenzung politischen Handelns als jenen in den Worten, mit denen unser Grundgesetz beginnt: »In Verantwortung vor Gott und den Menschen.«

Wir Menschen brauchen Grenzen – aber wollen sie in der Regel nicht akzeptieren. Ich habe diesem Problem während der Pandemie ein Buch gewidmet, weil ich mir erhoffte, die Grenzerfahrungen, die wir damals alle machten, könnten uns dabei helfen, innerhalb unserer Möglichkeiten besser zu werden. Sowenig wir Grenzen im Allgemeinen zustimmen wollen, sowenig liegt es in unserer Natur anzuerkennen, dass es etwas Höheres als uns gibt. Betrachtet man die Menschheitsgeschichte, liegt es offenbar vielmehr in unserer Natur, immer wieder auszutesten, ob wir nicht ohne Grenzen zurechtkommen. Das forschende Streben zu verbieten, hielte ich dennoch für grundfalsch, aber angesichts der gewachsenen Möglichkeiten sollten wir diesbezüglich besonnen bleiben. Menschlicher Fortschritt, technologische Innovation sind immer Segen und Fluch zugleich, seit Prometheus den Menschen das Feuer brachte. In den großen ethischen Debatten der vergangenen Jahrzehnte über die ersten und die letzten Dinge, von der Embryonenforschung und der Präimplantationsdiagnostik bis zur Sterbehilfe, bin ich stets dem Grundsatz gefolgt, uns nicht zu früh neuer Möglichkeiten zu berauben, gleichzeitig aber im Zweifel vorsichtig zu bleiben und darauf zu achten, dass die politischen Entscheidungen, die wir treffen, nicht unumkehrbar sind. Denn je mehr der Mensch kann, desto kritischer muss er werden, das gilt von der Genomik bis zur Künstlichen Intelligenz.

## KIRCHE ALS HEIMAT

In den fünfziger Jahren hatte die Konfession gesellschaftlich noch eine große Bedeutung. Für meine katholische Großmutter väterlicherseits soll die evangelische Heirat ihres Jüngsten eine richtige Gewissensnot bedeutet haben, erst recht dass ihre Enkel nicht katholisch waren. Das hatten meine Eltern wohl deshalb so entschieden, weil sich meine Mutter in erster Linie um die Erziehung kümmerte. Mein Vater wurde exkommuniziert, weil er uns Kinder evangelisch aufwachsen ließ. »Wenn ich sterbe, kannst du wegen der Beerdigung gleich zum evangelischen Pfarrer gehen«, sagte er einmal zu meiner Mutter. Als er starb, fehlte zunächst tatsächlich der katholische Pfarrer – er kam dann aber doch noch gerade rechtzeitig, bevor wir den evangelischen Amtsbruder bitten wollten.

Ein großer Kirchgänger war mein Vater nicht, allenfalls zur Christmette an Weihnachten. Aber als örtlicher CDU-Repräsentant unterhielt er natürlich gute Beziehungen zur Kirche. Auf die Unterstützung des jeweiligen Stadtpfarrers war er angewiesen. Hornberg, vorwiegend evangelisch, weil es früher einmal zu Württemberg gehörte, und von einer Industriearbeiterschaft geprägt, wählte traditionell sozialdemokratisch. Das benachbarte Haslach dagegen war stärker katholisch, und hier kam die CDU auf die Idee, meinen Vater zu einer Kandidatur als Bürgermeister zu bewegen. Er hatte es wohl auch erwogen, aber dann intervenierte das erzbischöfliche Ordinariat in Freiburg. Einen Evangelischen hätte man dort wohl noch zähneknirschend hingenommen, aber ein von den Sakramenten ausgeschlossener Katholik war indiskutabel. Mein Vater nahm Abstand von der Kandidatur, und ich war nachträglich froh, dass der Kelch so auch an mir vorübergegangen war. Denn das Kind des Bürgermeisters einer Kleinstadt zu sein, war damals kein Vergnügen und mindestens so bescheiden, wie Kind des Schuldirektors zu sein – nur Pfarrerskind wäre vielleicht noch schlechter gewesen.

Als ich 1972 selbst in einem überwiegend katholischen Wahlkreis für den Bundestag kandidierte, hatten sich die Zeiten gewandelt. Damals wurden viele Argumente gegen mich vorgebracht, nicht zuletzt mein Alter. Die Konfession aber spielte keine Rolle mehr. Ich fühle mich in meiner evangelischen Kirche zu Hause, auch wenn in den Leitungsgremien oft andere politische Meinungen als meine eigene vertreten werden. Als ich in meine Gemeinde neu zugezogen war, besuchte mich der dortige Pfarrer, der aus der DDR ins Badische gekommen war. Irgendwann in dem Gespräch sagte ich ihm, er könne jede politische Meinung vertreten, aber bitte nicht zu einseitig in der Predigt. Es könnte sonst passieren, dass ich noch im Gottesdienst von der Freiheit eines Christenmenschen Gebrauch machen und ihm widersprechen würde. Ich bot ihm dazu auch als Wette an, dass ich vielleicht nicht in den Leitungsgremien, aber bestimmt unter den Gottesdienstbesuchern über eine stabile CDU-Mehrheit verfügte. Ditmar Gasse und ich sind enge Freunde geworden, und ich vermute, dass ihn die Freundschaft mit mir bei einer Dekanatswahl in der Bezirkssynode die Wahl kostete. Gesagt hat er das aber nie. Ich erinnere mich auch noch lebhaft an eine Sondersitzung der Bezirkssynode zur Kernenergie, die nach der Katastrophe von Tschernobyl vom damaligen Dekan ausgerechnet in den Gemeindesaal meiner Heimatgemeinde einberufen und zu der ich als Kanzleramtsminister mit entschiedenen Worten beinahe vorgeladen wurde. Ich entschuldigte mich höflich mit wirklich unabdingbaren Verpflichtungen in Bonn und wünschte der Versammlung gute Beratung, aber auch die Demut, sich selbst in der größten Erregung nicht zu sicher zu sein. Diese Bemerkung habe in der aufgeheizten Stimmung das Fass zum Überlaufen gebracht, wurde mir später offiziell mitgeteilt. Eine vorbereitete Resolution wurde einstimmig angenommen und mein befreundeter Gemeindepfarrer, der an der Sitzung selbst nicht teilgenommen hatte, im Anschluss ultimativ aufgefordert, sie zu unterschreiben. »Dafür habe ich die DDR nicht verlassen«, antwortete er und unterschrieb nicht. Dekan wurde er später trotzdem.

Kirche ist für mich ein notwendiger Stachel im Fleisch der Gesellschaft. Als Mahnung, nicht bei unseren Wohlstandsproblemen stehen zu bleiben und die globalen Zusammenhänge zwischen unserer Art zu leben und der Armut, Ausbeutung und dem Elend in anderen Teilen der Welt zu erkennen. Als Appell an uns alle, in unserem Umfeld und mit unseren Möglichkeiten Verantwortung zu übernehmen. Sie muss aber auch aufpassen, sich dabei nicht nur im Mainstream der Political Correctness mit größter Betroffenheit zu engagieren. Was ethisch geboten erscheint, so die Erfahrung meines langen politischen Lebens, kann in der Praxis schlicht nicht umsetzbar sein. Werte, Interessen und Möglichkeiten sind nicht immer in Deckung zu bringen. Wir werden in der Politik mit der Welt konfrontiert, wie sie ist – erlösungsbedürftig, wie wir Christen glauben. Man kann das als Zumutung begreifen. Resignieren dürfen wir trotzdem nicht. Als politisch Verantwortliche nicht – und als Christen ohnehin nicht. Ein Politiker muss zuversichtlich sein, sonst würde er von der Unlösbarkeit all dessen, was auf uns einstürzt, und von der Unvorhersehbarkeit erdrückt.

Durchschnitt haben wir genug: Dieser bildungsbürgerliche Anspruch meines Vaters prägte meine Schulzeit. Geschadet hat es keinem von uns Brüdern. Neues zu lernen, hat mich immer inspiriert. Niemand erreicht jemals einen Punkt, an dem er mit dem Lernen aufhören sollte. Ich habe mir jedenfalls die Neugier bewahrt, stets noch etwas mehr wissen zu wollen, gerade auf den Feldern, die mir eher fremd sind. Die wissenschaftlich-technologischen Entwicklungen, die zunehmend fließenden Grenzen zwischen Mensch und Maschine, der digitale Raum, in dem ich mich als *digital immigrant* empfinde, noch dazu schlecht integriert – dies alles übt einen großen Reiz auf mich aus, auch wenn ich nur einen Bruchteil davon verstehe und für die Furcht vor Dystopien, wie sie etwa der Historiker Yuval Noah Harari überaus anregend entwickelt, nicht geschaffen bin.

Dennoch war Schule für mich eher eine Pflichtübung, außer vielleicht Mathematik, wo ich eine besondere Begabung zeigte. Wichtiger war, was neben der Schule möglich blieb. Vor allem der Sport, Fußball, später dann Tennis. Es wurde zur Leidenschaft, der ich im Doppel mit meinem Freund Gerd Lehmann bis zum Attentat nachging. Von meinem älteren Bruder »erbte« ich als knapp Fünfzehnjähriger den Nebenerwerb als Lokalberichterstatter für den *Schwarzwälder Boten*. Acht Pfennig pro Spaltenzeile summierten sich auf bis zu 200 DM im Monat – eine stolze Summe, die mir erlaubte, für mein Alter ganz gut zu leben. Vor allem als ich dann den Führerschein hatte und mit Freunden oder meiner Freundin ausging. Die Tätigkeit habe ich schnell rationalisiert. Im Ort gab es mit dem *Offenburger Tageblatt* eine etwas auflagenstärkere Konkurrenz. Mit dem dort schreibenden Kollegen traf ich die Abmachung, getrennt zu Veranstaltungen oder Mitgliederversammlungen zu gehen und die Durchschläge einfach auszutauschen, um sie dann nur noch leicht umzuschreiben. Meine journalistische Karriere endete allerdings mit einem Knall, als ich über ein örtliches Kirchenkonzert kritisch berichtete und die Redaktion »meiner« Zeitung dem wütenden Kantor nicht widersprach, sondern sich entschuldigte. Erbost darüber, mir in den Rücken zu fallen, statt zu meiner Verteidigung die Flagge journalistischer Freiheit zu hissen, kündigte ich. Ein Journalist wurde aus mir also nicht. Aber ich hatte in dieser Zeit, als ich neben der Schule, dem Geigenspiel im Orchester und vor allem dem Sport auch noch für die Zeitung schrieb, immerhin gelernt, unterschiedliche Dinge gleichzeitig zu erledigen.

Dem Schreiben blieb ich treu. In meinem Hausacher Gymnasium hatte ich mit ein paar interessierten Mitschülern eine Schülerzeitung gegründet, das *Tintenfass*. Pflegeleicht waren wir nicht. Als 1959 eine neue Stadt- und Turnhalle im Ort gebaut wurde, erschien ein meinungsstarker Artikel, der überaus kritisch auf die funktionale Architektur des Baues zielte. Es lohnt, den Bericht nachzulesen, der sechzig Jahre später vom Hausacher Museum dazu veröffentlicht wurde, weil er ein etwas anderes Licht auf die gemeinhin als muffig und verkrustet wahrgenommenen fünfziger Jahre wirft. Der Architekt wehrte sich und schrieb dem Schuldirektor empört, Kritik sei doch überhaupt erst dann erlaubt, wenn man zu selbstständigem Denken genügend erzogen sei. Gegenüber dem Direktor, bei dem ich einen Stein im Brett hatte, weil er auch mein Mathelehrer war, verteidigte ich daraufhin lautstark die Pressefreiheit. Die Antwort, die dem Architekten schließlich gegeben wurde, entspricht gewiss nicht den gängigen Vorstellungen dieser Jahre. Ziel einer demokratischen Erziehung sei es, den Schüler zu eigenem Denken und zur eigenen Stellungnahme zu führen, ist darin zu lesen. Autoritäre Methoden gehörten deshalb einer vergangenen Zeit an. Nicht den Untertan, sondern den selbstständig denkenden Menschen strebe die Schule an, weshalb der jungen Generation eine eigene Meinung zuzubilligen sei.

In meiner Erinnerung erlebte ich die Schule denn auch nicht als autoritär. Unterdrückt fühlte ich mich nie. Es war vielmehr ein Ort, an dem debattiert werden konnte. Wir waren keine große Klasse, am Ende siebzehn Abiturienten. Unter ihnen gab es neben mir als Christdemokraten einen überzeugten Anhänger der FDP und einen der SPD. Wir waren Antipoden und haben über alle großen Fragen leidenschaftlich diskutiert. In der Klasse spotteten wir gern, wobei ich am liebsten Witze über die CDU riss. Die anderen allerdings auch. Geärgert hat mich das natürlich schon, aber gleichzeitig habe ich mich überlegen gefühlt. Ziel von Witzen zu sein, war eben das Privileg der regierenden Partei, und mit der Rollenverteilung konnte ich gut leben. Meine Neigung zum Spotten ist mir geblieben – schon allein um nicht alles so bitterernst nehmen zu müssen.

## HINAUS INS LEBEN: STUDIUM IN FREIBURG UND HAMBURG

Nach dem Abitur musste ich zunächst warten, bis mein älterer Bruder sein Examen bestanden hatte. Es überstieg die Möglichkeiten meiner Eltern, zwei Söhnen gleichzeitig das Studium zu finanzieren, aber ein Stipendium zu beantragen, widersprach dem Stolz meines Vaters. Wollten wir uns selbst etwas dazuverdienen, konnten wir das in seiner Steuerkanzlei tun, wo ich von der Pike auf Buchhaltung und die Erstellung von Jahresabschlüssen lernte.

Bis zum Studienantritt war ich ein halbes Jahr als Praktikant bei der Sparkasse tätig, was mir als eine schöne Zeit in Erinnerung ist, verbunden mit manch skurriler Begegnung – darunter der spätere Sparkassendirektor, ein Kriegsteilnehmer, der am Oberschenkel amputiert war, als Handballtorwart aber dennoch einen guten Ruf hatte. Er konnte im Büro lästige Fliegen mit der Hand fangen und erklärte gern, so habe er es im Krieg mit feindlichen Kugeln auch gehalten. Wirklich aufregend war das halbe Jahr bei der Bank aber nicht, abgesehen von meiner Mitwirkung am regelmäßigen Geldtransport. Einmal wöchentlich mussten nämlich zur Auszahlung von Löhnen und Gehältern bei der Außenstelle der Landeszentralbank in Offenburg große Mengen an Bargeld abgeholt werden. Der dafür zuständige Hausmeister war stark sehbehindert, sodass mir wegen meines Führerscheins die Aufgabe zufiel, ihm als Fahrer zu dienen. Bewaffnet war er auch, ich bezweifle jedoch, dass er die Pistole hätte bedienen können. Ich selbst hatte nie eine Waffe in der Hand gehabt. Wir wären ein leichtes Ziel für einen Überfall gewesen, denn nachdem die Taschen mit Geld gefüllt waren und wir uns auf den Weg zurück gemacht hatten, hielten wir oft noch bei der italienischen Eisdiele am Ort. Außerhalb der Stadt rasteten wir dann im Schatten eines Baumes, um das Eis zu essen – das Auto am Straßenrand abgestellt, voller Geld, und mit der Pistole im Handschuhfach. Nicht nur einmal ging uns durch den Kopf, was man wohl mit so viel Geld alles anfangen könnte, und wir träumten davon, einfach bis nach Italien weiterzufahren. Mit viel Geld bekam ich es beruflich dann erst sehr viel später wieder zu tun – vor allem mit vielen Schulden.

Zur Bundeswehr musste ich nicht, ich habe mich auch nicht danach gedrängt. Als mich die Aufforderung zur Musterung erreichte, studierte ich bereits. So leistete in meiner Familie nur mein jüngerer Bruder Wehrdienst – und viel später, nach dem Ende des Kalten Kriegs in den neunziger Jahren, mein Sohn. Die militärische Tradition in der Familie Schäuble – mein Vater war zweimal im Einsatz beim Volkssturm – ist also bescheiden. Späteren Avancen, das Verteidigungsministerium zu übernehmen, habe ich auch deshalb stets widerstanden.

1961 begann ich schließlich mein Studium der Jurisprudenz. Für mich erschien der Umzug nach Freiburg als ein Aufbruch in die große weite Welt. Und die war mir dann zunächst auch entsprechend fremd, eine überschwängliche »Hoppla, jetzt komm ich«-Haltung hatte ich nicht. Aber ich verfügte über genügend Selbstbewusstsein, um zu wissen, dass die anderen auch nur mit Wasser kochten. Auch meine Brüder studierten Jura, wir drei Söhne haben so verwirklicht, was unser Vater für sich selbst gewollt hatte, was ihm aber verwehrt geblieben war. Vorschriften in diese Richtung hatte er aber keinem von uns gemacht, sein Einfluss erfolgte unbewusst.

Die Logik und Systematik im Recht fesseln mich immer noch. Allerdings würde ich heute womöglich eher den Weg ins Strafrecht einschlagen, um als Verteidiger tätig zu werden. Der Fokus auf Psychologie und Empathie reizt mich hier besonders, auch weil mein eigenes Einfühlungsvermögen im Laufe der Jahre zugenommen hat. Prägend wurde das Jurastudium für mich als Politiker vor allem dadurch, dass man als Anwalt nur verhandeln kann, wenn man den Verhandlungspartner versteht. *Audiatur et altera pars*, sagt der Jurist, und »Eines Mannes Rede, ist keines Mannes Rede« ist ein altdeutscher Rechtssatz. Auch als politischer Verhandler muss man beide Seiten kennen. Man muss sich in den anderen hineinversetzen, auch einmal die Sicht des Gegenübers einnehmen. Die Bereitschaft, die Perspektive des jeweils anderen bei Entscheidungen mitzudenken, ist für mich stets von essenzieller Bedeutung für verantwortungsbewusste Politik geblieben.

Im Laufe meines Studiums wurde Fritz Rittner, eine Koryphäe im Wirtschafts- und Handelsrecht, mein akademischer Lehrer. Sein Seminar war anspruchsvoll und versammelte interessante junge Juristen, von denen einige später beachtliche Karrieren in Kanzleien, Wirtschaft und Wissenschaft gemacht haben. Dem besonderen Stand, den ich bei Rittner genoss, tat auch keinen Abbruch, dass ich durch mein politisches Engagement vom akademischen Weg abbog – obwohl mir die Politik damals nie als ein Berufsziel erschienen war. Nach meinem Staatsexamen regte Rittner an, bei ihm zu promovieren, und offerierte mir dazu auch die passende wissenschaftliche Assistentenstelle.

Zu den Stars der rechtswissenschaftlichen Fakultät gehörte damals zweifellos Horst Ehmke. Mit ihm habe ich eine spannungsreiche Beziehung gepflegt. In Freiburg begegneten wir uns bereits 1969 außerhalb der Universität als politische Konkurrenten, ich als Wahlkampfleiter des CDU-Kandidaten, Ehmke als umschwärmte Größe der Jüngeren in der SPD, der bei seinen Veranstaltungen mit Gästen wie Günter Grass aufwartete. Dass Ehmke – wie eine Reihe anderer prominenter Angehöriger der »Flakhelfer«-Generation – auf der Mitgliederliste der NSDAP, Grass sogar der Waffen-SS auftauchen, wurde erst kurz vor ihrem Tod öffentlich. Über die Umstände ihres Beitritts im Krieg will ich nicht spekulieren, und ich fälle als Nachgeborener erst recht kein Urteil darüber. Ich überlege aber manchmal mit Blick auf den von wenigen Selbstzweifeln angekränkelten moralischen Furor des Achtundsechziger-Zeitgeists, was wohl für ein öffentlicher Skandal ausgebrochen wäre, wenn Ehmke, Grass oder auch Walter Jens in der CDU gewesen wären.

Ehmke und ich lieferten uns heftige Wortgefechte, auch später im Bundestag. Als Kanzleramtsminister unter Willy Brandt machte er sich schnell Feinde bis in die eigenen Reihen. Seine hohe Intelligenz gepaart mit seinem ausgeprägten Selbstbewusstsein stand ihm eher im Weg. Ein führender Sozialdemokrat hat es einmal so formuliert: Neunzig Prozent seiner Zeit sei Ehmke im Kanzleramt mit der Lösung von Problemen beschäftigt, die es ohne ihn gar nicht gegeben hätte. Als Helmut Kohl mich 1984 als Bundesminister für besondere Aufgaben zum Chef des Kanzleramts berief, nahm mich Karl Carstens, der selbst einmal als beamteter Staatssekretär in dieser Rolle gewesen war, zur Seite. Er schätze mich sehr, hob er freundlich an, aber dieses Amt müsse ein Beamter ausüben, kein Politiker, der sich profilieren will, das sei schon bei Ehmke schiefgegangen – worauf ich ihm wahrheitsgemäß entgegnete, er könne beruhigt sein, weil ich in vielem so ziemlich das genaue Gegenteil von Ehmke sei.

Der berühmteste unter den Professoren, die ich in meiner Freiburger Zeit – persönlich allerdings nur flüchtig – kennenlernte, war Friedrich August von Hayek. Als Vorstandsmitglied des Walter Eucken Instituts entwickelte Hayek das Konzept des Ordoliberalismus der Freiburger Schule weiter, eine Denkrichtung, die – wie ich bereits geschildert habe – für mich als Politiker nachhaltig prägend wurde. Der spätere Nobelpreisträger warnte vor der »Anmaßung von Wissen«, vor der »Überheblichkeit der Vernunft«. Bei Hayek habe ich gelernt, was ich im Laufe meines Lebens immer besser nachvollziehen konnte, dass es nämlich oft, wenn nicht sogar meist anders kommt, als wir denken. Wir neigen dazu, die Gegenwart in die Zukunft fortzuschreiben, dabei kennen wir glücklicherweise die Determinanten künftiger Entwicklungen nicht. Diese Unwissenheit ist eine Grundbedingung menschlicher Existenz und zugleich Voraussetzung für Freiheit. Das Gegenteil zu behaupten und daraus eine kompromisslose Politik zu begründen, führt geradewegs ins Elend der Ideologie.

Eine Politik, die sich in diesem Sinne nicht so wichtig nimmt, trifft sich für mich mit der Gesellschaftsphilosophie Karl Poppers, die ich seit meiner Studienzeit bewundere. Ich bin Anhänger seiner Lehren und seiner Denkweise, denn auf ihr basiert letztlich die Zuversicht, ohne die ich nie Politik machen könnte. In offenen Gesellschaften schränken wir unsere Entwicklungsmöglichkeiten nicht durch voreilige Festlegungen zu sehr ein, sondern treffen Entscheidungen im offenen Diskurs, mit Begründungszwang und mit Respekt vor der jeweils anderen Meinung. Popper hat in seinem Buch über die *Offene Gesellschaft und ihre Feinde* bereits im Jahr des Kriegsendes gezeigt, dass freiheitliche Ordnungen genauso mit Fehlern behaftet sind wie unfreie, ihre spezifische Stärke jedoch darin gründet, dass sie Fehler korrigieren können. Für totalitäre Systeme ist dagegen jeder Fehler existenzbedrohend. Aus diesem Grund ist die offene Gesellschaft, mit ihrem vorsichtigen Vorangehen, mit der Methode von *trial and error*, jedem totalitären System überlegen. In der Deutschlandpolitik habe ich dafür später genügend Anschauungsmaterial gewonnen.

## COLLOQUIUM POLITICUM

Ein geistig anregendes Betätigungsfeld – noch dazu ein Job, der mit 800 DM ziemlich ordentlich bezahlt wurde – eröffnete sich mir im traditionsreichen *Colloquium politicum*. Es hatte in Freiburg Tradition, dass gerade auch die Juristen und Ökonomen politisch dachten, was die Freiburger Schule erst zu einem wichtigen Ort für die intellektuelle Begründung der Bundesrepublik werden ließ. Dazu kam meine Beziehung zum damaligen Leiter, Dieter Oberndörfer, der mit seinem akademischen Lehrer Arnold Bergstraesser nach dem Krieg von Freiburg aus zu einem Pionier der politischen Bildung in unserem Land wurde. Bergstraesser habe ich nicht persönlich kennengelernt, aber mit Oberndörfer halte ich bis heute Kontakt.

Ich fand es eine faszinierende Aufgabe, in der hochideologisierten Atmosphäre dieser Jahre Räume für den rationalen Diskurs zu schaffen, zu dem wir Vertreter und Gruppierungen aus einem breiten wissenschaftlichen und politischen Spektrum einluden. Die Universität als Ort der Forschung und der wissenschaftlichen Lehre, aber eben auch als ein offener Streitraum – das ist ein Idealbild, an dem ich festhalten möchte und für das ich in den vergangenen Jahren wiederholt an Hochschulen geworben habe. Denn ich beobachte mit Sorge, dass die Tendenzen, die Freiheit des Arguments einschränken zu wollen – eine moralisierende und rechthaberische Abkehr von Toleranz –, auch vor deutschen Universitäten nicht haltmachen. Das einstige Aufbegehren gegen Autoritäten, um an den Universitäten einem breiten Meinungsspektrum Gehör zu verschaffen, scheint ins Gegenteil zu kippen. Die Redefreiheit wird unter Verweis auf die Political Correctness eingeschränkt, wenn ein selbst ernannter demokratischer Mainstream darüber befindet, was diskutiert werden darf und was nicht. Die Fähigkeit, andere, womöglich sogar abwegige Meinungen auszuhalten, mit ihnen fair umzugehen und in einen sachorientierten Streit zu treten, hat viel mit Bildung zu tun – auch daran müssen Universitäten arbeiten. Denn Auseinandersetzung und der produktive Streit sind gleichermaßen konstitutiv für die Wissenschaft wie die demokratische Gesellschaft – und Meinungsfreiheit sichert nur, wer sie konsequent anwendet.

## HEISSES PFLASTER FREIBURG – ACHTUNDSECHZIG UND DER RCDS

Meine Erfahrung ist, dass es Menschen gibt, die froh sind, Entscheidungen anderen überlassen zu können, und solche, die in einer Gruppe mitentscheiden wollen, wie es läuft – und wohin. Das fängt oft in der Schule an. Wenn man Glück hat, wird es später zum Beruf. Ich war Klassen-, später auch Schulsprecher, und ähnlich ging es vielen Abgeordnetenkollegen, die ich im Bundestag über all die Jahre kennengelernt habe. Politik hat mich immer fasziniert. Der Jungen Union Südbaden trat ich unter dem Eindruck des Mauerbaus 1961 bei. Der Eintritt in die CDU folgte 1965. An der Universität war mir da bereits der RCDS zur politischen Heimat geworden. Die beiden Semester, die ich 1963 in Hamburg verbrachte, wo ich mich fachlich stärker dem Studium der Volkswirtschaft widmete, sind für mich auch dadurch wichtig geworden, dass ich hier zum Vorsitzenden des RCDS gewählt wurde.

In Hamburg kam ich in die aufgewühlte Atmosphäre kurz nach der *Spiegel*-Affäre. Dabei war die Großstadt als Tor zur Welt schon aufregend genug für mich. Lange hat es mich dort dennoch nicht gehalten. Geblieben ist aus dieser Zeit die Nähe zu Gunnar Uldall, dem späteren Abgeordnetenkollegen und Hamburger Wirtschafts- und Arbeitssenator. Nach meiner Rückkehr in den Breisgau trat ich 1964 auch an die Spitze des Freiburger RCDS. Ich interessierte mich indes weniger für hochschulpolitische Fragen, sondern organisierte Diskussionsveranstaltungen zur Innen- und Außenpolitik. Daneben lud ich illustre Persönlichkeiten wie den Schriftsteller Wolfdietrich Schnurre, den Literaturwissenschaftler Hans Mayer oder den Soziologen Ralf Dahrendorf ein. Es machte mir Freude, mich an der Meinung anderer zu reiben. Einen kapitalen Wutausbruch provozierte ich bei einem Seminar des RCDS in einer Bildungsstätte in der Nähe von Bonn, als Karl-Theodor zu Guttenberg, der Großvater des späteren Wirtschafts- und Verteidigungsministers, über den Vietnamkrieg sprach. Guttenberg verteidigte die amerikanische Position gegenüber der kommunistischen Aggression unter anderem mit dem Hinweis, in Vietnam seien schließlich auch unsere katholischen Brüder und Schwestern betroffen – worauf ich mir den Zwischenruf nicht verkneifen konnte, wenn es Protestanten wären, dann wäre es wohl etwas anderes. Den Staatsminister im Bundeskanzleramt veranlasste das, mich in einer Schimpfkanonade kurzerhand zum Kommunisten zu erklären. Die Zeiten waren eben angespannt, das Klima rau. Legendär ist die Geschichte, als Hans Filbinger, damals Innenminister und Landtagsabgeordneter aus Freiburg, offenbar zwei Leute vom Verfassungsschutz zu meiner Zimmerwirtin schickte. Konspirativ blieb der Besuch nicht, meine Zimmerwirtin erzählte mir prompt alles. Mich hat das schon damals amüsiert. Die Filbinger-Erfahrung teile ich übrigens mit dem Theatermacher Claus Peymann, wie er mir einmal erzählte. Bei ihm sollen die Verfassungsschützer eines Tages in der Requisite gestanden haben. Es brauchte nicht viel, um damals den Staat in Aufregung zu versetzen und als links zu gelten, selbst wenn man nur im RCDS oder in der JU etwas wider den Stachel lockte.

Vermutlich lag das daran, dass wir in der Ost- und Deutschlandpolitik für eine stärkere Öffnung eintraten. Wir standen dem von Egon Bahr in Tutzing formulierten Prinzip »Wandel durch Annäherung« nicht so ablehnend gegenüber wie große Teile der Partei. Dabei hatte, nachdem die Eskalation der Konfrontation zu Beginn des Jahrzehnts durch Mauerbau und Kubakrise in eine stärkere Akzeptanz der Teilung abgekühlt war, auch Ludwig Erhard in seiner Friedensnote 1966 den Ostblockstaaten – allerdings nicht der DDR – Gewaltverzichtsabkommen angeboten; und Kiesinger wollte vorsichtig auf die DDR zugehen, um Erleichterungen für die Deutschen auf beiden Seiten von Mauer und Stacheldraht zu erwirken. Beide hatten aber anscheinend nicht den Mut, ihren Führungsanspruch gegen Hardliner in der Union durchzusetzen, und agierten im Ergebnis zu zögerlich.

Zu meinen wichtigsten Mitstreitern im RCDS zählten meine Stellvertreter Volker Rittberger und Renate Damus (damals noch Haberer). Offenbar bildete der Freiburger RCDS ein ideales Sammelbecken für Studenten, die etwas bewegen wollten, ohne zwingend über ein gefestigtes christdemokratisches Weltbild zu verfügen. Denn der Lebensweg führte beide später in ganz andere politische Richtungen. Rittberger schloss sich der SPD an und wurde 1973 auf den Lehrstuhl für Friedens- und Konfliktforschung an der Universität Tübingen berufen. Renate Damus wiederum lehrte als Politikwissenschaftlerin in Osnabrück mit dem Schwerpunkt planwirtschaftliche Systeme. Ein eigenes Bild davon hatte sie sich in den frühen sechziger Jahren machen können, als sie regelmäßig ihren in Ost-Berlin lebenden Freund besuchte. Unsere Wahrnehmungen von der Effizienz des DDR-Systems lagen ziemlich weit auseinander; *Die Welt* bezeichnete sie einmal übertreibend als führende »kommunistische Professorin«. An unserer Freundschaft änderte das nichts. Später fand sie den Weg zu den Grünen, wo sie ausgerechnet im Einheitsjahr 1990, als die Partei in ihrer antinationalen Verbohrtheit die Zeichen der Zeit nicht erkannte, neben Hans-Christian Ströbele Bundesvorstandssprecherin wurde. Die Eigenart des Lebens, sehr unterschiedliche Menschen zusammenzubringen, wieder zu trennen und noch einmal zusammenzuführen, gilt beispielhaft für uns beide. 1990 traf ich sie in einer mündlichen Verhandlung beim Bundesverfassungsgericht wieder. Diese Begegnung in Karlsruhe nahm sie später als Aufhänger, um in einem Beitrag zu einer Biografie sehr warmherzig, aber nicht beschönigend, menschlich wertschätzend und doch politisch scharf abgrenzend über mich zu schreiben. Diese Ehrlichkeit und Direktheit habe ich an ihr immer geschätzt. Nach dem Attentat rief sie mich noch im Krankenhaus an und beschwor mich weiterzumachen. Ein letztes Mal traf ich sie 1992, als sie selbst von einer Krebserkrankung bereits schwer gezeichnet war. Es war für mich ein trauriger Abschied von einer klugen Wegbegleiterin in einer persönlich prägenden Zeit. Für mich bleibt erstaunlich, in welch unterschiedliche Richtungen sich nahestehende Menschen entwickeln können.

Mein engster Gefährte in diesen Jahren war aber Meinhard Ade, später Büroleiter von Heiner Geißler im Konrad-Adenauer-Haus und enger Mitarbeiter von Richard von Weizsäcker in Berlin und im Bundespräsidialamt. Er hat einmal über mich gesagt, neomarxistische Systemkritik habe mich, so links der Freiburger RCDS damals gewesen sein mag, nicht infizieren können. Als Ausläufer der APO in der CDU habe er mich nie gesehen. Das stimmt, und diese Einschätzung wird heute niemanden überraschen. Richtig ist aber auch, was Ade über die seltsame Doppelrolle geschrieben hat, die wir als junge Christdemokraten während der Studentenunruhen und des gesellschaftlichen Aufbruchs Ende der sechziger Jahre ausfüllten: Sich an den Universitäten damals zum RCDS, zur Jungen Union oder zur CDU zu bekennen, beförderte einen zwangsläufig zwischen die Fronten. Denn vom politischen Gegner wurden wir für all das mitverantwortlich gemacht, was wir doch selbst als reformbedürftig ansahen und wogegen wir innerparteilich aufbegehrten.

Unser Bild von Achtundsechzig ist stark geprägt von den Ereignissen in Berlin und Frankfurt, aber auch Freiburg ist damals ein heißes Pflaster gewesen. Dafür steht ein ikonisches Bild der Studentenbewegung. 1968 kam es zum legendären Aufeinandertreffen von Rudi Dutschke mit Ralf Dahrendorf auf dem Dach eines VWs. Das geschah am Rande eines Parteitags der FDP, der sich Dahrendorf gerade erst angeschlossen hatte, und gegen den ausdrücklichen Willen der Parteiführung, wie der Gelehrte später berichtete. Vor der Stadthalle lauschten mehrere tausend Zuhörer dem Disput der beiden, den der spätere Bundesinnenminister Gerhart Baum als Vorsitzender der Jungdemokraten initiiert hatte. Viele wurden bestimmt auch davon angezogen, sich ein eigenes Bild vom »Bürgerschreck« machen zu wollen, als den vor allem die Springer-Presse Dutschke mit Hingabe zeichnete. Den VW soll angeblich mein Freund Meinhard Ade dort abgestellt haben. Die beiden Matadore schenkten sich nichts, der eine mit langatmiger Rede voller Lenin-Zitate, wie sich Dahrendorf erinnerte, er selbst angelsächsisch knapp. Beeindruckt haben sie offenbar wechselseitig die Anhänger ihres Gegners, auch wenn am Ende wohl die Mehrheit nicht den APO-Führer, sondern den liberalen Verfechter der parlamentarischen Demokratie als Sieger vom Autodach steigen sah. Der hat in einem Interview mit dem Bayerischen Rundfunk dazu später lakonisch angemerkt, er habe das Glück gehabt, dass Dutschke offenbar in Eile gewesen sei: »Er musste zur ›nächsten Revolution‹ nach Karlsruhe oder sonst wohin.« Die marxistische Revolution predigte in Freiburg in diesen Jahren mit Karl Dietrich »KD« Wolff ein weiterer führender Kopf der Studentenbewegung und des SDS. Er hat später seine Lebensaufgabe statt im Umsturz als Verleger von Editionen großer Literaten wie Hölderlin und Kafka gefunden. »Wo aber Gefahr ist, wächst das Rettende auch« – über diese Zeilen Hölderlins, die mir als Politiker in Krisenzeiten ein Leitmotiv geworden sind, würden wir uns vielleicht heute angeregt unterhalten können. In den Sechzigern haben wir noch als Gegenspieler heftig miteinander gestritten. In die Auseinandersetzungen dieser Jahre datieren auch die Anfänge meiner Beschäftigung mit Geschäftsordnungen und all ihren Tricks zum Leiten einer Debatte – ein Handwerkszeug, das mir später im Bundestag nützlich war.

Während wir uns als RCDS und Junge Union an der Uni tapfer gegen den revolutionären Zeitgeist stemmten, versuchten wir gleichzeitig in der CDU, auf Reformen zu drängen. Nicht alles umwerfen, aber verändern, so lautete unser Ansatz. In dieser Mittlerposition, innerhalb der Partei und im Wettstreit mit politischen Konkurrenten, sah ich uns als Jüngere gut aufgehoben. Es ist ein beständiger Prozess, das rechte Maß zu finden, wie viel Veränderung nötig ist. Diese Debatte offen zu führen, hält Parteien aber lebendig. Es braucht immer Kräfte in der Gesellschaft wie in der Partei, die Positionen, in denen wir uns zu selbstverständlich eingerichtet haben, infrage stellen und unter Druck setzen. Ich bin deshalb verwundert, wenn ich heute gelegentlich beobachte, wie sich als Symptom der Frühvergreisung Teile der jungen Generation in der CDU rechts vom Mainstream positionieren. Sie müssten meines Erachtens vielmehr den Teil innerhalb der CDU verkörpern, der auf Veränderungen drängt und die Partei dazu zwingt, auf neue Herausforderungen in einer veränderten Zeit andere und bessere Antworten zu geben. Die Älteren meinen natürlich immer, dass die Jüngeren nicht mehr so gut sind, wie sie selbst. Ich versuche eigentlich, dem zu widerstehen, aber hier gelingt es mir nicht. Wir waren damals frecher, aufmüpfiger, vielleicht auch mutiger und selbstbewusster. Ich überlege oft, woran das liegen mag. Das Parteienspektrum hat sich in den vergangenen Jahrzehnten als Folge gesellschaftlicher Veränderungen überall in Europa mehr oder minder grundlegend gewandelt. Auch die CDU hat sich unter Angela Merkel – es ist ihr Verdienst! – für diese Entwicklungen geöffnet, allerdings um den Preis, dass die Integration vom rechten Spektrum der Gesellschaft hin zur gesellschaftlichen Mitte und Mäßigung als Voraussetzung für eine nachhaltig stabile Demokratie nicht mehr ausreichend gelungen ist. Ob das unvermeidlich war und so bleibt, wird eine spannende Frage der kommenden Jahre sein. Soweit diese Analyse richtig ist, könnte darin jedenfalls eine Erklärung dafür liegen, warum Jüngere in der CDU ihre Rolle heute anders wahrnehmen als wir früher.

Einfluss nimmt wohl auch, dass die Jüngeren – nach meiner Beobachtung in fast allen Parteien – ihr politisches Engagement sehr viel früher mit ihren Bildungswegen und beruflichen Planungen verbinden. Die Zahl von Praktikanten, Assistenten, Beratern im politiknahen Umfeld, die es in den sechziger Jahren nur sehr vereinzelt gab, hat sich in einem solchen Maß erhöht, dass ich Jüngeren eher abrate, diesen Weg zu gehen – zumal er dann häufig zu dem naheliegenden Wunsch nach einem eigenen politischen Mandat führt. Das aber ist im Hinblick jedenfalls auf mein Verständnis von Repräsentation eher problematisch, denn es ist nicht nur wichtig, dass die Abgeordneten vielfältige Lebens- und Berufserfahrungen einbringen, sondern es ist für die eigene Unabhängigkeit und den Mut, Meinungen auch gegen die Partei- oder Fraktionsführung zu vertreten, immer hilfreich, über berufliche Alternativen zu verfügen. Mir ist klar, dass diese Sichtweise den Widerspruch der Jüngeren findet. Aber das ist gut, denn ich bin überzeugt, es braucht Widerlager. Druck und Gegendruck. Das scheint mir ein Missverständnis auch der engagierten jungen Aktivisten in der Klimabewegung zu sein, die in mir bloß den Vorgestrigen sehen möchten. Ich nehme sie in ihrem Anliegen, das ich teile, sehr ernst – so ernst, dass ich ihnen in manchen ihrer politischen Schlussfolgerungen widerspreche. Das Schlimmste, was ich als Älterer den Jungen antun kann, ist doch, dass ich ihnen den Widerspruch verweigere, gegen den sie sich durchsetzen müssen. Wenn junge Kollegen heute zu mir kommen und mich fragen, was ich für sie tun kann, antworte ich ihnen deshalb: »Durchsetzen müssen Sie sich schon selbst«. Ich habe in meiner Jugend auch an vielem gerüttelt, um gehört zu werden. Da bin ich bei Hans Maiers Bild von den Gänsen, bei denen man den Korb immer ein bisschen höher halten muss, damit sie lernen, den Hals zu strecken.

Ihren Kampf führte die Studentenbewegung damals gegen Autoritäten und alles, was als autoritär empfunden wurde. Das sind allerdings grundverschiedene Dinge. Eine Autorität ist im besten Fall jemand, den man respektiert.

Wenn man aber Respekt hat, darf man auch widersprechen und muss sich nicht einschüchtern lassen. Ist das anders, geht es autoritär zu. Die Maßlosigkeit in der Verachtung für den Staat, den man im außerparlamentarischen Protest der sechziger Jahre genauso als patriarchalisch verkommen empfand wie den tausendjährigen »Muff unter den Talaren«, blieb mir daher in vielerlei Hinsicht fremd. Trotzdem haben auch wir jungen Christdemokraten damals gespürt, dass es nicht einfach so weitergehen kann. Für mich gehört zu den unbestreitbaren Verdiensten der Achtundsechziger-Bewegung ihr Beitrag dazu, ein längst als bleiern empfundenes Beschweigen zu brechen. Das hat zwar zu vielen Verletzungen geführt, war aber die Voraussetzung, um einen Prozess der Aufarbeitung in den Familien und in der Breite der Gesellschaft anzustoßen. Der Impuls der Achtundsechziger hat dazu genötigt, eine eigene Haltung zur deutschen Vergangenheit zu finden – auch wenn es vieler weiterer hitziger Debatten bedurfte und sich mit jeder Generation immer wieder neue Fragen an die deutsche Geschichte stellen.

Druck auf die bestehenden Verhältnisse war damals dringend notwendig. Auch mit Blick auf das in vielem hemmende Korsett der Geschlechterrollen und Moralvorstellungen, die wir Jüngeren aus unseren Elternhäusern im Gepäck trugen – gerade wenn man aus einem eher kleinstädtisch begrenzten Milieu kam, weit weg von der Freizügigkeit der Großstadt. Da war so vieles verlogen. Dass etwa mein jüngerer Bruder mit seiner späteren Frau in Freiburg bereits zusammen wohnte, war meinen Eltern nicht verborgen geblieben. Sie wollten aber nicht wissen, was sich vermeintlich nicht gehörte. Dabei hatten die Eltern meiner Mutter selbst erst geheiratet, als sie bereits unterwegs war – und sie hatte noch dazu eine ältere Schwester. Deswegen war Achtundsechzig in gewisser Weise für alle eine große Befreiung, auch wenn ich um die Bedeutung von Gewohnheiten und Ritualen, gerade auch von Institutionen weiß, die das Leben regeln und damit teilweise auch erleichtern. Dass damals aber eine Ära und mit ihr ein bestimmter Zeitgeist und Lebensstil an ein Ende gekommen war, spürten wir alle. Und dass es in den auch weltpolitischen Umbrüchen der Gegenkräfte aus der Gesellschaft bedurfte, scheint mir von heute aus gesehen offensichtlich. Ich teile jedenfalls die Meinung anderer kluger konservativer Köpfe, der Studentenbewegung sei bei aller Maßlosigkeit und ideologischen Verirrung zugutezuhalten, dass sie einen zumindest dazu zwang, besser zu begründen, wofür man eigentlich steht.

## ENTFREMDUNG VON DER ADENAUER-CDU

Rückblickend erkenne ich in den sechziger Jahren vor allem eine lange Übergangsphase von der Nachkriegszeit in eine neue Epoche. Diese Zeitenwende für die Bundesrepublik, aber auch für die CDU, passierte nicht plötzlich, sondern zog sich über ein Jahrzehnt in einem für Gesellschaft wie Partei mühsamen Prozess bis zur Wahl Willy Brandts hin. Ein Gefühl der Entfremdung von Adenauer hatte bei mir bereits mit der eher peinlichen Bundespräsidentenepisode 1959 begonnen. Gegen Ende der Amtszeit von Theodor Heuss kündigte Adenauer seine eigene Kandidatur an, allerdings mit dem vom Grundgesetz nicht gedeckten Amtsverständnis eines nicht nur repräsentierenden, sondern politisch gestaltenden Bundespräsidenten. Adenauer hatte wohl die Rolle von de Gaulle in Frankreich vor Augen. Als ihm klar wurde, dass dies nicht umsetzbar war, zog er zurück und trat stattdessen noch einmal als nun öffentlich beschädigter Kanzler an.

In den Folgejahren bin ich zunehmend kritischer geworden. Die Bundestagswahl 1961 bedeutete insofern eine Zäsur, als die Union nicht nur die absolute Mehrheit verlor, sondern erstmals überhaupt weniger Stimmen als in der Wahl zuvor errang. Und dass Adenauer im Wahlkampf, der vom Mauerbau in Berlin überschattet war, derart gegen Willy Brandt »holzte«, fand ich mit vielen jungen Mitstreitern auch nicht toll. Seine Rede von »Brandt alias Frahm«, womit der Kanzler in der aufgewühlten Stimmung wenige Tage nach dem Mauerbau auf das rote Proletarierkind und den Exilanten zielte, war schlicht unanständig. »Keine Experimente«: Der Nimbus des Unberührbaren blätterte vom Kanzler ab – mit tatkräftiger Unterstützung der Liberalen, die den Kanzlerwechsel 1963 erzwangen. Eine echte Alternative hatte sich uns jedoch nicht aufgedrängt. Allenfalls Bruno Heck, Heinrich von Brentano oder Gerhard Schröder zeigten Potenzial, und natürlich hatte Ludwig Erhard als Vater des Wirtschaftswunders Format. Allerdings machten wir dann die Erfahrung, dass ein herausragender Minister nicht automatisch auch zum überzeugenden Kanzler taugt. Erhard mangelte es – wie von Adenauer vorhergesehen, dessen Bundespräsidentenkandidatur letztlich darauf abgezielt hatte, Erhards Einfluss einzuhegen – an Souveränität im Amt, und es fehlte ihm in den außen- und innenpolitischen Konflikten seiner Amtszeit schnell an der nötigen Autorität.

Das anschwellende Gefühl, dass sich etwas ändern muss, galt für viele Bereiche in Politik und Gesellschaft, nicht zuletzt für die Wirtschafts- und Finanzpolitik. Ludwig Erhard war damals selbst bitter enttäuscht darüber, was aus »seiner« Sozialen Marktwirtschaft geworden war. Die wenigsten, die mit ihm vor allem den Zigarre rauchenden Wohlstandsbauch des Wirtschaftswunders verbinden, wissen noch um die erbitterte Auseinandersetzung, die er mit der Großindustrie um die Kartellgesetze ausfocht. Kohl hat dazu oft eine erhellende Geschichte erzählt. Als er Parteivorsitzender war und einen Geburtstagsempfang für Erhard plante, ließ sich dieser die Gästeliste zeigen, um daraufhin eigenhändig nach und nach alle Repräsentanten der großen Unternehmen und Verbände von der Liste zu streichen. Erhards Ideal war eine prosperierende Mittelstandsgesellschaft, während er den großen Industriellen gegenüber immer distanziert blieb. In der 1966 gebildeten großen Koalition aus Union und SPD war es dann insbesondere der Sozialdemokrat Karl Schiller, der mit Franz Josef Strauß zu einem modernen Verständnis beitrug, welche Rolle der Staat bei den Grundfragen der Wirtschaftspolitik zu spielen hat. Aber auch in Fragen der sozialen Sicherung und bei der Gewährung von gerechteren Bildungschancen für alle Schichten der Gesellschaft gab es damals Reformbedarf. Wir jüngeren Christdemokraten hatten uns in Freiburg aufgrund der Initiative »Student aufs Land« von Ignaz Bender engagiert an Bildungskampagnen beteiligt, die im ganzen Land dafür warben, mehr Schülern höhere Bildungsabschlüsse zu ermöglichen.

Aus dieser bewegten Zeit hat sich das Jahr 1968 mir weniger wegen der Studentenproteste oder des weiter eskalierenden Vietnamkriegs, sondern vor allem durch die Ereignisse in der Tschechoslowakei ins Gedächtnis eingeprägt. Meine Erinnerungen an den »Prager Frühling« sind dabei andere als die, von denen mir heute Freunde und Kollegen berichten, die damals auf der anderen Seite der Mauer lebten. Sie waren durch die mögliche Beteiligung der NVA an der gewaltsamen Niederschlagung der »Tauwetter«-Politik unter KP-Führer Alexander Dubček viel unmittelbarer betroffen und empfanden diese Zeit als auch persönlich furchtbar belastend. Für mich im Westen bestätigte sich nur erneut, was wir seit dem Aufstand vom 17. Juni 1953 in Ost-Berlin und den Ereignissen in Polen und Ungarn bereits zu wissen glaubten: Wenn die Menschen mit ihrem Freiheitswillen ernst machten, dann rollen die sowjetischen Panzer. Deshalb fehlte es uns auch an Fantasie, wie die Teilung Deutschlands jemals überwunden werden könnte und die Konfrontation der beiden Blöcke angesichts der gegenseitigen Vernichtungsfähigkeit ohne eine Katastrophe enden sollte. Zumindest wies in diesen Jahren ein auf den belgischen Außenminister Pierre Harmel zurückgehender Bericht sicherheitspolitisch neue Wege, indem er das nordatlantische Verteidigungsbündnis aufforderte, die richtige Balance zwischen einer Politik der Entspannung und der militärischen Stärke zur notwendigen Abschreckung zu wahren. In der Folge löste das Konzept, auf Konflikte flexibel zu reagieren, die von John Foster Dulles geprägte »massive Vergeltung«, also den vernichtenden atomaren Gegenschlag, als NATO-Nuklearstrategie ab.

## DOCH EIN »VATERMORD«? REVOLUZZER IN DER CDU

Auch die Freiburger CDU war in den sechziger Jahren ein Fall für eine Auffrischungskur. Die Honoratiorenpartei verströmte die angestaubte Aura des klassischen Freiburger Bildungsbürgertums und war vor allem noch immer stark vom bischöflichen Ordinariat beeinflusst. Es brauchte Erneuerung, personell und inhaltlich. Als Studenten galten wir als die frechen Jungen und hatten den Malus, zumeist nicht aus Freiburg zu stammen. Die arrivierten Mitglieder in der Jungen Union, die zum Teil im Stadtrat saßen oder auf Landesebene Parteiämter innehatten, gaben sich uns gegenüber verschlossen – zum einen weil man davon ausging, dass das Engagement nicht von Dauer sein würde, zum anderen aufgrund offensichtlicher Vorbehalte gegen den akademischen Geist, der mit den Studenten in die Partei einzuziehen drohte.

Ich war dennoch bald Kreisvorsitzender der Jungen Union, und in dieser Funktion boten sich mir neue Möglichkeiten, auch innerhalb der Freiburger CDU Einfluss zu nehmen. Bei der Nominierung von Bundes- und Landtagskandidaten spielte die JU traditionell eine nicht unwichtige Rolle. Mit der Wahl des reformfreudigen Freiburger Stadtkämmerers Hans Evers zum neuen Bundestagskandidaten gelang uns 1969 ein echter Coup. Im Juli berichtete sogar der *Spiegel* in einer Titelstory unter dem vielsagenden Titel »Die Vatermörder« von den Ereignissen in Freiburg. So gesehen erlebte ich auf der Ebene der Partei dann also doch noch den Generationenkonflikt, den ich in meiner Familie nicht austragen musste. Nebenbei bedeutete der Artikel meine erste Erwähnung in dem Magazin, das mich jahrzehntelang begleiten sollte.

Es lohnt, Passagen aus dem Artikel zu zitieren, weil darin die Zeitstimmung, wie ich sie erlebt habe, treffend eingefangen ist: »Die Kandidaten-Kür 1969 [war] ganz anders als sonst. Im dritten Jahr der großen Koalition, im Jahr nach Dutschke, Notstandsgesetzen und Vorbeugungshaft-Plänen begehrten junge Opponenten allenthalben gegen das alteingesessene Partei-Management auf. Zum ersten Mal schwappte eine Grundwelle von Kritik und Kampfbereitschaft ins Kandidaten-Palaver und brachte den ehrwürdigen Prozeß der Klüngelei durcheinander. Statt allein Anciennität und Parteiverdienste, Wünsche von Interessenten und Mächtigen, Vereinsmeierei und Dorfpolitik im Hinterzimmer gegeneinander aufzuwiegen und den passenden Bewerber dann durch Akklamation wählen zu lassen, mußten die Kandidatenmacher sich in nie gekanntem Umfang zum offenen Gefecht stellen.« Das Parteiestablishment fühlte sich nicht nur in Freiburg, sondern vielerorts von der ungewohnten Aufmüpfigkeit des Parteinachwuchses überfahren, nicht überall gelang es den »Rebellen« indes gleichermaßen erfolgreich, die Altvorderen tatsächlich in die Knie zu zwingen. Im südbadischen Wahlkreis 190 trat mit Hermann Kopf, damals fast siebzig Jahre alt und seit zwanzig Jahren im Bundestag, immerhin der Vorsitzende des Auswärtigen Ausschusses an. Ein hochgebildeter und angesehener Rechtsanwalt, eng vernetzt mit dem bischöflichen Ordinariat. Reden war seine Stärke allerdings nicht, und es wurde böse kolportiert, er habe in zwanzig Jahren nicht ein Mal im Plenum des Bundestags gesprochen. Zum ersten Mal seit 1949 sah er sich nun mit einem Gegenkandidaten innerhalb der Partei konfrontiert. Einen amtierenden Abgeordneten nicht wieder für die nächste Wahl aufzustellen, war damals selten. Der *Spiegel* attestierte uns »Kopfjäger[n] der Jungen Union«, mit »organisatorischem Geschick und Selbstbewußtsein« vorgegangen zu sein – und ich war in dieser Auseinandersetzung mittendrin.

Mit Hans Evers trat ein Anfang Vierzigjähriger mit dem Willen an, die CDU zu modernisieren. Ein Zugezogener, noch dazu Protestant. Während Hermann Kopf, als er im Wahlkampf einmal nur widerstrebend den Weg auf den Fußballplatz gefunden hatte (damals noch zum traditionsreicheren FC Freiburg, nicht zum heute bekannten SC), uns nach einiger Zeit fragte, was denn die zwei Käfige auf beiden Seiten des Platzes sollen, war Evers Vorsitzender der Freiburger Turnerschaft, eines der damals entstehenden modernen städtischen Großvereine. Schon das nahm ihn natürlich für mich ein, außerdem war er eloquent und genoss als Stadtkämmerer einen guten Ruf.

Der Wahlkreis teilte sich in zwei Kreisverbände, den der Stadt Freiburg und den des Landkreises, die jeweils auf Parteitagen zu wählende Delegierte entsandten. Da von vornherein klar war, dass der Kreisverband Freiburg-Land weitgehend geschlossen für Kopf stimmen würde, mussten wir dafür sorgen, dass die von Freiburg-Stadt zu wählenden Delegierten genauso geschlossen für Evers stimmten. Dazu erstellten wir Listen mit Unterstützern und sprachen mit jedem Einzelnen persönlich. Am Ende wurde Evers trotz des geschlossenen Votums der Landkreisdelegierten nominiert. Er gewann später auch die Wahl, bei der ich ihn als Wahlkampfleiter unterstützte, und blieb bis 1980 im Bundestag. Als ich ins Parlament einzog, wurde er mir ein wichtiger Förderer.

Das Ergebnis bedeutete eine herbe Niederlage für das Establishment der Freiburger CDU und einen Triumph für uns Jüngere. Dafür nahm ich gern in Kauf, als stellvertretender Kreisvorsitzender der CDU nicht wiedergewählt zu werden. Solche Niederlagen gehören dazu. Wer die Neigung hat, an der Spitze zu stehen, zu führen und zu gestalten, muss auch das akzeptieren. Dass wir uns mit unserer Aktion nicht nur Freunde schaffen würden, war ohnehin klar, dafür aber hatte ich mir nun einen Namen gemacht. Demokratie bedeutet auch innerparteilichen Wettbewerb, das mussten alle Parteien in der Bundesrepublik erst lernen, und der Kandidatenwechsel in Freiburg war unser Beitrag zur allmählichen Umformung der CDU von unten. Wir wollten sie zu einer modernen Volkspartei machen und sie auf diese Weise in der Konkurrenz zur Brandt-SPD wettbewerbsfähig halten. Dass sich die Hoffnung damals vor allen anderen in der Partei an Helmut Kohl knüpfte, wissen heute nur noch die Älteren. Während Kohl heute das von der links-liberalen, sich selbst ausschließlich für intellektuell haltenden Meinungsführerschaft zugeschriebene Zerrbild des unsensiblen Aussitzers anhaftet und am Ende seiner langen Amtszeit als Parteivorsitzender und Bundeskanzler tatsächlich ein gewisses Maß an Erstarrung und Sättigung erreicht war, galt er damals, Ende der sechziger und zu Beginn der siebziger Jahre, als großer Reformer. Und das war er auch.

In Rheinland-Pfalz hatte er sich gegen den seit 1947 amtierenden Ministerpräsidenten Peter Altmaier durchgesetzt und versammelte in seiner Regierung zahlreiche interessante und kluge Köpfe, darunter Heiner Geißler, Bernhard Vogel, Hanna-Renate Laurien oder Roman Herzog. Seine Fähigkeit, sich mit starken Persönlichkeiten zu umgeben, hatte er gezeigt, als er Richard von

Weizsäcker und Norbert Blüm über die rheinland-pfälzische CDU, deren unumstrittene Führungsfigur er war, Bundestagsmandate verschaffte. Ich traf Kohl erstmals im Sommer 1971 beim Bezirkstag der Jungen Union Südbaden, die ich inzwischen führte. Im Oktober, als er beim Saarbrücker Parteitag zunächst noch vergeblich nach dem Parteivorsitz griff, konnte er auf uns zählen. Kohl bedeutete für uns – mehr als der ebenfalls noch recht junge Rainer Barzel – Zukunft. Zum ersten Mal in der Parteiengeschichte der Bundesrepublik hatten sich in Saarbrücken zwei Kandidaten für den Parteivorsitz beworben. Es war etwas in Bewegung geraten, gerade auch in der CDU. In seiner Parteitagsrede sprach Kohl von einer »Art Deutschland-Uraufführung« – über zwanzig Jahre nach Gründung der Bundesrepublik. Und er würdigte es als »Ertrag der Demokratie-Diskussion der letzten Jahre, nicht zuletzt aus der jungen Generation in unserem Lande«.

Nach dem Erfolg in Freiburg hatten wir bereits das nächste Ziel vor Augen: Wir wollten auch den Landesverband der Jungen Union Südbaden in Schwung bringen. Meinhard Ade war dort im Landesvorstand das Vorauskommando gewesen, und im Dezember 1969 wurde ich in Bad Dürrheim an die Spitze der JU Südbaden gewählt. Rückblickend wundere ich mich, wie viele Dinge in dem aufregenden Jahrzehnt an mir auch vorbeigegangen sind, was ich alles durch die Fixierung auf mein politisches Engagement versäumt habe. In der Musik etwa die Herz- und Nierenprüfung vieler in meiner Generation, ob Beatles oder Rolling Stones, der *summer of love* '67, das Festival von Woodstock. Ich kenne das eher aus nostalgischen Rückblicken im Fernsehen. Politisch hatte ich viele Entwicklungen dieser Jahre, wie ich heute weiß, noch gar nicht wirklich begriffen. Vielleicht lag es an der behüteten Kindheit, an meinem konfliktfreien Aufwachsen, was mich in viele Auseinandersetzungen einfach reinstolpern ließ. Von heute aus muss ich manche Dinge anders einordnen und für mich selbst neu bewerten. Für den Krieg der USA in Vietnam, den ich in seiner Komplexität erst später durch die Lektüre vieler Bücher besser verstanden habe, gilt das allemal. Die damaligen Proteste wirkten in ihrem Antiamerikanismus auf mich bloß abstoßend, in der Art der Sprechchöre eher skurril. Ich war mir in meiner Haltung zu sicher, war überzeugt, dass auch am Mekong unsere Freiheit verteidigt würde und die Amerikaner als unsere Schutzmacht das Richtige und Notwendige täten. Allerdings werden wohl die meisten unter den damals »Ho-Ho-Ho Chi Minh«-rufenden Demonstranten, die für mich einfach nur irregeleitete Kommunisten waren, angesichts der grausamen Verbrechen, die die Kommunisten nach dem Rückzug der Amerikaner verübten, heute ähnlich selbstkritisch zurückblicken.

Manches würde ich also heute, wenn ich noch mal jung wäre, anders machen. Ich würde mich mehr mit Geschichte beschäftigen, mit Ökonomie, vor allem auch mit den Sozialwissenschaften. Tiefer bohren bei dem, was mich interessiert. Es nicht früher getan zu haben, bedaure ich zwar, aber die Zeit kann auch ich nicht zurückdrehen.

1968 hatte ich mein Rechtsreferendariat begonnen. Die Wahlstation machte ich beim Finanzgericht, nachdem ich mich im Studium besonders mit dem Steuerrecht beschäftigt hatte. Inzwischen hatte ich die Liebe meines Lebens, meine Frau, dafür gewonnen, meinem Werben nachzugeben. Ich hatte dabei versprochen, die Politik nicht zu meinem Beruf zu machen, was mir nicht schwerfiel, weil ich das gar nicht beabsichtigte. Im August 1971 kam unser erstes Kind zur Welt. Meine Frau betont bis heute, dass sie nie einen Politiker hätte heiraten wollen. Und ich? Ich wollte eigentlich längerfristig Anwalt werden. Meine Examensnoten ließen mir die freie Auswahl. Mit einer Untersuchung über »Die berufsrechtliche Stellung der Wirtschaftsprüfer in Wirtschaftsprüfungsgesellschaften« war ich inzwischen auch promoviert.

Nach fünfzig Jahren im Parlament kennt mich eigentlich jeder nur als Abgeordneten. Dabei habe ich vor meiner Zeit im Bundestag einen Beruf ausgeübt. Nach dem zweiten juristischen Staatsexamen folgte ich dem Rat meines älteren Bruders und ging in die baden-württembergische Steuerverwaltung, um mich als Wirtschaftsanwalt weiterzuqualifizieren, zuletzt im Finanzamt Freiburg als Regierungsrat, und damit Beamter auf Lebenszeit. Eigentlich eine sichere Perspektive. Doch im Sommer 1972 kam es dann zu einem jener Momente in meinem Leben, in dem sich vieles auf einmal verdichtete und sich eine überraschende Möglichkeit eröffnete.

# II.

## ERLEBTER PARLAMENTARISMUS – ERSTE JAHRE IN BONN

◂ Plakat für den Wahlkampf 1972 (mit Radiergummi im Nacken).

SOMMER 1972, SIEGBURG. In der Steuerverwaltung hatte man in anderthalb Jahren als Finanzassessor dreimal eine einmonatige Ausbildung an der Bundesfinanzakademie zu absolvieren. Da manche meiner Kollegen sich – wie ich – kaum vorstellen konnten, auf Lebenszeit in der Verwaltung zu bleiben, wurde beim Abschlusslehrgang im Juni 1972 viel spekuliert, wer wohl als Erster gehen würde. Wir hatten viel Zeit für solche Zukunftsgespräche, vor allem aber bleiben diese Sommertage für mich mit der lebhaften Erinnerung an die Fußballeuropameisterschaft verbunden, als Günter Netzer aus der Tiefe des Raumes kam und an der Seite Franz Beckenbauers mit traumwandlerischer Sicherheit Regie im Mittelfeld führte – nach dem Urteil vieler die beste aller deutschen Nationalmannschaften, die damals alle Fans und sich selbst in einen Rausch versetzte.

Am vorletzten Lehrgangstag platzte die Akademiesekretärin mit der Nachricht in die Vorlesung, der baden-württembergische Innenminister Karl Schiess wolle mit Dr. Schäuble telefonieren. »Aha, der Erste, der geht«, war die Reaktion der Kollegen. Schiess kannte mich aus der südbadischen CDU und war neuer Innenminister im Kabinett Filbinger. Er suchte einen Büroleiter. Ich hatte mich einige Tage zuvor schon auf die Stellenanzeige einer wirtschafts- und steuerrechtlichen Anwaltskanzlei beworben, ohne bisher eine Antwort erhalten zu haben. Meine Frau wollte gerne in Freiburg bleiben, und als ich ihr am Telefon berichtete, dass ich am nächsten Tag in Stuttgart vorsprechen wolle, war sie nicht begeistert.

Ich beruhigte sie, indem ich sagte, ich werde Forderungen stellen, die mir unerfüllbar schienen. Tatsächlich erklärte ich Schiess, dass ich bis zur nächsten Landtagswahl Ministerialrat sein wolle, weil ich aufgrund meiner Examina und sonstigen Qualifikationen auch ohne diese halb politische Aufgabe bis dahin Regierungsdirektor sein könnte. Doch überraschenderweise sagte er mir das zu, und auf meinen Hinweis, dass seine Zusage rechtlich unverbindlich sei, wurde sein Staatssekretär Erwin Teufel als Zeuge gerufen. Auch mit Ministerpräsident Filbinger telefonierte er noch in meiner Anwesenheit, weil solche Zusagen das Einvernehmen des Regierungschefs erforderten. Mein Plan war gescheitert.

Zu Hause war die Stimmung entsprechend gedämpft. Dann klingelte plötzlich das Telefon. Der Kreisvorsitzende der Jungen Union Offenburg Hans Göppert erklärte mir, im Wahlkreis Offenburg werde in drei Wochen – kurzfristig wegen der vorgezogenen Bundestagswahl – ein CDU-Kandidat nominiert. Da der langjährige Abgeordnete Hans Furler – wie schon 1969 angekündigt – nicht mehr kandidiere, müsse die Junge Union einen Kandidaten präsentieren. Lutz Stavenhagen, den wir in strategischer Planung schon ein Jahr zuvor dafür in Aussicht genommen hatten, war zwischenzeitlich in Pforzheim nominiert, fiel also aus, und der Einzige, den man aus dem Stand aufbieten könne, sei ich. Als ich erwiderte, mir das überlegen zu müssen, kündigte Göppert an, in einer Stunde wieder anzurufen, er sei in der Mitgliederversammlung und brauche eine Antwort. Später berichtete ich meiner Frau über das Telefonat und erläuterte ihr noch, die Sache sei in drei Wochen erledigt, weil die Kandidatur in der Partei aussichtslos sei – woraufhin sie den für sie verhängnisvollen Satz sagte: »Wenn du nach Stuttgart gehst, kannst du auch gleich nach Bonn.« Formal befreite sie mich damit von meinem Versprechen, besonders fair von mir finde ich es aber bis heute nicht.

Am nächsten Morgen musste ich zuerst zu meinem Chef im Finanzamt, der mir eine der begehrten Stellen in Freiburg nach der Assessorenzeit zugesagt hatte. Er erwartete mich bereits, weil das Innenministerium über das Finanzamt meine Erreichbarkeit ermittelt hatte. Ich sagte ihm, er möge mir die Stelle noch offenhalten, weil ich Schiess wieder absagen müsse, ich könnte dem ja nicht wochenlange Ungewissheit zumuten, ob er nun einen Büroleiter gefunden hatte. Mein Chef reagierte mit einer Mischung aus Kopfschütteln und Lachen, kam meiner Bitte aber nach. Als ich danach Schiess anrief, sagte der zu meiner Erleichterung, das sei völlig in Ordnung. Normalerweise versuchten Ambitionierte ja, durch die Funktion in einem Ministerbüro ein Mandat zu gewinnen, wenn ich aber jetzt schon die Chance dazu hätte, sei das doch selbstverständlich.

Drei Wochen später war ich Bundestagskandidat, und noch einmal drei

Wochen später kam eine positive Reaktion auf meine Anwaltsbewerbung, die ich als gegenstandslos eigentlich schon vergessen hatte. Und Deutschland war Fußballeuropameister. Netzer und Beckenbauer haben in der Nationalmannschaft übrigens nie wieder von Beginn an zusammengespielt.

## WAHLKAMPF '72 – »WILLY WÄHLEN«

Manchmal werde ich gefragt, warum ich mich denn um die Kandidatur beworben hätte, wenn meine Planungen doch ganz andere waren. Vermutlich war die Versuchung, Bundestagsabgeordneter werden zu können, für einen politisch so Engagierten, wie ich es damals bereits war, einfach zu groß. Dazu kam noch das spielerische Element des Wettbewerbs. Als mir nach der entscheidenden Stichwahl, bei der ich mit meiner Rede und offenbar auch durch Jugendlichkeit gepunktet hatte, mein unterlegener Gegenkandidat gratulierte, hatte ich fast ein schlechtes Gewissen. Für ihn war ein lange gehegter Karrieretraum zerstört. Doch einige Tage später rief er mich an, um mir seine Unterstützung im Wahlkampf anzubieten, was er dann auch mit großer Tatkraft verwirklichte. Das habe ich ihm nicht vergessen, und es ist ein kleiner Beleg dafür, wie Politik ihre Kraft aus gemeinsamem Handeln für die Sache beziehen kann.

Bald kam ich mit Franz Burda, dem Sohn des Offenburger Verlegerpatriarchen, in Kontakt. Er hatte ursprünglich Haimo George, den damals relativ bekannten Geschäftsführer des CDU-Wirtschaftsrats, unterstützt, meinte am Ende unseres ersten Gesprächs aber, hätte er mich vorher gekannt, hätte er George gar nicht nach Offenburg holen müssen. Ich bin trotzdem bis heute der Auffassung, dass es für mich besser gewesen ist, ohne seine Hilfe nominiert worden zu sein. Im Wahlkampf wie in späteren Jahren hat er mich dann kräftig unterstützt, ohne jemals in irgendeiner politischen Frage Einfluss auf mich zu nehmen. Sein Beauftragter für Öffentlichkeitsarbeit, der mir ein enger persönlicher Freund wurde, konzipierte Wahlkampfprospekte, Plakate, sogar eine für die damalige Zeit moderne Diashow. Dabei hatte mein erstes Wahlplakat seine ganz eigene Geschichte. Bei den Aufnahmen im Hause Burda befand man meine Kleidung für ungeeignet. Aus dem Fundus von Burda Moden wurde rasch nach einer Alternative gesucht. Als sich die Kragenweite des Hemdes als zu groß erwies, wusste man auch das Problem zu lösen: Ein Radiergummi im Nacken schuf Abhilfe.

Der innerparteiliche Wettbewerb war die größte Hürde gewesen. Danach durfte ich zuversichtlich sein, denn die Chancen, das Mandat zu erringen, standen gut. Mein Vorgänger Hans Furler hatte 1969 immerhin 56 Prozent der Erststimmen gewonnen. Als ich auf meiner ersten Pressekonferenz der Offenburger Öffentlichkeit präsentiert wurde, vermittelten die anwesenden Redakteure dann auch den Eindruck, als ließe sich in diesem Wahlkreis jeder Besenstiel für die CDU aufstellen. Ganz so war es nicht – immerhin errang ich gegen den Bundestrend 53 Prozent. Die Union verlor zwar die Wahl, aber ich fühlte mich als Sieger und war nun Bundestagsabgeordneter.

Insgesamt hatten die Neuwahlen 1972 die längerfristigen Planungen in den Parteien über den Haufen geworfen und ermöglichten neue personelle Konstellationen – für mich persönlich ein Kollateraleffekt mit Langzeitwirkung. Den Preis für diese damals unabsehbare Entscheidung, die zugleich eine Weichenstellung für meinen weiteren Lebensweg war, zahlte zweifellos meine Frau. Mit der Geburt unserer ersten Tochter Christine gab sie 1971 ihre gut dotierte Stelle in der Marktforschung eines großen Pharma-Unternehmens auf, wo sie als Diplom-Volkswirtin mehr verdient hatte als ich in der Steuerverwaltung – und nun ließ ich sie die Woche über allein. So hatte sie sich unser Familienleben nicht vorgestellt.

Die Bundestagswahl 1972 ist als »Willy-Wahl« in die Geschichte eingegangen. Sie bestätigte den Bundeskanzler im Zenit seines Ansehens ein Jahr nach der Verleihung des Friedensnobelpreises eindrucksvoll. In der Person Brandt hatte sich die Politik für eine kurze Phase enorm verdichtet. Er war Identifikationsfigur für den Aufbruch in den Jahren 1969 bis 1972. Deshalb zähle ich ihn zu den großen Kanzlern, seine Verdienste sind längst unumstritten. Dem Charisma dieses Mannes konnte man sich schwer entziehen. Nicht nur einmal habe ich gedacht, wenn ein anderer eine Rede im Stil Willy Brandts halten würde, wäre das bestenfalls lächerlich. Aber seine Gravitas, seine rauchige Stimme, vermutlich auch eine Verletzlichkeit, die man unterschwellig spürte, hatten großen Effekt. Er besaß eine besondere Fähigkeit, Pathos und Ernsthaftigkeit nicht als reine Selbstinszenierung wirken zu lassen – obwohl er bestimmt genau wusste, was er tat.

Die Bundesrepublik erlebte damals eine Phase höchster politischer Mobilisierung, mit einer Rekordwahlbeteiligung von über 91 Prozent. Vor allem die Ost- und Deutschlandpolitik, auch Fragen einer gesellschaftspolitischen Modernisierung bewegten die Gemüter. Im Moment des Triumphs lag allerdings, wie bald bemerkbar wurde, bereits der Beginn des Niedergangs. Brandts Kanzlerschaft hatte sich in den drei intensiven, wirklich epochalen Jahren erschöpft. Im Überschwang der Aufbruchsstimmung verlor die sozialliberale Koalition schnell jedes Maß, vor allem in der Finanz- und Haushaltspolitik. Ihr erster Finanzminister Alex Möller war deswegen schon 1971 zurückgetreten – mit der Mahnung: »Genossen, lasst die Tassen im Schrank!« Nach der Wahl 1972 heizten überzogene Tarifabschlüsse, insbesondere im öffentlichen Dienst, die Inflation an, und dann kamen auch noch die Öl- und Wirtschaftskrise hinzu. Für die politische Erschöpfung sollte die depressive Erkrankung Brandts auf fast tragische Weise symbolisch werden.

Die Union hatte 1969 nicht wirklich akzeptiert, aus der Regierung verdrängt worden zu sein. Der Wahlausgang war ja auch denkbar knapp gewesen, der amerikanische Präsident hatte Kiesinger sogar bereits telefonisch gratuliert. Und obwohl die FDP im Wahlkampf angekündigt hatte, mit der SPD koalieren zu wollen, rechneten wir in der Union nicht wirklich damit. Wir unterschätzten die Entschlossenheit von Brandt und Scheel, sich gegen den Widerstand Wehners durchzusetzen. Sechs Stimmen mehr im Bundestag reichten ihnen zum Machtwechsel, eine überaus knappe Mehrheit, die durch Fraktionsübertritte in den folgenden Jahren weiter schrumpfte.

1972 mussten wir nun allerdings die klare Niederlage anerkennen und uns in die Oppositionsrolle fügen. Wir hatten überdies den Status der stärksten Fraktion verloren. Mit Annemarie Renger bekleidete zum ersten Mal eine Sozialdemokratin das höchste Amt im Parlament. Sie wurde eine allseits geachtete Bundestagspräsidentin. Sie hütete streng die Würde des Hauses – so wie man sie damals verstand. Als einmal ein sozialdemokratischer Kollege ohne Krawatte im Plenum saß, ließ sie ihm durch den Saaldiener unauffällig einen Binder bringen, den dieser auch ohne Widerspruch anlegte. Ich kann mich übrigens nicht erinnern, die Tatsache, dass eine Frau das Amt innehatte, als besonders bemerkenswert empfunden zu haben. Vielleicht war manches auch vor fünfzig Jahren schon selbstverständlicher, als heute viele glauben. Gewöhnungsbedürftig war für uns in der Union damals eher, eine Sozialdemokratin in diesem Amt zu erleben.

Ich selbst hatte im Eifer meines ersten Wahlkampfs gar nicht mitbekommen, wie sich der Wind in der öffentlichen Meinung gedreht hatte. Meinungsumfragen spielten noch kaum eine Rolle, und der Beifall der eigenen Anhänger, das habe ich damals gelernt, sagt über die Mehrheiten in der Bevölkerung nicht viel aus. Eine Erfahrung ist für mich unvergessen. Meine Gengenbacher Parteifreunde führten mich während einer Wahlkampftour in das Mutterhaus der Franziskanerinnen. Ohne jede Vorwarnung hatte ich vor mehr als hundert Ordensschwestern eine Rede zu halten – wenn auch für mich ein eher ungewohnter Anblick, so waren sie als Wählerinnen immerhin eine an sich sichere Bank für die Union. Als dann aber die Oberin ihren Schwestern anbot, mir Fragen zu stellen, meldete sich eine ältere Nonne empört, warum wir denn Willy Brandt so angreifen würden. Daraufhin erzählte ich abends meiner Frau, dass ich zum ersten Mal Zweifel am Wahlsieg bekam.

Mit mir rückte eine ganz Reihe von Neulingen in den Bundestag, die später auf verschiedenen Wegen Karriere machten: Karl Carstens, Theo Waigel, Norbert Blüm, Walter Wallmann, Jürgen Todenhöfer, Peter Glotz, Hans-Jochen Vogel, Martin Bangemann, Gerhart Baum – um nur einige zu nennen. Das Parlament war noch von den erfahrenen Parlamentariern der ersten zwei Jahrzehnte geprägt. Alterspräsident war Ludwig Erhard, und auch Altkanzler Kiesinger gehörte noch der Fraktion an. Franz Josef Strauß zählte zu den stärksten Figuren in der Unionsfraktion und beeinflusste nicht nur maßgeblich die Finanz- und Wirtschaftspolitik, sondern war auch ein vehementer Gegner der Ost- und Deutschlandpolitik, hinter der er immer den Kotau vor Moskau vermutete. Er ritt mit seinem rhetorischen Talent die schärfsten Attacken gegen die Regierung. Als CSU-Vorsitzender übte er eine bestimmende Rolle aus, zumal Barzel schon angeschlagen und Kohl noch nicht Parteivorsitzender, geschweige denn Mitglied der Bundestagsfraktion war.

Auf der anderen Seite hielt Herbert Wehner als SPD-Fraktionsvorsitzender das Heft fest in der Hand. Er verließ seinen Platz im Plenum fast nie; seine Dauerpräsenz stattete ihn mit dem Nimbus der Allgegenwärtigkeit aus. Wenn er im Bundestag sprach, war das fast immer ein Ereignis und hatte oft großen Unterhaltungswert, er war an Bissigkeit und polemischer Schärfe schwer zu überbieten. Natürlich rankten sich Geschichten um seine kommunistische Vergangenheit, und manche in der Union glaubten der eigenen Kampagne gegen ihn so sehr, dass sie in ihm tatsächlich den bedrohlichen Altkommunisten fürchteten. Diese Einschätzung führte in die Irre. Wehners Bitterkeit hatte wohl nicht nur mit seiner angeschlagenen Gesundheit zu tun, sondern auch mit seinem Leben und Überleben sowie den damit unvermeidlichen, aber nie wirklich geklärten Verstrickungen in Stalinismus, Denunziation und Terror. Er war ein Unikat und in seiner Knorrigkeit eine außergewöhnliche Erscheinung. Dabei konnte er im persönlichen Umgang große Liebenswürdigkeit und Höflichkeit zeigen. In seiner Fraktion war er geliebt und gefürchtet zugleich. Eine Respektsperson war er für alle.

Als Neuling in Bonn und einer der jüngsten Abgeordneten orientierte ich mich zunächst in meiner Landesgruppe Baden-Württemberg; sie wurde eine Art Zuhause. Den Vorsitz in der Jungen Union Südbaden hatte ich bald nach meiner Wahl abgegeben, weil ich mich immer als Vertreter der ganzen Partei und der Bevölkerung verstand. Deshalb bin ich seitdem nie Mitglied einer der Vereinigungen in der Union geworden und habe mich gerne über Kollegen mokiert, die am liebsten Mitglied in allen Vereinigungen waren.

Mit der Stadt Bonn hatten wir Abgeordneten wenig zu tun. Unser soziales Leben fand eher in der Parlamentarischen Gesellschaft statt, die in der klassizistischen Villa Dahm untergebracht war – das legendäre Gebäude wurde 2006 leider abgerissen. Dort saßen wir abends bei Essen und Trinken, oft auch zum Kartenspiel oder zum Fußballschauen zusammen, denn anfangs hatten wir in unseren Wohnungen oder Büros noch keine Fernseher.

Der von mir damals sonst nicht übermäßig geschätzte Partei- und Fraktionsvorsitzende Barzel gab uns Neuankömmlingen beim Kennenlernen einen klugen Rat mit auf den Weg: »Reden können Sie alle. Das können Sie schon, wenn Sie als Abgeordnete nach Bonn kommen, sonst hätten Sie es gar nicht bis hierhin geschafft. Was Sie hier lernen können und müssen, ist Zuhören.« Diese Einsicht gebe ich bis heute gerne weiter, denn das Zuhören ist eine Gabe, die in unserer Politikerklasse eher unterentwickelt ist. Die meisten sind beständig damit beschäftigt, sich zu präsentieren. Das macht Sitzungen oft frustrierend, weil sich jeder nur darauf konzentriert, wie er sich selbst in Szene setzen kann, anstatt auf die Argumente der anderen einzugehen.

Mir halfen meine guten Verbindungen in der Landesgruppe. Manfred Wörner, ihr Vorsitzender, war ein umsichtiger Mentor und guter Ratgeber.

Als junger Abgeordneter musste man sich zunächst einmal hintanstellen. Ich selbst wäre, schon aufgrund meiner beruflichen Erfahrungen, gern Mitglied des Finanzausschusses geworden. Aber die Plätze, die auf die Landesgruppe entfielen – Ausschusssitze wurden zwischen den Landesgruppen proportional verteilt –, waren nach Anciennitätsgesichtspunkten für mich unerreichbar. So musste ich auf andere Gebiete ausweichen und entschied mich auf Anraten meines Kollegen Anton Pfeifer für die Bildungspolitik. Das Amt als Berichterstatter für das Hochschulrahmengesetz geriet eher zur Pflichtübung. Mit größerer Leidenschaft engagierte ich mich im Sportausschuss, was meinen Neigungen stärker entsprach; dort konnte ich sogar gleich als sportpolitischer Sprecher agieren. Dieses Amt bot die Möglichkeit, nach außen zu wirken, und eröffnete mir größere Betätigungsspielräume.

Die Lehrjahre in der Opposition waren hilfreich, um sich das Handwerk des Parlamentarismus anzueignen und sich auszuprobieren. In der Opposition wird nicht jeder Fehler sofort bestraft, weil man letztlich selten direkte Ergebnisse erzielen kann. Die Parlamentarier einer Regierungsfraktion sind in viel stärkerem Maße damit absorbiert, Entscheidungen zustande zu bringen, gegebenenfalls Kompromisse auszuhandeln und Mehrheiten sicherzustellen. In der ständigen Abstimmung zwischen Regierung, Parteiführungen und Fraktionen des Regierungslagers bleibt die Kreativität des einzelnen Abgeordneten eingeschränkt. In der Opposition lässt sich wiederum durch Sacharbeit im Ausschuss zwar bisweilen punktuell Einfluss auf die Gesetzesarbeit nehmen, aber der politische Gestaltungsraum ist insgesamt begrenzt.

Dafür bleibt mehr Zeit für die Arbeit im Wahlkreis, um sich mit den Anliegen der Wähler zu beschäftigen – wenngleich auch hier bei konkreten Bürgeranliegen eher die Vertreter der Regierungsmehrheit helfen können. Auf der anderen Seite: Der Kritik kann man in der Opposition immer eine Stimme geben, während die Mehrheitsabgeordneten dauernd erläutern müssen, warum vieles eben nicht geht. Sie müssen für die unpopulären Entscheidungen der Regierung geradestehen.

Mit Blick auf meine Anfänge im Parlament kann ich nicht sagen, dass ich – sieht man vom Finanzausschuss als gewünschter Wirkungsstätte ab – ein bestimmtes Karriereziel in der Politik gehabt hätte. Wenn mich Kollegen heute um Rat bitten, was denn zu tun sei, um in der Fraktion voranzukommen, ist nach meiner Auffassung schon die Frage falsch gestellt. Zwar verstehen viele Politik als Beruf, aber ohne das Gefühl einer inneren Berufung ist ein politisches Leben, wie ich es geführt habe, kaum vorstellbar. Das Leben für die Politik fügt sich selten rationalen Karriereerwägungen, denn die Rahmenbedingungen bleiben schwer berechenbar, und auch materielle Anreize sind kaum ausschlaggebend.

## OST- UND DEUTSCHLANDPOLITIK

Für mich war es nicht ungünstig, an einem Tiefpunkt der Union anzufangen. Die Zukunft des Parteivorsitzes war unsicher, Barzel nach der Wahlniederlage '72 angezählt. Die bewegte Zeit einer Führungskrise ist immer eine Phase großer Spannung, sie birgt aber auch Chancen für die nachrückenden Jüngeren.

Die Kontroversen auf dem Feld der Ost- und Deutschlandpolitik machten die innerparteilichen Bruchlinien besonders sichtbar. In der CDU verkörperten die jungen Ministerpräsidenten Helmut Kohl und Gerhard Stoltenberg eine neue Generation. Dazu kam der polarisierende Strauß, der nicht nur von der CSU relativ geschlossen unterstützt wurde, sondern immer auch in der CDU, nicht zuletzt im benachbarten Baden-Württemberg, viel Zuspruch fand. Meine seit damals gefestigte Erfahrung ist, dass Bruchlinien in der Union niemals exakt zwischen den beiden Schwesterparteien, sondern immer mitten durch die CDU verlaufen.

Nach einer längeren Hängepartie trat der glücklose Barzel am 9. Mai 1973 von beiden Ämtern – Partei- und Fraktionsvorsitz – zurück. Kiesinger leitete übergangsweise die Fraktion bis zur Neuwahl eines Vorsitzenden, wofür sich Karl Carstens, Richard von Weizsäcker und der frühere Außen-, Innen- und Verteidigungsminister Gerhard Schröder bewarben. Alle drei waren eindrucksvolle Persönlichkeiten, am Ende stimmte ich aber für Weizsäcker, dessen ost- und deutschlandpolitische Aufgeschlossenheit mich überzeugte und der in seinem Auftreten ebenso gewinnend wie dynamisch war. Für uns Jüngere war er das Gesicht einer fortschrittlichen CDU. Die Fraktion entschied sich jedoch mehrheitlich für den konservativeren Carstens. Ausschlaggebend war wie so oft das weitgehend geschlossene Votum der CSU. Und Strauß wollte weder Schröder noch Weizsäcker.

Dass die CDU einen Monat später Helmut Kohl zu ihrem Vorsitzenden wählte, bedeutete wiederum einen Sieg der Reformer. Es war eine wichtige Etappe, die Aufwind gab. Mit Carstens als neuem Fraktionsvorsitzenden konnten wir gleichwohl gut leben – er war ein ausgezeichneter Redner, ein hervorragender Jurist und insgesamt ein honoriger Charakter. Schröder war schon seit der knapp verlorenen Bundespräsidentenwahl gegen Gustav Heinemann auf dem Weg zum *elder statesman*, und Weizsäcker blieb weiterhin Hoffnungsträger.

Die Abstimmung über den Grundlagenvertrag am 13. Mai 1973 – in der Interimszeit von Kiesinger – bleibt mir im Gedächtnis. Eigentlich neigte ich zur Ratifizierung. Bereits in der Jungen Union hatte ich mich für eine Öffnung in Richtung der Ost- und Deutschlandpolitik von Willy Brandt eingesetzt. Jetzt fehlte mir als Neuparlamentarier aber der Mut, bei der namentlichen Abstimmung von der Fraktionslinie abzuweichen. Darauf bin ich noch heute nicht besonders stolz, und im Nachhinein gilt mein Respekt den vier Abweichlern – Norbert Blüm gehörte dazu –, die aus Überzeugung mit der Regierung stimmten.

Die Fragen der Ost- und Deutschlandpolitik bewegten die Gemüter seit den Sechzigern. Dass Dinge verändert werden mussten, war den meisten bewusst. Brandts Linie, ausgelegt in Egon Bahrs bereits erwähnter legendärer Tutzinger Rede »Wandel durch Annäherung«, zielte auf einen neuen *modus vivendi.* Das war grundsätzlich richtig, zumal seine Entspannungspolitik an strenge sicherheitspolitische Rahmenbedingungen gebunden war und die deutsche Frage völkerrechtlich offenblieb. Allerdings waren manche Einwände, die die Union aus der Opposition heraus machte, wichtig, um die Forderungen nach den menschlichen Erleichterungen im angestrebten neuen Verhältnis zu präzisieren. Vor allem ging es aber um die Deutungshoheit gegenüber der DDR, die alles daransetzte, die Verträge als völkerrechtliche Anerkennung auszulegen, um damit die Endgültigkeit der deutschen Teilung festzuschreiben. Es ist schwer auszumalen, wie die Entwicklung in der zweiten Hälfte der achtziger Jahre verlaufen wäre, wenn wir damals nicht standhaft geblieben wären. Insofern hatte auch das Normenkontrollverfahren, das der Freistaat Bayern beim Bundesverfassungsgericht angestrengt hatte, dauerhafte Wirkung. Zwar entschied das Bundesverfassungsgericht im Tenor – nicht überraschend – gegen den Antrag, aber in der Begründung wurde die Vorläufigkeit der deutschen Teilung betont.

Zugleich ging es um das deutsche Staatsgebiet in den Grenzen von 1937, zu dem neben der DDR auch die ehemaligen Ostgebiete gehörten. Schon aufgrund der Vorläufigkeit der deutschen Zweistaatlichkeit wollten wir eine Regelung über die Ostgrenze Deutschlands rechtlich nicht vorab treffen, obwohl der politische Druck aus dem In- und Ausland immer größer wurde und sich kaum jemand Illusionen über den endgültigen Verlust der Ostgebiete machte. Der Druck der Vertriebenenverbände, die Grenzen von 1937 nicht preiszugeben, blieb gleichwohl groß. Nicht einmal drei Jahrzehnte nach Kriegsende trugen diese Forderungen ganz erheblich dazu bei, dass die konservativen Kreise in der Union der neuen Ostpolitik unversöhnlich gegenüberstanden – sogar 1990 spielte das noch eine Rolle. Der Riss ging mitten durch die Partei und verschärfte die Führungskrise. Jede entschiedene Positionierung hätte zur Vertiefung der Gräben geführt. Das erklärt das Lavieren von Barzel und Kohl, die sich zu keiner Frage eindeutig hätten äußern können, ohne Teile der Partei zu verprellen.

## STEINER/WIENAND-AUSSCHUSS – FAST EIN SCHALLPLATTENVERTRAG

Meine politische Feuertaufe erlebte ich als Mitglied eines Untersuchungsausschusses, der sich mit den bis heute nicht restlos aufgeklärten Bestechungsvorwürfen rund um das gescheiterte Misstrauensvotum 1972 beschäftigte. Es schlug wie eine Bombe ein, als im Mai 1973 der Verdacht aufkam, dass zwei Überläufer der Unionsfraktion »gekauft« worden seien. Der ehemalige Unionsabgeordnete Julius Steiner hatte in einem Interview gestanden, gegen Bezahlung Barzel die Stimme verweigert zu haben.

Die knappe Mehrheit der ersten sozialliberalen Koalition war vor allem über die Auseinandersetzungen um die Ostverträge geschmolzen. Nach dem gescheiterten konstruktiven Misstrauensvotum, mit dem die CDU/CSU im Anschluss an den triumphalen Sieg bei den baden-württembergischen Landtagswahlen im April 1972 versuchte, Barzel zum Kanzler zu wählen, herrschte im Bundestag ein Patt mit je 248 Abgeordneten von Regierung und Opposition. Deshalb hatte man sich parteiübergreifend auf vorgezogene Neuwahlen verständigt, die durch die Vertrauensfrage herbeigeführt wurden. Jetzt wurden aus verschiedenen Quellen Gerüchte genährt, dass bei den Fraktionsübertritten Bestechungsgelder geflossen seien. *Der Spiegel* titelte »Watergate in Bonn?«, und der Skandal wurde alsbald immer unübersichtlicher. Später kam heraus, dass der zwielichtige Steiner, der nicht mehr im Bundestag saß, sich als Doppelagent zwischen Ost-Berlin, BND und Verfassungsschutz bewegt hatte. Damals gab er an, vom Parlamentarischen Geschäftsführer der SPD Karl Wienand 50 000 DM erhalten zu haben, und bei dieser Aussage blieb er trotz aller Widersprüche.

Die neuen Vorwürfe, die alle Parteien – auch die Überläufer in der FDP – betrafen, sorgten 1973 für ein Nachbeben, das die parlamentarische Demokratie in ihren Grundfesten erschütterte. Die gesamte politische Klasse hatte ein Glaubwürdigkeitsproblem. Und trotz des überwältigenden Wahlerfolgs im Herbst 1972 blieb für Brandt wie für die SPD der Makel, dass ohne die skandalösen Ereignisse um das konstruktive Misstrauensvotum alles ganz anders verlaufen wäre.

So stand der Parlamentarische Untersuchungsausschuss, der am 15. Juni 1973 eingerichtet wurde, im Zentrum der öffentlichen Aufmerksamkeit. Für mich war es eine große Sache, als eines von insgesamt neun Mitgliedern in das Gremium berufen zu werden. Manfred Wörner drängte als Landesgruppenvorsitzender darauf, weil unser Landesverband mit Steiner besonders involviert war. Da er mich schätzte, schlug er mich vor und setzte meine Nominierung durch, auch gegen die Ambitionen des Fraktionskollegen Manfred Abelein, immerhin ein erfahrener Juraprofessor. In der Aufgabe lag für mich eine riesige Chance, denn damit hatte ich eine Rolle, die mich für eine Weile ins Zentrum des politischen Geschehens führte. Der Untersuchungsausschuss sollte sich mit allen Fraktionsübertritten der vergangenen Wahlperiode befassen. Aber im Vordergrund stand der Komplex Steiner/Wienand, für den ich zum Berichterstatter der Untersuchungsausschussminderheit bestimmt wurde. Natürlich war es unser Ziel, rückwirkend die Unrechtmäßigkeit des gescheiterten Misstrauensvotums zu beweisen und die Regierung in größtmögliche Bedrängnis zu bringen.

Dieser Untersuchungsausschuss wurde für mich zur wichtigsten Erfahrung meiner ersten Legislaturperiode. Ich warf mich mit vollem Engagement in die Arbeit, bereitete mich akribisch auf die Sitzungen vor und trug meinen Teil zur Vernehmung der Zeugen bei. Das war eine spannende Tätigkeit, vor allem bei den Anhörungen von Granden wie Ehmke oder Wehner. Vielleicht etwas naiv hielt ich den Untersuchungsausschuss anfangs für ein rein juristisches Instrument, mit dessen Hilfe nach den Regeln der Strafprozessordnung die Vorgänge um die Bestechungsvorwürfe zu ermitteln seien. Wir waren überzeugt von der Stichhaltigkeit des Verdachts. Erst im Laufe des Verfahrens erkannte ich den grundlegend *politischen* Charakter solcher Veranstaltungen, bei denen die Mehrheitsverhältnisse das formale Ausschussergebnis eigentlich in gewisser Weise vorwegnehmen, sodass es am Ende, wie meist im politischen Wettbewerb, eher um öffentliche Zustimmung geht. Ich für meinen Teil versuchte aber, mich an die Regeln der Strafprozessordnung zu halten, und wurde bei den Vernehmungen nach und nach wagemutiger. Doch selbstverständlich musste ich auch Lehrgeld zahlen: Als ich Herbert Wehner formaljuristisch korrekt, aber auf Dauer vielleicht etwas provozierend immer wieder mit »Herr Zeuge« ansprach, antwortete er ebenso ausdauernd dem »Herrn Fragesteller«. Und als ich sagte: »Herr Zeuge, ich frage mich …«, bellte er zurück: »Dann fragen Sie sich!«

Qualvoll war die Anhörung von Julius Steiner, dessen labile Persönlichkeit und alles andere als seriöser Lebenswandel kein gutes Licht auf unsere Partei warfen. Zwar blieb er bei seinem Eingeständnis, von Wienand Geld erhalten zu haben, aber die Verworrenheit seiner Aussagen und auch Widersprüche zu anderen Fakten führten zu einem Gewirr, das schwer aufzulösen war. Immerhin bestätigten die Ermittlungen nach unserer Überzeugung den dringenden Verdacht, dass Wienand Versuche unternommen hatte, Steiner zur Ablehnung des Misstrauensantrags zu bewegen, und dass dabei Geldzahlungen in Aussicht gestellt worden waren. Auch die Aussagen des ehemaligen Kanzleramtsministers Ehmke wirkten an verschiedenen Punkten nicht überzeugend. Seine Anforderung von 50 000 DM aus einem Sonderfonds des Kanzleramts für besondere Ausgaben just einen Tag vor der Abstimmung am 27. April 1972 legte den Verdacht nahe, wie ich im Untersuchungsbericht schrieb, »daß der Zeuge Prof. Dr. Ehmke bei der Beschaffung des zur Bestechung Steiners erforderlichen Geldbetrags mitgewirkt hat«. Allerdings fehlte der Beweis für eine Weiterleitung des Geldes an Wienand, der überdies ein Alibi für den von Steiner benannten Tag der Übergabe hatte. Letztlich ließ sich also nicht nachweisen, ob und wie die Zahlung des Betrags erfolgte.

Die Abfassung des Berichts kostete mich fast so viel Arbeit wie meine Dissertation, inklusive langer Nachtschichten. Zunächst musste ich den gesamten Ausschussbericht mit dem Berichterstatter der Mehrheit, dem FDP-Kollegen Detlef Kleinert erarbeiten, wobei natürlich am Ende das meiste zwischen Mehrheit und Minderheit strittig blieb. Mit Kleinert, der ein kompetenter, allerdings auch trinkfester Kollege war, blieb ich seit dieser Zeit kollegial verbunden.

Die Mühe hatte sich gelohnt: In der Fraktion schlug mir eine Welle der Anerkennung entgegen, auch wenn ich in der Causa Ehmke etwas übereifrig gewesen sein mochte. Er hat mir das lange übelgenommen, zumal ich ihm als RCDSler schon auf die Nerven gegangen war. Seine Abneigung gegen mich brachte er noch Jahre später zum Ausdruck, als er einmal demonstrativ ein Zugabteil verließ, als er mich eintreten sah.

Mein großer Moment kam, als ich am 27. März 1974 im Bundestag den Antrag der Minderheit begründen durfte und 45 Minuten Redezeit erhielt. Erst wenige Tage vorher hatte ich in einer bildungspolitischen Debatte als Bundestagsredner debütiert. Ich gab meiner aufrichtigen Überzeugung Ausdruck, dass es bei der Aufklärung dieses Skandals keine Sieger geben könne, weil eben auch Unionsabgeordnete gegen jeden Anstand verstoßen hatten. Die schonungslose Aufdeckung des Skandals war für mich gleichwohl geboten, um das verlorene Vertrauen der Bürgerinnen und Bürger in das Parlament wiederherzustellen. Scharf richtete ich mich gegen die Strategie der SPD, Karl Wienand schon zu Beginn des Verfahrens die uneingeschränkte Solidarität ausgesprochen zu haben: Dadurch wolle man das Ergebnis, am Ende seine Unschuld zu beweisen, vorwegnehmen. Dass ich mit meiner Rede Wirkungstreffer erzielte, merkte ich an den harschen Reaktionen von Wehner und Ehmke. Sie boten alle polemischen Mittel auf. Ehmke nannte meine Vorwürfe »verkommen« und bezichtigte mich der Lüge. Wehner sprach von Hexenjagd, aber eine wirklich überzeugende Widerlegung gelang ihm nicht. Ich hatte mich nicht schlecht geschlagen und meine erste Bewährungsprobe in einer heißen Bundestagsdebatte erlebt. Am Ende erhielt ich stehenden Beifall der Fraktion, und der Fraktionsvorsitzende Karl Carstens war derart begeistert, dass er meine Rede sogar als Schallplatte herausbringen wollte, um sie in kommenden Wahlkämpfen zu verwenden. Dazu kam es nicht. Aber anlässlich meines achtzigsten Geburtstags erinnerte man sich an meinen ersten großen Auftritt, und die Fraktion schenkte mir eine Vinyl-Pressung mit der Rede. Ich habe sie mir noch einmal angehört und fand sie fünfzig Jahre später immer noch ganz passabel.

Das Interesse an den Vorgängen um 1972 hatte sich allerdings bald erschöpft, sodass auch der Untersuchungsausschuss ohne Aufklärung der anderen Fraktionsübertritte beendet wurde. Das schale Gefühl, dass etwas faul war, blieb. Aber wir waren noch fern davon, die wirklichen Zusammenhänge überblicken zu können. Das Ausmaß, in dem die DDR-Staatssicherheit in die Vorgänge involviert war, überstieg unser aller Fantasie. Als nach der Wende in der DDR die Akten eingesehen wurden, kam heraus, dass die Staatssicherheit Wienand auf der Gehaltsliste hatte und beim Misstrauensvotum Regie führte. Er hatte sein Bundestagsmandat schon im Dezember 1974 aus anderen Gründen niedergelegt. 1993 wurde er wegen Landesverrat rechtskräftig verurteilt.

Es konnte bislang nicht zuverlässig belegt werden, ob und in welcher Weise auch andere Sozialdemokraten mit der Stasi zusammengearbeitet hatten. Der Fraktionsvorsitzende Wehner hatte von Wienands Machenschaften sicherlich Kenntnis. In einem Fernsehinterview räumte er 1980 seine Beteiligung an Schmiergeldzahlungen unumwunden ein: »Es wurde getan, was getan werden musste«, es sei »schmutzig« zugegangen, gab er zu, und zwei Leute hätten davon gewusst; der eine sei nicht mehr im Parlament, der andere er selbst. Sogar von Willy Brandt ist überliefert, dass ihn die Meldung über das Stasi-Geld an Steiner kurz vor seinem Tod nur deshalb überraschte, weil dieser dann womöglich doppelt kassiert habe. Mittlerweile ist enthüllt worden, dass der schillernde und charakterlich sehr zweifelhafte CSU-Abgeordnete Leo Wagner, dem man damals noch nicht auf die Spur kam, ebenfalls 50 000 DM von der Stasi erhalten hatte, um gegen Barzel zu stimmen. Er war Parlamentarischer Geschäftsführer und ein wichtiger Vertrauensmann von Franz Josef Strauß.

Auch ohne die gesamten Abgründe zu kennen, hatte mich die Arbeit im Untersuchungsausschuss mit einigen unappetitlichen Realitäten des politischen Lebens bekannt gemacht: Ich erlebte hartgesottene Politprofis, die ohne Rücksicht auf die Wahrheit kalkuliert ihren Machterhalt sicherten, und erfuhr schmerzlich, dass auch im Bundestag zwielichtige Gestalten saßen. Außerdem lernte ich eine Menge über das Wechselspiel zwischen Medien und Politik, über die Dynamik von Skandalen und die Grenzen möglicher Aufklärung. Ich hatte meinen Respekt, aber auch meine Unschuld im politischen Geschäft verloren und fortan keine Scheu mehr, mich mit den Großen anzulegen.

Der Untersuchungsausschuss blieb nicht folgenlos, denn die öffentliche Debatte über die Steiner/Wienand-Affäre hatte das Ansehen der Regierung Brandt gemindert. Wenige Monate später waren zwar andere Ereignisse für Brandts Rücktritt ausschlaggebend, aber als Opposition hatten wir der Koalition eine empfindliche Niederlage zugefügt. Für die Geschichte der Bundesrepublik blieb der bittere Beigeschmack, dass eine Kanzlerwahl durch vielfältige Manipulationen im Gewirr von Stasi und SPD-Fraktionsaktivitäten entschieden worden war. Wenn es nicht zur Staatskrise kam, so ist dies wohl generell der Stabilität der bundesrepublikanischen Institutionen zu verdanken, die sich nach einem Vierteljahrhundert im Großen und Ganzen bewährten.

## MIT LEIDENSCHAFT FÜR DEN SPORT

Nicht jeder Tag des Abgeordnetendaseins ist so aufregend, wie die Debatte über die Ergebnisse des Untersuchungsausschusses. Für die meisten Abgeordneten findet Parlamentsarbeit vor allem in den entsprechenden Arbeitsgruppen der Fraktion statt, im ständigen Austausch mit Interessenverbänden und Sachverständigen und in den Ausschüssen selbst. Dort wird intensive Sacharbeit geleistet. Noch als Bundestagspräsident hat mich bei der Leitung von Debatten im Plenum oft beeindruckt, wie viel Fachkenntnis zu unendlich vielen ganz unterschiedlichen Problemen im Parlament versammelt ist.

Meine Mitgliedschaft im Sportausschuss füllte ich mit besonderem Engagement aus. Dort besaß ich als Sprecher der Fraktion und Leiter der Arbeitsgruppe viele Möglichkeiten für Initiativen in Fraktion, Parlament und Öffentlichkeit. Diese Tätigkeit bereitete mich übrigens auf einen Teil meiner späteren Zuständigkeiten als Innenminister gut vor. Durch den Sport lernte ich viele eindrucksvolle Menschen kennen, ob im Amateur- und Profibereich oder bei den behinderten Sportlern.

Sport vermittelt Werte. Es braucht Anstand und Fairplay – das Einhalten von Regeln: Der Gegner soll besiegt werden, aber als Rivale, nicht als Feind. Nur wenn ein Sieg fair errungen wurde, ist er wirklich etwas wert. Für die Politik hat der Sport auch deshalb eine besondere Bedeutung, weil er wichtige Funktionen in unserer Gesellschaft erfüllt. Er stärkt unser Gerechtigkeitsempfinden, fördert Verantwortungsbereitschaft und Toleranz und ist damit elementar für das gesellschaftliche Miteinander. Im Sport wie in der Politik können oder müssen wir lernen, auch mit Rückschlägen umzugehen, wieder aufzustehen und erneut anzutreten. In beiden Sphären, aber besonders im Sport machen wir die Erfahrung, dass es möglich ist, über die eigenen Grenzen hinauszugehen.

Die Sportpolitik als solche erfuhr in den Mittsiebzigern größere öffentliche

Aufmerksamkeit, denn die Bundesrepublik hatte sich mit den Olympischen Spielen in München 1972 trotz Geiseldrama und palästinensischem Terror der Welt auf sympathische Weise präsentiert. Die Fußballweltmeisterschaft 1974 sollte das nächste Großereignis sein. Insgesamt wurde immer deutlicher, dass der Sport in Demokratien als Instrument nationaler Zugehörigkeit und Repräsentation und zugleich als verbindendes Element internationaler Beziehungen an Relevanz gewann.

Franz Beckenbauer oder Rosi Mittermaier, sagte ich gelegentlich, seien für viele Menschen in der Welt fassbarer als Beethoven oder Goethe. Dahinter steckte die Idee, die Kulturbeziehungen nicht nur auf die geförderten Goethe-Institute und die Hochkultur zu beschränken, sondern die Zivilgesellschaften in den sich entwickelnden Länder auch mit bilateraler oder multinationaler Sportförderung zu stärken. Schon damals war der Sport in der sogenannten Dritten Welt außerordentlich populär. Durch den Sport erhielten die Menschen dort die Möglichkeit, sich als gleichwertig oder gar überlegen zu beweisen. Das war für das Selbstwertgefühl von jungen postkolonialen Nationen wichtig. Bereits im November 1973 hatte ich die Regierung dafür kritisiert, dass sie das Instrument der Entwicklungshilfe weitgehend ungenutzt lasse: Mit einem Etat von zwei Millionen Mark waren die direkten Maßnahmen sportlicher Entwicklungshilfe geradezu beschämend unterfinanziert. Daher entwarf ich einen Sechs-Punkte-Plan, der den Weg zu einer gezielteren und effektiveren Sportförderung in Entwicklungsländern weisen sollte.

Derlei Initiativen aus der Opposition zeitigten zwar keine unmittelbaren Wirkungen, aber sorgten doch dafür, Themen zu lancieren: Reformierung der Sporthilfe, Steuerbegünstigung der gemeinnützigen Sportvereine, Kommerzialisierung und Professionalisierung, gesamtdeutscher Sportverkehr – ich entwarf Alternativen zur Regierungspolitik, stellte parlamentarische Anfragen und verfasste Presseerklärungen, um etwas medialen Wind zu entfachen.

Mit meinem Fraktionskollegen Ferdinand Tillmann studierte ich auf einer USA-Reise die vor allem an Hochschulen praktizierte Spitzenförderung, wobei uns die konsequente Ausrichtung auf Wettbewerb schon von Kindesalter an beeindruckte. Im Bundesfachausschuss meiner Partei hatte ich wichtige Mitstreiter aus dem Leistungssport und aus den Verbänden. Wir engagierten uns schon vor der paralympischen Bewegung für den Behindertensport, der viel zur Integration beitragen kann und essenzielle Möglichkeiten für persönliche Bewährung und Erfolgsergebnisse bietet. Im Rückblick erleichtert mich, dass ich nicht die eigene Erfahrung der Querschnittslähmung brauchte, um die Relevanz des Behindertensports zu erkennen.

Ganz besonders im Sport liegt allerdings die Gefahr von Übertreibungen nahe, gerade wenn es um Leistung und Erfolge geht. Die immer stärkere Fixierung auf nationale Medaillenspiegel, in der Öffentlichkeit und selbst in der staatlichen Sportförderung, belegt das. In Zeiten des Ost-West-Konflikts war dies besonders im Wettbewerb zwischen der Bundesrepublik und der DDR spürbar. Es hat mich übrigens noch viele Jahre nach der Wiedervereinigung geschmerzt zu sehen, wie fremd sich die meisten Sportler aus den beiden Staaten geblieben sind. Selbst Ansätze, über Sportorganisationen wie die Deutsche Sporthilfe Begegnungen zwischen ehemaligen Konkurrenten bei Olympischen Spielen zu fördern, konnten die Kluft zwischen den ganz unterschiedlichen Lebenswelten auch in den beiden Sportsystemen kaum überbrücken.

Mit dem Boykott der Olympischen Spiele in Moskau nach dem Einmarsch der Sowjetunion in Afghanistan erreichte der Einfluss der Politik auf den Sport für mich damals eine neue Dimension. Ich habe die Entscheidung unterstützt, zugleich aber auch die gegenteilige Position vieler Sportler verstanden. Stellvertretend für das harte Los der Athleten steht für mich Martin Knosp, auch wenn der sympathische Sportler aus der Gemeinde Urloffen in meiner Heimat nie öffentlich über die ihm genommene Chance geklagt hat. Als Freistilringer war er damals in seiner Gewichtsklasse ungeschlagen und sicherer Goldmedaillenanwärter. Ihm wurde die Chance genommen, Olympiasieger zu werden (immerhin konnte er vier Jahre später in Los Angeles zum Ende seiner Karriere noch Silber erringen). Seine Kampftechnik war so elegant und ästhetisch, dass mich sogar meine Frau gelegentlich zu Wettkämpfen mit Knosp begleitete, obwohl sie dieser Sportart im Gegensatz zu mir, der ich aus der früheren Ringerhochburg Hornberg stamme, nicht sehr zugetan war.

Generell setzte ich mich für die Autonomie des Sports gegenüber der Politik ein, ganz im Sinne meines ordnungspolitischen Denkmusters: staatliche Rahmensetzung und subsidiäre Förderung bei weitgehender Selbstbestimmung der Vereine und Verbände. So hatte ich auch in der beginnenden Diskussion um die medizinische Leistungssteigerung und Doping die Hoffnung, dass der Sport sich selbst Regularien schaffen könne, zumal eine juristisch saubere Definition für Sportbetrug nur schwer zu leisten war. Das allgemeine Bewusstsein für die gesundheitliche Gefährdung der Athletinnen und Athleten war aus heutiger Sicht naiv, für die kriminelle Energie der Dopingnetzwerke fehlte mir noch jede Vorstellung. Später wurden mir leichtfertige Äußerungen über den sehr eingeschränkten und ärztlich verantworteten Gebrauch von leistungssteigernden Substanzen vorgehalten. Ich würde sie heute nicht wiederholen. Schon gar nicht mit dem damaligen Argument, dass »ohne den Einsatz dieser Mittel der leistungssportliche Wettbewerb in der Weltkonkurrenz nicht mehr mitgehalten werden kann«.

Das Ausmaß der seither aufgedeckten Dopingskandale, vor allem in Leichtathletik und Radsport, der tragische Tod von Birgit Dressel, viele weitere Dopingfälle und die gesundheitlichen Spätfolgen bei zahlreichen Athletinnen und Athleten haben unmissverständlich klargemacht, dass die Sportverbände allein nicht in der Lage sind, sich aus dem Sumpf zu befreien. In meiner zweiten Amtsperiode als Innenminister im ersten Kabinett Merkel habe ich mich deshalb auch für die strafrechtliche Verfolgung der kriminellen Netzwerke und für die Einführung schärferer internationaler Kontrollen ausgesprochen. Für jemanden, der in Freiburg studiert hat, war die unrühmliche Rolle der dortigen Sportmediziner besonders bitter. Vielleicht bringt es das Alter mit sich, dass ich der Jagd nach Rekordleistungen zunehmend weniger Bedeutung beimesse, Fragen der Gesundheit und der Ethik hingegen weitaus höher schätze.

## ÜBER GRENZEN: MIT FRANKREICH FÜR EUROPA

Ein wichtiges Fundament für die politische Arbeit ist die Verbindung zum eigenen Wahlkreis. Mit vielen Themenfeldern und Problemen müssen sich Politiker, wenn sie Generalisten sein wollen, ohnehin befassen, aber manche individuellen Prägungen bleiben von der Herkunft bestimmt – und von jenen Menschen, mit denen man gemeinsam politisch tätig ist oder deren Interessen man als Abgeordneter vertritt.

Mein Vorgänger Hans Furler hatte mir zwei wichtige Ratschläge mit auf den Weg gegeben. Der erste galt meiner Präsenz im Wahlkreis: »Willst du etwas gelten, komme selten!« Natürlich muss man als junger Abgeordneter erst einmal fleißig sein, sonst erreicht man niemanden. Erst Jahre später, in meiner Ministerzeit, habe ich diesen Hinweis besser verstanden. Denn vor Überaktivismus muss man sich auch in der Politik schützen und sich bisweilen rarmachen – um sich auf die wichtigen Angelegenheiten konzentrieren zu können und um Wirkung zu erzielen. Zweitens riet Furler mir dazu, mich besonders um die Kontaktpflege mit dem Elsass zu kümmern. Das habe ich beherzigt, zumal die Stadt Straßburg das attraktive Zentrum unserer Region am Oberrhein ist.

Furler war es auch, der mich kurz nach meiner Wahl zu einem gemeinsamen Abendessen mit Pierre Pflimlin einlud, eine für mich prägende Begegnung. Pflimlin, in den fünfziger Jahren vielfacher französischer Minister, zuletzt vor der erneuten Regierungsübernahme von Charles de Gaulle Ministerpräsident, hatte auch dem ersten Kabinett der fünften Republik unter Staatspräsident de Gaulle angehört, sich dann aber aus der Pariser Politik zurückgezogen, um lange Jahre als Straßburger Bürgermeister und Abgeordneter des Europaparlaments zu wirken, zeitweilig auch als dessen Präsident. Er war ein maßgeblicher Protagonist der deutsch-französischen Aussöhnung und hatte einen erheblichen Anteil daran, dass Straßburg Sitz des Europäischen Parlaments blieb. In ihm lernte ich eine wahre Gründergestalt der europäischen Einigung kennen, würdevoll und zugleich sehr sympathisch. Wir fanden schnell einen guten Draht zueinander und entwickelten eine enge Beziehung, die bis an sein Lebensende hielt. Für mich war er eine der beeindruckendsten Persönlichkeiten in der Politik, und er wurde mir darüber hinaus ein väterlicher Freund.

Zum Auftakt des Wahljahrs 1976 wandte ich mich mit der Idee an Pflimlin, eine Festveranstaltung zu Adenauers hundertstem Geburtstag in Offenburg zu veranstalten und ihn als Redner zu gewinnen. Die Offenburger CDU war aufgrund einer gerade verlorenen Oberbürgermeisterwahl in gedrückter Stimmung, und ich wollte etwas dagegen tun. Er sagte sofort zu, machte aber zur Bedingung, dass wir noch einen zweiten Laudator dazu einluden, weil er sich nicht imstande sah, eine dreiviertelstündige Rede auf Deutsch vorzubereiten und zu halten. Ich fragte schließlich Altbundeskanzler Kurt Georg Kiesinger, immerhin noch Fraktionskollege, der spontan zusagte, auch weil er Pflimlin ebenfalls schätzte. Kiesinger, mit Beinamen »König Silberzunge«, war ein großer Redner – und so hatte ich mit etwas Glück einen Festakt organisiert, der sich bundesweit sehen lassen konnte. In die Offenburger Stadthalle kamen viele hundert Leute. Pflimlin legte einen großartigen Auftritt hin. Kiesinger, der direkt von den Adenauer-Feierlichkeiten in Bonn kam, äußerte hinterher anerkennend, dass Adenauer diese deutsch-französische Würdigung wahrscheinlich von allen Feierlichkeiten am besten gefallen hätte. Als wir später im Restaurant zusammensaßen, war ihm aber doch anzumerken, wie es ihn wurmte, als Redner von Pflimlin in den Schatten gestellt worden zu sein.

Pflimlin blieb bis ins hohe Alter geistig rege und unermüdlich tätig. Er besuchte mich häufig in unserem Haus in Gengenbach, und ich erinnere mich an den wunderbaren Festakt im Straßburger Europaparlament zu seinem neunzigsten Geburtstag, als er 1997 noch einmal zur Hochform auflief und sich alle fragten, woher dieser Mann die Energie nimmt. Seinen charismatischen Auftritt damals in Offenburg hatte übrigens Hans Furler nicht mehr miterleben können. Er war ein halbes Jahr zuvor gestorben. Im Oktober 1976 musste ich aber an seine erste Regel denken, als ich mir meine Ergebnisse zur Bundestagswahl ansah. Ich hatte Buch geführt, welche Wahlkreisgemeinden ich in den vergangenen vier Jahren besucht hatte – das waren viele. Mit Ausnahme eines ganz kleinen Ortsteils, wohin ich nie gekommen war. Ausgerechnet dort konnte ich die höchste Zunahme an Erststimmen im Vergleich zur Wahl 1972 erzielen – »willst du etwas gelten, komme selten« …

Der Einfluss der Vätergeneration auf unser Selbstverständnis, sich für die deutsch-französische Aussöhnung und die Einigung Europas einzusetzen, war beträchtlich. Es mischte sich das Bewusstsein, ein Erbe weiterzutragen und aus der Geschichte die wichtigste Lektion gelernt zu haben – europäische Verständigung anstatt nationaler Selbstüberhebung –, mit dem ganz lebensweltlichen Gefühl der Zusammengehörigkeit. Es war auch nötig, die handfesten Nachteile, die die Bürgerinnen und Bürger in Grenzregionen zu erdulden hatten, abzubauen und, wenn möglich, in Vorteile zu verwandeln. Das Projekt Europa kann nur als eine Symbiose von Idealismus und gemeinschaftsstiftender Erfahrung verstanden werden.

Die grenzüberschreitende Zusammenarbeit in den Regionen war ein Schlüssel, um Europa erlebbar zu machen. Aus meiner Freiburger Zeit hatte ich Kontakt zu Joseph Rey, dem Bürgermeister von Colmar, der schon früh im südlichen Elsass Kontakte nach Deutschland pflegte und sich wegen des Widerstands der französischen Zentralverwaltung gerne als Partisan grenzüberschreitender Zusammenarbeit bezeichnete. Er hatte mit dem damaligen südbadischen Regierungspräsidenten Anton Dichtel vor Kriegsende gemeinsam im Gefängnis gesessen. Seine Enkeltochter Brigitte Klinkert, die ich schon als Kind kennenlernte und die später Mitglied der ersten Regierung Macron und danach der Nationalversammlung wurde, erzählte mir später, in Zeiten vor dem Ersten Weltkrieg sei der Großvater aus dem von Deutschland okkupierten Elsass zur Feier des französischen Nationalfeiertags regelmäßig nach Frankreich gegangen. Auch Louis Jung, ein anderer bis zu seinem Ableben väterlicher Freund, Senator in Frankreich und Bürgermeister einer kleinen Gemeinde im nördlichen Elsass, berichtete oft vom Schicksal dieser Generation, die mehrfach selbst im Wehrdienst zwischen Frankreich und Deutschland wechseln musste. Damals schuf ich mehrere grenzüberschreitende Gesprächskreise, die bis heute in verschiedenen Formen und Foren weiterentwickelt und durch die Heraushebung der Grenzregionen im Aachener Vertrag noch einmal gestärkt worden sind. Zugleich engagierte ich mich im Europarat, in der Parlamentarischen Versammlung der Westeuropäischen Union und in der Arbeitsgemeinschaft europäischer Grenzregionen.

1979 überlegte ich sogar ernsthaft, ob ich für das erstmals direkt gewählte Europäische Parlament kandidieren sollte, entschied mich aber letztlich dagegen. Vermutlich habe ich in Bonn mehr für Europa bewirken können, als es mir in Straßburg je möglich gewesen wäre. Zu Beginn der Coronakrise mit den überhasteten und irrationalen Grenzschließungen wurde uns wieder vor Augen geführt, wie schnell man in Europa in nationales Schubladendenken zurückfallen kann. Sich darum zu bemühen, Grenzen durchlässiger zu machen, den regionalen Zusammenhalt zu stärken und gegenseitiges Verständnis zu ermöglichen, darin liegt der Schlüssel zu einer erfolgreichen europäischen Einigungspolitik, die sich viel eher im Kleinen an den praktischen Bedürfnissen und Wünschen der Bürgerinnen und Bürger orientieren sollte, als permanent eine abstrakte große Idee vor sich herzutragen.

## WAHLJAHR 1976

Die politische Stimmung hatte sich zur Bundestagswahl 1976 für uns zum Besseren gewendet. Mit Kohl als Spitzenkandidaten waren wir in der CDU motiviert, und die Partei befand sich unter seiner Führung im Aufbruch. Damals schaute man zwar noch nicht jede Woche auf die Meinungsumfragen, aber wir spürten schon, dass es Chancen auf ein sehr gutes Ergebnis gab. Gegen einen Sieg sprach nur, dass wir die absolute Mehrheit erringen mussten, weil die FDP sich auf eine Fortsetzung der Koalition festgelegt hatte. Zudem besaß Helmut Schmidt überparteilich hohes Ansehen als Kanzler. Seine autoritative Attitüde, die andere oft als Schuljungen dastehen ließ, wurde auch dadurch nicht angekratzt, dass er wirtschaftspolitisch bisweilen irrte. Unvergessen bleibt seine Äußerung von 1972, dass fünf Prozent Inflation leichter zu ertragen seien als fünf Prozent Arbeitslosigkeit – schon damals prophezeite man ihm, dass eine Geldentwertung den unmittelbaren Anstieg der Arbeitslosenquote nach sich ziehen werde. Und genauso kam es. Auch die Aufblähung des Sozialstaats über das Maß des Verantwortlichen gehört zu seiner Bilanz.

Überhaupt haftete ihm als selbst erklärten Pragmatiker das Image des Krisenkanzlers an. Nach dem Visionär Brandt agierte Schmidt als erster Angestellter der Republik und musste sich mit den Folgen des konjunkturellen Einbruchs auseinandersetzen, der – wie wir heute wissen – das Ende des großen Nachkriegsbooms markierte. Aus unserer Sicht reagierte die sozialliberale Koalition mit den falschen Rezepten. Die SPD galt uns als schlechte Partei für bessere Zeiten, weil sie das Geld nur verteilte, aber nicht wirtschaftete; wir hielten uns für die bessere Partei gerade in schlechteren Zeiten, um das Geld zusammenzuhalten und vernünftig zu regieren. Dennoch: Schmidts Ansehen war bis in die Reihen unserer Anhänger groß. Sein einziger Fehler, sagten viele, lag darin, nicht der Union anzugehören.

Kohl war mit damals 46 Jahren der lange Zeit jüngste Kanzlerkandidat – erst Annalena Baerbock war bei ihrer Kandidatur für die Grünen 2021 noch jünger. Die Strategie der SPD bestand darin, Kohl als Provinzler lächerlich zu machen und ihm den »Weltökonomen« Schmidt gegenüberzustellen. Uns Jüngeren in der CDU imponierte das Selbstbewusstsein, mit dem Kohl seinen Anspruch auf die Kanzlerschaft artikulierte. Seine Beharrlichkeit und Durchsetzungsfähigkeit waren beachtlich, wenn man sich die starke innerparteiliche Konkurrenz vor Augen führt. Viele lauerten nur auf seine Fehler. Vor allem Strauß wurde nicht müde, Kohls Qualifikation infrage zu stellen und sich selbst als besseren Kandidaten zu präsentieren.

Den Parteinachwuchs wusste Kohl auf seiner Seite. Er hatte mit Biedenkopf einen Generalsekretär, der intellektuelle Strahlkraft besaß. Mit Kohl entwickelte sich die CDU von einer behäbigen Honoratiorenpartei zu einer modernen Volkspartei. Die Dynamik, die er als Modernisierer entfaltete, lässt sich an Zahlen ablesen: Von 1973 bis 1976 strömten knapp 200 000 neue Mitglieder in die Partei. Über 650 000 Bürgerinnen und Bürger besaßen ein CDU-Parteibuch. Man versteht die siebziger Jahre falsch, wenn man sie allein als »rotes Jahrzehnt« deutet. Es war eine Zeit umfassender Politisierung, die alle politischen Lager ergriff. Die konstant hohe Wahlbeteiligung unterstrich dieses enorme Interesse an Politik.

Kohl hatte eine Kommission für die Erarbeitung eines Grundsatzprogramms eingesetzt, die von Richard von Weizsäcker geleitet wurde. Wenn ich heute gefragt werde, was meine Partei in der Opposition tun soll, rate ich gern dazu, sich ein Beispiel an Kohls strategischem Vorgehen zu nehmen. Die Zeit für programmatische Arbeit gibt es nämlich vor allem dann, wenn man nicht in der Regierung ist. Da erfüllt sie eine vierfache Funktion: Sie ermöglicht Orientierung und setzt intellektuelle Energien frei, sie sorgt für Integration, und sie hält die Leute beschäftigt. Dass an eine praktische Umsetzung des Parteiprogramms erst einmal nicht zu denken ist, fällt nicht so sehr ins Gewicht. Der Weg ist das Ziel, und die Reflexion der eigenen Programmatik und ihrer Wertegrundlagen ist ein Gut für sich.

Jenseits avancierter Programmarbeit war die Wahlkampfauseinandersetzung allerdings vom Gebrauch des groben Keils geprägt: »Freiheit statt Sozialismus« lautete der polarisierende Slogan. Natürlich regten sich SPD und FDP darüber fürchterlich auf, aber im Wahlkampf muss man Zuspitzungen aushalten. Es wurde hart um die politische Mitte gerungen, und da waren klare Alternativen wichtig. Kohl musste auf den Gewinn der absoluten Mehrheit setzen, was ihm zuwider war, weil er eigentlich eine Koalition mit der FDP anstrebte. Das strategische Kalkül dahinter war einsichtig: So hätten sich Franz Josef Strauß und die CSU, aber auch die »Stahlhelm«-Fraktion der CDU besser disziplinieren lassen. Doch die FDP hatte sich eben auf die Fortsetzung der sozialliberalen Koalition festgelegt. Da nützte die gute Beziehung zu Hans-Dietrich Genscher erst einmal nichts. Kohl erreichte zwar mit 48,6 Prozent der Stimmen einen historischen Erfolg, aber der Weg zur Macht blieb ihm vorerst versperrt.

Meine Enttäuschung hielt sich in Grenzen, zumal ich selbst mit 59,2 Prozent ein hervorragendes Ergebnis in meinem Wahlkreis erreichte. Wenn ich überlege, wie wenig konkrete Erinnerungen ich an die parteiinternen Querelen dieser Zeit habe, dann kann ich es mir vor allem damit erklären, dass ich vom inneren Machtzirkel um Kohl noch zu weit entfernt war, als dass ich alle Auseinandersetzungen nach der Wahl mitbekommen hätte. Außerdem war es familiär eine aufregende und fordernde Zeit. Am 1. März 1976 kam nach unserem Sohn Hans-Jörg mit Juliane unsere zweite Tochter zur Welt; wir waren nun zu fünft, sodass unsere Wohnung in Offenburg, wohin wir nach meiner Wahl Anfang 1973 gezogen waren, zu klein wurde. Auf der Suche nach einem passenden Baugrundstück wurden wir in Gengenbach fündig und konnten das neue Haus am 6. Dezember 1976 beziehen.

Da es für eine diplomierte Volkswirtin damals außerhalb des öffentlichen Dienstes keine adäquate Teilzeitbeschäftigung gab, hatte sich meine Frau entschieden, nach dem Referendariat das zweite Staatsexamen für das Lehramt an Wirtschaftsgymnasien abzulegen. Ich rätsle bis heute, wie sie das in dieser Familienkonstellation überhaupt schaffen konnte – eine unglaubliche Leistung. Ihre Prüfungen fielen mitten in den Wahlkampf. Zu allem Überfluss startete die SPD noch eine bösartige Kampagne gegen sie mit dem Vorwurf, dass sie als privilegierte Frau eines CDU-Abgeordneten jungen Lehramtsabsolventen den Arbeitsplatz wegnehme. Das allein war schon ein Ärgernis, und es wurde noch absurder, wenn man wusste, dass die Ehefrau meines SPD-Kollegen und Wahlkampfkonkurrenten selbst als Lehrerin tätig war. Alles in allem eine sehr unerfreuliche Episode, die mir für sie unheimlich leidtat.

Vielleicht auch aufgrund eines schlechten Gewissens gegenüber meiner Frau trat ich in der Wahlperiode ab 1976 der Enquetekommission »Frau und Gesellschaft« bei. Sie war 1973 auf Antrag der Unionsfraktion eingerichtet worden, um gemeinsam mit Sachverständigen Vorschläge zu erarbeiten, wie tatsächliche Gleichberechtigung von Frauen gefördert werden konnte. In meinen finanzpolitischen Überlegungen interessierte ich mich für Maßnahmen, mit denen die Vereinbarkeit von Familie und Beruf verbessert werden konnte: Kinderbetreuungskosten und familienfreundliche Besteuerung waren damals wichtige Themen. Dass man zur wirklichen Gleichberechtigung viel grundsätzlicher ansetzen musste und die häusliche Arbeit gleichmäßiger verteilt werden sollte, lernten wir erst nach und nach. Jedenfalls erfolgten die Schritte zu einer wirklichen Verbesserung der Lage zu langsam. Wenn ich heute auf das Leben meiner Kinder und Enkel blicke, erscheinen die siebziger Jahre wie eine andere Welt, und insbesondere meine Frau hat unseren drei Töchtern immer empfohlen, sich nicht nach ihrem Beispiel zu richten – mit bemerkenswertem Erfolg.

## HELMUT KOHLS SCHWIERIGER START IN BONN

Auch nach der Wahl 1976 gab Strauß in seinem Kampf gegen Kohl nicht auf. Er verwies darauf, dass die Union hinter den noch besseren Umfrageergebnissen zurückgeblieben sei, und machte den vermeintlich zu weichen Kurs

Kohls dafür verantwortlich. Strauß wich nicht vom Ziel der absoluten Mehrheit für die Union ab – und meinte natürlich, dass er selbst es hinbekommen hätte. Er wollte mit der CSU als eigener Partei bundesweit antreten, um so unterschiedliche Wählerschichten ansprechen und dann gemeinsam die notwendige Mehrheit erreichen zu können. Ich hielt dieses Konzept zusammen mit der Mehrheit der CDU immer für falsch. Im Ergebnis hätten beide Parteien im Wesentlichen um dieselben Wählerschichten konkurriert, und diese Binnenkonkurrenz hätte mehr geschadet als genützt.

Kohl hatte vor der Wahl versprochen, auch im Falle einer Wahlniederlage als Oppositionsführer nach Bonn zu kommen. Am 19. November 1976 erfolgte dann der Paukenschlag mit dem Kreuther Trennungsbeschluss. Die CSU kündigte die Fraktionsgemeinschaft mit der CDU auf, um sich als bundesweite Partei zu etablieren. Das Vorhaben war auch in der CSU nicht unumstritten. Vor allem aber rechnete Strauß nicht mit Kohls Entschlossenheit, sich dagegen zur Wehr zu setzen. Kohl kündigte jedoch umgehend an, im Gegenzug die CDU auch in Bayern antreten zu lassen, und begann sofort, namhafte Persönlichkeiten aus der CSU für sich zu gewinnen sowie erste organisatorische und finanzielle Schritte vorzubereiten. Ein paar Wochen später lenkte Strauß ein, und die CSU nahm ihren Beschluss zurück. Kohl hatte die Nerven bewahrt und sich gegen Strauß durchgesetzt. Die meisten von uns fanden die ganze Sache höchst unerfreulich und albern. Man hatte immer – manche zähneknirschend – die historische Sonderrolle Bayerns akzeptiert, die Voraussetzung dafür aber war, dass die Gemeinsamkeit von CDU und CSU in der Bundespolitik, und damit auch in der Fraktion, niemals infrage gestellt wurde. Mit Theo Waigel sah ich die Dinge stets pragmatisch: Hätte er in Baden-Württemberg gelebt, hätte er der CDU angehört, und wäre ich ein Bayer, hätte ich mich eben in der CSU engagiert.

Doch so einfach war es anscheinend nicht, denn bis heute wirkt das Trauma von Kreuth nach. Wenn es wahr ist, dass Familienstreitigkeiten besonders intensiv ausgetragen werden, dann boten die Schwesterparteien dafür in den vergangenen fünfzig Jahren jedenfalls genügend Anschauungsmaterial. Es war eine von Kohls großen Leistungen, das politische Kraftwerk Strauß in seiner Raubeinigkeit später einigermaßen in Schach zu halten. Mit Theo Waigel konnte er lange eine Achse der Vernunft herstellen. Doch wie lebendig das Vorbild Strauß noch nach Jahrzehnten blieb, auch habituell, haben Stoiber, Seehofer und Söder immer wieder eindrucksvoll unter Beweis gestellt. Ob es um bayerische Sonderinteressen, kernige populistische Positionsbestimmungen oder die Bestellung des Kanzlerkandidaten ging – mit Störfeuer aus München war immer zu rechnen.

Die Ämterrochaden innerhalb der Union konnte ich gelassen beobachten. Karl Carstens wurde Bundestagspräsident und Kohl Fraktionsvorsitzender. Ich zählte zwar noch nicht zu Kohls engerem Kreis, war aber natürlich als einer seiner Unterstützer bekannt. Später ist immer wieder über die Gruppe Kohl oder die Gruppe 76 geschrieben worden. Gewiss gab es solche Netzwerke, aber Kohl holte sich Rat und Unterstützung in ganz unterschiedlichen Kreisen. Sonst wäre er nicht Parteivorsitzender geworden. Mit den Führungsfiguren der CDU in Bund und Ländern musste er auch in den Parteigremien auskommen. Darin war er seit Langem ein Meister. Zu den jüngeren Abgeordneten um ihn herum zählten Anton Pfeifer, Friedrich Vogel, Philipp Jenninger, Wilhelm Rawe, Elmar Pieroth oder Norbert Blüm. Auch ich wurde zunehmend in diesen Kreis einbezogen, nicht nur durch die baden-württembergischen Freunde, sondern etwa auch durch Friedrich Vogel, mit dem mich unsere gemeinsame Zeit im Untersuchungsausschuss verband.

Es wurde mehr und mehr ein dauernder Meinungsaustausch und Beratungsprozess. Wir besprachen die Dinge in der Fraktion, tauschten uns über die Auseinandersetzungen in der Partei aus und natürlich über die Perspektiven, wie die Union an die Regierung kommen und Kohl Kanzler werden konnte. Nicht immer war Kohl selbst dabei.

Trotz seines eindrucksvollen Wahlerfolgs und seinem Sieg über Strauß verschlechterte sich Kohls Ansehen rasch. Die Presseresonanz wurde kritischer, zunehmend hörte man abfällige Stimmen. Die ersten Reden im Plenum waren sicherlich nicht so beeindruckend, und Schmidt war ein gefürchteter und versierter Debattenredner, gegen den Kohl nur schwer ankam. Aber so schlecht, wie Kohl geschrieben wurde, fanden wir ihn nicht. Nicht zu übersehen war auch der sich zuspitzende Konflikt zwischen Kohl und seinem Generalsekretär. Kurt Biedenkopf hielt sich für den intellektuell Überlegenen und verfolgte seine eigene, mitunter intrigante Agenda auch in Allianz mit Strauß. Er war zweifellos brillant, aber auf Dauer konnte er die Seele seiner Partei nicht wirklich ansprechen – dafür war er zu elitär, zu wirtschaftsnah, traf nicht den richtigen Ton. In meiner Zeit als wissenschaftliche Hilfskraft bei Fritz Rittner hatte ich mich einmal sehr intensiv mit dem Bericht der sogenannten Biedenkopf-Kommission zu befassen, die 1968 eingesetzt worden war, um zur Frage der betrieblichen Mitbestimmung Empfehlungen zu erarbeiten. Die 200 Seiten hatte ich intensiv studiert: In der konzisen Analyse sprach alles für eine paritätische Mitbestimmung der Arbeitnehmer, aber die Vorschläge bewegten sich dann deutlich unterhalb dieser Schwelle. Das war in gewisser Weise typisch für Biedenkopfs Befähigung zur klugen Diagnose, aber er zögerte stets, daraus politische Konsequenzen zu ziehen. Seine Verquickung mit dem Unternehmen Henkel und sein ausgeprägter Sinn für eigene wirtschaftliche Vorteile zeigten ebenfalls an, dass er nicht unbedingt dauerhaft geeignet war, die CDU als Volkspartei mit gesamtgesellschaftlichem Appeal zu versehen.

Als er dann im Streit mit Kohl sein Amt als Generalsekretär niederlegte, waren wir eher erleichtert. Um die Jahreswende 1978/79 legte er Kohl die Trennung von Partei- und Fraktionsvorsitz nahe. Aber Kohl blieb ihm als Partei- und Machtpolitiker überlegen, und Biedenkopf verschwand für Jahre relativ glücklos in die nordrhein-westfälische Landespolitik – bis ihm 1990 als sächsischer Ministerpräsident ein beachtliches Comeback gelang.

Den neuen Generalsekretär Heiner Geißler kannte ich bereits als ehemaligen Landesvorsitzenden der Jungen Union Baden-Württemberg. Er hatte sich durch die Problematisierung der »neuen sozialen Frage« einen Namen gemacht. Zehn Jahre als Sozialminister in Rheinland-Pfalz wiesen den früheren Jesuitenschüler als Modernisierer aus. Er war mit seinem rhetorischen Talent, das ihn manchmal über die Stränge schlagen ließ, ein nimmermüder Antreiber seiner Partei. Lange Zeit stritten wir gemeinsam für Kohl, bis es in der zweiten Hälfte der achtziger Jahre etwas schwieriger werden sollte. In den Jahren der Opposition seit 1977 erwarb sich Geißler aber große Verdienste. Seine Wahl zum Generalsekretär war ein weiterer Beleg dafür, dass Kohl keine Angst hatte, sich mit starken und klugen Charakteren zu umgeben, ja durchaus sehr unterschiedliche Auffassungen parallel förderte und die Vielstimmigkeit in der Partei pflegte. Die Voraussetzung dafür waren freilich Loyalität und Vertrauen auf beiden Seiten.

Im Rückblick auf diese Querelen werden meine eigenen Eindrücke mittlerweile von zeithistorischer Lektüre überlagert. Sicherlich nahm ich an den inneren Entwicklungen der Union Anteil. Aber ich war damals fern davon, mich für die Führung der Bundespartei zuständig zu fühlen. Als Abgeordneter hatte ich genug zu tun. Die programmatische Arbeit im Adenauer-Haus registrierte ich mehr aus der Distanz. Die dynamische Truppe dort um Meinhard Ade, Wulf Schönbohm, Ulf Fink oder Warnfried Dettling hatte meine Sympathie, aber ich selbst verfasste weder Positionspapiere, noch wirkte ich am Parteiprogramm mit. In erster Linie war ich Parlamentarier.

## STAATSFINANZEN, EIN LEBENSTHEMA

Mit meiner Bestellung für den Finanzausschuss hatte ich ein erstes Ziel erreicht und stürzte mich in die Arbeit, die mir Spaß machte und bei der ich viel lernte, vor allem die anspruchsvollen Details der Finanzgestaltung des Bundes. Auch im Steuerrecht musste ich trotz meiner beruflichen Vorbildung eigene Kenntnisse erweitern. So beschäftigten mich die Finanz- und Steuerpolitik für die kommenden Jahre stark. Ich arbeitete mich auch in Fragen der Konjunktur- und Geldmengenpolitik ein, befasste mich mit Gewerbe- und Kapitalsteuer und vor allem mit der Körperschaftsteuerreform, erschloss mir also zentrale Bereiche, die zwar in der Öffentlichkeit keine besondere Attraktivität besitzen, wirtschaftspolitisch aber wichtig waren. Die simple Einsicht, dass es in der Politik meistens um Geld geht, hatte ich früh verstanden. Allerdings versuchte ich immer, einzelne Fragen in grundsätzlichen Zusammenhängen zu verstehen und zu begründen, etwa wozu und mit welchem Ziel der Staat Einnahmen generiert, mit welcher Legitimation Bürgerinnen und Bürger fair belastet bzw. entlastet werden können, wie man das Geld effizient und verantwortlich einsetzt.

Auch in der Steuerpolitik geht es um die Rahmenbedingungen für eine nachhaltige Wirtschaftsentwicklung und ein freies, selbstbestimmtes Leben. Dazu gehören solide Staatsfinanzen und Geldwertstabilität, aber auch Kreativität für neue Lösungen, um soziale Gerechtigkeit und Wachstum zu fördern. Das fand ich intellektuell herausfordernd, und die erlangten Kenntnisse halfen mir in meinen späteren Funktionen, denn die wesentlichen Probleme der Finanzpolitik, die zentralen Fragen der Steuerpolitik und der Haushaltsfinanzierung bleiben in ihrer Struktur immer ähnlich. In der Sozialen Marktwirtschaft ringen wir allerdings wieder und wieder darum, mit welchen politischen Maßnahmen auf sich wandelnde ökonomische Bedingungen und gesellschaftliche Bedürfnisse zu reagieren ist. Als Finanzpolitiker muss man sich früh mit dem Sisyphos-Motiv vertraut machen und benötigt eine gewisse Leidensfähigkeit. Wenn überhaupt, gibt es nur kleine Siege – und jede

Errungenschaft ist mit einem Vorbehalt versehen und kann durch neue Entwicklungen oder Krisen wieder infrage gestellt werden. Gerade weil es um Detailfragen geht, braucht man einen guten Kompass, eine Richtschnur für das eigene Handeln.

Wer glaubt, er könne volles Wissen erwerben, das die Beherrschung des Geschehens ermöglichen würde, hat kein Wissen. Diese Erkenntnis von Friedrich August Hayek sollte jeder beherzigen, der die Wirklichkeit einer umfassenden ökonomischen Theorie unterwerfen möchte. Das ist aber nicht nur als Warnung vor einer zentralen Steuerung durch den Staat zu verstehen, sondern betrifft allgemein alle menschlichen Handlungszusammenhänge. Letztlich geht es darum, dass der Mensch in komplexen Systemen die Zukunft weder vorhersagen noch wirklich herbeiführen kann, weil das Wissen, das nötig wäre, nirgendwo gebündelt ist und soziale Wechselwirkungen nicht mathematisch sicher zu erfassen sind. Mit dieser Erfahrung müssen sich auch Finanzpolitiker abfinden.

## BLEIERNE ZEIT IM »DEUTSCHEN HERBST«

Meine Tätigkeit im Finanzausschuss hatte zweifellos Relevanz für meinen Karriereweg, aber dass ich damit die Republik zu neuen Ufern führte, wird man nicht sagen können. In der Opposition ist es immer schwierig, mit Vorschlägen Gehör zu finden, auch wenn ich damals lernte, dass man der Regierung Bereitschaft signalisieren konnte, Sparmaßnahmen zu unterstützen. So beschlossen wir auf Drängen von Franz Josef Strauß, als CDU/CSU-Fraktion, aus staatspolitischer Verantwortung und um unsere Finanzpolitik glaubwürdig zu machen, nur vom Haushalt gedeckte ausgabewirksame Anträge zu stellen – eine Idee, die ich meiner Fraktion auch in den Jahren starker Inflation ab 2022 empfohlen habe.

Wirtschafts- und finanzpolitische Themen wurden ohnehin bald an den Rand gedrängt, weil die gesamte Innenpolitik sich im Schatten des RAF-Terrors bewegte. Gipfelnd in den dramatischen Ereignissen des »deutschen Herbstes« 1977 legte sich ein Mehltau von Angst und Depression über das Land. Die Ermordungen von Generalbundesanwalt Siegfried Buback und dem Vorstandssprecher der Dresdner Bank Jürgen Ponto, die Entführung und Hinrichtung von Arbeitgeberpräsident Hanns Martin Schleyer, die dramatische Befreiung der entführten Passagiermaschine *Landshut* in Mogadischu und am Ende noch der kollektive Selbstmord der RAF-Terroristen Baader, Ensslin und Raspe im Stammheimer Sicherheitsgefängnis – diese sich teilweise überlagernden Ereignisse hielten die Bundesrepublik in Atem. In solchen Zeiten sammelt sich die Bevölkerung hinter der Staatsführung.

Es war die Stunde von Helmut Schmidt. Er hatte einen großen Krisenstab gebildet, in dem neben den betroffenen Ministern, Justiz und Innen, den Verantwortlichen der Polizei- und Nachrichtendienste auch die Spitzen der Opposition, also Kohl, Friedrich Zimmermann und Strauß, beteiligt waren. Kohl und Klaus Kinkel erzählten später gelegentlich von der bedrückenden Stimmung in diesen Sitzungen. Die unnachgiebige Haltung gegenüber den Lösegeldforderungen fand dabei Unterstützung, wobei natürlich die Letztverantwortung beim Bundeskanzler verblieb. Zwei Jahre zuvor, bei der Entführung von Peter Lorenz, hatte man noch anders entschieden; dies schrieb Schmidt später dem Drängen von Kohl zu sowie dem Umstand, dass er selbst krank gewesen sei. Jetzt blieb man standhaft, weil das Nachgeben im Fall Lorenz die terroristischen Anschläge in der Folge verstärkt hatte.

Für die Angehörigen von Hanns Martin Schleyer war das verständlicherweise schwer zu akzeptieren. Ich glaubte Schmidt, dass er bei einem Scheitern der Geiselbefreiung durch die GSG 9 in Mogadischu zurückgetreten wäre. Und mich beeindruckte insbesondere seine Rede bei der Trauerfeier für Schleyer, als er der verbitterten Witwe, die ihm unmittelbar gegenübersaß, sagte: »Ich habe Schuld auf mich geladen für den Tod Ihres Gatten, aber wer Verantwortung trägt, lädt Schuld auf sich, wie immer er sich entscheidet.« Schmidt wurde für mich zum Vorbild, wie man sich in Ausnahmesituationen zu verhalten hat, wie man die Dramatik einer Lage und notwendige Entscheidungen durch bedachte Kommunikation so vermitteln kann, dass daraus erfolgreiche Führung wird. Seine staatspolitische Klugheit bestand auch darin, in einer solchen Krise die Opposition einzubinden.

Ich habe das damals nur aus der Distanz beobachten können. An die Aufregung in unserer Fraktion, in der sogar die Forderung erhoben wurde, Abgeordnete mit Waffen auszustatten, kann ich mich erinnern, und auch daran, wie lächerlich mir diese Art von Panik vorkam. Daneben ist mir eine Autofahrt vor Weihnachten 1977 besonders im Gedächtnis geblieben, als ich mit unseren drei Kindern auf dem Rücksitz zu meinen Eltern fuhr. An einem Bahnübergang geriet ich in eine Verkehrskontrolle. Vermutlich hatte unser

BMW die Aufmerksamkeit der Polizisten erregt, denn das Modell war bei der RAF beliebt. Dass ich eine Lederjacke trug, kam wohl erschwerend hinzu. Die Polizisten mit ihren Maschinenpistolen im Anschlag sahen martialisch aus, waren selbst offensichtlich nervös – was angesichts der Tötung einer Reihe von Beamten durch die Anschläge nur zu verständlich war –, und sie jagten meinen Kindern einen gehörigen Schrecken ein. Auch ich dachte, dass ich jetzt vorsichtig sein musste und keinen Fehler machen durfte. Eigentlich eine harmlose Episode, zumal sich die Situation sehr schnell entspannte, als sie meine Papiere gesehen hatten. Aber die Szene geht mir nicht aus dem Kopf.

Aus heutiger Sicht können Historiker gewiss überzeugend das Urteil fällen, dass weder die Legitimität des Staates auf dem Spiel stand noch die Bundesrepublik gefährdet war, sich in einen Polizeistaat zu verwandeln. Aber dass die Politik den Ausnahmezustand mitbedenken muss und in Extremsituationen über Leben entscheidet, diese existenzielle Erfahrung steckte allen in den Knochen, die die damaligen Ereignisse miterlebten.

## STRAUSS' PYRRHUSSIEG UND KOHLS KALKÜL

Nicht existenziell bedrohlich, aber quälend blieb die Lage der CDU. Die Zweifel an der Kanzlertauglichkeit Kohls mehrten sich. Strauß, der seit 1978 als Ministerpräsident in Bayern amtierte, verbündete sich mit jedem, der Kohl zu kritisieren bereit war. Ein Verschwörungsversuch mit Biedenkopf war gescheitert, aber den Traum von der eigenen Kanzlerschaft gab er nicht auf. Also setzte er weiterhin alle Hebel in Bewegung, um Kohl zu verdrängen und selbst als Kandidat anzutreten. Mit Mitte sechzig sah er vielleicht auch die letzte Chance, sein Lebensziel zu verwirklichen. Die starken Ministerpräsidenten der Union blieben derweil in der Deckung.

Hans Filbinger hatte zeitweise durchaus eigene bundespolitische Ambitionen, lieferte aber einen missglückten Auftritt in einer Bundestagsdebatte und wurde später durch den Skandal um seine Rolle als NS-Marinerichter aus dem Spiel genommen. Gerhard Stoltenberg, der von vielen als ideale Option gehandelt wurde, blieb zögerlich. Man konnte die ihm eigene Noblesse als Charakterzug sehen, der ihn vor einem Machtkampf zurückschrecken ließ. Ernst Albrecht hatte gerade überzeugend die absolute Mehrheit in Niedersachsen gewonnen, und auf Kohls Vorschlag hin, der für sich selbst keine

Chance mehr sah, nominierte die CDU ihn als ihren Kanzlerkandidaten, während die CSU auf Strauß beharrte. Für eine Einigung zwischen beiden Parteien gab es kein Gremium. Die CSU bestand auf Gleichberechtigung, und die CDU wollte das als die größere Partei nicht akzeptieren.

Nach wochenlangem zermürbendem Streit wurde schließlich ein Votum der Bundestagsfraktion herbeigeführt. Ich wählte Albrecht, aber die Mehrheit fiel – für mich wenig überraschend – auf Strauß, der neben der weitgehend geschlossenen Unterstützung der CSU-Landesgruppe auch von einer beachtlichen Zahl von CDU-Abgeordneten gewählt wurde. Damit war die Entscheidung gefallen. Unter Kohls Führung unterstützte die gesamte Union Strauß geschlossen im Wahlkampf. Stoltenberg war unser Vertreter in dessen Führungsmannschaft. Strauß blieb zwar eine Identifikationsfigur für die konservative Stammwählerschaft der Union, aber die entscheidenden Zugewinne in der politischen Mitte konnte er nicht erzielen. Im Gegenteil, er mobilisierte vor allem diejenigen, die ihn verhindern wollten. Bereits früh hatte Kohl damit kalkuliert, dass er eine Niederlage der Union bei der Bundestagswahl in seinen Sieg über Strauß umwandeln könnte. So kam es dann auch. Strauß' erfolgreiche Erringung der Kanzlerkandidatur wurde für ihn zum Pyrrhussieg. Er erlitt deutliche Stimmenverluste und landete bundesweit bei 44,5 Prozent, immerhin vier Punkte weniger als Kohl 1976.

Nun konnte es keine Schuldzuweisungen aus Bayern mehr geben, und die Union hatte zumindest in dieser Hinsicht erst einmal ihren Frieden. Kohl war damit unangefochtener Oppositionsführer und konnte sich in Ruhe auf den entscheidenden Teil seiner Strategie konzentrieren, nämlich die FDP von einem Koalitionswechsel zu überzeugen. In dieser Zeit wurde unsere Zusammenarbeit enger. Im Juni 1981 wurde die Stelle eines Parlamentarischen Geschäftsführers frei. Kohl schlug mich zur Wahl vor, und ich erzielte ein erfreuliches Ergebnis. Fortan gehörte ich zum engeren Kreis, der mit Kohl auf die Wende hinarbeitete.

# III.

## AUFSTIEG IM »SYSTEM KOHL«: AUS DEM PARLAMENT INS KANZLERAMT

◂ Bundestag, 1. Oktober 1982. Helmut Schmidt gratuliert seinem Nachfolger, Wolfgang Schäuble applaudiert halb links im Bild.

1. OKTOBER 1982, BONN. Es ist merkwürdig, wie die eigene Erinnerung funktioniert. Für die großen Momenten bleibt sie manchmal blass, dafür ist sie klar und scharf in Nebensächlichkeiten – und wird zudem immer wieder überblendet von den allgemein bekannten Bildern. So geht es mir mit dem Tag des konstruktiven Misstrauensvotums, als Helmut Kohl zum Kanzler gewählt wurde und für uns in der Union eine lange Phase der Opposition endete. Ich erinnere mich an einige Details. Aber die großen Szenen, die auch ich aus den Dokumentationen alle kenne und die ins kollektive Gedächtnis eingegangen sind, finden sich kaum in meinen eigenen Eindrücken wieder. Ich war hautnah dabei, befand mich eigentlich im Zentrum des Geschehens und erlebte die lange Plenarsitzung, die zu den historischen Momenten des bundesdeutschen Parlamentarismus zählt. Dennoch sind mir die Dramaturgie der Ereignisse, der Schlagabtausch der Redner und Rednerinnen, die das Ende der Regierung Schmidt orchestrierten, nur noch schemenhaft präsent. Ich kann es mir nur mit der eigenen Anspannung erklären. Alles stand im Zeichen der kommenden Aufgaben.

Ich weiß noch, dass über diesem grauen, nebligen Herbsttag eine nervöse Grundstimmung lag. Zwar konnten wir relativ sicher sein, dass die Mehrheit stand. Aber es war – trotz aller vorbereitenden Gespräche und des Zählappells in der Fraktion – nicht ganz klar, wie knapp es werden würde, auch weil wir nicht wussten, wie sich die Stimmung in der FDP entwickelt. Unsere eigene Probeabstimmung war nicht rund gelaufen. Einige Abgeordnete aus Nordrhein-Westfalen hingen irgendwo fest und fehlten noch. Ein Rest an Unsicherheit blieb also. Die dem Anlass eigentlich angemessene Genugtuung und Freude verspürte ich kaum. Das Feierliche war mir ohnehin eher fremd, das ist bis heute so geblieben. So ging jede mögliche Einstimmung auf eine epochale Zäsur zunächst in der Geschäftigkeit und Hektik des Tages unter.

In Filmmitschnitten sehe ich mich, den gerade Vierzigjährigen, direkt hinter Kohl und Philipp Jenninger im Bundeshaus den Fraktionssaal mit schnellen Schritten Richtung Plenum verlassen. Dort fand die sehr bewegte und auch bewegende sechsstündige Aussprache statt, eine parlamentarische Sternstunde: Helmut Schmidts Abrechnung mit dem ehemaligen Koalitionspartner, Genschers versteinerte Miene, Wolfgang Mischnicks aufrechte Erklärung des Kurswechsels seiner Partei, das Rededuell zwischen Rainer Barzel und Herbert Wehner, Hildegard Hamm-Brüchers emotionales Treuebekenntnis zu Schmidt, Willy Brandts und Heiner Geißlers Wortgefechte, Helmut Kohls kurze Intervention, um Geißlers Attacke gegen Hamm-Brücher wieder einzufangen – diese historischen Szenen habe ich zweifellos miterlebt. Aber die Zeit vorher und nachher hat sich mir viel schärfer eingeprägt. Während der Plenarsitzung zählte ich zur passiven Zuhörerschaft, davor und danach hatte ich einen aktiven Part, konnte vorbereiten, organisieren, mitgestalten. Eigenes Beteiligtsein fördert offensichtlich die Erinnerung.

Als eindrucksvoll empfand ich die Rede Rainer Barzels, der das Misstrauensvotum für die Unionsfraktion begründete. Kohl traf eine kluge Entscheidung, mit Barzel dafür denjenigen auszuwählen, der zehn Jahre zuvor in vergleichbarer Situation gescheitert war – und dessen kollegiales Verhältnis zum noch amtierenden Bundeskanzler Schmidt bekannt war. In Zeiten der ersten großen Koalition managten sie als Fraktionsvorsitzende den Zusammenhalt der Regierungsparteien. Jeder wusste zudem, dass Kohl und Barzel sich nicht sonderlich mochten und dass die Spuren alter Kämpfe um den Parteivorsitz noch nicht vernarbt waren. Ihm dennoch diesen Auftritt zu verschaffen, war ein effektvoller Schachzug, der zu Kohls umsichtigem Führungsstil dieser Zeit passte.

Barzel schaffte es mit seiner ruhigen Tonart und seiner Erfahrung, das Scheitern der Regierung nüchtern zu bilanzieren und die Aufgaben für die neue Koalition der Mitte in aller Deutlichkeit herauszustellen. Gegen den SPD-Vorwurf vom Verrat der FDP akzentuierte er völlig zu Recht das freie Mandat der gewählten Abgeordneten. Die Verratserzählung, mit der Schmidt in der unabwendbaren Niederlage taktisch clever von der Entfremdung zwischen ihm und seiner Partei ablenkte, hat sich bis heute gehalten. Sie ist dadurch nicht klüger geworden. Die Sündenbockrolle der FDP sollte letztlich nur die Regierungsunfähigkeit der SPD in der ökonomischen Krise überdecken. Intellektuelle, die sich nicht gern mit Wirtschafts- und Finanzpolitik beschäftigen, glauben bis heute daran. Sie vergessen auch, dass wir in einer parlamentarischen Parteien- und nicht in einer Präsidialdemokratie leben. Schmidts parteiübergreifend hohe Zustimmungswerte nützten wenig, wenn die SPD insgesamt das Vertrauen der Wählerinnen und Wähler verlor. Zudem tobte in der SPD ein Generationenkonflikt. Nicht wenige der später sogenannten Brandt-Enkel wandten sich von Schmidt ab. Sie konnten mit seinem Amtsethos, den »Sekundärtugenden« und seiner hochfahrend-belehrenden Art nichts anfangen. Da tat sich kulturell und habituell ein Graben auf, und es zog weite Teile der Partei zur Friedensbewegung.

Schmidt machte einen geschlagenen Eindruck. Er demonstrierte jedoch an seinem letzten Tag als Regierungschef noch einmal seine ganze rhetorische Brillanz, auch in der ihm zur Verfügung stehenden schneidenden Schärfe. Wir hatten über die Jahre einiges von ihm einstecken müssen. Darum hielt sich unser Mitleid für den politischen Gegner in Grenzen. Es überwog die Freude über den gelungenen Wechsel. Deutlich sichtbar war, dass die alte SPD, die prägenden Figuren Brandt, Schmidt und Wehner ausgelaugt waren. Die Szene, wie Schmidt seinem Nachfolger gratulierte, zeigte es: So sahen Verlierer aus, die auch nicht mehr die Kraft zum Regieren besaßen. Sie wirkten verbraucht. Herbert Wehner war mit Mitte siebzig ein kranker Mann; Brandt hatte den Kontakt zur Innenpolitik lange verloren; Schmidt war ausgezehrt von den Kämpfen gegen die Parteilinke. Wirtschaftspolitisch waren ihm die Hände gebunden, und für den NATO-Doppelbeschluss fehlte ihm die Unterstützung aus der eigenen Partei, vor allem die Rückendeckung des Vorsitzenden Brandt. Er wusste, dass er am Ende seiner Regierungszeit angelangt war. Es ging ihm darum, zum Finale das Heft in der Hand zu halten und die Deutungshoheit zu bewahren – darum hat er die Koalition selbst aufgekündigt und ist dann, ganz Wahlkämpfer und Sozialdemokrat, doch wieder in den Schoß der Partei zurückgekehrt.

Die letzte Energie richtete Schmidt gegen den ehemaligen Partner FDP – und natürlich gegen uns, die wir angeblich keine Legitimation des Wählers hatten. Das überdeckte, dass ihm seine eigene Partei schon länger nicht mehr folgen wollte und die Koalition im Wesentlichen als Verhinderung von Strauß bestätigt worden war. Ein konstruktives Programm hatte sie jedenfalls nicht. Schon der Start nach der Bundestagswahl 1980 wirkte lustlos. Man hatte sich auseinandergelebt. Die drohende ökonomische Rezession, Massenarbeitslosigkeit, die angespannte Lage der Blockkonfrontation nach Afghanistan, Olympiaboykott und Kriegsrecht in Polen, die Nachrüstungsfrage – diese Krisenmomente überforderten die Koalition und ließen die Gegensätze zwischen SPD und FDP nur allzu deutlich hervortreten.

Viele Kommentatoren und intellektuelle Unterstützer wollten das nicht sehen. Bis heute lebt die sozialliberale Ära vom Nimbus einer Reform- und Modernisierungsära. Kohl wurde von den meisten Meinungsmachern weiter nicht ernst genommen, und sie beklagten den Verlust des »Weltökonomen« Schmidt. Es gehört zu den Irrtümern der achtziger Jahre, dieses Kohl-Bashing für repräsentativ für die allgemeine Stimmung in der Gesellschaft zu halten. Öffentliche Meinung und veröffentlichte Meinung können in einer Demokratie manchmal eben nicht unerheblich voneinander abweichen. Die Wahlergebnisse bildeten denn auch eine ganz andere Stimmungslage ab.

Seltsamerweise habe ich vom Machtwechsel '82 immer noch Helmut Kohl im formellen Cut vor Augen. Den hatte er für die Ernennung durch Bundespräsident Carstens angezogen, und er trug das altertümliche Stück anschließend auch bei der Eidesleistung im Bundestag. Der Schnitt war nicht eben vorteilhaft, und Kohl sah neben dem eleganten Carstens hinreichend albern aus. Uns hat das amüsiert. Die Zeremonie hielt sich noch an alte Protokollvorschriften. Nur Helmut Schmidt hatte 1974 darum gebeten, die Prozedur im dunklen Anzug absolvieren zu dürfen. Kohl hat diese Kostümierung nach 1982 nie wieder angelegt – und auch seine Nachfolger haben seither darauf verzichtet.

Am Abend lud Kohl seine engeren Wegbegleiter in ein Restaurant in der Nähe von Bonn ein. Die Anspannung des Tages löste sich bei gutem Essen und einigen Getränken. Gerd Bacher, ehemaliger Intendant des Österreichischen Rundfunks und 1976 als Freund von Kohl Wahlkampfberater, hielt eine launige Rede. In jedem zweiten Satz sprach er den »Herrn Bundeskanzler« an – bis wir reinriefen: »Nun reicht's aber!« Im melodiösen Salzburger Tonfall gab er zurück: »Nein, es ist so schön, ich kann es gar nicht oft genug sagen!« Es wurde eine ausgelassene Feier.

# VORBEREITUNGEN DES WECHSELS

Der 1. Oktober war der Tag, auf den wir in der Union lange hingearbeitet hatten. Als Parlamentarier kannte ich seit 1972 nur die Oppositionsbänke. 1976 hatten wir den Sieg knapp verpasst, aber seit 1980 war der Niedergang der sozialliberalen Koalition unübersehbar geworden. Die Gerüchte in Bonn machten in schöner Regelmäßigkeit die Runde, und der vom *Spiegel* ausgerufene »Krisensommer 82« – ein ungewöhnlich warmer und schöner Sommer – kündigte bereits einen Wechsel an. Die Absetzbewegungen in der FDP hatten eigentlich schon kurz nach der Bundestagswahl begonnen. Das gute Verhältnis zwischen Genscher und Kohl war bekannt. Aber so klar, wie es sich in der Rückschau ausnimmt, war die Lage nicht – vor allem aufgrund der inneren Zerrissenheit der Liberalen, deren Glaubwürdigkeit immer wieder auf die Probe gestellt wurde. Schließlich war ihre Zweitstimmenkampagne unter dem Motto gesegelt »Wer Schmidt will, muss FDP wählen«.

Kohl hatte schon 1976 auf die FDP gehofft und war schwer enttäuscht, dass es damals nicht klappte. Man darf nicht vergessen, dass Strauß und die CSU beileibe keine Freunde der Liberalen waren. Und auch auf dem konservativen Flügel der Union gab es einige, die nicht unbedingt bereit waren, den Liberalen eine Brücke zu bauen. Sie hielten Kohl für naiv, wenn er auf Genscher hoffte und das Verhältnis zur FDP so gestalten wollte, dass es die Möglichkeit zu einer Koalition offenhielt. Viele waren damals der Auffassung, Genscher führe Kohl am Nasenring. Aber es zeigte sich auch, dass die Kohl-Kritiker in der Union selbst keine realistische alternative Strategie hatten. Abgesehen von der Unwahrscheinlichkeit einer dauerhaften absoluten Mehrheit blieb Kohl daher bei seiner Auffassung, dass eine Koalition mit den Liberalen ihm in der eigenen Partei und gegenüber der CSU mehr Spielräume verschaffen würde.

Genscher galt in Unionskreisen als wendiger Taktierer, dem man nicht vertrauen sollte. Dieses Geschmeidige, Sphinxhafte, auch das Nichtfestgelegte wurde ihm schon früh vorgehalten. »Verschleierungskünstler« hieß es im *Spiegel* über ihn. Andererseits gab es in der Ost- und Deutschlandpolitik auch große Übereinstimmung. Gerade unter den moderaten Modernisierern um Kohl haftete manchem der Ruf an, ein »Genscherist« zu sein – ein Schimpfwort, das der konservative Flügel gern für all diejenigen verwendete, die für mehr entspannungs- und deutschlandpolitische Flexibilität eintraten. Die

Rolle der Vertriebenenverbände war noch immer stark, und man kann sich heute gar nicht mehr vorstellen, welches Empörungspotenzial sie entwickeln konnten, wenn es um die Deutsche Einheit ging. Das fiel einem schon mächtig auf die Nerven. Der junge Volker Rühe profilierte sich selbstbewusst als Außenpolitiker in großer Nähe zu Genscher. Ich selbst achtete später immer darauf, nicht zu sehr zu provozieren und die verschiedenen Strömungen zusammenzuhalten.

Kohl jedenfalls glaubte und vertraute Genscher. Von ihm gibt es die bekannte Aufforderung »Hans-Dietrich, du musst jetzt springen!« – verbunden mit der Zusicherung, dass er nicht ohne Netz turne, sprich: Die CDU hielt sich bereit für den Wechsel in der Legislaturperiode. Als die Veränderung in der Luft lag, achteten Kohl und Genscher peinlich genau darauf, sich erst einmal aus dem Weg zu gehen. Für den Mut, den Genscher bewies, als er im Sommer und Herbst 1982 alle Anfeindungen nervenstark aushielt, war Kohl ihm immer dankbar. Das kann man in seinen Memoiren nachlesen. Dieses grundsätzliche Vertrauen wurde zum Fundament einer nachhaltigen politischen Partnerschaft, die trotz aller Konkurrenz später in der Außenpolitik sehr gut funktionierte – weil sie sich inhaltlich eben über das Wesentliche einig waren.

Der Moment des Absprungs kam für die FDP mit dem berüchtigten Lambsdorff-Papier. Es führte zum finalen Zerwürfnis der sozialliberalen Koalition. Lambsdorff legte sein »Konzept für eine Politik zur Überwindung der Wachstumsschwäche und zur Bekämpfung der Arbeitslosigkeit« am 9. September 1982 der Öffentlichkeit vor. Er reagierte damit auf die schwierige Wirtschafts- und Arbeitsmarktlage. Die desolate Situation des Bundeshaushalts kam hinzu, und Schmidt hatte jede Manövrierfähigkeit in der eigenen Partei verloren. Haushaltseinsparungen und Kürzungen der Sozialausgaben hätte er gegen SPD und Gewerkschaften nicht durchsetzen können. Deshalb musste er scharf reagieren. De facto hatte es sich um ein »Scheidungspapier« gehandelt. Ob die FDP-Minister ihrer Entlassung durch den geschlossenen Rücktritt am 17. September zuvorkamen, wüsste ich nach meiner Erinnerung nicht mehr zu sagen, und auch die Zeithistoriker bleiben in dieser Frage uneins – das gehörte zum Kampf um die Deutungshoheit, denn beide Seiten waren entschlossen, die Koalition zu beenden. Jedenfalls erhielten die vier FDP-Minister noch am selben Tag ihre Entlassungsurkunden vom Bundespräsidenten.

## DURCHBRUCH BEI KOHL

In diesen Tagen ging alles Schlag auf Schlag. Ich war bei den entscheidenden Absprachen zwischen Genscher und Kohl nicht dabei, aber in die dann folgenden Planungsgespräche eingebunden. Etwa seit Herbst 1981 gehörte ich zum engsten Kreis um Kohl. Mein Durchbruch war die Konzeption des wirtschaftspolitischen Teiles seiner Parteitagsrede in Hamburg. Wir saßen in vertrauter Runde mit Horst Teltschik, Wolfgang Bergsdorf und einigen anderen zusammen, um – wie es Kohl häufig machte – gemeinsam die Rede zu diskutieren. Als es zum Abschnitt über Wirtschaft und Finanzen kam, krittelte ich am Manuskript herum. Ich hielt es an dieser Stelle für sterbenslangweilig und mutmaßte, dass die Stimmung der Delegierten wegsacken werde. Teltschik, der Kritik vermutlich genauso wenig geschätzt hat wie ich, reagierte etwas genervt: »Wirtschaftspolitik können Sie bei solchen Reden nicht interessant machen, das geht kaum anders.« Als ich nicht lockerließ, forderte mich Kohl auf: »Na Schäuble, dann probieren Sie's doch mal!«

Da wir am Tag vor der Fertigstellung der Rede debattierten, hatte ich nur bis in die Nacht Zeit, also setzte ich mich gleich im Anschluss in mein Büro und schrieb die entsprechenden Seiten neu. Es wurde für Kohl ein Erfolg – und dadurch für mich zu einem kleinen Triumph. Die Passagen, in denen es im Wesentlichen um die Soziale Marktwirtschaft und ordnungspolitische Grundsätze ging, wurden auf dem Parteitag mit großem Beifall aufgenommen. Das Wirtschaftsressort der *FAZ* widmete Kohls Ausführungen am nächsten Tag sogar einen anerkennenden Zweispalter. Mit diesen höchsten Weihen war für Kohl der Beweis erbracht, dass ich die Zusammenhänge von Finanz- und Wirtschaftspolitik ganz ordentlich erklären konnte. Ich habe den Verdacht, dass er mich seitdem sogar für einen großen Wirtschaftsexperten hielt. Jedenfalls überließ er mir von nun an gern die Zuständigkeit für Fragen, die ihn nicht im Detail interessierten. Die Mittel der Finanzpolitik sind eben selten glamourös – und sie zu erklären, erfordert Geduld. Nach Jahrzehnten der Arbeit an den kleinen Stellschrauben ist mein Erfahrungsschatz hier unerschöpflich geworden.

Als ich am 20. September 1982 in Kohls Büro saß und mit ihm über die wirtschafts- und finanzpolitische Agenda beratschlagte, entwickelte er spontan die Idee, mich stärker einzubeziehen. Kurzerhand rief er bei Gerhard

Stoltenberg an, dem designierten Finanzminister, der die künftige Haushaltspolitik für die Koalitionsvereinbarung vorzubereiten hatte, und kündigte an, mich bei ihm vorbeizuschicken. Das war unmittelbar vor der Sitzung der Parteispitzenvertreter, die sich am Abend treffen sollten, um den Lauf der kommenden Dinge zu besprechen: Grundlinien der Politik, Ressortverteilung, Herbeiführung von Neuwahlen.

Ich kam in Stoltenbergs Büro der schleswig-holsteinischen Landesvertretung und konnte nicht erwarten, dass er sich sonderlich darüber freuen würde, einem Subalternen wie mir die Finanzplanung darzulegen. Meine Befürchtung ging jedoch ins Leere. Stoltenberg war von ausgesuchter Höflichkeit, korrekt wie immer und erklärte mir geduldig, was er vorhabe. Ich sehe ihn noch vor mir mit seinem Ringbuch, in das er mit grünem Filzstift die Leitlinien seiner Politik notierte – sehr eindrucksvoll, ordentlich, mit klarem Strich. Ich fand seine Konzeption überaus plausibel, und Stoltenberg schien es zu gefallen, dass sich jemand wie ich dafür begeistern konnte und die Sache auch verstand. In der Größenordnung von einem Prozent des Bruttoinlandsprodukts wollte er die Haushaltslücke kurzfristig reduzieren. Das waren etwa 14 Milliarden DM. Ich fand es einleuchtend, dass er dezidiert ordnungspolitisch agieren wollte – also nicht kurzfristig schauen, wo man gerade kürzen kann, sondern durchdachte Vorgaben machen. Das hat mir imponiert. Er plante Sofortmaßnahmen, die noch für das Haushaltsjahr 1983 gelten sollten und somit für eine Legitimation des Regierungswechsels mit einer dynamischen Interimsphase bis zu den Neuwahlen im Frühjahr sorgten. Er sollte einer der besten Finanzminister werden, die unser Land je hatte.

Am Abend hielt ich mich bereit, um zur Besprechung der künftigen Koalitionäre in Kohls Fraktionsbüro hinzuzustoßen. Kohl rief mich wie selbstverständlich herein, niemand machte Einwände. Ich musste auch nicht am Katzentisch sitzen, sondern wurde in die Runde integriert. Anwesend waren, soweit ich mich entsinne, Strauß, Zimmermann, Genscher, Mischnick und Stoltenberg. In lebendiger Erinnerung ist mir eine hitzige Debatte über weltpolitische Grundsatzfragen, als der Abend aus den Fugen zu geraten drohte. Strauß wütete mit befremdlichen außenpolitischen Ansichten gegen Genscher und die FDP, die aus seiner Sicht das Abendland verrieten. Man konnte ihn kaum ernst nehmen, wenn er sich um Mitternacht herum für die Unterstützung des südafrikanischen Apartheidregimes einsetzte, um den Weltkommunismus in die Schranken zu weisen. Die Einigung der Koalitionspartner konnte sein Ausbruch nicht gefährden, aber die spannungsgeladene Atmosphäre zwischen den FDP-Granden und Strauß war spürbar. Kohl wurde dadurch in seiner Mittlerposition allerdings eher gestärkt. Es waren die letzten Gefechte des frustrierten bayerischen Ministerpräsidenten, der davon absah, sein Amt in München aufzugeben, um sich der Kabinettsdisziplin unterzuordnen. Er sollte zwar ein Störfaktor bleiben, schaffte es aber nicht mehr, das Geschehen auf der Bonner Bühne nachhaltig zu beeinflussen. Mit einer Ausnahme, auf die ich noch zu sprechen kommen werde.

Als sich die Sitzung dem Ende zuneigte, kam die Frage auf, wer die einzelnen Passagen der Koalitionsvereinbarung formulieren sollte. Absichtsvoll von Kohl gelenkt, hieß es, Schäuble solle das doch einmal aufschreiben, denn ich hatte die ganze Zeit dabeigesessen, mitdiskutiert und mitnotiert. Genscher brachte seinen Büroleiter Peter Schumacher ins Spiel, der mir zur Hand gehen sollte. Dagegen hatte ich nichts einzuwenden, außer dass Schumacher nicht anwesend war und die Diskussion nicht mitbekommen hatte. Es sollte sich aber zeigen, dass wir in den entscheidenden Punkten schnell Einigkeit erzielen konnten. Wir trafen uns in meinem Büro und setzten bis in die frühen Morgenstunden ein Grundsatzpapier auf, das zu weiten Teilen in die Koalitionsvereinbarung einging. Einiges tauchte dann auch in Kohls erster Regierungserklärung wieder auf. Es war eine lange und denkwürdige Nacht, die mir ein erstes Gefühl für künftige Gestaltungsmöglichkeiten gab. Ich kann mich noch erinnern, dass mich die Bundestagsmitarbeiter an der Pforte mit »Guten Morgen!« begrüßten, als ich das Bürogebäude verließ. Mir war allerdings eher nach »Gute Nacht!« zumute, und ich schlurfte erschöpft in meine Wohnung, um noch ein paar Stunden Schlaf zu finden.

## GEISTIG-MORALISCHE WENDE – DAS UNVERDIENTE SCHICKSAL EINES SCHLAGWORTS

Die Ära Kohl ist lange aufgrund ihrer scheinbar verunglückten Schlagworte karikiert worden. Den meisten Spott zog die »geistig-moralische Wende« auf sich, dicht gefolgt von der »Gnade der späten Geburt«. Mit etwas Abstand betrachtet, lässt sich die damalige Gereiztheit nur noch mühsam nachvollziehen.

Man muss sich die Nachwirkungen der politisch-kulturellen Auseinandersetzungen der Zeit schon sehr deutlich vergegenwärtigen, um die Aufregung zu verstehen. Die Überhöhung des Moralischen bei uns Deutschen trug ihr Übriges dazu bei, sofort ins Grundsätzliche zu schwenken.

Man darf ruhig daran erinnern, dass es der Sozialdemokrat Erhard Eppler war, der bereits Mitte der siebziger Jahre in seinem Buch *Ende oder Wende* den Wertkonservatismus ins Spiel brachte – im Sinne der Schonung natürlicher Ressourcen und als Gegenentwurf zu einer strukturkonservativen Industriepolitik. Auch die sogenannte Tendenzwende klingelte vielen noch im Ohr, die als Kritik am neulinken Zeitgeist den behutsameren Umgang mit Traditionen empfahl und in sensiblen Bereichen der Erziehung, der historischen Bildung und der Religion vor einer Tabula rasa warnte. Zudem hatte im Strauß-Wahlkampf das Schlagwort der Wende eine Rolle gespielt – all dies bot vielfache Anknüpfungspunkte.

Letztlich war die Erwartung einer Kursänderung das Produkt der sozialliberalen Koalitionskrise. Hans-Dietrich Genscher hatte, auch als Druckmittel gegenüber dem Koalitionspartner, ausdrücklich von der Notwendigkeit einer »politischen Wende« gesprochen. Er meinte damit dringende Maßnahmen, um den besorgniserregenden ökonomischen Trends und der steigenden Arbeitslosigkeit zu begegnen.

Die »Wende« lag also in der Luft – sie bestimmte den Erwartungshorizont. Erstaunlicherweise war ihre »geistig-moralische« Dimension nur als Zwischenüberschrift in der schriftlichen Fassung von Kohls erster Regierungserklärung präsent, wie Zeithistoriker uns mittlerweile aufklären. Die darunter aufgeführten Stichpunkte kann ich auch heute noch unterschreiben: Subsidiarität, Eigenverantwortung, neues Leistungsdenken. Mich hat dieses wenig Spezifische nie gestört. Wir wussten alle, was gemeint war: eine stärkere Rückbesinnung darauf, dass Freiheit nicht Bindungs- und Beziehungslosigkeit bedeutet, sondern dass Freiheit und Verantwortung immer zusammenhängen. Bürgerinnen und Bürger haben Rechte, und sie haben Pflichten. Sie bilden den Staat, darauf hatte Dolf Sternberger mit seinem Begriff des »Verfassungspatriotismus« abgezielt – ein Begriff, der mir persönlich zwar immer zu kurz sprang, weil er den unmittelbaren, empathischen Zugang zum eigenen Land vernachlässigte: die miteinander geteilten Gefühle. Ganz besonders in der später von Jürgen Habermas favorisierten Interpretation fehlte dieser Aspekt. Allerdings sollte man daran erinnern, dass Sternberger nicht lediglich die Treue zu den Artikeln des Grundgesetzes eingefordert hatte – sondern die »lebende Verfassung« meinte, die sich im Engagement und in der Loyalität der Bürger zeigt.

Beides galt es zu fördern und wiederzubeleben. Ein postmodernes *anything goes* war gesellschaftspolitisch wenig hilfreich. Vielmehr braucht eine freiheitliche Verfassung Koordinaten, auch Begrenzungen. Die Emanzipations- und Demokratisierungsforderungen der siebziger Jahre – so wichtig sie *grosso modo* auch waren – durften nicht in haltlosen Individualismus und hedonistischen Egoismus ausufern. Desorientierung, Überforderung des Einzelnen, Verlust der Gemeinwohlperspektive – dagegen wollten wir angehen und in Erinnerung rufen, dass Familien, Kirchen, Verbände und Vereine wichtige Institutionen sind. Sie prägen die Zivilgesellschaft. Heimat, Tradition und Geschichte, auch die Erfolgsgeschichte der Bundesrepublik bleiben essenzielle Identitätsressourcen, die man nicht einfach aufgeben sollte.

»Geistig-moralische Wende« – der Begriff ist oft verlacht worden. In der Substanz war er aber richtig. Und in der Substanz ist er auch, in Teilen jedenfalls, verwirklicht worden. Damit war gemeint, die Verantwortung für die Allgemeinheit, auch für das Vaterland ernst zu nehmen. Im Rahmen der Blockkonfrontation besaß diese Forderung darüber hinaus eine außenpolitische Dimension: die unbedingte Unterstützung des NATO-Doppelbeschlusses. Unsere Position war immer klar: Im Lager des freien Teiles der Welt strebten wir nach der Einigung Europas, verbunden mit einer engen atlantischen Partnerschaft. Und wir waren überzeugt, dass wir auf diese Weise nicht nur Freiheit, Demokratie, Rechtsstaatlichkeit wahren und sichern, sondern am Ende – keiner wusste so genau wann und wie – auch die Chance erhalten könnten, die Teilung Deutschlands und Europas zu überwinden.

Zur gesellschaftspolitischen Wende zählte für mich ganz wesentlich das Herbeiführen eines fühlbaren Stimmungsumschwungs. Wir wollten wieder mehr Zuversicht vermitteln. Nicht jammern und verzagen, sondern den Menschen wieder Vertrauen in die Zukunft geben. Die Meinungsumfragen hatten in den späten siebziger und frühen achtziger Jahren diagnostiziert, dass sich gesamtgesellschaftlich der Pessimismus immer stärker verbreitete. Die *No Future*-Buttons der Punkbewegung waren das eine, die zunehmende Skepsis der Mittelschicht das andere – die Leute hatten den Glauben verloren, dass es aufwärtsgehen könnte. Lethargie lag auf dem Land. Insofern war ein Stimmungswandel dringend vonnöten. Und in der Tat: Ab 1983 konnte das Allensbach-Institut vermelden, dass der Optimismus wieder zurückkehrte. Das alles markiert für mich die geistig-moralische Wende.

Natürlich ließ sich Zuversicht nicht verordnen. Aber es war doch möglich, sozialpolitisch und ökonomisch die Rahmenbedingungen so zu verändern, dass die Bürgerinnen und Bürger wieder mehr Motivation verspürten. Das Subsidiaritätsprinzip war uns dabei ebenso wichtig wie eine aktive Familienpolitik. Wenn man das auch noch mit dem kollektiven Selbstgefühl einer bundesrepublikanischen Eigen- und Erfolgsgeschichte verbinden konnte – umso besser.

Habituelle Eigenheiten spielten ebenfalls eine Rolle. Helmut Schmidt als Coca-Cola trinkender erster Angestellter des Staates verkörperte eher einen freudlosen asketischen Regierungsstil. Zähes Durcharbeiten der Akten, aber nicht viel fürs Herz. Askese ist eine schöne Sache, wenn man sie allerdings zu penetrant vorlebt oder gar verordnet, wird es eher trist. Das spiegelt zwar nicht unbedingt Schmidts Persönlichkeit wider, aber so wurde das Regierungshandeln inszeniert. Kohl hingegen hat auf seine Art immer Lebensfreude versprüht, da durfte auch ein Glas Wein nicht fehlen. Übrigens hat er auch nie den Alleswisser markiert, sondern seiner Mannschaft eigene Spielräume zugebilligt. Man darf nicht vergessen, dass er mit Stoltenberg, Zimmermann, Wörner, Genscher oder Lambsdorff profilierten Persönlichkeiten in seinem Kabinett Raum ließ. Das war seine Stärke – und machte zu seinen Nachfolgern im Amt einen Unterschied.

## ERSTER PARLAMENTARISCHER GESCHÄFTSFÜHRER

Mit dem Regierungswechsel wurden umfassende Personalrochaden in Gang gesetzt. Nicht wenige Mitglieder der Fraktionsführung wanderten in Ministerien ab, und auf einmal saß ich ziemlich allein da. Es war völlig unklar, wer Kohl nachfolgen und künftig die Unionsfraktion führen würde. Philipp Jenninger wäre als erster Parlamentarischer Geschäftsführer eine naheliegende Wahl gewesen, und ich verstand damals nicht, warum er diese Chance vorüberziehen ließ. Stattdessen ging er als Staatsminister ins Kanzleramt, ohne allerdings – was ich noch weniger begriff – Behördenchef zu werden. Er wollte mit Kohl in die Regierungszentrale, dort mitentscheiden und mitregieren. Mir selbst hätte ich die Fraktionsführung schon auch zugetraut, aber es kam niemand auf die Idee, mich zu nominieren. Ich war zu jung und vermutlich noch zu wenig profiliert.

Dass es in Kohls Planspielen noch keine Idealbesetzung gab, zeigte sich daran, welchen Lauf die Dinge nach der Hessen-Wahl am 26. September 1982 nahmen. Alfred Dregger hatte den hessischen Landesverband in den vergangenen Jahren wieder revitalisiert und in die Erfolgsspur geführt. Lange sah es so aus, als könne er Holger Börner als Regierungschef ablösen. Aber die Bonner Ereignisse machten ihm einen Strich durch die Rechnung. Er erreichte zwar ein äußerst respektables Ergebnis von über 45 Prozent der Stimmen, doch zur Bildung einer Mehrheit reichte es nicht – zumal die FDP nicht mehr im Landtag vertreten war und damit das erste deutliche Krisenzeichen der Wende empfing. Dregger verlangte daraufhin vom künftigen Regierungschef Kohl einen Posten als Entschädigung für die unverschuldete Niederlage. Denn deren Ursache lastete er mit guten Gründen der bundespolitischen Lage an.

Kohl fühlte sich in der Pflicht, etwas für ihn zu tun, auch weil Dregger in der Partei eine starke Figur war. Wichtig vor allem für den konservativen Flügel der Union. Allerdings traute er ihm kein Ministeramt zu und wollte ihn nicht am Kabinettstisch haben. Ohnehin waren alle Posten vergeben, die für Dregger infrage gekommen wären – in erster Linie das Innenministerium mit Friedrich Zimmermann und das Verteidigungsministerium mit Manfred Wörner. Kohl wusste aber um Dreggers Bedürfnis nach der großen politischen Bühne. Insofern war der Schachzug, ihn als Fraktionsvorsitzenden einzubinden, gar nicht schlecht – und so kam ich ins Spiel.

Es muss am Dienstag nach der Hessen-Wahl gewesen sein, als Kohl mich anrief: »Don Alfredo war gerade bei mir. Er bekommt den Fraktionsvorsitz – Sie machen dann den ersten PGF. Die Einzelheiten können Sie gleich mit ihm besprechen!« Mein Büro war etwa dreißig Meter von seinem entfernt, und ich hatte den Hörer noch in der Hand, da klopfte Dregger schon bei mir an. Wir kannten uns bis dahin noch nicht sehr gut und führten nun im Grunde unser erstes richtiges Gespräch. Auch wenn wir unterschiedlichen Generationen angehörten, politisch und habituell sehr verschieden waren, hat mich seine sehr noble und vornehme Art für ihn eingenommen. Es war ihm klar, dass ich Kohls Mann war, aber dieser Umstand störte ihn nicht. Er war nicht darauf aus, Kohl Schwierigkeiten zu bereiten, sondern wollte durchaus das Beste für die Sache. Zudem kam ihm gelegen, dass ich ihn vom Organisatorischen weitgehend entlasten konnte, einen direkten Draht zum Kanzler hatte und als eine Art Transmissionsriemen für die Regierungsarbeit fungierte. Wichtig blieb, dass es keinerlei Loyalitätskonflikte zwischen uns gab – er erwartete nicht, dass ich ihm alles erzählte, was im Kanzleramt besprochen wurde. Umgekehrt konnte er sich darauf verlassen, dass ich die Dinge in seinem Sinne erledigte, ohne ihn zu hintergehen. Wir arbeiteten in diesen Jahren gut zusammen und pflegten ein ausgesprochen angenehmes persönliches Verhältnis.

Gleichwohl hatte ich als erster Parlamentarischer Geschäftsführer vermutlich einen Gestaltungsspielraum wie vorher und nachher niemand sonst. Das hing mit meiner privilegierten Stellung bei Kohl zusammen. Außerdem entsprach diese parlamentarische Arbeit meinen Neigungen. Ich hatte mir in den vergangenen zehn Jahren einiges anschauen können, hatte meine Erfahrungen gesammelt und ein Gefühl dafür bekommen, wie eine große Fraktion zu motivieren, zu integrieren, manchmal aber auch zu disziplinieren ist.

Meine Vorgänger boten mir dabei keine wirkliche Orientierungshilfe, denn in der Verzahnung mit dem Kanzleramt waren die Aufgaben grundlegend andere als zuvor in der Opposition. Ich merkte bald, dass ich unter dem Präsidium Dreggers, der nur wenig Interesse für die tagespolitischen Detailfragen aufbrachte, fast wie ein Fraktionschef agieren konnte, ohne mich allzu sehr in den Vordergrund zu spielen. Macht und Einfluss ausüben, Strippen ziehen – das klappte schon, aber man muss natürlich auch den Kollegen Raum geben. Vor allem hatte ich ein gutes Team beisammen.

Meine wichtigste Aufgabe war zunächst einmal, meinen zweiten Mann zu finden. Dieter Schulte, Fraktionskollege und MdB aus Backnang/Schwäbisch-Gmünd, gab mir einen Tipp, für den ich ihm lebenslang dankbar bleibe. Er schlug mir vor, Rudolf Seiters zu fragen. Ich war erst zögerlich, weil Seiters fünf Jahre älter war als ich und diese Position schon einmal bekleidet hatte. Schulte ermutigte mich, es dennoch zu versuchen – und in der Tat sagte Seiters zu. Er war schon seit 1969 im Bundestag, und der damalige Fraktionsvorsitzende Rainer Barzel hatte ihn 1971 zum Parlamentarischen Geschäftsführer gemacht. Er verlor den Posten, als Kohl 1976 Oppositionsführer wurde. Als Barzel-Unterstützer war er nach dem Wechsel an der Parteispitze 1973 auch seinen Sitz im Bundesvorstand der CDU losgeworden. Aber das lag lange zurück – und Kohl war damals in der Lage, die Vergangenheit ruhen zu lassen und unvoreingenommen in die Zukunft zu blicken. Das Verhältnis zwischen ihm und Seiters sollte sich bestens entwickeln.

Die Zusammenarbeit mit Seiters war ideal, ein Glücksfall. Wir hatten von Anfang an einen Draht zueinander, respektierten und ergänzten uns. Da gab es trotz klarer Rollenverteilung nicht die geringsten Probleme. Wenn man sich die Karriere von Seiters anschaut, sieht man schnell, wie sehr auch Kohl von dieser Konstellation profitierte. Denn Rudi ist mir schließlich in fast allen wichtigen Ämtern nachgefolgt und hat sie in bester Weise ausgefüllt. In seinen Erinnerungen kann man lesen, dass er mit der gleichen Dankbarkeit auf unser Vertrauensverhältnis zurückblickt.

Auch Volker Rühe spielte in der Fraktionsführung eine wichtige Rolle. Mein Verhältnis zu Theo Waigel und Wolfgang Bötsch, Vorsitzender und Parlamentarischer Geschäftsführer der CSU-Landesgruppe, war unproblematisch. Wir wollten alle nach der langen Oppositionszeit etwas auf die Beine stellen und waren dementsprechend motiviert. Kohl und Dregger ließen uns dabei mit ihrem jeweiligen Führungsstil auch den nötigen Raum.

Die Wochen waren eng getaktet. Am Montagvormittag tagten in der Regel die Parteigremien, nachmittags der Fraktionsvorstand. Häufig hatten wir dienstags in Form von Arbeitsessen Koalitionsgespräche unter dem Vorsitz des Bundeskanzlers und bereiteten die Sitzungswoche im Kreis der Parlamentarischen Geschäftsführer vor. Am Mittwochmorgen fand immer die gemeinsame Sitzung der Fraktionsvorsitzenden der Koalition statt – also Alfred Dregger, Wolfgang Mischnick und Theo Waigel (als Landesgruppenvorsitzender der CSU).

Wichtig war die Abstimmung mit der FDP-Fraktionsführung. Bei den Liberalen war Torsten Wolfgramm mein enger und geschätzter Kollege. Wir mussten nicht nur die Regierungs- und Fraktionsarbeit abstimmen, sondern auch die Beziehungen untereinander neu etablieren. Immerhin hatten sich die beiden Parteien auf Bundesebene sechzehn Jahre gegenübergestanden, nicht immer nur freundlich. Aber die FDP hatte auch praktische Erfahrung in der Organisation der parlamentarischen Zusammenarbeit einer Koalition.

Wolfgramm, der in der FDP immer etwas im Schatten blieb, war als Jurist schon einige Jahre in der Fraktionsführung. Was er machte, hatte Hand und Fuß. Er besaß Erfahrung und ein Gefühl für das Machbare, das sah ich sofort. Wir waren beide leidenschaftliche Parlamentarier und haben uns auf Anhieb verstanden, und auch privat entwickelte sich eine belastbare und langjährige Freundschaft, was mir mit Kollegen sonst selten passiert ist.

Er war ein Gourmet und großer Genießer, der mich wiederum gern als die fleischgewordene protestantische Arbeitsethik im Sinne Max Webers karikierte. Auch mein morgendliches Laufprogramm blieb ihm suspekt. Wenn er mich als Exempel für »innerweltliche Askese« und als »einen Mann der quasi fortwirkenden Reformation« hochnahm, war das immer ein willkommener Anlass, den Gegenbeweis anzutreten. Dazu eigneten sich die entspannten, zugleich anregenden und kulinarisch stets hochklassigen Abende mit ihm vorzüglich. Unsere Verbindung blieb auch nach der gemeinsamen Zeit als Parlamentarische Geschäftsführer bestehen.

## FRISCHER WIND UND NEUE SITTEN: DIE GRÜNEN IM PARLAMENT

Mit den Grünen rückte nach den Bundestagswahlen im März 1983 eine neue Partei ins Parlament, die in den Jahren zuvor einen beachtlichen Aufstieg hingelegt hatte. Die Erwartungen ihrer Anhänger waren mindestens so hoch wie die Befürchtungen, nicht nur in meiner Partei. Der »bunte Haufen«, der durch die Bonner Innenstadt zur konstituierenden Sitzung zog, gehört heute zum Bildergedächtnis unserer Republik, genauso der Moment, als mit den neuen Abgeordneten ein halber Wald im Plenum Platz nahm.

Dem floralen Auftritt war eine interne Debatte vorausgegangen, die *Der Spiegel* gewohnt spöttisch kommentierte: »Einig waren sie sich lediglich in dem Bekenntnis: ›Niemand darf zu etwas gezwungen werden, hinter dem er nicht steht.‹ Als es am Dienstag so weit war, stand jeder hinter etwas anderem; der eine hinter seinem abgestorbenen Tannengrün, Klaus Hecker hinter einem knallgrünen Schlips mit einem Aufkleber gegen die Volkszählung. Gabriele Gottwald demonstrierte am Busen ›Für das Nicaragua der freien Menschen‹.« Nur einer, so *Der Spiegel* weiter, habe hinter gar nichts gestanden: Fraktionssprecher Otto Schily. Er wird mit den Worten zitiert: »Ich bringe mich selber mit.«

Die Grünen hatten den festen Vorsatz, »den Laden auseinanderzunehmen«. Ihre »institutionelle Wende« war am Horizont noch nicht erkennbar. Der Marsch durch die Institutionen und ähnliche Ansagen gegen das Establishment gehörten anfangs zum Kern ihres Selbstverständnisses und entsprachen den Erwartungen ihrer Wähler. Was sollten wir »Etablierten« also tun? Das hatten wir uns auf Fraktionsgeschäftsführerebene gleich nach der Wahl gefragt. Die erklärten Antiparlamentarier in den parlamentarischen Betrieb zu integrieren, schien erst einmal gar nicht so einfach. Mein Anruf, ob wir einen Termin mit den Parlamentarischen Geschäftsführern vereinbaren könnten, löste bei den basisdemokratisch palavernden Grünen zunächst große Diskussionen aus, ob man mit dem Establishment überhaupt reden dürfe. Schließlich kamen sie zu dritt, neben Schily und Fischer eine zur Rotation nach einem Jahr vorgesehene Mitarbeiterin. Die Grünen, es ist fast vergessen, wollten damals jährlich zwischen MdB und Mitarbeitern rotieren, was sie aber bald aufgegeben haben. Jedenfalls führte der Fraktionssprecher Schily seine Kollegen ein, und es wirkte ein wenig wie bei ABC-Schützen, die am ersten Schultag vom Vater zur Schule gebracht werden. Fischer fand das sichtbar unpassend. Schily aber machte keinen Hehl daraus, dass wir für ihn als »Fraktionsvorsitzenden« nicht dieselbe Kragenweite hatten, uns also nicht auf einer Ebene bewegten. Diesem Neuparlamentarier fehlte es offenkundig nicht an Selbstbewusstsein. Aber immerhin: Wir redeten miteinander und lernten uns kennen.

Am Anfang war eine ganz banale Frage zu klären: Wo sollten die Grünen im Plenum eigentlich platziert werden? Irgendwo mussten sie ja sitzen! Das Problem stellt sich immer beim Einzug einer neuen Partei ins Parlament und ist natürlich symbolisch relevant für ein politisches Koordinatensystem, das die öffentliche Rechts-links-Wahrnehmung bestimmt. Allerdings saß die FDP vom Bundestagspräsidenten gesehen stets rechts von der Union. Der Satz, dass jenseits der Union nur noch die Wand sei, stimmte im Hohen Haus offensichtlich nicht. Wir hätten die Grünen selbstverständlich an den linken Rand neben die SPD gesetzt. Aber Hans-Jochen Vogel und die SPD waren finster entschlossen, ihrerseits links von sich niemanden Platz nehmen zu lassen. Die Grünen wiederum hatten gar nichts dagegen, nicht links von der SPD, sondern zwischen SPD und CDU/CSU zu sitzen.

Wenn man die Dinge mit einer einigermaßen professionellen Grundeinstellung angeht, sollte man darauf verzichten, als Mehrheit der Minderheit in einer nebensächlichen Frage den Willen aufzuzwingen. Das war jedenfalls meine Einstellung. Theo Waigel sah das ganz anders und lag mir lange in den Ohren: »Das war ein schwerer Fehler, dass du die da in der Mitte hast sitzen lassen!« Von der Mitte aus, so sein Argument, könnten die Grünen natürlich besser den jeweiligen Redner stören. Ich dachte mir allerdings nur, dass es doch albern gewirkt hätte, wenn sich die Mehrheit als Platzanweiser aufspielt.

Der Prozess des gegenseitigen Kennenlernens gestaltete sich besonders mit Joschka Fischer interessant. Man merkte seine besondere politische Begabung sofort. Eine starke Persönlichkeit. Resolut im Auftritt, mutig und hart in der Sache, aber auch außerordentlich neugierig und lernfähig. Er hatte verstanden, dass Gesinnung und Moral allein wenig nützen, sondern dass Politik ein Beruf mit handwerklichen Erfordernissen, möglicherweise auch eine Kunst ist. »Kunst kommt von Können«, dieser reichlich strapazierte Aphorismus leuchtet immer noch ein – und Fischer wusste zielstrebig sehr genau, was es zu lernen gab. Da war die Geschäftsführerebene keine schlechte Startrampe für einen angehenden Parlamentarier.

Wer Verantwortung tragen und politische Führung ausüben will, muss sich den Realitäten stellen und vor allem Entscheidungen herbeiführen können. Man musste wissen, wie und wo. Mehrheiten in der eigenen Partei zu organisieren, war das eine, parlamentarische Möglichkeiten als Opposition auszunutzen, gemeinsame Lösungen zu finden und strategische Ziele zu verfolgen, war das andere. Die weitsichtigeren und die machtbewussten Grünen wie Joschka Fischer erkannten das früh. In einem Beitrag im *Spiegel* Anfang 1984 formulierte er es so: »Als Störfaktor allein werden wir nicht überleben, wenn es uns nicht gelingt, zugleich Machtfaktor zu werden. Aus diesem spezifisch grünen Spannungsverhältnis, Störfaktor sein zu wollen und Machtfaktor sein zu müssen, gibt es kein Entkommen.« Die »Grundtendenz« lief für ihn deshalb auf Parlamentarisierung, Bündnis- und Kompromissfähigkeit hinaus. Es war für den Realo Fischer ein willkommener Nebeneffekt, den grünen Fundis die institutionellen Begrenzungen des politischen Handelns immer wieder vor Augen zu führen. Die Verhältnisse zum Tanzen bringen, das schon – aber innerhalb der geltenden Spielregeln. Fischer hatte früh begriffen, dass Politik sich die Freiheiten eines Spieles zunutze machen kann, Sieger und Verlierer ohne Reglement aber schlecht ermittelt werden können.

Insofern akzeptierten wir uns gegenseitig eben nicht nur als Gegner, sondern auch als kompetente Partner. Ich fand interessant, wie er dachte, und er merkte wohl, dass ich mich in dem Laden, den er aufmischen wollte, ganz gut auskannte. Ab und an trafen wir uns, um die Lage zu bereden. Bei einer solchen Gelegenheit sagte ich zu ihm: »Passen Sie auf, ich habe in der Geschäftsordnung mal nachgelesen, was Sie alles machen können, wie Sie den Betrieb blockieren und was Sie verhindern können. Aber das Prinzip der Geschäftsordnung ist eben auch eindeutig: So wie die Minderheiten ihre Rechte haben, hat eben auch die Mehrheit ihr Recht. Am besten halten wir die Dinge transparent und begegnen uns, bei allem Respekt für die unterschiedlichen politischen Vorstellungen, vernünftig und in der empfohlenen Rationalität dieser bewährten Ordnung.« Fischer kannte schon einige ungeschriebene Regeln der Politik – und die formalen lernte er schnell. In dieser Hinsicht schenkten wir uns nichts.

Jedenfalls hat Fischer einen entscheidenden Beitrag geleistet, die Grünen auf den Weg von der reinen Protestbewegung zur Regierungspartei zu bringen. Es ist ein Verdienst, das noch in der heutigen Lage unseres Landes wichtig bleibt. Zudem war er ein wirkungsvoller Debattenredner, mit dem ich mir in den neunziger Jahren als Fraktionsvorsitzender manches Gefecht lieferte.

Das Instrumentarium lag auf dem Tisch, und die Grünen versuchten einiges: Filibustern, Vertagen der Sitzung, alle möglichen Anträge. Aber Fischer hatte ein Gespür dafür, wann Schluss sein musste, und brachte seine Fraktion dazu, den größten Blödsinn irgendwann bleiben zu lassen. Dass er selbst seine großen Auftritte hatte und genau wusste, wie man eine Regelverletzung effektvoll in Szene setzt, stand außer Frage. Dafür spricht der berühmt gewordene Verweis durch den Bundestagspräsidenten Richard Stücklen, den Fischer dann im Vorbeigehen – und nicht protokollarisch festgehalten – mit den derben Worten »Mit Verlaub Herr Präsident, Sie sind ein A…« quittierte.

Am Verlauf dieser Sitzung am 18. Oktober 1984 war ich selbst nicht ganz unbeteiligt. Die Atmosphäre im Plenum war hitzig, und ich hatte auf die Rede eines Grünen mit einem Zwischenruf reagiert, was man sich denn alles bieten lassen müsse. Kombiniert mit einer lautstarken Beschwerde Kohls hatte ich Stücklen vermutlich unter Druck gesetzt. Er sprach eine Ermahnung aus, die Fischer seinerseits höhnisch kommentierte. Als ich dann dazwischenrief, was man sich hier eigentlich noch leisten könne, bevor man rausgeschmissen werde, war wirklich Stimmung in der Bude. Etwas später folgte dann tatsächlich der Rauswurf. Im Nachhinein fragt man sich natürlich, warum diese Aufregung sein musste. Andererseits: Ein Parlament, in dem nichts passiert und das nur Routinen kennt, ist sterbenslangweilig – wenn man das realisierte, war es ganz natürlich, sich nach der Vorstellung wieder normal zu begegnen. Auch darin war Fischer Profi.

Fischer und ich pflegten ein kollegiales Verhältnis – abseits aller parteipolitischen Gefechte. Irgendwann in unserer Zeit als Parlamentarische Geschäftsführer hatten wir wegen einer ganz banalen Sache einmal eine Wette um eine

Flasche Wein laufen. Leider erinnere ich mich nicht mehr an den Anlass. Aber ich gewann die Wette und wartete lange (ohne ihn darauf hinzuweisen), ob er seine Schuld noch begleichen würde. Eines Tages Ende 1985 brachte mir meine Sekretärin Helga Heyden ein Paket, leicht als Flaschenpost identifizierbar. Absender: Wiesbaden, wo Fischer seit Kurzem in Ministerwürden war. Da wusste ich sofort, dass hier jemand seine Wettschulden beglich – und zwar mit einem gediegenen Tropfen aus den Hessischen Staatsweingütern. Sieh mal einer an, dachte ich fröhlich bei mir, im Umgang mit den Ressourcen des Amtes sind auch die Grünen gar nicht so naiv!

Auf lange Sicht veränderte das Parlament die Grünen weitaus stärker als die Grünen das Parlament. Sie waren als Antiparteienpartei angetreten und brauchten eine Phase der Zivilisierung, um sich auf ihrem Weg durch die Institutionen mit dem Staat zu arrangieren. Aber sie gaben unleugbar Impulse, machten den Bundestag weiblicher, unkonventioneller und bildeten dadurch eine gewandelte gesellschaftliche Realität ab. Ich musste einsehen, dass der eigenen kleinbürgerlichen Erfahrungswelt bisweilen ein paar Irritationen ganz guttaten. Die Welt war bunter als das, was einem allzu vertraut war – und ganz bestimmt bin ich heute in vielen Dingen aufgeschlossener und unbefangener, als ich es als Vierzigjähriger war. Das ist zweifellos nicht allein das Verdienst der Grünen, sondern auch das meiner Frau, meiner Kinder und Enkel. Die Einstellung zu ganz unterschiedlichen Lebensformen, selbstbewusst gelebter Sexualität und gleichgeschlechtlichen Partnerschaften hat sich generell verändert, und auch ich habe gelernt, dass es neben Mann und Frau noch mindestens etwas Drittes gibt und dass diese Vielfalt niemanden gefährdet, sondern völlig in Ordnung ist.

Die Grünen brachten neue Themen mit, die für den Wettbewerb um bessere Konzepte wichtig waren. Anstatt sich hinter ideologischen Vorurteilen zu verschanzen, musste man politisch auf diese Herausforderung reagieren – mit überzeugenden Antworten. Nach denen mussten auch wir suchen, gleichzeitig hatten wir die Neulinge dort in die Schranken zu weisen, wo sie Unsinn erzählten.

In ihren Reihen hatten die Grünen einige kluge und interessante Politikerinnen. Wenn man aufmerksam war, wurden bei ihnen auch Verletzbarkeiten hörbar, die zeigten, dass gesellschaftspolitisch noch eine ganze Menge zu tun blieb: Christa Nickels, ausgebildete Krankenschwester, immer klug argumentierend; die couragierte Waltraud Schoppe; Marieluise Beck, von eigener vornehmer Seriosität; Antje Vollmer mit ihrer etwas scheuen theologischen Intellektualität; und natürlich Petra Kelly, die mit ihrer tragischen Aura zu einer internationalen Ikone wurde – wenn sie sprach, musste man vernünftigerweise gleich mitheulen, weil die Welt so traurig war. Vor allem aber zeigten sie uns ein klares Defizit – die Union (aber auch FDP und SPD) besaß für Frauen kaum Appeal. Da hatten und haben wir bis heute Handlungsbedarf.

Manche wirren grünen Ideen wie das Rotationsprinzip scheiterten erwartungsgemäß. Ihr aufgesetzter Antikapitalismus wirkte bisweilen etwas simpel aus den neomarxistischen Lesezirkeln zusammengekleistert. Auch der penetrante Antiamerikanismus konnte einem auf die Nerven fallen. Einige Realos haben ihren Weg nach Westen dann mit etwas Verspätung angetreten. Aber wenn man die Dinge etwas nüchterner betrachtete, sollte man sich nicht von Ex-Steinewerfern und K-Grüpplern davon ablenken lassen, dass die grünen Themen in die Mitte des Bürgertums reichten. Die Grünen schafften den Anschluss an gesellschaftliche Milieus, die der Union zu schmerzlichen Teilen verloren gegangen waren.

Jemand wie Herbert Gruhl hätte die Union nie verlassen dürfen. Als CDU-Abgeordneter (bis 1980) hatte er – ein Pionier der Umweltbewegung – schon in den siebziger Jahren für eine öko-soziale Marktwirtschaft plädiert. Sein Bestseller *Ein Planet wird geplündert* war eines der erfolgreichsten Sachbücher der siebziger Jahre. Den bis heute einflussreichen Bund für Umwelt und Naturschutz Deutschland (BUND) hat er mitgegründet und war von 1975 an zwei Jahre sein Vorsitzender. Er fand in unserer Fraktion aber kein Gehör und schloss sich neuen Gruppierungen an, wurde schließlich prominenter Mitbegründer der Grünen, bevor er die dann bedeutungslose ÖDP ins Leben rief. Gruhl war kein politischer Stratege und manchmal ein wunderlicher Typ, aber er bewies in zentralen Fragen größeren Weitblick als viele von uns. Rückblickend waren wir mit unseren selbstzufriedenen Vorstellungen auf dem falschen Dampfer – zu lange bewahrten wir uns ein naives Vertrauen in traditionelle Industrie- und Wachstumspolitik. Hätten wir es geschafft, Gruhl in der Union zu halten und uns den neuen Fragen eher zu öffnen: Vielleicht wäre die deutsche Parteiengeschichte ein Stück weit anders verlaufen.

## SCHWIERIGE ANFANGSZEIT DER KOALITION

Der Wahlsieg im März 1983 war überzeugend ausgefallen. Die FDP hatte mit Blessuren überlebt, wichtiger aber noch: Die allgemeine Stimmung im Land hatte sich tatsächlich merklich gedreht. Vor allem finanz- und wirtschaftspolitisch konnten wir in den ersten Monaten eine Menge auf den Weg bringen. An einigen dieser inhaltlichen Entscheidungen hatte ich mitwirken können. In den Koalitionsverhandlungen war es insbesondere um die nachhaltige Entwicklung von Wirtschaft und Beschäftigung bei gleichzeitiger finanzpolitischer Konsolidierung gegangen.

Ich finde es bis heute bemerkenswert, wie vertrauensvoll und verlässlich so unterschiedliche Charaktere wie Stoltenberg, Lambsdorff und Blüm zusammengearbeitet haben. Kohls Führungsstärke lag eben auch darin, einen gewissen Teamgeist zu schaffen, nicht in alles hineinzureden, sondern den Ressortchefs Verantwortung zu übertragen. Ein guter Kanzler muss ein Generalist sein, aber niemand, der andauernd alles im Detail besser zu wissen glaubt.

Diese Qualitäten von Kohl blieben der Öffentlichkeit allerdings erst einmal verborgen. Wir befanden uns in der Hochzeit der Friedensbewegung, die in der Bundesrepublik Massen mobilisierte. Und bei denen waren wir als Regierungspartei und Transatlantiker, die fest an der Seite Ronald Reagans standen, nicht gerade beliebt. Der gesinnungsethische Dauerprotest dieser Jahre erforderte Standfestigkeit, wenn es um die Durchsetzung der Nachrüstungsbeschlüsse ging. Ich vergesse nie die Atmosphäre der hitzigen Debatten auf den damaligen Kirchentagen, bei denen man sich als Mitglied der Bundesregierung wie ein Aussätziger vorkommen musste. Eingebrannt in mein Gedächtnis hat sich vor allem ein Hubschrauberflug mit dem Kanzler, als wir am 22. Oktober 1983 aus der Luft die Hunderttausende sahen, die am »Menschenstern« zwischen den Botschaftsgebäuden der fünf Atommächte teilnahmen. Bei der anschließenden Kundgebung im Bonner Hofgarten sprachen Heinrich Böll und Willy Brandt. Der Anblick der Menschenmenge war überwältigend. Insgesamt waren an diesem Wochenende Millionen auf den Straßen und Plätzen der Republik. Vergleicht man diese Zahlen mit den doch recht überschaubaren Solidaritätskundgebungen, die für die Ukraine zu Beginn der russischen Invasion im Frühjahr 2022 stattfanden, kommt man etwas ins Grübeln. Die eingebildete Gefahr hatte damals einen stärkeren

Politisierungseffekt als die weitaus bedrohlichere Realität des Krieges in der Gegenwart.

1983 entstand in manchen Phasen wirklich das Gefühl, dass wir angesichts der Popularität der Friedensbewegung gegen die Mehrheit der Bevölkerung regierten. Trotzdem wichen wir keinen Millimeter von unserem Standpunkt ab, von dessen Richtigkeit wir überzeugt waren. Natürlich konnte man noch nicht wissen, dass in diesem Beharrungswillen ein Schlüssel zur Überwindung der Blockkonfrontation lag. Aber wir waren uns unserer Sache sicher. Erst einmal blieb es jedoch mühsam und nervenaufreibend, gegen die öffentliche Meinung den eigenen Kurs durchzuhalten. Wir sollten uns diese Stärke der repräsentativen Demokratie stets vor Augen halten: Nicht immer im Wind der Umfragen und Politbarometer segeln zu müssen, sondern im Rahmen der durch den Wähler verliehenen Verantwortung des Amtes an wohlbedachten und gewissenhaften Entscheidungen festhalten zu können. Dazu braucht es allerdings einen starken Willen – und es braucht Kraft und die nötige Standfestigkeit. Kohl bewies sie 1983. Deswegen halte ich die Durchsetzung des NATO-Doppelbeschlusses noch immer für seine womöglich größte politische Leistung.

Kohl legte damals den Grundstein für das große Vertrauen in Washington, ohne das in den dramatischen Wochen nach dem Fall der Mauer 1989 möglicherweise manches nicht so erfolgreich verlaufen wäre. Eine Ahnung davon konnte ich schon in der sogenannten Bitburg-Affäre bekommen. Für Anfang Mai 1985 war ein Staatsbesuch des amerikanischen Präsidenten geplant, und das Programm sah neben einem Besuch im ehemaligen Konzentrationslager Bergen-Belsen auch einen in der Kriegsgräberstätte Bitburg vor. Reagan war übrigens schon 1980 in Bonn gewesen. Der damalige Gouverneur von Kalifornien erhielt damals, als er schon als Kandidat für das Präsidentenamt im Gespräch war, bei Kanzler Schmidt noch keinen Termin. Dessen Wertschätzung für den ehemaligen Westernschauspieler war wohl auch nicht besonders hoch. Der Oppositionsführer Kohl dagegen hatte eine ausführliche Unterredung mit Reagan – Zeit, die sich später als gute Investition herausstellte.

Ich erinnere mich noch lebhaft an die Aufregung um den Besuch des Soldatenfriedhofs in Bitburg. Weil dort auch Angehörige der Waffen-SS begraben waren, entwickelte sich eine beachtliche Kontroverse über die geplante Kranzniederlegung – obwohl sich in den meisten Kriegsgräberstätten des Zweiten Weltkriegs unter deutschen Soldaten auch Angehörige der Waffen-SS befinden, insbesondere auch auf dem Bonner Nordfriedhof, wo bei offiziellen Staatsbesuchen regelmäßig die Gäste den obligatorischen Kranz niedergelegt hatten. Umgekehrt hätte eine Absage des Programmpunkts wiederum zu innenpolitischen Auseinandersetzungen geführt. Vor allem die ältere Generation hätte sich übergangen gefühlt. Deshalb mühte sich Kohl, Reagan davon zu überzeugen, gemeinsam mit ihm nach Bitburg zu gehen. Ich war bei dem Telefonat, in dem die abschließende Entscheidung fiel, in Kohls Büro, und man konnte richtig spüren, wie die Berater des Präsidenten im Oval Office auf Reagan einwirkten, Bitburg abzusagen. Aber Reagan sagte schließlich: »Helmut, wenn du der Meinung bist, dass wir das machen sollen, dann wird es gemacht.«

Die friedensbewegte Zeitgeiststimmung machte uns das Leben mühsam, aber immerhin konnte man über Außen- und Sicherheitspolitik mit guten Argumenten diskutieren. Noch kräftezehrender war es in den achtziger Jahren, der von Opposition und Medien gezielt befeuerten Aufregung über tatsächliche und vermeintliche Skandale und Affären zu begegnen. In historischer Perspektive lässt sich zwar manches relativieren, aber dass wir Fehler machten und dass es nicht immer gut lief, lässt sich kaum schönreden. Die achtziger Jahre wirken im Rückblick als ein Jahrzehnt der (nicht selten parteiübergreifenden) Skandale: Flick und Parteispenden, Neue Heimat, Barschel-Affäre. Das hat das Vertrauen in die politische Klasse nicht gerade gestärkt. Allerdings überdeckt die allgemeine Erregungsbereitschaft manches Mal die tieferen Ursachen. Wenn die Bauernopfer und Blitzableiter gefunden sind, konzentriert sich das öffentliche Interesse mit beeindruckend destruktiver Energie auf wenige Protagonisten. Das habe ich später selbst erfahren, und am Beginn der Ära Kohl erhielt ich einen ersten Vorgeschmack, als 1984 die von mir entworfene Amnestiegesetzgebung für Steuersünder spektakulär scheitern sollte.

Es war die erklärte Strategie von SPD-Bundesgeschäftsführer Peter Glotz, das öffentliche Bewusstsein immer wieder auf kleinere Skandale und Affären der CDU zu lenken und damit die »geistig-moralische Wende« zu karikieren. Das hat sogar ganz gut geklappt, auch wenn uns die SPD bei Bundestagswahlen nicht wirklich gefährlich werden konnte. Dass im Zuge des Flick-Spendenskandals schon relativ früh zwei wichtige Amtsträger – Wirtschaftsminister Otto Graf Lambsdorff und Bundestagspräsident Rainer Barzel – zurücktreten mussten, zeigte die angespannte Lage der Koalition in der ersten Legislaturperiode.

## KIESSLING-AFFÄRE

Eine dieser Affären hatte keine personellen Konsequenzen, begründete dafür aber Kohls Ruf als Aussitzer. Sie betraf mich auch deswegen besonders, weil mit Verteidigungsminister Manfred Wörner der Vorsitzende der Landesgruppe Baden-Württemberg im Zentrum stand und wir ein enges Verhältnis miteinander pflegten. Wörner hatte mich in meinen ersten Parlamentsjahren gefördert, ich schätzte ihn als ebenso verlässlichen wie durchsetzungsstarken und zielstrebigen Politiker. Ambitioniert und ehrgeizig, immer auch ein wenig den Marschallsstab im Tornister.

Dazu muss man wissen, dass das Verhältnis zwischen Kohl und Wörner nicht ganz einfach war. Ursprünglich war Wörner ein Barzel-Unterstützer gewesen, und auch für die Kanzlerkandidatur von Franz Josef Strauß hatte er sich mit Überzeugung eingesetzt. Sein Respekt vor Kohl war mit den Jahren allerdings gewachsen, vor allem wegen Kohls Standfestigkeit beim NATO-Doppelbeschluss. Wörner war selbstbewusst und hatte seinen eigenen Kopf, er beeindruckte mit schneidigem Auftritt und seiner verteidigungspolitischen Expertise. Immerhin war er Jagdflieger und Oberstleutnant der Reserve. Diese Nähe zur Truppe hat sich bei den meisten seiner Amtsnachfolger zusehends verloren.

Wörner war temperamentvoll und ließ sich als Redner nicht selten von seinen Emotionen forttragen. Seine Erregbarkeit konnte eindrucksvolle Auftritte befeuern, aber sie barg eben auch Risiken und beeinträchtigte die eigene Urteilskraft – wie in der Affäre Kießling. Im Rückblick erstaunt vor allem die Absurdität des Falles. Welche Interessen und Intrigen es geben konnte, um den Vier-Sterne-General Günter Kießling loszuwerden, erschließt sich mir bis heute nicht. Vielleicht handelte es sich nur um eine schicksalhafte Verselbstständigung von fehlgeleitetem Aktionismus innerhalb des Militärischen Abschirmdiensts (MAD), der meinte, Kießling als vermeintlichen Homosexuellen im Rotlichtmilieu observiert zu haben. Wörner glaubte den Berichten und ließ sich trotz der gegenteiligen eidesstattlichen Versicherung Kießlings nicht von seinem Vorhaben abbringen: Der hochrangige Militär sollte zum 31. Dezember 1983 in den einstweiligen Ruhestand versetzt werden. Als die *Süddeutsche Zeitung* den Fall einige Tage später aufgriff, war die öffentliche Skandalisierung auch deshalb möglich, weil sich Wörner dazu hinreißen ließ, eine Begründung für seine Entscheidung zu liefern. Die hätte es gar nicht gebraucht, denn einen politischen Beamten darf der Minister ohne Angabe von Gründen in den Ruhestand versetzen. Die simple Aussage, kein Vertrauen mehr zu haben, hätte gereicht. Sobald man aber einen Grund angibt, wird dieser nachprüfbar und justiziabel. Kießling zeigte sich denn auch entschlossen, sich öffentlich zu wehren und eine Klage anzustrengen. Abgesehen davon sprach er mit den Medien, die ihrerseits keinen Stein auf dem anderen ließen, um die Hintergründe zu recherchieren. Binnen weniger Tage wurde klar, dass es sich um eine Verwechslung und um einen dilettantischen Ermittlungsfehler handelte. Wörner hatte sich verrannt. Schließlich griff der Kanzler ein. Während unserer turnusmäßigen Fraktionssitzung im Januar 1984 im Berliner Reichstag, die aus symbolischen Gründen zweimal im Jahr dort stattfand, erreichte mich ein Anruf aus dem Kanzleramt: Der Verteidigungsminister sollte auf dem schnellsten Wege nach Bonn kommen. Ich sagte Wörner Bescheid, und wir nahmen gemeinsam die nächste erreichbare British-Airways-Maschine. Es war eine etwas beklemmende Reise, gerade weil wir uns freundschaftlich verbunden waren – und weil wir beide nicht genau wussten, was bevorstand.

Ich begleitete Wörner zum Kanzler, und Kohl führte ein langes Gespräch mit ihm, in dem er sich die Handlungsweise und den Entscheidungsprozess, der zu Kießlings Demission geführt hatte, erläutern ließ. Wörners Rücktrittsgesuch lehnte Kohl trotz des öffentlichen Druckes ab. Stattdessen optierte er dafür, mit einem Fehlereingeständnis und der Rehabilitierung Kießlings den Verteidigungsminister im Amt zu belassen. Kießling wurde dann Ende März 1984 mit dem Großen Zapfenstreich verabschiedet.

Ich fand die Entscheidung des Kanzlers richtig. Sie ist mit dem Vorwurf des Aussitzens auch nur unzureichend charakterisiert. Ein Regierungschef darf nicht beim ersten Wind umfallen, sondern muss bisweilen gegen schnelllebige öffentliche Stimmungen Kurs halten. Außerdem bewies er damit in der Koalition und im Kabinett Führungsstärke und festigte den Zusammenhalt. Die Regierung musste damals so einiges aushalten, da hätte frühzeitiges Einknicken zentrifugale Kräfte auslösen können. Natürlich bewirkte Kohl durch sein Festhalten an Wörner auch, dass ihm dessen Loyalität in der Zukunft sicher war. Außerdem war Wörner ein umsichtiger Sicherheitspolitiker und ein kompetenter, auch international anerkannter Minister, dessen Sachverstand in Zeiten der Blockkonfrontation und in der Debatte über die Nachrüstung gebraucht wurde. Auch seine später sehr erfolgreiche Amtsführung als NATO-Generalsekretär gab Kohl rückwirkend recht.

Nebenbei: Die in der Presse kolportierten Gerüchte, dass ich selbst hoffte, bei einer Personalrochade in das Amt des Fraktionsvorsitzenden aufzurücken, waren aus der Luft gegriffen. Meine Verbindung zu Wörner war eng, und ich war froh, dass er diese Krise überstand. Es mag zwar sein, dass Alfred Dregger hinter vorgehaltener Hand auf das Verteidigungsministerium spekulierte, aber es bestand kein Zweifel, dass Kohl die Kontinuität auf der Hardthöhe wahren wollte.

## AMNESTIE ALS MAKEL, FLICK-AFFÄRE – UND EINE FRAKTIONSKASSE

In der ersten Jahreshälfte 1984 erlebten Manfred Wörner und ich auf jeweils eigene Art Momente medialer Aufmerksamkeit. Nur wenige Monate nach der Kießling-Affäre, auf dem Parteitag in Stuttgart am zweiten Maiwochenende, stand ich selbst ungewollt im Mittelpunkt. Der von mir miterarbeitete Entwurf zur Amnestiegesetzgebung hatte einen Sturm öffentlicher Erregung ausgelöst. Vorsichtshalber hatte ich mich auf dem Stuttgarter Parteitag, der sich nach kontroverser Debatte immerhin noch mit über siebzig Prozent für das Vorhaben aussprach, in die hinterste Reihe der Delegierten in der Schleyer-Halle verkrochen. Gleichwohl war ich sofort von einer Batterie von Pressefotografen umringt. Als Wörner an mir vorbeikam, meinte er lachend: »Jetzt siehst du mal, wie schön es ist, so ganz im Blickfeld der Medien zu stehen.«

Ausgelöst wurde die Debatte über eine gesetzliche Amnestie für möglicherweise strafwürdige Praktiken in der Parteienfinanzierung durch die sogenannte Flick-Affäre. In den siebziger Jahren hatte der Flick-Konzern für die steuerfreie Wiederanlage des Verkaufserlöses eines Aktienpakets die dafür notwendige Bescheinigung des Wirtschaftsministers beantragt. Im Zuge der Ermittlungen, ob dabei alles rechtens gelaufen war, kam heraus, dass Flick über die Jahre alle im Bundestag vertretenen Parteien mehr oder weniger großzügig mit Spenden versehen hatte. Schon 1981 war eine parteiübergreifende Initiative für eine Amnestie gestartet worden, die aber scheiterte. Nach meiner Erinnerung spielte das Thema auch in den Koalitionsverhandlungen beim Regierungswechsel 1982 eine Rolle. Mit der Einleitung strafrechtlicher Ermittlungsverfahren gegen die FDP-Wirtschaftsminister Hans Friderichs und Otto Graf Lambsdorff (Letzterer war auch Schatzmeister der FDP) gewann ein solches Vorhaben an Dringlichkeit, zumal die Staatsanwaltschaft im Zuge einer Durchsuchungsaktion bei Flick-Manager Eberhard von Brauchitsch dessen penible Aufzeichnungen über alle Zuwendungen im Rahmen seiner »Landschaftspflege« fand. Der Handlungsdruck war immens. Es gab Überlegungen, das steuerstrafrechtliche Problem der Parteienfinanzierung durch Änderungen etwa der Abgabenordnung zu lösen. Aber das funktionierte nicht. So entschied sich die Koalitionsführung für eine Amnestiegesetzgebung. Unter meiner Federführung formulierten wir – Wolfgramm, Bötsch und ich mithilfe fachkundiger Beamter – den Entwurf.

Staatssekretär Klaus Kinkel war auch dabei. Er hatte mich unter vier Augen beschworen, das nicht zu machen. Es würde für immer an mir hängen bleiben. Ich entgegnete ihm, dass es meinem Verständnis als Parlamentarischer Geschäftsführer entspreche, diese Aufgabe zu übernehmen, um die politische Führung nicht zu belasten. Und meine rechtliche Überzeugung war, dass die Steuerverwaltung nicht getäuscht worden sein konnte – Voraussetzung für den Tatbestand der Steuerhinterziehung –, weil die politisch Verantwortlichen alle diese Umgehungspraxis kannten oder hätten kennen können, wenn sie es denn gewollt hätten. Und die Verantwortung für solche Missstände sollte nicht auf einzelne Personen strafrechtlich abgeschoben werden, sondern dann sollten schon die Parteien selbst die Kosten des absehbaren politischen Widerstands tragen. Trotz heftiger interner Debatten stimmten die Koalitionsfraktionen zu, und so präsentierte ich den Gesetzentwurf öffentlich.

Im *Spiegel* vom 6. Mai 1984, als noch alle davon ausgingen, dass der Gesetzesentwurf durchgehen würde, war die Sachlage eigentlich korrekt beschrieben: »Unter der feinsinnigen Überschrift ›Regelung steuerlicher Zweifelsfragen bei der Parteienfinanzierung‹ sieht der Gesetzestext vor, daß Spender politischer Parteien nicht mehr belangt und bestraft werden sollen, wenn sie beim Geben gegen Steuergesetze verstoßen haben. Allerdings sollen alle Ertappten ihre Steuern, die sie zugunsten der Parteien hinterzogen, dem Finanzamt nachzahlen. Um öffentlichen Unmut zu dämpfen, werden andere Straftaten, die im Zusammenhang mit den Spenden begangen wurden – also Vorteilsannahme, Bestechlichkeit oder Betrug –, nicht unter die Amnestie fallen; das Verfahren in Sachen Flick-Affäre gegen FDP-Wirtschaftsminister Otto Graf Lambsdorff, seinen Vorgänger Hans Friderichs, deren Parteifreund

Horst-Ludwig Riemer und zwei frühere Flick-Manager wegen Bestechlichkeit und Bestechung geht also weiter.«

An dieser Darstellung finde ich nichts auszusetzen. Es ist wohlfeil, diese Initiative in Grund und Boden zu kritisieren und sich über die etwas hemdsärmelige Rhetorik von Franz Josef Strauß zu mokieren, der bajuwarisch vor dem »ultra-moralischen Supra-Rigorismus der ›chemisch reinen Weste‹ warnte«. Auch Heiner Geißlers wiederholte Hinweise auf die kleinen Handwerksmeister, die nun alle aufgrund ihrer Spenden Steuern nachzahlen und vor Strafen bewahrt werden müssten, waren natürlich ein allzu durchsichtiges Ablenkungsmanöver. Aber Kinkel behielt recht. Der Sturm öffentlicher Entrüstung war so groß, dass die FDP, für die wir ja eigentlich diese Initiative vor allem ergriffen hatten, innerhalb weniger Tage Abstand nahm, und danach war die Sache erledigt. Der Schaden blieb.

Wenn ich es mir heute noch einmal überlege, lag ich damals nicht nur politisch, sondern auch rechtlich falsch. Die Parteien können nicht zu ihren eigenen Gunsten Ausnahmegesetze machen. Außerdem bindet das Verfassungsgebot der Gesetzestreue die zuständigen Mitarbeiter etwa der Steuerverwaltung nicht an ihnen unbekannte Kenntnisse ihrer politischen Vorgesetzten. In langjährigen Verfahren wurde später gegen Friderichs und Lambsdorff der Vorwurf der Bestechlichkeit fallen gelassen, der Vorwurf der Steuerhinterziehung blieb jedoch bestehen. Auch gegen Kohl war ein Ermittlungsverfahren eingeleitet worden, nach meiner Erinnerung aber nicht wegen Bestechlichkeit – wie ich überhaupt die Vorstellung, Kohl oder seine Regierung könnte korrumpierbar gewesen sein, für abwegig halte. Lambsdorff trat dann nach der Anklageerhebung zurück, und Genscher gab 1984 den Parteivorsitz ab. Kohl war im Herbst 1984 ins Fadenkreuz der Staatsanwaltschaft geraten. In der Rückschau wird mir viel deutlicher als damals, wie dünn der Faden war, an dem die Regierungskoalition hing. Für Kohl lief auch der Bundestagsuntersuchungsausschuss zur Flick-Affäre am Ende glimpflich ab.

Da die Grünen als einzige der im Bundestag vertretenen Parteien von den Spenden und insbesondere den flickschen Zuwendungen nicht betroffen waren, nutzte Otto Schily das Podium dieses Untersuchungsausschusses wirkungsvoll. Parallel dazu hatte der Mainzer Landtag Untersuchungen angestrengt, und dort hatte Kohl in der Anhörung am 18. März 1985 bestritten, von der Finanzierungspraxis über die Staatsbürgerliche Vereinigung Kenntnis gehabt zu haben. Das brachte ihm aufgrund einer Strafanzeige von Schily ein staatsanwaltschaftliches Ermittlungsverfahren wegen des Verdachts uneidlicher Falschaussage vor einem Untersuchungsausschuss ein. Geißler erklärte daraufhin, Kohl müsse einen Blackout gehabt haben, weil er glaubte, den Kanzler nur über das Institut mangelnder Schuldfähigkeit vor einer Verurteilung bewahren zu können. Darüber war ich wütend, weil ich mir sicher war, dass sich bei einer genauen Prüfung der Vorwurf der Falschaussage als unbegründet herausstellen würde, und weil ich im Übrigen befürchtete, dass die Bescheinigung eines Blackouts für den Bundeskanzler nicht gerade hilfreich sein konnte.

Kohl verübelte Geißler diese Intervention bis ans Ende seiner Tage. Insgesamt begünstigte die öffentliche Auseinandersetzung eine gewisse Wagenburgmentalität, aber ich kann mich nicht daran erinnern, bei Kohl Rücktrittsgedanken oder Anzeichen von Resignation bemerkt zu haben, wie dies später kolportiert worden ist. Das mag in der Parteizentrale anders gewesen sein. Dort hatte man vielleicht tiefere Einblicke in die Abgründe des Finanzgebarens des Vorsitzenden als in der Fraktion und im Kanzleramt. Wir in der Fraktionsführung wollten vieles nicht so genau wissen und waren ohnehin mit dem Tagesgeschäft ausgelastet.

Erst im Nachhinein wurde mir klar, dass auch eine Fraktionskasse, die ich als Parlamentarischer Geschäftsführer mit zu verwalten hatte, Teil des umfassenden Systems schwarzer Kassen war. Kohl hatte mich bei meinem Amtsantritt als Erster Parlamentarischer Geschäftsführer gebeten, die Fraktionsfinanzen insgesamt zu übernehmen. Das sagte ich zu, und er wusste, dass er sich auf mich verlassen konnte und ich in seinem Sinne agierte. Vorher hatte das Wilhelm Rawe erledigt, der nun Parlamentarischer Staatssekretär war. Kohl schien das Konto in seiner Zeit als Fraktionsvorsitzender angelegt zu haben, als Reserve außerhalb der Parteifinanzen im Adenauer-Haus, und wollte vermeiden, dass allzu viele Leute von dessen Existenz erfuhren – inwieweit der Schatzmeister Walther Leisler Kiep darüber informiert war, entzieht sich meiner Kenntnis. Geißler als Generalsekretär sollte erst recht nichts davon wissen, und ich vermute, dass auch Dregger nicht darüber Bescheid wusste. Die Attraktivität dieser »Geldaufbewahrung« ergab sich aus dem einfachen Umstand, dass der Bundesrechnungshof damals die Fraktionsfinanzierung noch nicht überprüfte. Diese Lücke nutzte Kohl – halb scherzhaft sprach er von seiner »Kriegskasse«. Er redete oft davon, dass Hans Globke für Adenauer eine geheime Verfügungskasse führte – damals natürlich Bargeld im Tresor –

und auch andere Regierungschefs, etwa Präsident Mitterrand, über solche Mittel verfügten. Im Streit um die Aufkündigung der Fraktionsgemeinschaft zur Zeit des Kreuther Trennungsbeschlusses waren solche Mittel bedeutsam – oder natürlich auch im Wahlkampf, weil sich Kohl der Finanzkraft der Sozialdemokraten chronisch unterlegen fühlte.

Ich vermute heute, dass das Geld – es handelte sich nach meiner Erinnerung im Jahr 1982 um einen Betrag von sechs bis sieben Millionen DM – noch aus den Quellen der Staatsbürgerlichen Vereinigung stammte. Die offizielle Begründung, der Betrag habe sich aus Beiträgen der Fraktionsmitglieder über die Jahre angehäuft, konnte auch den Gutgläubigsten nicht überzeugen. Dieses Konto, das bei der Dresdner Bank geführt wurde, ersetzte gewissermaßen den Panzerschrank Globkes. Bei Geldbedarf schickte Kohl Uwe Lüthje vorbei, der mir als Generalbevollmächtigten der Schatzmeisterei die notwendigen Auszahlungsunterlagen vorlegte, die ich dann nur unterschreiben musste.

Damals schob ich diese Dinge von mir weg. Wozu das Geld verwendet wurde, blieb mir verborgen. Mehr wusste ich nicht und wollte es auch nicht wissen. Ich habe nie nachgefragt, denn es war klar, dass es sich hier um die Verfügungsmasse des Parteivorsitzenden handelte. Eigeninitiativ habe ich als nomineller Verwalter dieser Kasse nicht gehandelt und meiner rein ausführenden Rolle keine besondere Bedeutung beigemessen. Dass heutzutage diese Form patriarchal-feudaler Parteiführung befremdlich anmutet, bedarf keiner großen Erklärung.

Diese (wenn auch passive) Mitwisserschaft, die dazu hätte führen können, kritischer zu sein, Fragen zu stellen oder die nominelle Verantwortung für diese Vorgänge abzulehnen, machte mich selbstredend zu einem Teil des Systems Kohl. Ich bin nicht stolz darauf, und ich hätte damals sorgfältiger und strenger sein müssen. Stattdessen habe ich diesen Bereich weitgehend von mir weggeschoben und verdrängt. Später war ich froh, die Zuständigkeit dafür mit der Berufung ins Kanzleramt abgeben zu können. Mein Nachfolger Rudi Seiters war in diesen Belangen klüger und hat jegliche Verantwortung für die Fraktionskasse abgelehnt.

Erst viel später ist mir aufgegangen, welche besondere Rolle das besagte Konto im Rahmen der Spendenaffäre gespielt haben könnte: Nachdem das Geld im Laufe der Jahre zusammengeschmolzen war, blieb für die Ausgaben, die Kohl in den neunziger Jahren tätigte, ohne deren Herkunft angeben zu können, ungefähr jener Betrag übrig – etwa drei Millionen DM –, den er als anonyme Spendengelder deklarierte. Insofern agierte Kohl nach der Angeklagtenlogik, nur das öffentlich zuzugeben, was eben nachgewiesen war. Dies wusste ich, weil dieser Posten nach meiner Wahl zum Fraktionsvorsitzenden 1991 immer noch existierte, nun vom Parlamentarischen Geschäftsführer Joachim Hörster verwaltet. Auch Hörster drängte darauf, das Konto möglichst bald zu liquidieren, um nichts mehr damit zu tun zu haben.

Im Jahr 2015 erregte es öffentliche Aufmerksamkeit, als ich in einer Fernsehdokumentation von Stephan Lamby Zweifel äußerte, ob es die kohlschen Spender, denen er das Ehrenwort gegeben habe, sie niemals namentlich zu nennen, überhaupt gab. Bereits in meinem 2000 veröffentlichten Buch zur Spendenaffäre *Mitten im Leben* schrieb ich, dass mir eine solche Erklärung konstruiert erscheine. Ich bezog mich dabei auf meine letzte Unterhaltung mit Kohl am 18. Januar 2000. In seinem *Tagebuch*, zeitgleich publiziert und ansonsten nicht unbedingt die verlässlichste Quelle, bestätigt er mich, als er sich darüber beschwert, dass ich mich zu der These versteige, in Wahrheit habe er »überhaupt keine Spender und könne sie daher auch nicht nennen«.

Kohls Intimus Uwe Lüthje hat in seinen Aufzeichnungen behauptet, dass dieses Konto schon 1982 aufgelöst und ihm der Betrag in Anwesenheit von Wilhelm Rawe und mir bar ausgehändigt worden sei, um das Geld in die Parteizentrale zu verlegen. Ich habe keine Ahnung, was Lüthje mit dieser Erzählung bezweckte, die kleinere mediale Wellen schlug. Die Wirklichkeit war prosaischer, denn die Abbuchungen liefen einfach weiter. Im »System Kohl« gab es niemanden, der das Finanzgebaren des mächtigen Vorsitzenden genauer unter die Lupe nahm. Die innerparteiliche Aufgabe, hier Aufklärung zu betreiben und reinen Tisch zu machen, haben wir versäumt. Dieser Makel bleibt.

Einen positiven Nebeneffekt hatten die Vorgänge um die Amnestievorlage für mich immerhin. Es entstand ein enges, ja freundschaftliches Verhältnis zu Klaus Kinkel, der mir in den kommenden Jahren ein wichtiger politischer Wegbegleiter wurde. Wir schätzten einander und wussten uns in wesentlichen Fragen einig. Beide galten wir aufgrund unserer Arbeitsauffassung als preußisch – auch wenn man sich damit in Baden und Schwaben nicht immer beliebt machte. Als Juristen dachten wir problembezogen und lösungsorientiert. Der Staatssekretär und enge Vertraute Genschers, später Justizminister, war stets mein wichtigster Ansprechpartner in den heiklen Fragen der Koalition, welche zumeist die Rechts- und Innenpolitik betrafen. So hatte sich das der nicht nur in diesem Fall umsichtige Außenminister wohl auch gedacht. Gemeinsam hatten wir in der Ära Kohl so manche knifflige Aufgabe zu bewältigen: in der Asyl- und Ausländerpolitik, beim Einigungsvertrag, in Fragen der europapolitischen Ausrichtung und der Einsatzmöglichkeiten der Bundeswehr.

Wenn es uns zeitlich möglich war, trafen wir uns in Bonn auf dem Tennisplatz. Kinkel war in der Bundeshauptstadt mein einziger Tennispartner – und das Deprimierende für mich war, dass ich immer unterlag (obwohl ich eigentlich überzeugt war, besser zu spielen!). Bemerkenswert ist aber doch – wenn man weiß, wie ungern ich verliere –, dass ich jedes Mal wieder gern gegen ihn angetreten bin. Seine Warmherzigkeit, Geradlinigkeit und sein Anstand machten das Zusammensein mit ihm sehr angenehm. Zu seinem achtzigsten Geburtstag habe ich darum ohne Zögern die Aufgabe des Laudators übernommen. Leider musste ich bereits zwei Jahre später – auf Wunsch der FDP – auch die Trauerrede auf ihn halten.

## UNVERHOFFTE NEUE AUFGABE IM MASCHINENRAUM DER MACHT

In den frühen Jahren ist mir häufig das Bild vom ehrgeizigen Karrieristen angeheftet worden. Ich galt als jemand, der kühl seine Schritte kalkuliert, um die nächsten Stufen in der Ämterleiter zu erklimmen. Meine Selbstwahrnehmung ist eine ganz andere. Ich hatte gar keinen Karriereplan. Mir ging es immer darum, möglichst viel Einfluss auf Entscheidungen zu haben, die ich für sachlich und politisch richtig hielt. So fühlte ich mich als Erster Parlamentarischer Geschäftsführer in vielen Entscheidungsprozessen hinreichend beteiligt. An Aufgaben fehlte es auch nicht. Neben der alltäglichen Fraktionsarbeit hielten mich die Koordinationsaufgaben in der Koalition und mit dem Kanzleramt in Atem. An künftige Ämter dachte ich wenig. Die Politik ist ein schnelllebiges Geschäft. Sie ist auf die nächsten Vorhaben und Ziele ausgerichtet, und meist arbeitet man unter Hochdruck an Lösungen für akute Probleme. Damit bin ich immer gut gefahren.

Anfang 1984 lud mich Heiner Geißler zum Abendessen ein, um mit mir die angespannte Lage in Regierung und Fraktion zu besprechen. Er wollte mich dazu überreden, Chef des Kanzleramts zu werden. Geißler sondierte, wie es um meine Bereitschaft bestellt war, eine solche Herausforderung anzunehmen. Unter den Mitgliedern des Kabinetts, aber auch in den Führungszirkeln der Partei war man besorgt wegen der Pannen in der Regierungszentrale. Es fehlte die ordnende Hand neben dem Generalisten und Instinktpolitiker Kohl. Es mangelte an Koordination. Nicht nur in den kritischen Medien sprach man von Waldemar Schreckenbergers Bermuda-Dreieck, in dem Vorgänge verschwanden und manche Akten ewig auf die Wiedervorlage warteten.

Schreckenberger war ein qualifizierter Verwaltungsrechtswissenschaftler und Vertrauter Kohls aus Mainzer Tagen. Der Bonner Betrieb war ihm fremd. Schwerer wog noch, dass er für die Realität der Politik in Parlament, Parteien, Fraktionen und in einer Koalition kein Verständnis hatte. Mir sagte er einmal, er sei stolz darauf, nie Abgeordneter gewesen zu sein, worauf ich entgegnete, dass er das nicht gerade dem Parlamentarischen Geschäftsführer sagen sollte, mit dem er besser hätte zusammenarbeiten müssen. In dieser Weise sich selbst isolierend, führte er loyal alle Anweisungen Kohls aus, was auch wieder falsch war, weil er ja in seiner Aufgabe Kohl am besten dadurch unterstützte, dass er mögliche Fehler korrigierte. Die hämische Kritik, die er lange erntete, wurde seiner Qualifikation und seiner loyalen Einsatzbereitschaft gleichwohl nicht gerecht.

Ich antwortete Geißler damals, dass ich den Job nicht machen könne. Ich sei beruflich ohnehin schon am Limit, hätte zu Hause vier Kinder und sähe mich nicht in der Lage, ein solches Amt auszufüllen. Nach diesem Gespräch war die Geschichte für mich vom Tisch. Allerdings kehrte das Thema schneller zu mir zurück, als ich es mir hätte vorstellen können. Nach dem Rücktritt Rainer Barzels vom Amt des Bundestagspräsidenten am 25. Oktober 1984, eine Spätfolge der Flick-Affäre, lud Kohl die Landesgruppenvorsitzenden der Union und einige Vertraute ins Kanzleramt ein, um die Nachfolge zu besprechen. Es gab noch keinen favorisierten Kandidaten. Einige Namen wurden in die Runde geworfen – Heinrich Windelen und Lieselotte Berger beispielsweise. Aber aus irgendeiner Ecke kamen stets Einwände. Und dann war es Johannes Gerster, Vorsitzender der Landesgruppe Rheinland-Pfalz/Saarland, der einwarf: »Ich wüsste jemanden unter den Anwesenden, aber auf den können Sie ja leider nicht verzichten: Philipp Jenninger. Wenn der Philipp das machen würde, wäre alles gut. Aber den werden Sie ja nicht hergeben wollen.«

Kohl schaute in die Runde, merklich überrascht. Es wurde deutlich, dass er sich mit diesem Gedanken vorher noch nicht befasst hatte: »Sollen wir das so machen? Seid ihr alle der Meinung?« Als die Zustimmung einhellig zu sein schien, fügte sich Kohl schnell: »Don Philippo, wie ist es?« Jenninger bat darum, seine Frau anrufen zu dürfen. Nach kurzer Zeit kam er wieder in den Raum und bekundete seine Bereitschaft, das Amt zu übernehmen. Damit war das Problem gelöst. In diesem Augenblick entfuhr mir in die Stille hinein, merkwürdig unkontrolliert, ein für alle hörbarer Seufzer. Das war so auffällig, dass mich Kohl irritiert fragte, ob ich denn etwas dagegen hätte. Das hatte ich nicht, überhaupt nicht. Mein Aufstöhnen war darin begründet, dass ich in dieser Sekunde wusste, was geschehen würde – ich konnte die kommenden Schritte voraussehen: Mein Weg aus der Fraktionsführung ins Kanzleramt war damit beschlossen. Kohls Entscheidung der nächsten Tage hatte ich vermutlich schneller antizipiert als er selbst. Immerhin signalisierte er mir am Ende der Sitzung, dass wir möglichst bald unter vier Augen reden müssten.

Der Abgang Jenningers aus dem Kanzleramt war die Gelegenheit zum Revirement in der Schaltzentrale der Regierung. Und die Schwachstelle dort war nicht Jenninger, sondern der Chef des Bundeskanzleramts. Ich hatte Jenninger schon 1982, als er aus der Fraktion ins Kanzleramt wechselte, geraten, auf jeden Fall diese Rolle mit zu übernehmen. Er hatte das abgelehnt. Natürlich wusste ich, dass Verwaltungschef einer obersten Bundesbehörde nur ein Beamter oder ein Bundesminister sein kann, nicht aber ein Parlamentarischer Staatssekretär, auch nicht mit dem Titel Staatsminister. Um das Kanzleramt zu leiten, musste ich also Bundesminister werden. Das war Kohl ebenso klar, ohne dass darüber eine Diskussion nötig war. Jenningers Aufgabenbereich in der operativen Deutschlandpolitik übernahm ich mit. Schreckenberger blieb als Staatssekretär weiterhin mit der Aufsicht über die Geheimdienste betraut – ein Aktionsfeld, auf das ich gern verzichtete. Darüber hinaus beschäftigte er sich mit Europapolitik und sollte sich bleibende Verdienste bei der Vorbereitung des Schengen-Abkommens erarbeiten.

Ich musste schnell eine Vorstellung davon entwickeln, wie man die Regierungszentrale effizienter, geräuschloser und vor allem erfolgreicher organisieren konnte. Viel Zeit würde ich dazu nicht erhalten. Nicht nur die Opposition und weite Teile der Medienlandschaft sahen uns im Abwind. Auch aus den eigenen Reihen, vornehmlich aus Bayern, blieb das Störfeuer verlässlich konstant. Strauß verlieh mir die zweifelhafte Ehre, »Kohls letzte Patrone« zu sein – sollte heißen: Ist sie erst verschossen, geht es auch mit seiner Kanzlerschaft zu Ende. *Der Spiegel* griff diesen Kommentar zu meinem Amtsantritt genüsslich auf und unkte: »Fest steht heute schon, dass der neue Kanzleramtsminister hoffnungslos überlastet ist.« Die Lektüre dieses ausführlichen Artikels, der vermutlich meinen bundesweiten Bekanntheitsgrad nicht unbeträchtlich erhöhte, ist in der Rückschau aufschlussreich – gerade auch im Hinblick auf die darin enthaltenen Fehldeutungen. Wie wenig man der Regierung Kohl zutraute, machte schon die ironische Ernennung meiner Person zum »Wunderminister« deutlich. Nur ein Mann mit übermenschlichen Fähigkeiten hätte Kohls Ende abwenden können – alle anderen würden an Kohls Unbelehrbarkeit scheitern. Dem Kanzler sprach man Eignung, Fachkompetenz und Aktenkenntnis ab, man kritisierte seine Entscheidungsschwäche und hielt ihm vor, nach zwei Jahren noch immer nicht die Rolle des Regierungschefs auszufüllen.

Sicherlich, einiges war am Erscheinungsbild der Koalition verbesserungsfähig. Aber dieses in seiner Einseitigkeit vernichtende Zeugnis führt noch einmal vor Augen, welch blanke Abneigung die damalige Koalition und eben auch Kohl in Teilen der Medienöffentlichkeit hervorrief. Doch die Auseinandersetzung mit Kritik bleibt essenziell in der Demokratie – und im harten Gegenwind kann man sich behaupten. Auch das mussten wir in dieser Phase lernen. Während Kohl es bekanntlich ablehnte, die »Hamburger Kloake« respektive »Mafia« wahrzunehmen, und den Kontakt zu *Spiegel*, *Stern* und *ZEIT* mied, nahm ich diese Herausforderung im neuen Amt gern an. Es ergab für mich keinen Sinn, sich dem Gespräch zu verweigern. Kohl war durch die Schärfe einiger Kampagnen tief verletzt, fühlte sich persönlich diffamiert. Ich habe seine Berührungsängste nicht geteilt und mich oft mit Pressevertretern getroffen, wissend und spürend, in den linksliberalen Leitmedien nicht unbedingt mit Wohlgesinnten zu sprechen. Doch ich habe es immer als Pflicht empfunden, Politik vernünftig zu erklären, gerade denjenigen, die anderer Auffassung waren. Das gehört für mich ganz wesentlich zur Demokratie, in der nicht automatisch der zwanglose Zwang des besseren Arguments siegt, wie manche Diskurstheoretiker meinen. Vielmehr stellt die Demokratie fortwährend die Aufgabe, öffentlich für das einzustehen, was man tut. Auf lange Sicht kann es gelingen, die Leute zu überzeugen – wenn nicht den Gegenüber, so doch möglicherweise einige Leserinnen und Leser. Jedenfalls solange man Argumente hat. Hat man keine, wird es schwierig. Insgesamt habe ich diese Auseinandersetzungen als bereichernd empfunden. Oft, zumal mit klugen Journalisten, hat es sogar Freude gemacht, die Klingen zu kreuzen. An Gesprächsanfragen hat es mir nie gefehlt, und vielleicht habe ich es auch geschafft, über die Jahre bei meinen Interviewpartnern einige ideologische Gewissheiten zu erschüttern.

Mancherlei aus dem Artikel über »Kohls letzte Patrone« war gar nicht schlecht beobachtet. Die Spekulation, dass ich das Kanzleramt in Wirtschafts- und Finanzfragen stärker als Gegengewicht zu den Ministerien profilieren könnte, entsprach ebenso meinen Zielen wie eine klarere Strukturierung der Entscheidungsabläufe. Nicht zuletzt ging es auch um eine bessere Kommunikation in die Fraktion hinein. Wenn *Der Spiegel* daran zweifelte, ob meine politische Kreativität dazu ausreiche, Kompromisslösungen zu finden oder zu initiieren, dann wollte ich gern den Beweis des Gegenteils antreten. Je mehr man mich in der Allzuständigkeit für »Administration, Politmanagement und Deutschlandpolitik« überfordert sah, desto größer waren meine Chancen, doch etwas hinzubekommen. Der Hinweis darauf, an Krisen, Pannen und Fehlentscheidungen beteiligt gewesen zu sein, focht mich nicht an: Aus Niederlagen und Pleiten konnte ich lernen. Sie sind übrigens eher die Regel als die Ausnahme nach Regierungswechseln.

Zunächst musste ich jedoch einiges ändern, um das Klima im Amt selbst zu verbessern. Erste Maßnahme war eine formelle Amtsübergabe und die Einberufung einer Personalversammlung, denn das hatte es vorher gar nicht gegeben. Kohl akzeptierte nach kurzem Zögern auch, dass er das natürlich selbst machen musste, und die Belegschaft verstand dieses Signal.

Es gab jemanden, der von meiner neuen Tätigkeit besonders überrascht war. Etwas pikiert stellte mich Heiner Geißler zur Rede. Ich versuchte ihm so ehrlich wie möglich meine Entscheidung zu erklären: »Das eine ist, ob du mich fragst, was ich anstrebe, und ich sage nein, das will ich gar nicht. Das andere ist, ob dann eine konkrete Situation entsteht, in der ich schlecht ablehnen kann.« Ich weiß nicht, ob ihn die Antwort zufriedenstellte. Aber als Generalsekretär und Kabinettsmitglied war er mit dem Ergebnis einverstanden.

## VORZIMMERGESPRÄCHE UND RATSCHLÄGE EINES ALTKANZLERS

Während der ersten Tage im neuen Amt erhielt ich einen Anruf von prominenter Stelle. Es meldete sich die Sekretärin von Altbundeskanzler Helmut Schmidt, um mich zu ihm durchzustellen. Schmidt entschuldigte sich sogleich – seine Vorzimmerdame hätte einen Fehler gemacht, denn man lasse den Chef des Kanzleramts nicht am Telefon warten. »Tut mir leid – ich bin absolut nicht Ihrer Meinung«, antwortete ich. »Sie sind der Bundeskanzler. Da hat Ihre Sekretärin ganz recht gehandelt.« Nach diesem höflichen Vorgeplänkel machte mir Schmidt das Angebot, dass ich ihn jederzeit sprechen könne, falls ich Fragen zum Bundeskanzleramt hätte. Er habe immerhin einige Jahre dort verbracht und stehe mir mit seiner Erfahrung zur vollen Verfügung. Ich möge gern bei ihm vorbeikommen, das sei praktischer, als wenn er mich besuchen würde – er sei im Hause womöglich noch zu bekannt, sodass wir unnötig Aufsehen erregten, wenn er dort auftauchte.

Schmidt war in dem Telefonat von großer Liebenswürdigkeit. Sein Angebot nahm ich bei nächster Gelegenheit wahr. Ich besuchte ihn also in seinem Bonner Büro, und wir unterhielten uns ausführlich über Struktur und Personal des Kanzleramts. Was das institutionelle Denken anging, waren wir uns sehr nahe. Es stand für Schmidt außer Frage, dass parteipolitische Rücksichten keine Rolle spielen durften, wenn es um das Gemeinwohl und das allgemeine Interesse ging. Wir besprachen die Dinge – antiquiert formuliert – im Sinne der Staatsräson. Er fragte mich detailliert aus, wie ich das Amt zu führen beabsichtigte, und gab mir einiges mit auf den Weg, was mich in meinen Plänen bestätigte und mir half. »Halten Sie sich nicht immer an die Hierarchien, reden Sie nicht nur mit den Abteilungsleitern, sondern auch mit den Referatsleitern! Denen müssen Sie Gelegenheit geben, sich zu präsentieren – auch den Referenten und Redenschreibern!« Das waren gute Ratschläge.

Schmidt bestärkte mich auch in meiner Haltung, die parteipolitischen Auffassungen der Mitarbeiter erst einmal zu ignorieren. Sie tun nichts zur Sache und sind für die eigentliche Arbeit uninteressant. Für mich war nie ausschlaggebend, ob und wenn ja, welches Parteibuch meine Mitarbeiter besaßen; bei vielen wusste ich es auch gar nicht. Wichtig war mir, dass sie fähig sind und sich in der Sache loyal verhalten. Dieses Prinzip habe ich in anderen Ministerien beibehalten: Als ich 2005 das Innenministerium von Otto Schily oder 2009 das Finanzministerium von Peer Steinbrück übernahm, rechneten viele damit, dass es einen großen Kehraus geben müsse. Dieser Gedanke hat mir immer widerstrebt, denn mein Vertrauen in das institutionell gespeicherte Wissen und in die zugehörigen Mitarbeiter überwiegt klar das parteipolitische Misstrauen. Für die Ausrichtung des politischen Kurses bin ich als Minister ohnehin selbst zuständig: Kritik und Sachkompetenz sind wichtiger als Claqueure. Mit Schmidt wusste ich mich in diesem Grundsatz der Überparteilichkeit einig. Seine jüngeren Parteigenossen haben auf derlei Erwägungen weniger Rücksicht genommen. Ihnen war es meist wichtiger, Staatssekretärs- und Abteilungsleiterposten umgehend und ausnahmslos mit eigenen Vertrauensleuten zu besetzen. Dass dies häufig den reibungslosen Verlauf der Administration störte, zu Anfängerfehlern führte und allgemein den Start in die neue Legislaturperiode erschwerte, dürfte niemanden verwundern, der ein Gefühl dafür besitzt, wie komplex Kontexte und Abläufe in einem Ministerium sind.

Die Regierungsinstitutionen dürfen eben nicht zur Beute von Parteiinteressen werden, vielmehr gebietet der Respekt vor den staatlichen Institutionen, die kontinuierlich und über Koalitionswechsel hinweg funktionieren, Sorgfalt und Vorsicht im Umgang mit dem Personal der betreffenden Behörde. Außerdem ist jeder Minister klug beraten, nicht durch Tabula rasa oder überzogene Personalumstellungen die gesamte Belegschaft gegen sich aufzubringen. Und vor allem hilft dieses Prinzip auch den Bürgern, den Institutionen des freiheitlichen Rechtsstaats mit Respekt und Vertrauen zu begegnen – wie wichtig das ist, haben wir in den vergangenen Jahren schmerzlich erfahren.

Zur Regierung gehörte für mich ein Verständnis von Verantwortung, das sich nicht allein aus den alltäglichen politischen Auseinandersetzungen ableiten ließ. Unmittelbare exekutive Aufgaben duldeten zwar keinen Aufschub, aber es war notwendig, aus der Perspektive des Kanzlers immer ein bis zwei Schritte vorauszudenken, Konflikte zu antizipieren. Dazu stand mir ein leistungsfähiger Apparat zur Verfügung, den ich wieder voll zur Geltung bringen musste, um die darin vorhandene Expertise und Kompetenz für die Regierung zu nutzen.

Mit Helmut Schmidt verband mich übrigens bis zu seinem Lebensende ein gutes Verhältnis, getragen von gegenseitigem Respekt und der Freude am streitbaren Gedankenaustausch. Ich habe ihn über die Jahre immer mehr schätzen gelernt. Wahrscheinlich zählt seine Kanzlerschaft nicht zu den prägenden der Bundesrepublik – Adenauers Westbindung und das Wirtschaftswunder, Brandts gesellschaftlicher Aufbruch und die Ostpolitik sowie Kohls Durchsetzung des NATO-Doppelbeschlusses und die Wiedervereinigung liegen in dieser Hinsicht klar vorn. Schmidts achtjähriger Amtszeit fehlten solche prägenden Ereignisse. Das hat er selbst so gesehen. Aber er blieb bis ins hohe Alter beeindruckend: von enormer intellektueller Kapazität und Urteilskraft.

Seine lange publizistische Karriere und seine öffentliche Präsenz ließen ihn die Rolle des Altkanzlers mit Würde ausfüllen. Er blieb der *res publica* verpflichtet. Nicht nostalgisch, sondern als unbequemer Mahner in aktuellen politischen Fragen. Dass er auf ein Podest verzichtete, sich bis ins Greisenalter seine Neugier bewahrte und wissen wollte, was in der Welt geschieht, finde ich bewundernswert. Finanz-, europa-, sicherheits- und außenpolitisch diskutierte er immer auf der Höhe der Zeit. Einzig sein Chinaenthusiasmus trieb bisweilen seltsame Blüten und huldigte einem Machtrealismus, der normative westliche Standards in den Hintergrund treten ließ. Er verstand sich jedoch als Korrektiv einer idealistischen europäischen Selbstbezogenheit und wollte die absehbare neue globale Rolle Asiens ins Bewusstsein rufen.

Sicherlich hat das Alter die ihm im Zenit seiner Karriere eigene Härte und die Überheblichkeit abgeschliffen, mit der er viele seiner Gesprächspartner spüren ließ, dass sie sich nicht auf seinem Niveau befanden. Diese Unart hatte Schmidt auch auf internationaler Ebene nur schwer im Zaum halten können. Seine Verachtung für Jimmy Carter, dessen Menschenrechtspolitik aus heutiger Sicht fast visionär wirkt und der immerhin Präsident einer Weltmacht war, entsprach ebenso wenig der bundesrepublikanischen Staatsräson wie sein schlechtes Verhältnis zu François Mitterrand. Verständlicherweise beschäftigte sich Schmidt als Altkanzler eher damit, zu zeigen, worin er recht behalten hatte, und weniger damit, warum es ihm besonders am Ende misslang, politisches Handeln in Allianzen zu organisieren. Das konnte Kohl besser, auch weil er davon absah, als Besserwisser aufzutrumpfen.

Über die Jahre haben wir uns immer wieder gesehen, zu verschiedenen Anlässen, bisweilen auf Podien in Hamburg oder Berlin. Da hatte sich Schmidt-Schnauze zum abgeklärten Welterklärer gewandelt. Den Jüngeren ist er in dieser Rolle wahrscheinlich eher präsent als in der des begnadeten Debattenredners, an die ich mich erinnere. Stärker noch als in seinen Reden zeigte er sich hier auch als »großer Pausenkünstler«. Die von ihm genüsslich zelebrierte Stille verstärkte den vorangegangenen Gedanken – und sie gab ihm Gelegenheit, an der obligatorischen Zigarette zu ziehen. Man musste von ihm nicht alles einstecken, er vertrug auch Widerspruch. Da uns beiden immer das Image des Pragmatikers anhaftete, wunderte mich der Vorwurf, den er im November 2012 anlässlich des *ZEIT*-Wirtschaftsforums gegen meine Finanzpolitik richtete. Er sprach vom »Durchwursteln«. Ich konnte ihm entgegnen, dass wir uns an die Regierungsdoktrin eines ehemaligen Bundeskanzlers hielten, der hanseatisch viel feiner von *muddling through* sprach. Das sei aber dasselbe – es komme jedoch, egal wie man es nenne, darauf an, bei Fahrt auf Sicht die Richtung zu kennen. Darüber konnte er sich herzlich amüsieren und stimmte mir zu.

## IM KANZLERAMT

Dass die Reorganisation der Regierungszentrale auf längere Sicht nicht unerheblich dazu beitrug, die Koalition zu stabilisieren und wieder in etwas ruhigeres Fahrwasser zu führen, kann man mittlerweile bei Zeithistorikern nachlesen. Hans-Peter Schwarz konstatiert, dass mit meinem Amtsantritt die »Experimentierphase« Kohls zu Ende gehe. Dem will ich nicht widersprechen. Immerhin hielt Kohl fortan an dem etablierten Modell fest, den Ersten Parlamentarischen Geschäftsführer zum Kanzleramtschef zu machen. Meine Nachfolger Rudolf Seiters und Friedrich Bohl waren karrieremäßig ähnliche Typen wie ich, hatten Erfahrungen als Parlamentarische Geschäftsführer gesammelt und kannten die Fraktion. Was dafür spricht, dass es mit mir dann doch ganz gut geklappt hat. Ich glaube deswegen sagen zu können, dass ich die Position in der Ära Kohl wesentlich geformt habe.

Mehrere Faktoren spielten mir dabei in die Hände. Zum einen besaß ich Kohls Vertrauen, denn er wusste, dass er sich auf mich verlassen konnte. Da er überwiegend von langjährigen Mitarbeitern umgeben war, hatte er mit seiner Entourage die Belegschaft des Kanzleramts zunächst als Feindesland empfunden. Ich denke, dass es mir gelungen ist, diese Barriere zu beseitigen und Kohl zu vermitteln, wie man den Apparat produktiv nutzen kann, ohne überall Verrat zu wittern. Umgekehrt hat sich auch der Apparat nicht mehr von der Spitze vernachlässigt gefühlt. Zum anderen habe ich nicht nur reagiert, also darauf gewartet, wann er etwas von mir wollte, sondern bin selbst aktiv geworden, um Dinge anzustoßen. Der Grundsatz, der mich dabei leitete, lässt sich nicht auf eine scharfe Formel bringen. Ich habe es stets so erklärt: Ich orientiere mich daran, was der Kanzler wollen könnte, wenn er es richtig verstehen oder sich ausführlich damit beschäftigen würde. Das ist gar nicht despektierlich gemeint. Als Generalist musste er gar nicht jedes Detail kennen, und ich hätte auch nicht seine Zeit verschwenden wollen, um ihn mit jeder Kleinigkeit zu konfrontieren. Aber ich glaubte schon ein gewisses Gefühl dafür entwickelt zu haben, wie die Politik der Koalition gestaltet werden muss, welche Aspekte ihm wichtig waren und was im Interesse des Landes war. Das entsprach meinem Verständnis von Loyalität.

Kohl ließ mir große Freiheiten. Ich hatte ganz andere Möglichkeiten als beispielsweise die Kanzleramtschefs von Angela Merkel. Sie tendierte dazu, ihren eigenen, allerdings auch ungewöhnlich großen Sachverstand in die Waagschale zu legen, und wollte die meisten Dinge selbst entscheiden. Gegenüber einem solchen Naturell fürchtet jeder Amtschef, einen Fehler zu begehen, und sichert sich ab, indem er die Chefin in alle möglichen Details einbezieht. Das macht das Regieren zäher. Andererseits hätte ich wahrscheinlich, wenn ich Kanzler gewesen wäre, dem Chef des Kanzleramts nicht einmal die Hälfte des Spielraums gegeben, den Kohl mir gelassen hat. Insofern war das schon eine ziemlich einmalige Konstellation. Es hängt eben sehr stark von der Person des Regierungschefs und dem jeweiligen Vertrauensverhältnis ab. Darum ändert sich die Interpretation des Amtes und ist nie ein für alle Mal festgeschrieben.

Die Aufgabe des Kanzleramtschefs war auch deswegen anspruchsvoll, weil man auf vielen Ebenen kommunizieren musste. Ich habe mich als eine Art Geschäftsführer der Regierungskoalition verstanden. Das hatte viel mit meiner vorherigen Position zu tun, und in der Tat rettete ich einige Routinen ins neue Amt. Dienstagmorgens traf ich mich stets mit den Parlamentarischen Geschäftsführern der Regierungsfraktionen – Seiters, Bötsch, Wolfgramm – in meinem Büro zum Frühstück. Dabei stimmten wir die nächsten Schritte auf der Agenda der Fraktionssitzungen ab. Das war hilfreich, um ein Gefühl dafür zu entwickeln, wo es knirschen könnte.

Meine Koordinationsaufgaben wurden vor allem in dem Moment wichtig, da Ungemach drohte. Ich musste also überall dort sein, wo es nicht klappte. Vor allem die Innen- und Rechtspolitik waren eine Dauerbaustelle, weil Friedrich Zimmermann wenig Neigung hatte, sich mit der FDP zu arrangieren. Das Trio Stoltenberg, Blüm, Bangemann agierte demgegenüber viel geschmeidiger. Kohl kam es sehr zupass, dass wir die wichtigen Fragen frühzeitig abstimmten. Die Kabinettssitzungen waren bei ihm darum straff organisiert. Dort kamen die Themen auf die Tagesordnung, über die im Vorfeld schon eine Einigung erzielt worden war. An kontroverse Debatten kann ich mich kaum erinnern.

Wenn es verschiedentlich heißt, der Kanzler gestalte die Politik, und der

Chef des Kanzleramts müsse sie dann umsetzen, stimmt dies prinzipiell. Es greift aber zu kurz. Der Kanzler hat niemals die Zeit, sich um alles selbst zu kümmern, und wenn es in der Koalition schwierig wurde, musste jemand dafür sorgen, Wege für Kompromisse aufzuzeigen. Meine Fantasie in Fragen der Steuer-, Asyl- und Umweltpolitik oder auch auf dem Gebiet der inneren Sicherheit stieß an die Grenzen, innerhalb derer in CDU, CSU und FDP ein Konsens herzustellen war. Kohls prosaische Worte »entscheidend ist, was hinten rauskommt« entfalteten hier ihren tieferen Sinn. Visionen durfte man haben, aber es war eigentlich nie möglich, sie vollständig zu verwirklichen. Pragmatische Lösungen zu finden, darin bestand die Kunst. Ständiges Ausloten, wie es einigermaßen ging. Da ich zu den politischen Fragen eigentlich immer eine starke eigene Meinung hatte, habe ich nach Kräften versucht, sie einzubringen. Das ist bisweilen gelungen. Es gab Erfolgserlebnisse, oft jedoch auch die Mühsal der Ebene.

Weil ich im institutionellen Sinne Kohls wichtigster Mann war, musste ich auch im Kabinett behutsam sein, mir das Vertrauen der Ministerkollegen erarbeiten. Selbstverständlich verwalteten alle Minister, wie es im Grundgesetz steht, ihren Geschäftsbereich in eigener Verantwortung. Aber die Abstimmung mit den anderen Ressorts und die Einfügung in den politischen Gesamtzusammenhang waren die Aufgabe des Kanzleramts. Ich hatte jedenfalls genügend Hebel, um Dinge in Bewegung zu bringen: die Abstimmung mit den Ministerien, die Staatssekretärsrunde, der direkte Draht zu den Ministerpräsidenten – den Zugang zum Kanzler hatte ich ohnehin, wann immer ich es für nötig hielt. Indem ich diese Mittel sparsam gebrauchte, nicht in wilden Aktionismus verfiel und den Leuten auf die Nerven ging, bin ich mit meinen Ministerkollegen gut ausgekommen.

Auch nutzte ich gern die Gelegenheit, Expertise von außen einzuholen, und organisierte kleine Gesprächsrunden, um mich bei zentralen Themen auf den aktuellen Stand zu bringen und Ideen zu sammeln. Ich erinnere mich zum Beispiel daran, dass wir schon damals intensiv über Demografie debattierten: Überalterung der Gesellschaft, weltweite Bevölkerungsexplosion, flexible Altersgrenzen – das waren die Themen, die ich unter anderem in einer frühen Rede über Bevölkerungspolitik aufgriff. Sie sind uns heute vertraut. Damals habe ich damit auch die Tür zu drängenden Zukunftsfragen zu öffnen versucht. Friedrich Zimmermann hatte mich entschieden davon abhalten wollen, weil man darüber nach seinem Empfinden seit Hitler nicht mehr offen diskutieren könne. Das habe ich anders gesehen, denn man muss sich auch im demokratischen Staat auf Entwicklungen vorbereiten und sie politisch problematisieren dürfen.

## DAS KÜCHENKABINETT

Nicht ohne Konfliktpotenzial war meine Rolle in Kohls engerem Kreis. Sein berüchtigtes Küchenkabinett war schon damals Anlass für wilde Spekulationen. Eduard Ackermann, Wolfgang Bergsdorf, Horst Teltschik und natürlich Juliane Weber waren immer in der Nähe, nahmen an der Morgenlage teil. Gern wurde schon damals in der Presse gemutmaßt, wer das Ohr des Kanzlers hat und als wichtigster Ratgeber fungierte. Es hieße, Kohl zu unterschätzen, wenn man diesem Zirkel eine derart wichtige Rolle zuschriebe. Er wollte sich keineswegs von einzelnen Leuten abhängig machen und war klug genug, in verschiedenen, sich nicht unbedingt überschneidenden informellen Kreisen Rat einzuholen.

Ich war nicht neu in der Runde, aber ich gehörte auch nicht ganz dazu. Abgesehen davon, dass ich formell als Chef des Kanzleramts eine andere Rolle spielte, gab mir mein Selbstverständnis als Parlamentarier eine unabhängigere Position. Häufig nahm ich an den abendlichen Treffen im Kanzlerbungalow oder in einem der von Kohl bevorzugten Restaurants teil. Das gehörte dazu. Es war oft unterhaltsam, konnte nach einiger Zeit jedoch auch etwas ermüdend werden. Kohl pflegte diese vertrauten Zusammenkünfte, sie bekamen aber zunehmend eine Tendenz ins Monologische, und wir hörten bestimmte Geschichten dann auch mehrmals. Nach einem langen Arbeitstag, an dem man sich ohnehin oft und lange sah, trat bei mir daher zuweilen eine gewisse Erschöpfung ein.

Ergiebiger waren die Gespräche im kleinen Kreis, die konkreten Beratungen unter vier Augen mit Kohl, in denen ich mit ihm sehr offen sprechen konnte. Die wichtigsten Dinge regelten wir meist am frühen Morgen. Man musste ihm keineswegs nach dem Mund reden. Er schätzte Widerspruch, solange er keinen Grund hatte, an der Loyalität seines Gegenübers zu zweifeln. Der von mir manchmal verwendete, etwas rustikal formulierte Satz »Der Kohl weiß, dass ich ihn nicht bescheiß« trifft das grundlegende Einverständnis, das unsere Arbeitsbeziehung über lange Jahre auszeichnete. Kohl kannte meine Interessen durchaus und wusste um meine Vorlieben. So bat er mich etwa zu Gesprächen mit Karl Popper und Yehudi Menuhin hinzu, als sie seiner Einladung ins Kanzleramt folgten. Mein Respekt vor Poppers Philosophie und meine Leidenschaft für klassische Musik waren ihm bekannt, und man darf nicht vergessen, dass Kohl selbst belesen war und neugierig blieb. Die Begegnungen mit diesen beiden Jahrhundertgestalten haben sich mir jedenfalls tief eingeprägt. Menuhin schien mir als Mensch genauso empfindsam zu sein, wie ich ihn als Solisten der großen Violinkonzerte erlebt habe. Und bei beiden hat ungemein beeindruckt, dass so herausragende Koryphäen und deshalb zurecht weltberühmte Persönlichkeiten im persönlichen Umgang ohne jedes wichtigtuerische Gehabe fast schon bescheiden wirkten.

Mit Juliane Weber kam ich gut aus. Sie war für Kohl die absolute Vertrauensperson – was immer sonst die Gerüchteküche über das Verhältnis der beiden sagte, entzog sich meiner Kenntnis. Sie war unerschütterlich diskret und loyal zu Kohl – auch über das Ende ihrer Zusammenarbeit hinaus in den quälenden Turbulenzen mit seiner zweiten Ehefrau und seinen Söhnen. Sie war für Kohl ein Glücksfall, schon seit seiner Ministerpräsidentenzeit in Mainz. Allerdings musste ich darauf achten, dass ihre Rolle als *gatekeeper* nicht allzu sehr mit den Abläufen im Amt ins Gehege kam. Schreckenberger etwa hatte sich zu oft von ihr sagen lassen, was er lieber nicht tun sollte. Ich wusste, dass ich die Dinge selbstbewusster zu regeln hatte.

Mit Horst Teltschik war das Verhältnis etwas komplizierter. Als er 1990 aus Kohls Diensten ausschied, um in der Bertelsmann Stiftung eine Führungsposition zu übernehmen, erzählte mir Hannelore Kohl, wie sehr Kohl das getroffen habe. Teltschik und ich seien für ihn fast so etwas wie Söhne. Und Teltschik stand eben schon in Mainzer Zeiten in diesem engen Vertrauens- und Beraterverhältnis zu Kohl, bevor er mit ihm nach Bonn wechselte. Im Bild der Söhne war er also der Erstgeborene, und nun stand ich in der formellen Hierarchie, so bedeutungslos sie auch war, etwas höher. Aber wir respektierten uns gegenseitig, ich mischte mich nicht in die Außenpolitik ein, und so haben wir das ganz gut hinbekommen, selbst in der Ost- und Deutschlandpolitik, wo es sachliche Überschneidungen gab. Nach einer erfolgreichen Managerkarriere fand Teltschik in späteren Jahren als Chef der Münchner Sicherheitskonferenz noch einmal auf die außenpolitische Bühne zurück.

Das Verhältnis zu Kohl war in den frühen Kanzlerjahren sehr vom politischen Alltag geprägt. Es war nicht immer nach meinem Geschmack, wenn

Privates und Dienstliches ineinander überging. Aber Kohl brauchte eine bestimmte Art von Vertrautheit, die durchaus mit einem gutsherrlichen Habitus einherging. Ganz der *pater familias* – sorgend und gütig, aber im festen Bewusstsein der eigenen Führungsrolle. Es war ihm wichtig, sich bei Krankheit und Krisen um die eigenen Leute zu kümmern. Er tat dies nicht aus Berechnung, sondern fühlte sich verantwortlich für »seine Leute«. Aber er wollte natürlich alles in der Hand behalten. Das hatte manchmal skurrile Züge. Wenn wir mit der Kanzlerlimousine fuhren, fragte ich ironisch, wer links und wer rechts sitzen sollte, denn das sei ja eine Entscheidung, die seine Richtlinienkompetenz betreffe. Den Spott hat er selbstverständlich wahrgenommen – und es dann vom Beifahrersitz aus trotzdem immer gern bestimmt.

Einmal lud er mich ein, ihn bei seiner alljährlichen Fastenkur in Sonthofen zu besuchen. Meine Lust war begrenzt, aber wenn der Kanzler rief, dann hatte ich mich auf die Reise zu machen. Kohl brauchte bei seinem Fastenprogramm, das er gemeinsam mit Philipp Jenninger absolvierte, immer etwas Ablenkung. Ich kam gleich morgens an und musste erst mal mit ins Hallenbad gehen, das extra für den Kanzler reserviert war. Kohl schwamm gemächlich seine Runden, Jenninger leicht nach innen versetzt neben ihm. Immer im Kreis. Ich nutzte dagegen die Zeit, um etwas zügiger einige Bahnen durchzuziehen – was ihm sichtlich missfiel. Aber gesagt hat er nichts. Der gemeinsame Saunagang war ebenfalls Pflicht. Als ich ihn ein andermal beim Fasten in Bad Gastein besuchte, machten wir einen Ausflug ins Umland und sind in einem Café eingekehrt. Kohl bat mich extra, ein Stück Pflaumenkuchen mit Schlagsahne zu bestellen – aber nur, damit er daran riechen könne. Er selbst aß nichts, da blieb er standhaft!

Hinterher berichtete er dann immer stolz, wie viel er abgenommen habe – das konnten acht bis zehn Kilo sein, wobei ich foppend zu bedenken gab, dass man diese Leistung natürlich relativ zum Gesamtgewicht betrachten müsse. Einmal fuhr ihm während seiner heroischen Erzählung von den Fastenerfolgen auch Friedrich Zimmermann mit seiner etwas barschen Art in die Parade: »So ein Schwachsinn! So viel Geld für nichts zu fressen!« Derlei Frotzeleien konnte Kohl gut aushalten – und das Gewicht hatte er nach ein paar Wochen ohnehin schnell wieder drauf.

Schon in den Koalitionsverhandlungen 1983 wurde eine Steuerreform verabredet, die zumindest in einem ersten Schritt noch vor 1987 in Kraft treten sollte. Weil das Steuerrecht mein ursprüngliches Fachgebiet war und ich außerdem auf diesem Feld das besondere Vertrauen von Helmut Kohl genoss, war ich hier über die allgemeine Rolle als Kanzleramtschef hinaus im Zentrum der Entscheidungen. Neben der Abstimmung unter den Koalitionspartnern verlief der Meinungsstreit in der Union zwischen den verschiedenen Flügeln – vor allem Wirtschaft und Soziales –, zwischen den Steuer- und den Haushaltspolitikern der Fraktion und in den Parteigremien mit den Ministerpräsidenten.

Auch wenn die Einzelheiten nicht mehr interessieren, bleiben einige immer wiederkehrende Positionen der Erinnerung wert. Um größere Steuerentlastungen zu ermöglichen, wurde entschlossener Subventionsabbau gefordert – manchmal sogar eine generelle Kürzung aller Ausgaben um einen bestimmten Prozentsatz. Die Methode wurde »Rasenmäher« genannt und funktionierte nie, weil bei jeder Konkretisierung immer mehr Widerstände aufkamen und im Übrigen auch die notwendige Differenzierung vieler Einzelpositionen sachgerecht nicht über einen Leisten geschlagen werden kann. Genauso erging es den vielen, im Laufe der Jahre vorgetragenen Vorschlägen zu einer grundlegenden Steuerreform durch Streichung möglichst aller Ausnahmen von der Regelbesteuerung bei gleichzeitiger drastischer Senkung des allgemeinen Tarifs, so viel Zuspruch mit solchen Vorstößen in interessierten Kreisen auch zu finden war.

Eine zweite Grundsatzdiskussion betraf die Frage, wie Be- und Entlastungen zwischen den verschiedenen Einkommensgruppen verteilt werden, wobei einerseits für soziale Gerechtigkeit und andererseits für investitionsbegünstigende Rahmenbedingungen geworben wurde. Ein fast schon zeitloses Thema war zudem der Verlauf der Steuerprogression. Am Ende langwieriger Verhandlungen kam eine dreistufige Reform heraus, jeweils zum 1. Januar 1986, 1988 und 1990, mit einer Gesamtentlastung von immerhin über 66 Milliarden DM. Der niedrigste Steuersatz wurde auf neunzehn Prozent, der oberste auf 53 Prozent gesenkt und der linear-progressive Tarifverlauf eingeführt. Alles in allem – auch wenn der lange Streit darüber in der Öffentlichkeit negativ ankam – war das ein beachtlicher Erfolg, der zur jahrelangen positiven Wirtschafts- und Beschäftigungslage wesentlich beitrug.

Ich bin auch heute noch ein wenig stolz darauf, dass wir in diesen ersten Jahren bereits die Anrechnung von Kindererziehungszeiten in der Rentenversicherung der Frauen einführten. Das war die wichtigste familien- und rentenpolitische Maßnahme dieser Legislaturperiode, und auch wenn sie später weiter ausgebaut wurde, bildete sie den Grundstock einer gleichberechtigten Alterssicherung.

Eine Episode möchte ich noch erwähnen, weil sie eine eher allgemeine Erfahrung beschreibt. Stoltenberg war skeptisch gegenüber der Einführung der Mütterrente, die aus dem allgemeinen Haushalt bezahlt werden musste. Blüm wollte, um dem Einwand entgegenzukommen, die Mütterrente nur für künftige Rentnerinnen einführen, die Haushaltsbelastung wäre so erst über die Jahre hinweg entstanden. Stoltenberg widersprach, das werde nicht funktionieren, weil sich die schon im Rentenalter befindlichen Frauen dagegen wehren würden. Kohl entschied zugunsten von Blüm. Er dachte, Großmütter würden sagen, Hauptsache meine Kinder und Enkelkinder haben es einmal besser. Doch Stoltenberg sollte recht behalten. Binnen weniger Wochen war der Proteststurm darüber, die Älteren nicht in die Mütterrente einbezogen zu haben, so groß, dass die Regierung nachgeben musste. Der Haushalt hat es trotzdem verkraftet – und zusammen mit der Ausweitung von Mutterschutz und Kindergeld haben wir jedenfalls in dieser Periode ein beachtliches familienpolitisches Maßnahmenpaket auf den Weg gebracht.

## ERSCHÖPFUNG

Im Rückblick überlagern sich die verschiedenen Erfahrungsebenen in meiner Zeit als Kanzleramtsminister. Einerseits eröffneten sich viele Möglichkeiten, Regierungspolitik mitzugestalten und im Austausch mit Helmut Kohl auch Einfluss zu nehmen. Die Zusammenarbeit war eng und legte das Fundament für die jahrelange erfolgreiche Kooperation, die erst 1998 endete. Ich habe Grund, Kohl für vieles dankbar zu sein, und meine Karriere bleibt unmittelbar mit seiner Kanzlerschaft verknüpft. Andererseits war dieses Verhältnis keine Einbahnstraße, und Kohl hat mich gewiss nicht allein aus Gefälligkeitsgründen gefördert. Ich habe in diesen Jahren hart gearbeitet, den Laden zusammengehalten und manches Mal die Grenzen der Belastbarkeit gespürt. Vor allem wenn ich als Feuerwehrmann agieren musste. Pausenlos gab es Brände zu löschen: ob im Streit mit den Vertriebenenverbänden oder der CSU, wegen Unstimmigkeiten mit der FDP und Querelen mit der niedersächsischen Landesregierung um die Inbetriebnahme des Kohlekraftwerks Buschhaus oder wegen der Flugbenzinaffäre. Manchmal hatte ich das Gefühl, unter Dauerfeuer zu stehen. Über viele Fragen wurde endlos gestritten, lange ohne Ergebnis. Das konnte bisweilen frustrierend sein. Ich wüsste nicht, dass ich zu irgendeiner Zeit Kohl hätte dafür verantwortlich machen wollen. Es gab zwischen uns nie ein ernsthaftes Zerwürfnis. Aber wir standen alle wahnsinnig unter Druck. Die Umstände waren schwierig, und ich spürte die Last eines Amtes, in dem ich immer zu funktionieren und zu reagieren hatte.

Sechzehn bis siebzehn Stunden zu arbeiten, war bei mir keine Seltenheit. Ab einem gewissen Grad der Belastung fing ich damit an, ziemlich konsequent jeden Morgen auf dem Sportplatz hinter dem Langen Eugen meine Runden zu drehen, auch im Winter. Meist allein, ab und zu ist auch mal jemand mit mir gelaufen, mein Kollege und bis heute guter Freund Hans-Peter Repnik zum Beispiel. Ich quälte mich um kurz nach sechs einigermaßen schlaftrunken die ungefähr 250 Meter von der Heussallee zur Laufbahn, obwohl ich oft erst vier bis fünf Stunden vorher ins Bett gekommen war. Aber wenn ich nach einer halben Stunde in mein Apartment zurückkehrte, um zu duschen, dann ins Kanzleramt zu gehen und dort zu frühstücken, war ich guter Laune, und das hielt mindestens bis zum Mittag vor. Irgendwann fiel mir auf, dass ich tagsüber gar keinen Hunger mehr hatte, denn ich hielt mich nur noch mit Kaffee und Tabak über Wasser. Dass das auf Dauer nicht gesund sein konnte, war klar. Jedenfalls forderte ich meine Sekretärin Helga Heyden auf, mich jeden Mittag zum Essen zu nötigen. Es war leicht abzusehen, dass ich sonst vor die Hunde gegangen wäre, denn einen solchen Lebensstil hätte ich nicht allzu lange durchgehalten. Auf diese Pause, die Abstand vom Tagesgeschäft schafft, habe ich fortan immer geachtet. Das ungestörte Mittagessen, seit bald zwei Jahrzehnten nun mit Nicole Gudehus als meiner engsten Mitarbeiterin, ist ein fester Anker in einem Tagesablauf, der vielfach von außen bestimmt wird. Das mussten alle Büroleiter akzeptieren.

Mir ist erst im Nachhinein so richtig klar geworden, dass vor allem meine Brüder und mein Vater sich Sorgen darum machten, wie ich aus dieser Überlastungssituation als Chef des Kanzleramts befreit werden könnte. Ihre Begeisterung für Kohl war auch geringer ausgeprägt. Damals schonten sie mich, und ich war zu beschäftigt, als dass ich für solche Ausstiegsüberlegungen hätte empfänglich sein können. Einmal besuchten mich meine Eltern im Kanzleramt, und ich brachte sie auch kurz zum Bundeskanzler, damit sie ihm zumindest »Guten Tag« sagen konnten. Es war allerdings für sie keineswegs so, dass sie sich danach zwei Wochen die Hände nicht gewaschen hätten. Sie blieben unbeeindruckt – auch weil der Kanzler ihnen kein sonderlich großes Interesse entgegenbrachte. Hier stimmte die allgemeine Beobachtung Heiner Geißlers, dass Kohl für solchen Small Talk ungeeignet und immer viel zu sehr mit sich selbst beschäftigt gewesen sei.

Ich bemühte mich in dieser Zeit, so oft ich konnte, bei der Familie zu sein, und fuhr jedes Wochenende nach Gengenbach. Regelmäßig begleiteten mich drei oder vier Diplomatenkoffer mit Akten, die ich dann im Auto bearbeitet habe. Zu Hause wurden sie aber nicht angerührt, sondern nur auf der Hin- und Rückfahrt. Ich weiß nicht, wie viele Beamte ich auf diese Weise mobil befördert und wie viele verwackelte Unterschriften ich auf dem Rücksitz geleistet habe.

Mein Gefühl der Überarbeitung wurde hilfreich konterkariert durch die Eindrücke meiner jüngsten, 1981 geborenen Tochter Anna, die mich als kleines Mädchen einmal für einige Tage in Bonn besuchte. Nachdem sie etwas Zeit in meinem Büro verbracht hatte, fragte sie mich ganz nachdenklich: »Sag mal, Papa, wann arbeitest du eigentlich?« Eine irritierende Frage für jemanden, der die ganze Zeit unter Strom steht. »Wie meinst du das?«, wollte ich wissen. Ihre entwaffnende Antwort: »Immer, wenn ich dich sehe, tust du entweder lesen, telefonieren oder schwätzen!« Sie war wenig beeindruckt, schwärmte aber noch lange vom Ausflug ins Phantasialand, zu dem sie ein freundlicher Mitarbeiter eingeladen hatte.

## STEINIGE WEGE IN DIE ZUKUNFT: UMWELTSCHUTZ UND KERNKRAFT

Aus historischer Perspektive wird mir deutlich, in welcher hohen Schlagzahl wir auf ganz neue Herausforderungen reagieren mussten. Dem Fortschritt konnten wir nicht lediglich begegnen, sondern wir mussten die Veränderungen mitgestalten. Beispielhaft sei nur auf die tiefgreifenden Veränderungen der Medienlandschaft verwiesen, vor allem in Rundfunk und Fernsehen. Dass uns nicht alles und schon gar nicht perfekt gelingen konnte, ist klar. Dennoch glaube ich, dass unsere Bilanz sich in vielen Bereichen durchaus sehen lassen kann.

Auf dem Gebiet des Umweltschutzes stand in der ersten Hälfte der achtziger Jahre das Waldsterben im Mittelpunkt aller Sorgen, wobei neben vielerlei Ursachen im Grunde unbestritten war, dass die hohe Schadstoff-Belastung durch Autoabgase einen maßgeblichen Beitrag dazu leistete. Deswegen entschloss man sich, für Kraftfahrzeuge Katalysatoren zur Abgasreinigung vorzuschreiben. Der damals für den Umweltschutz zuständige Bundesinnenminister Friedrich Zimmermann hat das mit großer Entschiedenheit umgesetzt, wobei er natürlich aus Kreisen der Automobilindustrie oder des ADAC erheblichen Widerstand überwinden musste. Auch der Koalitionspartner FDP, insbesondere Otto Graf Lambsdorff, warf Zimmermann vor, einen nationalen Alleingang zu riskieren und die Wettbewerbsfähigkeit der deutschen Autoindustrie aufs Spiel zu setzen. Die Durchsetzungskraft, die Zimmermann auch international im Einsatz für die Einführung des Katalysators und generell für die Verbesserung der Luftqualität zeigte, ist damals zu wenig gewürdigt worden.

Daneben hatten wir die fortdauernden Auseinandersetzungen um die friedliche Nutzung der Kernenergie zu überstehen, insbesondere beim Bau des Kernkraftwerks Brokdorf, beim Streit um die Wiederaufbereitungsanlage Wackersdorf oder um das Endlager Gorleben. Die enge Verzahnung von Atomkraftgegnern und Friedensbewegung polarisierte das politische Klima und machte eine rationale Diskussion in der Öffentlichkeit schwierig. Die Reaktorkatastrophe von Tschernobyl am 26. April 1986 bedeutete eine Zäsur und veränderte alles. Wie knapp 25 Jahre später in Fukushima war es ein Unfall, der unmittelbar in die Erfahrungswelt der Bürgerinnen und Bürger eingriff. Egal, welche rationalen Gründe und theoretischen Argumente man für einen politischen Kurs ins Feld führen kann: Wenn sich in der Demokratie ein massiver Stimmungsumschwung ereignet, werden plötzlich Veränderungen nötig, deren Tragweite vorher nicht absehbar gewesen ist. Die Spielräume der Handelnden wandeln sich.

Ich kann mich noch daran erinnern, dass ich in den Tagen danach mit einem langen Wochenende durch den 1. Mai als Kanzleramtschef praktisch der einzig erreichbare Minister in Bonn gewesen bin. Der Bundeskanzler selbst befand sich auf einer Ostasienreise und konnte, wie uns sein Pressesprecher Eduard Ackermann übermittelte, die Aufregung, die in Deutschland und in Europa wegen der Reaktorkatastrophe herrschte, erst gar nicht verstehen. Wir würden das alles völlig übertreiben. Er wurde eines Besseren belehrt und entschied sich schließlich, ein eigenes Umweltministerium einzurichten, für dessen Führung er mit Walter Wallmann den angesehenen Oberbürgermeister von Frankfurt ins Kabinett holte. Zuständigkeitsabgrenzung, Amtszuschnitt und die Besetzung des Leitungsbereichs für den neuen Minister gelangen uns in nur wenigen Wochen, denn das Ministerium nahm schon am 5. Juni 1986 die Arbeit auf. Es erwies sich als eine ebenso dauerhafte wie zukunftsweisende Konstruktion.

## CORDES-ENTFÜHRUNG UND BESONDERE MINISTERVERANTWORTUNG

Spektakulär und nervenaufreibend geriet die Entführung des Hoechst-Managers Rudolf Cordes und von Alfred Schmidt, einem 47 Jahre alten Siemens-Techniker. Ihre mehrmonatige Geiselhaft im Libanon beschäftigte mich im Kanzleramt intensiv. Ich musste mich in einer Art Crashkurs zum ersten Mal mit dem islamistischen Terrorismus der Hisbollah und der komplexen internationalen Diplomatie im Nahen Osten befassen. Gleichzeitig stand das Leben zweier deutscher Staatsbürger auf dem Spiel. Damals war aus einem Fahndungserfolg – der Bundesgrenzschutz hatte Anfang 1987 den libanesischen Terroristen Mohammed Ali Hamadi auf dem Frankfurter Flughafen festgenommen – ein manifestes Problem für die Bundesrepublik geworden. Der Hamadi-Clan (einer von ihnen war Sicherheitschef der Hisbollah) initiierte bereits wenige Tage nach der Festnahme die Entführungen in Beirut und forderte die Freilassung von Gefangenen im Austausch gegen die Geiseln.

Ich übernahm die Leitung eines Arbeitsstabs mit Vertretern aus dem Außen-, Innen- und Justizministerium, den Chefs der Sicherheitsorgane BND, BKA und Verfassungsschutz, dem Generalbundesanwalt sowie verschiedenen Sachverständigen und Islamexperten. In dem Stab wurden Informationen gesammelt und Szenarien durchgespielt. Erhard Eppler bot sich als Vermittler an, Hans-Jürgen Wischnewski – der Held von Mogadischu – oder Franz Josef Strauß waren ebenfalls im Gespräch. Aber es bewegte sich wenig. Eine Befreiungsaktion mithilfe der GSG 9 schied aus, weil der Aufenthaltsort der Geiseln, soweit er überhaupt bekannt war, sich ständig änderte. Auch die Israelis rieten davon dringend ab.

Ich gab von Beginn an die Maxime aus, den terroristischen Forderungen nicht nachzugeben. Der Staat durfte sich auch nicht erpressen lassen. Ich versuchte, diese Position im Gespräch mit der Familie Cordes zu erklären, worauf Cordes' Sohn ankündigte, dann das Verfassungsgericht anrufen zu müssen. Ich konnte ihm nur erwidern, dass ich an seiner Stelle genauso handeln würde – auch wenn dies, wie wir seit dem Fall Schleyer wüssten, keine Aussicht auf Erfolg hätte. Ich bat ihn, zumindest etwas abzuwarten, um die Situation zu stabilisieren, versprach aber, ihn zeitig zu informieren, damit er in jedem Fall noch eine einstweilige Anordnung in Karlsruhe beantragen könne.

Die Lage verschärfte sich dramatisch, als Hamadis Bruder Abbas, der Drahtzieher der Entführung, in die Bundesrepublik einreisen wollte, wie wir aus einer Abhöraktion wussten. Sollten wir zugreifen? Ich ließ erst einmal alle reden, um anschließend meine Meinung zu sagen – ein Prinzip, das wirkungsvoll funktionieren kann. Die Mehrheit plädierte dafür, nicht einzugreifen, eine Auffassung, die ich entschieden ablehnte. Er war nach Ankunft sofort zu verhaften. Nachdem ich das so gesagt hatte, wollte niemand mehr widersprechen, es war also beschlossen. Kinkel kam anschließend in mein Büro und beschwor mich: »Machen Sie das nicht! Wenn morgen in einem Frankfurter Kaufhaus eine Bombe hochgeht oder ein anderer Terrorakt passiert, werden Sie Ihres Lebens nicht mehr froh!« Ich entgegnete zwar, dass wir in unserer Haltung konsequent bleiben müssten, doch ich gebe zu, in der folgenden Nacht sehr schlecht geschlafen zu haben. Kinkel hatte mir ins Gewissen geredet. Wenn etwas geschehen wäre, hätte ich zurücktreten müssen. Die Konsequenz hätte ich gezogen. Das war mein kleiner Helmut-Schmidt-Moment – ich fühlte mich vermutlich so ähnlich wie er zehn Jahre zuvor. Glücklicherweise passierte dann nichts. Die Verhaftung gelang, und eine unmittelbare Reaktion der Hisbollah blieb aus. Aber ich habe während dieser Geschichte gelernt, dass es keine einfache Sache ist, die Verantwortung für Leben zu tragen, und zwar für ein konkretes Leben.

Den Hamadi-Brüdern wurde in der Folge der Prozess gemacht, und es dauerte lange, bis der Leidensweg der Entführten zu Ende war. Alfred Schmidt, der die Anfangsmonate der Gefangenschaft mit Cordes teilte, war zwar bereits im Spätsommer 1987 überraschend freigelassen worden, Cordes aber erst ein gutes Jahr später. Teheran und Damaskus hatten offenbar aus Eigeninteresse auf die Hisbollah eingewirkt, sodass wir ohne Lösegeldzahlung seine Auslieferung erreichten. Entscheidend blieb, dass die Bundesregierung nicht nachgegeben hatte, und so konnte ich Rudolf Cordes nach über 600 Tagen wieder in die Heimat geleiten.

## STÜHLERÜCKEN IM KABINETT

Es entsprach Kohls Führungsverständnis, die Mannschaft zusammenzuhalten, aber die allgemeinen Turbulenzen der ersten Legislaturperiode erzwangen an mehreren Stellen Veränderungen. Martin Bangemann hatte 1985 nach einer Reihe von Wahlschlappen Hans-Dietrich Genscher als FDP-Parteivorsitzenden abgelöst – und als kompetentem Wirtschaftsminister in der Nachfolge Graf Lambsdorffs fiel ihm eine Schlüsselrolle in der Regierung zu. Mit Bangemann verstand ich mich ausgesprochen gut. Er war wie ich 1972 das erste Mal in den Bundestag gewählt worden, Württemberger und ein kluger Jurist, außerdem ein zupackender und Zuversicht ausstrahlender Mann, humorvoll und gebildet, der die freie Rede selbstbewusst beherrschte. In seiner Partei hat er es nicht immer leicht gehabt, und sein späterer Weg nach Brüssel, als er Mitglied der Europäischen Kommission wurde, war sicherlich auch ein Zeichen seines Überdrusses.

Bedeutsam wurde auch der Wechsel im Familien- und Gesundheitsministerium. Eigentlich hatte Kohl vor dem Regierungswechsel oft gesagt, er werde Heiner Geißler ins Kabinett berufen, um ihn so als Generalsekretär abzulösen. Geißler wollte zwar Familienminister werden, gleichzeitig aber auf jeden Fall Generalsekretär bleiben. Er sei vom Parteitag gewählt und deshalb nicht dem Parteivorsitzenden unterstellt. Ich fand seine Auffassung falsch, weil in der CDU der Generalsekretär nur auf Vorschlag des Vorsitzenden gewählt werden kann und ihm daher meiner Meinung nach Loyalität schuldet. Zweifellos war Geißler ein herausragender Generalsekretär und eine der stärksten Persönlichkeiten der Union, einzig in dieser Frage unterschieden wir uns fundamental. Kohl wollte damals den Konflikt nicht wagen, und so blieb Geißler auch als Minister Generalsekretär. Mit Blick auf den kommenden Bundestagswahlkampf 1987 und die angespannte Lage der Koalition war diese Doppelbelastung jedoch nicht mehr zu stemmen.

Als seine Nachfolgerin schlug er dem Kanzler Rita Süssmuth vor, Professorin für Pädagogik und Direktorin des Hannoverschen Instituts »Frau und Gesellschaft«. Sie war ein großer Gewinn für die Regierung und die Partei. Zwar hatte Geißler bereits für eine erhebliche Modernisierung des Familienverständnisses in der Union gesorgt, aber es ist das besondere Verdienst von Süssmuth, die Frage der Gleichstellung umfassend etabliert zu haben: Sie problematisierte die Rolle der Väter in der Erziehung, setzte wichtige Wegmarken in der Frage der Vereinbarkeit von Familie und Beruf und schuf ein Bewusstsein für die gesellschaftliche Realität von Partnerschaften außerhalb der Ehe. Das war Neuland für die Mehrheit der Unionsmitglieder und CDU-Wähler respektive -Wählerinnen

Dabei machte ihr Förderer es ihr nicht einfach, weil er, soweit ich es in Erinnerung habe, alle Reformvorhaben zum Erziehungsurlaub und Erziehungsgeld noch rasch selbst auf den Weg brachte und so seiner Nachfolgerin erst einmal wenig Raum zur Profilierung ließ. Geißler versäumte eben keine Möglichkeit, sich in der Partei als dynamische Alternative zu Kohl zu präsentieren. Süssmuth hat das ihrem Vorgänger aber nicht übelgenommen und blieb ihm auch später – sehr zu Kohls Missfallen – verbunden.

Ich habe vor ihrer Leistung großen Respekt. In Krisen ging sie nicht in Deckung, was bemerkenswert couragiert für eine Quereinsteigerin war. Bewundernswert fand ich ihren Einsatz für Aidskranke und ihre Aufklärungskampagnen. Man brauchte schon Mut, um sich gegen weite Teile der öffentlichen Meinung und Hardliner, nicht zuletzt in der Union, durchzusetzen. Die Werbung für Kondome als Maßnahme der Aidsprävention galt in vielen kirchennahen Kreisen als Unding. Ich habe sie damals unterstützt, wo ich konnte.

Im Verteidigungsministerium hatte sich eine Veränderung für mich bereits länger abgezeichnet. Anfang 1987 hatte sich Manfred Wörner bei mir zum Gespräch angemeldet, und ich ahnte, worum es ging. »Lass mich raten, du möchtest NATO-Generalsekretär werden!«, begrüßte ich den verdutzten Freund. Die Nachfolge von Peter Carington stand an, und Wörner konnte sich aufgrund seines internationalen Ansehens gute Chancen ausrechnen. Es gab auch keinen Grund, ihn in seinen Ambitionen zu bremsen, und so konnte er auf Kohls Hilfe setzen. Dieser überraschte dann sein Umfeld, aber auch die Öffentlichkeit mit der Berufung des Berliner Justizsenators und Juraprofessors Rupert Scholz. Mit ihm war ich gut befreundet, deshalb ging mir seine unglückliche Amtszeit besonders nahe. Flugzeugkatastrophen in Ramstein und Remscheid, Debatte über das Tieffliegerverbot, Verlängerung der Wehrdienstzeit: Scholz war nicht zu beneiden. Womöglich hätte er diese Krisen im Amt dennoch überstanden, wenn er nicht im Zuge einer umfassenderen Kabinettsumbildung im April 1989 hätte weichen müssen. Die Statik in der Union war durch den Tod von Franz Josef Strauß am 3. Oktober 1988 durcheinandergebracht worden. Mit Theo Waigels Übernahme des CSU-Parteivorsitzes musste für ihn ein herausgehobener Platz in der Bundesregierung gefunden werden, was einige Rochaden zur Folge hatte, die auch meine Laufbahn betreffen sollten. Das Außen- und Wirtschaftsministerium standen, weil von der FDP besetzt, nicht zur Verfügung. So kam für Waigel eigentlich nur das Finanzministerium infrage, was auch deshalb passte, weil er damit in die Fußstapfen von Strauß trat. Allerdings musste dafür Gerhard Stoltenberg weichen. Sein Renommee hatte in Partei und Öffentlichkeit durch die zermürbenden Steuerreformdebatten gelitten, und er war längst nicht mehr so stark wie Anfang der achtziger Jahre. Auch die Barschel-Affäre hatte ihn als Landesvorsitzenden der schleswig-holsteinischen CDU und Förderer Barschels in Mitleidenschaft gezogen.

Dennoch musste für ihn eine honorige Lösung gefunden werden, zumal ich ihn auch wegen seiner menschlich so anständigen Art sehr geschätzt habe und ihm freundschaftlich verbunden war. In der Bonner Politik war ich wohl sein engster Vertrauter. Dass Stoltenberg nichts ahnte, glaube ich nicht, aber er war zu vornehm zu fragen. Und niemand redete mit ihm. Also bat ich ihn um ein Gespräch und schilderte die Lage der CSU sowie die Notwendigkeit für Waigel einen Platz im Kabinett zu finden – mit der Konsequenz, dass Stoltenberg selbst weichen musste. Ich wollte von ihm wissen, welches Ressort für ihn als Ausweichposten vorstellbar wäre, und da blieben eigentlich nur das Innen- oder das Verteidigungsministerium. Leicht war das für Stoltenberg nicht, aber er machte es mir leicht. Wir waren uns einig, dass sein hohes internationales Ansehen dem Verteidigungsministerium am meisten zugutekommen würde.

Tags darauf sagte ich Kohl, er schulde mir mindestens ein Monatssalär, weil ich etwas für ihn getan hätte, wofür er sogar auf drei Monatsgehälter verzichten würde, um es nicht selbst tun zu müssen. Ich hätte mit Stoltenberg geredet. »Wie kommen Sie denn dazu?«, fuhr er mich an, um aber alsbald zu fragen: »Ist er einverstanden?« Wochen später bat Kohl mich zum Termin mit Stoltenberg dazu. Es war ein ausgesprochen angespanntes Treffen, das Kohl mit der Feststellung eröffnete, Stoltenberg habe die wichtigsten Dinge ja schon mit mir besprochen. Ihm schienen die eigenen Worte zu fehlen, und nur mit Mühe wand er sich aus dieser peinlichen Situation heraus. Ich vermute, dass die Enttäuschung darüber bei dem langjährigen norddeutschen Weggefährten tief saß. Seit diesem Vorfall war das Verhältnis zwischen Kohl und Stoltenberg beschädigt. Die Familie Stoltenberg verzichtete bei der Beerdigung Ende 2001 auf die Anwesenheit des Altkanzlers.

Menschen unangenehme Botschaften zu überbringen, war nicht Kohls Stärke. Das bewies er auch, als er Rupert Scholz, dem er kurz zuvor noch demonstrativ den Rücken gestärkt hatte, seine Abberufung mitteilte. Das Gespräch war kurz, Scholz fiel aus allen Wolken, und als er danach in meinem Büro saß, musste ich schwere Aufbauarbeit leisten. Offenbar gehörte auch Seelentröstung für Kabinettsmitglieder zur Aufgabenbeschreibung des Kanzleramtschefs.

Ich hatte also im Frühjahr 1989 alle Hände voll zu tun. Es handelt sich wahrlich nicht um die stärkste Phase der Union. Die Barschel-Affäre hatte unserem Ansehen nicht nur in Schleswig-Holstein geschadet, in Berlin wurde Eberhard Diepgen von einer rot-grünen Koalition unter Walter Momper abgelöst, und die rechtsradikalen »Republikaner« erzielten hier aus dem Stand 7,5 Prozent der Stimmen. Auch die hessische Kommunalwahl ging krachend verloren. Kohl war angezählt, die Koalition musste sich darauf einstellen, bei der kommenden Wahl abgestraft, womöglich sogar abgewählt zu werden. Die Stimmung war schlecht.

Von Kohl wusste ich, dass er Geißler zum Innenminister machen wollte. Nachdem Waigel Finanzminister werden sollte, konnte die CSU nicht noch ein weiteres klassisches Ressort besetzt halten, sodass Zimmermann ins Verkehrsministerium wechseln musste. Ich fand die Entscheidung für Geißler richtig. Er wäre bei seinem Format bestimmt ein tüchtiger Innenminister geworden. Freitagabends in der zweiten Aprilwoche kam ich gerade von einem Spaziergang mit meiner Frau zurück, als mich Waigel bedrückt und in Sorge anrief. Er habe schon genug Ärger in der Partei, weil er Zimmermann das Innenressort nehmen müsse – aber jetzt ausgerechnet der gesellschaftspolitische Modernisierer Geißler, für das CSU-Establishment *persona non grata*, das sei zu viel. Offenbar hatte Waigel in der CSU ziemlich Druck bekommen. Dann müsse wenigstens ich Innenminister werden, eröffnete er mir. Ich äußerte mich unverbindlich, zumal ich nicht wusste, welche Gespräche Kohl mit Waigel, Geißler oder wem auch immer geführt hatte. Doch so war ich am Montagmorgen nicht sehr überrascht, als Kohl mir sagte, Geißler könne nicht Innenminister werden, und ich hätte die Wahl, Chef des Kanzleramts zu bleiben oder Innenminister zu werden. Die andere Position werde er mit Seiters besetzen. Ich erwiderte, dass ich gerne Kanzleramtsminister sei und keinen Gedanken an eine andere Aufgabe verschwendet hätte, dass ich aber natürlich das Angebot, ein klassisches Ressort führen zu können, nach Jahren im Kanzleramt nicht ausschlagen würde.

Bei Zeithistorikern und Zeitzeugen finde ich merkwürdige Legenden um diese Personalentscheidung. Der renommierte Bonner Ordinarius und Kohl-Biograf Hans-Peter Schwarz behauptet, ich hätte das Innenministerium offensiv eingefordert, bei Kohl »endlich den gebührenden Lohn« für meine »treuen Dienste« verlangt und angedroht, ansonsten ohne Regierungsamt in die Fraktion zurückzukehren. Daran stimmt rein gar nichts. Vermutlich hat Schwarz die Mär von meinem Ultimatum einem *Spiegel*-Artikel entnommen, dessen Inhalt schon damals falsch war. Abgesehen davon, dass jede Drohung, die auf eigene Unersetzbarkeit abhebt, seltsam zahnlos wirkt und mir völlig abwegig vorgekommen wäre, entsprach sie nicht meinem Verhältnis zu Kohl.

Der Ablauf der Dinge war ganz anders. Ich hatte selbst überhaupt keine Initiative ergriffen, sondern war wie viele andere davon ausgegangen, dass Heiner Geißler Kohls Angebot, Innenminister zu werden, annehmen würde. Geißlers demonstrative Ablehnung ließ nur zwei Deutungen zu, die sich gegenseitig nicht unbedingt ausschließen müssen: Zum einen wollte er sich vermutlich angesichts des schwelenden Konflikts in der Partei nicht in die Kabinettsdisziplin einbinden lassen, um seine Unabhängigkeit als Vordenker der Union zu erhalten – und womöglich auch, um eine Alternative zum »System Kohl« zu entwickeln. Zum anderen mag ihm zu Ohren gekommen sein, dass die CSU ihn als Innenminister ohnehin nicht akzeptiert hätte, weil sie seinen gesellschaftspolitischen Kurs nicht teilte. Insofern kann sein öffentlichkeitswirksamer Verzicht auf das Amt auch dem Ziel gedient haben, selbstbestimmtes Handeln dort vorzuspiegeln, wo es in Wahrheit gar keinen Spielraum mehr gab.

Es ist gut möglich, dass Kohl diese Kniffe voraussah. Allerdings könnte bei ihm zunächst einmal die Überlegung im Zentrum gestanden haben, Geißlers Konflikte mit der CSU durch die funktionalen Zwänge am gemeinsamen

Kabinettstisch zu befrieden. Was ausschlaggebend war, vermag ich im Nachhinein nicht zu sagen. Aber ich war in diese Auseinandersetzungen auch nicht bis ins Letzte eingeweiht.

## SOMMER 1989

Wie sehr sich Geißler insgesamt verkalkuliert hatte, sollte schließlich der Bremer Parteitag im September 1989 zeigen. Er hatte bis zum Schluss nicht glauben wollen, dass Kohl ihn als Generalsekretär absetzen würde. Dabei hatte der Parteivorsitzende ihm die Absicht bereits Ende 1988 mitgeteilt. Unübersehbar war das Tischtuch zwischen den beiden zerschnitten, denn Geißlers Profilierungsdrang und sein Aktivismus, Unzufriedene zu sammeln, hatte bereits seit Monaten öffentliche Aufmerksamkeit erregt. Kohl brauchte gar keine Zuträger, um von Geißlers Illoyalität zu erfahren – das konnte er in der Zeitung lesen. Gleichwohl wusste er natürlich genauestens Bescheid, und wir haben im Umfeld Kohls über diese vermeintliche Fronde geredet. Ich hatte Geißler schon früh unter vier Augen deutlich gemacht, dass ich keinesfalls zur Verfügung stünde, wenn es um eine Ablösung Kohls ginge. Zum einen widerstrebte es mir generell, hinter Kohls Rücken zu agieren. Wenn der Fall einträte, dass es mit Kohl nicht mehr ging, müsste man zuerst mit ihm selbst sprechen. Zum anderen sah ich klarer als Geißler, dass Kohl die Mitte der Partei repräsentierte und ihre verschiedenen Strömungen zu integrieren in der Lage war. Allein deswegen blieb Geißlers Initiative, die sich vor allem an den linken Parteiflügel richtete, zum Scheitern verurteilt – ganz abgesehen vom unmöglichen Zeitpunkt, ein Jahr vor der Bundestagswahl einen Führungswechsel vollziehen zu wollen. Ich hielt das Vorhaben, den Kanzler aus der eigenen Partei heraus stürzen zu wollen, für dilettantisch und unverantwortlich. Über diesen Konflikt wurde meine vorher gute Beziehung zu Geißler erst einmal zerrüttet.

Ich hatte gar keine Zweifel, dass dieses schlecht geplante Aufbegehren ohne Aussicht auf Erfolg war, mehr ein medialer Sturm im Wasserglas als eine Erschütterung der Partei. Für mich war die Situation allenfalls unangenehm, als sich ausgerechnet in meinem Landesverband Anfang des Jahres kritische Stimmen gegen Kohl erhoben, allen voran vom damaligen Landesvorsitzende der Jungen Union Günther Oettinger. Als ich Kohl Ende April zum baden-württembergischen Landesparteitag begleitete, schrieben einige Beobachter meiner Rede allerdings den Effekt zu, die Sympathien der Delegierten für den amtierenden Vorsitzenden maßgeblich gestärkt zu haben. Spätestens von diesem Zeitpunkt an war klar, dass die zögerlichen Herausforderer um Lothar Späth und Heiner Geißler keine ernsthafte Chance besaßen, Kohl in Bedrängnis zu bringen.

Bei meinem Dienstantritt als Innenminister im April 1989 hatte ich angesichts der lausigen Umfragewerte nicht unbedingt mit einer langen Amtszeit gerechnet. Ich hatte die Chance aber gern ergriffen, ein Schlüsselressort zu übernehmen und ein großes Ministerium zu führen. Ich musste mich vor allem mit Problemen der inneren Sicherheit befassen, denn die Bedrohung des RAF-Terrors war noch immer virulent. Ich konnte mich in dieser Hinsicht auf die Erfahrung, Loyalität und Kompetenz meines Staatssekretärs Hans Neusel verlassen. Er wurde am 27. Juli 1990 selbst Opfer eines RAF-Attentats, überlebte nur, weil sein Fahrer Urlaub hatte und er selbst den Wagen fuhr – der durch eine Lichtschranke ausgelöste Sprengsatz hatte auf den Beifahrersitz gezielt. Neusel, den ich nach meiner Erinnerung erst einmal zum Kleiderwechsel schickte, gab am Nachmittag bereits auf einer Pressekonferenz abgeklärt über den Anschlag Auskunft und appellierte eindringlich an die Terroristen, ihr sinnloses Tun aufzugeben. Aus solchem Holz sind vorbildliche Beamte geschnitzt.

Tödlich war dagegen der identisch geplante Anschlag auf den Chef der Deutschen Bank Alfred Herrhausen im November 1989 ausgegangen. Der schwere Gang zum Kondolenzbesuch bei seiner Witwe wird mir immer im Gedächtnis bleiben. Traudl Herrhausen, eine in jeder Hinsicht beeindruckende Frau, empfing Neusel und mich mit großer Gefasstheit und bekundete mir später sogar noch, wie leid wir ihr in unserer Rolle getan hätten. Auch der Mord an Treuhand-Chef Detlev Karsten Rohwedder am 1. April 1991 fiel noch in meine Amtszeit. So sehr wir uns bemühten, die Vorfeldbeobachtung zu intensivieren, anstatt den Aufwand des Personenschutzes immer weiter hochzufahren: Der Terrorismus der sogenannten dritten RAF-Generation blieb in diesen Jahren eine tödliche Bedrohung. Allein die Vorstellung, was alles potenziell passieren konnte, verursachte eine bisweilen kaum erträgliche Anspannung, die nur schwer mit der demonstrativen Gelassenheit, die ich mir als Minister auferlegte, überspielt werden konnte.

Besser berechenbare Erfolgsaussichten hatten meine Bemühungen um die

Modernisierung des Ausländer- und Asylrechts. Es gelang mir schnell, den langen Streit in der Koalition über das Ausländergesetz und die darin vorgesehene bessere Integration vormaliger »Gastarbeiter« zu schlichten. Selbst *Der Spiegel* stellte fest, dass ich mit pragmatischen Entscheidungen frühere Konflikte entschärft hätte, und vermerkte anerkennend: »Aufbruchstimmung herrscht im Innenausschuß des Bundestages.« Zu diesem Themenkomplex, der uns die kommenden Jahre (und bis heute) weiter beschäftigen sollte, verabschiedete übrigens der Bremer Parteitag 1989 eine neue, von mir initiierte Beschlussgrundlage, die dringend nötig geworden war, um Verkrustungen aufzubrechen und wieder Bewegung in die Koalition mit den Liberalen zu bringen.

Am wichtigsten waren in diesen Sommermonaten 1989 allerdings die sich anbahnenden weltpolitischen Veränderungen jenseits von Stacheldraht und Mauer, die im Westen gespannte Erwartungen, aber auch Befürchtungen weckten. Wie der realexistierende Sozialismus funktionierte, hatte ich in den vergangenen Jahren hautnah erleben dürfen. Aber mit einem Mal waren wir mit Fragen beschäftigt, die meine zähen deutschlandpolitischen Verhandlungen als Kanzleramtsminister Lichtjahre entfernt erscheinen ließen. Gleichwohl lehrten sie mich einiges über den Charakter der zweiten deutschen Diktatur – und es handelte sich dabei zweifellos um eine bedeutende Etappe deutsch-deutscher Geschichte, von der ich im Folgenden deshalb gesondert und etwas ausführlicher erzählen möchte.

# IV.

## ZUSTÄNDIG FÜR »EIN FERNES LAND«: DEUTSCHLANDPOLITIK AM ENDE DES KALTEN KRIEGES

◂ Wolfgang Schäuble mit Erich Honecker am Flughafen Köln-Wahn am 7. September 1987.

7. SEPTEMBER 1987, FLUGHAFEN KÖLN-WAHN. Als die Maschine der Interflug am Roten Teppich zum Stehen kam, zeigte sich der Himmel über dem Rollfeld nicht von seiner gastfreundlichsten Seite. Für Farbtupfer vor grauen Wolken, unter denen der »Klassenfeind« den prominenten Gast aus Ost-Berlin empfing, sorgten lediglich einige auserwählte Mitarbeiter der Ständigen Vertretung der DDR in Bonn. Sie winkten mit roten Nelken ihrem Staatsratsvorsitzenden zu, daneben Familienangehörige in Uniform und buntem Halstuch der Jungen Pioniere zum Gruß bereit. Es war ein Schlüsselmoment der deutschen Teilungsgeschichte. An diesem Tag begann Erich Honecker seinen heftig umstrittenen Besuch in der Bundesrepublik, der (wie wir heute wissen) von umfangreichen operativen Maßnahmen der DDR-Staatssicherheit begleitet wurde.

Ich hatte es übernommen, den Staatsgast am Flughafen in Empfang zu nehmen. Gerissen habe ich mich um diese Aufgabe nicht. Honecker selbst ließ über unseren Gesprächskanal zwischen Bonn und Ost-Berlin wissen, dass ich ihn auf dem Weg ins Bundeskanzleramt begleiten solle. Hochspannung herrschte im Vorfeld des Besuchs nicht nur in der bundesdeutschen Öffentlichkeit. Auch in Ost-Berlin war die Aufregung offenbar groß. Auf unbekanntem Terrain wollte der SED-Generalsekretär daher ein vertrautes Gesicht an seiner Seite. Honecker und ich kannten uns von früheren Treffen in Ost-Berlin inzwischen ganz gut, denn als Chef des Bundeskanzleramts war ich seit Ende 1984 für die Beziehungen zur DDR zuständig.

Honecker wirkte guter Stimmung, fast fröhlich, die Anspannung war dennoch greifbar. Er war eben kein Gast wie jeder andere. Die Wagenkolonne wurde von sieben Polizeimotorrädern begleitet, nicht von fünfzehn, wie es dem Staatsratsvorsitzenden auf Staatsbesuch zugestanden hätte. Das ist zwar nur Symbolik, in der Deutschlandpolitik der achtziger Jahre machte das aber einen Unterschied, über den im Vorfeld lange gerungen werden konnte. Und dieser Besuch hatte eine lange Vorlaufzeit, war zwischen den Arbeitsstäben auf beiden Seiten minutiös vorbereitet.

Am Morgen hatten wir uns zur üblichen Runde im Kanzleramt versammelt, wo Kohl noch einmal seinem Unmut darüber freien Lauf ließ, was ihm mit dem Besuch Honeckers zugemutet werde. Rückblickend bekannte Kohl, es sei die wohl wichtigste innerdeutsche Entscheidung gewesen, die er persönlich habe treffen müssen, und zugleich eine, die ihm so schwergefallen sei wie keine andere. Im Kanzleramt dominierte an diesem Morgen der Widerwille – und das alles, so Kohl, habe er nur dem Schäuble zu verdanken. Tatsächlich war ich es gewesen, der nach wiederholt gescheiterten Versuchen einen erneuten Anlauf für diesen Besuch gewagt hatte. Und ich war es auch gewesen, der mit allen Überredungskünsten den Kanzler davon überzeugt hatte, Honecker zwar auf der Ebene eines Arbeitsbesuchs zu empfangen, aber auch mit allen dazugehörigen protokollarischen Ehren. Also mit Flagge und mit Hymne im Bundeskanzleramt. Ich hatte an dem Tag nicht meinen elegantesten Anzug ausgewählt, und als Kohl wieder ansetzte, was ich ihm da eingebrockt habe, entgegnete ich: »Herr Bundeskanzler, sehen Sie mal, ich habe meinen schäbigsten Anzug angezogen, weil mir auch nicht wohl dabei ist. Aber lassen Sie uns den Tag in dem Bewusstsein angehen, dass es richtig ist, was wir tun. Dass wir es wohlbedacht haben und dass es sich lohnt.«

Weit ist es vom Flughafen ins Bonner Regierungsviertel nicht, vor allem wenn die Autobahn abgesperrt ist. Dennoch zog sich die Fahrt hin, denn Honecker neben mir war nicht gerade ein redseliger Typ. Ich übte mich als Touristenführer entlang der Strecke, auf der immerhin die legendäre Kaiserbauruine, ein nie fertiggestelltes, inzwischen gesprengtes Hochhaus-Monstrum an der A 59, für Gesprächsstoff sorgte. Unsere Schwierigkeiten im Bauwesen interessierten den Verwalter der sozialistischen Mangelwirtschaft sehr. Als wir auf Höhe des Bundeskanzleramts auf der anderen Rheinseite ankamen, kurz vor der Bonner Südbrücke, die sinnigerweise nach dem Kanzler benannt ist, der die Bundesrepublik fest im Westen verankert hatte, ging durch Honecker ein sichtbarer Ruck, und ich wusste, dass nun nicht mehr mit ihm zu reden war. Ich ließ ihn in Ruhe, damit er sich auf seinen Auftritt konzentrieren konnte. Als wir im Hof des Bundeskanzleramts vor den lauernden Fotografen hielten, huschte ich unauffällig aus dem Auto, um mich in das Empfangskomitee einzureihen. Ich wusste um den historischen Moment, der dem Staats- und dem Regierungschef gehörte.

Dass im Hof des Kanzleramts die Hymne der DDR unter der schwarz-rot-goldenen Fahne mit Hammer und Zirkel erklang, war ein persönlicher Triumph für Honecker, die Erfüllung eines Traumes – Kohl neben ihm waren Missmut und Unbehagen ins Gesicht geschrieben. Heute wissen wir besser, dass Honeckers Besuch in Bonn den Anfang vom Ende seiner Macht markierte. Höhepunkte haben eben an sich, dass es danach eigentlich nur noch bergab gehen kann. Die christlich-liberale Koalition hat ihren Beitrag dazu geleistet. Konkrete Auswirkungen unserer Deutschlandpolitik auf die Entwicklungen 1989/90 bleiben natürlich spekulativ, aber nichts ist voraussetzungslos. Mich erstaunt selbst, dass mich meine Erinnerung immer wieder vor allem in diese Jahre vor dem Mauerfall zurückführt. Der Wunsch, meinen Blick auf die von mir verantwortete Deutschlandpolitik noch einmal gebündelt festzuhalten, gab einen wesentlichen Impuls für dieses Buch – zumal die Aktenlage nur ein unvollständiges Bild zeichnet. Vieles entwickelte sich damals in vertraulichen Gesprächen, über die ich manches gar nicht und anderes nur in kursorisch zusammenfassenden Unterrichtungen aufzeichnete. Immerhin konnte ich sicher sein, dass die andere Seite alles bürokratisch genau dokumentierte.

Über vierzig Jahre war Deutschland geteilt. 28 Jahre davon hat die Mauer Berlin und der Stacheldraht unser Land gespalten. Das alles ist längst ein vergangener Teil unserer Geschichte – darin aber bestimmt keine Fußnote, sondern ein noch immer aufschlussreiches Lehrstück über die politische Verblendung, Kontrollwahn und Machtbesessenheit, aber auch über die Festigkeit in Grundsatzfragen und die notwendige Bereitschaft zur pragmatischen Zusammenarbeit. Wir bewegten uns auf dem schmalen Grat zwischen dem, was politisch machbar, und dem, was moralisch vertretbar war. 28 Jahre sind in der Geschichte einer Nation eigentlich eine kurze Spanne, im Leben von Menschen können sie aber unerträglich lang werden. Die Teilung hat sich in die Biografie von Generationen in Ost und West eingeschrieben. Und wenn es einen Beweis dafür bräuchte, dass Zeit relativ ist, dann findet er sich hier. Schließlich spüren wir in jeder Ost-West-Debatte seit 1990, dass die vierzig Jahre Teilung weit über sie hinaus wirken – bis heute.

Mit wachsender zeitlicher Entfernung gewinnen allerdings zunehmend falsche Vorstellungen an Raum. Mich erstaunt immer wieder, wie wenig in unserer Gesellschaft über die Epoche der deutschen Teilung noch bekannt ist. Und gelegentlich ärgert mich das Unwissen auch – jedenfalls dann, wenn ich mit der Behauptung konfrontiert werde, die westdeutsche Politik habe in den achtziger Jahren zu wenig gegen die Menschenrechtsverletzungen in der DDR getan und stattdessen dem SED-Unrechtsregime durch wirtschaftliche Hilfen sogar ein längeres Leben beschert. Die Politik der kleinen Schritte, die ich in Zeiten des Eisernen Vorhangs organisierte, steht heute offenkundig im Schatten des Falles der Mauer und der Wiedervereinigung. Für die sensiblen Verhandlungen zwischen den ideologischen Blöcken, die damals im geteilten Deutschland aufeinandertrafen, wird nur wenig Verständnis aufgebracht. Doch damals stellte der Umgang mit der Diktatur westdeutsche Politiker auf die Probe. Niemand vermochte ernsthaft zu hoffen, dass die Mauer jemals verschwinden würde. Man schien sich an Soldaten und Selbstschussanlagen gewöhnt zu haben, die die innerdeutsche Grenze zur mörderischen Falle machten. Familien blieben getrennt, Häftlinge wurden im Geheimen freigekauft und gefangen genommene Agenten auf der Glienicker Brücke ausgetauscht.

Für mich bedeutete die Verantwortung für die Deutschlandpolitik der Bundesregierung ein besonders aufregendes biografisches Kapitel – und politisch einen Karrieresprung. Ist es diese Herausforderung, die mir die achtziger Jahre so ins Gedächtnis gebrannt hat? Vielleicht. Womöglich hängt es – dann eher unterbewusst – aber auch damit zusammen, dass es die Jahre unmittelbar vor dem Attentat waren, die letzten Jahre ohne Behinderung. Ich weiß es nicht.

## »PROMINENZ 9« – WANDERN MIT DER STASI

Mit der Zuständigkeit für die Deutschlandpolitik eröffnete sich mir ein weitgehend neues Politikfeld. Dabei hat die offene deutsche Frage natürlich immer zum Themenkanon engagierter Unionspolitiker gehört. Sehr nahe war mir die DDR biografisch allerdings nicht. Ich habe in meiner Verwandtschaft niemanden nördlich und östlich der Mainlinie, Familienverbindungen gab es also nicht. Mein Bild der »Zone« war dadurch lange nicht von eigener Anschauung oder persönlichen Kontakten geprägt.

Die *ZEIT*-Journalisten Marion Gräfin Dönhoff, Rudolf Walter Leonhardt und Theo Sommer hatten in den sechziger Jahren ein populäres Reportagebuch über Kultur, Wirtschaft und Politik in der DDR veröffentlicht. Es trägt den bezeichnenden Titel *Reise in ein fernes Land*. So habe ich das lange auch empfunden: fern und irgendwie fremd. Für uns im Südwesten lagen Frankreich vor der Tür und Italien mit Gardasee und Lago Maggiore näher als die Mark Brandenburg oder die Mecklenburger Seenplatte. Ein kurzer Aufenthalt in Ost-Berlin, nach meinem Abitur und noch vor dem Mauerbau, war ohne bleibende Eindrücke geblieben. Und die Landschaften zwischen Elbe und Oder kannte ich lange gar nicht.

Als sportpolitischer Sprecher der Fraktion war ich 1978 bei den Leichtathletikeuropameisterschaften in Prag gewesen, Anfang der achtziger Jahre als Oppositionspolitiker gemeinsam mit Volker Rühe nach Ungarn gereist. Uns interessierte, was sich hinter dem Eisernen Vorhang tat, wo die kommunistische Führung in Budapest aus dem 1956 brutal niedergeschlagenen Aufstand ihre Lehre gezogen hatte und unter Wahrung der Bündnissolidarität und des Führungsanspruchs der Sowjetunion einen eigenen, reformfreudigeren Kurs eingeschlagen hatte. Der »Gulasch-Kommunismus« unter János Kádár erwies sich sogar als wirtschaftlich relativ erfolgreich.

In diese Zeit datiert auch mein zweiter Aufenthalt in der DDR, noch nicht offiziell, sondern rein privat. Über meinen aus Mecklenburg stammenden Freund Ditmar Gasse, der seit 1973 Pfarrer in Gengenbach war, ergab sich im Oktober 1983 die Gelegenheit, den Süden Thüringens kennenzulernen. Dort wohnten wir eine Woche bei seinem Schwager, dem Pfarrer einer kleinen Gemeinde bei Meiningen. In Queienfeld nahm ich mit 200 ostdeutschen Christen an einem Erntedankfest teil, das – wie die Staatssicherheit vermerkte – »ordnungsgemäß«, weil ohne »feindlich-negative Äußerungen«, verlief. Ich stand damals zwar politisch nicht in der ersten Reihe, es reichte aber offenbar, um ins Visier der Stasi zu geraten. Dass ich mich in Eisenach mit dem Bischof der Thüringischen Landeskirche getroffen hatte, vermerkte die Stasi unter dem Stichwort »Polittourismus«. Von der Reise sind mir vor allem die Gespräche im kirchlichen Umfeld in Erinnerung geblieben – nicht zuletzt im Partykeller des Pfarrhausnachbarn. Das war einer dieser wenigen unkontrollierten Rückzugsorte, in denen offener gesprochen werden konnte. Die Kirche als Schutzraum, der Glaube als Halt in der Diktatur, das Evangelium als Botschaft im Kalten Krieg: Das hat mich berührt.

Zu zahlreichen persönlichen Kontakten kam es damals nicht, und wenn, dann wurde über politische Fragen im engeren Sinne auch nicht viel gesprochen. Wir wollten niemanden durch Westkontakte in Verlegenheit bringen. Langfristig prägend blieb für mich aber, welche Bedeutung die Zugehörigkeit zur Ost-CDU für Kirchenmitglieder hatte. Wer als bekennender Christ in der kirchlichen Arbeit aktiv war, musste mit erheblichen Repressionen rechnen. Für die SED-Kader fehlte es ihnen am Klassenstandpunkt – und der konnte nur durch eine Parteimitgliedschaft nachgewiesen werden. Sie eröffnete vielen erst die Chance zu Abitur und Studium. Ich habe dadurch eine ganz andere Perspektive auf die Ost-CDU gewonnen, die dann im Wendejahr 1990 meine innerparteiliche Haltung bestimmte. Denn Berührungsängste wie andere in der West-CDU hatte ich nicht.

Eingebrannt hat sich mir auch eine zweite private Wanderreise mit meinem Freund und Abgeordnetenkollegen Anton Pfeifer Ende Oktober 1984, bei der wir uns in das gigantische Interhotel »Panorama« in Oberhof einmieteten. Von da aus brachen wir zu unseren Wandertouren in den Thüringer Wald auf. Beobachtet wurden wir ständig. Der immense Aufwand der Stasi stand allerdings in einem grotesken Missverhältnis zu den Erträgen. Eine Kostprobe des in der Akte festgehaltenen Erkenntnisgewinns über »Prominenz 9«, als die ich dort geführt wurde: »aufgrund der ausgesprochen sportlichen bekleidung und des mitgefuehrten rucksackes, in dem eszwaren und getraenke verstaut waren, kann geschluszfolgert werden, dasz die absicht zu wandern, bereits vor der einreise in die ddr getroffen wurde.«

Besonders subtil ging die Stasi nicht vor, und dass wir sie einmal ganz abhängen konnten, erhöhte auch nicht gerade unsere Ehrfurcht vor dem Schild und Schwert der Partei. Um etwas mobiler zu sein, hatte Pfeifer seinen Dienstwagen, der ihm als Parlamentarischer Staatssekretär zustand, dabei. Offenbar konzentrierte sich die Aufmerksamkeit unserer Beobachter zu sehr auf dieses Zielobjekt, denn als wir das Hotel einfach zu Fuß verließen, um den Fahrer an einem vereinbarten Ort wieder zu treffen, bemerkten die Spitzel unsere Abwesenheit gar nicht. Aus den Stasi-Akten lässt sich unsere Finte herauslesen, wenn natürlich nicht explizit. Denn während unsere erste Wanderung am Tag zuvor mit »spektakulären« Beobachtungen fast minütlich dokumentiert wurde – »Aus ihren Taschen entnahmen sie Proviant, unterhielten sich und aßen dabei« –, ist am Folgetag über uns nur zu lesen, dass wir »mit hoher Wahrscheinlichkeit« die Obere Schweizerhütte aufgesucht hätten. Dafür lässt sich der Weg unseres Fahrers an diesem Vormittag vollständig nachvollziehen. Den hatte der Stasi-Trupp nicht aus den Augen gelassen – und dann den Frust in einer unmotivierten Straßenkontrolle spüren lassen. DDR-typische Schikane eben, von vielen tausendfach erlebt. Doch so slapstickreif sich manches aus heutiger Sicht liest: Harmlos war das alles nicht. Neben »operativen Beobachtungskräften« waren Informelle Mitarbeiter im Einsatz, wurden Postkarten aus dem Briefkasten gefischt und kam bei unserem Besuch im Pfarrhaus »Maßnahme A« zur Anwendung – also die Überwachung des Telefons. »Maßnahme B«, das Verwanzen, war als nicht umsetzbar verworfen worden. Nur das fehlte zum vollen Programm des totalitären Überwachungsstaats, unter dem Millionen Ostdeutsche vierzig Jahre leiden mussten.

Die Rückständigkeit der DDR, die in meiner Erinnerung Bilder aus der badischen Heimat in den fünfziger Jahren evoziert, war damals in vielen Bereichen greifbar. Zu einem lang nachwirkenden Schlüsselerlebnis wurde der Besuch einer Ausstellung in Ost-Berlin im Dezember 1984. Im Rahmen eines intensivierten deutsch-deutschen Kulturaustauschs präsentierte die Bundesrepublik dort unter dem großspurigen Titel »Vorausdenken für den Menschen« herausragende westdeutsche Designprodukte. Zu sehen gab es unweit vom Bahnhof Friedrichstraße lediglich Gebrauchsgegenstände, vom Föhn über den Toaster und Rasierapparat bis zum BMW-Motorrad. *Der Spiegel* sprach abschätzig von einem »zusammengewürfelte[n] Sammelsurium kapitalistischer Produktionskunst« – kam aber auch nicht umhin zu berichten, dass sich DDR-Bürger die Nase platt drückten, nur um einmal zu betrachten, was wenige Kilometer weiter im KaDeWe ganz selbstverständlich in den Schaufenstern lag und allabendlich in der Werbung auf ARD und ZDF zu sehen war. »Kenn' ick allet schon aus'm Westfernsehen«, zitierte denn auch *Der Spiegel* einen enttäuschten Besucher. Die Ausstellung wurde dennoch ein gigantischer Publikumserfolg und übertraf alle Erwartungen. Sie illustrierte das, was mir in meinen offiziellen Gesprächen als Konsumdruck des Westens entgegengehalten wurde. Die DDR hatte nie verstanden, die Menschen so zu nehmen, wie sie sind, und nicht, wie sie nach eigener Vorstellung sein sollen. Das ist das große Missverständnis und der Fehler der Linken immer gewesen. Der Mensch ist, wie er ist – ein Mängelwesen. Und die Erfahrung lehrt, dass sich Freiheit neben unbegrenzten Reisemöglichkeiten eben immer auch im Konsum materialisiert. Hat man das verinnerlicht, macht man erfolgreich eine bessere Politik. Im Mittelpunkt der Mensch – sowenig originell mein Wahlkampfslogan 1972 auch gewesen sein mag: Für mich liegt darin noch immer der Ursprung verantwortungsbewusster Politik.

## VERWORRENE MINISTERIELLE ZUSTÄNDIGKEITEN

Bei meinem Wechsel ins Kanzleramt Ende 1984 stand für mich außer Frage, die deutschlandpolitischen Fäden, die seit der Ära Willy Brandt im Kanzleramt zusammenliefen, selbst in der Hand halten zu wollen. Neben den koordinierenden Aufgaben als Kanzleramtschef bot die Deutschlandpolitik eine unmittelbar gestaltende Tätigkeit. Die Kompetenzen waren von heute aus betrachtet etwas verwirrend verteilt. Das hatte mit den offenen Statusfragen zu tun, mit den divergierenden Vorstellungen in Ost und West über die völkerrechtliche Souveränität des jeweils anderen. Im Grundlagenvertrag, um den in der Bundesrepublik so heftig gestritten worden war, hatte 1972 die Bundesrepublik den SED-Staat staatsrechtlich, aber nicht völkerrechtlich anerkannt. Das war mehr als eine juristische Spitzfindigkeit. In der Realität der Zweistaatlichkeit beharrten beide Seiten auf ihren Grundsätzen.

Die beiden wichtigsten Institutionen auf dem Feld der Deutschlandpolitik neben dem Bundeskanzleramt waren das Ministerium für innerdeutsche Beziehungen und die Ständige Vertretung bei der DDR in Ost-Berlin (StäV) – eine diplomatische Besonderheit. Da wir keine völkerrechtliche Beziehung zur DDR pflegten, konnte es zwischen der DDR und der Bundesrepublik keine Botschaften geben. Indem wir von der Ständigen Vertretung sprachen – ich selbst redete auch nicht von zwei deutschen Staaten, sondern von zwei Staaten in Deutschland –, hielten wir vor der Weltöffentlichkeit den Anspruch auf die Einheit der Nation aufrecht. Organisatorisch war die StäV deshalb auch nicht wie die Botschaften dem Auswärtigen Amt, sondern dem Bundeskanzleramt zugeordnet.

Die Mitarbeiter unserer Vertretung in Ost-Berlin betrieben intensive Kontaktpflege vor Ort, auch im Umfeld der Bürgerbewegung, zu Intellektuellen und Journalisten. Im Alltagsgeschäft ging es um die konsularische Betreuung, nicht zu vergessen: immer wieder um Botschaftsflüchtlinge. Ich trat mein Amt 1984 in einem Jahr mit einer sprunghaft angestiegenen, seit dem Mauerbau nicht mehr erlebten Ausreisewelle aus der DDR an. Gerade erst war es uns gelungen, für DDR-Bürger in der Prager Botschaft, die teils mit einem Hungerstreik ihre Freiheit erzwingen wollten, Straffreiheit und zügige Behandlung ihrer Ausreiseanträge durchzusetzen. Die StäV hatte damit alle

Hände voll zu tun. Ihre Leiter, Hans Otto Bräutigam und ab 1988 Franz Bertele, bewältigten die schwierige Aufgabe an der Nahtstelle des Ost-West-Konflikts bravourös. Bei den offiziellen Terminen in Ost-Berlin waren sie an meiner Seite. In meine informellen Gespräche bezog ich sie allerdings nicht ein. Vermutlich hat das zumindest Bräutigam geärgert. Überhaupt habe ich meine Arbeit als vom Bundeskanzler persönlich Beauftragter der Geheimdiplomatie mit nur sehr wenigen besprochen. Allerdings habe ich Egon Bahr, der dazu vom SPD-Fraktionsvorsitzenden bevollmächtigt war, im Vertrauen unterrichtet. Von meinen Gesprächen auf den Ost-West-Kanälen fertigte ich nur Ergebnisprotokolle an. Ich war hier recht eigensinnig, und erst rückblickend wird mir bewusst, dass diese Form der Geheimdiplomatie zwar effizient war, dadurch mein damaliges Agieren für die Historiker indes auch weitgehend intransparent geblieben ist.

Im Kanzleramt wurde der koordinierende Arbeitsstab Deutschlandpolitik, der dem Chef des Bundeskanzleramts direkt unterstand, zu meiner wesentlichen Stütze. Er lag quer zur üblichen Verwaltungsstruktur aus Abteilungen und Gruppen und gehörte nicht zu der von Horst Teltschik geleiteten Abteilung »Auswärtige und innerdeutsche Beziehungen, Entwicklungspolitik und äußere Sicherheit«, aus der ich mich meinerseits heraushielt, weil Teltschik ein enges und unmittelbares Verhältnis zu Kohl hatte. Hermann Freiherr von Richthofen war als Leiter des Arbeitsstabs mein wichtigster Mitarbeiter, später dann auch sein Nachfolger Claus-Jürgen Duisberg, beides Diplomaten im Dienste des Kanzleramtschefs. Keiner dieser Beamten verfügte übrigens über den Stallgeruch der CDU.

Im Rahmen der Leitlinien, die Helmut Kohl vorgab, bestimmte ich als Chef des Kanzleramts die Richtung. *Der Spiegel* hatte 1984 kurzzeitig spekuliert, ob unter meiner Ägide das Ministerium für innerdeutsche Fragen an Bedeutung gewinnen könnte. Zu groß schien meine Aufgabe, das im Kanzleramt vorgefundene Chaos zu bewältigen. Auch Heinrich Windelen soll als Minister diese Hoffnungen gehegt haben. Allerdings war schon sein Vorgänger damit gescheitert, Kompetenzen aus dem Bundeskanzleramt ins Ministerium zu verlagern. Ich bemühte mich zumindest, erst Windelen und später seine Nachfolgerin Dorothee Wilms respektvoll und fair zu behandeln. Selbst wenn ich gewollt hätte, dem Ministerium eine längere Leine zu lassen, hätte sich die SED-Führung quergestellt. Denn mit Familienzusammenführungen, Abschiebungen in den Westen und dem für die SED lukrativen Gefangenenfreikauf, den das Bundesministerium diskret regelte, mischte es sich in die »inneren Angelegenheiten« der DDR ein. Diesen Vorwurf erhob Ost-Berlin immer dann, wenn die Bundesregierung gegen Menschenrechtsverletzungen protestierte oder Verstöße gegen deutsch-deutsche Übereinkommen beklagte.

Der Häftlingsfreikauf bedeutete einen im doppelten Sinne menschlichen Ausverkauf der DDR und war für uns im Westen eine hochsensible Angelegenheit. Es ging um persönliche Schicksale und um innerdeutschen Menschenhandel, bei dem das Regime Häftlinge als Devisenquelle missbrauchte. Der materielle Wert eines Lebens in Freiheit betrug aus Sicht der DDR-Machthaber zuletzt knapp 96 000 DM. Die Bundesrepublik zahlte bis zum Ende der DDR über drei Milliarden DM an ›Kopfgeld‹ in Form von Waren. Man musste auf der Hut sein, welche Anreize man setzte. Meine Gesprächspartner auf DDR-Seite warnte ich deshalb davor, bloß nicht auf den Gedanken zu kommen, ihre Devisensituation dadurch verbessern zu wollen, immer mehr Menschen zu verhaften, um sie an die Bundesrepublik verkaufen zu können. Es war ein schmaler Grat, auf dem wir uns bewegten.

Der Ost-Berliner Anwalt Wolfgang Vogel war in diesem Geschäft die zentrale Figur. Die Verhandlungen mit ihm habe ich persönlich nie geführt. Aber ich übergab gelegentlich bei Gesprächen mit Honecker Namen für besondere menschliche ›Härtefälle‹. Vogel gehörte zu den Wanderern zwischen den Systemen und verfügte nicht nur über eine Anwaltszulassung in der DDR, sondern auch in West-Berlin. Er ist als Verteidiger Erich Honeckers in Erinnerung, mehr noch als Verhandlungspartner in Sachen Häftlingsfreikauf und Familienzusammenführung. Außerdem war er an etlichen Agentenaustauschen auch zwischen den USA und der Sowjetunion maßgeblich beteiligt. Zweifellos war Vogel ein wichtiger Mittler – wobei man die Frage unterschiedlich beurteilen wird, wie sehr Mittler und wie stark Profiteur, der den Menschenhandel zu einem auch persönlich einträglichen Geschäft zu machen verstand. Über sich selbst hat Vogel gesagt: »Meine Wege waren nicht weiß und nicht schwarz. Sie mussten grau sein.« Als selbst ernannter »Anwalt der Menschen zwischen den Fronten« geriet er nach der Wiedervereinigung ins Visier der Strafverfolgungsbehörden. Es ging um Stasi-Verstrickungen, um Nötigung und Erpressung von Mandanten – ein toxisches Gemisch. Von den Erpressungsvorwürfen haben ihn die Gerichte später freigesprochen. Helmut Schmidt schätzte Vogel sehr, und ich respektierte, dass der Altkanzler in den Wendenachwirren offensiv Partei für Vogel ergriff. Als Vogel von übereifrigen

Staatsanwälten festgenommen wurde, besuchte ihn Schmidt in der Haftanstalt. Ich dachte damals bei mir, dass ich das auch täte, wenn ich nicht Minister wäre. Nur weil jemand zwischen den beiden Systemen vermittelte, hatte er sich für mich noch nicht strafbar gemacht.

Über 30 000 politische Häftlinge konnten zwischen dem Bau und dem Fall der Mauer freigekauft werden. Das war ein Geschäft, über das man als erpresserischen Menschenhandel – was es war! – moralisch die Nase rümpfen kann. Allerdings nur dann, wenn man die Einzelschicksale ausblendet, die Härten und Schikanen, die inhaftierte Menschen in der DDR erfahren mussten, wenn sie in Bautzen oder im Roten Ochsen in Halle eingesperrt waren. Bezeichnend für die Ignoranz gegenüber der Hoffnungslosigkeit vieler Ostdeutscher in den achtziger Jahren ist, dass mich in meinem ersten deutschlandpolitischen Interview *Spiegel*-Redakteure fragten, ob die Botschaftsflüchtlinge aus der DDR wirklich aus Verzweiflung handeln würden. Für mich war selbstverständlich, dass uns nicht nur eine humanitäre Verpflichtung zukam, sondern wir auch durch unseren Anspruch gesamtdeutscher Verantwortung den Menschen in der DDR helfen mussten, wo immer wir konnten.

## MIT GEORGE BUSH FRIEREND AUF DEM ROTEN PLATZ

Die Welt, die mit zwei verfeindeten und atomar hochgerüsteten Systemen politisch-ideologisch zementiert schien, hatte sich zu Beginn der achtziger Jahre an das Bild alter, gebrechlicher Männer im Kreml gewöhnt. In der ersten Legislaturperiode der Regierung Kohl standen genauso viele sowjetische Generalsekretäre an der Spitze der UdSSR wie in den sieben Jahrzehnten zuvor. »Begräbnisdiplomatie«: Dieser Begriff bürgerte sich ein, als die Staats- und Regierungschefs in kurzer Abfolge am Rande der Trauerfeiern für Leonid Breschnew und die bei Amtsantritt schon sterbenskranken Juri Andropow und Konstantin Tschernenko in Moskau zusammentrafen. 1985 begleitete ich Helmut Kohl als Kanzleramtschef und erlebte so das erste direkte Aufeinandertreffen des Bundeskanzlers mit dem neuen starken Mann in Moskau. Der Mittfünfziger Michail Gorbatschow bedeutete in der sowjetischen Gerontokratie schon äußerlich eine Zeitenwende. Aber was war inhaltlich von ihm zu erwarten?

In der Sowjetunion und im östlichen Teil Europas waren die Hoffnungen, die in den Kreml-Chef gesetzt wurden, zunächst groß. Ost-Berlin sah neue Spielräume im Umgang mit dem Westen. Alsbald wuchs aber auch die Skepsis, was aus Perestroika und Glasnost werden solle, denn zumindest in der DDR wussten die Machthaber genau, dass sie das System nur mit umfassender Überwachung aufrechterhalten konnten. Deshalb gingen sie auf Distanz und verboten sogar die Verbreitung reformfreudiger Schriften aus der Sowjetunion. Dass der Neuerungseifer des neuen Machthabers in Moskau am Ende zur Friedlichen Revolution, zum Mauerfall und zum Ende des Ostblocks führte, erklärt die Bitterkeit, die etwa Honeckers Witwe Margot bis zu ihrem Tod für Gorbatschow und seinen für sie unverzeihlichen Verrat am Sozialismus fand. Nils Ole Oermann, ein Wirtschaftsethiker, der einige Zeit für mich gearbeitet hat, traf sie kurz vor ihrem Tod mehrfach im chilenischen Exil. Sein faszinierender Bericht über diese Plauderstündchen bei Westkaffee macht den Generationenbruch in den achtziger Jahren deutlich, die fehlende existenzielle Erfahrung von Krieg und einem Leben im Untergrund, was ältere Kommunisten den Jüngeren offenbar nicht verzeihen mochten. Oermann schreibt, er habe an Margot Honecker beobachten können, was totalitäre Ideologien mit Menschen anrichten und was diese Menschen für solche Ideologien in der Folge anderen Menschen anzutun bereit sind: »Nichts entfremdet einen mehr von den Menschen, als sich im Besitz der allein selig machenden Wahrheit zu wähnen.« Er fasst hier ein Gefühl in Worte, das mich im Umgang mit der DDR-Nomenklatura stets begleitet hat.

Offenbar war bei der Beerdigung 1985 das gesamte Kreml-Protokoll durcheinandergeraten, denn wir mussten stundenlang wartend kreuz und quer durch die Straßen Moskaus fahren. Alle Viertelstunde begegneten wir dabei der Wagenkolonne des angereisten US-Vizepräsidenten. Neben George H. W. Bush stand ich dann auch bei der Trauerfeier auf dem Roten Platz – in einer gespenstischen Atmosphäre des sozialistischen Personenkults. Ich hatte mir im Vorfeld keine Gedanken gemacht und war mit normalem Anzug und einfachen Schuhen angereist. Nun kroch die Kälte durch die dünnen Ledersohlen in mich hinein. Vielleicht hat sich mir auch deshalb der beeindruckende Pelzmantel eingeprägt, den Imelda Marcos trug, die auf meiner anderen Seite stand. Die schrille Gattin des philippinischen Diktators war eigentlich als Schuhfetischistin berühmt-berüchtigt. Hier merkte ich nun, dass vor allem Bush, wie ich neidisch registrierte, beim Schuhwerk richtig vorgebaut hatte.

Er trug feste Anglerstiefel zum Anzug. Später, wenn wir uns mal wieder begegneten, erinnerten wir uns lachend daran, wie wir im März 1985 auf dem Roten Platz miteinander gefroren hatten. Der Moment unseres Kennenlernens in Moskau war der Beginn einer neuen Ära, wie wir heute wissen. Dass sie zur Wiedervereinigung führen würde, hat damals niemand ernsthaft vorausgesagt. George Bush gehörte aber zu denen, die es früher als andere geahnt haben. Und als US-Präsident spielte er dann eine entscheidende Rolle, als es gelang, den Kalten Krieg friedlich zu überwinden. Die Deutsche Einheit ist untrennbar mit seinem Namen verbunden.

## IN DEN HÄUSERN DER MACHT

Im März 1985 erlebte ich in Moskau noch einmal, wie ein selbstbewusster Führer des Sozialismus auftritt. Die Inszenierung im Kreml unterstrich das damalige Selbstverständnis der Sowjetunion als Supermacht – und Gorbatschows Anspruch, als einer der beiden mächtigsten Männer der Welt an deren Spitze zu stehen. »Er ist der Chef« – so lautete die Einschätzung Kohls nach seinem Treffen. An seiner Willensstärke hatte der neue Generalsekretär in dem Gespräch mit uns keine Zweifel aufkommen lassen. Er wusste, dass er seine neu gewonnene Macht auch ausüben musste. Neider lauerten im Apparat genug. Trivial war das nicht, denn die Geschichte hatte mit Nikita Chruschtschow schon den Sturz eines sowjetischen Führers gesehen, der im Parteiapparat für zu schwach befunden worden war.

Beim Betreten des gigantischen Georgsaal im Großen Kreml-Palast mit all dem Gold und Prunk fühlt man sich als Mensch ziemlich klein. Wo man hinkommt, atmet das Dekor den Glanz des Zarenreichs. Darauf wollten auch die sowjetischen Führer nicht verzichten – und heute weiß es Putin wirkungsvoll einzusetzen. Dagegen wirkt der Élysée-Palast geradezu bescheiden. Allein die Große Halle des Volkes in China kann es in ihren Dimensionen mit dem Überwältigungsgestus des Kremls aufnehmen, wenn sie auch in einem eher kargen sozialistischen Klassizismus gehalten ist.

Lothar de Maizière hat mir später einmal von seinen Gefühlen erzählt, als er 1990 als Ministerpräsident der DDR an einer Sitzung der Staats- und Regierungschefs des Warschauer Paktes im Kreml teilnahm. Er hatte die Bilder dieser Treffen nur aus dem Fernsehen gekannt, von Sitzungen in dem prächtigen Saal, in denen es immer um Krieg oder Frieden ging. Nun saß er selbst da und spürte, was es heißt, noch Teil einer Weltmacht zu sein. Dass er sich einigermaßen komisch vorkam, ist nur allzu verständlich. Erst recht wenn man sich vor Augen führt, dass er 1990 einen Bündnispartner im Warschauer Pakt regierte, in dem ein Kabinettsmitglied, der Pfarrer Rainer Eppelmann, nicht mehr als Minister für nationale Verteidigung firmierte, sondern sich vor allem als Minister für Abrüstung verstand.

Architektur als pure Machtdemonstration – dass es auch anders geht, erlebt jeder Besucher im Weißen Haus oder in der Downing Street 10. Der Amtssitz des US-Präsidenten und der des britischen Premiers strahlen auf anheimelnde Weise Nähe aus, vor allem im Gegensatz zum für mich eher protzigen Kanzleramt in Berlin. Damit konnte ich mich nie anfreunden, ich halte es gerade im Vergleich zum Vorgängerbau in Bonn in seinen Ausmaßen und der unterkühlten Atmosphäre für missglückt. Dafür trägt Kohl die Verantwortung, den bei seiner Entscheidung der Sinn für Architektur verlassen haben muss, den er an anderer Stelle durchaus bewies. Ob im Kabinettssaal der Downing Street oder im Oval Office in Washington: Die Geschichte, die von dort aus geschrieben wurde, denkt man immer mit, am Status einer Weltmacht zweifelt man nicht. Aber in ihren Zentren geht es zu wie in einem Wohnhaus, klein und bescheiden, fast familiär.

## GORBATSCHOW UND KOHL – KEIN IMMER EINFACHES VERHÄLTNIS

Uns war 1985 längst nicht ersichtlich, was die neue, immerhin erkennbar verjüngte Führung erwarten ließ, aber der erste Eindruck war ernüchternd, die Atmosphäre angespannt und unterkühlt. Da war keine Herzlichkeit, eher Misstrauen. Die Kreml-Führung nahm Kohl übel, dass er den NATO-Doppelbeschluss vollzogen und damit das westliche Bündnis entscheidend stabilisiert hatte. Auf das anfängliche Verhältnis von Kohl und Gorbatschow wirkte sich das nachteilig aus. Seinen Tiefpunkt erlebte es im Oktober 1986, als Kohl in einem Interview mit dem US-Nachrichtenmagazin *Newsweek* Gorbatschow zwar als modernen kommunistischen Führer würdigte, der sich auf Public Relations verstehe – dann aber nachschob: »Goebbels, einer von jenen, die für die Verbrechen der Hitler-Ära verantwortlich waren, war auch ein Experte für Public Relations.« Der Skandal war da, die Aufregung riesig, und auch ich fand das Interview wenig intelligent. Ich frage mich noch heute, wie das passieren konnte. Bei einem öffentlichen Auftritt oder im Fernsehinterview sollte man sich nicht derart äußern. Es kann aber passieren, mit allen Konsequenzen – die Erfahrung machte Herta Däubler-Gmelin 2002, als sie in einer Diskussion mit Gewerkschaftern unmittelbar vor der Bundestagswahl die Irakpolitik von George W. Bush in einen gedanklichen Zusammenhang mit den Methoden Hitlers brachte. Gerhard Schröder reagierte umgehend und berücksichtigte seine bisherige Justizministerin nach dem Wahlsieg nicht wieder im Kabinett – ich vermute, dass ihm das angesichts der Fähigkeit von Däubler-Gmelin, nicht allein dem politischen Gegner auf die Nerven zu gehen, gar nicht ungelegen kam. Aber das ist eine andere Geschichte. Ein schriftliches Interview lässt man sich jedenfalls autorisieren. Das habe auch ich immer so gehandhabt, wobei ich immer versuchte, mit Journalisten – unabhängig davon, ob im Interview oder im Hintergrundgespräch – so zu reden, dass der Inhalt gefahrlos öffentlich bekannt werden konnte.

1986 schoben sich Teltschik als Kohls Mann fürs Auswärtige und Ackermann als dessen persönlicher Pressesprecher die Verantwortung für das PR-Desaster gegenseitig zu. Obwohl ich Kohls Interviews nie vorher gesehen, geschweige denn autorisiert habe, fiel mir die undankbare Aufgabe zu, den Kanzler vor dem Parlament zu verteidigen. Ich versuchte zu beschwichtigen, verwies auf das Bedauern des Kanzlers über den missverständlichen Eindruck, der entstanden sei – und ging ansonsten in die Gegenoffensive. Die SPD warnte ich davor, der Sowjetunion als Stichwortgeber zu dienen und wieder einmal ein innenpolitisches Süppchen zu kochen, hätten die Sozialdemokraten sich doch bereits in der Diskussion um die Bedrohung durch sowjetische Mittelstreckenraketen gegen die Nachrüstung ausgesprochen, ohne zugleich eine Verschrottung der sowjetischen Raketen zu fordern. Die altehrwürdige Partei nehme so die sowjetischen Interessen besser wahr als die Sowjetunion selbst. Das war natürlich böse, aber Angriff ist eben manchmal die beste Verteidigung – und meine Worte verfehlten ihre Wirkung nicht. Dass mir der Abgeordnete Karsten Voigt empört zurief, dies sei die Sprache der deutschen Rechtsradikalen, mehr noch: Das sei Goebbels' Sprache, zeigt nur noch einmal die Emotionen auf einem umkämpften politischen Feld, das mit der Wiedervereinigung von der politischen Tagesordnung verschwunden ist. Zugestehen will ich mit der Gelassenheit des Zurückblickenden, dass meine Mahnung an die Sozialdemokraten, den politischen Wettkampf nicht schranken- und zügellos zu führen, zwar richtig, aber angesichts der heftigen Unionsattacken gegen die sozialliberale Ostpolitik zuvor auch etwas wohlfeil war.

Richard von Weizsäcker hat übrigens in seinen Erinnerungen erstaunlich Kohl-freundlich die Mutmaßung angestellt, der Bundeskanzler habe mit seinem Interview die USA wegen der beginnenden Gorbi-Gorbi-Atmosphäre in der Bundesrepublik beruhigen wollen. Für den späteren Durchbruch in den deutsch-sowjetischen Beziehungen und damit auch für das Verhältnis von Kohl und Gorbatschow war der Besuch des Bundespräsidenten 1987 in Moskau wichtig gewesen. Er trug wesentlich zur Beruhigung der Lage bei. Dass ausgerechnet Weizsäcker ihm zu Hilfe kam, hat Kohl sicher nicht gefallen. Aber Strafe muss sein. Nicht weniger ärgerte Kohl vermutlich, dass vor allem Hans-Dietrich Genscher bei der Bewertung Gorbatschows das deutlich bessere Gespür bewies. Das ist Genscher neidlos zuzugestehen und ihm hoch anzurechnen, zumal er im Ruf eines unberechenbaren Taktierers stand, eines *slippery man*, wie ihn der US-Botschafter Richard Burt einmal tadelte. Während Kohl, seine außenpolitische Entourage und auch ich Gorbatschow skeptisch gegenüberstanden, hatte Genscher bereits im Februar 1987 auf dem Weltwirtschaftsforum in Davos den Westen aufgefordert, Gorbatschow beim Wort zu nehmen. In der von Rivalität nie freien Zusammenarbeit zwischen Kanzler und Außenminister führte das zu Reibereien, und es dauerte, bis auch wir begriffen, dass Gorbatschow es wirklich ernst meinte mit der Aufgabe der Breschnew-Doktrin und dem Abzug der sowjetischen Truppen aus Afghanistan, mit Glasnost und Perestroika.

Gorbatschow hatte die Schwäche der Sowjetunion erkannt und verstanden, dass der Kalte Krieg verloren war. Das Wettrüsten hatte die Supermacht in die Knie gezwungen. Spätestens mit Reagans SDI-Initiative, dem Plan, ein Abwehrsystem gegen Interkontinentalraketen zu errichten, hatte die Sowjetunion auch rüstungstechnologisch den Anschluss verloren. In der wirtschaftlichen Leistungsfähigkeit und bei den Konsummöglichkeiten für die breite Bevölkerung war der Ostblock dem Westen ohnehin hoffnungslos unterlegen, der Anziehungskraft freiheitlich-rechtsstaatlicher Demokratien konnte die Einparteienherrschaft nichts mehr entgegensetzen.

Gorbatschow war entschlossen, durch wirtschaftliche Reformen und Transparenz die Zustimmung in der Bevölkerung zu stärken. Seine persönliche Tragik lag darin, dass er die Sowjetunion leistungsfähiger machen wollte, sie aber – weil der totalitäre Sozialismus nicht reformierbar war – am Ende zum Abgrund trieb. Seine welthistorische Leistung, die ihm in Russland kaum gedankt wird, lag darin, dass er, um einen Weltkrieg zu vermeiden, den Untergang seines Imperiums in Kauf nahm. Wladimir Putins Politik zeigt, wie wenig manche in Russland das abrupte Ende der imperialen Blütenträume verkraftet haben.

Vor allem wir Deutschen sind Gorbatschow zu größtem Dank verpflichtet. Deswegen hat es mir missfallen, wie mit dem gestürzten Kreml-Herrscher später umgegangen wurde. Gorbatschow war für Kohl nach dem Putsch 1991 offenbar nicht mehr wichtig, er konzentrierte sich fast nur noch auf Boris Jelzin. Als Fraktionsvorsitzender in den neunziger Jahren wollte ich Gorbatschow unbedingt während seines Aufenthalts in Bonn treffen, und es war für mich selbstverständlich, dem früheren Staatschef in seinem Hotel auf dem Petersberg meine Aufwartung zu machen. Beim federführenden Protokoll war das Treffen in dieser Form allerdings nicht durchzusetzen. Gorbatschow musste als *has-been* zu mir ins Büro kommen – ich fand das falsch und seiner historischen Größe völlig unangemessen, aber ich habe mich leider nicht widersetzt. Ich erlebte Gorbatschow damals in ausgesprochen melancholischer Stimmung. Die Konflikte der Zukunft nach dem Untergang der Sowjetunion sah er voraus. Jelzin werde mit Russland nichts Gutes ernten, warnte er, denn auch das sei ein Vielvölkerstaat. Ukraine, Georgien, Tschetschenien, die immer wieder aufflammenden Grenzstreitigkeiten zwischen Armenien und Aserbaidschan, zwischen Tadschikistan und Kirgistan: Überall zeigten sich die mit dem Untergang des Imperiums freigesetzten gewaltsamen Kräfte. Und ein Ende der aggressiven Konflikte ist bis heute nicht abzusehen.

## ILLUSIONSLOS UND PRAGMATISCH: MEINE DEUTSCHLANDPOLITISCHEN PRÄMISSEN

1985 war im Gespräch mit Gorbatschow eine Kehrtwende zur Politik der Vorgänger noch überhaupt nicht auszumachen. Die Zeichen der Zeit standen weiter auf Konfrontation. Es ging uns deshalb darum, der von Moskau angeordneten Eiszeit nach dem Vollzug des NATO-Doppelbeschlusses entgegenzuwirken und die begrenzten Spielräume wieder zu erweitern. Wir gingen dabei von den tatsächlichen Gegebenheiten aus, wonach in der globalen Mächtekonstellation die Überwindung der Teilung nicht in unserer Hand lag. Der Schlüssel zur Deutschen Einheit befand sich in Moskau und in Washington.

Aus der DDR-Verfassung waren längst sämtliche Hinweise auf die »deutsche Nation« getilgt, die SED-Führung beanspruchte volle staatliche Souveränität. Und auch wenn die Präambel des Grundgesetzes die Deutschen dazu verpflichtete, »in freier Selbstbestimmung die Einheit und Freiheit Deutschlands zu vollenden«, war der Glaube daran vielen Bürgern der Bundesrepublik geschwunden. Sogar Willy Brandt tat Hoffnungen auf eine Wiedervereinigung noch im Frühjahr 1989 als bloße »Lebenslüge« ab und verteidigte sich später Kritikern gegenüber, er habe damit nur auf Träume eines neuen bismarckschen Reiches gezielt. Im politischen Klima dieser Jahre störte jeder Gedanke an die Wiedervereinigung. Damals rückte eine Generation in die politische Verantwortung, die mit dem geteilten Land aufgewachsen war und für die die Berliner Mauer zwar nicht normal, aber zumindest eine weithin akzeptierte Realität darstellte. Nur in der grenzenlosen Begeisterung für die Sportidole dieser Zeit – ob Katarina Witt oder Boris Becker – erwies sich die Nation ganz offenkundig noch immer vereint.

Seit dem Grundlagenvertrag bedeutete die Deutschlandpolitik in der Praxis, dass Bonn und Ost-Berlin die Gegensätzlichkeit ihrer Positionen anerkannten und über das dennoch Machbare miteinander verhandelten – mit dem Ziel auf westdeutscher Seite, den Menschen beiderseits der Grenze die Folgen der Teilung zu erleichtern. Dass sich die Bundesrepublik, um Landsleuten in der DDR zu helfen, mit denen einlassen musste, die ihre Bürger unterdrückten, empfanden viele, gerade unter den Unionsanhängern, als Zumutung. Kohl signalisierte 1983 dennoch Kontinuität. Die neue Bundesregierung akzentuierte unter seiner Führung allerdings vernehmbarer als bisher das Wiedervereinigungsgebot – und sie unterstrich die feste Verankerung im westlichen Bündnis. Damit unterschied sich die Deutschlandpolitik der christdemokratisch geführten Koalition bei aller Beständigkeit von der sozialliberalen Vorgängerregierung, deren Politik als Verzicht auf den Anspruch interpretiert werden konnte, die deutsche Frage weiterhin offenzuhalten. Tatsächlich begannen wachsende Teile der SPD, die deutsche Teilung als endgültiges geschichtliches Faktum zu betrachten.

Wir setzten also die Verhandlungen mit der DDR über menschliche Erleichterungen fort. Kohl war dabei an Detailfragen nicht interessiert, bestimmte aber die großen Linien. Im Mittelpunkt stand unser Bemühen um mehr Freizügigkeit. Wir wollten durch Übersiedlungen und durch Besuchsreisen so viele Begegnungen im geteilten Deutschland erreichen wie nur irgend möglich, um das Zusammengehörigkeitsgefühl zu stärken und die Einheit im Bewusstsein der Nation weiter lebendig zu halten. Das war, ohne visionäre Horizonte auszumalen, unser Hauptmotiv. Als Prämisse unserer Deutschlandpolitik formulierte ich nach meinem Amtsantritt, den Menschen beiderseits der Trennungslinie im Hier und Heute zu dienen. Angesichts von Stacheldraht und Schießbefehl ging es mir darum, die Lage rechts wie links der Mauer, wenn nicht erträglich, so doch insgesamt weniger unerträglich zu machen. Ungeachtet gegensätzlicher Standpunkte in den grundsätzlichen Positionen galt es, in der praktischen Zusammenarbeit gutnachbarschaftliche Beziehungen zu entwickeln und für die Menschen im geteilten Deutschland Erleichterungen zu erreichen. Das war der *modus vivendi*.

## KEIN GANG NACH GERA

Den berühmt-berüchtigten Geraer Forderungen Erich Honeckers gaben wir dabei nicht nach. Das, was Honecker auf einer »Parteiaktivtagung« der SED 1980 formuliert hatte, trug die DDR-Führung wie eine Monstranz vor sich her: die finale Festlegung der seit der doppelten Staatsgründung auf knapp 100 Kilometern noch immer ungeklärten Elbgrenze, die Abschaffung der Zentralen Erfassungsstelle für SED-Unrechtstaten in Salzgitter, die Umwandlung der Ständigen Vertretungen in Botschaften und die Anerkennung der DDR-Staatsbürgerschaft. Während der selbst ernannte Arbeiter- und Bauernstaat für sich eine eigene Staatsangehörigkeit kreiert hatte, gingen wir im Westen von der einheitlichen Staatsbürgerschaft aller Deutschen aus. Allerdings war bereits absehbar, dass die SPD daran nicht mehr festhalten wollte.

Nur so aber konnten sich Deutsche aus der DDR, wenn sie sich in der Bundesrepublik aufhielten, jederzeit Ausweispapiere besorgen, um auch ohne Visum in andere europäische Länder zu reisen. Nach DDR-Recht machten sie sich damit strafbar. Vor allem konnten sie wie alle Deutschen in ihrer Freizügigkeit nicht beschränkt werden, also auch nicht gegen ihren Willen in die DDR zurückgesandt werden. Mit der wachsenden Übersiedlungswelle in den späten achtziger Jahren, vor und insbesondere nach dem Fall der Mauer, bekam das eine eminent politische Bedeutung. So problematisch hypothetische Geschichtsverläufe auch sind: Ob die Friedliche Revolution und alles, was danach kam, ohne die einheitliche Staatsbürgerschaft genauso verlaufen wären?

Die Geraer Forderungen waren allesamt unannehmbar für uns und erschwerten deshalb die Verhandlungen, die ich zu führen hatte. Die andere Seite nutzte sie gern als Blockademittel. Aber mit mir war darüber nicht zu verhandeln. Im Brennpunkt der innerdeutschen Auseinandersetzungen stand zunächst die Zentrale Erfassungsstelle in Salzgitter. Daran muss auch deshalb erinnert werden, weil noch immer der haltlose Vorwurf erhoben wird, die Bundesregierung habe in Menschenrechtsfragen damals nur zögerlich und nicht ausreichend Stellung bezogen. Die Erfassungsstelle war eine Behörde der Landesjustizverwaltungen, die die Verbrechen des Unrechtsstaats DDR dokumentierte und Beweismittel sammelte. Ihre Gegner verunglimpften sie in den achtziger Jahren als Relikt der Blockkonfrontation. Ihre Bedeutung für all jene, die in die Fänge des Unrechtsregimes geraten waren oder sogar in Haft saßen, kann nach meiner Wahrnehmung aber kaum überschätzt werden. Auch wenn es in den Jahren der Teilung eigentlich fast nie zur Einleitung eines Strafverfahrens kam, hatte die Dokumentation von zehntausenden Verbrechen hohen legitimatorischen und politischen Wert. Wann immer die SED gegen diese Einrichtung protestierte, stellte ich meinerseits klar, dass es selbst in ihrer Macht liege, sie entbehrlich zu machen. Ich bleibe weiterhin überzeugt, dass die Erfassungsstelle bei Grenzsoldaten wie bei Bediensteten der DDR-Haftanstalten ihre Wirkung tat, dass sie also nicht nur Verbrechen erfasste, sondern auch manches menschliche Leid präventiv verhinderte.

Finanziert und betrieben wurde die Erfassungsstelle von den Bundesländern. Denn Strafverfolgung ist, mit Ausnahme des Katalogs von Straftaten, für die der Generalbundesanwalt und das Bundeskriminalamt zuständig sind, Ländersache. Am Ende waren es nur noch die unionsgeführten Länder, die dieser Verpflichtung weiter nachkamen und Salzgitter finanzierten. Saarland, Bremen, Hamburg, Nordrhein-Westfalen – diese damals SPD-regierten Länder hatten sich seit Beginn der achtziger Jahre nach und nach ihrer Verantwortung entzogen und bezahlten nicht mehr. Noch 1989 schieden auch Schleswig-Holstein und West-Berlin aus. Keine 4000 DM soll der im Saarland eingesparte Zuschuss betragen haben. Das ist die bittere historische Wahrheit.

Salzgitter war eine stete Mahnung, beim Eintreten für die Verwirklichung der Menschenrechte nicht nachzulassen. Dafür, dass wir daran festhielten, das Unrecht in der DDR für die Weltöffentlichkeit zu dokumentieren, galten wir bei den Linken, die das Banner der internationalen Solidarität stets vor sich hertrugen, als Kalte Krieger. Diese Doppelmoral bringt mich noch heute in Rage. Bei mancher moralischen Empörung über Menschenrechtsverletzungen auf fernen Kontinenten erinnere ich mich heute noch schmerzlich an die Nachgiebigkeit zumindest der politischen Linken gegenüber dem SED-Unrecht in unmittelbarer Nähe. Zur Zusammenarbeit bereit zu sein, hieß für mich zwingend auch, den Mut zu haben, die eigene Position furchtlos zu vertreten – selbst wenn man dafür als reaktionär gescholten wurde. Für mich gehörte zur geistig-moralischen Erneuerung, die wir als Regierung anstrebten, für die Menschenrechte auch in Deutschland konsequent einzutreten. Ich nahm in meinen Gesprächen jedenfalls kein Blatt vor den Mund, sondern thematisierte die fehlenden Bürgerfreiheiten, die Repression und die Schüsse an der Mauer, die bis 1989 immer wieder Menschenleben kosteten.

## FREIHEIT IST DER KERN DER DEUTSCHEN FRAGE

Für uns Christdemokraten war die Freiheit der Kern der deutschen Frage. Im Gegensatz zu einem Teil der veröffentlichten Meinung wollten wir offen bleiben für Entwicklungen, die uns einer Lösung dieser Frage näherbringen würden, weil wir uns nicht damit abfinden konnten, dass Deutschen das Recht auf Selbstbestimmung vorenthalten und ihre Menschenrechte verletzt werden. Für unsere innenpolitischen Gegner machte demgegenüber nicht Freiheit, sondern die Bewahrung des Friedens und der Entspannung, also die Bewahrung des Status quo, den eigentlichen Kern der deutschen Frage aus.

Frieden oder Freiheit? Das berührt Fragen und Dilemmata, die im Umgang mit dem Ukrainekrieg heute wieder hochaktuell sind. Frieden war natürlich auch damals kein unlauteres Ziel, es bedeutete im Verständnis der Opposition aber offensichtlich nur die Abwesenheit von Krieg, nicht jedoch die freie Entfaltung des Einzelnen in einem gesellschaftlich befriedeten Staat. Bei meinen Kontakten mit der DDR-Führung habe ich mit meiner Überzeugung, dass Frieden mit der Achtung der Würde und der Rechte des einzelnen Menschen beginnt, nicht hinterm Berg gehalten. Die Gegensätze in unseren Weltbildern durften wir im Interesse der Glaubwürdigkeit nicht verschweigen. Unterschiede zu benennen, war für mich eben auch eine Form, Berechenbarkeit sicherzustellen. So habe ich Politik im Sinne unserer eigenen Ziele und Wertvorstellungen verstanden – und so habe ich es auch denen ins Stammbuch geschrieben, die sich für eine Perspektive der Äquidistanz zum Osten aussprachen, weil sie glaubten, den Systemkonflikt wertneutral betrachten zu können. Die beiden Bündnisse waren keine Naturerscheinung, sondern Ausdruck des Herrschaftswillens und der Hegemonie im Osten einerseits, der notwendigen Selbstbehauptung der freiheitlichen Demokratien im Westen andererseits. Nicht Überrüstung und Kernwaffenpotenziale, sondern die Gegensätze von Demokratie und Totalitarismus, von Freiheit und Unfreiheit waren die eigentlichen Ursachen des Ost-West-Konflikts.

Die Verantwortlichen in der DDR hatten begriffen, dass mit der Regierung Kohl über die entscheidenden Grundsätze nicht verhandelt werden konnte. Wir würden uns nicht bewegen. Es hat eines langen Atems bedurft, diese Haltung allen innenpolitischen Anfeindungen zum Trotz beizubehalten. Und ich bin überzeugt, dass wir gerade deshalb in der praktischen Zusammenarbeit mehr erreichen konnten als andere, insbesondere viele Sozialdemokraten, für möglich hielten. Wir waren am Ende erfolgreicher als die SPD. Egon Bahr hat es natürlich gewurmt, wenn ich ihm das unter die Nase rieb. Die visionäre Kraft, die er sich selbst (auch zu Recht!) zuschrieb, hat er mir nicht zubilligen können – geschenkt. Aber dass wir es schon ganz gut machten, musste er anerkennen. Und das konnte er auch, was ich ihm bis heute hoch anrechne.

Wofür steht »Wandel durch Annäherung«? Im Sinne eines Systemwandels, also der Reformierbarkeit der kommunistischen Systeme, ist dieser Wandel zweifellos ausgeblieben. Die kommunistischen Systeme sind zur grundlegenden Reform nicht fähig gewesen. Wenn man unter einem Wandel dagegen die konkreten Fortschritte versteht, die für die Menschen erreicht werden konnten, so war die Politik der Annäherung durchaus erfolgreich. Sie führte zu einem Wandel im Sinne einer inneren Erosion des DDR-Staates, ausgelöst durch die permanente Auseinandersetzung mit einer freiheitlichen, wirtschaftlich erfolgreichen, modernen Gesellschaft, gegen die man sich nicht abschotten konnte. Die Politik des Dialogs, verbunden mit dem entschiedenen Willen, die deutsche Frage offenzuhalten, verlangte die klare Herausstellung der Werteunterschiede und Systemgegensätze, das konsequente Festhalten an der Westbindung: Diese Politik hat einen Beitrag dazu geleistet, dass der 9. November 1989 möglich wurde.

Wir haben nicht geglaubt, dass wir auf diese Weise das Feld bereiten würden für den Fall der Mauer oder gar die Wiedervereinigung – das zu behaupten, wäre Geschichtsklitterung. So weitblickend waren wir nicht. Aber ebenso unsinnig ist es, der Union vorzuwerfen, in den achtziger Jahren keine zielgerichtete Politik zur staatlichen Einheit verfolgt zu haben. Diesen Vorwurf kann eigentlich nur erheben, wer in der Rückschau weiß, was am Ende des Jahrzehnts kam. Wir wussten damals nur: Die Lösung der deutschen Frage steht, wie Kohl dies formuliert hat, nicht auf der Tagesordnung der Weltpolitik. Dennoch markiert die klare Haltung der Union in der deutschen Frage einen Unterschied. Wir Christdemokraten haben dem Gedanken an die Deutsche Einheit nie öffentlich abgeschworen und anders als die meisten unserer politischen Gegner daran festgehalten. Das ist das Alleinstellungsmerkmal der Union, von dem sie 1990 profitiert hat und auf das die Partei stolz sein kann. Manchmal gewann ich in den Debatten der Nachwendezeit den Eindruck, dass die SPD der Union nur schwer verzeihen konnte, mit ihrer Haltung historisch recht behalten zu haben.

## GETRENNT FEIERN – DER SONDERSTATUS BERLINS

Deutschlandpolitik war für uns immer auch Politik für Berlin. Der Viermächtestatus der Stadt, die Mauer und Insellage der Westsektoren als demokratische Vorposten im kommunistischen Herrschaftsbereich machten für jedermann deutlich, dass die deutsche Frage nicht gelöst ist. Im Komplex der deutschlandpolitischen Zuständigkeiten bedeutete Berlin noch einmal eine besondere Herausforderung – auch im Umgang mit den drei westlichen Alliierten. Es war unübersehbar, dass meine Gesprächspartner in dem Moment, in dem sich die Themen um Berlin drehten und damit den Viermächtestatus berührten, nicht mehr nur als Botschafter ihrer Länder auftraten, sondern sich als Träger der Souveränität in Berlin verstanden. Und das ließen sie die bundesrepublikanische Seite spüren.

Besonders eindrücklich wurde das für mich anlässlich der 750-Jahr-Feiern Berlins. In der geteilten Stadt hieß das: ein Jubiläum, zwei Feiern. Keine Seite konnte schließlich der anderen dieses Ereignis alleine überlassen. 1987 kam deshalb Eberhard Diepgen als Regierender Bürgermeister zu mir und suchte Rat. Der Staatsratsvorsitzende der DDR hatte ihn zur Jubiläumsfeier nach Ost-Berlin eingeladen, und er blieb unschlüssig, wie mit der Einladung am besten umzugehen sei. Einerseits wollte er sie annehmen, schließlich hatte schon sein Vorgänger Richard von Weizsäcker den Tabubruch begangen und Honecker besucht – was durch den Viermächtestatus eigentlich gar nicht ging und im Übrigen auch Kohl nicht sonderlich gut gefallen hatte. Andererseits war mit gehöriger Missstimmung unter den Westmächten zu rechnen, wenn Diepgen die Einladung annehmen würde. Hinzu kam ein Problem: Wenn er als Regierender Bürgermeister nach Ost-Berlin reisen würde, musste dann nicht umgekehrt auch sein Pendant, der Bürgermeister der »Hauptstadt der Deutschen Demokratischen Republik«, in den Westteil eingeladen werden? Wir entwickelten daraufhin die Idee, stattdessen einfach Honecker einzuladen, sahen wir doch mehr als nur eine gewisse Wahrscheinlichkeit, dass er auf Druck Moskaus die Einladung ablehnen würde – und genauso kam es am Ende auch. Der Weg dahin war jedoch mühsam. Denn mit der Einladung Honeckers waren Statusfragen berührt und damit die Botschafter einzubeziehen. Ich wandte über Wochen ziemliche Mühen auf, um mit dem Argument durchzudringen, dass der Westen immer für Einheit und nicht für Teilung stand und dass das auch bei Berlins Geburtstagsfeier zum Ausdruck kommen musste.

Eine Episode am Rande der 750-Jahr-Feier zeigt symptomatisch, wie stark sich unser Land in den vergangenen dreißig Jahren verändert und zum Guten normalisiert hat. Bei einer Veranstaltung sprach mich 1987 die *ZEIT*-Herausgeberin Marion Gräfin Dönhoff an. Sie äußerte sich zwar zufrieden über die Planungen für die West-Berliner Feier zum 750. Geburtstag, ein Detail bereitete ihr jedoch Kopfschmerzen. Sie hatte gehört, Kohl bestehe darauf, dass bei der zentralen Feier die Nationalhymne gespielt werde. Das sei doch nun wirklich nicht notwendig, erläuterte sie mir. Mehr noch: Es sei völlig überflüssig. Ich vertrat erwartungsgemäß die konträre Position, und es war uns beiden sehr schnell klar, dass wir uns wechselseitig nicht überzeugen würden. Wir haben das Gespräch deshalb auch nicht weiter vertieft. Allein die Vorstellung, anlässlich des Geburtstags der deutschen Hauptstadt nicht die Nationalhymne zu spielen, fand ich völlig absurd. Es war ein Vorgeschmack darauf, wie schwer es später werden sollte, den während der Teilung im Westen völlig unbestrittenen und ganz selbstverständlich hochgehaltenen Status Berlins als deutsche Hauptstadt nach der Wiedervereinigung Wirklichkeit werden zu lassen.

Gespielt wurde die Hymne dann übrigens doch, aber von einem Streichquartett in der getragenen Fassung. Es sollte noch einige Zeit dauern, bis wir in Deutschland ein selbstbewussteres Verhältnis zu unseren Staatssymbolen entwickeln würden.

## DEUTSCHLANDPOLITISCHER MINIMALISMUS?

Die gängige Kritik an unserer Arbeit in den achtziger Jahren hat man in die Formulierung »deutschlandpolitischer Minimalismus« gefasst und meint damit, bloß die Teilungsfolgen zu lindern, ohne neue Perspektive auf die Wiedervereinigung zu eröffnen. Diese Kritiker springen aus meiner Sicht zu kurz, und ich habe mich schon damals dagegen verwahrt, meinen Politikansatz mit einem abfälligen Unterton als »Management der Teilung« zu bezeichnen. Denn die Wirkung unserer zuweilen als allzu pragmatisch gescholtenen Deutschlandpolitik reichte in Wahrheit weiter, sie prägte auch das Bewusstsein für die Zusammengehörigkeit der Menschen in Deutschland.

Wir bewegten uns in einem gewissen Dilemma, indem wir einerseits das Regime zu delegitimieren suchten, andererseits der Auffassung waren, dass eine etwas stabilere DDR den Machthabern in Ost-Berlin gegebenenfalls mehr Widerstandskraft verleihen würde gegenüber dem Druck aus Moskau, den wir nach dem Vollzug des NATO-Doppelbeschlusses wahrnahmen. Dass sich der SED-Führung dadurch also auch mehr Spielräume eröffnen würden, um Erleichterungen in den deutsch-deutschen Beziehungen zu ermöglichen. Ich sage es mit den weisen Worten eines erfolgreichen Kanzlers: »Entscheidend ist, was hinten rauskommt.« In der Sprache der Wissenschaft liest sich das so: »Die Dynamisierung der innerdeutschen Beziehungen erfolgte mittels kalkulierter Machttechniken, nicht durch Impulse im Bereich normativer Politikgestaltung« (Karl-Rudolf Korte). Und da lautet das entscheidende Stichwort für mich – Dynamisierung. Wer sich den innerdeutschen Reiseverkehr in den achtziger Jahren anschaut, oder den Ausbau von Städtepartnerschaften, wird sich dem Eindruck einer dynamischen Entwicklung jedenfalls nicht entziehen können.

Unser Politikansatz, über den Ausbau zwischenmenschlicher Kontakte die Nation zusammenzuhalten, spielte nach der Wiedervereinigung übrigens immer eine Rolle, wenn Südkoreaner den Erfahrungsaustausch mit uns suchten. Lothar de Maizière ist als Sachverständiger in dieser Frage eine echte Größe in Korea. Aber auch mein Buch über den Einigungsvertrag wurde ins Koreanische übersetzt, und noch als Bundestagspräsident drehten sich meine Gespräche mit südkoreanischen Gästen schnell um die Frage, wie wir 1990 die Einheit wiedererringen konnten. Ich weise dann allerdings immer darauf hin, dass die Situation Deutschlands damals und die Koreas heute überhaupt nicht vergleichbar seien. Südkorea könne doch kein wirklich dringendes Interesse an einer Wiedervereinigung haben, weil es in der Folge große wirtschaftliche Probleme bekommen werde. Vor allem aber gebe es zwischen den Menschen in Süd- und Nordkorea seit über siebzig Jahren praktisch keine Kontakte und Verbindungen mehr. Das ist in Deutschland immer anders gewesen, vor und auch nach dem Mauerbau, angefangen von den Päckchen zu Weihnachten bis hin zum Reise- und Besucherverkehr, für den wir uns genau deshalb politisch starkmachten.

Zum Durchbruch in diesen Bemühungen wurde das Treffen zwischen Kohl und Honecker am Rande der Beerdigung Tschernenkos in Moskau. Dort hatten sich die beiden bereits nach dem Tod Andropows getroffen, und als sich 1985 eine erneute Begegnung ergab, war für mich klar, bei diesem Gespräch dabei sein zu müssen. Ich bin sonst nie mit Kohl gereist, das war nicht meine Aufgabe. Hier bestand ich aber darauf, weil ich für die Beziehungen zur DDR zuständig war.

Nach der Landung auf dem Moskauer Flughafen fuhren wir nicht erst in unser Hotel, sondern direkt zu Honeckers Gästehaus. Es war fast wie in Familien: Du gehst zur Beerdigung und triffst erst mal die anderen Verwandten. Bei diesem mehr als zweistündigen Meinungsaustausch bewies Kohl seine besondere Begabung, zwischenmenschlich das Eis zu brechen. Das konnte er wie kaum ein anderer. »Als Pfälzer zu einem Saarländer« – auf dieser Schiene rief Kohl Namen aus Ludwigshafen und dem Saarland in Erinnerung, alles um Honecker aufzulockern. Das gelang tatsächlich. Auf seine entwaffnend hemdsärmelige Art machte Kohl ihm klar: »Sie werden nicht Mitglied des Präsidiums der CDU, und ich komme auch in Jahrzehnten nicht ins Zentralkomitee der SED. Über die Geraer Forderungen brauchen wir nicht zu reden, denn da ist nichts zu reden. Wir werden uns nicht bewegen und ihr könnt euch nicht bewegen. Es ist sinnlos. Vergeuden wir also nicht unsere Zeit. Lassen Sie uns darüber reden, was wir machen können.«

Kohl drängte vor allem auf Erleichterungen im Reiseverkehr. Er schlug Honecker vor, die Altersgrenze für Reisen von Rentnern weiter abzusenken. Hier sahen wir am ehesten Spielraum für die SED-Führung – zumal Ost-Berlin nicht einmal traurig war, wenn diese Bürger nicht zurückkehrten, denn dann musste die DDR ihnen auch keine Renten mehr zahlen. Honecker biss aber nicht an. Er fürchtete nicht zu Unrecht, eine Gruppe derart zu bevorteilen, könnte für gesellschaftlichen Unmut sorgen. An dem Punkt mischte ich mich mit einem eigenen Vorschlag in das Gespräch ein. Unterhalb der Rentenschwelle gab es für Besuche in der Bundesrepublik überhaupt nur dann Reisegenehmigungen, wenn dringende Familienangelegenheiten nachgewiesen werden konnte, also wenn ein Verwandter gestorben war oder bei Hochzeiten. Ich fragte, ob man nicht Reisen in diesen sogenannten F-Fällen großzügiger interpretieren und flexibler handhaben könne. Hier zeigte sich Honecker offen. Das sei eine Frage, die man prüfen werde – und so wurde es dann auch von der DDR gehandhabt. Die in Moskau zwischen Kohl und Honecker getroffene Grundsatzentscheidung wurde zum Ausgangspunkt einer geradezu sensationellen Entwicklung im innerdeutschen Reiseverkehr. Noch im selben Jahr reisten Hunderttausende unterhalb des Rentenalters im geteilten Deutschland.

Ich halte diese dynamische Entwicklung für einen der stärksten Schläge gegen die Mauer, die am Ende des Jahrzehnts den Umsturz in der DDR begünstigten. Dass die Unzufriedenheit in der Bevölkerung dadurch wachsen würde, war uns bewusst. Der DDR-Devisenbeschaffer Alexander Schalck-Golodkowski hat mir gegenüber, als er wieder einmal mehr wirtschaftliche Unterstützung von uns verlangte, diesen Zusammenhang entwaffnend offen bekannt. Er begründete die Forderung damit, dass die DDR ohne materielle Verbesserungen im eigenen Land die hohe Zahl an West-Besuchen nicht durchhalten könne. »Wissen Sie«, sagte er mir, »wenn die Leute nach einer Woche in der Bundesrepublik zurückkommen, dann sind die den Rest des Jahres ja nicht etwa glücklich, dass sie jetzt eine Woche im Westen sein durften, sondern sie vermissen bei uns dann vieles von dem, was sie vorher in der Bundesrepublik gesehen haben.« Ich fühle mich jedenfalls in meiner Annahme bestärkt, dass wir mit unserer auf Intensivierung der innerdeutschen Kontakte ausgerichteten Politik, die wir zwar mit Devisen teuer bezahlten, die DDR im Ergebnis gerade nicht stabilisiert haben. Das Gegenteil ist richtig.

Wie sensibel die Machthaber in der DDR die gewachsene Zahl an Westkontakten ihrer Bürger registrierten, verdeutlicht eine kleine Episode, die sich Ende 1986 bei mir zu Hause in Gengenbach abspielte. Um die Weihnachtstage herum besuchte mich dort Wolfgang Vogel, der wohl auf Durchreise in seinen Skiurlaub war, den er als privilegierter DDR-Bürger nach meiner Erinnerung gerne am Arlberg verbrachte. Im Verlauf des Treffens begriff ich, dass der eigentliche Anlass seines Besuchs war, mir bei dieser Gelegenheit einen kleinen Zettel in die Hand zu drücken. Darauf stand die Zahl 5,8 Millionen. Das war die Anzahl an Besuchen in der Bundesrepublik für das Jahr 1986. Der Erfolg unserer Politik war für viele Menschen also ganz konkret spürbar. Warum Vogel allerdings meinte, mich das auf diese seltsame Weise wissen lassen zu müssen, ist mir auch heute noch schleierhaft. Die konspirative Art gehörte offenbar in der Zeit dazu – albern fand ich es dennoch schon damals. Weniger trivial war hingegen, wie wir im Westen mit diesen Zahlen umgingen. Wir kannten aufgrund des Begrüßungsgelds, das wir an jeden Besucher aus der DDR auszahlten, die Zahl der Reisenden. Was aber unter keinen Umständen an die Öffentlichkeit dringen durfte, war die Zahl derjenigen, die nicht wieder in die DDR zurückreisten. Ich gab deshalb die ausdrückliche Weisung aus, in meinem Verantwortungsbereich niemals eine derartige Statistik sehen zu wollen. Mir war völlig klar, wenn diese als Meldung über den Ticker ginge und die Zahlen öffentlich würden, wäre es mit den Reisemöglichkeiten in der DDR schon sehr bald wieder vorbei gewesen.

## MEINE OFFIZIELLEN KONTAKTE: HONECKER UND DAS POLITBÜRO

In den posthum erschienenen Memoiren von Franz Josef Strauß liest man Erstaunliches. In den Schilderungen seiner Gespräche mit Erich Honecker erscheint der Staatsratsvorsitzende als »lebendiger Erzähler«, ganz ohne die »hölzerne Funktionärsmentalität« und die »maskenhafte Starre« seiner öffentlichen Auftritte. Diese Vertrautheit habe ich bei meinen Treffen mit Honecker nie erreicht, selbst als er darum gebeten hatte, dass ich ihn 1987 am Flughafen in Empfang nehme. Irgendwann 1991 fragte mich Gregor Gysi einmal: »Den

Honecker haben Sie doch gekannt, wie war denn der so?« Ich musste lachen, weil ausgerechnet der Sohn eines Staatssekretärs in der DDR-Regierung und selbst Nachfolger Honeckers im Vorsitz der – wenngleich umbenannten – SED mich fragte, wie Honecker so gewesen sei. Er selbst habe ihn gar nicht persönlich gekannt, erläuterte Gysi seine Frage. Ich habe Honecker erst in fortgeschrittenem Alter erlebt. Da wirkte er bereits milder. Besonders locker erschien er mir aber nie, schon gar nicht humorvoll.

Auf mich hat er immer den Eindruck eines spröden Bürokraten gemacht. Aber ich habe nie aus dem Blick verloren, wofür Honecker stand: ein Unrechtssystem samt Staatssicherheit. Er war nach Ulbricht für fast zwei Jahrzehnte der unbestritten starke Mann in Ost-Berlin und glaubte am Ende seiner Herrschaft sogar, so stark zu sein, der reformorientierten Führung im Kreml die Stirn bieten zu können. Ich habe niemals eine persönliche Beziehung angestrebt, sondern zu ihm als Diktator, der bei allen Zwängen der weltpolitischen Konstellation die persönliche Verantwortung für schlimmes Unrecht trug, Abstand gehalten. Dass er am Ende ein todkranker Mann war und sich der Strafprozess nach der Wiedervereinigung öffentlich mehr um die für seine Verhandlungsfähigkeit relevante Größe seines Lebertumors drehte, hat mich menschlich dennoch berührt. Genauso, dass er und seine Frau im Herbst 1989 nach seinem Sturz in der SED nur durch Vermittlung von Diakoniepräsident Karl Heinz Neukamm in einer kirchlichen Einrichtung Unterkunft fanden. Auf die Pfarrerfamilie in Lobetal, die ihnen half, obwohl sie selbst in der DDR benachteiligt gewesen war, bin ich als Mitglied meiner evangelischen Kirche fast ein wenig stolz. Im ZDF war 2022 ein anrührender Film über die Zeit Honeckers in Lobetal zu sehen, als der gestürzte kommunistische Machthaber christlicher Barmherzigkeit begegnete.

Durch meine Zuständigkeit für die Deutschlandpolitik traf ich neben dem Außenminister auch weitere Politbüromitglieder, etwa Hermann Axen und Günter Mittag, die ZK-Mitglieder für Wirtschaftsbeziehungen und internationale Kontakte. Erich Mielke habe ich hingegen nie kennengelernt. Eine Erfahrung, die ich auch nicht vermisse. Es handelte sich um notwendige Kontakte, die ich wahrnehmen musste, wenn ich nach Ost-Berlin reiste oder wenn eines dieser wenig aufregenden Politbüromitglieder Bonn besuchte. Wirklich im Gedächtnis sind mir diese Gespräche nicht geblieben, und wenn dann als inhaltlich freudlos und ohne Wert.

Auf der Ebene der Politbüromitglieder war Herbert Häber einer der interessanteren Gesprächspartner. Er war innerhalb des ZK für die Westkontakte zuständig und trat am stärksten für eine Politik des Dialogs mit dem Westen ein. Während er lange Honeckers Vertrauen genoss, war er in Moskau wegen seiner deutschlandpolitischen Grundausrichtung offenbar weniger gut gelitten. Bereits kurz nach meinem Amtsantritt geriet er in einen üblen Komplott innerhalb des Politbüros, wo seine Widersacher um ihren Einfluss beim Generalsekretär fürchteten. Sie konstruierten zu seiner Entmachtung nicht nur den Verdacht einer BND-Agententätigkeit, sie nahmen Häber auch in Sippenhaft für die NS-Vergangenheit seines Vaters. Auf diese perfide Weise wurde er im wahrsten Sinne des Wortes kaltgestellt. Honecker ließ den einstigen Vertrauten fallen, und Häber fiel tief. Nach seinen Erzählungen stellte ihn das Regime mit Psychopharmaka ruhig und wies ihn gegen seinen Willen in eine psychiatrische Klinik ein. Über Monate verschwand er von der Bildfläche. Die Revolution fraß ihre Kinder, eine persönliche Tragödie.

Jahre später hat mich Häber im Bundesfinanzministerium noch einmal besucht, und wir haben uns lange unterhalten. Er war in seiner hohen Funktion sicher nicht frei von Schuld, selbst wenn er bei mir den Eindruck eines zwar bürokratischen, aber grundanständigen Menschen hinterließ, der wie andere Genossen vom Sozialismus am Ende sehr enttäuscht war. Ohne Bitterkeit gegenüber dem Westen fällte er ein ausgewogenes Urteil über die schwierigen persönlichen Zeiten. Das Landgericht Berlin hatte ihn nach jahrelangen Prozessen, in denen er zunächst freigesprochen worden war, 2004 wegen seiner Mitverantwortung als Politbüromitglied am Tod dreier Menschen an der Mauer für schuldig befunden. Totschlag »in mittelbarer Täterschaft«. Sein mäßigendes Wirken im ZK und sein dadurch erlittenes persönliches Schicksal ließen das Gericht jedoch von einer Strafe absehen. Es überraschte mich, als mir nach seinem Tod, offenbar noch auf seine Bitte hin, sein Sohn schrieb – eine sehr nette, rührende E-Mail, in der er schilderte, wie sehr sein Vater die persönliche Beziehung zu mir über Jahrzehnte hinweg geschätzt habe. Offenbar hatte es ihm gutgetan, dass ich ihm zuhörte und mit ihm redete.

Das wichtigste Medium in meiner deutschlandpolitischen Arbeit war aber der Gesprächskanal zu Alexander Schalck-Golodkowski, mythenumrankt schon damals als Staatssekretär im Außenhandelsministerium und unverzichtbar, wenn ich in Verhandlungen wirklich etwas erreichen wollte. Seit Jahren spielte Schalck bei den deutsch-deutschen Kontakten die zentrale Rolle als DDR-Unterhändler. Er leitete den Bereich »Kommerzielle Koordinierung«, die legendäre KoKo mit ihren unzähligen Unternehmen, und ist als gewiefter DDR-Devisenbeschaffer in die Geschichte der innerdeutschen Beziehungen eingegangen. Längst nicht nur mit legalem Handel erwirtschaftete die DDR durch ihn Milliarden an »kapitalistischer Valuta«.

So geheimnisvoll man damals rechts wie links der Mauer tat: Der Gesprächskanal zwischen Bonn und Ost-Berlin war öffentlich bekannt. Als ich mein Amt antrat, lobte *Der Spiegel* meinen Vorgänger Philipp Jenninger für sein Vertrauensverhältnis zu Schalck, das für die Lösung heikler Probleme oft genug hilfreich gewesen sei. Deutschlandpolitiker nicht nur in Bonn, sondern auch in Ost-Berlin hielten es für das größte Manko des Revirements im Kanzleramt, dass dieser Strang nun gekappt werde. »Da wird der Jenninger dem Schäuble wohl noch viel helfen müssen«, wird im *Spiegel* ein Kohl-Berater zitiert – und hinzugefügt: »Es gibt ja auch im Süden noch einen, der die Verbindung hält.«

## FRANZ JOSEF STRAUSS UND DER MILLIARDENKREDIT

Tatsächlich gab es auf westlicher Seite des Gesprächskanals noch eine weitere Schlüsselfigur, vielleicht die schillerndste. Sie saß in München und schaffte seit ein paar Jahren den Spagat, den bajuwarischen Regionalmonarchen zu geben und gleichzeitig bundespolitisch Einfluss zu nehmen. Aber in Wirklichkeit wollte Franz Josef Strauß immer Weltpolitik machen, und dafür bot die Deutschlandpolitik ein weitläufiges Betätigungsfeld. Kongruent war die keineswegs. Ich erinnere mich gut, wie er Kohl vehement bedrängte zu versprechen, als Bundeskanzler unter gar keinen Umständen Honecker nach Bonn einzuladen – während er über seine geheimen Kanäle längst an einem deutschlandpolitischen Coup arbeitete.

Die bundesdeutsche Öffentlichkeit staunte 1983 jedenfalls nicht schlecht: Ausgerechnet Strauß, der gerade noch den tragischen Tod eines Transitreisenden – der Mann hatte bei einem Verhör durch Grenzbeamten einen Herzinfarkt erlitten – lautstark als Mord verurteilt hatte, fädelte an der Seite Jenningers einen Milliardenkredit für die DDR ein. Die war zu Beginn der achtziger Jahre hoch verschuldet in eine überaus prekäre Lage geraten. Es drohte die Zahlungsunfähigkeit. Das Geschäft mit den Kommunisten bedeutete ein moralisches Dilemma. Strauß kostete es gehörig an Ansehen bei seinen Anhängern, als bekannt wurde, wie stark er sich dafür engagiert hatte. Aber es war das Ergebnis kühler Abwägungen. Denn für Westgeld gab es humanitäre Zusicherungen: Selbstschussanlagen an der innerdeutschen Grenze wurden abgebaut, Familienzusammenführungen erleichtert und Kinder vom Zwangsumtausch befreit (zur Devisenbeschaffung hatten Bürger der Bundesrepublik bei Einreise in die DDR zuletzt 25 D-Mark pro Tag und Person zum Kurs von eins zu eins in Mark der DDR zu tauschen). Den Zusammenhang kannten alle, auch wenn er nicht fixiert worden war und man ihn öffentlich niemals herstellen durfte.

Strauß war die Flexibilität in Person, und wirtschaftliche Beziehungen hatte er immer schon behänd eingesetzt, um Politik zu machen. Vom gefürchteten Hardliner zum geschmeidigen Verhandler zu wechseln, war für ihn eine der leichteren Übungen. Auf dem Feld der Deutschlandpolitik wollte er jedenfalls auch nach dem Machtwechsel mitmischen. Schon um zu zeigen, was einer wie er weltpolitisch kann. Dass sich Strauß deutschlandpolitisch aufspielte, war Kohl gar nicht mal unangenehm. Im Gegenteil, er vertrat den Standpunkt: Wenn sich der Bayer die Hände schmutzig machen wolle, dann habe er selbst den ganzen Ärger nicht. Das fand ich ausgesprochen pfiffig, denn dass die Regierungsverantwortung eine andere Art des Umgangs mit der DDR-Führung verlangte, lag ja auf der Hand. In der Opposition gereifte ideologische Erwartungen und der neue Regierungspragmatismus mussten zwangsläufig aufeinanderprallen. Und tatsächlich handelte sich der frühere »Kommunistenfresser« Strauß mit seinem deutschlandpolitischen Wandel vom Saulus zum Paulus innerparteilich jede Menge Ärger ein – was für das Machtgefüge innerhalb der Union nicht von Nachteil war.

Der abrupte Kurswechsel eröffnete Kohl neue Spielräume, denn er überraschte zwar alle Außenstehenden, erwischte aber vor allem die Scharfmacher in der Fraktion auf dem falschen Fuß, die in Strauß ihren wortstarken Anführer sahen. Man stelle sich die Angriffe der Dogmatiker aus CDU und CSU vor, wenn Kohl selbst die politische Kursänderung vollzogen hätte. Das komplexe Minenfeld, das man deutschlandpolitisch betrat, zeigte sich exemplarisch 1985, als der Bundestag eine interfraktionelle Entschließung verabschieden wollte. Bei so viel internem Streit brauchte man eigentlich gar keinen politischen Gegner mehr. Auch wenn Strauß sicher nicht gefallen hat, dass er beim darauffolgenden CSU-Parteitag mächtig abgestraft wurde: Dass seine »angestammten und eingefleischten Kritiker« sich nun plötzlich schwertaten, wie er schrieb, »weil das Strauß-Bild nicht mehr in die linke Schublade paßte«, das gefiel ihm. Ich maße mir nicht an, seine Motive zu durchschauen. Was ich bereits früher in einem Gesprächsband über ihn gesagt habe, sehe ich heute noch so: Er war ein ungemein eindrucksvoller Mann mit unbestreitbar großen Fähigkeiten. Deswegen sind die Menschen, Anhänger wie Gegner, von ihm so fasziniert gewesen. Das gilt auch für jemanden wie Theo Waigel mit seinem ausgeprägten Sensorium für Zwischenmenschliches, der die unangenehmen Eigenarten immer gesehen hat. Strauß hatte wie jeder große Politiker die unbedingte Überzeugung, dass es am besten für die Welt, zumindest aber für Deutschland sei, wenn er Kanzler wäre – und für sich selbst im Übrigen auch. Er war ein intelligenter politischer Führer mit unstillbarem politischem Machtanspruch, beeindruckend in der Kraft, sich durchzusetzen. Aber er war mit seinen Begabungen immer auch etwas gefährdet. Dass München im Unterschied zum protestantischen Preußen als barocke Bühne dazu angetan ist, sich selbst darzustellen, schuf zusätzlich eine Atmosphäre, die es ihm erschwerte, die Begrenzungen, die unser demokratischer Verfassungsstaat aus guten Gründen setzt, jederzeit auch für sich zu akzeptieren.

Strauß provozierte zeitlebens. Kaum vorstellbar, wie eine solche Figur im heutigen politischen Berlin überleben könnte. Ich habe ihn stets respektiert, auch wenn ich vieles an ihm kritisch wahrgenommen habe. Grundsatztreue galt bei ihm wohl nur in dem Sinne, als es um seine eigene Position ging. Sein Weltbild, das klar in Ost und West geteilt war, geriet immer da in einen Graubereich, wo eigene Interessen tangiert waren. Das erklärt vielleicht auch seinen zweifelhaften Umgang mit Diktatoren und dem Apartheitsregime in Südafrika.

Die Bedeutung, die Bayerns Rolle in Deutschland für die CSU spielt, beschäftigt mich schon lange. Ich bin überzeugt, wenn Strauß Kanzler geworden wäre, hätte Bayern eine andere Entwicklung genommen. Es wäre längst nicht so einflussreich. Als deutscher Kanzler müsste auch ein Bayer und CSU-Vorsitzender den Freistaat in einer begrenzten Rolle halten. Darin, dass die CSU wie niemand sonst als Regierungspartei im Bund gleichzeitig auf Länderebene die beinharte Opposition geben kann, liegt die eigentümliche Kraft dieser Partei. Strauß hat diese Konstellation nicht allein erfunden, aber er hat sie bewusst bespielt und weiterentwickelt. Der Reiz der gesamtstaatlichen Bedeutung ist hoch, ihr sind nach Strauß auch seine ›Jünger‹ Edmund Stoiber und zuletzt Markus Söder erlegen. Theo Waigel hat dagegen das Dilemma einer CSU als Kanzlerpartei immer viel klarer gesehen.

Im Gedächtnis geblieben ist mir eine Begegnung, als ich ein Problem mit der CSU hatte, das unbedingt zu lösen war, weshalb ich mit Strauß persönlich reden musste. Er wurde damals meiner Erinnerung nach wegen Bandscheibenproblemen in einer Klinik am Tegernsee behandelt und empfing mich im Bademantel. Wir unterhielten uns einen ganzen Nachmittag lang über Politik, und am Ende des Tages hatte ich erreicht, was ich wollte. Vielleicht war er einfach froh gewesen, Besuch zu haben. Der Preis meines Erfolgs war allerdings, dass ich nie wieder die Gelegenheit bekam, mit ihm länger alleine zu reden. Da ich offenbar mit Argumenten bei Strauß etwas erreichen konnte, wusste seine Umgebung das fortan zu unterbinden. Dass die Überzeugungskraft anderer selbst für einen starken Politiker bedrohlich wirken kann, habe ich auch bei Kohl erlebt. Als Heiner Geißler und ich noch an einem Strang zogen, war uns vereint gelungen, Kohls Zustimmung zu etwas zu gewinnen, das ihm eher unangenehm war. Danach hat er es allerdings vermieden, was mir nicht entging, jemals wieder in die Situation zu kommen, alleine mit Geißler und mir reden zu müssen.

## ANTRITTSBESUCH IN MÜNCHEN

Mein Antrittsbesuch als neuer Kanzleramtschef beim CSU-Vorsitzenden und bayerischen Ministerpräsidenten hat sich mir schon deshalb lebhaft eingeprägt, weil ich dabei meine erste Bekanntschaft mit dem ganz eigenen bajuwarischen Sinn für Auftritt, Inszenierung und Symbolik machte. Denn als ich in das Vorzimmer des Ministerpräsidenten trat, empfing mich hinter einer Kordel eine ganze Batterie von Fotografen, wie bei einem Staatsempfang. Dafür war ich mit Lodenmantel und zerbeulter Aktentasche unter dem Arm nun wirklich nicht vorbereitet. Die Szenerie war so skurril, dass ich lachen musste. Als ich dann endlich bei Strauß im Zimmer war, sah ich auf seinem Schreibtisch einen ganzen Stapel Vorgänge, richtige Aktenberge. Das waren alles Eingaben zu Anlässen und Themen, die Strauß an Kohl gerichtet hatte – und die bislang noch nicht beantwortet worden waren, jedenfalls aus seiner Sicht längst nicht befriedigend. Strauß konnte durchaus sehr liebenswürdig sein, die Stapel im Blick wurde es allerdings erst einmal ungemütlich. Fürchterlich schimpfend brachte er die Erwartung zum Ausdruck, dass es unter meiner Leitung im Kanzleramt hoffentlich besser werde. Tatsächlich gelang es mir, in einer Angelegenheit, die Strauß auf den Nägeln brannte, einen wichtigen Schritt voranzukommen.

Sie führt in das besonders sensible Feld der deutsch-deutschen Beziehungen: den Häftlingsaustausch. Es ist die tragische Geschichte von Fregattenkapitän Winfried Baumann und seiner Lebensgefährtin Christa-Karin Schumann. Baumann, ein früherer NVA-Offizier, arbeitete für den westdeutschen Bundesnachrichtendienst. Die Staatssicherheit enttarnte ihn, nahm ihn und seine Lebensgefährtin fest, und während Schumann für fünfzehn Jahre hinter Gitter wandern sollte, wurde Baumann zum Tode verurteilt. Vollstreckt im Juli 1980 per Kopfschuss. *Der Spiegel* hat später die tödlich endende Agentengeschichte in allen grotesken Einzelheiten recherchiert. So tief Baumann offenbar im Nebel seines Alkoholismus und depressiver Selbstzweifel versunken und in einem Lügengebäude gefangen war, so stümperhaft hatte sich der BND angestellt, als es darum ging, beide über Ungarn in den Westen zu holen. Diese Schuld hat den damaligen BND-Chef Klaus Kinkel nicht mehr verlassen, auch nicht, als er längst als Staatssekretär und Vertrauensmann Genschers im Bonner Justizministerium tätig war. Er trug schwer daran und pochte bei jedem Häftlingsaustausch, der der Zustimmung des Justizministeriums bedurfte, darauf, dass die DDR zuerst Christa-Karin Schumann freilassen müsse. Sein schlechtes Gewissen wuchs sich zu einer deutschlandpolitischen Blockade aus. Es sei völlig ausgeschlossen, dass die DDR ausgerechnet diese Frau freiließe, polterte Strauß mir gegenüber, aber man könne deshalb doch nicht alle anderen im Gefängnis sitzen lassen. Das leuchtete mir ein, und ich sicherte zu, mit Kinkel zu sprechen.

Ihn zu überzeugen, erwies sich bedeutend schwieriger als erwartet. Ich musste mit Engelszungen auf Kinkel einreden und ihm wiederum versprechen, sobald es eine Chance gäbe, Schumann frei zu bekommen, wirklich alles dafür zu tun. Am Ende gelang es mir, Kinkel das Einverständnis abzuringen, in meinen bevorstehenden Gesprächen in Ost-Berlin eine neue Runde Häftlingsaustausche anzuregen. Dass ich hinbekommen hatte, was Strauß zuvor trotz Wutanfällen und Schimpftiraden gegenüber Kohl und Genscher nicht geglückt war, hob mein Ansehen in München. Während Strauß mit einem Staatssekretär gar nicht erst redete, kam mir bei Kinkel entgegen, dass wir persönlich ein gutes Verhältnis zueinander hatten.

Mein Versprechen habe ich übrigens eingehalten. Aber es dauerte noch Jahre, bis Christa-Karin Schumann freikam. Bei einem meiner Treffen mit Honecker sprach ich den Fall an. Die Konsultationen liefen immer nach dem gleichen Schema ab. Zunächst wurde am Tisch der Katalog notwendiger innerdeutscher Erleichterungen heruntergerattert, bevor man dann, etwas abseits der Delegation, unter vier Augen diskreter weitersprach. Hier schilderte ich den Fall Schumann. Honecker hörte zu und beeindruckte mich dadurch, dass er so tat, als wüsste er von nichts. Er schauspielerte gar nicht einmal schlecht, als er sich den Namen notierte. Immerhin konnte ich hoffen, dass jetzt Bewegung in die Sache kommen würde. Aber es geschah weiter nichts. Offenbar blockte Mielke. Erst im Zuge der Vorbereitung des Honecker-Besuchs 1987 gelang der Durchbruch. Am Ende unserer langen Verhandlungen zum Besuchsablauf mit Schalck-Golodkowski schlug ich vor, auf die »Seufzerbrücke« zu gehen, die verglaste Verbindung zwischen Kanzleramt und Abteilungsbau, die einen Blick in den Hof erlaubte. Hier fuhr gerade ein Staatsgast vor, sodass Schalck den genauen Ablauf mit eigenen Augen sehen und in Ost-Berlin darüber berichten konnte. Als wir da zusammenstanden, sagte ich eher beiläufig zu ihm: »Also wenn Ihr Generalsekretär dann bald hier sein wird, dann wollen wir ja alle, dass der Besuch ohne negative Nebengeräusche abläuft. Deshalb muss Christa-Karin Schumann bis dahin frei sein. Denn wenn sie nicht frei ist, werden an jedem Ort, wo Honecker auftritt, Demonstranten für die Freiheit von Schumann demonstrieren.« Es sei schließlich niemandem zu verbieten, im Rahmen der grundrechtlichen Freiheiten seine Meinung und Überzeugung auch bei diesem Besuch zum Ausdruck zu bringen. Die versteckte Drohung zeigte Wirkung. Schumann kam frei, noch bevor Honecker in Bonn landete. *Der Spiegel* berichtete über das »großzügige Gastgeschenk« im Vorfeld des Besuchs. Demnach ging die Übergabe nicht so geräuschlos vonstatten, wie es sich die DDR erhofft hatte. Am Grenzübergang Herleshausen dokumentierten dutzende Fotografen, die zum Teil in den Bäumen gesessen haben sollen, den spektakulären Austausch.

## VERTRAUEN GEGEN VERTRAUEN – MEIN GESPRÄCHSKANAL NACH OST-BERLIN

Meine Gespräche mit Schalck waren nicht geheim, aber vertraulich. Auf bestimmten Gebieten ist ein Fortschritt eben nur zu erreichen, wenn eine Seite sich der Diskretion der anderen sicher sein kann. Solche Bemühungen haben nicht zwingend mit Komplizenschaft zu tun, sondern damit, dass die andere Seite nicht überfordert werden darf, wenn man Lösungen finden will. Zusammenarbeit lebt vom Geben und Nehmen – aber nicht notwendigerweise in den gleichen Bereichen. Wenn genug Vertrauen besteht, können Ergebnisse – ohne fixierte Absprache – auf ganz anderen Feldern möglich werden. Wer dagegen laut und öffentlich verlangt, verschiedene Dinge miteinander zu verbinden, verhindert gerade das, was er eigentlich erreichen will.

Ich konnte an vieles anknüpfen, was sich zuvor in der Geheimdiplomatie zwischen meinem Vorgänger Jenninger mit Strauß und Schalck entwickelt hatte, und ich habe es mit der mir eigenen Art fortgesetzt. Strauß habe ich anfänglich noch über meine Verhandlungen informiert, teils war Schalck, der weiter seinen heißen Draht nach München hielt, sogar schneller als ich. Irgendwann ließ ich es bleiben, und auch in München erlosch das Interesse an den Berichten. Offenbar wusste Strauß den deutsch-deutschen Gesprächskanal bei mir in guten Händen. Die anfängliche *ménage à trois* löste sich auf. Übrig blieben Schalck und ich.

Das erste Mal traf ich ihn, als ich der DDR-Führung meinen Antrittsbesuch abstattete, bei einem informellen Treffen am Vorabend meiner offiziellen Termine in der Ost-Berliner Kanzlei von Wolfgang Vogel – also dort, wo für viele inhaftierte DDR-Bürger der Schlüssel zur Freiheit lag. Das Treffen war ein arrangierter Zufall, Schalck stieß wie absichtslos hinzu. Diese seltsame Konstellation hatte einen einfachen Grund: Schalck war noch nicht bevollmächtigt für seine inoffiziellen und streng vertraulichen Kontakte zu mir. Das geschah erst Anfang Januar 1985 – von ganz oben. Fortan trafen wir uns zwar weiterhin informell, aber mit dem Segen von Honecker und Kohl. Alle Beteiligten wussten, dass Schalck nicht nur enge Beziehungen zu Honecker pflegte, sondern auch mit Erich Mielke eng verbunden war, da er seit 1962 in den Diensten der Staatssicherheit war. Ich hatte mich über geheimdienstliche Informationen abgesichert, mit wem ich es zu tun bekommen würde. Schalck selbst machte um seinen hohen Dienstgrad im MfS kein Geheimnis, auch nicht darum, dass er seinem Dienstherrn ausgiebig Meldung machen werde.

Ich hatte meinerseits die Koordinierung der Nachrichtendienste und die Aufsicht über den BND, die eigentlich zu den Aufgaben des Kanzleramtschefs zählten, bewusst nicht mit übernommen. Dafür blieb Waldemar Schreckenberger verantwortlich. Ich fand das für meine Kontakte zur DDR von Vorteil, weil ich so bei meinen sehr vertraulichen Gesprächen immer sagen konnte, mit geheimdienstlichen Aktivitäten nichts zu tun zu haben.

In meiner Verhandlungsführung blieb ich stets auf das Machbare konzentriert, also auf diejenigen Fragen, die ohne Preisgabe unserer elementaren Grundsätze mit Kompromissen lösbar schienen. Ich erlebte intensive Gespräche und monatelanges Ringen um winzige Fortschritte. Dabei galt das Prinzip von Leistung und Gegenleistung. Alles hing mit allem zusammen. Forderungen wurden miteinander verknüpft, was die Beratungen zu einem politischen Handel von großer Komplexität machte. Die Verhandlungen waren delikat, für beide Seiten. Wo es in der Bundesrepublik den Zusammenhang zwischen Kredit und Zugeständnissen brauchte, um die Geldleistungen an die klamme Diktatur zu rechtfertigen, blieb die DDR sorgsam darauf bedacht, kein Junktim öffentlich werden zu lassen.

Mit uns trafen zwei grundverschiedene Typen aufeinander. Schon äußerlich bildeten wir beide den größtmöglichen Kontrast. Schalck war von mächtiger Statur, ein Hüne von Mann, und er hatte, das ist mir als Badener sofort aufgefallen, diese schnoddrige Art der Berliner Schnauze. Man konnte locker mit ihm umgehen, und zumindest darin glichen wir uns beide. Besonders formell war ich nie. Vertrauen haben wir deshalb schnell zueinander aufgebaut. Schalck brachte mir das eine oder andere Mal kleine Meissner Porzellanfiguren oder Minibücher aus DDR-Produktion mit, solche Aufmerksamkeiten blieben jedoch einseitig. Sie verstießen wohl nicht einmal gegen die verschärften *Compliance*-Vorschriften heute. Ich habe ihm nie irgendwelche Gastgeschenke mitgebracht und fand es albern, ihm etwa den Kofferraum wie Strauß mit Wurstwaren zu füllen – zumal mir Schalck nun wirklich nicht danach aussah, als müsste man ihm etwas zu essen mitbringen. Auch wenn man später in Untersuchungsausschüssen versucht hat, mein Verhältnis zu ihm bis in den letzten Winkel auszuleuchten, und dabei lautstark von Geheimnissen fabulierte: Es gab schlicht nichts, was man mir hätte anhängen können.

Getroffen haben wir uns zunächst in Ost-Berlin bei Schalck im Büro, in

Gästehäusern, auch einmal bei ihm zu Hause in Hohenschönhausen. Dazwischen telefonierten wir und schrieben uns. Irgendwann fragte ich mich allerdings, warum eigentlich ich immer den Reiseaufwand betreiben musste. Die Deutschlandpolitik erledigte ich als Chef des Bundeskanzleramts schließlich in Teilzeit, weshalb ich Schalck aufforderte, künftig doch bitte zu mir nach Bonn zu kommen. Zunächst überwog seine Skepsis, ob die von mir ohnehin eher belächelte Geheimhaltung gewahrt bliebe, doch dann beugte er sich. Fortan fanden die Treffen in meinem Büro statt, wo einmal auch Helmut Kohl, wie zuvor mit mir verabredet, hineinplatzte, weil er den geheimnisvollen Verhandlungspartner aus Ost-Berlin unbedingt persönlich kennenlernen wollte.

Wenn nach unseren stundenlangen Verhandlungen noch Zeit blieb, vertrieb sich mein Gast in Begleitung eines Mitarbeiters oder meiner Sekretärin die Zeit mit einem Stadtbummel und einem Stück Kuchen in der Konditorei. Offenbar war diese Offenheit wirkungsvoller als jede übertriebene Geheimniskrämerei. Denn bemerkt hat unsere vermeintlich konspirativen Treffen in Bonn niemand, und das bei einer massigen Figur wie Schalck, der eigentlich gar nicht zu übersehen war. Auch solche Geschichten schrieb die Geheimdiplomatie des Kalten Krieges. Erst aus den Erinnerungen von Schalck habe ich erfahren, dass sich bereits Günter Gaus als Leiter der Ständigen Vertretung in der DDR während der sozialliberalen Ära über die groteske Geheimniskrämerei mit Lichthupe auf Parkplätzen mokiert hatte und im Scherz gefragt haben soll, ob er sich einen falschen Bart umhängen müsse.

Schalck stand in Sachen Geheimhaltung offenbar unter Druck von Mielke, und richtig war sicher seine Einschätzung, dass wir im Lichte der Öffentlichkeit nie diese Verhandlungsergebnisse hätten erzielen können. Nur so wurden Themen angeschnitten und Lösungen denkbar, die ansonsten aus Angst vor Gesichtsverlust unmöglich waren. Geheim musste das alles nicht sein, aber Vertraulichkeit war entscheidend. Vorsicht war in den Verhandlungen immer geboten. Schalck war ungemein clever und ein harter Verhandler, sodass ich nie aus den Augen verlor, dem »Klassenfeind« gegenüberzusitzen. Ich war also beständig auf der Hut, dennoch redeten wir bei unseren stets sachbezogenen Treffen auch offen und direkt miteinander. Ich habe einmal zu Schalck gesagt: »Wir beide wissen doch: Wenn Sie gewinnen, hängen sie uns am Laternenpfahl auf. Wenn dagegen wir gewinnen, sperren wir Sie bestenfalls ins Gefängnis. Das ist der Unterschied.« Schalck hat nicht wirklich widersprochen – und die Geschichte gab mir jedenfalls mit der Strafverfolgung recht. Mit einem alternativen Ausgang mussten wir uns glücklicherweise nicht auseinandersetzen.

Schalck hatte einen realistischen Blick und Weitsicht. Als ich wieder einmal spottete, die DDR solle sich doch ein Vorbild am reformerischen »Großen Bruder« nehmen, erwähnte er eine Stellungnahme des SPD-Vorsitzenden Hans-Jochen Vogel. Der habe gesagt, es sei doch eigentlich in der DDR alles gut, nur die Mauer müsse weg. »Wir sind doch beide Profis«, echauffierte sich Schalck. »Wir wissen genau, das ist totaler Quatsch. Wenn wir die Mauer öffnen, dann sind *wir* weg.« Er begründete das mit dem Konsumdruck, den unsere bessere wirtschaftliche Lage ausübe. Demokratie, Freiheit und Rechtsstaatlichkeit erwähnte er verständlicherweise nicht. Schalck hatte verstanden: Wer einmal erfahren hat, dass das sogenannte kapitalistische Ausland gar nicht so schrecklich, sondern recht angenehm ist, bei dem wächst die Unzufriedenheit.

Durch die Gespräche mit Schalck bekam ich einen eigenen Eindruck von den wachsenden Vorbehalten in der SED gegen die Reformpolitik Gorbatschows. Sie hatten – besser als viele im Westen – verstanden, was ihnen drohte, und offenbar Tocquevilles Erkenntnis aus dem Untergang des Ancien Régime verinnerlicht: Revolutionen brechen eben nicht etwa aus, wenn der Druck und die Repression am größten sind, sondern dann, wenn begonnen wird, den Deckel anzuheben. Reformen provozieren den Umsturz, wenn sie zwar eine Wende zum Besseren erkennbar machen, den grundlegenden Wandel aber nicht einlösen, weil damit eine unerfüllbare Erwartungslawine losgetreten wird. So betrachtet war Gorbatschow ein Zauberlehrling, der aus Sicht seiner Gegner im eigenen sozialistischen Lager die Geister, die er gerufen hatte, nicht mehr einfangen konnte. Er wurde zur tragischen Figur, weil er geglaubt hat, Freiheit und Sozialismus verbinden zu können. Daran waren schon andere gescheitert. In Ost-Berlin wussten offenbar einige sehr genau um ihre nur noch begrenzten Möglichkeiten. Als Gorbatschow dann tatsächlich gestürzt wurde, gab es die DDR schon gar nicht mehr.

Wie Anwälte waren Schalck und ich gewohnt, heftig zu streiten und trotzdem einen lockeren Umgang miteinander zu pflegen, sodass es menschlich nicht zu einer Qual wurde. Schon wenn wir uns begegneten, machten wir uns den Spaß, den anderen als »Klassenfeind« zu begrüßen. Als ich einmal in meiner Anfangszeit als Geheimdiplomat in Berlin-Tegel ausstieg, widerfuhr mir ein ziemlich schmerzhaftes Malheur. In meiner Geschäftigkeit übersah ich eine Glaswand und sauste mit voller Wucht dagegen. Die Beule war ansehnlich, und ich habe den ganzen Abend, den wummernden Kopf mit Eisbeuteln kühlend, verhandelt. Als es dabei nicht vorwärtsging, drohte ich Schalck scherzhaft, wenn er jetzt nicht nachgebe, würde ich spätestens am Morgen vor die Weltpresse treten und mit Verweis auf meinen Schädel sagen, dass ich misshandelt worden sei. Wir haben zusammen herzlich gelacht – was den Kopfschmerz allerdings nur verstärkte. Humor verstand Schalck, anders als sein Generalsekretär. Einmal sagte ich scherzend zu Honecker, Schalck und ich würden uns so gut verstehen und auch die Argumente des anderen inzwischen so gut kennen, dass wir, wenn er einverstanden sei, einmal die Rollen tauschen könnten. Dass also ich die DDR vertreten würde und Schalck die Bundesrepublik. Ich prophezeite ihm, es werde kein anderes Ergebnis herauskommen, denn gute Anwälte seien gewohnt, die Perspektive des anderen einzunehmen. So etwas hat Honecker nicht verstanden, das war jenseits seiner Vorstellungswelt.

Schalck und ich waren Profis genug, den anderen richtig einzuschätzen. Deshalb haben wir keine Themen berührt, aus denen ihm, wenn unsere Gespräche abgehört würden, Vorwürfe hätten konstruiert werden können. Ich bin immer davon ausgegangen, auch wenn ich allein mit Schalck geredet habe, dass das auf irgendeine Art aufgezeichnet werden würde. Aber das hat mich nicht verunsichert, denn ich verfolgte weder böse Absichten, noch hatte ich etwas zu verheimlichen. Schon bei unserem ersten Aufeinandertreffen in Vogels Kanzlei hatte ich meine Gesprächspartner damit verblüfft, das generöse Angebot auszuschlagen, meine Aktentasche beim Gang auf die Toilette mitzunehmen. Ich hatte rein gar nichts zu verbergen.

Vertraulichkeit bedeutete, wirklich unter vier Augen miteinander zu sprechen, also keine Begleitung zu haben. Dass ich ohne Aufzeichnungen in die Gespräche ging, beeindruckte mein Gegenüber. Er habe sich gar nicht mehr getraut, ein Papier aus der Tasche zu ziehen, weil er fürchtete, als geistig unterbemittelt zu erscheinen, berichtete Schalck später. Er wiederum besaß die Gabe, gut zu memorieren. Denn während ich mir im Nachhinein als Ergebnisvermerk nur ein paar Notizen machte, verfasste Schalck für seine Führung lange Memos über das, was wir besprochen hatten. Dass er als »James Bond des MfS« mit einer speziellen Armbanduhr die Gespräche aufgezeichnet haben soll, verwies er selbst ins Reich der Fantasie. Das sei eine »Räuberpistole«.

Was ich später von Schalcks Aufzeichnungen gelesen habe, war zumindest nicht nur sehr viel präziser als meine summarischen Zusammenfassungen, sondern inhaltlich auch weitgehend korrekt. Das SED-Regime war in seinem abstrusen Bürokratismus eben auch typisch deutsch. Die Diktatur hatte den pedantischen Amtsschimmel, der in seinen Auswüchsen genauso demokratische Gesellschaften lähmt, zur Perfektion getrieben, mit der Folge, dass er am Ende jede Initiative erstickte. Und die Erstarrung des Systems war in der DDR der achtziger Jahre wie unter einem Brennglas zu beobachten.

Immer wieder wirkten sich Einflüsse von außen negativ auf unsere Verhandlungen aus. Das konnte allgemein das Eintrüben des Tauwetters auf internationaler Ebene sein oder aus Ost-Berliner Perspektive kritische Reden und Stellungnahmen in der westdeutschen Öffentlichkeit. Aus unserer Sicht konnte es wiederum die Lage der Kirchen betreffen, Beschränkungen der Pressefreiheit auch für westliche Journalisten oder DDR-Bürger, die in bundesdeutsche Botschaften geflüchtet waren. Tote an der Mauer wurden zur schwersten Belastung unserer Gespräche. Denn ich musste mein Vorgehen auch innenpolitisch zustimmungsfähig halten. DDR-Menschenrechtsdebatten in der westdeutschen Öffentlichkeit sollten die Beratungen nach Möglichkeit nicht übermäßig erschweren. Aber wenn auf Menschen geschossen wurde, ließ sich das nicht verhindern. Dann wurde Klartext geredet und Verhandlungen wurden ausgesetzt – auch wenn ich in der Regel nicht mit deren Abbruch drohte. Der letzte Flüchtling an der Mauer wurde im Februar 1989 erschossen. Er wurde zwanzig Jahre alt.

## STÖRFEUER IM EIGENEN LAGER

Meine Verhandlungen bedeuteten einen Balanceakt, den ich nur deshalb zu bewältigen vermochte, weil ich ein zwar einfaches, aber wohlgeordnetes Koordinatensystem besaß. Darin bewegte ich mich fast traumwandlerisch. Ganz ungefährlich war diese Selbstsicherheit nicht. Denn mit Ost-Berlin hatte ich zwar meinen persönlichen *modus vivendi* gefunden. In Bonn kämpfte ich jedoch parallel eigentlich immer gegen zwei Gegner gleichzeitig: die veröffentlichte Meinung und die Hardliner in der eigenen Fraktion. Die Herausforderung bestand darin, zwischen diesen Fronten nicht zerrieben zu werden. In den gesellschaftlich einflussreichen, liberal-links dominierten Medien galt die Union gemeinhin als Verein unverbesserlicher Revanchisten, die nichts von der Entspannungspolitik kapiert hätten und sich deshalb unfähig zeigten, den Weltfrieden zu wahren. Auf der anderen Seite lauerten die »Stahlhelme« in der eigenen Fraktion, die hinter allem und jedem Verrat und die Preisgabe von Unionsgrundsätzen witterten – nicht zuletzt mit Blick auf die offene Frage der deutschen Ostgrenzen, woran mit Parolen wie »Schlesien bleibt unser« unter großer öffentlicher Aufwallung regelmäßig erinnert wurde. Die innerparteilichen Konflikte trieben bisweilen bizarre Blüten, wie der Streit um einen programmatischen Leitantrag beim Wiesbadener Bundesparteitag der CDU 1988 zeigt. Von Kohl gedacht als Ort für eine lebendige Debatte über zentrale Zukunftsthemen, drehte sich der Parteitag bereits im Vorfeld vorrangig um die deutsche Frage.

Was war passiert? Im Entwurf zum Leitantrag fehlte ein Wort: »Wiedervereinigung« – ein Begriff, der damals gar nicht ins Repertoire Helmut Kohls und der Bundesregierung gehörte. Dabei hob der Antrag an: »Die Einheit der deutschen Nation besteht fort, obwohl das deutsche Volk heute gegen seinen Willen staatlich getrennt leben muß.« Und fuhr fort: »Die CDU hält fest an dem Ziel, eine stabile Friedensordnung in Europa zu schaffen, in der das deutsche Volk in freier Ausübung des Selbstbestimmungsrechts die Einheit Deutschlands in Freiheit wiedererlangt.« Dass im Leitantrag jedoch nicht explizit von der Wiedervereinigung gesprochen wurde, kam einigen in der Partei einem Verrat am Grundgesetz gleich. Das ging so weit, dass selbst der Hinweis auf das notwendige Einverständnis der Nachbarn in Ost und West als Preisgabe deutschen Selbstbestimmungsrechts denunziert wurde. Bereits kurz zuvor hatte Dorothee Wilms mit einer Rede in Paris die nationalkonservativen Gemüter gewaltig in Wallung gebracht. Wilms war nach dem Wahlsieg 1987 im Ministerium für innerdeutsche Beziehungen auf Heinrich Windelen gefolgt, eine deutschlandpolitisch unerfahrene Kollegin, was auch als ein Signal Kohls gegen die Hardliner in der Fraktion verstanden wurde. In ihrer umstrittenen Rede hatte sie vielleicht missverständliche Sätze zur Bedeutung des Nationalstaats gesagt. Aber mit Blick auf die Deutsche Einheit hatte sie eigentlich nur den Allgemeinplatz formuliert, dass es für die deutsche Frage keine nationale, sondern allein eine europäische Lösung geben könne. Ich habe in meinen Reden auch nichts anderes gesagt und konnte die Aufregung schon damals nicht verstehen. 1988 verabschiedete der Parteitag schließlich mit großer Mehrheit einen überarbeiteten Leitantrag. Das nationale Selbstbestimmungsrecht der Deutschen war im Text deutlicher akzentuiert worden, und auch den Begriff der Wiedervereinigung konnte man nun finden – prominent platziert in einem Zitat Konrad Adenauers: »Die Wiedervereinigung Deutschlands in Freiheit war und ist das vordringlichste Ziel unserer Politik.« So funktioniert Kompromissbildung, und so erreicht man die erwünschte innerparteiliche Harmonie.

Kurz darauf, im Zuge der Wiedervereinigung, haben dann alle begriffen, dass Europa tatsächlich eine entscheidende Rolle spielte, denn im Alleingang gegen den Willen der Nachbarn wäre die Deutsche Einheit niemals durchzusetzen gewesen. Im Übrigen hatte die Entwicklung lange zuvor in Polen begonnen, und unsere Nachbarn im Osten waren auch früher und entschiedener für die Überwindung der deutschen Teilung als unsere europäischen Freunde im Westen. Eben weil die Osteuropäer ahnten, dass damit auch die europäische Teilung enden würde.

## MORALISCHER AUSVERKAUF? DIE ASYLVERHANDLUNGEN MIT DER DDR

Im Juli 1983 explodierte auf Sri Lanka das ethnische und religiöse Pulverfass der Insel. Ein über Jahre mit äußerster Brutalität geführter Bürgerkrieg löste eine Flüchtlingswelle aus, die nicht zuletzt das geteilte Deutschland erreichte. Sprunghaft stieg die Zahl tamilischer Asylbewerber an, woraus sich in der Bundesrepublik ein großes innenpolitisches Problem entwickelte – und ein diplomatischer Marathonlauf zwischen Bonn und Ost-Berlin. Denn die DDR flog die Tamilen mit der eigenen Interflug nach Schönefeld, um sie von dort ungehindert nach West-Berlin weiterreisen zu lassen. Am Bahnhof Friedrichstraße, wo Deutsche beim Grenzübertritt auf jede Form der Schikane trafen, ließ die DDR die Tamilen, aber auch Menschen aus dem Iran, dem Libanon, Ghana und Pakistan unkontrolliert passieren. In der Bundesrepublik hinderte sie an dieser Grenze, die für uns keine war, natürlich niemand an der Einreise. Einmal in West-Berlin angekommen, reichte nach damaliger, weltweit einzigartiger Gesetzeslage das Wort »Asyl«, um ein langwieriges Verfahren auszulösen – und so lange das währte, konnte man bleiben, genoss Aufenthaltsrecht und jedenfalls für Flüchtlinge aus Asien oder Afrika attraktive Sozialleistungen.

Das Vorgehen der DDR haben wir – diplomatisch ausgedrückt – als »unfreundlich« betrachtet. Die Zusammenarbeit mit Schalck hatte sich deshalb Mitte der achtziger Jahre vor allem an diesem Thema zu beweisen. Er zeigte zunächst wenig Bereitschaft, sich zu bewegen, und wollte uns zu Grenzkontrollen drängen, wo nach unserer Ansicht keine Grenze war. Wir hätten sonst die Mauer bestätigt. Auch Honecker ließ lange nicht mit sich reden, sondern beharrte darauf, nach international geltendem Recht zu handeln. Was auch stimmte, denn die Ost-Berliner Seite verwies auf die Konvention von Barcelona über die Freiheit des Durchgangsverkehrs. Sie stammte aus dem Jahr 1921. Eine rechtliche Handhabe hatten wir nicht, und für die DDR war es ein überaus einträgliches Geschäft, bei dem sie am Ausstellen der Visa und den Flugtickets verdiente.

Im Kanzleramt diskutierte ich in einer Arbeitsgruppe schon länger Möglichkeiten zur Beschleunigung von Asylverfahren, ein mit der FDP kaum mögliches Unterfangen. In der innenpolitisch zugespitzten Lage beriet ich mit Staatssekretären, was man tun könne, um stattdessen den Zustrom über die Flughäfen wirkungsvoll zu stoppen. Damals entwickelte ich die Idee, Fluglinien, deren Maschinen in der Bundesrepublik landeten, dazu zu verpflichten, Passagiere ohne Visa auf eigene Kosten zurückzufliegen. Dieses Modell konnte auch die DDR anwenden. Ein Zwischenerfolg wurde im Sommer 1985 errungen. Da die DDR eine Erhöhung des sogenannten Swing anstrebte, sah ich die Chance für eines unserer üblichen Doppelgeschäfte.

Der Swing war ein hunderte Millionen DM schwerer, zinsloser Überziehungskredit im innerdeutschen Handel. Er diente dem Ausgleich von Ungleichgewichten in der Handelsbilanz zwischen beiden deutschen Staaten – und kam ausschließlich der DDR zugute. Unter Schmidt war er auf 600 Millionen Verrechnungseinheiten begrenzt worden. Eine Strafaktion in der politischen Eiszeit der ausgehenden siebziger Jahre. Eine Erhöhung auf die zuvor üblichen 850 Millionen Verrechnungseinheiten, wie von der DDR angestrebt, knüpfte ich an einen wirkungsvollen Stopp des Asylzustroms zumindest der Tamilen über Ost-Berlin. Dort lenkte man ein. Seit Sommer 1985 wurde von der DDR-Botschaft in Sri Lanka nur noch dann ein Transitvisum ausgestellt, wenn ein Anschlussvisum für die Bundesrepublik vorlag. So kam der Zustrom von Tamilen zum Erliegen – nicht aber die 1986 über das Jahr hin weiterwachsende Zahl an Asylbewerbern aus afrikanischen Staaten.

Schalck wusste, dass er sich mit weiteren Regelungen in dieser Frage in den eigenen Reihen Ärger schaffen werde. Später hat er mir berichtet, dass nicht allein Mielke dagegen war, sondern dass es auch starken Druck aus Moskau gegeben habe. Nicht nur für die Interflug, auch für die sowjetische Aeroflot war das ein lukratives Geschäft gewesen. Aber das Problem hatte für uns beträchtliche innenpolitische Sprengkraft und musste daher gelöst werden. Es bedrohte den sozialen Frieden im Land und war dazu angetan, die politische Debatte emotional zu polarisieren. 1987 stand immerhin die nächste Bundestagswahl vor der Tür, und ein Sieg der Regierung war keineswegs ausgemacht. Der DDR-Führung wuchs damit ein immenses Druckpotenzial zu, und wie aus den Akten hervorgeht, wusste das die Clique um Honecker auch ganz genau.

Mit Dänemark und Schweden hatte Ost-Berlin zwischenzeitlich vereinbart, nur bei Vorlage eines Einreisevisums den Transit durch die DDR zu ermöglichen. Diese Regelung übernahm man im Februar zwar auch für die Bundesrepublik – aber nur für das Bundesgebiet. Nicht für West-Berlin. Hier verwies die DDR auf den Sonderstatus der Stadt und die Hoheitsrechte der alliierten Besatzungsmächte. Es blieb ein Schlupfloch, durch das der Zuzug unkontrolliert weiterlief. Ich und alle anderen, die in Ost-Berlin vorstellig wurden, blitzten ab. Einmal erlebte ich Honecker ungewohnt lebhaft, fast emotional. Er verwies nicht nur allgemein auf die Asylbereitschaft vieler Staaten in den dreißiger Jahren, die »während der Zeit des Hitler-Faschismus das Überleben ermöglicht« habe. Er erzählte auch von seinen eigenen Erfahrungen auf der Flucht aus Nazi-Deutschland, davon wie Transit und politisches Asyl sein Leben gerettet hätten. Das war einer der seltenen Momente in meinen Gesprächen mit ihm, bei dem das persönliche Wort durchaus Wirkung hinterließ – wenngleich Honeckers Hinweis auf Transitreisen vor dem Hintergrund eines Machthabers, der der eigenen Bevölkerung das Reisen verbot, enorm zynisch war.

Natürlich bedeuteten die Verhandlungen einen schmalen Grat, und man kann sich darüber moralisch empören. Der Vorwurf aber, die Bundesrepublik habe ein diktatorisches System als Handlanger benutzt, um in Komplizenschaft mit einem Freiheits-, Menschen- und Grundrechte missachtenden Regime Flüchtlinge fernzuhalten, vollzieht eine bemerkenswerte Schuldumkehr. Dabei wird die Instrumentalisierung dieser Menschen in Not durch die DDR ebenso verschwiegen wie die destabilisierende Wirkung des Zuzugs für die bundesrepublikanische Ordnung ignoriert.

Die Geschichte schlug auch seltsame Kapriolen. Eine der für mich denkwürdigsten spielte sich am Rande des CDU-Parteitags in Essen 1985 ab. Sie ist eine Parabel auf den Menschen und seine Standfestigkeit in Grundsätzen, wenn es darauf ankommt. Heinrich Lummer, Innensenator in der Frontstadt Berlin, wollte mich sprechen. Er war ein echter »Stahlhelm« in der Union. Ausgerechnet er kam nun zu mir und forderte, es gehe in Berlin so nicht weiter, wir müssten deshalb an der Grenze unsererseits Kontrollen einführen. »Ich glaube, Sie spinnen«, entfuhr es mir »Doch nicht wir haben die Mauer gebaut, sondern die. Und deswegen werden wir an der Mauer niemals Grenzkontrollen einführen.« Hier waren unsere Grundfeste und die Grundlage unserer Deutschlandpolitik berührt.

In Ost-Berlin biss ich allerdings weiter auf Granit. Ende August 1986 erreichte ich immerhin das Zugeständnis, auf Expertenebene Verhandlungen einzuleiten, für die ich Hans Otto Bräutigam autorisierte. Zum Durchbruch verhalf kurz darauf dann kein Verhandlungsgeschick, sondern pure Macht- und Parteitaktik. Im Gespräch mit Erich Honecker und Hermann Axen zog Egon Bahr, traut man den veröffentlichten DDR-Gesprächsprotokollen, die Angelegenheit nicht nur in den beginnenden Bundestagswahlkampf, indem er den Sieg der SPD von einer Lösung in der Asylfrage abhängig machte – einen Regierungswechsel, den Honecker unverhohlen zum Interesse und als Wunsch der DDR deklariert hatte. Bahr kündigte auch an, die SPD werde bei Regierungsübernahme die Staatsbürgerschaft der DDR voll respektieren. Kanzlerkandidat Johannes Rau wollte das als Teil des sozialdemokratischen Regierungsprogramms bekannt geben, und nach dem Wahlsieg sollte es dann in einer Regierungserklärung offiziell verkündet werden. Hier schlug Honecker ein. Die DDR-Botschaften wurden in der Folge angewiesen, Transitvisa nur gegen Vorlage von Ein- und Durchreisevisa anderer Staaten zu erteilen. Selbst die Erklärung von Rau, in der er die Entscheidung der DDR verkündete, wurde mit der SED-Führung vorab abgestimmt. Die Wahlkampfhilfe durch die DDR war perfekt – die Wahl im Januar 1987 gewann dennoch die Union.

Persönlich focht mich das unwürdige Geschacher, bei dem Sozialdemokraten die deutsche Staatsbürgerschaft auf dem Markte billiger Wahlkampfhilfe opfern wollten, nicht sonderlich an. Als »Gelackmeierter«, wie mich Jürgen Engert in der ARD porträtierte, weil ich mich an die Vertraulichkeit meiner Unterredungen gehalten hatte, fühlte ich mich nicht. Ich wusste ja, wer die entscheidende Idee ins Spiel gebracht hatte. Und ich habe mir gedacht: Hauptsache das Problem ist gelöst. Führt man sich aber noch einmal die Bilder von 1989 und der Botschaftsflüchtlinge vor Augen, wird einem unmittelbar bewusst, welche gravierenden Auswirkungen es gehabt hätte, wäre die deutsche Politik damals dem einfacheren, aber falschen Weg gefolgt. Und wenn Bahr von sich stolz sagte, er habe erreicht, was ich nicht habe erreichen können, dann kann ich auch heute nur erwidern: Stimmt. Aber zu welchem Preis? Für den kleinen Wahlkampfvorteil sollte zumindest der Anspruch auf die staatliche Einheit aufgegeben und eine Diktatur aufgewertet werden. »Ich sage mal ganz plastisch, das ist das Leben«, beschied Bahr rückblickend in entwaffnender Offenheit. Die SPD saß damals dem Irrtum auf, durch Nachgiebigkeit in Grundsatzfragen eine positive Bewegung erkaufen zu können. Man glaubte, Konzessionen machen zu müssen. Unsere Politik ermöglichte es hingegen, dass der SED-Staat in seinen Widersprüchen gefangen blieb, und zwang ihn, sich mit dem Westen auseinanderzusetzen, ohne in der Konkurrenz mit freier Marktwirtschaft, Demokratie und Rechtsstaat bestehen zu können.

## DER BESUCH HONECKERS 1987

Helmut Schmidt hatte noch als Bundeskanzler Erich Honecker in die Bundesrepublik eingeladen. 1981 war er selbst in die DDR gereist. Nach dem Regierungswechsel erneuerte Kohl die Einladung, und 1984 schien bereits alles bereitet für den historischen Besuch. Über Monate wurde darüber öffentlich diskutiert, als gäbe es nichts Wichtigeres mehr. Ich fand all die Spekulationen damals schon unwürdig, und mit dieser Erfahrung im Gepäck nahm ich mir drei Jahre später vor, eine solche Phase langer öffentlicher Debatten zu vermeiden.

1984 war alles anders gekommen. Honecker sagte, wie zuvor schon einmal, kurzfristig die Reise ab. »Unsere Zukunft hängt nicht davon ab, dass Herr Honecker uns die Ehre seines Besuchs erweist«: Diese trotzige Bemerkung Alfred Dreggers hatte ungewollt den Vorwand geliefert, mit dem die SED-Führung gesichtswahrend ihre Absage begründen konnte. Denn in Wahrheit hatte Moskau Ost-Berlin in seine Schranken gewiesen. Nach dem Vollzug des NATO-Doppelbeschlusses wollte Tschernenko keine Annäherung der DDR an die Bundesrepublik. An einen Besuch in Bonn war da erst recht nicht zu denken.

Seitdem war zwischen den Supermächten einiges in Bewegung geraten. Mit der Wiederaufnahme von Verhandlungen über ein Rüstungskontrollabkommen hatten sich die äußeren Bedingungen fundamental geändert. Der 1987 zwischen Reagan und Gorbatschow in Genf geschlossene INF-Vertrag bedeutete einen historischen Moment: Die atomar hochgerüstete Welt, die mit dem SDI-Programm schon auf dem Weg war, den Krieg ins Weltall auszudehnen, schien zur Besinnung zu kommen. Die Zeichen standen auf Entspannung – auch zwischen Bonn und Moskau. Gleichzeitig trübte sich aber das Verhältnis zwischen der alten SED-Garde und dem neuen Machthaber in Moskau ein – mit Folgen auch für den innerdeutschen Prozess.

Die Medien spekulierten eifrig bis zum Schluss, ob der Besuch Honeckers doch noch scheitern werde, das konnte auch ich nicht verhindern. Am 7. September 1987 begann dann aber tatsächlich der zumindest protokollarisch und formell »normale« Arbeitsbesuch des DDR-Staatsoberhaupts in der Bundesrepublik. Mir war vor allem daran gelegen, dadurch die Entwicklung im Reiseverkehr zu stabilisieren und unumkehrbar zu machen. Mein Ansatz war sehr einfach: Wenn Honecker jetzt selbst in die Bundesrepublik reist, dann wird er schlecht hinterher die Schrauben wieder andrehen und die Reiseregelungen zurücknehmen können. Die natürliche Reaktion der Menschen in der DDR wäre: Wenn Erich gereist ist, dann dürfen wir das ja wohl auch.

Über die genauen Abläufe des Besuchs wurde lange gerungen. Kohl wollte bei einem späteren Gegenbesuch nicht gezwungen sein, nach Ost-Berlin als Hauptstadt der DDR zu reisen. Deshalb suchte man, Bonn als Treffpunkt zu vermeiden. 1984 hätte man sich elegant aus der Affäre ziehen können. Das Szenario sah ein Treffen in Frankfurt vor, ohne militärische Ehren, woran sich eine Fahrt nach Trier anschließen sollte. Das Aufeinandertreffen von Marx und dem Epigonen des realexistierenden Sozialismus hätte in der Geburtsstadt beider nicht nur seine innere Logik, sondern hätte auch nicht einer gewissen Spannung entbehrt. Selbst das Problem des Bundespräsidenten, der wohl kaum daran gedacht hätte, Honecker woanders als an seinem Bonner Amtssitz zu empfangen, wäre auf wunderbare Weise gelöst worden, begünstigt durch Bauarbeiten in der Villa Hammerschmidt. Weizsäcker hätte seinen Gast in seinem provisorischen Amtssitz, also außerhalb von Bonn, begrüßen müssen, in einem Jagdschloss nahe Brühl. 1984 hatte also alles gepasst – nur dass der Gast nicht kam.

Eine Wiedervorlage der alten Pläne, wie es vielen, nicht zuletzt Kohl, am liebsten gewesen wäre, war 1987 ausgeschlossen. Wir konnten ja nicht wieder die Villa Hammerschmidt renovieren, damit der Bundespräsident ihn nicht in Bonn empfangen würde. Wenn Weizsäcker Honecker aber dort empfing, dann wäre es geradezu albern gewesen, hätte der Bundeskanzler als Grundstücksnachbar gesagt: Ich treffe ihn aber nur in Trier oder in Frankfurt. Es kostete mich einiges an Überzeugungskraft, bei Kohl durchzusetzen, dass wir um einen Besuch in Bonn nicht herumkommen würden.

Bei Honecker wiederholte sich, was mir schon ein Jahr zuvor beim Besuch von Volkskammerpräsident Horst Sindermann übel aufgestoßen war: Der SED-Generalsekretär hätte sechs Monate lang im Triumphzug durch die Bundesrepublik fahren können, so viele wollten ihn treffen. Gerade auf sozialdemokratischer Seite wurde in bemerkenswert langen historischen Linien gedacht. Wie aus einer anderen Welt mutet an, wenn Willy Brandt im Gespräch mit Honecker den alten Trennungsstrich zwischen Sozialdemokraten und Kommunisten von 1918 thematisierte und die Frage in den Raum stellte, ob dieser Trennungsstrich denn für immer stehen bleiben müsse. Ob es nicht auch Gemeinsamkeiten auszuloten gebe.

Vor allem die »Landesfürsten« standen Schlange und wollten sich im Glanz des hohen Besuchs sonnen. Es war grauenvoll. Einen Tiefpunkt bedeutete in dieser Hinsicht – nicht ganz unerwartet – München. Im Freistaat mussten es beim Empfang durch den Ministerpräsidenten nicht nur wieder militärische Ehren sein, sondern hier eskortierten den Staatsratsvorsitzenden statt der sieben nun die fünfzehn »weißen Mäuse« der Motorradstaffel. Beim Münchner Regenten war der Führer des Arbeiter- und Bauernstaats nicht auf Arbeits-, sondern auf Staatsbesuch. Das Zeremoniell war völlig überflüssig, aber auch das war eben typisch Strauß.

Wirklich im Gedächtnis blieb dennoch der Besuch in Bonn – und hier neben dem Empfang im Kanzleramt das offizielle Bankett in der Redoute. Mag sein, dass die feinen protokollarischen Abstufungen von der interessierten Öffentlichkeit nicht wahrgenommen wurden. Die Rede, die Kohl an dem Abend hielt und die im Fernsehen übertragen wurde, dagegen sehr wohl. Für Karl-Rudolf Korte ist sie ein Beweis dafür, »daß Sprache ein wichtiges Herrschaftsinstrument der Politik ist«. Mit Dolf Sternberger würde ich sagen: Auch Reden sind Taten. »An den unterschiedlichen Auffassungen der beiden Staaten zu grundsätzlichen Fragen, darunter zur nationalen Frage, kann und wird dieser Besuch nichts ändern«, stellte Kohl klar. »Für die Bundesregierung wiederhole ich: Die Präambel unseres Grundgesetzes steht nicht zur Disposition, weil sie unserer Überzeugung entspricht. Sie will das vereinte Europa, und sie fordert das gesamte deutsche Volk auf, in freier Selbstbestimmung die Einheit und Freiheit Deutschlands zu vollenden. Das ist unser Ziel. Wir stehen zu diesem Verfassungsauftrag, und wir haben keinen Zweifel, daß dies dem Wunsch und Willen, ja der Sehnsucht der Menschen in Deutschland entspricht.« Schonungsloseres zum Unrecht der Teilung musste sich Honecker bis zu seinem Sturz öffentlich niemals anhören – im Fernsehen live übertragen von ARD und ZDF sowie im Staatsfunk der DDR.

Honecker ließ die Rede mit versteinerter Miene über sich ergehen. Was er zu hören bekommen würde, wusste er bereits. Die Rede war ihm und seinem Stab, wie das üblich ist, vorher zugegangen. Seine Replik nutzte Honecker allerdings nicht dazu, seinerseits die Geraer Forderungen zu wiederholen. Kohl und Honecker brachten, wie ich noch heute finde, das delikate Aufeinandertreffen mit Würde hinter sich, ohne falsche Verbrüderung. Sie haben sich anders als die Sozialdemokraten und Horst Sindermann zuvor nicht umarmt und nicht geküsst. Kohl musste man in dieser Hinsicht nichts raten, und Honecker hat ohnehin lieber Breschnew geküsst. Beide demonstrierten den notwendigen Kooperationswillen und wahrten zugleich Distanz.

Von den Gesprächen, die Honecker im Einzelnen führte, geben seine publizierten Aufzeichnungen einen gewissen Eindruck. Sie sind wie jedes Selbstzeugnis mit der gebotenen Vorsicht zu genießen. Jeder kann sich dennoch auf diese Weise selbst ein Bild davon machen, wie dem Gast begegnet wurde, wie stark die Gelegenheit zum offenen Wort über die deutsche Frage und nicht zuletzt über die Menschenrechtslage in der DDR genutzt wurde. Sie bieten Einblick in eine Haltung, die Volker Rühe später spitz als »Wandel durch Anbiederung« demaskiert hat. Schon bei den Prozessionen westdeutscher Politiker und Wirtschaftsbosse zur Leipziger Messe hatte mich dieses Manko an Standfestigkeit im Umgang mit Honecker manchmal peinlich berührt.

Für mich ist auch in der Rückschau der Besuch 1987 vor allem von symbolischer Bedeutung. Der eigentliche politische Durchbruch war bereits beim Treffen zwischen Kohl und Honecker 1985 in Moskau gelungen. In Bonn ging es uns daher weniger um handfeste Ergebnisse als vielmehr um das unumkehrbare Signal: Wenn Honecker jetzt selbst da war, dann kann er es seinen Bürgern auch nicht mehr verwehren. Dafür war auch der internationale Prestigegewinn durch den Besuch zu verkraften. Uns war klar, dass sich Honecker erhoffte, mit dem Besuch in Bonn würden sich nun auch die Türen zu anderen westlichen Staaten öffnen. Gegen den Willen der Bundesregierung und bevor Honecker nicht in Bonn gewesen war, hatten die wichtigen europäischen Hauptstädte Paris und London und vor allem Washington den DDR-Führer nicht einladen wollen. Das Reiseziel Washington blieb Honecker allerdings versagt. Seine Machtstellung ist dann zu schnell erodiert.

Dass der Honecker-Besuch, in dem die meisten Beobachter die Anerkennung deutscher Zweistaatlichkeit erkannten, auch ganz anders bewertet werden konnte, erlebte ich kurz zuvor. Im Sommer 1987 reiste ich mit meiner Frau nach Asien, besuchte Birma, Thailand, Indonesien und Malaysia – in Birma, dem heutigen Myanmar, immer auf den Spuren des Bundespräsidenten, wie ich feststellte, als ich mich in diversen Gästebüchern eintrug. Weizsäcker hatte wenige Monate vor mir das Land bereist, worauf ich bei kritischen Nachfragen, eine Diktatur wie Birma zu besuchen, immer hätte verweisen können.

Die Reise war eindrücklich, und das nicht nur wegen der touristischen Highlights, der exotischen Farben und Gerüche, des fantastischen Essens – und weil ich bei meinen offiziellen Terminen in Birma mit Rock und Sandalen eingekleidet wurde. Sondern gerade wegen der vielen Gespräche, die ich führte. Denn in ihnen gab es eigentlich nur ein – für mich so fern der Heimat erstaunliches – Thema: den anstehenden Honecker-Besuch. Der wurde allerdings nicht etwa (wie von vielen im Westen) als Zementierung der Zweistaatlichkeit verstanden. Für meine Gesprächspartner nahmen die Deutschen damit vielmehr die Überwindung der Teilung ihres Landes nun selbst in die Hand und befanden sich praktisch bereits auf dem Weg zur Wiedervereinigung. Wenn ich mich bemühte, die erstaunliche Analyse zu widerlegen, schauten mich meine Gesprächspartner immer freundlich an, aber es war offensichtlich, was sie dachten: »Wir wissen ja, dass du das sagen musst. Aber wir glauben dir kein Wort.« Ich konnte mit Engelszungen reden, es war völlig sinnlos. Und ich bin sicher, zwei Jahre später werden sie sich gesagt haben: »Ja, ja, das hat er halt nicht zugeben können. Aber wir wussten ja immer schon, dass es so kommt.«

Rückblickend verblüfft mich selbst, was alles in dieser kurzen Zeitspanne rund um den Besuch Honeckers passierte: Da war die Rede Ronald Reagans vor dem Brandenburger Tor wenige Monate zuvor, am 12. Juni 1987 – mit dem unvergesslichen Appell des US-Präsidenten an den sowjetischen Staatschef: »Mr. Gorbachev, open this gate! Mr. Gorbachev, tear down this wall.«

Und dann war da noch das ominöse SED-SPD-Grundsatzpapier, das zwei Wochen vor dem Honecker-Besuch veröffentlicht wurde.

Die Reagan-Rede am Brandenburger Tor erhitzte schon im Vorfeld die Gemüter, keineswegs nur unter notorischen Amerikaverächtern. Kurz vorher wollte der Bundespräsident mich sprechen und kam zu mir ins Kanzleramt. Weizsäcker forderte mich auf, mit allen Mitteln zu verhindern, dass Reagan es in seiner Rede an diesem symbolisch aufgeladenen Ort zu weit treibe mit den Forderungen an die sowjetische Seite, an Gorbatschow persönlich. Ihn trieb die Sorge um, Reagan könnte das weltpolitische Klima der Entspannung gefährden. Ich habe bis heute den größten Respekt vor Richard von Weizsäcker, aber diese Intervention erschien mir schon damals nicht als Ausweis großer Weitsicht – zumal er selbst dem Generalsekretär der KPdSU die überzeugendste Antwort auf dessen Beschwerde über die ständigen Bonner Hinweise zur deutschen Teilung gegeben hatte: Die deutsche Frage sei offen, sagte Weizsäcker, solange das Brandenburger Tor geschlossen sei. Ich antwortete ihm freundlich, aber bestimmt, seinen Wunsch nicht erfüllen zu können, und das auch gar nicht zu wollen. Reagans Auftritt gehört heute unbestritten zu den ikonischen Momenten der Geschichte des Kalten Krieges auf dem Weg zur Deutschen Einheit.

Sosehr ich Richard von Weizsäcker immer schätzte, hatte ich auch heftige Auseinandersetzungen mit ihm. Weizsäcker verfügte über ungemein starke menschliche Qualitäten, aber er konnte herrisch sein. Ich habe mir dennoch erlaubt, meine Meinung zu sagen. Ein solcher Disput datiert in die Vorgeschichte des Honecker-Besuchs. Zu diesem hatte es mit dem Besuch des DDR-Volkskammerpräsidenten Horst Sindermann eine Art Probelauf gegeben. Auf Einladung der SPD war er im Februar 1986 nach Bonn gereist, und die Interessenten standen schnell Schlange. Gott und die Welt wollten den Stellvertreter des Vorsitzenden des Staatsrats treffen. Dass sich zum Reigen derer, die Sindermann die Aufwartung machen wollten, auch der Bundespräsident gesellte, brachte das Fass für uns zum Überlaufen. Es erschien uns völlig übertrieben, wie man Sindermann hofierte – zumal wir immer die Folgewirkungen für einen etwaigen Honecker-Besuch im Blick hatten. Der Unmut über das Aufheben, das um Sindermann gemacht wurde, entlud sich in einem informellen Treffen der Mitglieder des CDU-Präsidiums im Kanzleramt – was offensichtlich bis in die Villa Hammerschmidt vordrang. Am Tag darauf wurde ich vom Bundespräsidenten zum Gespräch gebeten. Als ich zum vereinbarten Termin zu Fuß vom Kanzleramt durch den Park zur Villa Hammerschmidt ging, wurde ich dort nicht nur von niemandem empfangen, das Tor war sogar verschlossen. Erst auf mein Klingeln hin kam nach einiger Zeit ein Bediensteter. Wer das Bundespräsidialamt im Allgemeinen und Richard von Weizsäcker im Besonderen kennt, weiß, dass das kein Versehen war, sondern dass hier ein Exempel statuiert wurde. Kaum hatte ich in seinem Amtszimmer Platz genommen, hob Weizsäcker auch schon an. Er höre, dass in der CDU darüber geredet werde, ob er Herrn Sindermann empfangen solle oder nicht. Das sei allein seine Sache und darüber habe man in der CDU nicht zu diskutieren. Weizsäcker redete sich in Rage. Seine Schimpfkanonade, die ich demütig über mich ergehen ließ, gipfelte in dem Satz: »Wenn die Bundesregierung der Meinung ist, dass ich Herrn Sindermann nicht treffen soll, dann soll sie mir das offiziell sagen.« Worauf ich antwortete: »Herr Bundespräsident, das versucht die Bundesregierung seit etwa fünf Minuten. Sie kommt aber nicht zu Wort.« Das Gespräch war daraufhin relativ schnell beendet – und Weizsäcker hat Sindermann nicht getroffen.

Ich selbst habe ihn nur im Rahmen eines Abendessens gesehen, zu dem die SPD in die Cäcilienhöhe bei Bruno, dem legendären italienischen Restaurant in Bad Godesberg, eingeladen hatte. Wie sich da die Genossen in den Armen lagen, hat sich mir durchaus eingeprägt. Das Ausmaß an ideologischer Gemeinsamkeit zwischen dem demokratischen und dem totalitären Sozialismus erschien mir an dem Abend bemerkenswert groß – und ich war in meinem Weltbild einmal mehr gefestigt. Das galt erst recht, als im Jahr darauf, wenige Tage vor dem Besuch Honeckers, die Akademie für Gesellschaftswissenschaften der SED und die SPD-Grundwertekommission ihr gemeinsam erarbeitetes Papier »Der Streit der Ideologien und die gemeinsame Sicherheit« vorlegten. Die Intensivierung der Kontakte zwischen SPD und SED in den achtziger Jahren lief darauf hinaus, sich im Streit der Ideologien als gleichberechtigte, legitime Partner zu akzeptieren. Das am 27. August 1987 zeitgleich in Bonn und Ost-Berlin veröffentlichte Papier postulierte, dass beide Seiten reformfähig seien, forderte dazu auf, Feindbilder abzubauen und die Hoffnung nicht darauf zu richten, dass ein System das andere abschaffe. Das war nicht nur für die Hardliner in der Union harter Tobak. Ich habe durchaus nachvollziehen können, dass die Opposition selbst gerne Außenpolitik betreiben wollte. In der Opposition zu sein, ist zwar vielleicht kein Mist, wie Franz Müntefering einmal sagte, aber eben auch nicht wirklich befriedigend – vor allem wenn man von seiner eigenen visionären Kraft so überzeugt ist. Hier aber war der deutschen Sozialdemokratie der Kompass abhandengekommen und uns in der Union ein wunderbares Feld zum Angriff eröffnet.

Meine Partei hatte in den späten sechziger und frühen siebziger Jahren mit ihrem Widerstand gegen die neue Ost- und Deutschlandpolitik und auch mit ihrer Skepsis gegenüber der Entspannungspolitik zwischen den Blöcken im multilateralen KSZE-Prozess schwer danebengelegen. Wir unterschätzten damals, was auf diese Weise alles politisch in Bewegung gesetzt werden konnte, was so überhaupt erst möglich wurde. Aber für die achtziger Jahre nehme ich für uns Christdemokraten in Anspruch, nicht nur damals recht gehabt, sondern auch im Rückblick recht behalten zu haben.

## GLANZVOLL SCHEITERN: VERHANDLUNGSMARATHON UM TRANSITPAUSCHALE UND ELBGRENZE

Bei mancher Bewertung in der publizistischen und zeitgeschichtlichen Literatur denke ich, dass ich damals wegen der Vertraulichkeit der Gespräche womöglich doch zu wenig öffentlich erklärt habe. Es ging mir immer darum, im Rahmen des Nichtverhandelbaren das zu suchen, worein man überhaupt noch Bewegung bringen konnte. Dazu brauchte es kreativen Mut. Am stärksten trifft das für die langwierigen Verhandlungen zu, die ich über die Reinhaltung der hochgradig verschmutzten Flüsse geführt habe. Die Grenze zwischen Ost und West mochte noch so stark geschützt sein, das Wasser fand seinen Weg – und mit ihm die Schadstoffe.

Im sarkastischen Volksmund hieß das: »Alles in der DDR ist grau, nur die Flüsse, die sind bunt« – so war die Lage. Nicht unerwähnt bleiben darf, dass sich die Bundesrepublik auch nicht zu schade war, Abfälle und Giftmüll in der DDR zu entsorgen, weil es billiger war. Das ist kein Glanzstück in der bundesrepublikanischen Geschichte, aus der wir zu allem Übel nicht einmal gelernt haben, wenn man den Wohlstandsmüll sieht, den wir noch bis vor Kurzem in die ärmsten Länder der Welt transportiert haben.

Neben der Kali-versalzenen Werra betraf die Vergiftung der Gewässer vor allem die Elbe. Mittelfristig drohte ein »Umkippen« im Hamburger Hafen, was die Bundesregierung für Zugeständnisse erpressbar machte. Es musste etwas getan werden, erst recht, nachdem Hamburgs Erster Bürgermeister Klaus von Dohnanyi bereits gefordert hatte, durch Aufgabe unserer Position in Sachen Elbgrenze mit der DDR Lösungen für das Problem zu finden. Unter den Geraer Forderungen war neben der geteilten Staatsbürgerschaft die Elbgrenze die wichtigste. Am Ende des Zweiten Weltkriegs hatten ein britischer und ein sowjetischer Offizier die beiderseitigen Zuständigkeitsbereiche auf einer Karte mit einem Strich im Flussverlauf markiert und zusätzlich im Wortprotokoll vereinbart – hier mit Bezugnahme auf die früheren preußischen Provinzgrenzen. Beides zusammen war jedoch widersprüchlich. Die DDR verlangte deshalb eine deutsch-deutsche Vereinbarung über den genauen Verlauf auf 93,7 Flusskilometern zwischen Lauenburg und Schnackenburg. Aber wie sollten wir mit der DDR verhandeln, um eine Grenze zu regeln, die wir generell ablehnten und abschaffen wollten? Es war das gleiche Problem wie in der Asylfrage.

Nach der offiziellen Regierungsposition verlief die Grenze am Ostufer, floss die Elbe also auf westdeutschem Terrain. Ernst Albrecht als Ministerpräsident des am stärksten betroffenen Anrainerbundeslands Niedersachsen, aber auch sein schleswig-holsteinischer Amtskollege Uwe Barschel taten sich hier besonders hervor. Die SPD war dagegen seit Längerem zu Zugeständnissen bereit. Ost-Berlin wiederum stützte seine Forderung auf spätere alliierte Dokumente und die gängige Praxis der Siegermächte, Seite an Seite auf dem Fluss zu patrouillieren. Gelegen kam der DDR 1986 ein Aktenfund in London, den Dieter Schröder, ein Berliner Professor, der später unter Walter Momper Leiter der Staatskanzlei war, unter besonderer medialer Aufmerksamkeit vorstellte. Demnach verlief die Elbgrenze mal auf DDR-Seite, mal auf bundesdeutschem Gebiet und mancherorts inmitten der Elbe. Es war der größtmögliche Schlamassel, den uns die Siegermächte da eingebrockt hatten.

Unter keinen Umständen wollten wir über eine Grenzregelung die Teilung legitimieren. Weil aber etwas passieren musste, betrat ich trotzdem ab 1986 das verminte Gelände. Es war ein heikles Unterfangen, und ich bin noch heute stolz, dass mir am Ende ein von niemandem erwarteter Durchbruch gelungen ist. Wie immer beim Ringen um Lösungen in den deutsch-deutschen Angelegenheiten hing alles mit allem zusammen – ohne dass die Zusammenhänge öffentlich werden durften. Den Ausgang nahm der Verhandlungsmarathon mit der Neufestsetzung der Transitpauschale. Seitdem 1972 das Transitabkommen geschlossen worden war, forderte die stets klamme DDR für die Nutzung der Verbindungen aus der Bundesrepublik nach West-Berlin vom

»Klassenfeind« pauschal hohe Millionenbeträge. Die zu entrichtende Transitpauschale war der größte Einzelposten bei den Deviseneinnahmen der DDR und in Höhe von jährlich 525 Millionen DM bis zum Ende der achtziger Jahre festgeschrieben. Mit ihr war die Instandhaltung, also das Reparieren von Schlaglöchern oder der Schneeräumdienst, abgedeckt, nicht aber Maßnahmen zur Grunderneuerung der Autobahnen. Diese mussten extra verhandelt werden. Nach unserer Beobachtung nahm es die DDR beim Unterhalt der Strecken nicht sonderlich genau, sondern ließ die Autobahnen absichtlich so weit verrotten, dass zur grundlegenden Sanierung die Kosten dafür neu und mit für uns regelmäßig teurerem Ergebnis verhandelt werden konnten.

Für die Jahre nach 1990 mussten wir nach einer neuen Vereinbarung suchen. Unsere Verhandlungsposition war angesichts eines – von uns gewollten und beförderten – enorm gestiegenen Verkehrsaufkommens und allgemein deutlich höherer Kosten nicht komfortabel. So viel Geld war in der Bundesrepublik nur bei entsprechenden Gegenleistungen zu vermitteln, also als Kopplungsgeschäft, das die DDR allerdings äußerst ungern öffentlich gemacht sah. Ich erkannte trotzdem eine Chance. Denn die Finanzmittel aus dem Westen waren tatsächlich das vielbeschworene süße Gift der deutsch-deutschen Beziehungen.

Der DDR bot ich an, eine Einigung über die neue Transitpauschale zu treffen, lange bevor in den Medien überhaupt über mögliche Kosten spekuliert werden würde. Ich vermutete, die DDR würde bei ihren wirtschaftlichen Problemen an einer frühen Planungssicherheit interessiert sein, und wies darauf hin, dass, sobald die Verhandlungen öffentlich bekannt würden, trotz aller offiziellen Dementis die Spekulationen über Gegengeschäfte begännen, was für die Ost-Berliner Führung nie angenehm war. Schalck zeigte sich, wie erwartet, gesprächsoffen und forderte mich auf, meine Vorstellungen darzulegen.

Da es um sehr viel Geld gehen würde, brauchte ich das Einverständnis des Finanzministers und suchte deshalb in Bonn zuerst das Gespräch mit Gerhard Stoltenberg. Ich legte ihm dar, dass es angesichts des gestiegenen Reiseverkehrs für die DDR leicht zu begründen sei, die Pauschale auf eine Milliarde DM pro Jahr aufzustocken – also zehn Milliarden für das Jahrzehnt. Das war eine damals kaum vorstellbare Größenordnung. Stoltenberg verstand meine Position von ihrer sachlichen Seite wie in ihrer politischen Brisanz. Ich schlug ihm als mein Verhandlungsziel vor, in jedem Fall unterhalb einer Milliarde DM abzuschließen, und Stoltenberg stimmte zu. Als ich, gestützt auf Berechnungen zum realen und zur projektierten Steigerung des Verkehrsaufkommens, Schalck im ersten Gespräch 600 Millionen DM anbot, brach der in Lachen aus. Ihm schwebten 890 Millionen DM vor. Allmählich näherten wir uns an, im Rahmen des mir selbst gesteckten Limits. Allerdings sagte ich zu Schalck, dass es bei der sich abzeichnenden Höhe auch eine Lösung für das Problem der Elbverschmutzung geben müsse.

Das von mir geforderte Koppelgeschäft von Transitpauschale und Elbsanierung war heikel. Der Vorwurf, ich sei damit von der Linie der Bundesregierung abgewichen und Honecker mit seinen Geraer Forderungen entgegengekommen, ist dennoch unzutreffend. Wenn ich das in der wissenschaftlichen Literatur lese, merke ich am eigenen Beispiel den Unterschied von erlebter Geschichte und dem, wie aus Akten heraus ein Bild der Vergangenheit konstruiert wird. Denn in Grundsatzfragen gab ich keinen Deut nach, suchte aber nach einem Weg, über praktische Regelungen zu einer Problemlösung zu kommen. Schalcks Replik mit dem zu erwartenden Hinweis auf die offene Grenzfrage parierte ich deshalb, indem ich den ebenso strittigen Grenzverlauf zu den Niederlanden im Bereich der Emsmündung heranzog. Dort war es möglich, obwohl beide Staaten ausdrücklich auf ihren Rechtsstandpunkten bestanden, notwendige Vereinbarungen in einer Ständigen Deutsch-Niederländischen Grenzgewässerkommission gemeinsam zu treffen. Diese Ems-Dollart-Regelung war für mich die Blaupause, um auch einen Weg aus der Malaise an der Elbe zu finden. Doch die DDR-Führung ging darauf nicht ein, sie wollte Zugeständnisse in ihren Grundsatzpositionen.

Daher schlug ich Schalck vor, uns vorläufig nur darüber zu verständigen, was die Alliierten bei ihrer Grenzziehung 1945 wohl gemeint haben könnten. Ich strebte also keine finale Grenzregelung an, wie mir gelegentlich unterstellt wird, sondern nur eine gemeinsame Interpretation der alliierten Vereinbarung. Damit bliebe die vorläufige Grenzregelung eine alliierte Vereinbarung, und an den unterschiedlichen Rechtspositionen würde nicht gerüttelt. Sogar Ernst Albrecht, den ich in mehreren Gesprächen davon zu überzeugen suchte, konnte solchen Verhandlungen zustimmen. Schalck, der selbst über kein Mandat in dieser Frage verfügte, sagte eine Prüfung zu – und im Mai 1988 erfolgte auch hierzu die Absage aus Ost-Berlin. Die SED-Führung fürchtete wohl, bei Umsetzung meines Vorschlags ein wirkungsvolles Blockadedruckmittel aus der Hand zu geben. Die Verhandlungen gingen dennoch weiter, und im Sommer teilte mir Schalck plötzlich mit, die Transitpauschale könne nun, wie besprochen, vereinbart werden. Man werde dazu den Ems-Dollart-Weg beschreiten. Ich war einigermaßen überrascht, und Schalck selbst zeigte sich verwundert, nahm aber an, im Politbüro hätte man meinen Alternativvorschlag einfach nicht verstanden, er sei zu kompliziert. Am Ende war wohl der Drang der DDR-Nomenklatura zum Geld entscheidend.

Mit der Einigung standen bei der Transitpauschale 860 Millionen DM zu Buche. Dreißig Millionen davon sollten jährlich eingesetzt werden, um im Süden Berlins eine neue Grenzübergangsstelle einzurichten, weitere dreißig Millionen für notwendige Grunderneuerungen. Das war ein großer Verhandlungserfolg. Fortan würde uns die DDR nicht mehr mit verrotteten Autobahnen erpressen können. Und die eigentliche Transitpauschale reduzierte sich so auf 800 Millionen DM, bewegte sich also im zuvor mit Stoltenberg gemeinsam gesetzten Rahmen. Berücksichtigte man zusätzlich den um vierzig Prozent gestiegenen Transitverkehr, rechnete ich später der Fraktion vor, bliebe von der Kostensteigerung um gut fünfzig Prozent auf zehn Jahre gerechnet nur mehr ein Aufgeld von einem Prozent – und das seien Preissteigerungsraten, wie sie sonst nur Finanzminister Stoltenberg hinbekomme. Auf der Habenseite fiel zusätzlich ins Gewicht, dass ich die Verabschiedung einer neuen Reiseverordnung sowie ein Gesetz mit erzwungen hatte, das die gerichtliche Nachprüfung von Verwaltungsentscheidungen ermöglichte. Statt der üblichen Willkür sollte für DDR-Bürger künftig mehr rechtliche Klarheit und dadurch Berechenbarkeit gelten. Dass die DDR auch noch die Zusicherung gegeben hatte, in den ersten Monaten 1989 Gespräche über die Reinhaltung der Elbe wieder aufzunehmen, berichtete ich nicht – es sollte auf Wunsch der DDR in dieser Frage kein Junktim erkennbar sein. »Das gibt es nicht, das ist ausgeschlossen«, rief Egon Bahr aus, als ich ihm von meinem Verhandlungsergebnis zur Elbverschmutzung berichtete. Auch Stoltenberg war zufrieden – und als es in die Ressortabstimmung ging, konnte ich Bedenken wegen der Höhe der Transitpauschale mit der beiläufigen Bemerkung abräumen, dass mit dem Finanzminister bereits alles abgestimmt sei.

Als ich am 10. November 1988 in Ost-Berlin den errungenen Erfolg bei der Bekämpfung der Elbverschmutzung endlich öffentlich bekannt geben konnte, war ich überzeugt, die Nachricht würde die Welt bewegen. Stattdessen musste ich feststellen, dass sie in der öffentlichen Wahrnehmung weitgehend unterging. *Der Spiegel* lobte zwar im Vorfeld meiner Reise nach Ost-Berlin den durchgesickerten »politischen Durchbruch«. Aber nach der offiziellen Bekanntgabe interessierte das kaum jemand. Als ich mich bei Kohls Pressesprecher in Bonn über die mangelnde mediale Resonanz beklagte, sagte der nur: »Sie haben ja keine Ahnung, was hier los ist.«

In Bonn hatte Philipp Jenninger zeitgleich seine im Inhalt völlig korrekte, dem Anlass jedoch unangemessene, vor allem aber im Vortrag missverständliche Rede zum Gedenken an die Pogrome gegen die deutschen Juden 1938 gehalten. In der medialen Aufregung um die Ansprache und seinen anschließenden Rücktritt ging mein mühsam errungener Verhandlungscoup sang- und klanglos unter. In Ost-Berlin hatte ohnehin niemand ein gesteigertes Interesse daran, das eigene Nachgeben in der Grenzfrage an die große Glocke zu hängen. Für den bekannt gegebenen Verhandlungsabschluss reichte es so nur zu einer Notiz. Die Transitpauschale und die im Frühjahr 1989 tatsächlich aufgenommenen Verhandlungen zur Elbsanierung wurden schließlich von den welthistorischen Ereignissen überholt. Glanzvoller bin ich nie gescheitert.

## LETZTE BEGEGNUNGEN MIT »SCHNEEWITTCHEN«

Ich traf Schalck auch noch, als ich zum Bundesinnenminister ernannt worden war. Zuletzt war das im Oktober und Anfang November 1989 gemeinsam mit Rudi Seiters, der mir im Kanzleramt nachgefolgt war. Die Rahmenbedingungen hatten sich grundlegend verändert. Seit dem Frühjahr war alles in Bewegung geraten. Kleine Zugeständnisse und große Kredite: Diese eingespielte Form deutsch-deutscher Verständigung war überholt. Schalck hatte nach unseren vielen Treffen das Sensorium, um die Zeichen der Zeit zu erkennen. Dass ich neue Töne anstimmte, indem ich weitere Hilfen strikt an freie Wahlen band, war ihm nicht entgangen. Diplomatisch sei es eine Ungeheuerlichkeit gewesen, fasst er in seinen Memoiren sein damaliges Empfinden zusammen, um rückblickend festzustellen: »Historisch war es konsequent.« Schalck war eine raumfüllende Person. Dass der BND diesen Hünen in seinen Akten ausgerechnet als »Schneewittchen« führte, zeugt von einem nicht unbeträchtlichen Maß an Humor der Agenten in Pullach. Weniger witzig fand Schalck die Umstände seiner Flucht und den Umgang mit ihm nach der Wende, die Verhöre durch den BND, die zahlreichen Prozesse gegen ihn wegen seiner Geschäfte, die mit einer Verurteilung wegen illegalen Waffenhandels endeten. Eine mythenumrankte Geschichte – und für mich als sein westdeutscher

Verhandlungspartner verbunden mit unangenehmen Befragungen vor einem Parlamentarischen Untersuchungsausschuss.

In der politischen Wendezeit war Schalck zur Zielscheibe der Kritik am alten System geworden, mit befördert durch Berichte in westdeutschen Medien über ihn und sein geschäftliches Treiben. Das ZK ließ ihn fallen, und ganz offensichtlich fühlte sich Schalck nicht nur durch einen Haftbefehl, sondern in seinem Leben bedroht. Er hat die Umstände seiner Flucht selbst geschildert. Dass ich ihn in dieser Zeit protegiert hätte, wie immer noch kolportiert wird, sogar von Komplizenschaft ist die Rede, gehört auch in die Rubrik »Räuberpistole«. Richtig ist, dass mir Schalck seine massiven Ängste berichtete, und dass ich und mein Büro ihm zusammen mit Diakoniepräsident Karl Heinz Neukamm eine Unterkunft in West-Berlin vermittelten. Das war nach meiner Erinnerung unser letztes Gespräch. Als Anfang Dezember die Ost-Berliner Justiz an die West-Berliner Staatsanwaltschaft ein sogenanntes Überstellungsersuchen richtete, dem die Staatsanwaltschaft nachkommen wollte, fragte Justizstaatssekretär Kinkel Rudolf Seiters und mich, ob wir dagegen Einwände hätten. Wir verneinten, und ich ließ Schalck ausrichten, er möge sich der Justiz stellen. Das tat er, und so kam es zu der kolportierten Episode, dass Schalck am frühen Morgen Einlass in das Untersuchungsgefängnis Moabit begehrt haben soll, weil er gesucht würde. Der diensthabende Beamte an der Pforte hatte aber gar keinen Haftbefehl vorliegen.

Am Ende wurde Schalck nicht nach Ost-Berlin überstellt. Straffreiheit hatte ich ihm nicht zugesichert. Schalck hatte Angst, von der Stasi entführt zu werden, und bat um Hilfe, sicher aus West-Berlin in die Bundesrepublik zu kommen. Ich konnte ihm nichts anderes ausrichten lassen, als die regulären Flüge von Tegel aus zu nehmen. Wie er dann einige Zeit später nach Pullach in die Obhut des BND gekommen ist, weiß ich nicht. Jedenfalls vermerkt er in seinen Erinnerungen, es sei damals zwischen uns kein persönliches Wort gefallen. Auch dass ich ihm später auf mehrere sehr persönliche Briefe nicht geantwortet habe, traf ihn wohl. Aber er hatte selbst erkannt, dass ich mich in meinem Amt als Bundesinnenminister nicht in der Lage sah, weiter Kontakt zu halten. Wir hatten eine Arbeitsbeziehung gepflegt, mehr nicht. Da mochte nach der Wiedervereinigung der innenpolitische Gegner noch so wilde Geschichten konstruieren: Ich weiß, dass ich in meinen Kontakten immer sauber geblieben bin.

Zum Inhalt der Briefe, die mir Schalck schrieb und meiner Erinnerung nach über Karl Heinz Neukamm zustellte, hat er sich in seinen Memoiren nicht geäußert – und ich kann es auch nicht tun, weil ich sie nicht mehr besitze und meine Erinnerungen sehr vage sind. Das kann man vielleicht verstehen, wenn man bedenkt, was nach dem Fall der Mauer bis zum 3. Oktober 1990 alles an Aufregendem geschah – und wenn man miteinbezieht, dass sich für mich durch meine Querschnittslähmung kurz nach dem Vollzug der Einheit vieles grundsätzlich änderte. Es waren jedenfalls nach meiner heutigen Erinnerung eindeutig private Briefe, die einen Einblick in den Seelenzustand des tief gefallenen Geschäftsmanns gaben. Die Nachwelt mag selbst darüber urteilen, welche Grenzen des Privaten sie auch im Politischen zu akzeptieren bereit ist. Ich habe Schalck seit dem Fall der Mauer nie wieder persönlich getroffen.

## NICHT NUR SCHWÄRMEN, SONDERN GUT HANDELN! EINE BILANZ

Wenn ich zurückblicke, wird das Muster der Deutschlandpolitik in den achtziger Jahren klar: Die desaströse Wirtschaftslage der DDR spielte der Bundesregierung in die Hände. Der Arbeiter- und Bauernstaat brauchte dringend Devisen. Nur deshalb konnten Zugeständnisse in humanitären Fragen in harter Währung sprichwörtlich »erkauft« werden. Die Grundformel, finanzielle Leistungen gegen menschliche Erleichterungen, war durchaus fragwürdig, und sie machte angreifbar. Wir stießen deshalb in den Verhandlungen mit der SED-Spitze immer wieder an Grenzen und mussten uns die Frage nach der eigenen moralischen Integrität stellen. Aber wir konnten so selbst gegen den Druck aus Moskau eine Eiszeit in den deutsch-deutschen Beziehungen verhindern.

Ich versuchte in meiner Zeit als Kanzleramtsminister, zwischen teils unvereinbaren Positionen einen trotzdem für beide Seiten gangbaren Weg zu finden. Hermann Freiherr von Richthofen hat einmal formuliert, ich sei die Deutschlandpolitik wie ein Tennismatch angegangen. Mit langen Schlägen von der Grundlinie hätte ich meine Überzeugungen ausgespielt und gleichzeitig nicht versäumt, mir in Verhandlungen auch schnelle Siegpunkte am Netz zu holen. Das gefällt mir gut und fasst die zwei Leitlinien meiner Politik in ein Bild: Überzeugungen und Pragmatismus. Es brauchte manchmal einen harten Aufschlag, wie die Drohung, Gespräche über neue Geldspritzen abzubrechen, wenn es keine politischen Zugeständnisse gab. Und wo im Tennismatch der Lauf zum Netz einen gewissen Mut voraussetzt, brauchte es auch in den Verhandlungen den Willen, gelegentlich ins Risiko zu gehen – auch auf die Gefahr hin, in der politischen Auseinandersetzung missverstanden zu werden.

Zu viel des Mutes bringt allerdings auch nichts. Das ist ein schmaler Grat. Wenn Kohl mich nicht hin und wieder gebremst hätte, dann hätte ich mir manchmal eine blutige Nase geholt. Schließlich ging es in den Verhandlungen immer auch um das richtige Timing. Wann galt es, die Zügel anzuziehen, wann sollte ich eher abwarten? Wann brauchte es sanfteren Druck, wann eine klare Ansage und eine erhöhte Frequenz in der Kontaktaufnahme zum Gesprächspartner? Das war stets neu auszuloten.

Und was ist mit dem Vorwurf, die Deutschlandpolitik habe mit finanziellen Hilfen das SED-Regime verlängert? Vordergründig kann man das so sehen. Ich dagegen glaube, umgekehrt wird ein Schuh daraus. Am Ende ist die Frage nach dem Ertrag unserer Politik nur dialektisch zu beantworten: Der Kreditbedarf der DDR trieb sie in eine immer stärkere Abhängigkeit vom Westen und gleichzeitig im Systemwettbewerb in eine aussichtslose Konkurrenzsituation, befeuert dadurch, dass Millionen DDR-Bürger auf Westreise die Systemüberlegenheit der Bundesrepublik vor Augen geführt bekamen.

Auch wenn ich um den Erfolg weiß, bleibt die Frage Timothy Garton Ashs: »Zu welchem Preis? Für wieviel Demoralisierung im Osten und wieviel Relativierung im Westen?« Selbstkritisch muss ich anerkennen, dass ich mich wenig um die Bürgerrechtsbewegung in der DDR gekümmert habe. Den Vorwurf kann ich nicht entkräften. Allerdings kann ich mein Handeln erklären. Meine Aufgabe war eben vor allem auf den Kontakt mit den Machthabern konzentriert. Und ob mit einer Politik der Konfrontation gegenüber dem Regime bei stärkerer Unterstützung von Bürgerrechtsgruppen mehr erreicht worden wäre? Es ist die deutsch-deutsche Gretchenfrage, deren Beantwortung – in den Worten des Historikers Ash – im trügerischen Reich des Hypothetischen bleibt.

Ich habe mir damals schlicht nicht vorstellen können, dass eine Bürgerbewegung die Stabilität der DDR aushebeln könnte. Wir haben zwar mit großem Interesse beobachtet, was etwa in Polen los war, aber wir glaubten nicht daran, dass Vergleichbares in der DDR möglich war – zumal zur Kehrseite unserer Politik humanitärer Erleichterungen durch Übersiedlung und

Freikauf gehörte, dass sie die oppositionellen Potenziale in der DDR-Gesellschaft schwächte. Das kann man uns vorwerfen, und mit Ash erhebt eine ernst zu nehmende Stimme diesen Vorwurf. Dabei hat Ash selbst in seinen faszinierenden Essays aus den achtziger Jahren ein Bild der DDR-Gesellschaft gezeichnet, von dem er sich nach ostdeutscher Kritik zwar später distanzierte, das aber trotzdem symptomatisch für die damalige Wahrnehmung der DDR durch den Westen ist. Die DDR-Bürger schienen ihm »am weitaus erfinderischsten zu sein, wenn es darum geht, sich von der kollektiven politischen Bühne in ihre eigenen apolitischen Nischen zurückziehen zu können«, und die wenigen oppositionellen Denker der DDR unterlägen »noch immer der Illusion, daß fundamentale Veränderungen von oben durch einen einsichtigen, demokratisierten, Bahro und Havemann lesenden Parteiapparat kommen könnte. Währenddessen bleibt die Gesellschaft passiv wie ein Patient auf dem Operationstisch.« Ob sich diese Gesellschaft einmal revolutionär zur Wehr setzen würde, erschien Ash Anfang der achtziger Jahre so wenig wahrscheinlich wie die Demontage der Mauer. Am Ende des Jahrzehnts geschah beides. Und den Sozialismus, den Oppositionelle immer noch reformieren wollten, lehnte das Volk in großer Mehrheit ab.

Die Erfahrung, dass noch jede sozialistische Diktatur gesellschaftliches Aufbegehren mithilfe sowjetischer Panzer brutal unterdrückt hatte, führte, wie Ash richtig analysiert, bei uns politisch Verantwortlichen zu der Überzeugung, Fortschritte seien eben nicht mit den Bürgern, sondern nur mit den Machthabern zu erreichen: »Dort, bei den Herrschern, lag der Schlüssel für kurzfristige Erleichterungen und mittelfristige Reformen.« So verstand ich meine Aufgabe in den Gesprächen mit den DDR-Funktionären. Die Kontaktpflege zu oppositionellen Kräften in der DDR gehörte nicht zu meinen Aufgaben. Das mussten nach meinem Verständnis andere tun, denn solche Kontakte hätten die Erfolgsaussichten meiner Verhandlungen auf dem informellen Gesprächskanal eher unterlaufen. Das heißt nicht, dass ich mich nicht bemüht hätte, mehr über die Situation der Ostdeutschen zu erfahren und dadurch die DDR besser zu verstehen. Über die Kirchen, die eine große Rolle dabei spielten, Kontakte zwischen Ost und West anzubahnen, auszubauen und zu pflegen, begegnete ich einzelnen der späteren Akteure in der Friedlichen Revolution. Mein junger Fraktionskollege Stefan Schwarz brachte etwa Rainer Eppelmann gelegentlich nach Bonn, den ich dann auch zum Gespräch traf. Ansonsten beschränkte sich mein Kirchenkontakt vor allem auf Manfred Stolpe.

Der Konsistorialpräsident der Ostregion der Evangelischen Kirche Berlin-Brandenburg war die zentrale Figur für die Gespräche zwischen Kirche und Staat in der DDR. Über Bischof Heinz-Georg Binder, den Militärbischof und Bevollmächtigten des Rates der EKD, wurde der Kontakt hergestellt. Wann immer Stolpe bei ihm zu Gast war, trafen wir uns im Kanzleramt zum Frühstück. Einmal besuchte er mich auch in Gegenbach mit seiner Frau, die aus ihrer ideologischen Nähe zum Sozialismus keinen Hehl machte. Stolpe erzählte mir von der Lage in der DDR, und ich teilte ihm meine Einschätzungen mit – im Wissen und mit der Absicht, dass er das in den entsprechenden Zirkeln weitergibt. Insofern war Stolpe für mich eine sehr wichtige Person für unsere informellen Kontakte zur SED. Diese Zusammenarbeit vergaß ich nicht, als später die Frage virulent wurde, wie weit der Dienst am Staat bei Stolpe gegangen sei. Die Bewertungen seiner Stasi-Kontakte gehen auseinander, ich wage kein Urteil darüber. Dass er mit seinen Westkontakten besondere Privilegien genoss, war offenkundig. Aber es war eben auch Teil der Konstellation, wie sie der Kalte Krieg erzwang. Ich wollte mich als Mensch und guter Protestant darüber nie erheben, lasse mir allerdings von niemandem vorwerfen, nicht bei jeder sich bietenden Gelegenheit die Menschenrechtsverletzungen mit Nachdruck angesprochen zu haben. Das tat ich von meinem ersten Besuch in Ost-Berlin an bis zu meinem letzten Gespräch mit Schalck, dann schon als Innenminister.

Um damit das deutschlandpolitische Kapitel abzuschließen, möchte ich noch einmal zu meiner angesprochenen Reise nach Ost-Berlin am 9. und 10. November 1988 zurückkehren. An diesem Tag jährten sich die Pogrome gegen die deutschen Juden fünfzig Jahre zuvor – auf die missglückte Rede Philipp Jenningers im Bundestag bin ich bereits zu sprechen gekommen. Ich hatte noch am Morgen des symbolträchtigen Tages an der Gedenkstunde in der Frankfurter Synagoge teilgenommen, bei der – im Vorfeld heftig umstritten – Helmut Kohl die Ansprache hielt. Danach brach ich nach Ost-Berlin auf, wo am Folgetag der Grundstein für den Wiederaufbau der Neuen Synagoge an der Oranienburger Straße gelegt wurde.

Am Abend des 9. November hatte im Ost-Berliner Deutschen Theater eine große Gedenkveranstaltung des Verbands der Jüdischen Gemeinden in der DDR stattgefunden, an der ich mit anderen hochrangigen Repräsentanten teilnahm. Sogar der Präsident und der Generalsekretär des Jüdischen Weltkongresses, Edgar Bronfman und Israel Singer, machten der traditionell israelfeindlichen DDR die Aufwartung. Innerlich bebte ich damals vor Zorn, denn die DDR hatte bislang keinen Pfennig an Wiedergutmachung gezahlt. Sie stilisierte sich in ihrem antifaschistischen Mythos zum Opfer des Faschismus, während wir in der Bundesrepublik die ganze Last der Scham für Hitler und den Holocaust trugen. Immerhin da wurde unser Alleinvertretungsanspruch von der DDR nicht bestritten. Die taktischen Motive, die dem plötzlichen Interesse an der jüdischen Geschichte und auch am Staat Israel zugrunde lagen, waren überdeutlich: Es sollte damit nur ein weiterer Stein auf dem Weg zum Staatsbesuch Honeckers in den USA beiseitegeräumt werden. Ein fleißiger IM vermerkte in seinem Bericht zu den von der Stasi operativ begleiteten Gedenkveranstaltungen den zynischen, aber vielsagenden Satz eines westlichen Korrespondenten: »Die USA sehen und dann sterben.«

Gegen Ende des Programmteils trat der großartige Schauspieler Dieter Mann, zu dieser Zeit auch Intendant des Deutschen Theaters, auf die Bühne. Er rezitierte aus Lessings *Nathan der Weise*, und seine Stimme füllte den Saal: »Begreifst du aber, Wie viel andächtig schwärmen leichter, als / Gut handeln ist? Wie gern der schlaffste Mensch / Andächtig schwärmt, um nur, – ist er zu Zeiten / Sich schon der Absicht deutlich nicht bewußt – / Um nur gut handeln nicht zu dürfen?«

Begreife, wie viel einfacher andächtig schwärmen als gut handeln ist – dieser Satz lässt mich seit dem Abend des 9. November 1988 nicht mehr los. Er ist der Schlüssel zu meinem Politikverständnis. Ist es nicht auch eine schöne Koinzidenz, dass am Abend des 9. November 1989 der *Nathan* wieder auf dem Spielplan des Deutschen Theaters stand? Immer, wenn ich Politikerkollegen höre, die mir sagen, man sollte doch, man müsste doch, dann denke ich an die unendlich weisen Worte Lessings. Begreife du aber … Dahinter steht kein unmoralischer Ansatz – sondern ein realistischer Blick auf das Machbare und ein gelassener Blick auf das, was dazu manchmal notwendig ist.

Ich musste mit den Machthabern in der DDR sprechen, um etwas für die Menschen zu erreichen. So wie wir heute, wenn wir die globalisierte Welt mitgestalten wollen und bei der Lösung globaler Probleme vorankommen wollen, auch mit Staaten und Regimen verhandeln müssen, die unsere Werte nicht teilen und an denen wir mit guten Gründen viel zu kritisieren haben. Wenn jemand, der gern das große, rhetorisch durchaus überzeugende Wort schwang, sich bei bietender Gelegenheit der Verantwortung zum Regieren entzog, fand ich das immer ausgesprochen feige.

Ich konnte in meiner sensiblen Funktion in den deutsch-deutschen Beziehungen zwischen November 1984 und Frühjahr 1989 für viele Menschen einiges zum Besseren bewegen. Die Gefühle der Resignation und Verbitterung, die Opfer des SED-Unrechtsregimes gegenüber dieser Politik hegten, kann ich dennoch gut verstehen. Es gehört auf das Schuldkonto, auf das jeder einzahlt, der politische Verantwortung übernimmt, und das er mit dem eigenen Gewissen stets in Einklang zu bringen hat. Über das Zusammenspiel von zweckgerichteter Vernunft und moralischer Zielbestimmung in der Politik hat Helmut Schmidt Grundsätzliches gesagt. Ihm habe ich Abbitte zu leisten, weil sich mir sein berühmter Satz über die Visionen, mit denen man besser zum Arzt gehen soll, erst nach und nach erschlossen hat. Für Schmidt war Politik »pragmatisches Handeln zu sittlichen Zwecken oder zu sittlichen Zielen.« Er war überzeugt, dass »illusionistische Politik«, welche auf vernünftige Berechnung verzichte, unmoralisch sein könne, auch wenn ihre Zwecke durchaus als moralisch vorgestellt würden. Pragmatisch zu denken und zu handeln, war ihm die sittliche Pflicht jedes Politikers, der über moralische Prinzipien nicht nur reden, sondern diese auch tatsächlich handelnd verwirklichen will. Mit anderen Worten: Nicht nur schwärmen – gut handeln! Es braucht dazu nicht immer ein festes Ziel, wohl aber eine Richtung. Und wenn man dann sieht, dass die Richtung falsch ist, dann muss man in der Lage sein, sich zu korrigieren. Das ist Karl Popper – und für mich die Geschichte vom glücklichen Sisyphos. Das ist das menschliche Leben: Der Stein muss immer wieder gerollt werden. So habe ich mein Wirken in der Deutschlandpolitik gesehen.

# V.

## NEUN TAGE IM OKTOBER – DEUTSCHE EINHEIT UND ATTENTAT

◄ Wolfgang Schäuble und Günther Krause informieren die Presse über den Verlauf der zweiten Verhandlungsrunde zum Einigungsvertrag.

2./3. OKTOBER 1990, BERLIN. Auf der Wiese vor dem Reichstagsgebäude wurde die Menge immer größer, von allen Seiten strömten Menschen herbei. Vor der Freitreppe des Reichstags, auf der ich kurz vor Mitternacht mit zahlreichen Repräsentanten der Bundesrepublik und der untergehenden DDR stand, wogte ein schwarz-rot-goldenes Fahnenmeer. Es herrschten keine aggressiven Triumphgefühle, kein nationalistischer Überschwang, eher ungläubiges Staunen über die gewonnene Einheit – und Stolz auf den Mut der Bürger in der DDR zur Friedlichen Revolution. Hatte es das in der deutschen Geschichte jemals gegeben? Es war die pure Freude, als Richard von Weizsäcker, von Glockengeläut untermalt, verkündete: »In freier Selbstbestimmung wollen wir die Einheit und Freiheit Deutschlands vollenden. Wir wollen in einem vereinten Europa dem Frieden der Welt dienen.«

Die große Fahne der Einheit hob sich zu den Klängen der Nationalhymne unter dem Applaus Hunderttausender in den Nachthimmel, die Rührung war allen ins Gesicht geschrieben. In Gedanken blickte ich zurück auf ein Jahr mit den außergewöhnlichsten und beglückendsten Erfahrungen meines politischen Lebens. Die Monate zuvor, in denen ich den Einigungsvertrag verhandelt hatte, waren ungeheuer anstrengend gewesen, eine Dauerbelastung mit wenig Schlaf und sehr eingeschränktem Familienleben. Nun war der Augenblick gekommen, auf den ich mit Günther Krause hingearbeitet hatte. Mein DDR-Verhandlungspartner teilte mein Gefühl der Erleichterung. Auf die Menschenmenge blickend fassten wir uns überwältigt kurz an den Händen.

Gleichzeitig spürte ich die Verantwortung, dass dieser welthistorische Moment zu einem friedlichen und fröhlichen Fest wird. Die Einheitszeremonien lagen in meiner Zuständigkeit als Innenminister. Während Feuerwerkskörper in den Himmel stiegen, sah ich, wie ein stetig wachsendes Meer von Menschen auf dem Platz zunehmend nach vorne drängte, dorthin, wo neben dem Bundespräsidenten auch Helmut Kohl und Willy Brandt standen, der Kanzler der Einheit und der Visionär der neuen Ostpolitik. Von einer Menschenmenge geht eine unwiderstehliche Kraft aus, faszinierend und beängstigend. Deshalb ermunterte ich etwas nervös zum Aufbruch, um durch unsere Anwesenheit dem Drängen nicht noch weiter Vorschub zu leisten.

Wenige Stunden später fand meine Festtagsstimmung eine unerwartete Unterbrechung. Während die DDR am Vorabend im Schauspielhaus am Gendarmenmarkt ihr eigenes Ende festlich begangen hatte, lud das nun wiedervereinte Deutschland in die Berliner Philharmonie zum Staatsakt. Die Philharmoniker setzten den Ton, bevor der Bundespräsident und die Spitzen von Bundestag, Bundesrat und Volkskammer sprachen. Doch plötzlich trat ein unbekannter Mann mit Jutetasche ans Rednerpult, um unbehelligt als »Bürger aus dem Volk« über die hervorragende Qualität der Frankenweine des Jahrgangs 1972 zu berichten. Minutenlang. Während die irritierte Festgesellschaft dazu überging, den Mann mit demonstrativem Applaus zum Schweigen zu bringen, versuchte ich von meinem Platz aus händeringend die Situation zu retten. Meinen Protokollchef verdonnerte ich dazu, den Mann unverzüglich von der Bühne zu holen – unter Anmaßung einer Zuständigkeit, die ich gar nicht hatte. Das Bundesinnenministerium war nur für den Außenschutz des Gebäudes verantwortlich, nicht aber im Saal.

Es war eine Farce mit peinlichem Nachspiel. Denn die Beamten, die den Mann vor die Tür setzten und verwaltungsgemäß korrekt ein Hausverbot aussprachen, versäumten es, seine Personalien aufzunehmen. Mit ein wenig unfreundlichem Nachdruck gegenüber den Verantwortlichen sorgte ich dafür, dass mir am nächsten Morgen alle Angaben zu dem – wie ich mich zu erinnern meine – geistig unzurechnungsfähigen, vorzeitig pensionierten Richter aus Niedersachsen vorlagen. Er hatte einem prominenten Gast am Eingang die Zugangsberechtigung abgeschwatzt und war so in die Feierstunde gelangt. So schnell kann es gehen.

Richard von Weizsäcker kam beim anschließenden Empfang zu mir und rief mir lachend zu, das sei ja eine tolle Idee gewesen, diesen Mann da auftreten zu lassen und so der ganzen Welt zu zeigen, dass die Deutschen gar nicht so schrecklich perfekt sind, wie sie immer scheinen. Ich war zu müde für eine angemessene Replik und antwortete bloß: »Herr Bundespräsident, ich habe Blut und Wasser geschwitzt, ich vertrage jetzt wirklich keinen Spaß.« In der ausgelassenen Atmosphäre ging der Zwischenfall weitgehend unter, auch wenn SPD-Fraktionsvize Willfried Penner via *Spiegel* meine Entlassung als Minister forderte. Mit Oskar Lafontaine war immerhin ein Mann im Saal gesessen, der erst im April knapp den Messerangriff einer geistig verwirrten Frau überlebt hatte.

Die Panne zeigte mir, dass auch die noch so aufwendigen Sicherheitsvorkehrungen, wie sie in diesen Jahren der Linksterrorismus erzwang, auf eine fast lächerliche Weise überwunden werden können. Einen hundertprozentigen Schutz gibt es nicht, erst recht nicht für Menschen, die in der Öffentlichkeit stehen. Sie sind einem besonderen persönlichen Risiko ausgesetzt. Das musste ich kurz darauf selbst erleben, als am 12. Oktober bei einer Wahlkampfveranstaltung im badischen Oppenau auf mich geschossen wurde. Zwischen diesen beiden Momenten, der rauschenden Nacht vor dem Reichstag und dem Attentat in meinem Wahlkreis, zwischen diesen Hoch- und Tiefpunkten meines Lebens, lagen gerade einmal neun Tage. Neun Tage! So nahe sind sich manchmal himmelhoch jauchzend und zu Tode betrübt. Das ist die prägendste Erfahrung, die ich in meinem Leben gemacht habe. 1990 wurde dadurch politisch wie privat zum zentralen Jahr meiner Biografie, die seitdem ein Davor und ein Danach kennt.

In meinem noch im Krankenhaus verfassten Buch *Der Vertrag* habe ich aus meiner Sicht die historischen Abläufe des Einheitsjahrs detailliert geschildert; da waren die Ereignisse noch sehr nah, die Eindrücke – wenn auch vom Attentat überschattet – frisch. Über keine Periode meiner politischen Laufbahn habe ich später mehr und öfters Bericht erstattet. Auch darauf stütze ich mich, wenn ich hier schlaglichtartig die Aspekte beleuchte, die mir immer noch wichtig sind – zumal ich feststelle, wie mit fortschreitender Distanz und dem Wissen darüber, was folgte, Bewertungsmaßstäbe für vermeintliche Handlungsalternativen verrücken. Auch und gerade für dieses Jahr gilt aber, dass die Entscheidungen, die wir in der Bundesregierung und die ich in den Verhandlungen zum Einigungsvertrag traf, nur aus der Situation dieses *annus mirabilis* zu begreifen sind.

## »OBERVOLTA MIT RAKETEN« – WELTPOLITISCHE VERÄNDERUNGEN BAHNEN SICH AN

Dass in der DDR etwas in Bewegung geraten war, hatte sich seit den von Bürgerrechtsgruppen öffentlich gemachten Wahlfälschungen im Mai 1989 immer deutlicher abgezeichnet. Spätestens ab dem Sommer bestimmte vor allem die wachsende Zahl an DDR-Bürgern, die über Ungarn ihrer Heimat den Rücken kehrten oder in den bundesdeutschen Botschaften von Warschau, Budapest und Prag ihre Ausreise erzwingen wollten, die Berichterstattung. Es sind ikonische Bilder der Wendezeit, die noch heute Schauer über den Rücken jagen: Menschen, die über die Botschaftszäune klettern, Kinderwägen, die darüber gehoben werden, und natürlich Genschers im Jubel der Menschen untergehende Mitteilung vom Balkon der Prager Botschaft über die erteilte Ausreiseerlaubnis – gefolgt von einer gespenstischen Fahrt der verschlossenen Züge durch die DDR. Diese »Abstimmung mit den Füßen« vor den Augen der Weltöffentlichkeit brachte das SED-Regime mindestens ebenso stark in Bedrängnis wie die immer lauter werdenden Rufe nach Veränderung im Land selbst.

Im Rückblick fügen sich viele einzelne Entwicklungen in den Ostblockstaaten zusammen, die die Überwindung des Ost-West-Konflikts angebahnt hatten. Unsere Einheit konnten wir Deutschen ja nur gewinnen, weil Europa insgesamt seine Teilung überwinden wollte. Ich denke deshalb, wenn ich mich an 1989/90 erinnere, immer auch an die Wahl eines Polen zum Papst und dessen wirkmächtigen Besuch in seiner Heimat, an die machtvolle polnische Gewerkschaftsbewegung Solidarność, die leuchtende Kerzendemonstration in Bratislava, die 650 Kilometer lange Menschenkette durch das Baltikum und all die anderen Freiheitsbewegungen in den Staaten des früheren Ostblocks, nicht zuletzt natürlich an die große humanitäre Geste der Ungarn bei Sopron im Sommer 1989, als sie eigenmächtig die Grenze öffneten.

In Bonn beobachteten wir die Entwicklungen jenseits der Mauer freudig erstaunt über das gewonnene Selbstbewusstsein vieler DDR-Bürger, die ihren Unmut über die politische und wirtschaftliche Lage offen zeigten und den Protest aus dem relativ geschützten Raum der Kirchen zunehmend auf die Straße trugen. Zugleich waren wir aber besorgt, wohin diese Entwicklungen führen würden. Alle hatten noch die gewalttätig niedergeschlagenen Protestbewegungen in der DDR 1953, in Ungarn, in Prag, in Polen in Erinnerung – und noch immer standen tausende Soldaten der Roten Armee in der DDR. Mit dem Massaker auf dem Platz des Himmlischen Friedens im Juni 1989 hatte die KP-Führung in Peking gerade erst die »chinesische Lösung« exekutiert, die als mögliches Szenario immer im Raum stand. Wir übten uns deshalb in Zurückhaltung und sahen zu, die Lage unsererseits nicht weiter zu eskalieren. Denn natürlich stellte sich die Frage, was das Ziel der täglich immer mächtiger fortschreitenden Protestbewegung eigentlich sein werde. Die sie tragenden oppositionellen Kräfte forderten mit dem trotzigen Ruf »Wir bleiben hier« demonstrativ eine Reform der DDR ein, während das Land gleichzeitig mit den tausenden, überwiegend jungen Übersiedlern regelrecht auszulaufen drohte.

Mir fehlte auch damals noch immer jede Fantasie, wie die deutsche Teilung eines Tages zu Ende gehen sollte. Wie hätte die Sowjetunion das je akzeptieren können? Zu offensichtlich war, dass mit der Wiedervereinigung auch der Warschauer Pakt erodieren musste. Die Nachkriegsordnung, in der die Abwesenheit von Krieg auf der gegenseitigen Vernichtungsfähigkeit basierte, schien nur veränderbar um den Preis eines Dritten Weltkriegs. Andere waren da vorausschauender. Als ich im April 1989 den neu bestellten US-Botschafter Vernon Walters zum Antrittsbesuch empfing, sagte er zu mir: »In meiner Amtszeit als Botschafter kommt die Wiedervereinigung.« Ich fragte ihn überrascht, wie lange man denn als Amerikaner in der Regel auf einem solchen Posten bliebe. Seine Antwort lautete: »Drei Jahre.« Ich hatte durch meine jahrelangen DDR-Kontakte zwar inzwischen meine Meinung revidiert, die Teilung würde nicht mehr zu meinen Lebzeiten überwunden; inzwischen hielt ich das bis zum Ende des 20. Jahrhunderts zumindest für möglich. Walters Zeithorizont erschien mir dennoch völlig unrealistisch – auch noch, als er Anfang September 1989 mit der Aussage »*German Unity Soon*« Schlagzeilen in der *International Herald Tribune* machte. Doch Walters behielt recht. Später schrieb er, ich hätte von allen seinen Gesprächspartnern in Deutschland noch die optimistischste Prognose abgegeben.

George H. W. Bush, seit Jahresbeginn der 41. Präsident der Vereinigten Staaten, hatte den erfahrenen Walters, der längst im Rentenalter war, mit dem Argument nach Bonn geschickt, in seiner Amtszeit werde das Zentrum der weltpolitischen Entwicklung in Deutschland liegen. Hier würde es ums Ganze gehen. Die Amerikaner hatten erkannt, dass die Sowjetunion den Wettlauf im

Kalten Krieg verloren hatte. Das herablassende Wort Walters von der einstigen Supermacht als »Obervolta mit Raketen« offenbart die Einschätzung, die man in den USA von den Realitäten im Ostblock gewonnen hatte. Zur historischen Wahrheit gehört, dass später die US-Amerikaner – neben dem Präsidenten vor allem Außenminister James Baker und die außenpolitische Beraterin Condoleezza Rice – fast die Einzigen im westlichen Bündnis waren, die den deutschen Weg zur Wiedervereinigung von Anfang an vorbehaltlos unterstützten. Der spanische Ministerpräsident Felipe González gehörte zur Ausnahme in Europa, wo vor dem Hintergrund der Gewaltgeschichte des 20. Jahrhunderts vor allem in Paris und London eine Haltung vorherrschte, die am besten in den Worten des französischen Literaturnobelpreisträgers François Mauriac zum Ausdruck kommt: »Ich liebe Deutschland so sehr, dass ich mich freue, dass es zwei davon gibt.« Demonstrativ reiste Mitterrand noch kurz vor Weihnachten 1989 zum Staatsbesuch nach Ost-Berlin.

Die USA waren als Supermacht dagegen stark genug, um sich vor einem wiedervereinten Deutschland nicht zu fürchten – und sie hatten die Größe, uns zu unterstützen –, weil sie der Bundesrepublik unter Helmut Kohl vertrauten. Die USA wurden damals ihrer Führungsverantwortung gerecht, sie traten nicht dominant, nicht triumphierend auf, sondern moderierend. Er tanze nicht auf der Mauer: So versagte Bush sich und dem Westen übertriebene Siegerposen, um nicht weiter destabilisierend auf die Sowjetunion zu wirken und es Gorbatschow nicht noch schwerer zu machen. Unter seiner Präsidentschaft zeigte sich der Westen als Wertegemeinschaft, und die transatlantischen Beziehungen bewiesen, was sie in schwieriger außenpolitischer Lage sein können.

So sehr ich auf die Wiedervereinigung immer gehofft hatte, so klar war mir, dass diese Frage in Moskau entschieden würde. Deshalb war es so wegweisend, als Michail Gorbatschow erstmals zu Jahresbeginn 1990, im Februar in Moskau dann auch gegenüber Helmut Kohl sagte, der Schlüssel zur Einheit liege bei den Deutschen. Kohls Leistung war es, diese sich unerwartet bietende Chance zu ergreifen und die Einheit entschlossen voranzutreiben – auch wenn wir uns dabei auf unbekanntem Terrain bewegten. Alle, die damals Verantwortung trugen, spürten, dass sie Beschlüsse von ungeheurer Tragweite zu fassen hatten, für die es keine Erfahrungen gab, keine Lehren aus der Geschichte. Die Dimension des Neuen war außergewöhnlich und die Dramatik erzwang von uns, in wenigen Wochen, sogar Tagen und manchmal Stunden komplizierteste Entscheidungen zu treffen, für die man normalerweise Monate oder gar Jahre gebraucht hätte. Es war eine risikoreiche Zeit, so wie alle großen Chancen immer auch mit großen Risiken verbunden sind. Wir ließen uns davon nicht verunsichern, weil wir in unserem Ziel sicher waren: Die sich in der DDR beschleunigenden Ereignisse durften keine blutige Zuspitzung erfahren, aber die Chance zur Wiedervereinigung mussten wir nutzen. So wagten wir Schritt um Schritt.

## DAS SCHÖNSTE JAHR DER DDR

Das letzte Jahr sei das schönste Jahr der DDR gewesen: So haben es die Bürgerrechtler Jens Reich und Rainer Eppelmann einmal ausgedrückt. Längst waren es nicht mehr nur die wenigen Bürgerrechtler, die unter dem Schutzdach der evangelischen Kirche Veränderungen diskutierten und einforderten, die Schwerter zu Pflugscharen umschmieden wollten oder Bäume pflanzten, um auf die vergiftete Umwelt aufmerksam zu machen. Immer mehr Menschen gingen auf die Straße. Die Apparatschiks der Staatspartei verfügten längst über Pläne zur Internierung von Staatsfeinden im Krisenfall, nun wurden sie hervorgeholt. Als der vierzigste Republikgeburtstag gefeiert wurde, eskalierte unter den Augen des angereisten Gorbatschow die Situation. Während er selbst zum Hoffnungsträger vieler DDR-Bürger avancierte, ging die Staatssicherheit mit Gewalt gegen friedliche Demonstranten vor, so wie zuvor gegen die Frauen und Männer, die am Dresdner Hauptbahnhof versucht hatten, auf die Sonderzüge mit den Botschaftsflüchtlingen aus Prag aufzuspringen.

Als dann aber am 9. Oktober 1989 in Leipzig die Auflösung der Demonstration unterblieb, weil angesichts der großen Menschenmenge die versammelten Polizei- und Sicherheitskräfte zu schwach und die Risiken eines gewaltsamen Niederschlagens zu hoch waren, fiel von vielen die Angst ab. Immer mehr Montagsdemonstranten ergriff ein bewundernswerter Mut. Mit ihrer konsequenten Gewaltlosigkeit verweigerten sie dem SED-Regime jeden Vorwand zur Härte. »Wir waren auf alles vorbereitet, nur nicht auf Kerzen und Gebete«, hieß es aus dem Zentralkomitee der SED. Und auch die sowjetischen Truppen waren anders als 1953 offenkundig nicht mehr bereit, zugunsten des Regimes einzugreifen. Die weniger zart besaitete Margot Honecker brandmarkte noch kurz vor ihrem Tod den Mangel an Mumm in den Knochen der

Verantwortlichen, dem Spuk durch einige Schüsse ein Ende zu bereiten. So symbolisiert der 9. Oktober in Leipzig zurecht in unserer Erinnerung den entscheidenden Wendepunkt.

Atemlos vor Spannung folgten wir den Ereignissen: am 18. Oktober dem erzwungenen Rücktritt Honeckers als Staatsratsvorsitzender, sieben Wochen später auch dem seines Nachfolgers Egon Krenz, dazwischen dem Rücktritt der Regierung Stoph. Am 4. November erlebte die DDR auf dem Berliner Alexanderplatz ihre bislang größte Demonstration für Freiheit und Bürgerrechte, die zwar staatlich genehmigt, aber nicht mehr vom Regime durchgeführt worden war – bis schließlich wenige Tage später, in einer Mischung aus Handlungswillen und Desorganisation, eine neue Reiseregelung erlassen wurde. Günter Schabowski hat sie derart missverständlich verkündet, dass sie als Öffnung der Mauer gedeutet wurde. An den innerstädtischen Grenzübergängen in Berlin erzwangen die Menschen noch in der Nacht von den völlig konsternierten Grenzsoldaten den Weg in den Westteil der Stadt.

## »WE ARE FLYING INTO HISTORY« – DER 9. NOVEMBER

Während sich so auf den Straßen der DDR ein unaufhaltsamer Prozess der Selbstermächtigung vollzog, nahmen immer noch tausende andere, die nicht auf Veränderungen warten wollten, ihr Schicksal in die Hand. Sie »machten rüber«. Der Umgang mit den in unzähligen Turnhallen untergebrachten Übersiedlern stand am Abend des 9. November auch im Zentrum einer Besprechung im Bundeskanzleramt, zu der Rudi Seiters mich als zuständigen Minister und die Vorsitzenden der Fraktionen eingeladen hatte. Während wir gerade über das weitere Vorgehen berieten, kam Eduard Ackermann mit einer dieser Agenturmeldungen auf dünnem Papier in der Hand herein und teilte mit, die DDR habe gerade angekündigt, die Mauer zu öffnen. Wir waren perplex, und ich erwiderte in die Stille: »Ackermann, zu meiner Zeit als Chef des Kanzleramtes galt hier aber noch Alkoholverbot während der Dienstzeit.« Doch der versicherte, es völlig ernst zu meinen, die Meldung sei bestätigt.

Die Maueröffnung bedeutete eine welthistorische Zäsur. Der 9. November 1989 ist deshalb einer dieser seltenen Tage, bei dem jeder, der ihn erlebt hat, noch genau weiß, wo er damals war und was er getan hat. Im Kanzleramt entschieden wir, umgehend ins Plenum zu gehen, wo gerade die Haushaltsberatungen liefen. Nach einer kurzen Erklärung des Kanzleramtsministers und Stellungnahmen der Fraktionsvorsitzenden erhoben sich spontan drei Abgeordnete und stimmten *Das Lied der Deutschen* an. Schnell stimmten wir und die meisten anderen in den Gesang ein. Der Bundestag erwies sich zwar, wie ich gern spotte, als Gesangsverein von mittlerer Qualität, aber ergriffen waren wir dennoch. Viele haben geweint vor Rührung. So war auch das empörende Verhalten der Grünen und einiger sozialdemokratischer Abgeordneter zu verschmerzen, die demonstrativ das Plenum verließen – bezeichnend für das politische Klima der Bundesrepublik, in der der Gedanke der Einheit der Nation bei vielen nicht mehr vorhanden war oder sogar als schädlich für den Weltfrieden diffamiert wurde.

Der Zufall wollte, dass am 9. November der Rechtsausschuss des Europäischen Parlaments – also das für Bürgerrechte zuständige Gremium – im Berliner Reichstagsgebäude tagte, direkt an der Berliner Mauer. Die Parlamentarier beschäftigten sich mit vertraut klingenden Themen wie dem Rechtsschutz von Computerprogrammen und Gentechnik. Auf ein Welt umstürzendes Ereignis waren sie ebenso wenig vorbereitet wie wir alle. Man begrüße die Ereignisse in Berlin, ließ man im Verlautbarungsduktus nüchtern wissen. Treffender erfasste den Wahnsinn – das Wort der Stunde – der Pilot einer amerikanischen Maschine: »*We are flying into history*«, soll er an jenem 9. Novemberabend seinen Passagieren vor der Landung in Berlin gesagt haben. Auch hier gilt: Stimmt es nicht, wäre es gut erfunden. Für mich verbindet sich bis heute mit diesem Ereignis das Bewusstsein, dass wirklich nichts bleiben muss, wie es ist. Was dann auf den Mauerfall folgte, erlebten wir förmlich wie in einem Rausch.

## GRENZENLOSE FREUDE: EIN DEUTSCHES WOCHENENDE

Ich schwankte zwischen ungläubiger Freude und der Sorge, ob das wirklich alles gut gehen und nicht doch noch in Gewalt umschlagen würde. Die Lage war fragil, denn wie würde Moskau reagieren? Bezeichnend ist die kolportierte Anekdote, in der Nacht des Mauerfalls habe man in der sowjetischen Botschaft zunächst geklärt, wer im Kreml Dienst habe: eine Taube oder ein Falke – um auf die Auskunft hin, das sei wohl Letzterer, die neuesten Nachrichten erst nach Dienstwechsel am Morgen zu übermitteln. Dass der Druck auf Gorbatschow erheblich sein würde, war uns allen bewusst. Das war die außenpolitische Seite. Innenpolitisch stellte sich mir in den ersten Stunden und Tagen nach dem 9. November 1989 vor allem die Aufgabe, alles zu tun, dass die unglaubliche Welle an Euphorie, die seitdem über die innerdeutsche Grenze schwappte, nicht in Chaos umschlagen würde.

Wir hatten dabei unendlich viel zu bedenken, wobei sich Politik selbst in einem welthistorischen Moment manchmal in kleiner Münze vollzieht. Die Mauer fiel an einem Donnerstag, und ich musste zusehen, dass wir das Wochenende organisiert bekommen. Es war schließlich absehbar, dass sich Millionen auf den Weg machen würden. Deshalb brauchte es genug Bargeldreserven, um für den Ansturm auf das Begrüßungsgeld gewappnet zu sein, dessen Auszahlung auch am Sonntag über die Postämter geregelt wurde. Dazu passten wir die Ladenschlussregelung an, um dem zu erwartenden Andrang in den Geschäften Herr zu werden. Vor allem aber waren die Autobahntankstellen ausreichend mit der speziellen Mischung für die ostdeutschen Zweitaktermotoren zu versorgen. Nicht auszudenken, wenn all die Trabis liegen geblieben und die Feierlaune in endlosen Staus in Frust umgekippt wären. Ich holte deshalb den ADAC ins Boot und versuchte den ganzen Freitag, in endlosen Telefonaten mit den Ländern und den kommunalen Spitzenverbänden, den Banken, der Feuerwehr, dem Roten Kreuz und vielen anderen mehr sicherzustellen, dass nichts schiefginge. Es gelang uns. Die Millionen DDR-Bürger, die in die grenznahen westdeutschen Städte und Gemeinden strömten, wurden herzlich empfangen. Wildfremde Menschen lagen sich in den Armen. Mit diesem Fest des Wiedersehens hat für mich in gewisser Weise der Prozess zur Wiedervereinigung der Deutschen begonnen.

## HERAUSFORDERUNG ÜBERSIEDLER

Mit der Zahl an Übersiedlern stiegen allerdings bald die Unterbringungsprobleme, und es wuchs die Unzufriedenheit in der westdeutschen Bevölkerung. Teile der SPD, vor allem ihr Spitzenkandidat zu der Ende 1990 anstehenden Bundestagswahl Oskar Lafontaine, erkannten darin ein Wahlkampfthema. Lafontaine wollte die Übersiedler zurückschicken und forderte, das Aufnahmeverfahren abzuschaffen, mit anderen Worten: Die Freizügigkeit in der

Bundesrepublik sollte eingeschränkt werden. Ich war fassungslos, auch wenn ich die parteipolitischen Motive verstand. Denn der Strom der Übersiedler war die eigentliche Triebkraft der Entwicklung und beschleunigte den Weg zur Einheit. Lafontaine wollte die Wiedervereinigung aber überhaupt nicht. Er stimmte später mit dem niedersächsischen Ministerpräsidenten Gerhard Schröder im Bundesrat gegen die Währungsunion. Und noch in der Debatte zum Einigungsvertrag wenige Tage vor dem 3. Oktober vermied Lafontaine ein Bekenntnis zur Einheit, sondern geißelte polemisch die vermeintlichen finanz- und wirtschaftspolitischen Verfehlungen der Regierung. »Wovon redet der Mann eigentlich?«, entgegnete ich – und machte provokativ klar: »Ich habe dann auf die Tagesordnung geschaut. Herr Lafontaine, auf der Tagesordnung steht die Deutsche Einheit«. Ich erntete jubelnden Beifall meiner Fraktion, und viele Sozialdemokraten waren sichtlich getroffen. Lafontaines Haltung führte zu einem erkennbaren Bruch mit der älteren sozialdemokratischen Generation um Willy Brandt, Helmut Schmidt und Hans-Jochen Vogel. Sie hatten der Wiedervereinigung niemals abgeschworen, wenn sie auch kaum mehr daran geglaubt hatten, wie die meisten von uns. Meine Erwartung, Lafontaine würde noch vor der Wahl als in dieser veränderten Situation unpassender Kandidat ausgetauscht, erfüllte sich dennoch nicht.

Abstriche beim Aufnahmeverfahren waren mit mir nicht zu machen – auch nicht, als in meiner eigenen Partei unter dem Druck von Kommunalpolitikern aus den Städten und Gemeinden die Stimmen lauter wurden, den inzwischen in der Bevölkerung unpopulären Zuzug zu stoppen. Neben Heiner Geißler tat sich dabei auch Ernst Albrecht hervor, der um seine Chancen bei der bevorstehenden niedersächsischen Landtagswahl fürchtete. Mit wachsender Angst vor dem Machtverlust lässt die Grundsatztreue nach – Albrecht war das selbst wenigstens unangenehm. Mit der Volkskammerwahl und der Aussicht auf einen Regimewechsel und der weiteren Demokratisierung der DDR sahen die innerparteilichen Gegner des Aufnahmeverfahrens ihre Stunde gekommen. Unter den Präsidiumsmitgliedern stand mir nur Norbert Blüm wirklich zur Seite. Wäre es zur Abstimmung gekommen, hätte ich verloren. Zwar habe ich weder intern noch öffentlich damit gedroht, aber ich wäre zurückgetreten, wenn man mich gezwungen hätte, das Aufnahmeverfahren für DDR-Übersiedler abzuschaffen. Kohl verlagerte die Entscheidung allerdings geschickt aus der Partei in die Koalition, und dort hatte ich in der FDP mit Hans-Dietrich Genscher und Wolfgang Mischnick starke und prinzipienfeste Verbündete. Als mehrheitsfähiger Ausweg aus der Misere erwies sich zu meiner eigenen Überraschung dann mein Vorschlag, das Ende des Aufnahmeverfahrens im Zuge der Schaffung der Wirtschafts- und Währungsunion anzukündigen. Schließlich lagen die Ursachen für den Übersiedlerstrom in der Misere in der DDR, und mit Einführung der D-Mark wäre der Weg zur Wiedervereinigung praktisch unumkehrbar vorgezeichnet.

Im Ruf »Kommt die D-Mark nicht zu uns, dann kommen wir zu ihr« drückte sich 1990 der Wille des Großteils der Demonstranten aus, möglichst bald so leben zu können, wie sie durch das Westfernsehen glaubten, dass die Menschen in Westdeutschland leben würden. Ich hatte angesichts dieser Dominanz des Ökonomischen Ende 1989 intern gefordert, die D-Mark zügig in der DDR einzuführen – noch bevor die Sozialdemokratin Ingrid Matthäus-Maier diese Forderung als Erste auch öffentlich erhob. Die Währungsunion an das Ende und nicht an den Anfang eines wirtschaftlichen Angleichungsprozesses zu stellen, wäre theoretisch zwar der richtige Weg gewesen, aber für die Praxis nicht tauglich. In der Situation des Frühjahrs und Sommers 1990 war es notwendig, den Menschen eine glaubhafte Perspektive und das Vertrauen zu geben, dass sich auch ihr Lebensstandard in der DDR bessern würde.

Mit Ausgang der Volkskammerwahl legten wir in der Koalition den Termin der Währungs-, Wirtschafts- und Sozialunion auf den 1. Juli 1990 fest – und damit ging die Zahl der Übersiedler kontinuierlich zurück. Auf dem Höhepunkt waren es täglich Tausende, am 30. Juni wurden nur noch vierzehn Personen registriert.

## BESCHLEUNIGUNG: ZEHN-PUNKTE-PLAN UND KOHL IN DRESDEN

Mit der Öffnung der Mauer habe sich die DDR aufgelöst wie Zucker in Wasser – so hat das der Bürgerrechtler Wolfgang Ullmann in einem Streitgespräch, das ich mit ihm ein Jahr nach den Ereignissen im *Spiegel* führte, formuliert. Die Ereignisse hatten in ihrer Beschleunigung etwas Unwiderstehliches, wie eine Naturgewalt. In einem Gespräch mit Kohl hatte ich Ende 1989 gesagt, dass solche Bewegungen einer Lawine glichen, die immer schneller werde und nicht mehr aufzuhalten sei. Kohl wird der Gedanke nicht fremd gewesen sein, er selbst hatte nach seinen eigenen Erinnerungen beim Besuch Gorbatschows in Bonn im Sommer 1989 auf den Rhein gedeutet und dem Kreml-Chef gesagt: »Schauen Sie sich den Fluss an, der an uns vorbeiströmt. Er symbolisiert die Geschichte; sie ist nichts Statisches. Sie können diesen Fluss stauen, technisch ist das möglich. Doch dann wird er über die Ufer treten und sich auf andere Weise den Weg zum Meer bahnen. So ist es auch mit der Deutschen Einheit. Sie können ihr Zustandekommen zu verhindern suchen. Dann erleben wir beide sie vielleicht nicht mehr. Aber so sicher, wie der Rhein zum Meer fließt, so sicher wird die Deutsche Einheit kommen – und auch die europäische Einheit.«

Kohl hatte in dieser Phase ein feines Gespür dafür, was zu welcher Zeit öffentlich gesagt werden durfte. Als ich im Dezember 1989 mit der Bemerkung zitiert wurde, die nächste Wahl finde angesichts der Beschleunigung in den Ereignissen womöglich schon im vereinigten Deutschland statt, wurde mir durch den CDU-Generalsekretär öffentlich heftig widersprochen. Solche Äußerungen seien dumm und töricht, ließ er wissen – was selbst etwas einfältig war, weil dies, wie jeder wusste, eine Standardformulierung von Kohl war. Die Kritik kam also aus dem Kanzleramt. Ich suchte deshalb das Gespräch mit Kohl und erläuterte ihm meine Position. Kohl antwortete, es möge schon sein, dass ich recht behielte – aber als Bundeskanzler dürfe er nicht derjenige sein, der dränge und den Eindruck erwecke, wir trieben das Ganze voran. Das wurde erst möglich, nachdem Gorbatschow im Februar 1990 gesagt hatte, der Schlüssel zur Einheit liege bei den Deutschen.

Der Bundesregierung unter Kohl war unheimlich wichtig sicherzustellen, dass sich alles im Einvernehmen mit den anderen Ländern vollzog. Es galt, diesen Prozess deshalb so zu beeinflussen, zu begrenzen, zu steuern und voranzubringen, dass er immer die Zustimmung der anderen fand. Kohl war eben nicht nur ein Macht-, sondern ein besonderer Instinktpolitiker. Im Einheitsjahr bewegte er sich zum Erstaunen seiner Kritiker völlig trittsicher: wie ein Elefant mit Samtpfoten. Das brachte ihm das persönliche Vertrauen unserer Partner und früheren Gegner ein.

Dazu zwei Anekdoten. Die erste ist kaum zu glauben, aber verbürgt: Bei der routinemäßigen Lagebesprechung im Oval Office im Weißen Haus informierte der Pressesprecher Ende November 1989 den US-Präsidenten über Meldungen zur Regierungserklärung von Helmut Kohl, in der der Kanzler in zehn Punkten einen Fahrplan in Richtung Konföderation entworfen hatte.

»Was sagen wir dazu, *Mister President?*«, fragte der Pressesprecher, worauf Präsident Bush wissen wollte, ob der Zehn-Punkte-Plan dem Weißen Haus denn bekannt gewesen sei. Der hatte zwar bereits vorgelegen (anders übrigens als dem Koalitionspartner, was Genscher verständlicherweise ärgerte), aber anscheinend war seine Bedeutung von Bushs Administration noch nicht ausreichend zur Kenntnis genommen worden. Darauf antwortete Präsident Bush: »Sagen Sie einfach, wir vertrauen dem Bundeskanzler.«

Der Eindruck auch bei Gorbatschow, sich auf Kohl verlassen zu können, hatte sich bereits unmittelbar nach dem Mauerfall ausgezahlt. Kohl hielt sich am 9. November zum Staatsbesuch in Polen auf, den er klug beraten nicht etwa ab-, sondern nur unterbrach, um in Berlin an Kundgebungen teilzunehmen – die unwürdigen Szenen vor dem Schöneberger Rathaus mit einem organisierten gellenden Pfeifkonzert sind im Gedächtnis (sein umjubelter Auftritt am Kurfürstendamm dagegen vergessen). Mitten in diese aufgeladene Stimmung hinein informierte ihn Horst Teltschik, die sowjetische Seite habe Nachricht, dass es zu Übergriffen gegen die in der DDR stationierten sowjetischen Soldaten kommen werde. Gorbatschow persönlich wolle wissen, was an dieser Meldung dran sei. Es war eine hochbrisante Situation, denn jeder wusste, wie fragil die Lage in der DDR war und dass jederzeit die sowjetischen Truppen in Alarmbereitschaft gesetzt werden könnten. Kohl ließ über Teltschik versichern, dass es zu keinen Angriffen auf sowjetische Einrichtungen kommen werde. Er gebe dem Generalsekretär dafür sein Wort. Das hat offenbar genügt.

Seinen sicheren Instinkt bewies Kohl auch, als er Ende des Jahres die DDR besuchte und dafür nicht etwa nach Ost-Berlin fuhr, wo noch immer der alliierte Sonderstatus in der geteilten Stadt bestand, sondern Dresden als einen hochsymbolischen Ort wählte. Als er am Abend des 19. Dezember vor der Kulisse der Frauenkirchenruine auftrat, vor zehntausenden Zuhörern, die ihm zujubelten, hielt er bewusst eine eher mäßigende Rede. Dennoch war danach allen bewusst: Der Zehn-Punkte-Plan mit dem Ziel, konföderative Strukturen zu schaffen, war bereits wieder Makulatur – überholt vom Willen zur Einheit so vieler Menschen in der DDR. Kohl selbst rief unter dem Eindruck der Sprechchöre und schwarz-rot-goldenen Fahnen Rudi Seiters zu: »Die Birne ist geschält.«

## NEUE ERFAHRUNG: WAHLKAMPF IM OSTEN

Schon im Spätherbst 1989 hatte die Volkskammer die führende Rolle der SED aus der Verfassung gestrichen. Ost-CDU und LDPD waren aus dem sogenannten Demokratischen Block ausgetreten. An den Runden Tischen verhandelten Vertreter der Bürgerbewegung im Dialog mit den Funktionsträgern jenes Regimes, das sie bespitzelt und drangsaliert hatte. Es ging ihnen um Öffnung und demokratische Mitbestimmung. Die Runden Tische waren ein Forum des offenen Austauschs und leisteten einen unschätzbaren Beitrag zum friedlichen Verlauf des Umbruchs. Es kam zur Sprache, was die Menschen bewegte, es wurde gehört, was sie wollten. Die Runden Tische hatten aber weder Regierungsgewalt noch Gesetzgebungskompetenz. Die dort versammelten Vertreter konnten auch nicht den Anspruch erheben, für die Mehrheit zu sprechen.

Es brauchte deshalb für eine demokratisch legitimierte Regierung ein frei gewähltes Parlament. Dass die bisherigen Machthaber zustimmten, Wahlen durchzuführen, bei denen sie wissen mussten zu verlieren, spiegelt den besonderen Charakter der Ereigniskette als Friedliche Revolution. Für den 18. März 1990 wurden diese Wahlen angesetzt. In Bonn hatten bereits zuvor Überlegungen begonnen, welche der Altparteien oder der vielen Neugründungen in der DDR im Demokratisierungsprozess unterstützt werden sollten. In der Führung der Bundes-CDU herrschte große Skepsis gegenüber der als »Blockflöten-Partei« verschrienen Ost-CDU. Insbesondere Generalsekretär Volker Rühe wehrte sich gegen die Zusammenarbeit mit politischen Kräften, die den Scheinparlamentarismus der DDR mit gestützt hatten. Er setzte auf unbelastete Neugründungen wie den Demokratischen Aufbruch, so wie man sich in München der DSU zuwandte, die schon im Namen ihre Nähe zur CSU unterstrich.

Umgekehrt wahrte man auch in Ost-Berlin zunächst eine gewisse Distanz. Die Zurückhaltung spürte ich, als ich Anfang Dezember 1989 im Büro von Konsistorialpräsident Stolpe erstmals auf Lothar de Maizière traf – zu diesem Zeitpunkt noch aus rein persönlichem Interesse. De Maizière war gerade zum stellvertretenden Ministerpräsidenten in der neuen Regierung Modrow ernannt worden und rückte zwei Wochen später an die Spitze der Ost-CDU. Dass auch er von Errungenschaften der DDR sprach, die zu bewahren seien, musste in Bonn irritieren. Bei meiner zweiten Begegnung mit ihm in einem Besprechungsraum des Flughafens Tegel Mitte Januar spürte ich allerdings die Veränderung. Mit dem heraufziehenden Wahlkampf suchte die Ost-CDU offensiv die Unterstützung aus dem Westen, und de Maizière wunderte sich, warum aus Bonn keiner mit ihm redete – dass er in mir eine Ausnahme sah, er hatte um das Treffen gebeten, war offensichtlich. In diese Zeit gründet die Nähe zwischen uns beiden, aus der sich eine wirkliche Freundschaft entwickeln sollte.

In Bonn plädierte ich nachdrücklich dafür, die Ost-CDU nicht zu übergehen. Durch meine persönlichen Begegnungen Anfang der achtziger Jahre hatte ich begriffen, wie die Mitgliedschaft in der Partei vielen überhaupt erst ermöglicht hatte, sich auch in der Diktatur aktiv zum Christsein bekennen zu können. Niemand, der nicht selbst unter den Bedingungen einer Diktatur leben musste, sollte zu sicher sein in seinem Urteil über andere. Statt sich allzu selbstgerecht zu geben, sollte die West-CDU auch diesen Menschen, die in ihrem Denken unseren Werten und Traditionen am nächsten standen, die Chance geben, die politische Zukunft mitzugestalten. Aus wahlstrategischen Gesichtspunkten kam der hohe Organisationsgrad der Partei hinzu, der nicht unerhebliche Bedeutung im Wahlkampf haben würde. Unterstützt wurde ich vor allem vom hessischen Ministerpräsidenten Walter Wallmann, dessen Landesverband den Kontakt zur CDU im benachbarten Thüringen gesucht hatte. Kohl blieb längere Zeit unentschlossen, warf sich dann aber mit ganzer Kraft für das am Ende geschmiedete Bündnis »Allianz für Deutschland« aus Ost-CDU, Demokratischem Aufbruch und DSU in den Wahlkampf.

Eine der ersten, wenn nicht sogar die erste Wahlkampfveranstaltung eines Mitglieds der Bundesregierung hielt ich im Februar in Nordhausen ab. Es war abenteuerlich. Mit dem Hubschrauber landete ich in unmittelbarer Nähe zur Zonengrenze, um dort vom Bundesgrenzschutz an die Polizei der DDR übergeben zu werden. Sie begleitete mich nach Nordhausen. In meinem Tross befand sich mindestens auch ein Journalist, denn es konnte ja nicht schaden, dachte ich, diesen Auftritt medial begleiten zu lassen. Kurz darauf war ich mir allerdings nicht mehr so sicher, ob das wirklich eine gute Idee gewesen war. Das Wetter war jahreszeitbedingt überaus bescheiden, eine Mischung aus Regen und Schnee, und noch vor dem üblichen Empfang im Rathaus hatte ich mir die trostlose, aber riesige Halle angeschaut. Dass man mir mitteilte, für die Tonübertragung auf den menschenleeren Platz draußen gesorgt zu haben, ließ meine Sorgen vor einer Blamage nur noch anwachsen. Zu allem Überfluss fehlte dann auch noch der Kandidat der »Allianz für Deutschland«, der meiner Erinnerung nach im Urlaub weilte. Wer würde bloß zu dieser Veranstaltung kommen? Meine Gastgeber waren in dieser Hinsicht völlig entspannt – und sie behielten recht. Denn als ich zur Veranstaltungshalle zurückkam, standen da bereits Hunderte vor der Tür. Drinnen war es rappelvoll.

Es war meine erste Erfahrung mit der Neugierde, der Begeisterung und den immensen Erwartungen, die uns westdeutschen Verantwortungsträgern auf unzähligen Plätzen der DDR entgegengebracht wurden. Es folgten weitere Auftritte, und als ich über die Faschingstage in den Skiurlaub aufbrach, überkam mich das Gefühl, am falschen Ort zu sein. Ich hatte gespürt, Menschen wirklich erreichen, etwas bewirken zu können. Wahlkampfveranstaltungen bekamen einen Sinn – was für ein Unterschied zu den üblichen Veranstaltungen, die beim Frühschoppen in der Regel nur die eigene Klientel versammelten und bestärkten. Hier aber, auf den Straßen und Plätzen der DDR, waren Menschen hungrig nach Erklärungen. Und wenn sogar ich Tausende von ihnen anlockte, die gespannt zuhörten: Wie konnte ich da weiter die Hänge hinuntergleiten? Also kürzte ich die wenigen freien Tage ab und machte weitere Wahlkampfveranstaltungen, zu denen auch in mittelgroßen Städten mehr als 10 000 Menschen kamen. Kohl brachte sogar Hunderttausende auf die Straßen. Unvergessen bleibt mir der Auftritt vor einem unübersehbaren Meer aus Regenschirmen. Die Menschen harrten im kalten Regen aus, es herrschten große Aufmerksamkeit und gebannte Stille. Applaus war mit dem Schirm in der Hand gar nicht möglich. Als ich ankündigte, mich unter diesen lausigen Wetterbedingungen kürzer fassen zu wollen, schallten mir die Rufe entgegen: »Weiterreden! Weiterreden!« Solche Reaktionen zu bewirken, vergisst man sein Leben lang nicht mehr. Von den erwartungsvollen Massen durfte ich mich gleichzeitig nicht zu überzogenen Ankündigungen hinreißen lassen. In meinen Reden zwang ich mich deshalb dazu, den Menschen zwar Hoffnung zu machen, aber dabei doch immer Maß zu halten.

## ENTSCHEIDUNG FÜR ARTIKEL 23 – DER AUSGANG DER VOLKSKAMMERWAHL

Das Wahlergebnis am 18. März war für viele derer, die als Erste Widerstand gegen die Staatsmacht geleistet und den friedlichen Übergang an den Runden Tischen organisiert hatten, eine herbe Enttäuschung, für alle anderen mindestens eine Überraschung. Es ist Teil einer gewissen Tragik der Bürgerbewegung, dass die Entwicklung über sie hinwegging – was heute nach meinem Dafürhalten teilweise dadurch kompensiert wird, ihre Rolle in unserer Erinnerung noch weit über das ihnen unbestreitbar gebührende Maß hinaus zu überschätzen. Manchmal wird dabei der Eindruck erweckt, als hätte es die realistische Alternative eines dritten Weges gegeben und als wäre die Wiedervereinigung den Menschen in der DDR von Bonn aus aufgezwungen, die Bundesrepublik ihnen überhastet übergestülpt worden. Mit der Wirklichkeit hat das nichts zu tun. Den Wahlkampf dominierte die Frage: Erhalt und rechtsstaatliche Reform der DDR oder möglichst schnelle Wiedervereinigung? Die Bürger in der DDR entschieden sich eindeutig, und sie allein bestimmten damit das Tempo.

Die »Allianz für Deutschland«, die sich im Wahlkampf für die rasche Wiedervereinigung nach Artikel 23 des Grundgesetzes, also für den Beitritt, ausgesprochen hatte, erreichte fast fünfzig Prozent der Stimmen – wobei für jeden erkennbar war, dass Stimmen für das Wahlbündnis vor allem Stimmen für Helmut Kohl waren. Es war ein überwältigender Sieg eben auch für den Bundeskanzler. Zusammen mit den Liberalen verfügte die »Allianz für Deutschland« über eine klare Mehrheit in der Volkskammer. Von diesem Tag an war die DDR nicht mehr der »Staat der SED«. Am stärksten hatte das Wahlergebnis wohl den eigentlichen Wahlsieger überrascht. Nie wieder habe ich einen Menschen erlebt, der so erschrocken war über die Aussicht, nun Regierungschef zu werden, wie Lothar de Maizière. Und auch wenn er das Amt womöglich gar nicht wirklich gewollt hat, so hat er es in schwierigster Zeit bemerkenswert gut ausgefüllt.

Mir sind heute noch manche hämischen Kommentare vornehmlich westdeutscher Provenienz im Ohr, die mit Blick auf die Volkskammer von der »Laienspieltruppe« sprachen. Für mich haben die Abgeordneten dieses Parlaments unter immensem zeitlichem Druck und mit für westdeutsche Standards unzumutbaren Arbeitsbedingungen Unglaubliches geleistet. Sie haben Geschichte geschrieben. Denn der unmissverständliche Handlungsauftrag, den die DDR-Bürger ihrer ersten demokratisch gewählten Volksvertretung gegeben hatten, war historisch beispiellos: Er lief auf die Selbstabwicklung hinaus.

Ich befürwortete von Anfang an den Beitritt nach Artikel 23 des Grundgesetzes. Hätten wir uns für den alternativen Weg über Artikel 146, also für eine neu zu erarbeitende, nach Wunsch der SPD in einer Volksabstimmung zu beschließende Verfassung entschieden, würden wir mit unserem Hang zur Perfektion vermutlich noch heute darüber beraten. Wir hätten die historische Chance verspielt. Die Menschen in der DDR wollten in ein Land mit der Ordnung des Grundgesetzes – und die Westdeutschen verspürten ohnehin keinen Wunsch nach Veränderung. Die immer wieder angemahnte große Verfassungsdebatte empfand ich deshalb als realitätsfremd, und der Verweis darauf bleibt eine akademische Illusion. Unter den damaligen Bedingungen wäre das Gegenteil des einheitsstiftenden Erlebnisses eingetreten, das sich die Befürworter eines Verfassungskonvents erhofften.

## DIE INTERNATIONALE PERSPEKTIVE

So offensichtlich die Weichen nun auf die Wiedervereinigung gestellt waren, so vorsichtig hatten wir dabei zu agieren. Alle Fortschritte in Richtung Deutsche Einheit mussten mit Rücksicht auf den Fortgang der im Februar 1990 in Ottawa vereinbarten Zwei-plus-Vier-Gespräche und insbesondere in Hinblick auf die Zustimmung der Sowjetunion bedacht und unternommen werden. In diesen für die Bundesrepublik von Hans-Dietrich Genscher erfolgreich geführten Verhandlungen mit den alliierten Siegermächten USA, Frankreich, Großbritannien und der Sowjetunion ging es um die Souveränität des vereinten Deutschlands und eine endgültige Friedensregelung. Die eingeschränkte Souveränität und die bis 1990 geltenden weitreichenden alliierten Kontrollrechte sind vielen heute kein Begriff mehr, sie müssen Nachgeborenen erst erklärt werden. Noch zu den eingangs geschilderten Wiedervereinigungsfeierlichkeiten am 3. Oktober in Berlin etwa konnten wir von Bonn aus wegen des besonderen Viermächtestatus der Stadt nicht einfach mit der deutschen Lufthansa anreisen, sondern durften nur mit einer US-Maschine fliegen.

Neben der künftigen Bündniszugehörigkeit war mit den Zwei-plus-vier-Verhandlungen wesentlich die Frage der Grenzen des wiedervereinten Deutschlands berührt. Als ich im Februar zu einer UN-Sondervollversammlung zum Kampf gegen Drogen nach New York und Washington reiste, interessierten sich meine Gesprächspartner vorrangig für die aktuelle Lage in Deutschland. Als mich James Baker nach der Bonner Haltung zur Oder-Neiße-Grenze fragte, antwortete ich, dass wir eine rechtsverbindliche Aussage über die Grenze nur im Zusammenhang mit der Wiedervereinigung abgeben könnten. Aber ich ließ auch keinen Zweifel aufkommen (und lehnte mich damit innenpolitisch weit aus dem Fenster), dass wir dann eine klare Garantie des bestehenden Grenzverlaufs aussprechen würden. Baker fragte mich auch nach der Zukunft von Artikel 23, worauf ich versicherte, dass dieser mit der Einheit gestrichen werde, denn das Offenhalten einer Beitrittsmöglichkeit weiterer Gebiete zum Geltungsbereich des Grundgesetzes widerspreche dem Anliegen, mit der Deutschen Einheit eine dauerhafte Friedensordnung in Europa zu schaffen. Baker nahm das beruhigt zur Kenntnis, in Bonn war man mit Blick auf die einflussreichen Vertriebenenverbände angesichts meiner realistischen Einschätzungen allerdings etwas aufgeschreckt. Monate später wurde im Einigungsvertrag dann genau das realisiert, was ich in Washington angekündigt hatte.

## DIE IDEE ZUM EINIGUNGSVERTRAG

Mit den sich seit Herbst 1989 in der DDR fast täglich überstürzenden Ereignissen hatte mich fast ein wenig Wehmut erfasst, nicht mehr im Kanzleramt die Fäden der Deutschlandpolitik in den Händen zu halten. Gleichzeitig war mir bewusst, dass es im Falle einer Wiedervereinigung einer umfassenden Rechtsvereinheitlichung bedürfte – und dafür würde das Innenministerium zuständig sein. Ich dachte auch daran, dass in dieser Frage Spontanität und Aufbruchsstimmung derjenigen, die in der DDR eine freiheitliche und friedliche Revolution erfolgreich zustande gebracht hatten, auf die Routine und den Perfektionismus westdeutscher Erfahrung stoßen würden, wo man sicher war, auf alles die bessere Antwort zu haben.

Ich wollte vorbereitet sein, wenn die Frage aktuell würde, und suchte deshalb bereits über die Weihnachtstage nach einem Vorbild oder Modell, an dem wir uns orientieren könnten – auch wenn mir bewusst war, dass hier nicht nur zwei Staaten, sondern auch zwei grundverschiedene Systeme zusammengeführt werden müssten. Intensiv beschäftigte ich mich mit dem Beitritt des Saarlands 1957, als man einen Vertrag mit Frankreich schloss, das nach dem Beitritt für die Einhaltung der Vereinbarungen eintreten konnte. Einen solchen dritten Vertragspartner würde es für den Beitritt der DDR aber nicht geben. Die Sowjetunion hätte diese Rolle schlechterdings nicht übernehmen können. Zurück in Bonn erörterte ich die Frage im Leitungsstab und erteilte den Auftrag, sich weiter darüber Gedanken zu machen, wie ein geordneter Prozess ermöglicht werden sollte. In aller Heimlichkeit begannen wir ab Februar bereits, die Wiedervereinigung rechtlich vorzubereiten.

Die Aufgabe war überaus komplex, und verschiedene Szenarien standen im Raum. So hätte nach einem Beitritt die Schaffung eines gemeinsamen Rechts im vereinten Deutschland im Wege der Überleitungsgesetzgebung vollzogen werden können. Das hätte allerdings bedeutet, dass die ostdeutsche Seite zwar Teil des Gesetzgebers gewesen wäre, aber bei jeder Entscheidung (da sie nur ein Viertel der Abgeordneten stellen würde) hätte überstimmt werden können. Ich entwickelte deshalb die Idee, der DDR anzubieten, die Bedingungen des Beitritts bereits vorab zu verhandeln und in einem Vertrag zu vereinbaren, also alle einigungsrelevanten Fragen in einer paritätischen Verhandlungssituation zwischen den Regierungen der beiden deutschen Staaten zu regeln. Das war der Versuch zu verhindern, dass die Menschen im Osten sich einfach vom Westen übernommen fühlten.

Der Einigungsvertrag war von mir nicht als Masterplan zur Lösung aller Zukunftsprobleme im vereinten Deutschland gedacht. Aber alle Beteiligten im In- und Ausland sollten Klarheit über die Modalitäten der Vereinigung bekommen. Darin sah ich große Vorteile für den Neubeginn, für Planungssicherheit und Investitionsbereitschaft, letztlich: für das Gelingen der Einheit. Ein solcher, die Regelungen zur Währungs- und Sozialunion ergänzender zweiter Staatsvertrag – den Begriff »Einigungsvertrag« führte erst Lothar de Maizière zu Beginn der Verhandlungen ein – würde der DDR statt eines bedingungslosen »Anschlusses«, wie vor allem im Westen von den Gegnern der Wiedervereinigung polemisiert wurde, einen geordneten Beitritt in Würde ermöglichen.

Als nach dem 18. März die Entscheidung dafür fiel, wurde ich, da die DDR für die Bundesrepublik kein Ausland war, als Bundesinnenminister mit der

Verhandlungsführung beauftragt. Wir arbeiteten unter gehörigem Druck. Die Möglichkeit, über Artikel 23 der Bundesrepublik beizutreten, bestand ja jederzeit. Und dass es dazu kommen konnte, war gar nicht weit hergeholt, wie sich am 17. Juni 1990 zeigte, als die DSU tatsächlich den Antrag auf sofortigen Beitritt in die Volkskammer einbrachte. Gegen den eigenen Willen zur raschen Wiedervereinigung sah sich die CDU in der Volkskammer genötigt, diesen Versuch abzuwehren.

Wegen einer gemeinsamen Gedenkstunde beider Parlamente an den Jahrestag des Volksaufstands in der DDR, bei der die Volkskammerpräsidentin Sabine Bergmann-Pohl ihre westdeutsche Amtskollegin mit einer eindrücklichen Rede überstrahlte, waren Kohl und ich vor Ort. Wir konnten in der Fraktion auf die Entscheidung mit einwirken, den Antrag zunächst zur Beratung in die zuständigen Ausschüsse zu verweisen. Das in Bonn und Ost-Berlin gemeinsam verfolgte Konzept der vorherigen Aushandlung der wesentlichen Bedingungen des Beitritts wäre torpediert und das Ziel eines geordneten Übergangs und Beitritts in Würde gefährdet gewesen. Die Verhandlungen über die äußeren Aspekte der Einheit im Zwei-plus-Vier-Prozess waren außerdem keineswegs ausreichend weit gediehen. Es dauerte noch einen Monat, bis es Kohl im Kaukasus gelang, die entscheidende Frage über die Bündniszugehörigkeit des vereinten Deutschlands mit Gorbatschow zu klären.

## GÜNTHER KRAUSE UND DIE GRUNDLAGEN DER VERHANDLUNGEN

In Bonn und Ost-Berlin standen wir vor der nie dagewesenen Mammutaufgabe, gemeinsam die komplexe Rechtslage zu sichten und zu prüfen. Die Leistung, die hier vonseiten der Verwaltung binnen weniger Wochen erbracht wurde, bleibt bis heute beeindruckend. Mein Verhandlungspartner in Ost-Berlin wurde der damalige Parlamentarische Staatssekretär beim Ministerpräsidenten der DDR, Günther Krause. Ich sah schnell, dass es ihm nicht an Selbstvertrauen fehlte, in seiner zupackend dynamischen Art war er Kohl nicht unähnlich. Im Frühjahr hatte er bereits den ersten Staatsvertrag über die Wirtschafts-, Währungs- und Sozialunion mit Hans Tietmeyer ausgehandelt, und er bewältigte parallel zu den Verhandlungen als Vorsitzender der CDU-Volkskammerfraktion ein immenses Pensum.

Gegenüber dem bedächtiger agierenden de Maizière war der ständig zur Eile mahnende Krause ein Anhänger der schnellen Wiedervereinigung. Sein Ministerpräsident und seine Mitarbeiter, die er, chronisch übermüdet, gelegentlich recht ruppig behandelte, hatten es nicht leicht mit ihm. Aber ich habe bis heute einen unglaublichen Respekt vor seiner Leistung. Obwohl er kaum politische Erfahrung besaß und sich als Bauingenieur mit der komplexen Rechtsmaterie zuvor nie befasst hatte, wurde er zum gleichberechtigten, kompetenten Partner, der in jedem Detail bewandert war. Wir haben uns schnell gemocht und geschätzt. Zu seinen späteren beruflichen und privaten Eskapaden bin ich wiederholt befragt worden, und ich sehe das auch heute noch immer als eine unglaublich tragische Entwicklung. Für mich bleibt er in Erinnerung als ein befähigter Politiker von ungewöhnlich hoher Auffassungsgabe und Intelligenz, der sich um das vereinte Deutschland bleibende Verdienste erworben hat.

Ende Mai 1990 übergab ich Krause die Grundstrukturen für einen Staatsvertrag zur Herstellung der Deutschen Einheit. Krause steckte mir seinerseits eine fünfseitige Liste mit Fragen zu, in denen sich die politischen, ökonomischen und vor allem sozialen Ängste der sechzehn Millionen Ostdeutschen spiegelten, für die ihr Sehnsuchtsland plötzlich ungeschönte Realität werden sollte. Vom Umgang mit den Stasi-Akten über die Stromversorgung und die Anerkennung von Berufsabschlüssen bis zum Nachtbackverbot: Es ging um die Lebenswirklichkeit von achtzig Millionen Deutschen. Um ein einheitliches Rechtsgebiet und einheitliche Lebensverhältnisse in ganz Deutschland.

Am Rande des Kanzlerfests am 23. Juni konnte ich Krause dann ein Diskussionspapier überreichen, das im Wesentlichen bereits vom späteren Einigungsvertrag enthielt, was im Innenministerium vorzubereiten war. Im Juli und August trafen wir uns schließlich zu vier Verhandlungsrunden, die in zahlreichen Ressortgesprächen zwischen den jeweiligen Fachleuten der Bundesregierung und der Regierung der DDR intensiv vorbereitet wurden. Wir hatten es hier schließlich in jedem Bereich mit einer hochkomplexen juristischen Materie zu tun. Am Tisch saßen neben den Ressortvertretern auch die Leiter der Staatskanzleien der Länder, denn bei den Ländern liegt die Ausführung der Gesetze. Außerdem nahm – das war mir wichtig und mit Martin Bangemann in Brüssel abgesprochen – ein Vertreter der EG-Kommission teil, denn wir verhandelten mit dem Beitritt der DDR zur Bundesrepublik schließlich ebenfalls den Betritt in den Rechtsraum der Europäischen Gemeinschaft.

Der drohenden Unübersichtlichkeit angesichts so vieler Beteiligter und der dadurch gegebenen Gefahr einer Kakofonie am Verhandlungstisch wurden Krause und ich mit einem kleinen Kunstgriff Herr. Ein Mikrofon hatten wir nur vor uns beide installieren lassen, allen anderen teilten wir als Verhandlungsführer ein Handmikrofon zu. Das war nicht nur effektiv, sondern ließ uns die Beiträge auch steuern.

## PRINZIPIENFRAGEN UND RECHTSPROBLEME IN DEN VERHANDLUNGEN

In einer Grundsatzentscheidung konnte ich mich nicht dauerhaft durchsetzen. Ich hatte die Auffassung meiner Verhandlungspartner in Ost-Berlin geteilt, dass das DDR-Recht grundsätzlich in Kraft bleiben und nur dort ersetzt werden sollte, wo das aus rechtsstaatlichen oder marktwirtschaftlichen Gründen notwendig erschien. Statt über Nacht die ganze bundesdeutsche Rechtsordnung einzuführen, wollte ich den Neubundesbürgern mehr Zeit geben, um in die nun gemeinsame Ordnung hineinzuwachsen. Ich vermutete auch, ohne die teils rigiden westdeutschen Standards, etwa im Umweltschutz, würde es in den neuen Ländern schneller aufwärtsgehen. Darüber herrschte in Bonn kein Konsens. Im Unterschied zum Innenministerium stemmten sich alle anderen Ressorts vehement dagegen. Mit Herstellung der Deutschen Einheit sollte zugleich grundsätzlich bundesdeutsches Recht auch in der dann ehemaligen DDR gelten müssen, nur die Ausnahmen wären ausdrücklich aufzuzählen. Vom Sozialministerium unter Norbert Blüm bis zum Finanzministerium Theo Waigels suchte man mit diesem Regel-Ausnahme-Verhältnis die schnelle Übertragung bundesdeutschen Rechts, scheute also künftige mühseligere Auseinandersetzungen im neuen Teil des gemeinsamen Staates.

Wohl unter dem starken Einfluss westdeutscher Berater, vor allem aus dem Bundesjustizministerium, wechselte die Regierung de Maizière in dieser zentralen Prinzipienfrage unmittelbar vor der zweiten Verhandlungsrunde völlig überraschend ihre Position. Krause, der offenbar nicht einbezogen gewesen war, konnte mir den Grund dafür nie erklären. Den Einwand, dass ohne sofortige einheitliche Rechtsordnung das Vertrauen und damit die Investitionsbereitschaft auf dem Gebiet der ehemaligen DDR beeinträchtigt seien, weil es an Rechtssicherheit und Rechtsklarheit gefehlt hätte, konnte ich zwar durchaus nachvollziehen. Die Folge davon war allerdings, dass wir mit Ausnahmen und Übergangsregelungen in vielen Einzelgebieten arbeiten mussten, um beim Neuanfang einen Rest an Flexibilität wahren zu können. Die Arbeit am Vertrag hat diese Entscheidung nicht erleichtert. In der Umkehrung des Regel-Ausnahme-Verhältnisses während der Verhandlungen spiegelt sich für mich die Reformunfähigkeit des bundesrepublikanischen Systems. Denn mit Verzicht auf den konfliktreicheren Weg, unser Recht schrittweise auf dem Gebiet der ehemaligen DDR in Kraft zu setzen, wichen wir auch der Gelegenheit aus, darüber das Dickicht einer längst überbordenden Regelungsdichte im bundesdeutschen Recht zu lichten. Hier sehe ich die echte verpasste Chance der Deutschen Einheit.

Auch wenn ich in dieser Frage also zurückstecken musste, so gelang mir doch ein wichtiger Etappensieg damit, den Einigungsvertrag auf das zur Herstellung der Einheit unabdingbar Notwendige zu beschränken. Hatte ich zunächst selbst kurzzeitig daran gedacht, die schon lange umstrittene Frage der Länderneugliederung anzupacken, verwarf ich das schnell wieder – auch auf den Rat Lothar de Maizières hin, der mich mit dem Hinweis überzeugte, die Ostdeutschen würden erstmals seit 1933 ihre alten Länder zurückbekommen, auf die sie stolz seien. Diese könnten ihnen doch nicht gleich wieder genommen werden.

Zu berücksichtigen waren zudem die Mehrheitsverhältnisse in Bonn. Wir benötigten für den Einigungsvertrag eine verfassungsändernde Mehrheit in beiden Kammern, waren aber seit der von Albrecht dann doch verlorenen Landtagswahl in Niedersachsen im Bundesrat auf die SPD angewiesen. Das verkomplizierte die Lage weiter und machte die Verhandlung unglaublich nervenaufreibend – auch wenn Lafontaine wusste, dass eine Linie der reinen Obstruktion durch die SPD in dieser historischen Situation politisch nicht durchzuhalten war.

Mit der Zustimmung von Bundestag und Bundesrat zum Einigungsvertrag verband sich gleichzeitig die Zustimmung zu einer Reihe von Grundgesetzänderungen, die mit dem Vertrag in Kraft gesetzt wurden. Der so beschrittene Weg der paktierten Grundgesetzänderungen stellte uns zwar vor ein vieldiskutiertes Rechtsproblem, erwies sich letztlich aber als der gangbarste Weg. Um Folgeproblemen in Karlsruhe vorzubeugen, waren deshalb die Grundgesetzänderungen im Einigungsvertrag strikt auf die zu beschränken, die durch die Wiedervereinigung begründet sind. Das gelang, denn nachträglich wurde kein einziges Komma dieses komplizierten Vertragswerks vom Bundesverfassungsgericht in Karlsruhe korrigiert. Verhindert wurde so, die an sich schon komplexen Verhandlungen mit schwierigen Diskussionen über weitreichende Änderungen des Grundgesetzes zu überfrachten und zusätzlich in die Länge zu ziehen. Auf DDR-Seite hatte es durchaus solche Bestrebungen gegeben, weshalb ich immer wieder daran erinnern musste, dass wir über ein bewährtes Grundgesetz verfügten und es nur darum gehe, die Teilnahme der Ostdeutschen an diesem Staat zu regeln – nicht mehr und nicht weniger. Ähnliches musste ich auch jenen Westdeutschen sagen, die in der Zeit der deutsch-deutschen Verhandlungen tiefgreifende Veränderungen in der Bundesrepublik anstrebten.

Meinungsumfragen von damals belegen, dass im Frühjahr 1990 die Deutschen eine möglichst unkomplizierte Wiedervereinigung befürworteten. Im Februar 1990 sprachen sich – kaum überraschend – neunzig Prozent der Westdeutschen, aber auch 84 Prozent der Ostdeutschen für das Grundgesetz als gesamtdeutsche Verfassung aus. Am Ende wurden die unerquicklichen Diskussionen in eine gemeinsame Verfassungskommission des ersten gesamtdeutschen Bundestags und des Bundesrats verlagert, wo sich dann später für mich die Skepsis bestätigte, dass wir in einem Konvent, dessen Fehlen auch heute noch einige betrauern, 1990 niemals zu einer zeitgerechten Einigung gekommen wären. Wir standen auch so schon unter gehörigem Zeitdruck.

## FAHRPLAN ZUR EINHEIT

Hans-Dietrich Genscher hatte ich frühzeitig gefragt, wann nach Abschluss der Zwei-plus-vier-Verhandlungen das erstmögliche Datum zur Wiedervereinigung anzusetzen sei. Da die Außenminister der KSZE-Staaten am 2. Oktober über das Ergebnis der am 12. September in Moskau abgeschlossenen Verhandlungen informiert werden sollten, wurde der 3. Oktober für mich zum Zieldatum. Die Beratungen, die erst nach Abschluss der Währungs- und Sozialunion zum 1. Juli beginnen sollten, waren also in wenigen Wochen über die Bühne zu bringen.

Lothar de Maizière hatte lange einen anderen Fahrplan verfolgt, da er vor dem Beitritt die Verhältnisse in der DDR erst selbst geordnet haben wollte. Die inneren Entwicklungen überholten ihn. Die Lage der ostdeutschen Wirtschaft war miserabel. Die meisten DDR-Betriebe befanden sich in einem desolaten Zustand, die Maschinenparks waren veraltet, Gleiches traf auf die Bauten und Verkehrsinfrastruktur zu. In Sachen Produktivität waren diese Betriebe auf dem freien Markt nicht konkurrenzfähig. Die DDR galt zwar lange als der zehntgrößte Industriestaat, wer aber mit offenen Augen durch das Land reiste, sah, wie viel auf Vorkriegsniveau verharrte. Dass die Folgen von vierzig Jahren realem Sozialismus von uns im Westen dennoch unterschätzt wurden, trug erheblich zum schwierigen Transformationsprozess bei, der auf die Einheit folgte und den Menschen enorm viel abverlangte. Insbesondere die Treuhand, bei der man noch im Oktober 1990 mit Privatisierungserlösen in Höhe von rund 600 Milliarden DM rechnete, die am Ende aber ein Defizit von 230 Milliarden DM erwirtschaftete, wurde zum Blitzableiter enttäuschter Erwartungen.

Im Streit um die sich bereits 1990 zuspitzende Wirtschaftskrise in der DDR kam es während des Sommers zum Erosionsprozess in der Regierung de Maizière. Die Sorgen vor einer unbeherrschbaren Entwicklung und vor gewalttätigen Aufständen, die DDR-Innenminister Peter-Michael Diestel nicht unwesentlich nährte, wuchsen. Ich erinnere mich, dass Günther Krause und sein Kabinettskollege Klaus Reichenbach immer eine Tasche mit Zahnbürste und Hemd zum Wechseln im Büro hatten, um sich bei einer Zuspitzung der Lage jederzeit in den Westen absetzen zu können. Auch de Maizière lenkte nun auf einen zeitnahen Beitritt nach Artikel 23 Grundgesetz ein: zum 14. Oktober und damit am Termin der angesetzten Landtagswahlen in den zu schaffenden fünf neuen Bundesländern. Dass er gleichzeitig vorschlug, an diesem Tag auch die erste gesamtdeutsche Bundestagswahl durchzuführen, stellte mich vor neue Herausforderungen.

## WANN UND WIE WÄHLEN? JURISTISCHE FINESSEN AUF DEM WEG ZUM GESAMTDEUTSCHEN BUNDESTAG

In tiefer Sorge, die DDR könnte im Chaos versinken, war Lothar de Maizière, begleitet von Günther Krause, zu Helmut Kohl an dessen Urlaubsort am Wolfgangsee gefahren, um ihn über seine Pläne zu unterrichten. Kohl hatte nicht widersprochen, und de Maizière beging den taktischen Fehler, den Entschluss zu den vorgezogenen Wahlen ohne Absprache in der eigenen Koalition zu verkünden. Es folgte ein Aufschrei, nicht nur unter den eigenen Koalitionären, mit der Folge, dass die SPD aus der Regierung austrat. Auch mich traf völlig unberechtigt der Vorwurf der westdeutschen Sozialdemokraten, sie getäuscht zu haben. Der Einigungsvertrag wurde vom erbosten Wolfgang Clement als Chef der Staatskanzlei Nordrhein-Westfalen und Verhandlungsführer der SPD-geführten Länder sogar infrage gestellt.

Der zwischenzeitlichen Aufregung lagen vornehmlich taktische Interessen zugrunde. Denn die SPD, die sich mit ihrem Spitzenkandidaten auf den 2. Dezember als Wahltermin eingestellt hatte, erhoffte sich von einer möglichst späten Wahl offenbar, dass die bis dahin weiter eingetrübte Stimmungslage auf ihr Konto einzahlen würde. Schwerer wog für mich allerdings ein verfassungsrechtliches Problem. So einfach ließen sich die Wahlen zum Bundestag gar nicht vorziehen – das war nach den Erfahrungen 1982 offensichtlich. Es gehörte zu den unerfreulicheren Gesprächen, die ich in meinem Leben mit Helmut Kohl geführt habe, als ich ihm meine Bedenken eines Mitternachts detailliert am Telefon auseinandersetzte. Er hielt sie für Bürokratenquatsch und Juristenunsinn. Ich selbst war auch auf dem Sprung in den Urlaub und die Kinder saßen im Nebenzimmer, als ich ihm dennoch nahebrachte, dass eine Ausnahmesituation, um wie 1982 den Bundestag nach Artikel 68 Grundgesetz vorzeitig aufzulösen, sich nur wenige Wochen vor dem regulären Wahltermin kaum begründen ließe. Erschwerend kam hinzu, dass die SPD dazu niemals ihr Einverständnis geben würde, dass also anders als 1982 kein Konsens bestand, der dem Bundespräsidenten die Entscheidung erleichtert hätte. Der Weg über eine Grundgesetzänderung war so verbaut, auch wenn dieser Vorschlag uns wenigstens die Möglichkeit gab, in der Öffentlichkeit den Ball den Sozialdemokraten zuzuschieben, die sich schließlich selbst für einen frühzeitigen Beitritt aussprachen. So blieb es am Ende beim 2. Dezember – aber nun herrschte wenigstens Klarheit über den Beitrittstermin: am 3. Oktober würde Deutschland wieder vereint sein.

Der Zeitpunkt und die rechtliche Ausgestaltung gesamtdeutscher Wahlen hatten mich schon beschäftigt, als ich noch im Ungewissen über das Beitrittsdatum war. Im Dezember im Westen zu wählen, um den Bundestag dann entweder für eine womöglich jahrelange Übergangszeit um Vertreter der inzwischen beigetretenen DDR zu ergänzen, oder alternativ das Parlament vorzeitig aufzulösen: Beide Optionen erschienen mir nicht ideal. Unproblematisch war der Fall nur, wenn die DDR so frühzeitig den Beitritt erklären würde, dass alle Fristen, denen eine Bundestagswahl unterliegt, eingehalten werden könnten. Aber das war lange nicht absehbar. Um im Fall der Fälle dennoch eine gesamtdeutsche Wahl in dem Zeitraum zu ermöglichen, in dem nach dem Grundgesetz gewählt werden musste, brachte ich zwei Optionen in die Diskussion ein: entweder parallele, formal noch getrennte Wahlen auf Grundlage einer dem bundesdeutschen Wahlrecht entsprechenden Gesetzgebung der DDR oder aber den Abschluss eines eigenen Vertrags, der ein gemeinsames Wahlrecht schafft.

Verkompliziert wurde die an sich schon komplexe Lage durch die in der Bundesrepublik geltende Fünf-Prozent-Klausel. Würde diese auf das vereinte Deutschland angewandt, drohte ausgerechnet im ersten gesamtdeutschen Parlament ein großer Teil der ostdeutschen Stimmen unberücksichtigt zu bleiben. Es bedurfte als (neuer) Partei auf dem Gebiet der früheren DDR eines Ergebnisses über zwanzig Prozent, um bei der Gesamtzahl an Stimmen bundesweit nicht unter die Fünf-Prozent-Marke zu rutschen. Die Kontroverse darüber verlief heftig und quer zu den Bonner Lagern. FDP und SPD einte – wenn auch aus unterschiedlichen Motiven – die Forderung nach einer bundesweiten Fünf-Prozent-Klausel, während die Union wegen der Nähe zur DSU zusammen auch mit der PDS und anderen kleineren Gruppierungen wie dem Neuen Forum und dem Bündnis 90 dagegen opponierte. Das Modell formal getrennter Wahlen hätte immerhin gestattet, die Fünf-Prozent-Hürde nur auf das jeweilige Wahlgebiet zu beziehen, aber dieser Weg war spätestens abgeschnitten, als die Volkskammer sich im Juli mehrheitlich für den von mir vorgeschlagenen Wahlvertrag aussprach, der Bundestagswahlen auf Grundlage eines gemeinsamen Wahlrechts ermöglichen sollte.

Die Lage war völlig verfahren, und in der Folge geriet ich mit Klaus Kinkel in heftigen Streit. Ich hatte keinen Zweifel daran, dass eine bundesweite Sperrklausel wegen der Chancengleichheit der Parteien verfassungswidrig sein würde. Kinkel verwarf für das Justizministerium dagegen alle Bedenken, und so blieb nur eine für alle Seiten gesichtswahrende Lösung außerhalb der Fünf-Prozent-Klausel. Diese glaubten wir darin gefunden zu haben, Listenverbindungen mit nicht konkurrierenden Parteien im jeweils anderen Teil des Wahlgebiets zuzulassen. Häme habe ich dennoch nicht verspürt, als das Bundesverfassungsgericht am Ende tatsächlich das Wahlrecht wegen mangelnder Chancengleichheit aufhob – schon deshalb nicht, weil ich gezwungen gewesen war, gegen meine eigene Überzeugung das Wahlrecht vor Gericht zu vertreten. Immerhin erinnerten sich die Kommentatoren daran, dass ich von Beginn an davor gewarnt hatte.

Die erste gesamtdeutsche Bundestagswahl fand dann auf Grundlage eines Vertrags zwischen der DDR und der Bundesrepublik statt, der im Bundesinnenministerium erarbeitet worden war. Es war der einzige Weg, die Fristen des Bundeswahlgesetzes zwischen dem 3. Oktober und dem 2. Dezember 1990 einzuhalten.

## STREITTHEMEN

Während 1990 der grundstürzende Wandel für die Menschen im Osten zur alltäglichen Erfahrung wurde, dachten die meisten in der alten Bundesrepublik, dass sich für sie eigentlich nichts ändern würde. Ich glaube weiterhin, dass wir die Wiedervereinigung stärker zur gesamtdeutschen Erneuerung hätten nutzen können, wenn wir auch im Westen auf mehr Veränderung eingestellt und dazu bereit gewesen wären. Auf die Euphorie des Anfangs folgte die Realität des Alltags. Ich hatte unterschätzt, wie groß die Widerstandskräfte in der Bundesrepublik gegen Reformen sein würden. Die spätere unsägliche Hauptstadtdebatte, bei der sich in Abkehr jahrzehntelanger Überzeugungen im Westen plötzlich an Bonn gekrallt wurde, ist dafür symptomatisch gewesen. Am Ende hatten wir in den Verhandlungen über den Einigungsvertrag wenigstens die Tür für Berlin geöffnet. Der vereinte Deutsche Bundestag musste binnen einem Jahr über den Sitz von Parlament und Regierung entscheiden.

Zu den kompliziertesten und umstrittensten Gegenständen des Einigungsvertrags zählte die Anpassung der Finanzsysteme. Zu unterschiedlich war die Ausgangslage: hier ein etablierter föderaler Staat, dort ein Zentralstaat, in dem aus Ost-Berlin entsprechend Finanzmittel zugewiesen wurden. Durch den Einigungsvertrag sind die neuen Bundesländer weitgehend in die Finanzordnung des Grundgesetzes einbezogen worden. Zu einem heftigen Tauziehen führten allerdings die Verhandlungen über die Heranführung der neuen Bundesländer an den innerdeutschen Finanzausgleich. Die Zurückhaltung der elf westdeutschen Länder, die Lasten der Deutschen Einheit finanziell mitzutragen, hat mich verwundert. Ihr berechtigtes Anliegen, den Föderalismus zu wahren, verband sich mit der strikten Position, dass sich mit dem Beitrag zum Fonds Deutsche Einheit die eigene Leistungsbereitschaft erschöpft habe. Den größten Teil der finanziellen Lasten der Einheit dem Bund zuzuschieben, hat als Beispiel danach leider Schule gemacht.

Es verwundert also nicht, dass es in den Verhandlungen auch schwierige Momente gab: Unstimmigkeiten, Trotz, die Ankündigung des Abbruchs, Momente der Entmutigung. Aber immer, wenn wir wieder gemeinsam am Verhandlungstisch zusammensaßen, stellte sich ein Zwang zur rationalen und verantwortlichen Diskussion ein. Wir empfanden uns nicht als Gegner, sondern als Partner, die gemeinsam etwas gründen. Niemand wollte die andere Seite über den Tisch ziehen. Es ging, wie wir uns gegenseitig versicherten, ja um keinen Kaufvertrag, sondern um das Aushandeln eines – wenn man so will – neuen Gesellschaftsvertrags.

Besonders langwierig wurde der Streit um die Regelung der Eigentumsfragen, bei der einerseits aus rechtsstaatlichen Gründen die Korrektur der DDR-Enteignungen und auf starkes Drängen des Bundesjustizministeriums der von der DDR-Seite zunächst nicht favorisierte Grundsatz »Rückgabe vor Entschädigung« festgeschrieben wurden. Andererseits wurde bei Enteignungen, die auf besatzungsrechtlicher bzw. besatzungshoheitlicher Grundlage zwischen 1945 und 1949 erfolgten, dem Anliegen der Sowjetunion Rechnung getragen, ihre Besatzungsmaßnahmen vom wiedervereinten Deutschland nachträglich nicht völlig revidieren und als Unrecht an den Pranger stellen zu lassen. Dass es im Versuch, eine historische Transformation mit den Mitteln des Rechtsstaats zu bewältigen, nicht in jedem Fall hundertprozentige Gerechtigkeit geben kann, wurde in dieser Frage deutlich. Materiell geregelt wurde sie im Zuge der Vorbereitung der Wirtschafts- und Währungsunion in der Gemeinsamen Erklärung der Regierungen der Bundesrepublik und der DDR vom 15. Juni 1990. Mit Verabschiedung des Einigungsvertrags, dort als Anlage III, wurde die getroffene Regelung der offenen Eigentums- und Vermögensfragen verfassungsfest gemacht. Die Bodenreform war in den neuen Ländern genauso wie in den alten eines der am meisten vergifteten Themen, und ich wurde noch über Jahre in ganzseitigen Anzeigen von Alteigentümern diffamiert.

Insgesamt wirkten die Verhandlungen wie ein Kontinuum harter und intensiver Arbeit, aber es war zugleich wie ein Traum: Innerhalb von Wochen brachten wir das umfassende Vertragswerk unter Dach und Fach. Mit Abschluss der dritten Runde stand der Vertrag in seinen wesentlichen Inhalten. Die Volkskammer der DDR konnte auf dieser Grundlage am 23. August ihre Entscheidung treffen. Mit 294 Ja-Stimmen gegen 62 Nein-Stimmen bei sieben Enthaltungen, also mit weit mehr als der verfassungsändernden Zweidrittelmehrheit, erklärte das Parlament den Beitritt gemäß Artikel 23 des Grundgesetzes – mit Blick auf den Abschluss der Zwei-plus-vier-Verhandlungen ausdrücklich allerdings erst mit Wirkung vom 3. Oktober 1990.

Entgegen der ursprünglichen Planung konnten die Verhandlungen zum Einigungsvertrag mit der dritten Runde jedoch noch nicht abgeschlossen werden. Bei einigen Einzelfragen herrschte weiter tiefer Dissens – und der lag in Bonn. Ich habe einmal scherzhaft gesagt, dass ich alles wieder so machen würde, aber nie wieder eine Wiedervereinigung im Wahljahr. Der gesamte politische Einigungsprozess fand mitten in der Wahlauseinandersetzung statt, was viele Entscheidungen unmöglich machte, die es wert gewesen wären, in Ruhe bedacht und getroffen zu werden. Die schwierigsten Konflikte in meinen Verhandlungen fanden deshalb auch gar nicht zwischen den beiden deutschen Verhandlungsdelegationen statt, sondern verlegten sich vor allem gegen Ende auf das angespannte Verhältnis zwischen Regierung und Opposition in Bonn.

Auf der Zielgeraden der Verhandlungen hatten Hans-Jochen Vogel und seine Stellvertreter Däubler-Gmelin, Rau und Lafontaine in einem Brief an den Bundeskanzler ihre Forderungen zu den verbliebenen Streitpunkten übermittelt. In den folgenden Tagen sorgten sie für hektische Beratungen auf allen Ebenen, unter anderem über die Frage des Fortbestehens von Artikel 146 Grundgesetz und einer von der SPD propagierten Volksabstimmung. Die am Ende dazu gefundene Kompromissformel hat bis heute zu mancherlei völlig überflüssigen Kontroversen über das Grundgesetz als Verfassung auf Abruf Anlass gegeben. Und noch in der Nacht vor der Vertragsunterzeichnung am 31. August 1990 rangen wir im Kanzleramt um die Bestimmungen zum Umgang mit dem Paragrafen 218. Während in der DDR die Fristenlösung galt, sorgte in der Bundesrepublik die Indikationslösung seit Langem für gesellschaftlichen Streit. Da dieser Dissens über den Einigungsvertrag nicht aufzulösen gewesen wäre, er gleichzeitig aber auch nicht den Vertrag selbst torpedieren sollte, einigten wir uns schließlich darauf, dass bis zu einer bundeseinheitlichen Regelung, die der Gesetzgeber spätestens Ende 1992 gefunden haben musste, in Ost und West die bisherigen Gesetze fortgelten würden. Den zur Paraphierung angereisten Günther Krause und seine Mitarbeiter mussten wir stundenlang, bis weit über Mitternacht hinaus warten lassen. Dass wir uns mit rein bundesrepublikanischen Problemen befassten, bei denen die Frontlinie zudem auch noch zwischen den Koalitionären und sogar durch die eigenen Reihen zu laufen drohten, stieß mir bitter auf – mit Herta Däubler-Gmelin bin ich seit diesen Stunden, wie ich einmal spottete, in freundschaftlicher Beziehung verbunden, die für den Rest unseres Lebens unzerstörbar ist.

## WIE UMGEHEN MIT DEM ERBE DER DIKTATUR?

In derselben Nacht hatten Staatssekretär Hans Neusel und für die DDR Joachim Gauck eine Zusatzklausel zum Vertrag erarbeitet, die den Bundestag verpflichtete, ein Gesetz nach den Grundsätzen der von der Volkskammer am 24. August beschlossenen Sicherung und Nutzung der Stasi-Unterlagen zu verabschieden. Die Bundesregierung hatte zudem einen noch von der Volkskammer dafür zu nominierenden Sonderbeauftragten einzusetzen.

Ich war eigentlich wie Kohl der Auffassung gewesen, dass wir es im wiedervereinten Deutschland den anderen ehemaligen Ostblockstaaten gleichtun und nicht zu viel Kraft auf die Aufarbeitung der Vergangenheit verwenden sollten. Ich hätte die Akten deshalb ins Bundesarchiv mit den üblichen Schutzfristen überführt, wenn nicht sogar unbesehen vernichten lassen. Hatten wir nicht ohnehin schon genug Probleme zu bewältigen? Ich fürchtete, dass die Streitigkeiten über die Vergangenheit den Aufbruch in die gemeinsame Zukunft zu sehr belasten würden, und wollte stattdessen nach vorne blicken. DDR-Bürgerrechtler sahen das entschieden anders, und auch die Abgeordneten der Volkskammer votierten anders. Der Wunsch des frei gewählten Parlaments nach Aufarbeitung war anzuerkennen, und wir haben den Einigungsvertrag entsprechend geändert. Der in der letzten Volkskammersitzung zum Sonderbeauftragten gewählte Joachim Gauck wurde nach dem 3. Oktober denn auch in diesem Amt bestätigt.

Gauck hatte sich in der Volkskammer überzeugt gezeigt, die Entscheidung werde den »Gesundungsprozess dieser Gesellschaft befördern«, auch wenn es dabei unvermeidbar schmerzvoll zugehe. Er hat wohl mit beidem recht behalten. Rückblickend erkenne ich den Vorzug, anhand der kilometerlangen Überlieferungen der Staatssicherheit die bürokratischen Auswüchse des diktatorischen Regimes quellennah zu dokumentieren, eine – wenn es nicht so furchtbare reale Folgen für die Menschen gehabt hätte – fast absurde Perfektion in der Überwachung, zu der so wohl nur Deutsche fähig sind. Das aus den Akten nachzeichnen zu können, ist eine Gelegenheit, die sich Historikern nicht oft bietet. Wenn also auch ich sage, dass die Entscheidung aus heutiger Sicht richtig war, verbinde ich das dennoch mit einem Gedanken, den ich zwanzig Jahre nach den Ereignissen bereits formuliert habe: die schuldbeladenen Auseinandersetzungen, die berechtigten, bisweilen übertriebenen Vorwürfe oder sogar gänzlich ungerechtfertigten Verdächtigungen, die sich in den Nachwendejahren, wie zu erwarten war, im Privaten, vor allem aber bei Enttarnung prominenter Informeller Mitarbeiter auch in der Öffentlichkeit entwickelten – all das konnten wir uns als größeres, als vereintes Deutschland leisten. Hätte die DDR wie Polen oder Tschechien allein den Weg in die Freiheit bewältigen müssen, wäre sie womöglich an den kräftezehrenden Folgen dieser Form der Vergangenheitsbewältigung gescheitert.

Kohl und ich haben gelegentlich darüber geredet, dass uns eine Persönlichkeit wie Nelson Mandela oder Václav Havel fehle. Also eine von allen akzeptierte Symbolfigur für all die Opfer der Diktatur, die zur Versöhnung aufrufen würde. Aber diesen deutschen Mandela mit der moralischen Autorität zur Befriedung gab es nicht. Heute kann man sagen: Es ist auch so gut gegangen. Dass dabei Verletzungen zurückbleiben, bei Opfern der staatlichen Repression, die noch immer einen Mangel an Gerechtigkeit beklagen, genauso wie bei den Stützen des damaligen Systems, die sich an den gesellschaftlichen Rand gedrängt sehen, ist unvermeidlich.

## EINHEIT IM KRONPRINZENPALAIS

Ich war am Ende der Verhandlungen unglaublich erschöpft. Aber für jemanden, der in der Nachkriegszeit politisch sozialisiert wurde, war die Chance, die Deutsche Einheit an maßgeblicher Stelle mitzugestalten, etwas Einmaliges. In der Erinnerung ist davon nichts verblasst. Morgens um zwei Uhr hatten wir am 31. August den Einigungsvertrag im Bonner Innenministerium endlich paraphiert und mit Sekt angestoßen. Vor der öffentlichen Unterzeichnung eines solch komplexen Vertrags waren nun noch einige Bedingungen zu erfüllen. Wir mussten das Vertragswerk drucken lassen, die Zustimmung der Kabinette einholen und die Fraktionen einbinden. Das geschah alles binnen elf Stunden. Ich hatte alle beteiligten Mitarbeiter aus Bonn mit Militärmaschinen nach Berlin fliegen lassen, um den Augenblick der Unterzeichnung mitzuerleben – damals noch nach Berlin-Schönefeld, denn nach Tegel oder

Tempelhof durften wir ja noch nicht fliegen; diese Flughäfen unterlagen dem Viermächtestatus.

Im Kronprinzenpalais Unter den Linden unterzeichneten Günther Krause und ich um kurz nach 13 Uhr den Einigungsvertrag. Wir hatten alle das Gefühl, etwas Großes geschaffen zu haben. Die anschließende Feier wurde kurzzeitig noch von einer Bombendrohung überschattet, wobei ich mich mit einigen Bauchschmerzen dazu entschloss, sie zu ignorieren. Erst als der angedrohte Detonationszeitpunkt vorüber war, konnte auch ich wirklich entspannt feiern. Dass sich Krause, als wir gemeinsam aufbrachen, um noch bei ihm zu Hause anzustoßen, vor dem Palais protestierenden Landwirten stellte, um mit ihnen zu diskutieren, belegte einmal mehr, über was für eine bewundernswerte Ausdauer und Willensstärke dieser Mann verfügte.

Bereits vor der Ratifizierung hatte mich Lothar de Maizière in ein Zimmer weg von Presse und Fotografen gezogen. Wir sind beide keine zu Rührseligkeit neigenden Menschen, aber dort sind wir uns in die Arme gefallen und hatten Tränen in den Augen. Die Freundschaft zu ihm gehört für mich zu den schönsten privaten Errungenschaften der Einheit. De Maizière hat man gerade im Westen vielfach unterschätzt. In den Verhandlungen habe ich eine andere Seite an ihm kennengelernt, und es war faszinierend zu sehen, wie er sich in dieser relativ kurzen Zeit entwickelte. Auf dem Vereinigungsparteitag der CDU am Vorabend des Tages der Deutschen Einheit wählte ihn die Partei zum stellvertretenden Parteivorsitzenden. Ich selbst erfuhr die Dankbarkeit und Zuneigung der Partei, deren Delegierte mich mit dem besten Ergebnis in den Vorstand wählten.

Kohl und de Maizière waren so unterschiedlich, wie zwei Politiker nur sein können, in ihrer Lebensgeschichte, in den Prägungen und Neigungen. Hier der raumgreifende Pfälzer Katholik, da der schmalschultrige preußische Protestant; auf der einen Seite der mit allen Mitteln gewiefte Machtmensch, auf der anderen der feingeistige, Bratsche spielende Vorsitzende der Synode der Berlin-Brandenburgischen Kirche. Mein Eindruck ist bis heute, dass Kohl de Maizière nie wirklich respektierte – und auch nicht korrekt behandelte. Dass ich ihm hingegen von Beginn an auf Augenhöhe begegnet bin, hatte offenbar auch seine damalige Frau bemerkt. Sie wahrte erkennbar Distanz zum politischen Engagement ihres Mannes und war mir als eher zurückhaltend aufgefallen. Als ich mich mit beiden aber einmal zum Abendessen traf, überreichte sie mir zur Begrüßung völlig unerwartet eine Rose – eine Geste, die mich sprachlos machte. Als sie andeutete, ich sei der Einzige, der mit ihrem Mann anständig umgehe, hat mich das so berührt, dass ich den Moment heute noch vor Augen habe. In gewisser Weise bildet sich in dieser kleinen persönlichen Szene ab, was gesamtgesellschaftlich das Verhältnis zwischen Ost und West lange belastet hat. Vorbehalte und einen unbegründeten Überlegenheitsgestus gab es jedenfalls im politischen Bonn allenthalben. Gemeinsame Essen mit Lothar de Maizière gab es später noch viele, dann mit seiner heutigen Frau Marianne, in der er seine Jugendliebe wiederfand.

Als er mich kurz nach seinem durch Stasi-Vorwürfe erzwungenen Rücktritt besuchte, verbrachten wir zusammen einen sentimentalen Abend bei mehreren Flaschen Wein, er politisch gestürzt, ich gezeichnet vom Attentat. Er hat immer betont, nichts unterschrieben, niemanden verraten und folglich auch niemals Gegenleistungen erhalten zu haben. Die Ergebnisse eines Berichts, den ich als Innenminister durch die Gauck-Behörde erstellen ließ, konnten ihm nicht gefallen, unserer freundschaftlichen Beziehung hat es dennoch nicht geschadet. Ich maße mir kein Urteil über die Tätigkeit eines Anwalts in der Diktatur an. Darüber, was Wahrheit und was womöglich Verdrängung ist. Er ist mein Freund und besitzt mein Vertrauen.

## EINE FRAGE ALS WIEDERGÄNGER: GING DAS NICHT ALLES VIEL ZU SCHNELL?

Diese Kritik wird immer wieder laut. Der ungemein belesene Theologe Richard Schröder, der in der frei gewählten Volkskammer 1990 als erster SPD-Fraktionsvorsitzender amtierte und den ich ebenfalls zu meinen guten Freunden zählen darf, hat darauf gewohnt pointiert geantwortet: Mit dem Mauerfall hätten die Deutschen die Deutsche Einheit unerwartet als Sonderangebot bekommen, aber »auf unbestimmte Weise zeitlich befristet«. Es war doch klar, dass die Tür zur Einheit nur so lange offen stand, wie der Wind der Perestroika durch die unter Gorbatschow geöffneten Fenster wehen konnte. Die Alternative habe deshalb geheißen: »Schnell oder womöglich gar nicht.«

Aber wäre es für die wirtschaftliche Umgestaltung besser gewesen, wenn die Währungs-, Wirtschafts- und Sozialunion nicht schlagartig, sondern als Ergebnis eines längeren Anpassungsprozesses eingeführt worden wäre? Innenpolitisch spürte ich als Minister den täglichen Druck der Übersiedler, der auch hier jedes Zögern verbot. Vom Mauerfall bis Jahresende kamen 300 000 Menschen, von Anfang 1990 bis zum 18. März 1990 täglich knapp 2000. Und jeden Tag würden weiterhin Massen dem Land den Rücken kehren. Die Menschen in der DDR wollten die schnelle Einheit, und wir haben im Westen auf diesen Willen der übergroßen Mehrheit reagiert, in einem Balanceakt maßvoll gestaltend.

Richtig ist, dass es viele Warnungen vor nicht beherrschbaren ökonomischen Folgen gegeben hat und dass sich dann vieles tatsächlich als schwieriger erwies, als es 1990 von uns erwartet wurde. Wir gingen von Voraussetzungen, Annahmen und Daten aus, die sich mit Blick auf die Konkurrenzfähigkeit der ostdeutschen Wirtschaft nicht halten ließen. Auch hier rückt Richard Schröder unverdrossen seit Jahren Maßstäbe zurecht. Vor allem argumentiert er gegen die Legende von der »bösen Treuhand«, die gewiss nicht ohne Fehler war, aber eben auch ohne Vorbild auf völligem Neuland agierte. »Nicht die Treuhand«, so Schröder, »sondern die Maueröffnung hat große Teile der DDR-Wirtschaft ruiniert.«

Wir haben damals vieles nicht vorhergesehen, manches womöglich auch nicht vorhersehen können. Wir haben uns aber durch die vielen Bedenken nicht verunsichern lassen, weil wir uns, auch wenn der Weg dahin nicht in jedem Detail deutlich vorgezeichnet erschien, im Ziel sicher waren. Das Jahr der Wiedervereinigung wäre keine Sternstunde der deutschen Geschichte geworden, wenn Ängstlichkeit und Sorge um bevorstehende Komplikationen die Oberhand behalten hätten.

## DIE UNVOLLENDETE REVOLUTION – UND IHRE FOLGEN

Die Ereignisse 1989/90 in der DDR bedeuteten die erste nachhaltig erfolgreiche Revolution in der deutschen Geschichte. Sie blieb in ihrer Besonderheit als *friedliche* Revolution zugleich eine »unvollendete Revolution«. Nur weil sie gewaltlos verlief, weil die Machthaber selbst die Macht abgaben, wenn auch in einem etwas erratischen Prozess, konnte sie erfolgreich sein. In der Konstellation der Zeit hätten eskalierende Gewalt und Chaos das Eingreifen der Sowjetunion erzwungen – mit allen leicht auszumalenden Konsequenzen. Zum Gesamtbild der Revolution von 1989/90 gehört, dass neben den Veränderungen der politischen Machtverhältnisse die gesamtgesellschaftliche Umwälzung in paktierten Verträgen erfolgte.

Die Friedliche Revolution in der DDR, die letztlich im Zentralkomitee der SED selbst begonnen hatte, führte nicht zur Tabula rasa. Im Gegenteil: Die Bürgerbewegung hat, nach dem Vorbild des zuvor bereits in Polen erprobten Modells des Runden Tisches, gemeinsam mit denjenigen, gegen die sich diese Revolution gerichtet hat, den Fortgang der Dinge gestaltet, im Dialog mit den alten Machthabern nach neuen Wegen gesucht. Das hatte, für so alternativlos ich das bis heute halte, seinen Preis. Der französische Historiker Joseph Rovan erkannte früh: In einer Friedlichen Revolution geht das »Erbe der Tyrannei« in die neuen Verhältnisse über. Es sind deshalb zwei Seiten derselben Medaille: das Glück des friedlichen Umsturzes und die fortwirkenden Verletzungen bei denjenigen, die unter dem alten Regime gelitten hatten und nun mit ideologischen wie personellen Kontinuitäten umgehen mussten. Das Bild des »Wendehalses« hat hier seinen Ursprung.

Wenn ich mich heute mit Lothar de Maizière oder Richard Schröder unterhalte, dann stellen wir immer wieder fest, dass wir den Großteil unseres aktiven Lebens in ganz unterschiedlichen Erfahrungswelten gelebt haben. Wie wenig wir von der jeweils anderen wissen, und wie prägend es noch immer ist, etwa für unsere unterschiedlichen Einstellungen zu den USA und Russland. Der Kalte Krieg, der das Denken in Ost und West beeinflusst hat, ist zwar längst Geschichte, er wirkt aber fort. Inzwischen auch über mehr als eine Generation hinweg. Marianne Birthler hat es einmal so ausgedrückt: »Vierzig Jahre Teilung brauchen vierzig Jahre Heilung.« Daraus spricht ihre Erfahrung als Katechetin in der atheistischen DDR ebenso wie das, was sie als Bundesbeauftragte für die Unterlagen der Staatssicherheit erlebt hat: nicht verheilte Wunden.

Hinzu kommen die teils traumatischen Erfahrungen in einem Transformationsprozess, für den es keinen Fahrplan, keine Handreichung gab, der den Menschen in den neuen Ländern aber Außerordentliches abverlangte. Viele Westdeutsche haben das nie verstanden. Menschen mögen in einem System unterdrückt und bespitzelt worden sein, aber sie haben auch unter diesem diktatorischen Bespitzelungssystem ihr Leben gelebt, waren womöglich glücklich und haben versucht, anständige Menschen zu sein. Den Respekt vor dem, was sie in der DDR bis 1990 geleistet haben, sehen sie aber eingeschränkt, weil sie ständig mit dem System identifiziert werden. Darin steckt ein Problem, und auch deshalb konnte sich eine spezifisch ostdeutsche Identität verfestigen, ein Selbstverständnis als Opfer mit dem abwegigen Vorwurf, der Osten sei »kolonialisiert« worden. Dabei hätten sie Grund zum Selbstbewusstsein. Die DDR-Bürger haben 1989/90 Demokratiegeschichte geschrieben, und sie haben danach im wiedervereinigten Deutschland eine enorme Lebensleistung vollbracht. Für mich lehrt 1989/90, dass nichts unveränderlich ist und wie viel politisch machbar ist. Selbst in einer fest zementierten Weltlage sind Veränderungen möglich. So ist die Geschichte der Deutschen Einheit auch ein Lehrstück dafür, dass Unrecht nicht ewig Bestand hat. Daraus ziehe ich meine Zuversicht.

Die Anspannung der ungemein anstrengenden Monate zuvor ließ nach den Einheitsfeierlichkeiten zwar nach, nicht aber die Termine. Die Folgewoche endete mit einer Kundgebung in der Berliner Kongresshalle, wo ich eine Rede hielt, bevor ich mit der Flugbereitschaft der Bundeswehr nach Straßburg flog. Ich war müde und freute mich aufs Wochenende zu Hause, telefonierte noch mit meiner Frau, während ich die kurze Strecke in meinen Wahlkreis zu einem letzten Termin fuhr. Die heiße Phase des Wahlkampfs hatte begonnen, und im Gasthaus der Brauerei Bruder in Oppenau wartete die heimische CDU auf meinen Auftritt.

## DAS UNGLÜCK VOM 12. OKTOBER 1990

Die Parteiveranstaltung war ein Heimspiel gewesen, die Euphorie nach der Einheit spürbar, der Zuspruch im Saal entsprechend groß. Umringt von vielen Anhängern bahnte ich mir den Weg zum Ausgang, als sich ein Mann hinter mich drängte und aus nächster Nähe dreimal schoss. In meiner Erinnerung meine ich, die Schüsse wahrgenommen, sogar das Mündungsfeuer gespürt zu haben. Zwei Kugeln trafen mich, eine in die Wange, unterhalb des rechten Ohres, die zweite in den Rücken. Die dritte fing mein Leibwächter Klaus-Dieter Michalsky mit seinem Körper ab, als er sich auf den Schützen warf. Hätte auch sie mich getroffen, ich hätte wohl nicht überlebt.

Den unter einer Psychose leidenden Täter kannte ich vorher schon namentlich, er war der Sohn eines Bürgermeisters in meinem Wahlkreis. Jahre zuvor hatte ich mich sogar dafür eingesetzt, ihn aus einem ausländischen Gefängnis nach Deutschland zu verlegen. Ein Zufallsziel bin ich für ihn also nicht gewesen, und doch hätten seine Wahnvorstellungen genauso auf einen anderen gerichtet sein können. Auch deshalb habe ich über den inzwischen verstorbenen Mann selbst nicht viel nachgedacht, hegte auch keine Rachegefühle. Er war krank. So gesehen war das, was an diesem 12. Oktober 1990 mein Leben von Grund auf veränderte, ein Unfall – und ich habe fortan die Folgen der Krankheit eines anderen Menschen zu tragen.

An dem Abend im Gasthaus wurde meine älteste Tochter Christine, die sich im Wahlkampf für die CDU engagierte, Zeugin der Tat. Schockiert rief sie meine Frau noch vom Tatort aus an: »Ich glaube, der Papa ist tot.« Die Tage darauf wachte sie gemeinsam mit meiner Frau an meinem Krankenbett, damit jemand bei mir war, wenn ich, ohne zu wissen, was passiert war, aus dem Koma aufwachte. Die Nacht, in der die Neurochirurgen in Freiburg um mein Leben kämpften, saßen die Kinder zu Hause und warteten auf Nachrichten. Es dauerte eine ganze Weile, bis sie sich später einmal gemeinsam darüber austauschten, wie jeder von ihnen das traumatische Hoffen und Bangen in diesen Stunden erlebt hatte.

All das, auch dass ich im Schockzustand am Boden liegend geflüstert haben soll, meine Beine nicht mehr zu spüren, kenne ich nur aus Erzählungen. Meine Erinnerung setzt erst fünf Tage nach dem Anschlag wieder ein, als ich verbunden, verkabelt und den Körper voller Sonden, Infusionen und Katheter aus dem Koma erwachte. Sie bleibt lückenhaft. Offenbar muss ich aber zwischenzeitlich bei Bewusstsein gewesen sein, denn mir war sofort klar, gelähmt zu sein. Eine Erschütterung, die nicht ohne Selbstzweifel blieb. Sollte ich unter diesen Umständen überhaupt aufwachen? Würde ich so leben wollen? Meine Tochter Christine ließ solche Gedanken erst gar nicht zu. Resolut wies sie mich zurecht, den Lebensmut nicht zu verlieren. Nicht nur, dass die Familie mich bräuchte, ich sollte doch auch an die vielen Menschen denken, die für mich beteten.

Das Wissen um die öffentliche Anteilnahme tat gut, und sie bestärkte mich tatsächlich. Dennoch provoziert ein solcher Einschnitt im Leben viele Fragen. Mir ging es in der ersten Zeit auf der Intensivstation elend. Ans Bett gefesselt, ohne mich regen zu können, hatte ich genug Zeit zum Nachdenken. Natürlich gab es Momente, in denen ich haderte, zu Beginn vor allem, als es darum ging, die Behinderung überhaupt zu akzeptieren; später dann, als ich lernen musste, mit dem Rollstuhl umzugehen und selbstständiger zu werden. Wütend sei ich am Anfang oft gewesen, sagen die, die mich damals erlebt haben. Mein Glaube und die Musik waren segensreiche Begleiter auf dem Weg, den ich innerlich gehen musste, um dieses Leben, auch wenn es so eingeschränkt bleiben würde, mit den Möglichkeiten, die es bietet, dennoch als ein Geschenk zu begreifen. Viele haben mir dabei geholfen. Einprägsam war der Besuch meines mit mir befreundeten Gemeindepfarrers, der mir zu einem Zeitpunkt, als ich bereits wusste, im Rollstuhl sitzen zu müssen, sagte: »Weißt du, ich habe da auch keinen richtigen Trost. Aber was ich dir sagen kann: Es ist auch Leben.« Selbstmitleid und die quälende Frage nach dem »Warum« habe ich versucht, auch wenn der Schmerz selten, doch immer wieder mal kurz kommt, soweit es geht, nicht an mich heranzulassen.

## ZURÜCK INS LEBEN

Die Kugel, die mein Rückenmark unwiederbringlich schädigte, verursachte auf Dauer lebensverändernde Folgen. Der Schuss aber, der meinen Kiefer zertrümmerte, hatte unmittelbar quälende Auswirkungen. Ich kämpfte nach der akuten Lebensgefahr zunächst mit irrsinnigen Schwellungen am Kopf. Im Mundraum implantierte Haken zum Fixieren der Knochen behinderten mich fürchterlich beim Essen und Sprechen. Ich nahm deshalb lange nur mit dem Strohhalm Nahrung zu mir und verständigte mich allein über Zettel. Mit furchterregenden Werkzeugen arbeitete man daran, den Mund millimeterweise weiter öffnen zu können. Es war wie Folter.

Zu meiner Überraschung erwies ich mich härter im Nehmen als gedacht. Ich erfuhr in diesen Wochen tatsächlich, was Dietrich Bonhoeffer damit gemeint hatte, dass der Mensch Widerstandskraft für die Not nicht auf Vorrat erhält, aber dann, wenn er sie braucht. Hätte man mir vorher gesagt, was ich durchzustehen habe, hätte ich es mir selbst nie zugetraut, und ich staune mitunter noch immer, wie anpassungsfähig der Mensch ist. Die Ärzte, Sanitäter und das Pflegepersonal in Freiburg und später in Karlsbad-Langensteinbach, wohin ich zur Rehabilitation verlegt wurde, halfen mir auch hier ungemein, ihnen verdanke ich unendlich viel. Seit dieser Zeit gibt mir als Krankenschwester und ständige Begleitung Elke Richter die Sicherheit, die es braucht, um das Leben im Rollstuhl zu bewältigen.

Es dauerte, bis ich meinen querschnittsgelähmten Körper begriffen hatte, er war mir anfangs fremd. Mich in dieser neuen Situation zurechtzufinden, war anstrengend (auch für mein Umfeld) und mit Rückschlägen verbunden. Aber als mich *Spiegel*-Journalisten nur sechs Wochen nach der Tat zum ersten Interview trafen, konnte ich immerhin schon wieder weitgehend unbehindert sprechen. Ich konnte mich vom Rücken auf den Bauch und zurück drehen und mich ohne Hilfe aus dem Liegen zum Sitzen aufrichten. Ich war – im Fachjargon – drehstabil. Längere Zeit ununterbrochen im Rollstuhl sitzen zu können, ist jedoch ein mühsamer Prozess, es kommen zudem häufig Spasmen vor, also unkontrollierte Zuckungen an den Beinen und Armen. Auch heute brauche ich deshalb die Möglichkeit, mich schnell abstützen zu können, weshalb ich bei längeren Auftritten stets ein Pult nutze – zumal es auch vor unangenehmen Blicken schützt. Dass ich, was wiederholt öffentlich thematisiert wurde, bei Veranstaltungen im Publikum zu sehen bin, ohne zu klatschen, rührt übrigens allein von diesen Beschränkungen im Rollstuhl her – auch wenn es manchmal als willkommene Ausrede wahrgenommen werden mag, nicht mitklatschen zu müssen.

Ich sagte dem *Spiegel* damals: »Gewiß ist, daß ich für eine nicht absehbare längere Zeit im Rollstuhl leben muß. Es besteht auch die Gewißheit, daß ich immerhin im Rollstuhl leben kann.« Beides hat sich bestätigt. Zu Beginn hielten sich die Ärzte mit Prognosen zurück, ob die Querschnittslähmung bleiben würde, man konnte noch immer hoffen, dass eine Besserung eintritt. Es gibt dafür durchaus ermutigende Beispiele. Ich habe mir das allerdings selbst früh verboten, auch wenn ich den wissenschaftlichen Fortschritt auf dem Gebiet natürlich interessierter als andere beobachte. Meiner Frau, mit den Strapazen tagtäglich konfrontiert, fiel das lange schwerer. Sie verfolgte intensiver als ich neue Möglichkeiten der Rehabilitation. Aber auf mehr als Akupunktur ließ ich mich nicht ein.

Da ich dem Rollstuhl nicht entkommen konnte, musste ich ihn akzeptieren lernen. Otto Graf Lambsdorff hat mich mit Blick darauf, wie ich die veränderte Situation verarbeite, früh einmal gefragt, ob ich im Traum eigentlich aufrecht gehen würde oder im Rollstuhl säße. Damals konnte ich antworten, ich sei eigentlich immer noch Fußgänger – worauf mir Lambsdorff erzählte, dass auch er sich viele Jahrzehnte nach seiner Amputation am Oberschenkel noch immer mit Beinen träumen würde. Die Frage wurde mir später übrigens immer wieder gestellt, und mit der Zeit konnte ich sie nicht mehr so präzise beantworten wie damals; nur soweit, dass ich mich bis heute nie so richtig im Rollstuhl träume.

Nicht nur für mich änderte sich damals von jetzt auf gleich alles, wurde vieles, was zuvor selbstverständlich war, zur teils unüberwindbaren Hürde. Auch meinen Nächsten, meinen Eltern, aber vor allem meiner Frau und meinen Kindern wurde durch das Unglück unendlich viel abverlangt. Diese Zumutungen haben uns gleichzeitig zusammengeschweißt. Der Zusammenhalt in der Familie – es ist das Verdienst meiner Frau – ist unheimlich stark. Ich war 48, als mich die Kugeln trafen, mitten im Leben, auf dem Höhepunkt meiner Schaffenskraft, meine älteste Tochter gerade erst erwachsen, die jüngste neun Jahre alt. Für alle vier Kinder verkehrte sich auf einen Schlag die Welt. Nun hatten sie einen Vater vor sich, der querschnittsgelähmt vollständig hilfsbedürftig ist. Das verändert das Miteinander grundlegend. Meine Enkel können dagegen heute ganz unbefangen mit mir im Rollstuhl umgehen, sie kennen es ja nicht anders.

Auch für meine Frau war nun plötzlich vieles nicht mehr möglich, jedenfalls nicht mehr mit mir als Partner, weshalb ich gelegentlich sage, dass zur Hälfte auch sie im Rollstuhl sitzt. Sie teilt dennoch auch dieses Leben mit mir und ist mir darin die wichtigste Stütze. Umso schmerzlicher war, als sie im Sommer 2023 den Moment noch einmal erfahren musste, dass sich von jetzt auf gleich alles ändert, diesmal am eigenen Körper. Ein schwerer Fahrradunfall mit Notoperation machte sie nun selbst von Hilfe abhängig. Wie sie sich in ihrem Alter trotz der Schwere der erlittenen Verletzungen in schrecklich langen Monaten auf der Intensivstation und in der Reha zurückgekämpft hat, bewundere ich, weil ich weiß, was es ihr abverlangt. Erneut ist nichts mehr, wie es einmal war.

## ZURÜCK IN DIE POLITIK

Halt fand ich in der damaligen Ausnahmesituation gerade in dem, was mein Leben zuvor bestimmt hatte. Ich kehrte für viele überraschend schnell in den Politikbetrieb zurück, unterstützt von meinem behandelnden Arzt Professor Jürgen Harms und vom Kanzler darin bestärkt, mein bisheriges Amt weiter ausüben zu können. Diese Aussicht half mir gerade in den schmerzhaften und anstrengenden Momenten der Rehabilitation, weiter zu lernen und zu trainieren, wenn es verlockender schien, einfach liegen zu bleiben. Als ich noch nicht einmal wieder sprechen konnte, hatte mir meine Frau auf meine Bitte hin die Tagespresse vorgelesen, sodass ich über das politische Geschehen auf dem Laufenden blieb. In Karlsbad-Langensteinbach stürzte ich mich zudem in das Buchprojekt *Der Vertrag*, um mithilfe zweier Journalisten meine Sicht auf den Weg zur Wiedervereinigung niederzuschreiben. Im Nebenraum meines Krankenzimmers hatten sich meine Sekretärinnen eingerichtet, sodass ich vom Krankenbett aus langsam damit beginnen konnte, in die Amtsgeschäfte zurückzufinden.

Nach dem Attentat hatte ich trotz gegenteiliger Angebote der Konkurrenten darauf bestanden, den Wahlkampf bei mir im Wahlkreis nicht auszusetzen. Da ich aber daran nicht teilhaben konnte, hatte die CDU Baden-Württemberg, deren Spitzenkandidat ich war, eine Großkundgebung in meinem Offenburger Wahlkreis angesetzt. Ich wusste, Helmut Kohl und Ministerpräsident Lothar Späth würden am Donnerstag vor der Wahl dort reden, und ich setzte mir das ehrgeizige Ziel, daran teilzunehmen. Um aber nicht den Eindruck zu erwecken, im Wahlkampf die Mitleidskarte zu spielen, wollte ich unter keinen Umständen aus dem Krankenhaus zur Wahlkampfveranstaltung gehen, sondern bereits am Tag vorher der Kabinettssitzung im Kanzleramt beiwohnen. Mir war natürlich bewusst, unter welcher Beobachtung ich in Bonn stehen würde. Mit Professor Harms besprach ich deshalb, zunächst auszuprobieren, ob ich der Belastung gewachsen sein würde. 41 Tage nach dem Attentat rollte ich so im blauen Trainingsanzug und im Gesicht noch immer von der Wunde gezeichnet neben dem Chefarzt zur Pressekonferenz im Krankenhaus – und bestand unter den zahlreichen Kameras, die auf mich gerichtet waren, den Test für mich. Ich durfte weitermachen.

Nachdem die Querschnittslähmung bereits mit so viel Verzicht verbunden ist, hätte für mich der Abschied von der Politik, die mein Leben ausfüllte und bis heute erfüllt, nur noch einen weiteren Verlust bedeutet. Ich musste meine Frau davon überzeugen, nicht auch das noch aufgeben zu müssen, und ich weiß, dass ich ihr mit dieser Entscheidung viel zugemutet habe. Sie hat es am Ende verstanden und mich trotz aller damit einhergehenden Strapazen unterstützt. Für mich ist das mit nichts aufzuwiegen. Aus dem Glück, politisch weitermachen zu können, erkläre ich mir auch, dass mir langwierige psychische Probleme erspart blieben. Es hat mir geholfen, mit der Situation fertigzuwerden, und ich bin offensichtlich gut im Verdrängen.

In Bonn war ich zwar nicht der erste Abgeordnete mit einer Behinderung und damals auch nicht der einzige Rollstuhlfahrer im Bundestag. Auf einen querschnittsgelähmten Spitzenpolitiker war man dennoch in keiner Weise eingestellt. Es fehlte an rollstuhlgerechten Toiletten und an der Ausstattung im Büro, denn ich bin darauf angewiesen, zwischendurch immer auch einmal liegen zu können. Natürlich gab es einige Neugierde, und nicht wenige waren aus Unerfahrenheit im Umgang mit mir als Querschnittsgelähmten befangen. Auch ich selbst hatte vorher Berührungsängste gehabt und nicht gewusst, wie man sich am besten verhält. Aber die Kollegen, auch die Journalisten, sind mir mit viel Achtsamkeit begegnet. Das gehört zu den erfreulichen Erfahrungen in meinem Leben.

Mit meiner Behinderung habe ich es gerade in der Anfangszeit, als ich auch äußerlich noch lange nicht zu Kräften gekommen war, der Opposition sicher nicht einfach gemacht. Umgekehrt fühlte ich mich selbst dabei eingeschränkt, den politischen Gegner frontal anzugreifen, wenn der nicht auf gleiche Weise würde zurückschlagen können. Solche Beißhemmungen waren ein Problem. Bei aller Rücksicht, die auf mich genommen werden musste, wollte ich keine Sonderbehandlung im politischen Wettbewerb erfahren. Es sollte das bessere Argument zählen, nicht Rührseligkeit und falsches Mitleid. Mit Kollegen wie dem SPD-Fraktionsvorsitzenden Hans-Ulrich Klose konnte ich darüber offen sprechen, die Samthandschuhe doch bitte abzulegen.

Unvergessen bleiben mir auch die Tarifverhandlungen im öffentlichen Dienst, in die ich kurz nach Rückkehr ins Amt einstieg. Das ist an sich schon keine vergnügungsteuerpflichtige Veranstaltung. Für die damalige Gewerkschaftsvorsitzende kam nun noch hinzu, mit mir einen schwer versehrten Verhandlungsgegner zu haben. Monika Wulf-Mathies suchte deshalb vorab das Gespräch und bekannte, sie könne nachvollziehen, dass ich nicht mehr wie üblich die Nächte durchverhandeln könne. Aber sie müsse das Ergebnis gegenüber ihren Mitgliedern vertreten, die nicht denken sollten, auf Lohnerhöhungen verzichten zu müssen, nur weil ich im Rollstuhl sitze. Ich verstand sie sofort, und wir einigten uns darauf, dass ich immer dann, wenn es nicht mehr ging, eine Pause machen konnte. Dass Wulf-Mathies so direkt mit mir über das offenkundige Problem gesprochen hatte, fand ich grandios. Ich habe ihr das nie vergessen. Und verhandelt haben wir trotzdem hart.

Gerade zu Beginn wandelte ich auf einem schmalen Grat, so viele private Einblicke wie nötig zuzulassen, um der Öffentlichkeit zu zeigen, dass ein Leben in der Politik auch mit meiner Behinderung möglich ist, ohne dabei gleichzeitig den Eindruck zu vermitteln, mit Mitleid Politik machen zu wollen. Ich habe deshalb den Rollstuhl von mir aus nie inszeniert. Im Gegenteil. Wenn ich etwa im Plenum redete, vermied ich bewusst, den relativ langen Weg von der Regierungsbank zum Rednerpult zu zelebrieren. Es hätte sich in der Wirkung ohnehin schnell abgenutzt. Vielmehr begab ich mich immer frühzeitig auf den Weg, um nach Aufruf durch den sitzungsleitenden Präsidenten rasch und mit minimalem Anlauf ans Rednerpult zu rollen. Keiner sollte sich sorgen müssen, ob ich es noch schaffe. Dabei bedeutete die eingebaute Rampe im Plenarsaal für mich auch eine Herausforderung. Durch zu starkes Abbremsen drohte, dass ich nach hinten kippe. Andererseits wollte ich auch nicht das Bild liefern, ungebremst in den Kreis der SPD-Fraktion zu rollen, um dann auf dem Schoß des Kollegen Struck zu landen, wie ich einmal im Interview frotzelte. Kippt mir der Rollstuhl weg und liege ich erst einmal am Boden, schaffe ich es ohne Hilfe nicht mehr hoch. Das ist schon im Privaten lästig – aber erst recht belastend, wenn man pausenlos unter der Beobachtung von Kameras steht.

## DER ROLLSTUHL ALS IMAGETRÄGER – UND SEINE FOLGEN IN DER POLITIK

So sehr ich mich bemüht habe, eine gewisse Normalität zu erlangen, macht der Rollstuhl dennoch einen Unterschied. Dass er mein öffentliches Image mitgeprägt hat, ist offenkundig. Meine Popularität über die vielen Jahre gründet auch in der sichtbaren Behinderung. Ich hätte gerne darauf verzichtet, zumal ich bevorzuge, an meinen politischen Leistungen gemessen zu werden. Außerdem: In der Öffentlichkeit sehen viele vor allem die Disziplin und den eisernen Willen, mit dem ich mich zurückkämpfte, sie sehen in mir einen Menschen, der sich täglich für die Politik quält und schindet. Ich habe meinen Weg selbst aber nie als heroisch empfunden, schon deshalb nicht, weil ich ja keine Wahl habe. Ich gehorche schlicht der Not. In der Anstrengung, die ich gar nicht leugne, habe ich für mich immer auch Erfüllung gefunden. Meine Lebensfreude habe ich so nicht verloren, sondern sie gründet auch darin, mich täglich zu fordern, um meiner Leidenschaft für die politische Arbeit nachgehen zu können. Und deshalb kann ich auch heute noch immer für mich sagen: Ich bin nicht weniger glücklich als vorher.

Die unterstellte Härte mir selbst gegenüber lässt im Übrigen leicht übersehen, dass ich schwächer bin, als es aussieht. Ich würde überhaupt sagen, dass ich durch die Behinderung eher weicher geworden bin, feinfühliger, auch nachdenklicher. Familie und Freunde bestätigen diesen Eindruck. Schwächen, die über die sichtbare Behinderung hinausgehen, in der Politik eigentlich nicht zeigen zu können, war als Druck immer da. Wem in der Politik Schwäche unterstellt wird, muss über derlei Zeichen stärker wachen, diese Erfahrung habe ich seit meiner Behinderung gemacht. Helmut Kohl hatte mir im Krankenhaus eine Biografie des amerikanischen Präsidenten Franklin D. Roosevelt geschenkt – eigentlich als Aufmunterung dazu, was auch mit einer Behinderung politisch möglich sei. Roosevelt, der infolge einer Erkrankung mit Ende dreißig unter einer Lähmung litt, hatte allerdings immer peinlich darauf geachtet, seine Behinderung nicht öffentlich zu machen. Es gibt wenig Bilder, die ihn im Rollstuhl zeigen. Abgesehen davon, dass das in der veränderten Medienwelt unserer Zeit gar nicht mehr möglich wäre, hätte ich meine Behinderung nicht verbergen wollen. Dass ich behindert bin, ist Teil meiner Persönlichkeit.

Empfindlich reagiere ich allerdings darauf, wenn versucht wird, eine politische Ansicht, die ich vertrete, allein damit zu begründen, dass ich Opfer eines Attentats geworden bin und als Folge davon im Rollstuhl sitze. Das ist für mich ein grober Verstoß, denn als Behinderter kann ich dann an bestimmten Debatten eigentlich nicht mehr teilnehmen. Das ist Diskriminierung. Ich habe mehrfach erlebt, wie Vorurteile gegen mich ausgespielt wurden. Der Vorwurf etwa, den Hans-Jochen Vogel erhob, ich sei durch den Rollstuhl bitter und böse geworden, hat mich damals verletzt, und ich habe ihn das spüren lassen. Unser Verhältnis war auf Jahre belastet – bis sich Vogel, wenn auch auf seine ihm eigene, etwas verquere Art, entschuldigte. Kurz vor seinem Tod begegneten wir uns noch einmal in München, da saß er altersbedingt selbst im Rollstuhl, so wie an seinem Lebensabend auch Helmut Schmidt. Mein Verhältnis zu beiden hat das nicht grundlegend verändert, aber doch eine sprichwörtlich andere Gesprächsebene hergestellt. Wenn ich andere im Rollstuhl sehe, habe ich sofort eine Beziehung zu ihnen, denn wir teilen etwas miteinander, das uns verbindet. Schließlich bedeutet im Rollstuhl zu sitzen immer auch, ein Stück weit ausgeschlossen zu sein. Im Rollstuhl bewegt man sich in einer Art Dazwischen, gehört dazu und doch nicht ganz. Darüber habe ich mich mit dem Schauspieler Peter Radtke unterhalten, der wenige Monate nach mir in Freiburg mit der Glasknochenkrankheit zur Welt kam und den ich gleich zweimal zu intensiven, in mir lange nachwirkenden Gesprächen für das *Süddeutsche Zeitung Magazin* traf – das erste Mal kurz nach dem Attentat, als ich mich gegenüber Radtke noch als Azubi fühlte, dann ein Vierteljahrhundert später noch einmal, kurz vor seinem Tod mit 77 Jahren. Solange ich nicht behindert war, habe ich nicht geahnt, wie es sich anfühlt, etwa auf einem Empfang unterhalb von Menschen zu sitzen, die mit dem Glas und Fingerfood in der Hand dastehen, wie es die Kommunikation einschränkt, wenn man sich nicht frei von einem zum anderen bewegen kann. Kollegen müssen in der Regel zu mir kommen und sich entscheiden, von oben herab mit mir zu sprechen oder unbequem in die Knie zu gehen – immerhin hat das den Vorteil, was ich dem *Spiegel* einmal verriet, dass mein Gegenüber sich so in der Regel sehr viel stärker auf mich konzentriert, während sonst die Blicke gern schnell zu anderen potenziellen Gesprächspartnern schweifen. Ich bevorzuge deshalb, am Tisch zu sitzen, zumal es dem Gegenüber die Möglichkeit gibt, sich dazuzusetzen, um von Angesicht zu Angesicht zu reden.

Auch wenn ich mit meiner Statur nie die Körperlichkeit besaß, mit der etwa Helmut Kohl einen Raum beherrschte, verändert der Rollstuhl den Auftritt als Politiker. Sitzend ist man entweder furchtbar klein, vor allem in einer Menschenmenge, oder immer im Vordergrund. Weil ich, um das Gleichgewicht nicht zu verlieren, als Redner auch nicht mehr zu großen Gesten in der Lage bin, verlasse ich mich stärker auf die Kraft des Wortes. Ich spreche gleichzeitig leiser, was mit den Auswirkungen der Lähmung auf die Atmung zu tun hat, aber – wie jeder Lehrer aus Erfahrung im Unterricht weiß – seine ganz eigene Wirkung entfaltet. Nur Auftritte im Freien sind lästig, schon weil Kälte für einen Querschnittsgelähmten überaus unangenehm ist, ich friere oft bitterlich. Und natürlich ist das Reisen für mich zunehmend anstrengend geworden, wenn auch im Vergleich zu anderen Rollstuhlfahrern noch relativ bequem. Ich bin immer umgeben von Menschen, die mir auf den Platz helfen und den Rollstuhl verstauen. Übernachtungen im Hotel vermeide ich allerdings, soweit es geht. Der Aufwand der Betreuung ist zu groß.

Anteilnahme ist schön, und sie hilft. Sie ist sogar eine Versuchung, bei der man aufpassen muss, sich nicht zu sehr von Zuneigung und Mitleid einnehmen zu lassen. Die *öffentliche* Anteilnahme, die ich erfahre, kann zudem belastend werden, wenn mit ihr Hoffnungen einhergehen, die ich nicht erfüllen kann oder auch nicht immer erfüllen mag. Dazu gehört, dass ich, seitdem ich im Rollstuhl sitze, damit konfrontiert bin, Anwalt der Menschen mit Behinderung sein zu sollen. Diese Erwartung ist erdrückend, wenn man sich selbst gerade erst den Weg in ein verändertes Leben bahnt. Aber auch heute sehe ich mich nicht als Repräsentant der behinderten Menschen im Parlament. Ich habe ein völlig anderes Verständnis von Repräsentation. Raúl Krauthausen, ein Aktivist mit Glasknochenkrankheit, hat es auf mich gemünzt einmal treffend zusammengefasst: »Nur weil du eine Behinderung hast, bist du nicht ab sofort Behindertenbeauftragter. Nur weil du eine Frau bist, wirst du ja auch nicht Frauenbeauftragte.«

Natürlich entziehe ich mich da, wo ich gefragt werde, nicht der Aufgabe, die Anliegen und Probleme von Behinderten ins Blickfeld zu rücken, und – besonders gern am Beispiel des Behindertensports – darauf aufmerksam zu machen, was Menschen mit Einschränkungen Unglaubliches zu leisten imstande sind. Aber ich kann für andere Behinderte schon deshalb nur eingeschränkt sprechen, weil ich eine ganz andere Erfahrung mache als die meisten von ihnen. Mir war immer bewusst, dass ich unter all denen, die mein Schicksal teilen, privilegiert bin. In all meinen Ämtern erfuhr ich eine Unterstützung und Aufmerksamkeit, wie sie sonst keiner mit vergleichbarer Verletzung hat, eine Hilfe, die umso wichtiger wird, je älter ich werde. Vor allem konnte ich, während andere durch einen Unfall ihren Job verloren haben und ganz auf sich zurückgeworfen sind, meinen Beruf, den ich liebe, weiter ausüben. Deshalb tauge ich auch nicht als Vorbild für andere Behinderte – das denken eigentlich nur Menschen ohne Behinderung. Aber ich freue mich, wenn ich auf die Art, wie ich mein politisches Leben geführt habe, stellvertretend für viele andere, die trotz Beeinträchtigung auf ihrem Gebiet Großes leisten, in der Öffentlichkeit vermitteln konnte, dass wir genauso leistungsbereit und leistungsfähig sind wie andere auch.

Wer kann denn überhaupt von sich behaupten, durch nichts eingeschränkt zu sein? Der Mensch ist nicht perfekt. Niemand. Deshalb sagt eine Behinderung nichts über den Wert des Individuums aus. So wie ich, worauf ich gerne hinweise, doch auch kein besserer Mensch geworden bin, weil ich im Rollstuhl sitze – was nicht nur meine Frau bestätigen wird. Meine Brüder haben jedenfalls immer in dem uns eigenen Sarkasmus gesagt, ich sei noch immer der gleiche schreckliche Mensch wie früher. Ich konnte darüber lachen. Dagegen habe ich übrigens die Erfahrung gemacht, dass Witze, die ich über meine Behinderung mache, nicht unbedingt helfen, eine Situation zu entspannen. Sie berühren andere oft eher unangenehm.

Meine Lebensumstände sind durch die Behinderung anders, aber wir alle sind Menschen mit Defiziten und Fehlern. Deshalb sage ich immer wieder zu anderen Behinderten: Eigentlich sind alle Menschen behindert. Der Unterschied ist nur, wir Behinderten wissen es wenigstens. Sich das auch als Gesellschaft bewusst zu machen, macht sie menschlicher. Aber wenn ich die Hürden im öffentlichen, beruflichen und politischen Leben sehe, die für Menschen mit Handicap weiterhin bestehen, haben wir bei allem, was sich positiv entwickelt hat, noch immer eine Strecke zu gehen.

Es ist im Übrigen nicht so, dass ich regelmäßig an diesen Tag im Oktober 1990 denke, auch wenn mich die Behinderung ständig begleitet. Ich habe Jahrestage auch schon vergessen. Prägend ist die Erfahrung, dass von einem auf den anderen Moment alles anders sein kann. Es ändert sich die Sicht auf die Dinge. Ich habe erfahren, dass das Leben weitergeht, habe Geduld und Disziplin gelernt und plötzlich verstanden, was andere trotz Beeinträchtigung leisten. Insofern ist diese Erfahrung, wie ich in Interviews formuliert habe, auf gewisse Weise sogar bereichernd, auch wenn ich darauf lieber verzichtet hätte. Die Behinderung strebt man ja nicht an, man erleidet sie. Aber ich bleibe dabei: Ein erfülltes, glückliches Leben führt, wer sich bewusst macht, dass das Leben begrenzt und immer unvorhersehbar ist. Meine Erfahrungen haben mich jedenfalls gelassener gemacht, da ich erkannt habe: Der Gedanke ans Sterben mag für mich gar nicht so erschreckend werden – weil ich bereits beinahe dem Tod gegenüberstand.

# VI.

## REFORMWILLE UND BLOCKADEN – DIE JAHRE IM FRAKTIONSVORSITZ

◂ Willy Brandt gratuliert Wolfgang Schäuble zu seiner Bundestagsrede in der Hauptstadtdebatte am 21. Juni 1991, Plenarsaal im Wasserwerk.

20. JUNI 1991, BONN, BUNDESTAG IM WASSERWERK. Selten war eine Bundestagsdebatte mit solcher Spannung erwartet worden. Es ging um die Entscheidung, ob Bonn oder Berlin die Hauptstadt des wiedervereinten Deutschlands sein sollte. Mehrere Anträge standen zur Abstimmung. Die Bonnbefürworter wollten Berlin auf eine repräsentativ-symbolische Hauptstadtfunktion reduzieren, aber Parlament und Regierung und die wichtigsten Institutionen in Bonn belassen, also möglichst wenig Veränderung. Der Ausgang war völlig offen, und in der Öffentlichkeit hatte über Wochen eine leidenschaftliche Auseinandersetzung stattgefunden, mit erstaunlichem Auftrieb für Bonn. Ängste vor nationaler Großmannssucht wurden aufgerufen, die Bescheidenheit der alten Bundesrepublik gelobt. Ich verstand diese Argumente nicht und hatte mich als unbedingter Befürworter Berlins exponiert. Dass ich im Plenum sprechen würde, entschied ich allerdings erst in letzter Minute, als ich dem Sprecher der Berliner Abgeordneten Peter Kittelmann unmittelbar nach der morgendlichen Fraktionssitzung anbot, als Redner zur Verfügung zu stehen.

Die parlamentarische Debatte soll die unterschiedlichen Positionen für die Öffentlichkeit deutlich machen. Als Teil des politischen Wettbewerbs will man dazu als Redner die eigene Fraktion möglichst motivieren, mitreißen. Die Hauptstadtdebatte war eine jener Ausnahmen, in denen die Meinungsbildung nicht entlang der Fraktionen lief. Solche besonderen Situationen gibt es gelegentlich auch bei philosophisch-ethisch anspruchsvollen Gewissensfragen, wie etwa dem Lebensschutz oder der Sterbehilfe. Für den Normalbetrieb im parlamentarischen Regierungssystem taugen sie nicht, weil darin gesicherte Mehrheiten für eine stabile Regierung Voraussetzung sind. Wenn die Ausnahmen von der parlamentarischen Regel gern als Sternstunden bezeichnet werden, auch weil das Abstimmungsergebnis nicht schon vorher feststeht, dann darf dabei nicht vergessen werden, dass sie ihre Bedeutung dem außeralltäglichen Anlass verdanken, der die sonst notwendige Fraktionsdisziplin außer Kraft setzt.

Bis zum Mauerfall, also solange wir nicht mit der Möglichkeit einer Überwindung der staatlichen Teilung konkret gerechnet hatten, war die allgemeine Überzeugung, dass Bonn nur stellvertretend für Berlin während der Zeit der Teilung Hauptstadt sei. Der Bonner Oberbürgermeister Hans Daniels, Mitglied der CDU/CSU-Bundestagsfraktion, hatte mich Anfang 1990 – noch lange vor der Volkskammerwahl vom 18. März – im Bundesinnenministerium besucht, um dafür zu werben, dass Bonn auch im Falle einer Wiedervereinigung Hauptstadt bleiben müsse. Ich konnte das gar nicht ernst nehmen und fragte ihn, wie er denn etwa beim Eintrag von Staatsgästen ins Goldene Buch der Stadt Bonn den Status des Regierungssitzes begründen würde. Natürlich hielte er sich an die offizielle Formulierung. »Aber«, fügte er hinzu, »wir haben doch nicht mehr damit gerechnet.« »Dann ist es eben jetzt dumm gelaufen«, erwiderte ich lachend. Als im Laufe des Jahres 1990 der Zuspruch für Bonn wuchs, überraschte mich das wirklich. In allen Parteien zeichnete sich mittlerweile eine deutliche Mehrheit gegen Berlin ab. Schon bei den Verhandlungen zum Einigungsvertrag im August 1990 hatte ich wegen des Widerstands aller Bundesländer, auch in den Bundestagsfraktionen, der Forderung von Lothar de Maizière, Berlin als Hauptstadt im Vertrag festzuschreiben, nicht zustimmen dürfen.

In der kurzen Zeit zwischen Fraktionssitzung und Beginn der Plenardebatte notierte ich mir lediglich ein paar Stichworte. Meine Rede begann ich im Sinne der klassischen *captatio benevolentiae* mit einer Reverenz an Bonn und seine Befürworter, um dann mit dem Verweis auf die Formulierung des Grundgesetzes zu betonen, dass Abgeordnete eben nicht nur Vertreter regionaler Interessen, sondern des ganzen deutschen Volkes seien und dass es bei der Entscheidung um die Zukunft Deutschlands in einem vereinten Europa gehe.

Als Redner achte ich auf die Stimmung der Zuhörer, und jetzt spürte ich, wie der Funke im Wasserwerk – dem Aushilfsplenarsaal – übersprang. Am Ende gab es stehende Ovationen eines beachtlichen Teiles der Abgeordneten. Als ich zur Regierungsbank zurückgekehrt war, sagte ich zu Klaus Kinkel, »wenn wir jetzt abstimmen würden, dann hätten wir die Mehrheit«. Ob das am Abend bei der Abstimmung, die gegen 22 Uhr geplant war, noch so sein würde, konnten wir natürlich nicht wissen. Dann bemerkte ich, wie Willy Brandt sich erhob und quer durch das Plenum zu mir herüberkam. Er hatte einen ausgeprägten Sinn für starke Gesten und gratulierte mir. Ich fühlte mich geehrt. Und der Händedruck war auch ein Brückenschlag von einer Generation zur anderen, von Sozialdemokrat zu Christdemokrat.

Der Einfluss einzelner Reden auf das Abstimmungsergebnis ist schwer zu bemessen. Aber in dieser Frage sagen viele, was ich natürlich gerne glaube, meine Rede habe eine entscheidende Rolle gespielt. Lange habe ich vermutet, dass mein damals noch gewöhnungsbedürftiger Anblick – erkennbar geschwächt und im Rollstuhl – mir mitfühlende Aufmerksamkeit verschaffte. Dem hat meine Frau immer widersprochen. Meine Rede sei einfach sehr gut gewesen, was sie im Übrigen sonst selten sagt, weil sie der Auffassung ist, ich würde von anderen schon genügend gelobt. Inzwischen stimme ich ihr in dem Urteil über die Rede auch zu. Im Familienkreis schlugen meine Kinder in den folgenden Jahren mit freundlichem Spott gelegentlich vor, ob wir nicht wieder einmal die Videokassette mit Papas Berlinrede abspielen sollten.

Für mich war schon zwei Monate zuvor ein wichtiger Wendepunkt in der Debatte eingetreten. Ich hatte eine Art Generalprobe absolvieren können, als die baden-württembergische CDU im April in Rottweil zu ihrem Landesparteitag zusammenfand. Die Junge Union hatte gemeinsam mit der Bundestagsabgeordneten Renate Hellwig den Antrag eingebracht, der Landesparteitag solle sich für Berlin als Hauptstadt aussprechen. Angesichts der allgemeinen Stimmungslage in der baden-württembergischen Union galt dieses Vorhaben als hoffnungslos. Ich hatte mich als Letzter vor der Abstimmung auf die Redeliste setzen lassen und hielt meine erste öffentliche Rede im Landesverband nach dem Attentat. Ich trug meine Argumente für Berlin vor und würde gern glauben, dass es allein meine rednerische Gabe war, die für die Abstimmungssensation sorgte. Aber womöglich war damals wirklich mein erbarmungswürdiges Aussehen ein entscheidender Faktor, der dazu führte, dass aus Rührung und emotionaler Betroffenheit viele gar nicht mehr anders konnten, als mir zuzustimmen, obwohl Lothar Späth und Erwin Teufel für Bonn geworben hatten. Dieses Votum hatte eine gewisse Signalwirkung, weil zum ersten Mal ein großer westdeutscher Landesverband der beiden Volksparteien sich für Berlin entschieden hatte.

So umstritten die Hauptstadtfrage damals gewesen war, so einig sind sich heute alle, dass es die richtige Entscheidung war. Man sollte immerhin noch vermerken, dass von den Regierungsmitgliedern die Mehrheit für Berlin gewesen ist, ebenso wie die Fraktionsvorsitzenden von Union und SPD. Mir selbst trug meine kurze Intervention nachträglich die Ehrenbürgerwürde der Stadt Berlin ein, worauf ich wirklich stolz bin.

## DIE FASZINATION DER KUNST: CHRISTOS REICHSTAGSVERHÜLLUNG

So gut es tut, in der Hauptstadtfrage auf der richtigen Seite der Geschichte gestanden zu haben, so ehrlich muss man auch mit eigenen Fehlgriffen umgehen. Einer hat ebenfalls mit Berlin zu tun – und mit einer Rede, die dann nicht so überzeugend gelang. Es ist kein Geheimnis: Als der Deutsche Bundestag 1994 – noch in Bonn – als Hausherr über das von Christo und seiner Frau Jeanne-Claude lange vorbereitete Projekt der Reichstagsverhüllung zu befinden hatte, war ich ausdrücklich gegen den Plan, das geschichtsträchtige Gebäude an der gottlob nicht mehr bestehenden Mauer zu einem Kunstwerk zu machen. Auch hier wurde unabhängig von Fraktionszwängen abgestimmt. Die Idee – ursprünglich von dem amerikanischen Historiker und Publizisten Michael Cullen angeregt – konnte mich damals nicht überzeugen. Sie erschien mir wie ein Frevel: Den Ort, an dem der Versuch, in Deutschland eine Demokratie zu errichten, buchstäblich in Flammen aufgegangen war, betrachtete ich nicht als geeignete Spielwiese für ein Kunstprojekt. Ich sah die Würde des symbolträchtigen Parlamentsgebäudes bedroht. Das Experimentelle dieser Kunstaktion schien mir unpassend für das Reichstagsgebäude, das eben kein Haus wie jedes andere ist. Meine Rede vor der Abstimmung am 25. Februar im Plenum drückte die Sorge darüber aus, dass viele Menschen mit der Verhüllung überfordert sein würden und dass der Eindruck eines ironischen Umgangs mit der deutschen Geschichte auf Unverständnis stoßen müsse.

Ich schätzte die Dinge falsch ein, und meine Ablehnung war ein Irrtum. Die euphorische Reaktion der fünf Millionen Besucher, die in den zwei Sommerwochen des Jahres 1995 nach Berlin kamen, um den legenden- und stoffumwobenen Reichstag mit eigenen Augen zu sehen, war eindrucksvoll. Auch die wortgewaltige Rezeption in den Feuilletons, die sich an Superlativen und beachtlichen Sprachbildern fast verschluckten, bildete einen erstaunlich geschlossenen Chor. Aus den begeisterten Reaktionen im Ausland war deutlich herauszulesen, wie wenig man uns, den gerade wiedervereinigten Deutschen, derlei Kunstfreude und Leichtigkeit zugetraut hatte. Die *New York Times* verkündete, dass der verhüllte Reichstag ein ideales Symbol des neuen Deutschlands sei. Dies alles war überwältigend – und als ich mit meinen betagten Eltern, die mich auf einer Berlinreise begleiteten, das Kunstwerk ansah, musste ich zugeben, dass der Anblick auch für mich ein ästhetisches Vergnügen war, das alle vorgebrachten Einwände vergessen ließ. »Der verhüllte Reichstag hat die Bedeutung, die Sie ihm geben«, hatte Christo gesagt. Meine Fehleinschätzung habe ich bald öffentlich eingeräumt und später auch eine Laudatio auf Christo gehalten, der mir umgekehrt zugutehielt, dass ich als einziger der Projektgegner einen respektvollen Austausch der Argumente mit ihm und seiner Frau Jeanne-Claude gehabt hatte.

## ZURÜCK IN DIE FRAKTION – EINE HERZENSAUFGABE

Meine Hauptstadtrede hatte ich noch als Innenminister gehalten. Im November 1991 wurde ich Vorsitzender der CDU/CSU-Fraktion. Pläne für meine Übernahme der Fraktionsführung gab es schon länger. Dort war die Unzufriedenheit mit Alfred Dregger gewachsen – seine Neigung zur Repräsentation und zur effektvollen Rede ließ ihn den Sinn für die Alltagserfordernisse immer mehr verlieren. Unter den Landesgruppenführern war seine Ablösung schon Ende 1988 ein Thema. Es war auch kein Geheimnis, dass mich der Fraktionsvorsitz schon lange reizte. Ich war Parlamentarier aus Leidenschaft.

Als Generalist musste man sich zu allen Themen äußern, und ich hatte ein Faible für die parlamentarische Auseinandersetzung, gern auch mit härteren Bandagen. Rededuelle im Plenum lagen mir: Den politischen Gegner attackieren und die eigenen Leute motivieren, das war etwas anderes als »Manager der Macht« zu sein, wie es mir oft zugeschrieben wurde. Zudem blieb es intellektuell herausfordernd, Wege zu suchen, um ein Gesetz zustande zu bringen, Kompromisse herzustellen. Ich hatte Führungsverantwortung, musste den Laden zusammenhalten, mich aber auch um die Fraktionsmitglieder kümmern. Dafür fühlte ich mich gut gerüstet.

Der erste Versuch, Dregger zum Rückzug zu bewegen, scheiterte jedoch. Er wollte nicht weichen, und zu einer offenen Gegenkandidatur schien niemand bereit. Mittlerweile war ich Innenminister geworden und hatte mit den Ereignissen in der DDR und dem Einigungsvertrag bald unerwartet noch mehr zu tun als ohnehin. Mit Blick auf die Bundestagswahl 1990 gab es schließlich Absprachen, dass ich in der neuen Legislaturperiode an die Spitze der Fraktion treten sollte. Kohl unterstützte dieses Vorhaben, und Dregger hatte zähneknirschend seine kommende Ablösung akzeptiert. Das Attentat legte diese Pläne jedoch erst einmal auf Eis. Ich hatte vom Krankenbett aus vorgeschlagen, dass Rudi Seiters die Aufgabe übernehmen sollte. Aber er und die führenden Fraktionskollegen beschlossen, das Amt für mich freizuhalten, und Dregger war bereit, den Fraktionsvorsitz noch ein Jahr weiterzuführen.

Im Laufe des Jahres sah ich, dass ich mir das Amt des Fraktionsvorsitzenden weiterhin zutrauen konnte. In Partei und Fraktion hatte ich sicheren Rückhalt. Auf dem Hamburger Parteitag war ich mit einem überwältigenden Ergebnis von über 96 Prozent in den Vorstand gewählt worden. Der Wechsel an die Fraktionsspitze war Zeichen eines allgemeinen Generationswechsels, denn auch bei der SPD war Hans-Jochen Vogel von Hans-Ulrich Klose abgelöst worden.

Mit meinem Amtsantritt bildete sich eine neue Statik zwischen Fraktion und Regierung. Dregger war kein Impulsgeber für die Regierung gewesen, auch kein wirkliches Gegengewicht. Er sah seine Aufgabe darin, die Unterstützung der Fraktion für die Vorgaben der Regierung sicherzustellen und diese durch wirkungsvolle Reden – was eine seiner Stärken war – in Parlament und Öffentlichkeit zu flankieren.

Mein enges Verhältnis zu Helmut Kohl schuf mir indessen große Gestaltungsfreiräume. In den Streitfragen der Innenpolitik ließ mir der Kanzler weitgehend freie Hand. Wir sollten schauen, was wir zustande bekämen. Auf präzise Vorgaben verzichtete er. So gab mir meine neue Rolle ein höheres Maß an Selbstständigkeit und Unabhängigkeit. Zum einen war ich nun wieder mit allen wichtigen Streitfragen der Politik befasst, zum anderen stand ich durch meine exponierte Stellung stärker in der Öffentlichkeit. Ich musste anders kommunizieren und mit größerem Aufwand politische Ziele erklären, die Regierungspolitik begründen. Es sollte nicht immer eine Freude bleiben, Dinge zu verteidigen, an die man selbst nicht so recht glaubte. Aber meine Arbeit reduzierte sich nicht auf die eines Erfüllungsgehilfen. Ich konnte auch Themen setzen, bisweilen mit strategischen Provokationen, um Dinge anzustoßen und Standpunkte plausibler zu machen. Ich war streng, bei manchen sicherlich durchaus gefürchtet, aber ich habe mich um die Mitglieder der Fraktion auch gekümmert, sie ernst genommen und ihnen zugehört. Niemand jedoch kann eine so heterogen zusammengesetzte große Fraktion ohne Autorität vernünftig führen. Kollegen, die gegen die Regeln verstießen, rief ich entschieden zur Ordnung. Deshalb wurde ich immer mit großer Mehrheit, aber eben niemals einstimmig gewählt. Später fand ich, dass meine Nachfolger im Fraktionsvorsitz, Angela Merkel und Volker Kauder, in der Durchsetzung von Disziplin weniger konsequent waren, was meines Erachtens der gesamten Fraktionsarbeit schaden konnte.

Die Zusammenarbeit mit den Kollegen aus der Koalition war sehr gut. Wolfgang Bötsch und Michael Glos als Vorsitzende der CSU-Landesgruppe und Hermann Otto Solms, der FDP-Fraktionsvorsitzende, bildeten mit mir in den neunziger Jahren die Zentrale der Koalition in allen innenpolitischen Fragen. Kohl ließ uns weitgehend machen, wobei er wusste, dass wir, insbesondere ich, immer versuchen würden, in seinem wohlverstandenen Interesse zu handeln. Natürlich musste er insbesondere in der Führung der Partei mit den ebenso mächtigen wie selbstbewussten Landesfürsten und Ministerpräsidenten der CDU und in der Koalition mit den Parteivorsitzenden Waigel für die CSU und Genscher, später Kinkel in der FDP den Zusammenhalt sichern, und im Übrigen konzentrierte er sich zunehmend auf die Außen- und Europapolitik. Ich legte in der Zusammenarbeit mit meinen Partnern immer großen Wert auf ein gutes und persönliches Klima, auf Respekt und Verlässlichkeit. Das galt vor allem für mein Verhältnis zu Hans-Ulrich Klose, der mit all seiner Erfahrung stets einen Sinn für das Machbare mitbrachte. Vermutlich war er der Sozialdemokrat, mit dem ich in meinen fünf Jahrzehnten im Bundestag am engsten zusammengearbeitet habe. Uns verband, dass wir in besonders heiklen Streitfragen auch schwere Zerreißproben in der jeweils eigenen Partei aushalten und zu einer guten Lösung führen konnten.

1993 hatten wir uns bei der notwendigen Verständigung über die Personalentscheidungen im Bundesverfassungsgericht in eine solche Situation manövriert. Über die Wahl der Richter einschließlich der Präsidenten und Vizepräsidenten verständigten sich die beiden großen politischen Lager, wobei das Vorschlagsrecht alternierte. Bewährte Übung war – so hatte ich das auch als Parlamentarischer Geschäftsführer mit meinem damaligen Partner

Gerhard Jahn von der SPD-Fraktion gehandhabt –, dass jede Seite erst mit der anderen vertraulich klärte, ob ein Vorschlag überhaupt Zustimmung finden könnte. Als die Nachfolge für Roman Herzog im Amt des Bundesverfassungsgerichtspräsidenten anstand, suchten Hans-Jochen Vogel und Herta Däubler-Gmelin das Gespräch mit dem Bundeskanzler und mir, um zu sondieren, ob die Union Jürgen Schmude als Bundesverfassungsgerichtspräsident akzeptieren würde. Wir verabredeten, dass ich dies mit den Kollegen im Bundesrat, der für die Wahl dieses Richters zuständig war – nach dem Grundgesetz wird je die Hälfte der Verfassungsrichter vom Bundesrat und vom Bundestag gewählt –, abklären würde, um das Ergebnis Däubler-Gmelin anschließend mitzuteilen. Einige Zeit später rief ich sie an und übermittelte ihr unser Einverständnis. Sie bedankte sich und bat, es noch nicht öffentlich zu machen.

Wochen danach rief mich an einem Sonntagabend Klose zu Hause an, um mir spürbar verlegen mitzuteilen, dass die SPD-Fraktion morgen Herta Däubler-Gmelin für das Bundesverfassungsgericht nominieren werde. Ich war völlig konsterniert und fragte ihn, ob er überhaupt über das Gespräch bei Kohl informiert sei. Wahrscheinlich müsse er nur deshalb bei mir anrufen, weil das Ganze den damaligen Gesprächsteilnehmern zu peinlich sei. Es war offensichtlich, dass Däubler-Gmelin nicht von der Union akzeptiert würde, wenn die SPD sie einseitig ohne jede vorherige vertrauliche Abstimmung nominierte. Denn ein solches Vorgehen hätte zur Folge gehabt, dass die Richter künftig jeweils nur von einer Seite bestimmt und nicht von einem breiten Konsens getragen würden.

So kam es. Die SPD nominierte, und wir lehnten ab. Dann geschah lange Zeit nichts. Schließlich rief mich Monate später Rudolf Scharping als neuer SPD-Vorsitzender an. Wir sollten doch jetzt das Verfassungsgerichtsproblem endlich lösen. Kohl habe ihm gesagt, er solle das mit mir klären. Ich erläuterte ihm, dass nach meiner Überzeugung für die Integrität der Institutionen die Verlässlichkeit im Verfahren unverzichtbar sei und deshalb die Nominierung von Däubler-Gmelin zu keiner Lösung führen werde. Wieder geschah einige Zeit nichts, und solange kein Nachfolger bestimmt ist, wird nach Rechtslage die Amtszeit ausscheidender Verfassungsrichter verlängert. Schließlich bat mich der Bundespräsident – offenbar von Hans-Jochen Vogel darum ersucht – zum Gespräch. Aber auch er musste meine grundsätzliche Position zur Kenntnis nehmen. Erst einige Zeit später fragte die SPD wieder vertraulich an, ob wir Jutta Limbach akzeptieren könnten. Dagegen gab es keine Einwände. Und sie wurde eine allseits respektierte Präsidentin des Bundesverfassungsgerichts.

## ALTE UND NEUE ASYLFRAGEN

Noch schwieriger wurde ein Thema für Klose und mich, das mich nun schon seit einigen Jahren begleitete. In atemberaubender Geschwindigkeit hatte die Öffnung des Eisernen Vorhangs die Zahl an Aussiedlern und Asylbewerbern hochschnellen lassen. Die vielen Russlanddeutschen und Menschen aus dem ehemaligen Ostblock, aber auch der Familiennachzug der ehemals als »Gastarbeiter« angeworbenen Türken trieben die Zahlen in die Höhe. Mit dem Zerfall Jugoslawiens waren Bürgerkrieg und Gewalt nach Europa zurückgekehrt, und viele Flüchtlinge suchten ihr Glück in Deutschland. So vervielfachten sich die Asylanträge in kurzer Zeit und waren schon 1992 auf über 430 000 angestiegen. In der deutschen Gesellschaft gedieh ein Klima von Fremdenfeindlichkeit und Sozialneid. Es war Wasser auf die Mühlen rechtsradikaler Parteien wie der »Republikaner« und der DVU. Die jeweils über mehrere Tage anhaltenden rassistischen und fremdenfeindlichen Pogrome gegen die Unterkünfte ehemaliger vietnamesischer Vertragsarbeiter im September 1991 in Hoyerswerda und im August 1992 in Rostock-Lichtenhagen, die sich unter dem Jubel von Zuschauermassen ereigneten, waren zutiefst verstörende Signale für die gesellschaftliche Lage. In den neuen Bundesländern war die Situation besonders bedrückend. Aber nicht nur dort. Auch im alten Bundesgebiet war ein Rechtsruck spürbar. Bei den Landtagswahlen im April 1992 erzielten die »Republikaner« über zehn Prozent der Stimmen in Baden-Württemberg, und die DVU erreichte in Schleswig-Holstein mehr als sechs Prozent. Die tödlichen Anschläge von Mölln (1992) und Solingen (1993) waren Fanale des Fremdenhasses. Dies alles signalisierte, dass die deutsche Gesellschaft ein manifestes Problem mit der Akzeptanz, Steuerung und Integration von Zuwanderung hatte. Politisch musste auf allen Ebenen gehandelt werden: scharfe Bekämpfung des Rechtsradikalismus, stärkere Bemühung um Integration, um keine Parallelgesellschaften entstehen zu lassen. Notwendig wurde aber auch eine wirksame gesetzliche Regelung, um der allzu extensiven Inanspruchnahme respektive dem Missbrauch des Asylrechts entgegenzuwirken.

Es ist eigentlich erstaunlich, über welchen langen Zeitraum die Integration von Neuankömmlingen im Gemeinwesen Bundesrepublik eher stiefmütterlich behandelt worden ist. Auch historische Gesamtdarstellungen widmen diesem Thema zumeist nur wenige Absätze, obwohl die Inklusion von »Fremden« von Beginn an eine Herkulesaufgabe war. Sie hat die Geschichte der Bundesrepublik begleitet und stellte die Frage nach den Belastungen, Grenzen und notwendigen Anstrengungen beider Seiten für eine gelingende Integration.

Der wirtschaftliche Aufstieg in den Anfangsjahren der Bundesrepublik war zu einem wesentlichen Teil von rund fünfzehn Millionen Flüchtlingen und Vertriebenen getragen worden, von Deutschen, die aus dem sowjetischen Machtbereich – einschließlich der späteren DDR – kamen und zunächst keineswegs überall willkommen waren. Anfangs fürchtete man vor allem Konkurrenz um den ohnehin knappen Wohnraum. Konfessionelle, landsmannschaftliche und kulturelle Verschiedenheiten kamen hinzu. Die allermeisten Menschen in Deutschland hatten ja schon in den Wirren des Kriegsendes versucht, sich aus dem Bereich der sowjetischen Truppen in den der westlichen Alliierten zu flüchten, aber der Zustrom ließ in den darauffolgenden Jahren nicht nach. Und Stalin spekulierte darauf, dass diese Fluchtbewegung aufgrund der schieren Menge solche Spannungen schaffen würde, um den Boden für eine kommunistische Machtübernahme auch im westlichen Teil Deutschlands zu bereiten.

Diese Hoffnung erfüllte sich nicht. Wie sehr die Flüchtlinge und Vertriebene zum »Wirtschaftswunder« beitragen sollten, wurde bald offensichtlich. Denn in diesem Aufschwung zeigte sich, dass es in der Bundesrepublik langfristig an weiterhin benötigten Arbeitskräften mangelte, weshalb im nächsten Schritt aus südeuropäischen Ländern mit geringerer Wirtschaftsleistung und niedrigerem Lebensstandard »Gastarbeiter« angeworben wurden. Italiener oder Portugiesen, später auch Jugoslawen und schließlich immer mehr Türken, die von der Industrie begehrt waren, weil sie fleißig und für geringe Löhne arbeiteten. Italiener und andere Südeuropäer fügten sich in das gesellschaftliche Leben ohne nennenswerte Probleme ein. Bei den Türken gestaltete sich diese Integration insgesamt schwieriger. Ein Großteil lernte von der deutschen Sprache nur das am Arbeitsplatz notwendige Minimum. Als sie begannen, ihre Familien aus der Türkei nachzuholen, blieb der wachsende Teil der türkischstämmigen Bevölkerung unter sich. Ganze Häuserzüge und alsbald

Stadtteile waren türkisch geprägt, und Deutsche fühlten sich darin fremd. Man hatte sich über diese kaum überraschenden Entwicklungen wenig Gedanken gemacht und die Frage, wie diese Bevölkerungsgruppe in die bundesrepublikanische Gesellschaft besser zu integrieren sei, offensichtlich kaum gestellt. Einige Politiker, wie der baden-württembergische Ministerpräsident Filbinger, hatten gar für ein Rotationsprinzip plädiert: Die »Gastarbeiter« sollten nur für eine begrenzte Zeit – ohne Familie – kommen, um anschließend durch andere ersetzt zu werden. In diesem eher weltfremden Vorschlag zeigte sich Unverständnis, wenn nicht Gleichgültigkeit gegenüber den Lebensvorstellungen der Angeworbenen, ganz zu schweigen davon, dass die Arbeitgeber auch kein Interesse daran haben konnten, ihre bewährten Arbeitskräfte turnusmäßig auszutauschen.

In den siebziger Jahren kam zu den Integrationsproblemen mit den Türken – vor allem in der zweiten Generation – eine wachsende Zahl von Asylbewerbern und Flüchtlingen aus den Krisengebieten des arabisch-persischen Raumes, Asien und Nordafrika hinzu. Allerdings blieben die Zahlen noch überschaubar, nicht zu vergleichen mit den in späteren Zeiten erlebten Flüchtlingszahlen (1992/93, 2015, 2022/23).

Um die Attraktivität einer Flucht nach Deutschland zu verringern, versuchte man es immer wieder mit mehr oder weniger langen Arbeitsaufnahmeverboten. Dies wiederum erschwerte die Integration erheblich, und die deutschen Nachbarn klagten: »Wenn die wenigstens arbeiten würden.« Man probierte alle möglichen Maßnahmen: Asylverfahrensbeschleunigung, Absenkungen des Leistungsniveaus gegenüber den allgemeinen Sozialhilfen, Unterbringung in Sammelunterkünften mit Sammelverpflegung – alles begleitet von Streitigkeiten zwischen Bund, Ländern und Kommunen, wer welche Kosten zu tragen hatte. Es war zum Verzweifeln. Die Union forderte energische Maßnahmen, ohne in ihrer damaligen Rolle als Opposition der Regierung Schmidt genau zu sagen, was denn zu tun sei. Auch in den achtziger Jahren hatten wir mehrere koalitionsinterne Verhandlungsrunden, bei denen ich in der Regel die Union regierungsseitig vertrat, weil Friedrich Zimmermann und die Kollegen der FDP keinen Draht zueinander fanden. Aber wir erreichten nichts Substanzielles.

Als Innenminister gelang es mir immerhin nach intensiven Gesprächen an einem Wochenende in einem heimeligen Landgasthaus in Gengenbach, mit dem bayerischen Innenminister Stoiber und Staatssekretär Kinkel für die FDP eine schon lange notwendig gewordene Novellierung des Ausländergesetzes zu formulieren, die 1990 in Kraft trat. Selbst einer unserer heftigsten rechtspolitischen Kritiker, der *SZ*-Journalist Heribert Prantl, sah darin positive Aspekte, weil nun der Schutz der politisch Verfolgten auf die Familie ausgeweitet, die Einbürgerung der zweiten Ausländergeneration erleichtert und die Arbeitserlaubnis früher bewilligt wurde. Wer sich eine Vorstellung von der Mühsal unserer Verhandlung machen möchte, darf gern die 34 Seiten im Bundesgesetzblatt vom 9. Juli 1990 nachlesen. Prantl warf mir allerdings damals schon vor, »die Einwanderung, die längst stattgefunden hat, nur viertelherzig zu akzeptieren«, weil ich mich gegen die »Mehrstaatigkeit, wie sie in ganz Europa üblich« sei, wehre. Damit sind zwei Schlüsselbegriffe angesprochen, die über Jahrzehnte hinweg die Debatte prägten: »Einwanderungsland« und »Mehrfachstaatsbürgerschaft«.

Mir erschien der Streit darüber, ob die Bundesrepublik Deutschland ein Einwanderungsland sei, immer überflüssig. In der Fachdiskussion gelten Staaten wie Australien oder Kanada vielen als sympathisches Modell des Einwanderungslands. Aber gerade dort werden jährlich bestimmte Quoten für Einwanderung festgelegt, verbunden mit spezifischen Kriterien wie der beruflichen Qualifikation. Jenseits dieser Quoten verhindern die sogenannten Einwanderungsländer rigoros unerlaubte Zuwanderung und können dies durch ihre geografische Lage in der Regel effektiv steuern. Wir in Deutschland – zumal in der Mitte eines Europas der offenen Grenzen – sind dagegen nicht kontrollierbarer Zuwanderung ausgesetzt. Deswegen können Quoten nur dann eine sinnvolle Lösung sein, wenn sie im europäischen Rahmen zu garantieren sind.

Kein Mensch, der halbwegs bei Verstand ist, bestreitet, dass Einwanderung nach Deutschland in großer Zahl seit Langem stattfindet – weit höher übrigens als in die sogenannten Einwanderungsländer. Davon haben wir erheblich profitiert. Der ökonomische, kulturelle und nicht zuletzt der demografische Bonus ist deutlich größer, als vielen Schreihälsen bewusst ist. Aber ein in der Fachterminologie »klassisches« Einwanderungsland wie Australien oder Kanada sind wir eben gerade nicht.

Ähnlich in die Irre führt die Diskussion um das Staatsangehörigkeitsrecht, bei dem sich international zwei Prinzipien grundsätzlich gegenüberstehen: das Abstammungsprinzip und das Territorialprinzip. Allerdings gilt in fast allen Ländern, dass Kinder die Staatsangehörigkeit von ihren Eltern erben. Zusätzlich dazu verleihen einige Staaten den in ihrem Staatsgebiet Geborenen teils automatisch, wie etwa die USA, teils aber auch erst nach bestimmten Fristen oder entsprechenden Anträgen ihre Staatsbürgerschaft. Erst dann tritt – wie bei fast jeder späteren Gewährung von Staatsangehörigkeit – das Problem doppelter Staatsangehörigkeit auf, worüber wir in den Anfangszeiten der ersten rot-grünen Koalition 1999 heftig gestritten haben. Ich habe damals wie heute die Meinung vertreten, dass die generelle Zulassung doppelter oder mehrfacher Staatsangehörigkeit den eigentlichen Sinn des Instituts »Staatsangehörigkeit« aushöhlt, deren Zweck darin besteht, den Menschen als Bürger einem Staat mit Rechten und Pflichten zuzuordnen. Und damit ist das Problem der Besteuerung noch gar nicht erfasst. Diese hängt – mit der großen Ausnahme der Vereinigten Staaten – nicht von der Staatsbürgerschaft, sondern vom Wohn- und Arbeitsort ab. Auch im Fall einer Wehrpflicht können Konflikte entstehen, oder bei der Frage, welcher Staat konsularischen Beistand zu leisten hat. Denn nach unseren Prinzipien ist jeder Staat im Rahmen seiner Möglichkeiten verpflichtet, die Interessen seiner Bürger – wo nötig – im Ausland zu vertreten. So hat die Bundesrepublik Deutschland etwa bei Ausbruch der Coronapandemie weit über 200 000 Deutsche teilweise aus den entlegensten Gegenden der Welt zurückgeführt.

Aus diesen Gründen spricht für mich wenig gegen eine großzügige Verleihung der Staatsbürgerschaft an integrationswillige Menschen, aber ziemlich viel gegen eine politisch sanktionierte Mehrfachstaatsangehörigkeit. Im Übrigen haben alle in Deutschland lebenden Menschen – abgesehen vom Wahlrecht – die gleichen Rechte und Pflichten. Entscheidend für das friedliche, gewaltfreie Miteinander bleibt die Integrationsbereitschaft auf beiden Seiten: bei den Zuwandernden und bei den Ansässigen. Das legt Zurückhaltung in der politischen Auseinandersetzung nahe, in der Begrifflichkeit wie auch beim Verzicht auf Initiativen, die mit hoher Wahrscheinlichkeit zu entsprechender Eskalation führen. Von diesem Prinzip habe ich mich allen gegenteiligen Unterstellungen zum Trotz seit vierzig Jahren leiten lassen. Empathie statt Provokation.

Im Grundgesetz lautete der Artikel 16, geprägt von den Erfahrungen der Nazi-Barbarei, in schlichter Klarheit: »Politisch Verfolgte genießen Asylrecht.« So klar wünscht man sich Verfassungssätze. Aber unsere Bürokratie und unser Juristenperfektionismus waren mit der Frage: »Wer ist politisch Verfolgter?«, hoffnungslos überfordert. Im ungünstigsten Fall ließen sich mithilfe spezialisierter Anwälte durch die bloße Behauptung, politisch verfolgt zu sein, einige Jahre Aufenthalt mit den entsprechenden Sozialhilfebezügen bewerkstelligen. Es gibt die kolportierte Geschichte eines Schweizer Bürgers, der mit der Behauptung, in Basel politisch verfolgt zu sein, mehr als sechs Jahre im Landkreis Lörrach Sozialhilfe bezog. Schon in den späten siebziger Jahren hatte Herbert Wehner in der SPD gefordert, das Grundrecht auf Asyl zu überarbeiten, weil sonst eines Tages der innere Friede gefährdet sei.

Die deutsche Sondersituation bestand darin, dass der Schutz des Artikels 16 Grundgesetz weiter reichte, als das Zurückweisungsverbot der Genfer Flüchtlingskonvention. Diese Singularität unserer Verfassungslage trug dazu bei, dass die Zahl der Asylbewerber in Deutschland absolut und relativ höher war als in den meisten anderen europäischen Ländern. Auch unsere geografische Lage in der Mitte Europas und das höhere Hilfsniveau für Asylbewerber hatten zur Folge, dass Asylsuchende in Europa mehrheitlich zu uns kamen.

Bei der gegebenen Verfestigung unserer Rechtsprechung und Verwaltungspraxis war eine Lösung ohne eine Änderung des Artikels 16 Grundgesetz nicht erreichbar. Am einfachsten wäre die Einführung eines Gesetzesvorbehalts wie bei anderen Grundrechten gewesen. Doch das war mit SPD und FDP nicht zu machen. Allerdings verstanden meine Kollegen Solms und Klose, dass sich etwas ändern musste. Da ohne die SPD, die über mehr als ein Drittel der Bundestagsabgeordneten verfügte, eine Grundgesetzänderung nicht erreichbar war, sagte mir Solms trotz der großen Widerstände in seinen eigenen Reihen zu, dass er alles mittragen werde, was ich mit der SPD erreichen könne.

Klose brauchte für seine Überzeugungsarbeit in der SPD Zeit, während in meiner Partei und Fraktion die Ungeduld wuchs und man forderte, dass in einer namentlichen Abstimmung alle Bundestagsabgeordneten Farbe bekennen sollten, um auch vor ihren Wählern in ihren Wahlkreisen zu dokumentieren, wie sie zu der von der breiten Bevölkerungsmehrheit für notwendig gehaltenen Grundgesetzänderung stehen.

Erwin Teufel, seit 1991 Nachfolger von Lothar Späth als Ministerpräsident von Baden-Württemberg, drängte besonders auf eine solche Abstimmung, weil er fürchtete, bei der im Frühjahr 1992 anstehenden Landtagswahl die absolute Mehrheit zu verlieren, die die CDU in Baden-Württemberg seit 1972 immer behauptet hatte. Teufel setzte auf einen »Asylwahlkampf«, der die SPD zum Sündenbock machte. Ich war entschieden dagegen, weil ich mir sicher war, dass eine namentliche Abstimmung nichts an der Position der allermeisten SPD-Abgeordneten änderte. Darum würde eine solche Abstimmung den Widerstand gegen eine Grundgesetzänderung, die ohne die SPD unmöglich war, nur verfestigen und die für die Verfassungsänderung notwendige Zweidrittelmehrheit verfehlen. Außerdem bleibe ich bei der Überzeugung, dass man in Regierungsverantwortung Probleme, die Extremisten auszuschlachten versuchen, nicht in ihrer Bedeutung hochreden sollte, sondern dass man sie lösen muss. Der Beweis, dass die Mehrheit besten Willens war, aber an der Minderheit scheiterte, überzeugt die Bevölkerung in solchen Fragen nicht.

In einer denkwürdigen Sitzung entschied die Fraktion gegen mich und stellte den Antrag auf namentliche Abstimmung, weil der Bundeskanzler plötzlich dafür plädierte, vielleicht um Teufel mit Blick auf die anstehenden Landtagswahlen zu unterstützen. Kohl spürte die Stimmung in der Fraktion und gab ihr nach. Das war in meinen Augen ein großer Fehler, denn er hätte im Sinne der Vernunft Führung zeigen müssen. Nach der Sitzung hatte ich mit ihm eine heftige Auseinandersetzung darüber. Ich sagte Kohl, dass ich die Fraktion nicht führen könne, wenn er mir in den Rücken falle. Wenn das noch einmal passiere, müsse er sich einen anderen suchen. Er sah den Fehler ein und überließ mir das Feld. In der nächsten Sitzung, der Kohl fernblieb, begründete ich also, warum die Entscheidung der vergangenen Woche falsch gewesen war. Eine Lösung des Problems durch eine verfassungsändernde Mehrheit würde so in weite Ferne rücken. Dieses Mal folgte mir die Fraktion und nahm den Beschluss zurück. Ein einmaliger Vorgang. Ich musste einiges aufbieten, um die Affekte in der eigenen Partei zu beruhigen und die mittelfristigen Folgen einer Konfrontation mit der SPD aufzuzeigen. Es war eine Situation, in der viel auf dem Spiel stand, denn ich hatte Hoffnung, dass sich die zaghaften Signale für eine Kompromissbereitschaft bei den Sozialdemokraten und ein Einlenken der FDP in den nächsten Monaten für eine fraktionsübergreifende Lösung nutzen ließen. Der Vorwurf der Taktiererei perlte von mir ab, denn – *respice finem* – ich musste umfassend sondieren, um ein tragfähiges Ergebnis zu erreichen.

Teufel hat mir dieses Manöver lange nicht verziehen. Unser Streit ging damals durch die Presse und förderte kaum das Erscheinungsbild der Union. Von seiner Wahlkampflinie wich er nicht ab und suchte die Konfrontation mit der SPD, der er das Scheitern einer Asylregelung anlastete. Ich hielt die Fixierung auf dieses Thema für unklug, zumal es dem eigentlich gemäßigt liberalen Temperament meines Parteifreunds nicht entsprach. Am 5. April 1992 ging die absolute Mehrheit in der Landtagswahl verloren, und die »Republikaner« waren mit fast elf Prozent im Landtag vertreten. Teufel blieb Ministerpräsident – und vereinbarte nun eine große Koalition mit der SPD, die er im Wahlkampf noch für jeden ankommenden Asylbewerber verantwortlich gemacht hatte.

Volker Kauder, damals Generalsekretär der CDU in Baden-Württemberg, der immer so loyal zu seinem Parteivorsitzenden Teufel stand wie später als Fraktionsvorsitzender zu Angela Merkel, kam später oft darauf zurück, dass ich mit meiner Mahnung, das nicht gelöste Asylthema nicht in den Vordergrund der politischen Auseinandersetzungen zu schieben, recht gehabt hätte. Wenn es um Streitfragen geht, die den Nährboden für Extremisten bereiten, muss man demokratische Grundsätze mit Maß und Vernunft umso entschiedener vertreten. »Man geht zum Schmied und nicht zum Schmiedle«, sagt der Schwabe. Gerade was den Verdacht der Ausländerfeindlichkeit anging, durfte und darf sich die CDU nicht die geringste Anfälligkeit erlauben. Dafür werbe ich auch heute nachdrücklich in der Fraktion.

## AUF DER ZIELGERADEN ZUM ASYLKOMPROMISS

Das zähe Ringen um eine Lösung, die verschiedene Optionen miteinander in Einklang brachte (europäische Lösung, Abänderung des Grundgesetzes, Quotenregelung), verlangte Geduld und Nervenstärke auf allen Seiten, zumal sich die innenpolitische Lage weiter verschärfte. In der explosiven Atmosphäre von Gewalttaten, moralischer Empörung und schrillen politischen Forderungen werden einem die Grenzen einer aufgeklärten demokratischen Öffentlichkeit deutlich. Glücklicherweise eröffnet die repräsentative Demokratie Möglichkeiten rationaler Übereinkunft, die zwar Zeit braucht, aber tragfähige Ergebnisse bringt. Auch wenn es sehr lange – in diesem Fall nach dem Gefühl der Beteiligten: zu lange – dauerte.

Klose erläuterte mir, dass die Einfügung eines einfachen Gesetzesvorbehalts in Artikel 16 Grundgesetz in seiner Fraktion unter keinen Umständen akzeptabel sei, weil damit die einfache Gesetzgebungsmehrheit das Asylrecht ausgestalten könne. So fanden wir schließlich eine Lösung, indem wir die Regelungen der Genfer Flüchtlingskonvention entsprechend in die Formulierungen unseres Artikels 16 Grundgesetz einarbeiteten.

Was daraus entstand, war auch nach meiner Überzeugung kein Ruhmesblatt für die sprachliche Klarheit unseres Verfassungsrechts. Als Navid Kermani am 23. Mai 2014 eine vielbeachtete Festrede anlässlich der Feierstunde des Deutschen Bundestags zum 65. Jahrestag des Grundgesetzes hielt, hob er darauf eindrucksvoll ab. Ich habe danach lange mit ihm gesprochen und ihm meine Argumente darlegt, warum dies meines Erachtens auch heute noch der einzige Weg war, aus dieser elenden Sackgasse herauszukommen. Dass ich ihn überzeugt habe, glaube ich kaum, aber respektiert hat er meine Argumente schon. Wir sind seit vielen Jahren in einem regen, von gegenseitigem Respekt getragenen Meinungsaustausch.

Am 6. Dezember 1992 tagte in der baden-württembergischen Landesvertretung die entscheidende Verhandlungsrunde aus Union, SPD und FDP mit Vertretern aus Bund und Ländern. Neben den Bundestagsfraktionsvorsitzenden waren Bundesinnenminister Rudolf Seiters, der bayerische Innenminister Edmund Stoiber und für die SPD unter anderen auch Jürgen Schmude, ehemaliger Justizminister und angesehener Präses der Synode der Evangelischen Kirche in Deutschland, Mitglieder der Runde. Ich hatte wieder einmal gesundheitliche Probleme, und da ich in der Öffentlichkeit meine Schwäche nicht zeigen wollte, hatte ich vertraulich den Kollegen Klose darüber unterrichtet. Als ich während der Verhandlungen in der Landesvertretung ärztliche Hilfe benötigte, unterbrachen wir die Sitzung zum Zwecke interner Beratungen. Ärztliches Personal wurde in Zivil – also ohne weißen Kittel – durch die Tiefgarage in die Landesvertretung gebracht, und niemand hatte etwas bemerkt. Nach meiner Behandlung setzten wir die Beratungen fort. Dann ging es am Ende relativ schnell, und wir konnten den Asylkompromiss verkünden. Er ermöglichte in Anlehnung an die Genfer Flüchtlingskonvention die unmittelbare Rückführung von Asylbewerbern aus sicheren Herkunftsländern oder in sichere Durchgangsländer, erlaubte die Separierung von Asylbewerbern in einem quasi exterritorialen Teil der internationalen Flughäfen und beinhaltete ein eigenes Gesetz über Leistungen für Asylbewerber deutlich unterhalb des allgemeinen Sozialhilfeniveaus.

Nach heftigen öffentlichen Debatten wurde die notwendige Grundgesetzänderung am 26. Mai 1993 beschlossen – unter bemerkenswerten Begleiterscheinungen. Ab sieben Uhr morgens waren alle Straßenzugänge zum Bundestag durch demonstrierende Menschenketten blockiert, sodass die Abgeordneten, wenn sie nicht wie ich schon vor sieben Uhr im Bundestag waren, teilweise mit Booten oder Hubschraubern über den Rhein zum Bundeshaus gebracht werden mussten. Damals stand ich als Architekt dieses Asylkompromisses im heftigen Kreuzfeuer moralischer Empörung. Viele Vorwürfe standen im Raum, auch derjenige, mit kaltherziger Sachlichkeit ein Klima geschaffen zu haben, das die Fremdenfeindlichkeit verschärft habe. Diese Anschuldigungen haben mich verletzt. Wer politisch handelt, lädt auf die eine oder andere Weise Schuld auf sich, hadert mit Entscheidungen. Aber auch wenn ich im Rückblick noch einmal abwäge, hätte ich kaum andere Lösungen gesehen. Wer Hilfs- und Integrationsbereitschaft in der Bevölkerung fördern und erhalten will, muss einer Überforderung durch unkontrollierte Zuwanderung entgegenwirken. Wer das Geschäftsmodell der organisierten Schlepperkriminalität zerstören will, muss verhindern, dass die ohne jede Einschränkung gebotene Rettung von Menschenleben nicht zum Anreiz für immer mehr notgeplagte Menschen auf dieser Erde wird, sich unter Lebensgefahr Verbrechern anzuvertrauen.

In meiner Begründung des Asylkompromisses versuchte ich vor dem Bundestag noch einmal, die internationale Dimension der neuen Regelung ins Verhältnis zu setzen: »Wer dies als Abschaffung des Schutzes für Verfolgte bezeichnet, der behauptet, dass der Rest der zivilisierten Staaten dieser Erde politisch Verfolgte nicht schützt. Dazu haben wir Deutschen am Ende dieses Jahrhunderts nun wirklich keinen Grund. Ich denke, dass auch in der Asylpolitik am deutschen Wesen die Welt nicht genesen sollte; vielmehr sollten wir uns vielleicht etwas mehr vergewissern, was andere im Schutz für Verfolgte weltweit für richtig, notwendig, angemessen und vertretbar halten.«

Nach einer Phase, in der das Land heftige Wellen der Fremdenfeindlichkeit und brutale Gewalt erlebte – drei Tage nach der Abstimmung setzten Neonazis ein Wohnhaus in Solingen in Brand, und fünf türkische Mitbürgerinnen starben –, sorgte der Asylkompromiss langfristig für eine Beruhigung der Lage. Die Zahl der Asylbewerber sank merklich und nahm eine Größenordnung an, die für die innere Stabilität der Bundesrepublik Deutschland leicht zu vertragen war. Das Bundesverfassungsgericht, vielfach angerufen, bestätigte in drei Urteilen die Verfassungsmäßigkeit der Neuregelung. Und keine zwei Jahre nach Inkrafttreten dieser Änderung des Artikels 16 war das Thema von der Dringlichkeitsliste bundesdeutscher Politik verschwunden – vorerst.

Denn das Grundproblem blieb. So sehr Zuwanderung notwendig ist, so sehr bleibt Integration die Voraussetzung dafür, dass nicht kontrollierbare Zuwanderung im Ergebnis zu wachsender Ausländerfeindlichkeit und zu einer Gefährdung des inneren Friedens führt. Der freiheitliche Rechtsstaat muss seinen Bürgern im Rahmen des Möglichen Sicherheit bieten, sonst verliert er seine Legitimation. Deswegen muss man wissen, wer ins Land kommt. Vor allem gehört dazu, gewalttätige Auseinandersetzungen zwischen verschiedenen Bevölkerungsgruppen zu verhindern und das Gewaltmonopol des Staates durchzusetzen. Das ist im Rückblick nicht immer gelungen, wenn wir an Hoyerswerda und Rostock-Lichtenhagen denken, als die Polizei viel zu spät eingriff.

Integration fordert nicht nur von den Zuwanderern Anstrengungen: Spracherwerb, die Eingewöhnung in eine fremde Kultur und vor allem die Akzeptanz einer demokratischen Zivilgesellschaft, in die sie sich einbringen sollen. Integration fordert auch von der deutschen Gesellschaft insgesamt Aufnahmebereitschaft, und zwar im Bewusstsein, dass die Anforderungen an die Zuwandernden in der Regel viel höher sind als die Integrationsleistungen der bisher schon einheimischen Bevölkerung. Die überwältigenden Lichterketten als Demonstrationen gegen Gewalt im Herbst 1992 und die eindrucksvollen Manifestationen von Willkommenskultur und Hilfsbereitschaft 2015 und 2022 zeigen, dass der Wille zum tätigen Engagement und zum sozialen Miteinander in Deutschland überwiegt. Aber diese Ressource darf nicht überfordert werden. Der zähe Weg zum Asylkompromiss bietet insofern ein Lehrbeispiel dafür, wie schwierig es insgesamt ist, in einer pluralistischen Gesellschaft den Konflikt zwischen Ressentiment und Moralismus mit rationalen Überlegungen zur Lastenverteilung zu entschärfen. Die Probleme sind strukturell konstant geblieben, wie die Flüchtlingskrise gut zwei Jahrzehnte später in viel dramatischerer Weise vor Augen geführt hat, aber als Politiker und Bürger darf man staunen, wie erfolgreich die demokratische Gesellschaft

Neuankömmlinge in völlig neuen Größenordnungen aufzunehmen in der Lage war. Überdies haben wir deutliche Fortschritte gemacht, die Probleme der Migration gesamteuropäisch zu regeln, und erfahren, dass unsere Nachbarn weiterhin viel restriktivere Positionen vertreten als wir.

## NATION UND EUROPA: RÜCKKEHR IN DIE GESCHICHTE

Der schwierige Weg zum Asylkompromiss, begleitet von einer erhitzten öffentlichen Diskussion, hatte gezeigt, dass die politische Kultur des wiedervereinigten Deutschlands erheblichen Erschütterungen ausgesetzt war. Ideologische Verdachtsmomente waren schnell geäußert, vor allem wenn es um die Kategorie der »Nation« ging. Wer »Nation« sagte, musste Borniertheit und Selbstabschottung meinen. Vermutlich auch die Rückkehr zu autoritären Traditionen des Kaiserreichs. Im Rückblick wird deutlich, wie sehr die Deutsche Einheit manche Intellektuelle verunsichert hatte, die sich bequem in ihren Überzeugungen eingerichtet hatten – postnational, postkonventionell, posttraditional. Dass das Jahr 1989 eben nicht das Ende, sondern eigentlich die »Rückkehr in die Geschichte« markierte, wie es der Philosoph Odo Marquard formulierte, ließ sich auch daran ablesen, dass manche Fortschrittsgewissheit ins Wanken geriet, als Bürgerkrieg und Gewalt nach Europa zurückkehrten. In den ehemaligen Ostblockstaaten erwachten überall Nationalbewegungen – kulturelle Traditionen wurden wiederbelebt, nationale Gründungsmythen mobilisierten, ethnische Konflikte, die jahrzehntelang unterdrückt worden waren, brachen erneut auf.

Rückkehr in die Geschichte bedeutete vor allem: mit Kontingenzen zu rechnen und zu erkennen, dass Freiheit mit Ungewissheit verbunden bleibt, weil es weder einen Stufenplan der Geschichte noch eine Garantie dafür gibt, dass Vernunft sich zwangsläufig durchsetzt. Stattdessen müssen wir immer wieder neu für sie eintreten. Ein solches Bewusstsein hat auch Konsequenzen für unser Nachdenken über den Begriff der »Nation«, denn es nützte nichts, ihn einseitig zu pathologisieren. Egal wie wir die Genese von Nationen beschreiben: ob als *imagined communities* oder als Konstrukte kultureller und gemeinschaftlicher Bedürfnisse, sie sind ein Identifikationsraum geblieben, und es sieht nicht so aus, als ob sie wieder verschwinden. Nationalempfinden und Patriotismus als rückwärtsgewandt zu verunglimpfen, nützt nur der Rechten. Sinnvoller scheint mir, an die demokratischen Ursprünge dieser gemeinschaftsstiftenden Emotionen zu erinnern, die sich im 19. Jahrhundert vor allem mit fortschrittlichen Forderungen verbanden: Bürgerrechte, politische Mitbestimmung, soziale Gerechtigkeit.

Kluge Denker des Kalten Krieges wie Raymond Aron oder Isaiah Berlin hatten immer betont, dass die Welt der Blockkonfrontation eine künstliche war, dass darunter alte Konflikte schlummerten und auch die Nation als Idee im Ostblock lebendig blieb. Spätestens mit dem gewaltsamen Ringen um nationale Unabhängigkeit in Ex-Jugoslawien und in vielen ehemaligen Sowjetrepubliken war dies für alle sichtbar geworden, und auch die friedlichen Unabhängigkeitsbestrebungen in Polen, Ungarn, Tschechien und Slowenien bestätigten diesen Befund. Das Ende der Sowjetunion nach dem Augustputsch 1991 und dem Sturz Gorbatschows vermittelte einen Eindruck von der Fragilität der neuen Weltlage – und zeigte, in welch kurzer Zeit sich das Fenster für die Wiedervereinigung wieder geschlossen hätte. Wir hatten in den Jahren vor dem Mauerfall Stabilität, Sicherheit, Wohlstand und Frieden in Europa für selbstverständlich genommen. Alle Gespenster schienen gebannt.

Aber es reichte nicht, nur die Gefahren einer Renationalisierung zu beklagen, sondern man musste den Blick auch auf sich artikulierende Zugehörigkeitssehnsüchte richten, die mit nationaler Identität verbunden bleiben und nicht zwangsläufig in Selbstüberhebung und Intoleranz münden müssen. Die großen westlichen Demokratien machten es vor. In Großbritannien, Frankreich und den USA bezogen sich Nationalstolz und nationale Identität ganz selbstverständlich auf demokratische und universale Werte. Erfundene Traditionen, sicherlich – aber doch mächtig. Ein solches unverkrampftes, weitgehend ungebrochenes Verhältnis zur Nation war für Deutsche schwer vorstellbar. Einfach übertragen kann man es nicht, aber man sollte umgekehrt auch nicht international als Moralerzieher auftreten und das Nationalgefühl anderer als ewiggestrig abqualifizieren.

Mich irritierte die merkwürdig verkantete Debatte über das deutsche Selbstverständnis nach der Wiedervereinigung: auf der einen Seite eine moralisierende Linke, die zu jeder Gelegenheit vor neuem Nationalismus warnte und sich nur schwer mit der Deutschen Einheit abfand; auf der anderen Seite auftrumpfende Rechte, die von einer neuen Mittellage schwadronierten, die Westbindung als Irrweg delegitimierten und mit antiliberalen Ressentiments

Kulturkritik übten. Mein Ziel war es, mit *common sense* für eine Normalisierung im Ton einzutreten – demokratische Grundsätze mit einem Wir-Gefühl zu verbinden, das auch nationale Elemente berücksichtigte. Es bekümmerte mich wenig, dass Zeitgeistritter und Sprachpolizisten sofort auf Reizworte ansprangen. Nebenbei bemerkt habe ich im Einklang mit Helmut Kohl nie einem »DM-Nationalismus« (Jürgen Habermas) gehuldigt, ganz im Gegenteil: Eine europäische Währung war unser Ziel – schon vor der Wiedervereinigung. Ich fand es selbstverständlich, dass die gemeinsame Kultur und Zivilisation viel mehr zählten als der Name unseres Geldes. Auch deshalb war es wichtig, in weitaus tiefgründigeren Aspekten nationaler Identifikationsbereitschaft einen Weg der Normalisierung einzuschlagen.

Mein Impuls, das nationale Zusammengehörigkeitsgefühl zu thematisieren, entsprach auch einer eingespielten Arbeitsteilung zwischen Kohl und mir. Während der Kanzler mit Zuversicht und Optimismus auf Parteitagen eine Wohlfühlatmosphäre schuf, sah ich meine Aufgabe darin, den Akzent auf die Schwere künftiger Aufgaben zu legen. Hinzu kam, dass ich die Kosten und Opfer, die die deutsche Einigung den Bürgerinnen und Bürgern abverlangte, von Beginn an höher taxierte. Das Versprechen, die Einheit ohne Steuererhöhungen zu bewerkstelligen, hielt ich für einen Fehler. Es war aus meiner Sicht nötig, stärker an Bürgersinn, Pflichtgefühl, Hilfsbereitschaft und gesellschaftliche Solidarität zu appellieren. Die Bundesparteitage, bei denen der Bericht des Fraktionsvorsitzenden immer vorgesehen war, nutzte ich für grundsätzliche Überlegungen – und füllte damit eine Lücke, denn der seit 1992 amtierende Generalsekretär Peter Hintze beschränkte sich eher auf Kampagnen und verfügte programmatisch nicht über das Format seiner Vorgänger Geißler und Rühe.

In meiner Rede vor dem Berliner Parteitag im November 1993 thematisierte ich etwa die Notwendigkeit »nationaler Zusammengehörigkeit« und Solidarität und bezeichnete den Nationalstaat als »eine Schutz- und Schicksalsgemeinschaft«. Daran stießen sich einige, aber ich wollte lediglich darauf hinweisen, dass ein Gemeinwesen Formen kollektiver Verantwortung verlangt – und dass die Bürgerinnen und Bürger mit Rechten und Pflichten einer Haftungsgemeinschaft angehören. Deshalb bleibt der Begriff der »Schicksalsgemeinschaft« nicht auf die Nation beschränkt. Er findet bei mir auch Verwendung für Europa oder sogar für den Westen, denn es bleibt offensichtlich, wie sehr einschneidende, kollektiv erlittene Ereignisse gemeinsam zu erdulden und zu bewältigen sind, seien es Finanz- und Wirtschaftskrisen, Naturkatastrophen, Terror oder Krieg. Ich beharrte darauf, dass Europa und Nation keine Gegensätze sind, sondern – wie bei unseren Nachbarn – als Komplemente verstanden werden müssen. Wenn ich in diesem Zusammenhang von Vaterland und Patriotismus sprach, hielt ich mich an republikanische Überzeugungen – Tocqueville und Dolf Sternberger habe ich bei vielen Gelegenheiten als Referenzen zitiert. Mit rechtem Nationalismus, Nationalkonservatismus oder Konservativer Revolution hatte das alles nichts zu tun. Es sagt viel über die damalige Debattenkultur aus, dass mir all dies und mehr angehängt wurde. Als ich einige Monate später meine Gedanken ausführlicher in Buchform – *Und der Zukunft zugewandt* (1994) – präsentierte, griffen Kritiker bereitwillig einige Begriffe heraus: Ich wurde zum Jünger Carl Schmitts erklärt, weil ich von einem starken durchsetzungsfähigen Staat sprach, sogar »völkisch« sollte ich sein, nur weil einmal der Begriff des »Volkes« auftaucht. Ein *Spiegel*-Interview vom September 1994 liest sich heute fast als Humoreske, wenn man sich die Absurdität der Vorwürfe vor Augen führt, die ich in dieser Zeit widerlegen musste.

Gedanken, mit denen ich damals demokratische Wehrhaftigkeit anschaulich machen wollte, standen schnell unter Verdacht, innere Sicherheit und staatliches Gewaltmonopol um ihrer selbst willen zu propagieren, also an der Grenze zum Autoritarismus. Gerade nach den Erfahrungen der vergangenen Jahre scheint mir die folgende Passage aus meinem Buch weiterhin richtig: »Durch die in Demokratien im Inneren eingeübten und verinnerlichten Formen, Gesetze und Spielregeln, Konflikte friedlich und zivilisiert auszutragen, ist weitgehend der Blick dafür abhandengekommen, daß die Weltgemeinschaft eben nach anderen Prinzipien funktioniert. Ohne Wachsamkeit für die äußeren Bedrohungen besteht die Gefahr, dass Friedenssehnsucht in Pazifismus umschlägt. Friedfertigkeit, die sich selbst wehrlos macht, beschwört die Gefahr herauf, als Einladung zur Aggression missverstanden zu werden. Pazifismus in diesem Sinne bringt nicht mehr Frieden, sondern im Gegenteil seine Verletzung näher. Er kann deshalb nie Richtschnur verantwortlicher Politik sein. Es ist vielmehr eine Aufgabe politischer Führung erster Ordnung, stets daran zu erinnern, dass Wehrhaftigkeit nach außen in gleicher Weise die notwendige Bedingung für Frieden und Freiheit der Bürger ist, wie sie im Inneren das Gewaltmonopol des Staates erst ermöglicht.«

Wir haben in Deutschland – in Europa insgesamt – diese Einsicht in den folgenden drei Jahrzehnten zu wenig beherzigt. Auch ich habe mir damals nicht vorstellen können, dass uns dieses Versäumnis später bei den Auseinandersetzungen mit dem antiliberalen Populismus in unserem Land und in anderen westlichen Ländern sowie in den außen- und sicherheitspolitischen Debatten nach Putins Überfall auf die Ukraine derart auf die Füße fallen würde.

Damals ging es mir darum, zu zeigen, dass das klassische Diktum des ehemaligen Verfassungsrichters Ernst-Wolfgang Böckenförde, nach dem der freiheitlich säkularisierte Staat von Grundlagen lebt, die er selbst nicht garantieren kann, für eine Vielzahl von integrativen Ressourcen gilt, nicht nur für die Religion. Christlich-abendländische Werte, das Erbe der Aufklärung und demokratische Grundüberzeugungen zählen dazu, aber eben auch nichtrationale und affektive Bindekräfte – Gemeinschaftsgefühl, Patriotismus, nationale Identität. Wir sollten nicht annehmen, dass sie im Zuge von Rationalisierungsprozessen der Moderne einfach überflüssig werden oder von allein verschwinden. »Der Schlaf der Vernunft gebiert Ungeheuer« lautet die Unterschrift des berühmten Goya-Capriccios. Es ist umstritten, ob es »Schlaf« oder »Traum« heißen muss – aber die Dialektik der Aufklärung wird damit auf den Punkt gebracht. Weder sollten wir uns auf die Herrschaft der »reinen Vernunft« verlassen, die uns zum Machbarkeitswahn verleitet, noch sollten wir aufhören, unsere Affekte und Emotionen mit Vernunft und *common sense* zu kontrollieren versuchen. In etwas anderer Akzentsetzung als der Katholik Böckenförde glaube ich auch daran, dass es politisch möglich ist, die normativen Ressourcen unseres Gemeinwesens auf vielfältige Weise immer wieder aufzufrischen – durch demokratische Lebensform, Bildungsanstrengungen, Pflege von kulturellen Traditionen und ein Vorleben ethischer Maßstäbe. Sie verdampfen nicht im Modernisierungsprozess.

Mir lag daran, unsere konkreten Entscheidungen mit all ihren Kompromissen aus Prinzipien und großen Zusammenhängen zu begründen. Und es entsprach meinem Selbstverständnis und meiner politischen Erfahrung, dass politische Ziele nur konsequent zu verfolgen sind, wenn man die eigenen Auffassungen erklären und deutlich machen kann, wohin der Weg denn führen soll. Ich wollte in den damals großen Veränderungen Zusammenhalt und Zuversicht fördern, meine wertegegründete Position von Maß und Mitte der christdemokratischen Volkspartei inhaltlich untermauern. Das galt auch bei der Aufgabe, die weitere Integration im vereinten Europa als überragendes deutsches Zukunftsinteresse voranzutreiben.

# EUROPA – VERTIEFUNG UND ERWEITERUNG

Westbindung und europäische Einigung gehören zur Staatsräson der Bundesrepublik und zur DNA der Unionsparteien. Zu den unverrückbaren Prinzipien deutscher (und mithin christdemokratischer) Politik zählt das in der Präambel des Grundgesetzes formulierte Bestreben, »als gleichberechtigtes Glied in einem vereinten Europa dem Frieden der Welt zu dienen«. Deswegen habe ich auch nie einen Gegensatz zwischen Patriotismus und europäischer Integration gesehen. Ohne den entschlossenen Weg zur europäischen Einigung von Adenauer bis Kohl wäre es nicht zur Überwindung der deutschen und europäischen Teilung gekommen. In den fünfziger Jahren wurde das noch von Schumachers SPD bekämpft, weil er darin eine Verfestigung der deutschen Teilung sah. Seit der Wende mit dem Godesberger Programm war es Konsens zwischen den großen Parteien. Aber dafür musste immer wieder in konkreten Entscheidungen gekämpft und geworben werden.

Besonders umkämpft war die Entscheidung für die gemeinsame Währung. Jacques Delors hatte schon in den achtziger Jahren zur weiteren Festigung der Integration die Einführung einer gemeinsamen Währung vorgeschlagen. Ich erinnere mich, dass sich Stoltenberg bei mir als Chef des Kanzleramts beschwerte, Genscher unterstütze Delors' Initiative, obwohl das in der Regierung nicht verabredet sei und er dem auch nicht zustimme. Und in der Tat war die Aufgabe der stabilen Deutschen Mark zugunsten einer europäischen Währung sehr umstritten. Die öffentliche Meinung blieb der D-Mark verbunden. Auch in der Bundesbank und unter Ökonomen wurde eine europäische Währung sehr kritisch gesehen. Sogar Kohl agierte zunächst zögerlich und nahm Rücksicht auf die Skeptiker. Nach Überwindung der Teilung aber war er entschlossen, Deutschland noch entschiedener in Europa einzubinden – auch darin ein Nachfolger Adenauers. Deshalb trat er zielstrebig für die Währungsunion ein.

Ökonomen und Geldpolitiker hielten eine gemeinsame Währung ohne eine politische Union mit guten Argumenten nicht für stabil. Andererseits waren die Widerstände gegen eine politische Union, etwa auch die Vereinheitlichung sozialer Sicherungssysteme, kaum zu überwinden. So entschied man sich für eine Währungsunion in der Hoffnung, dass sie in der Folge auch die Bereitschaft zu einer politischen Union nach sich ziehen würde. Das war das Prinzip, mit dem die europäische Integration seit dem Scheitern der europäischen Verteidigungsgemeinschaft im französischen Parlament 1954 vorangetrieben wurde – Einigung, wo immer möglich, in der Hoffnung auf später folgende weitere Schritte zu einer *ever closer union.*

Damit das mit der Währungsunion klappen konnte, vereinbarte man Stabilitätsregeln für die Wirtschafts- und Finanzpolitik jedes Mitgliedsstaats. Finanzminister Theo Waigel unterstützte das, gegen viele Zweifel in der CSU (und auch in der CDU). Aber ohne den entschiedenen Einsatz von Helmut Kohl und ohne das nicht zuletzt mit der Wiedervereinigung in ihn gewachsene Vertrauen wäre dies wohl in Deutschland kaum durchsetzbar gewesen.

Parallel zu der Debatte entwickelte sich in den neunziger Jahren auch die Streitfrage, ob man vor einer Erweiterung der Europäischen Union zunächst die institutionelle Vertiefung der europäischen Institutionen durchführen oder ob man mit einer relativ zügigen Erweiterung den Prozess der Überwindung der Ost-West-Teilung in Europa unterstützen und zugleich auch den großen Reformwillen der Osteuropäer honorieren sollte. Wenn wir es ernst damit meinten, Europa auch für die mittel- und osteuropäischen Demokratien zu öffnen, dann mussten wir flexiblere Wege ermöglichen und neue Prioritäten der Integration diskutieren.

Die Auseinandersetzung darüber, was zuerst angestrebt werden sollte – Erweiterung oder Vertiefung –, war der Anlass für ein Positionspapier, das ich als Fraktionsvorsitzender gemeinsam mit unserem außen- und europapolitischen Experten Karl Lamers geschrieben habe. Wir plädierten dafür, Erweiterung und Vertiefung gleichzeitig stattfinden zu lassen, weil wir die Osteuropäer nicht auf das schwer absehbare Ende unserer Vertiefungsdebatte vertrösten konnten und weil umgekehrt auch der Erweiterungsprozess nicht zurückgestellt werden durfte. Wir regten an, die Osterweiterung für das Jahr 2000 zu avisieren (so schlecht lagen wir nicht: Sie wurde dann in einem ersten Schritt 2004 verwirklicht).

Um diese Aufgabe zu meistern, waren wir allerdings überzeugt, dass Europa eine Reform brauche. Insbesondere die Zuständigkeiten der europäischen Institutionen untereinander und im Verhältnis zu den Mitgliedstaaten sollten durch eine verfassungsähnliche vertragliche Konstruktion stabilisiert werden. Weil die Bereitschaft auch dazu in den einzelnen Mitgliedstaaten unterschiedlich entwickelt war, schlugen wir vor, dabei flexibel vorzugehen. »Variable Geometrie« oder »mehrere Geschwindigkeiten« waren die Stichworte für unseren Ansatz, den Einigungsprozess elastisch und zugleich kohärent voranzutreiben. Dazu regten wir an, das Einstimmigkeitsprinzip des Maastrichter Vertrags durch ein anderes Quorum abzulösen, damit »die Länder, die in ihrer Kooperation und in der Integration weiter zu gehen willens und in der Lage sind als andere, nicht durch Vetorechte anderer Mitglieder blockiert« würden. Deshalb wollten wir das Element einer unterschiedlichen Geschwindigkeit zur Stärkung der Einigungsdynamik in Europa nutzen. Das war auch eine Stellungnahme zu dem Streit, ob man eine gemeinsame Währung nicht besser erst nach der Vollendung der politischen Union einführen sollte.

Seinerzeit am meisten Unruhe verursachten unsere Überlegungen zu Kerneuropa, denn wir betrachteten die Achse Frankreich-Deutschland als »den Kern des festen Kerns«. Indem Frankreich und Deutschland keine Sonderbeziehung jenseits der EU anstrebten, sondern ihr Verhältnis in den Dienst der europäischen Einigung stellten und Interessendifferenzen beilegten, würden sie zum starken Motor der Einigung. Dies sollte keine Zurücksetzung der anderen Mitglieder implizieren. »Die Bildung einer Kerngruppe ist kein Ziel an sich«, formulierten wir damals, »sondern ein Mittel, an sich widerstreitende Ziele – Vertiefung und Erweiterung – miteinander zu vereinbaren.«

Anders als andere Europapolitiker fixierten wir uns also nicht auf die Frage, wie Europa am Ende genau auszusehen habe – Vereinigte Staaten von Europa, Bundesstaat oder was auch immer. Die Finalitätsdebatte hielt ich für Wolkentreterei und verschenkte Energie. Die Einigung war ein Prozess, dessen Ende – wie meist in der Politik – nicht abzusehen war. Europa musste mehr sein als ein Staatenbund, konnte aber jedenfalls zunächst kein Bundesstaat wie die USA sein. Die Bindung der Menschen zu ihren Nationalstaaten ist erhalten geblieben. Aber diese Nationalstaaten haben auf ihre volle Souveränität verzichtet und im Verlauf der vergangenen Jahre weitere Souveränitätsrechte abgegeben. Diese Entwicklung fortzusetzen und unumkehrbar zu machen, ist der Sinn europäischer Einigungspolitik. Wichtig war und ist, dass man so weit kommt, wie irgend möglich und nötig, um die drängenden und nur gemeinsam zu lösenden Aufgaben zu bewältigen.

Wenn man die Schärfe der damaligen Kritik in Rechnung stellt, dann erfüllt es mich mit einer gewissen Genugtuung, dass mancher Universalist sich in späteren Krisen uns doch sehr angenähert hat. Vor der »Zunahme eines regressiven Nationalismus« wird bereits in unserem Papier gewarnt – und unsere Maßnahmen empfahlen sich als ein Mittel gegen diese Gefahr. Bei Jürgen Habermas dauerte es etwas länger, bis er eine pragmatischere Position vertrat und schließlich nach dem Brexit Kerneuropa als letzte Hoffnung für eine europäische Regeneration ausrief.

Was damals übersehen wurde, war die ausgeprägte außen- und sicherheitspolitische Komponente des Papiers. Wir warnten davor, die Ostpolitik zu stark auf Russland zu fokussieren und dabei die Interessen der dazwischen liegenden Staaten zu übersehen. Europäische Sicherheitspolitik sollte Teil des Atlantischen Bündnisses sein und die Europäische Union als zunehmend erstarkender Partner die USA in ihrer Rolle als Schutzmacht zumindest entlasten. Es war die Zielvorstellung, dass die Mitgliedschaft in der EU mit der Mitgliedschaft in der NATO einhergehe. Ich hatte damals nicht nur die Nationalitätenkonflikte in Ex-Jugoslawien im Sinn, sondern auch die unsichere Entwicklung in Russland. »Das Wiedererwachen nationalistischer Strömungen, die aus der inneren Schwäche resultierende Neubelebung eines imperialen Panslawismus, das Entstehen rechtsradikaler Kräfte in Russland«, fürchtete ich 1994 mit Blick auf eine Osterweiterung der EU, »würde weitere Zögerlichkeit bestrafen.« Auch dies war ein Grund, warum die NATO ihren Daseinszweck keineswegs verloren hatte, zumal nach dem Wegfall der Einflusssphären des Kalten Krieges »jeder Übergriff und jede Bedrohung ost- und mitteleuropäischer Staaten« durch Russland »zugleich eine Bedrohung der westlichen Staaten« wären.

Von den ausführlichen und anregenden Diskussionen mit Karl Lamers, der von 1990 bis 2002 außenpolitischer Sprecher der Unionsfraktion war, habe ich sehr profitiert. Der katholisch-liberale Lamers war ein ebenso kluger wie vorbildlicher Parlamentarier. Das Grundmodell unseres Papiers wurde zur Vorlage für viele konzeptionelle Überlegungen in Europa. Auch Joschka Fischer hat sich als Außenminister in seiner vielbeachteten europapolitischen Rede an der Humboldt-Universität im Mai 2000 relativ großzügig aus unserem Papier bedient.

## STEINIGER WEG ZU BLÜHENDEN LANDSCHAFTEN

Ungleichheit, Ungleichzeitigkeit und unterschiedliche Entwicklungsgeschwindigkeiten bei divergierenden Erwartungen erlebten wir nicht nur in Europa. Sie blieben in der Bundesrepublik das beherrschende innenpolitische Thema der Jahre nach 1990. Denn der Zauber der Wiedervereinigung verflog rascher, als man sich hätte vorstellen können. Das Hochgefühl von Mauerfall und Einheit mündete in eine Phase der Ernüchterung. Zugleich schmolz der Wiedervereinigungsbonus der Bundesregierung wie Schnee in der Sonne. In den neuen Bundesländern machten sich Unzufriedenheit und Verunsicherung breit, weil man dort immer den Lebensstandard des Westens vor Augen hatte. Es ging nicht nur alles zu langsam, auch die Sicherheit und Heimeligkeit einer »Nischengesellschaft«, deren vermeintliche menschliche Wärme man nostalgisch vermisste, gingen verloren.

Mit der ersehnten Einführung der D-Mark machten die Menschen in der DDR zugleich die Erfahrung, niemals genügend Geld zu haben. Das kannten sie aus der DDR nicht. Man hatte dort in der Regel genügend Geld, konnte aber dafür vieles nicht kaufen. Auch der Zugewinn der Rechtsstaatlichkeit, das Ende des Überwachungsstaats, die neuen Chancen für jeden Einzelnen einschließlich der Freiheit zu reisen, wohin man wollte (wenn man denn das Geld dafür hatte), waren bald selbstverständlich und verloren deshalb an Wertschätzung. Alles, was im Überfluss vorhanden zu sein scheint, verliert an Attraktivität. Erst durch die Knappheit wird etwas für uns Menschen wertvoll. Das ist nicht nur ein ökonomisches, sondern ein allgemein menschliches Gesetz. Sobald man alte Sorgen nicht mehr hat, drücken neue Beschwernisse in anderen Bereichen umso mehr. Umgekehrt kultivierte ein Teil der Menschen in der alten Bundesrepublik, in deren alltäglicher Lebenswelt sich ja zunächst gar nicht so viel änderte, eine Art Dauerlarmoyanz über die Kosten der Einheit. Man beschwerte sich, dass jetzt alles Geld in den Osten fließe, obwohl gar nicht ersichtlich war, dass die Einzelnen in der alten Bundesrepublik einen großen persönlichen Beitrag leisten mussten. Natürlich betraf der 1991 eingeführte Solidaritätszuschlag alle, aber ernsthaft in Bedrängnis brachte er niemanden. Im Westen wollte man von der Wiedervereinigung im Wesentlichen nicht belästigt werden. Es sollte weitergehen wie bisher – das war bereits in der Hauptstadtdebatte deutlich geworden.

Ich kann mich erinnern, dass sich Theo Waigel am Rande der Fraktionssitzung am 5. Oktober 1990, also noch vor dem Attentat, zu mir beugte: »Wolfgang, wir sind uns doch einig, dass wir uns im Wahlkampf unter gar keinen Umständen darauf festlegen dürfen, dass es keine Steuererhöhung gibt?« Ich stimmte ihm zu, aber es nützte wenig. Als er mich einige Wochen später im Krankenhaus besuchte, hatten sich im Zuge des Wahlkampfs die Dinge ganz anders entwickelt. Ich fragte ihn, was geschehen war, und er berichtete, dass man gar nicht anders reagieren hätte können, nachdem die FDP jede Steuererhöhung ausgeschlossen habe. Ich fand das fatal, weil jeder wusste, dass ein solches Versprechen nicht einzuhalten war, und sagte zu ihm: »Theo, du tust mir leid.«

Allerdings entsprach ein solches Vorgehen auch der Linie Kohls, der gerade in Wahlkämpfen dazu neigte, die Menschen mit Optimismus anzusprechen. Da Lafontaine ohnehin die ganze Zeit von den unzumutbaren Kosten der Wiedervereinigung redete und sie ja am liebsten rückgängig gemacht hätte, fuhr Kohl mit dieser Strategie sehr gut. Ihm ist in der Phase der Ernüchterung 1991/92 vorgeworfen worden, prominent von seinem Amtsvorgänger Helmut Schmidt (der ihn in Fragen der Diplomatie gelobt hatte), dass er eine »Blut, Schweiß und Tränen«-Rede versäumt habe. Das wäre nötig gewesen, um mehr republikanischen Geist und Solidargefühl zu erwecken. Abgesehen davon, dass mir die Blutmetaphorik etwas verfehlt erschien – wir hatten keinen Krieg zu gewinnen, stattdessen ging es ganz friedlich um mehr Gemeinsinn –, war es für Kohl ein Drahtseilakt, nicht gleichermaßen des nationalen Überschwangs und der politischen Unterschätzung der Kosten geziehen zu werden.

Die Atmosphäre in Zeiten des Einigungskaters war schwierig. Wer einen Eindruck von der intensiven Debatte erhalten möchte, lese das im November 1992 erschienene Manifest *Weil das Land sich ändern muss*, verfasst von Marion Gräfin Dönhoff, dem Ökonomen Meinhard Miegel, dem Präsidenten der Hamburger Landeszentralbank Wilhelm Nölling, Helmut Schmidt, Richard Schröder und Wolfgang Thierse. Eine Krisendiagnostik, die Elan und Vision der Regierung vermisste, ihre Untätigkeit kritisierte und sich über das fehlende politische Engagement der Zivilgesellschaft beklagte, war ja in vielerlei Hinsicht nicht verkehrt. Aber eben auch etwas abgehoben. Mit dem hohen Ton der Moral, der manchen Beitrag kennzeichnete, war ersichtlich wenig zu gewinnen.

Dass wir Deutschen uns schwer mit uns selbst taten, hatte viele Gründe – historische Belastungen, mentale Pfadabhängigkeiten, falsche Erwartungen und nicht zuletzt eine gewaltige politische Aufgabe, die ohne Präzedenzfall war, nämlich die Umwandlung respektive Eingliederung einer maroden Staatswirtschaft in ein funktionierendes, aber eben auch reformbedürftiges Modell der Sozialen Marktwirtschaft. Wie sich der Übergang vom Kapitalismus zum Sozialismus vollziehen sollte, darüber hatten Generationen von sozialistischen Ideologen und Ökonomen nachgedacht, um der »naturgesetzlichen Zwangsläufigkeit« ein theoretisches Fundament zu verschaffen. Der umgekehrte Fall war wissenschaftlich eher *terra incognita*, wie wir nicht nur in Deutschland, sondern genauso in den anderen Ländern des früheren Ostblocks erlebt haben. Die Transformation einer monopolistischen Staatswirtschaft in eine wie auch immer ausgeprägte Marktwirtschaft ist stets ein Feld für clevere Krisengewinner, von Schwarzmarkthändlern bis zu Oligarchen. Die Korruption blüht dabei im besonderen Maße – das ist in Deutschland übrigens zum Glück und im Gegensatz zu den meisten anderen Ländern nicht der Fall gewesen.

Die Debatte in der alten Bundesrepublik hatte sich relativ schnell auf die ökonomischen und fiskalischen Kosten der Einheit verengt. Wer die Einheit wollte, musste akzeptieren, dass sie teuer werden würde und dass die Dynamik des Wirtschaftsprozesses sich auch ein Stück weit der politischen Steuerbarkeit entzog. Darum blieb die Vollendung der Einheit eine nationale Aufgabe, die vom politischen Willen abhing. Nie habe ich allerdings die Häme verstanden, mit der Kohls Rede von den »blühenden Landschaften« überzogen worden ist. Wer die ehemalige DDR bereist und den Niedergang der Altstädte, das Grau-in-Grau der Plattenbauten, die verheerende Umweltverschmutzung der Chemieindustrie und den allgegenwärtigen Geruch der Braunkohle erlebt hatte, für den war doch deutlich sichtbar, dass sich die Lage seit 1990 Jahr für Jahr verbesserte. Nicht so schnell wie erhofft, nicht sofort überall, aber in der Tendenz doch unverkennbar.

## BUNDESPRÄSIDENTENSUCHE: RICHARD SCHRÖDER UND STEFFEN HEITMANN

Um die inneren Gegensätze und die mentalen Kosten der Einheit zu überwinden, mussten die etablierten Parteien glaubhaft und von ganzem Herzen für das vereinigte Deutschland Politik gestalten. Es fehlte anfangs an politischen Führungsfiguren aus den neuen Bundesländern. Das Personal charismatischer Politiker aus dissidenten Kreisen und der Bürgerrechtsbewegung war rarer gesät als in anderen Transformationsstaaten des ehemaligen Ostblocks, denn im geteilten Deutschland konnten die Menschen seit Kriegsende – zumindest bis 1961 – in den Westen, wenn sie mit den politischen Verhältnissen in der DDR nicht leben wollten. Auch nach dem Mauerbau hatte es durch Freikäufe und Ausbürgerungen noch eine Art *brain drain* gegeben, wenn auch im begrenzten Maß. Und wer in der DDR lebte, musste sich politisch zurückhalten, wenn er nicht ins Gefängnis wollte, zumindest bis zu dem durch Gorbatschows Reformen ausgelösten Tauwetter. Bei bestimmten Aufgaben war man außerdem zu einer wie auch immer gearteten Zusammenarbeit mit dem Machtapparat gezwungen und dadurch später in den zur Selbstgerechtigkeit neigenden politischen Auseinandersetzungen nach der Friedlichen Revolution leicht angreifbar. Mein Freund Lothar de Maizière hat darunter lange gelitten, und eine Ausnahme bildete eigentlich nur Manfred Stolpe, der mit großem Geschick während der Übergangszeit und dann auch als Ministerpräsident von Brandenburg eine wichtige Rolle spielte. Nicht unproblematisch war auf längere Sicht, dass angefangen mit den Ministerpräsidenten in Thüringen und Sachsen ein Großteil der neuen Eliten in Politik und Verwaltung aus dem Westen kam. Das sagt nichts über die unzweifelhafte Beliebtheit und die Verdienste von Bernhard Vogel oder Kurt Biedenkopf aus, markiert aber auch ein Repräsentationsdefizit, das zunehmend als Manko, von manchen sogar als Fremdherrschaft empfunden wurde. So war es notwendig, hier neue Impulse zu setzen.

Eine Gelegenheit dazu bot sich, als die Nachfolge des allseits hochangesehenen Bundespräsidenten Richard von Weizsäcker anstand. Die Kandidatenfindung für dieses Amt ist immer ein sensibler Prozess. Machtinteressen der Parteien spielen eine große Rolle. Manchmal hat die Wahl des Bundespräsidenten eine Signalwirkung für die kommende Bundestagswahl gehabt, wenn wir an die Wahl Gustav Heinemanns 1969 denken. Mir kam im Frühjahr 1993 jenseits aller Parteitaktik die Idee, den bereits erwähnten angesehenen protestantischen Theologieprofessor Richard Schröder als Kandidaten vorzuschlagen. Als Vorsitzender der sozialdemokratischen Fraktion in der ersten frei gewählten Volkskammer war er nach dem (durch Lafontaine mit herbeigeführten) Bruch der von Lothar de Maizière geführten Koalition von Wolfgang Thierse abgelöst worden. De Maizière hatte mir erzählt, dass Schröder ein verlässlicher politischer Partner gewesen sei. Er hatte in der Zeit der SED-Herrschaft nur außerhalb des staatlichen Bildungssystems an kirchlichen Einrichtungen studieren, lehren und forschen können. Seine öffentlichen Beiträge waren – und sind noch immer – stets gut begründet, vernünftig, für normale Menschen nachvollziehbar und ohne jede opportunistische Rücksicht auf die jeweilige sogenannte Political Correctness. Wir waren zu dem Zeitpunkt noch gar nicht besonders eng miteinander bekannt. Unsere heute bestehende Freundschaft entwickelte sich erst im Laufe der Jahre.

Ich gewann Helmut Kohl für den Vorschlag, und auch Theo Waigel war nicht ablehnend, obwohl es natürlich Vorbehalte dagegen gab, einen SPD-Mann zu nominieren. Aber dann wurde klar, dass sich die SPD selbst nicht auf diesen Vorschlag einlassen würde. Johannes Rau rechnete sich offenbar nach früheren vagen Andeutungen des Kanzlers Chancen auf das Bundespräsidentenamt aus. Hans-Jochen Vogel, SPD-Vorsitzender, unterstützte ihn und wollte diese Kandidatur durchbringen. Schröder sagte mir dann, er fühle sich zwar durch meinen Vorschlag und die mögliche Unterstützung der Union sehr geehrt. Aber ich möchte doch verstehen, dass er unter gar keinen Umständen gegen seine eigene Partei kandidieren wolle. Ich habe das respektiert und gleichzeitig sehr bedauert. Nach seinen vielen Interventionen, mit denen er die öffentliche Debatte in den vergangenen drei Jahrzehnten immer wieder um eine andere Sichtweise und einen neuen Gedanken bereichert hat, bin ich überzeugter denn je, dass er ein Bundespräsident hätte werden können, der das Land schonungslos mit wichtigen Fragen konfrontiert hätte.

Jedenfalls mussten wir einen anderen Kandidaten suchen und hielten weiterhin Ausschau nach einem Politiker aus den neuen Bundesländern. Auf Empfehlung von Biedenkopf schlug Kohl den sächsischen Justizminister Steffen Heitmann vor, den zunächst wenige auf der Rechnung hatten und den auch ich nicht kannte. Ich bin heute noch der Meinung, dass er ein untadeliger Kandidat gewesen wäre. Aber einige angreifbare Äußerungen, in denen viele einen konservativen Kontrast zu Richard von Weizsäcker sehen wollten, zogen alsbald eine Medienkampagne nach sich, die schließlich zu seinem Rückzug führte. Am Ende wurde Roman Herzog Kandidat von CDU und CSU, gegen den man lediglich einwenden konnte, dass er eben ein Westdeutscher war. Er wurde in der Bundesversammlung erst im dritten Wahlgang gegen Johannes Rau gewählt. Die Union hatte allein keine Mehrheit in der Bundesversammlung, und viele sind der Meinung gewesen, dass im letzten Wahlgang Hildegard Hamm-Brücher durchaus nicht chancenlos gewesen wäre, wenn die SPD Rau zu ihren Gunsten zurückgezogen hätte. Zum Glück für die Union tat sie das nicht. Herzog wurde ein unbestritten guter Präsident, der sein Amt mit Geist und Würde ausfüllte – und mit dem ihm eigenen Humor. Besonders in Erinnerung blieb seine »Ruck-Rede«, die an Aktualität wenig eingebüßt hat. Es sollte noch knapp zwei Jahrzehnte dauern, bis dann mit Joachim Gauck im März 2012 ein Ostdeutscher ins Schloss Bellevue einzog.

## KOALITIONS- UND PARTEIENKRISEN ALLENTHALBEN

Die Querelen um die Weizsäcker-Nachfolge offenbarten ein Dilemma im Verhältnis zwischen den Parteien: Das Erfordernis, sich in wichtigen Sachfragen (wie im Asylkompromiss) zu einigen, gelang immer seltener, weil der Ton rauer und die Probleme größer wurden. Gereiztheiten gab es auf allen Seiten. Sie waren nicht zuletzt verursacht durch zahlreiche innerparteiliche Schwächephasen. Die SPD schlitterte von einer Führungskrise in die nächste und verbrauchte von 1990 bis 1998 mit Hans-Jochen Vogel, Björn Engholm, Rudolf Scharping und Oskar Lafontaine vier Parteivorsitzende; die CDU hatte zwar eine stabile Führung, aber die langen Jahre an der Macht forderten ihren Tribut. Stellt man in Rechnung, dass wir 1990 ohne die Wiedervereinigung vermutlich nicht wiedergewählt worden wären, dann bedurfte es jetzt dringend neuer Impulse, um notwendige Reformen anzugehen. Die FDP suchte nach dem Ausscheiden des jahrelang dominierenden Hans-Dietrich Genscher nachrückende Führungsfiguren. Klaus Kinkel, Genschers Nachfolger, war eigentlich kein Parteipolitiker, obwohl er den Vorsitz der Liberalen übernahm. Um seine FDP-Parteimitgliedschaft hatte er sich erst als Justizminister bemüht. Bis dahin vertrat er die FDP innerhalb der Koalition immer in seiner Rolle als engster Vertrauter von Genscher. Jedenfalls war bis Mitte der neunziger Jahre die FDP in zwölf von sechzehn Länderparlamenten nicht mehr vertreten, sodass sich das böse Wort von der »Dame ohne Unterleib« verbreitete. Als Wolfgang Gerhardt Nachfolger von Kinkel im Parteivorsitz wurde, konnte er gleichwohl diesen Prozess nicht aufhalten. Das alles machte die Zusammenarbeit mit dem Koalitionspartner nicht immer einfach.

Gegen Richard von Weizsäckers Rede von der Parteienverdrossenheit, die er uns in einem Interview mit der *ZEIT* im Juni 1992 ins Stammbuch schrieb, haben wir uns damals natürlich gewehrt. Aber im Nachhinein gibt der Begriff vermutlich einen richtigen Hinweis auf die von vielen so empfundene Atmosphäre giftiger Auseinandersetzungen. Das unaufhörliche Ansteigen von Staatsverschuldung und Erwerbslosenquote verstärkte die Nervosität: 1994 überstieg die Zahl der Arbeitslosen erstmals die Marke von vier Millionen. In der Mitte der Legislaturperiode zwischen 1990 und 1994 gingen daher nur wenige davon aus, dass die Regierung Kohl noch einmal bestätigt werden würde. Rudolf Scharping, der im Juni 1993 zum ersten Mal durch Mitgliederbefragung zum SPD-Parteivorsitzenden gewählt wurde, war als Spitzenkandidat zunächst ein Hoffnungsträger – was einiges über das gesunkene Ansehen der Regierung aussagte. Erst in einer mühsamen Aufholjagd, begünstigt durch einige schwere Fehler Scharpings und den kaum verborgenen Zwist innerhalb der sogenannten Troika (Scharping, Schröder, Lafontaine), gelang es der Koalition, die Bundestagswahl im Herbst 1994 doch noch zu gewinnen – mit einem durch Überhangmandate bedingten Vorsprung von nur zehn Stimmen. Wir waren mit einem blauen Auge davongekommen, aber schon die Kanzlerwahl war mühsam – mit nur einer Stimme Mehrheit, und das auch nur deshalb, weil wir ein Fraktionsmitglied in letzter Sekunde herbeikarrten. Er hatte am Abend zuvor ein Glas zu viel getrunken und lag noch mit dickem Kopf im Bett.

Angesichts der enormen Probleme, die es zu lösen galt, bewegten wir uns in einem permanenten Stresszustand, um diese knappe Mehrheit bei widerstreitenden Interessen in CDU, CSU und FDP immer wieder zu organisieren. So kam es vor, dass ich mit einzelnen Abgeordneten intensive Gespräche führen musste, um die Geschlossenheit der Koalition sicherzustellen. Ich erinnere mich, dass bei einer Debatte über die Ausweitung der Ladenschlusszeiten eine Kollegin erklärte, sie werde der Mehrheitsentscheidung der Fraktion in dieser

Frage nicht folgen, weil sie sich in ihrem Wahlkreis verpflichtet habe, einer solchen Lösung nicht zuzustimmen. Das sei jetzt für sie eine Gewissensfrage. Ich habe versucht, ihr zu erklären, dass so etwas ja eigentlich keine Gewissensfrage sei, weil man im Wahlkreis immer erklären könne, dass man sich für eine bestimmte Position einsetze, aber natürlich nur im Rahmen der Meinungsbildung innerhalb der Fraktion, deren Mehrheitsentscheidung dann am Ende geschlossen mitzutragen sei. In diesem Fall blieb ich allerdings, soweit ich mich erinnere, mit meinem Überzeugungsversuch erfolglos.

Im Zusammenhang koalitionsinterner Auseinandersetzungen ist natürlich auch an die heftige Fehde zwischen Union und FDP um die Beteiligung der Bundeswehr an den NATO-AWACS-Verbänden zu erinnern. Sie sollten zur Überwachung des UN-Embargos im zerfallenden Jugoslawien außerhalb des NATO-Gebiets daran mitwirken, ein Flugverbot über Bosnien durchzusetzen. Die Frage von sogenannten *Out of area*-Einsätzen der Bundeswehr war seit der Debatte über die militärische Beteiligung an UN-Sanktionen gegen die Besetzung Kuwaits durch den Irak strittig. Unser Koalitionspartner strengte dazu schließlich – mit der SPD – ein Verfassungsgerichtsurteil an, wollte die politische Entscheidung über den Verbleib der deutschen Soldaten in den integrierten AWACS-Verbänden also in Karlsruhe treffen lassen – »ein einmaliges Spektakel«, wie *Der Spiegel* damals treffend vermerkte.

Das Bundeskabinett hatte den Beschluss in Übereinstimmung mit der Sicherheitsratsresolution 816 vom 31. März 1993 gefasst. Die koalitionsinterne Auseinandersetzung entwickelte sich zu einem »Affentheater« – eine Einschätzung, die ich mit Helmut Schmidt teilte. Sie wurde zu einer ernsten Belastung der christlich-liberalen Koalition und strapazierte auch mein freundschaftliches Verhältnis zu Klaus Kinkel. Das Grundgesetz deckte nach meiner Rechtsauffassung die AWACS-Einsätze, was auch eine Vorlage aus dem Justizministerium bestätigte. Kinkel, der zuvor selbst erst Staatssekretär und dann Minister im Justizressort gewesen war, bezweifelte die Grundgesetzkonformität im Kabinett dagegen lautstark. Für mich hatte er in dieser Frage seinen Sachverstand der Parteiräson untergeordnet, was ich öffentlich kritisierte.

Was in der Berichterstattung damals mit dem üblichen Hang zur Komplexitätsreduktion gerne auf einen Krieg von zwei Paragraphenreitern simplifiziert wurde, bedeutete in der Entscheidung des Bundesverfassungsgerichts dann eine weitreichende Beeinträchtigung für die sicherheits- und verteidigungspolitische Integration in Europa. Karlsruhe erklärte zwar, wie von mir erwartet, *Out of area*-Einsätze für verfassungskonform, machte sie aber zustimmungspflichtig durch das Parlament. Während kein Grundgesetzartikel für den Einsatz deutscher Soldaten im Ausland explizit eine Parlamentsbeteiligung vorschreibt, kamen die Karlsruher Richter mit hoher Befähigung zur Interpretation zu dem Schluss, dass das Grundgesetz die Bundesregierung verpflichte, für den Einsatz bewaffneter Streitkräfte grundsätzlich vorher eine konstitutive Zustimmung des Deutschen Bundestags einzuholen. Wie wir mit Blick auf unsere Bündnisfähigkeit aus der Falle des Parlamentsvorbehalts, der mit dieser Entscheidung vom 12. Juli 1994 geboren war, wieder herauskommen können, beschäftigt mich seitdem ständig.

Nicht unerwähnt lassen möchte ich, dass ich in den Debatten über den mit äußerster Brutalität geführten Jugoslawienkrieg die deutsche Politik und Öffentlichkeit nachdrücklich dazu aufforderte, dass unser Land seine Verantwortung für den Frieden wahrnehmen müsse. Der Vorwurf, ein Kriegstreiber zu sein, war mir sicher, wenn ich klarstellte, dass sich ein Aggressor nicht mit Wolldecken und Medikamentenlieferungen stoppen ließe. Europa hatte sträflich versagt. Auch wenn die atomare Abschreckung in der damaligen Wahrnehmung ihren Sinn weitgehend verloren hatte, blieb für mich das Prinzip der Abschreckung leitend. Es musste gegenüber potenziellen Aggressoren nur glaubwürdig vertreten werden können – und hier sah ich gerade uns Deutsche in der Pflicht, nun aus der Komfortzone herauszutreten, in der wir uns nach dem Motto »Wir kämpfen notfalls bis zum letzten Franzosen« eingerichtet hatten. Es wurde, wie ich heute sehe, ein Thema mit Langzeitbrisanz.

## OSKAR LAFONTAINE – SCHICKSALSGENOSSE UND WIDERPART

Angesichts partei- und koalitionsinterner Differenzen war es ein schwacher Trost, dass es auch in der SPD unruhig blieb – und dass der gescheiterte Kanzlerkandidat Scharping als neuer Fraktionsvorsitzender in Bonn keine starke Figur abgab. Die eigentlichen Oppositionsführer waren Joschka Fischer, der die Fraktionssprecherrolle bei den wieder erstarkten Grünen ausfüllte, sowie die lauernden Troikaner in Saarbrücken und Hannover. Als Oskar Lafontaine auf dem Mannheimer Parteitag 1995 nach einer mitreißenden Rede die Kampfabstimmung über den Parteivorsitz erzwang und den glücklosen

Scharping als Vorsitzenden ablöste, geriet die Union mehr und mehr in eine vertrackte Situation. Die SPD schien sich zu konsolidieren und entwickelte unter Lafontaine eine wirksame Blockadestrategie, die uns zunehmend in die Enge trieb. Der Saarländer profilierte sich in geschickter Weise als Hüter der sozialen Gerechtigkeit und nutzte gekonnt das Diffamierungspotenzial, das unsere Vorschläge für eine Reformpolitik zwangsläufig enthielten.

Aufgrund der rot-grünen Bundesratsmehrheit gelang es ihm, nahezu jedes ernsthafte Gesetzesvorhaben zu torpedieren und den Eindruck zu verstärken, dass die Regierung reform- und bewegungsunfähig sei. Ich habe vor Lafontaine als politischem Gegner immer großen Respekt gehabt. Zwar hat er nach meinem Empfinden im Kern die falschen Ideen vertreten, aber auf seine Weise hatte er Substanz und Tiefe, im Unterschied zu Gerhard Schröder, der keine Überzeugungen zu besitzen schien, aber dessen Wandelbarkeit wiederum einen unbedingten Machtwillen erkennen ließ. Ganz fraglos ist Lafontaine ein außergewöhnlich kluger Kopf, und ein scharfer, oft brillanter politischer Redner, auch wenn er sich in späteren Jahren verrannt hat. So unterschiedlich wir als Charaktere sind, so sehr erkenne ich an, dass er in den neunziger Jahren ganz unbestritten die stärkste Figur der SPD war. In politischen Dingen war er sich seiner Sache sicher – und einer, der unbedingt recht behalten wollte, mir insofern nicht unähnlich, oft eben nur programmatisch in ganz entgegengesetzter Richtung unterwegs. Allerdings gebe ich zu, dass ich manche seiner kapitalismuskritischen Ansichten in späteren Jahren differenzierter gesehen habe, mit mehr Verständnis.

Lafontaine ist eine komplexe und schwierige Persönlichkeit, deren Verletzlichkeit deutlich spürbar blieb. Ich vergaß auch in härtesten Konflikten nicht, dass uns das Schicksal verband, Attentatsopfer von Geisteskranken zu sein. Sein Besuch bei mir am Krankenbett kurz vor der Wahl 1990 war eine besondere und intensive Begegnung, weil wir uns mehrere Stunden abseits der Politik über ganz persönliche Dinge unterhielten – Todesnähe, Schicksal, Ängste. Er kam damals – ohne dass die Öffentlichkeit davon wusste – kurz nach seiner letzten Wahlkampfveranstaltung und wirkte gelöst, diese anstrengende Zeit hinter sich zu haben, im festen Wissen, dass er verlieren würde. Damals erzählte er mir, wie sehr ihn Hans-Jochen Vogel nach dem Attentat auf ihn im April bedrängt hatte, bloß nicht hinzuwerfen und die Kanzlerkandidatur durchzufechten. Es ist ihm sehr schwergefallen und war wohl auch gegen seinen eigentlichen Willen.

Während ich täglich und für den Rest meines Lebens die Behinderung als körperliche Folge spüre, litt Lafontaine, der sich von den äußeren Verletzungen erholte, in ganz anderer Weise unter der erlebten Todesangst. Denn er hatte die Messerattacke bei vollem Bewusstsein erlebt und fürchtete in langen Minuten zu verbluten. Ich hatte den Eindruck, dass das Attentat viel bei ihm ausgelöst hat – tiefe Zweifel, das Hadern mit Rollenerwartungen und vielleicht auch die Bereitschaft zum Rückzug. Diese psychischen Langzeitfolgen sind nicht zu unterschätzen, und die emotionalen Belastungen des politischen Geschäfts werden im Alltag selten angemessen berücksichtigt. Was uns einte, war ein starker Gestaltungswille, womöglich auch ein gewisses strategisches Geschick. Aber vielleicht sind wir uns auch darin ähnlich gewesen, dass wir beide nicht mit letzter Unbedingtheit Kanzler werden wollten.

Immerhin war Lafontaine seinem Ziel, den amtierenden Kanzler abzulösen, nach seiner Übernahme des Parteivorsitzes deutlich näher als ich meiner Absicht, die Niederlage abzuwenden. Die entscheidende politische Frage war, ob die Bürgerinnen und Bürger für den politischen Stillstand eher die Opposition und ihre Blockadestrategie oder die Regierung in ihrer Handlungsunfähigkeit verantwortlich machen würden. Von Monat zu Monat wurde klarer, dass Lafontaines Plan aufging. Aus den Ingredienzen steigende Arbeitslosenzahlen, magere Wachstumsziffern, Streit um soziale Gerechtigkeit entstand eine verhängnisvolle Melange: ein Überdruss, der sich gegen eine seit Ewigkeiten amtierende Regierung richtete. Und Helmut Kohl war das Gesicht der Krise.

## UND ES BEWEGT SICH NICHTS

»Reformstau« avancierte zum Wort des Jahres 1997, und ich musste zugeben, dass in dem Fall ein Begriff meine Lebenswirklichkeit dieser Zeit ziemlich präzise beschrieb. Wir mussten ja für alle Gesetzesvorhaben, die die Zustimmung des Bundesrats erforderten, einen Kompromiss mit der SPD finden. Deshalb konzentrierte ich mich zunächst vor allem auf nicht zustimmungspflichtige Gesetze. Eines der wichtigsten war die gesetzliche Rentenversicherung. Das Prinzip des Generationenvertrags regelt die Finanzierung der Rente der Älteren durch die Beiträge der aktiven Generation gegen die staatliche Garantie, später ihrerseits von den Beiträgen künftig Aktiver zu profitieren. Die gesetzliche Rentenformel, 1957 als Adenauers größte sozialpolitische Maßnahme eingeführt, hatten wir schon in den achtziger Jahren durch die Berücksichtigung von Kindererziehungszeiten ergänzt. Die unterschiedliche Entwicklung von Lebenserwartung und Lebensarbeitszeit – längere Ausbildungszeiten und früherer Ruhestandseintritt bei steigender Lebenserwartung, also längere Verweildauer im Rentenbezug – machte eine Korrektur zwingend. Es kostete mich viele Stunden der Überzeugungsarbeit und härteste Auseinandersetzungen mit Norbert Blüm, bis wir den demografischen Faktor in der Rentenversicherung einführen konnten. Im Juli 1997 einigten wir uns endlich auf diesen revolutionären Schritt, der nach Meinung aller Rentenexperten unabdingbar war, wenn wir das berühmt gewordene Versprechen Blüms – »Die Rente ist sicher!« – halbwegs einlösen wollten. Die Reform sah vor, das Rentenniveau innerhalb von fünfzehn Jahren auf rund 65 Prozent zu senken.

Die Opposition machte daraus eine Rentenkürzung und entfachte einen medialen Sturm der Entrüstung, der zu Unruhe unter aktiven und kommenden Rentnern der Republik führte. Es war kaum möglich zu erklären, warum eine Absenkung des Rentenniveaus keine Kürzung, sondern lediglich einen geringeren Zuwachs bedeutete. Der frustrierende Tiefpunkt des Ganzen war für mich, dass bei einem Strategiegipfel der Unionsparteien, der im September im Kloster Andechs stattfand und bei dem ich aus Krankheitsgründen nicht anwesend sein konnte, eine kollektive Mutlosigkeit grassierte: Die Reform sollte nicht, wie verabredet, bereits am 1. Januar 1998 in Kraft treten, sondern erst ein Jahr später, also nach der nächsten Wahl – und damit nach menschlichem Ermessen gar nicht.

Ich war fassungslos. Aber ich konnte auch in anschließenden Sitzungen mit den Partei- und Fraktionsvorsitzenden der Koalition daran nichts mehr ändern. Wie aber sollten die Bürgerinnen und Bürger von der Notwendigkeit einer solchen Rentenreform überzeugt werden, wenn wir nicht den Mut besaßen, sie schon vor der nächsten Bundestagswahl auf den Weg zu bringen? Das ist eine allgemeine Regel: Wenn Politiker eine scheinbar unpopuläre Entscheidung treffen, müssen sie klarstellen, dass sie von der Notwendigkeit und Richtigkeit auch wirklich überzeugt sind. Zaudern und Zögern zerstört jede Glaubwürdigkeit.

Fast überflüssig hinzuzufügen, dass die rot-grüne Regierung das Gesetz als eine der ersten Amtshandlungen wieder kassierte (was der spätere Agenda-Kanzler 2003 als großen Fehler bezeichnete), um die ganze Idee 2004 als

»Nachhaltigkeitsfaktor« neu zu erfinden – wahrlich eine große Koalition der Verzögerung. Ich weiß nicht, ob Max Weber an solche Beispiele parlamentarischer Geduldsspiele dachte, als er sich das oft strapazierte Bild vom Bohren dicker Bretter einfallen ließ. Für mich jedenfalls gehört die peinvolle Hinauszögerung des demografischen Faktors klar in die Kategorie »verlorene Siege« (um einen politisch unkorrekten Buchtitel meiner Jugend zu zitieren).

Ein anderes, ebenso wichtiges Reformvorhaben war die Einführung einer gesetzlichen Pflegeversicherung. Bei steigender Lebenserwartung, auch als Ergebnis medizinischen Fortschritts, wächst die Zahl pflegebedürftiger Menschen. Und weil die Pflege in der modernen Gesellschaft weniger durch Familienstrukturen geleistet werden kann, kämpfte Norbert Blüm dafür, neben der gesetzlichen Vorsorge für Krankheit, Alters- und Arbeitslosigkeit eine Pflegeversicherung einzuführen. Hier hatte er mich auf seiner Seite. Natürlich war damit eine Erhöhung der Lohnnebenkosten verbunden, woraus sich heftiger Widerstand gerade in Zeiten geringen Wachstums und höherer Arbeitslosigkeit erklärte. Also suchten wir eine Kompensationsmöglichkeit, ohne die wir auch in der Koalition keine Einigung erreicht hätten. Ich bevorzugte eine leichte Einschränkung der gesetzlichen Lohnfortzahlung im Krankheitsfall – schon die Regelung, dass für Zeiten der Lohnfortzahlung kein Urlaubsanspruch entsteht, hätte genügt –, aber das Thema Lohnfortzahlung war auch längst zum tabuisierten öffentlichen Besitzstand geworden. So einigte man sich am Ende auf die Streichung eines gesetzlichen Feiertags, und durch Vermittlung von Johannes Rau akzeptierte schließlich die Evangelische Kirche – mit Ausnahme des Freistaats Sachsen – die Streichung des Buß- und Bettags als arbeitsfreien Tag. Insgesamt gelang es 1996 im Rahmen unseres Programms für mehr Wachstum und Beschäftigung, mit der Kanzlermehrheit eine Anzahl von Gesetzen zu verabschieden, die keiner Zustimmung des Bundesrats bedurften. Sie führten zu einer spürbaren Senkung der Arbeitslosenzahlen und belebten die Wirtschaftsentwicklung insbesondere im Verlauf des Jahres 1998. Wenn nach dem Regierungswechsel Ende 1998 die wirtschaftliche Entwicklung positiv war, dann war das nicht der Verdienst der neuen rot-grünen Regierung und von Bundeskanzler Schröder, sondern das Ergebnis unserer mühevollen, aber doch wirksamen Reformen, die wir Ende der Legislaturperiode – politisch zu spät – ins Werk gesetzt hatten.

Der nächste Dauerbrenner, um sich in Niederlagen zu stählen, war das Bemühen um eine Steuerreform – ganz sicher die Königsdisziplin des Scheiterns. Auf dem Parteitag in Hannover 1996 hatte ich bereits Ideen dazu vorgestellt, die dann 1997 in das – zunächst folgenlos gebliebene – Petersberger Modell mündeten. Es war nötig, das Steuersystem insgesamt zu vereinfachen, die Abgabelast für den Bürger spürbar zu senken, um Arbeit wieder lohnender zu machen. Den Eingangssteuersatz wollten wir auf fünfzehn Prozent, den Spitzensteuersatz von 53 auf 39 Prozent senken und zugleich zahlreiche Sondervergünstigungen beseitigen. Zur Gegenfinanzierung sollten eine leichte Erhöhung der Mehrwertsteuer um ein Prozent sowie die Erhöhung der Mineralölsteuer dienen. Schon in der Koalition wurde es schwierig, weil die CSU und die FDP sich dagegen sperrten und gar kein Interesse mehr daran hatten, 1997 noch eine Kompromissgrundlage mit den Sozialdemokraten zu suchen. Stattdessen setzten sie mit Blick auf den Wahlkampf auf eine Fortsetzung der Konfrontation. Es ist auch hier nicht ohne Ironie, dass ganz wesentliche Aspekte unseres Petersberger Steuerkonzepts später ihren Weg in das von Finanzminister Hans Eichel zwischen 2000 und 2005 eingebrachte Modell »Steuerreform 2000« fanden. Der Eingangssteuersatz war auf die Ziffer gleich, der Spitzensteuersatz nicht ganz so weit abgesenkt (42 Prozent).

In meiner Initiative zur Steuerreform sahen Beobachter fälschlicherweise eine Art Profilierungskonkurrenz gegenüber Theo Waigel. Ich bin verwundert, wie häufig ich in zeithistorischen Studien Analysen unseres angeblich so angespannten Verhältnisses begegne. Weder wollte ich ihm beweisen, wer der bessere Finanzpolitiker ist, noch standen wir im Wettbewerb um die Gunst des Kanzlers. Wir hatten schlichtweg ganz unterschiedliche Rollen und Funktionen. Zum einen stand es der CDU als größerer Schwester gut an, selbst Überlegungen zur Steuerreform zu entwickeln (die Waigel übrigens auf dem besagten Parteitag in Hannover begrüßte). Zum anderen musste Waigel, der ein außergewöhnlich ausgeglichener, integrer und, altmodisch gesprochen, anständiger Mensch war, als Parteivorsitzender die Interessen seiner Bayern vertreten und nicht selten die Invektiven seines innerparteilichen Kontrahenten Edmund Stoiber moderieren und entschärfen. Er hatte also die Opposition oft in den eigenen Reihen. Dass er sich mit Kohl gut verstand, war in meinem und unserem gemeinsamen Interesse. Wir kannten uns, seit wir 1972 gemeinsam in den Bundestag einzogen. Nach der Wende 1982 arbeiteten wir eng in der Fraktion zusammen, als sich Waigel in seiner Funktion als Vorsitzender der CSU-Landesgruppe freilich hierarchiemäßig noch etwas über mir situierte und mich die als den Jüngeren manchmal spüren ließ. Natürlich wurde er von Kohl als CSU-Vorsitzender und damit wichtigster Ansprechpartner in der Koalition anders behandelt als ich, der ohnehin zum engsten Kreis zählte. Spätestens als Kohl uns beiden im Frühjahr 1992 das Du anbot, verschliffen sich diese feinen Statusunterschiede allerdings. Waigel strebte niemals die Kanzlerschaft an. Anders als seine Nachfolger im Parteivorsitz Stoiber und Söder sah er den Zugriff auf dieses Amt bei der größeren Schwesterpartei. Außerdem wusste er, dass die CSU ihre Besonderheit als bayerische Staatspartei und zugleich wichtige bundespolitische Kraft verlieren würde, wenn sie mit dem Amt des Bundeskanzlers die Verantwortung für das ganze Land übernehmen würde.

Ich denke, dass Waigel als Finanzminister Großes geleistet hat. Vielleicht hätte er ohne den Fall der Mauer, also ohne die sich durch die Wiedervereinigung ergebenen besonderen Anforderungen, schon einen ausgeglichenen Haushalt erreicht – vorausgesetzt, wir wären nach 1990 überhaupt noch in Regierungsverantwortung geblieben. Vor allem aber ist seine Leistung im Jahr der Wiedervereinigung auch mit den Milliardenzahlungen an die Sowjetunion von ganz entscheidender Bedeutung, weswegen er zu den wichtigsten Gestaltern der Deutschen Einheit gehört. Und schließlich hat Waigel auch bei der Einführung der Europäischen Währungsunion eine große politische Leistung erbracht, die neben der von Helmut Kohl nicht vergessen werden darf.

Meine enge und loyale Zusammenarbeit mit Kohl hinderte mich nicht daran, zu sehen, dass die Partei nach weit über zwanzig Jahren Kontinuität im Parteivorsitz neue inhaltliche Impulse brauchte. Auch diese Einsicht erklärt meine fast rastlos wirkenden Initiativen dieser Jahre. In einer sich rasch verändernden Welt mussten wir uns auf neue Herausforderungen einstellen. Nicht nur die Einigungskrise beschäftigte uns. »Globalisierung« war noch ein neues Wort, und in Erwartung weiterer Liberalisierungsschübe für die globale Ökonomie war die Sorge begründet, ob und wie der Standort Deutschland attraktiv genug blieb. Computerisierung und Digitalisierung begannen sich abzuzeichnen, und im Zuge der europäischen Einigung mit offenen Grenzen benötigte das Land dringend Arbeitsmarktreformen, um wettbewerbsfähig zu bleiben.

Es wurde immer wichtiger, in einer strukturell konservativen Partei, in der viele Mitglieder und Amtsträger nicht mehr zufrieden waren, Mut zur Zukunft und Tatkraft für Veränderungen zu wecken. Das Bedürfnis nach Erneuerung war auch in der Union spürbar. Kohl hatte seine Bemühungen auf

Europa und außenpolitische Fragen konzentriert. Für die Innen-, Wirtschafts- und Finanzpolitik durfte man sich von ihm keine neuen Ideen erhoffen. Ich sah daher zunehmend die Notwendigkeit, programmatische Gedanken zu entwickeln, auch um die systematischen Zusammenhänge unserer Politik zu erklären und Orientierung zu vermitteln.

Meine Rede auf dem Leipziger Parteitag 1997 war der Versuch, nicht nur das Erreichte zu preisen und auf den Gegner einzudreschen – das kannten die Delegierten zur Genüge –, sondern eine Diskussion über neue Aufgaben in Gang zu setzen: »Problemlösungen finden, das setzt Nachdenken voraus – auch lautes Nachdenken«, sprach ich die Parteimitglieder an. »Eine große Volkspartei ist auf das Nachdenken möglichst vieler angewiesen. Wir sollten das Nachdenken nicht verbieten wollen. Wer ein Problem als ein solches benennt, ohne schon eine perfekte Lösung zu haben, der sollte von den Bedenkenträgern und Besitzstandsverteidigern nicht gleich des Hochverrats verdächtigt werden.«

Die Reaktion der Parteifreunde und der Öffentlichkeit war überschwänglich. Die stellvertretende Parteivorsitzende Angela Merkel, die neben mir auf dem Podium saß, meinte nach der Rede, dass sie nun wieder wisse, warum sie in der CDU sei. Andere gaben ihrer Freude Ausdruck, wieder den Sinn des Ganzen zu erkennen. Ich glaube nicht, dass ich mich als Sinnstifter überschätze, aber es war wichtig, in der damaligen Lage den Blick über die Regierungskoalition hinaus zu weiten, die Unzufriedenen zu motivieren und anzudeuten, dass es eine Perspektive für die Zeit nach Helmut Kohl gab. Im Rückblick waren diese im Alltag oft frustrierenden letzten Jahre der Regierung erstaunlicherweise eine geistig produktive Zeit, da ich in den wachen Kreisen der Partei Ideen diskutierten konnte, von denen wir später noch zehrten. »Und sie bewegt sich doch« – diesen Ausspruch Galileis adaptierte ich für mein Buch, das die Impulse von Leipzig aufgriff und im Frühsommer 1998 erschien. Im Wahlkampf hat es keine Trendwende mehr bewirken können, aber ich hatte Freude daran, neue Strategien für den politischen Wandel zu entwerfen – getreu dem Grundsatz von Wolf Biermann: »Nur wer sich ändert, bleibt sich treu.«

## SCHWARZ-GRÜNE GEDANKEN

Die Grünen hatten mich seit ihrem Erscheinen auf der politischen Bühne neugierig gemacht – sie waren die einzige Parteineugründung, die ich bis dato erlebt hatte. Bei ihnen handelte es sich zwar um eine Anti-Establishment-Partei, aber nicht um ein durchweg linkes Projekt. Bürgerliche Prägungen, christliche und wertkonservative Überzeugungen spielten in Teilen der Partei eine Rolle. In den neunziger Jahren zeigte sich der Dauerkonflikt zwischen Fundis und Realos, ehemaligen Linksextremisten und Pragmatikern immer deutlicher. Er entbrannte an Grundsatzfragen: Irakkrieg und Israel, der Haltung zu den USA, zur NATO und zur Bundeswehr – Joschka Fischer und sein Lager zeigten deutliche Tendenzen, sich stärker der bundesrepublikanischen Staatsräson anzunähern, während andere wie Hans-Christian Ströbele oder Jürgen Trittin ihren Idealen lange treu blieben. Die Ökologie schien die Klammer zu sein, die ganz verschiedene ideologische Überzeugungen zusammengehalten hatte. Wie lange das gut gehen würde, war nicht absehbar, zumal die Partei im Gefolge der Wiedervereinigung ihre erste große Krise erlebt hatte und an der Fünf-Prozent-Hürde gescheitert war. Nur aufgrund des Listenzusammenschlusses mit dem Bündnis 90 und der getroffenen Wahlregelungen im Einigungsvertrag war es ihnen möglich, noch Abgeordnete im Bundestag zu stellen. 1994 zogen sie dann wieder in Fraktionsstärke ins Parlament ein.

In den ersten Jahren nach ihrer Gründung hatten sich die Wahlerfolge der Grünen noch zulasten der SPD ausgewirkt, aber es war offensichtlich, dass auch wertkonservative, christlich-bürgerliche Milieus, etwa die katholische Landjugend, sich in ökologischen Fragen von der Union abwandten und den Grünen immer mehr zuneigten. Das konnte ich in meinem eigenen Wahlkreis beobachten. Wenn die Union die Bewahrung der Schöpfung nicht glaubwürdig als eigenes Thema vertreten konnte, lief etwas falsch. Wir durften das meines Erachtens nicht den Grünen überlassen und mussten die ökologische Frage offensiver angehen. Harte Auseinandersetzung mit den Grünen, deren Führungspersonal sich damals teilweise noch weit links von der SPD bewegte, war das eine. Das andere war der ernsthafte Versuch, ihre Wählerschaft durch eine überzeugende Umweltpolitik zurückzugewinnen.

Auch wenn eine schwarz-grüne Verständigung noch in weiter Ferne schien – bis heute ist es auf Bundesebene nie zu einer Koalition gekommen –, war es mir wichtig, mit den Grünen vernünftige parlamentarische Arbeitsbeziehungen zu etablieren. Das hatte inhaltliche und strategische Gründe: Warum sollte man eine politische Blockbildung als naturgegeben hinnehmen, wenn sich doch programmatische Verbindungen herstellen ließen? Von der Lagertheorie Heiner Geißlers aus den achtziger Jahren habe ich nie viel gehalten – und er distanzierte sich nach seiner Zeit als Generalsekretär selbst davon, um später sogar als »Revoltiergreis« (Odo Marquard) mit dem Protest von Attac zu sympathisieren. Es war damals schon zu erkennen, dass Rot-Grün kein alternativloses Modell bleiben musste. Auf kommunaler Ebene gab es Beispiele für Kooperation. In meinem Heimatort Gengenbach war der CDU-Bürgermeister mit den Stimmen der Grünen gewählt worden. Man durfte seine Fantasie in dieser Hinsicht nicht einschränken, und es betraf die Zukunftsfähigkeit der Union, hier Denkverbote und unnütze ideologische Schlachten gleichermaßen zu meiden.

In mancherlei Hinsicht war mir das grüne Milieu zugänglicher als die Klientel der FDP. Womöglich hat meine provinzielle kleinbürgerliche Herkunft dazu geführt, dass mir diese Partei der Ärzte und Unternehmensberater immer etwas fremd geblieben ist, ungeachtet des hohen Respekts, den ich für meine Kollegen in der Koalition wie Genscher, Bangemann, Kinkel oder Solms hatte. Meine aufgeschlossenere Haltung gegenüber den Grünen stieß in Teilen der eigenen Partei, vor allem aber in der CSU auf Skepsis. Fortan begleitete mich der Verdacht, ein verkappter »Schwarz-Grüner« zu sein.

Das war nicht gänzlich unberechtigt. Es ging mir jedoch darum, ideologische Beißreflexe zu überwinden. Nach der Bundestagswahl 1994 waren die Grünen als drittstärkste Fraktion im Parlament vertreten und erhoben Anspruch auf einen Sitz im Präsidium des Bundestags. Das schien mir gerechtfertigt, jedenfalls gab es keine guten Gründe, sie außen vor zu lassen. Der Fraktionsvorsitzende Fischer sprach mich darauf an. Ich sagte ihm, dass wir als Union einen der nach dem üblichen Verteilungsprinzip auf uns entfallenen zwei Vizepräsidenten an die FDP abtreten würden, sodass ein Sitz für die Grünen – ohne Erweiterung der Zahl der Vizepräsidenten – zulasten der SPD gehen müsse. Als Fischer entgegnete, das sei aber mit der SPD nicht zu machen, fragte ich ihn, ob wir – CDU/CSU und Grüne – diese Verteilung gemeinsam gegen die SPD durchsetzen wollten. Er nahm das Angebot erfreut an. Die SPD und ihr neuer Fraktionsvorsitzender Scharping gingen sehenden Auges in die Abstimmungsniederlage. Antje Vollmer wurde gewählt und füllte ihr Amt mit Umsicht und Würde aus – elf Jahre lang.

Diesen Kurs einer Normalisierung und Entdramatisierung setzte ich fort, als die Besetzung der Parlamentarischen Kontrollkommission zur Überwachung der Geheimdienste anstand, aus der man die Grünen immer herausgehalten hatte. Vielleicht spielte eine Rolle, dass ich die Bedeutung von Geheimdiensten ohnehin viel geringer taxierte als die Grünen selbst. Jedenfalls glaubte ich nicht, dass man den Grünen als normaler Oppositionspartei den Zutritt zu diesen Gremien verweigern sollte. Auch hier kam ich der SPD zuvor, und die Union konnte staatspolitische Gelassenheit demonstrieren: Die verantwortliche Mitwirkung in demokratischen Institutionen würde die Grünen verändern, das war vorauszusehen.

In meiner Rolle als Fraktionsvorsitzender musste ich nicht nur auf die verschiedenen Flügel meiner Partei Rücksicht nehmen. Die Auseinandersetzung mit dem politischen Gegner forderte auch, die Opposition hart zu attackieren und Kooperationssignale vorsichtig dosiert zu senden. Dass sich jüngere Unionsabgeordnete mit einigen Parlamentariern der Grünen ab 1994/95 zur sogenannten Pizza-Connection zusammenfanden, unterstützte ich hinter den Kulissen nachdrücklich. Das wussten die Fraktionsmitglieder. Es war richtig, hier Gräben zu überbrücken und Vorurteile abzubauen. Eckart von Klaeden, Armin Laschet, Ronald Pofalla, Norbert Röttgen und andere, die später in wichtige Positionen einrücken sollten, etablierten diese vierteljährlichen Zusammenkünfte als informellen Gesprächskreis. Auf grüner Seite waren die spätere Gesundheitsministerin Andrea Fischer, Rezzo Schlauch oder etwa Cem Özdemir dabei. In Bonn hatten diese Annäherungen nachgewiesenermaßen keine unmittelbaren Auswirkungen, aber die zwanglosen Treffen trugen insgesamt nicht unerheblich zur Entkrampfung des Verhältnisses der Parteien zueinander bei, auch wenn die Gräben zwischen den Wählermilieus erheblich blieben. Rot-Grün blieb die logische Koalitionsalternative zum Status quo. Dennoch entstand damals aufgrund persönlicher Beziehungen eine Gesprächsatmosphäre, die später manche Zusammenarbeit erleichterte.

Mir war klar, dass wir in der CDU umwelt- und klimapolitisch neue Wege gehen mussten. Zwar bedeutete die Abwicklung der DDR-Planwirtschaft schon einen großen Fortschritt, wenn man sich die Umweltbelastungen der realsozialistischen Industrieanlagen und die Energiebilanz generell vor Augen hält. Aber es wurde immer deutlicher, dass sich im Lebensstil westlicher Gesellschaften grundsätzlich etwas ändern und für eine ambitionierte Klimapolitik auf supranationaler Ebene gestritten werden musste. Die Verteuerung des Energieverbrauchs war unausweichlich, um marktwirtschaftliche Anreize für Veränderungen zu setzen. Der Klimagipfel in Rio de Janeiro 1992 war ein wichtiger Durchbruch, und der Bestseller des künftigen US-Vizepräsidenten Al Gore *Wege zum Gleichgewicht* war damals in aller Munde.

Ich wollte, dass die CDU ökologische Fragen programmatisch und praktisch anging, um eine gesunde Balance von Marktwirtschaft und Umwelt herzustellen. In meinen Parteitagsreden der neunziger Jahre, aber auch in anderen öffentlichen Äußerungen habe ich diese Notwendigkeit oft betont. Nach der Wahl 1994 bemühte ich mich auch um konkrete Maßnahmen, vor allem darum, ökologische Elemente in der Steuerpolitik stärker zu verankern. In der Fraktion war mein langjähriger Weggefährte Hans-Peter Repnik damit betraut, Vorschläge für ein ökologisches Steuerkonzept auszuarbeiten. Der Grundgedanke bestand darin, auf der einen Seite die fixen Lohnnebenkosten zu senken, um damit Arbeit günstiger zu machen, auf der anderen Seite den Energieverbrauch höher zu besteuern.

Ich machte mir die simple Erkenntnis des Umweltbundesamts zu eigen, dass nach ökologischen Kriterien fossiler Treibstoff gut das Dreifache kosten müsste. Natürlich wäre es politischer Selbstmord, den Empfehlungen eins zu eins zu folgen und fünf Mark pro Liter Benzin zu fordern – die Grünen wagten dies zu ihren Ungunsten im Wahlkampf 1998. Aber in der Tendenz musste man diese Empfehlung ernst nehmen. Ich äußerte damals meine Überzeugung, dass sich weder Flugpreise noch die Kosten der Automobilität in einem vernünftigen Verhältnis zur Ökobilanz bewegten. »Die Zielvorstellung ist«, wie ich in einem *Spiegel*-Interview im September 1995 erklärte, »dass wir im Steuerrecht im Rahmen des Möglichen – ohne eine Erhöhung der Steuerbelastung und ohne eine Verschlechterung der Wettbewerbsbedingungen für die deutsche Wirtschaft – Elemente zur Einsparung von Ressourcen einführen. Dabei ist mir klar, dass es auch hier, wie bei jeder Veränderung in Deutschland, ungeheuer große Widerstände gibt.«

Dieser Widerstand sollte sich schließlich als unüberwindbar erweisen. Die CSU wollte im Flächenland Bayern jede Belastung für Autofahrer vermeiden, und die FDP ließ sich ebenfalls nicht überzeugen. Die Farce um unser an Ostern 1998 vorgestelltes Zukunftsprogramm, das im Gefolge meiner Leipziger Rede entstanden war, versetzte mir schließlich den entscheidenden Dämpfer. Es ging um eine Passage zu ökologischen Elementen der Steuerpolitik, die schon deckungsgleich (aber leider relativ folgenlos) in der Koalitionsvereinbarung von 1994 zu finden war. Einer der anwesenden Journalisten hatte es erstaunlicherweise auf diesen Passus abgesehen und fragte, ob der Punkt denn mit der CSU abgestimmt sei. Da wir darüber bei der Präsentation gar nicht gesprochen hatten, beschränkte ich mich auf den Hinweis, dass der Programmentwurf dem CSU-Vorsitzenden bekannt und die betreffende Sachfrage nichts Neues sei. Die zufriedene Miene des Fragestellers bestärkte meinen Verdacht, dass er nicht von allein auf die Frage gekommen sein konnte. Mein Gefühl trog mich nicht, denn innerhalb der nächsten Tage entwickelte sich völlig unerwartet eine heftige Debatte: »Schäuble will Ökosteuer«, »Riesenkrach in der Union« – so lauteten die Schlagzeilen, nachdem CSU-Generalsekretär Bernd Protzner sogleich bekundet hatte, mit der CSU sei keine Ökosteuer zu machen, in welcher Form auch immer. Das artete fast in eine Diffamierungskampagne aus. *Der Spiegel* konstatierte am 12. April 1998 kühl: »Wolfgang Schäuble, 55, der einzig verbliebene Hoffnungsträger der CDU, hat sich selbst schwer geschädigt. Sein Nimbus als weitsichtiger Stratege der CDU scheint dahin. Auch Helmut Kohl ist ›fassungslos‹ über den Fehltritt seines Kronprinzen, wie Kohl-Mitarbeiter berichten.« Vorher hatten, wie mir zugetragen wurde, Mitarbeiter des Kanzleramts zwei Journalisten mit dem Textentwurf versorgt und den Hinweis gegeben, dass die Sache mit den »ökologischen Elementen« mit Sicherheit auf den Widerstand der CSU stoßen werde. Diese Intrige kam für mich aus heiterem Himmel und markierte nicht nur die Grenzen meiner Einflussmöglichkeiten, sondern bereitete mich auch darauf vor, dass ich im Verhältnis zu Helmut Kohl mit allem rechnen musste.

Kohl hatte auch vorher aus für ihn naheliegenden Gründen darauf verzichtet, seine Autorität für die ökologische Komponente der Steuerreform in die Waagschale zu legen. Immerhin muss ich mir nicht vorwerfen, dass ich es nicht versucht hätte. Ich glaubte damals wie heute an die Überzeugungskraft sachlicher Argumente und scheiterte an den ideologischen Affekten, die das Thema auslöste. Die Ökosteuer wurde dann zu einem wesentlichen programmatischen Asset der rot-grünen Koalition – allerdings halte ich unser damaliges Konzept noch heute für schlüssiger als das Flickwerk der Schröder-Regierung, die auf eine nachhaltige Besteuerung von Benzin verzichtete und auch das Kerosin aussparte.

Blickt man auf das nachfolgende Vierteljahrhundert, dann gestaltete sich die schwarz-grüne Annäherung im Bund noch langsamer als damals gedacht. Zumindest sind wir mittlerweile so weit, dass die Zeit der ideologischen Lagerbildung vorüber ist. Auf Landesebene gehören schwarz-grüne Koalitionen von Baden-Württemberg bis in den hohen Norden zum politischen Alltag.

## NACHFOLGEDEBATTEN

Da Personalfragen zu den beliebtesten Themen des politischen Journalismus gehören, konnte ich mich über mangelnde Aufmerksamkeit in den neunziger Jahren nie beklagen. Spätestens seit der Übernahme des Fraktionsvorsitzes im November 1991 galt ich als der zweite Mann hinter Helmut Kohl. In jeder Krise, derer es einige gab, und bei jedem Zeichen von Amtsmüdigkeit wurde die Nachfolgedebatte eröffnet. Mich hat dies in den ersten Jahren wenig beschäftigt, denn ich hatte weiß Gott andere Sorgen. Ich musste mich mit meiner neuen Lebenssituation als Querschnittsgelähmter zurechtfinden und hatte als Fraktionsvorsitzender eine anspruchsvolle und fordernde Aufgabe, mit der ich grundsätzlich zufrieden und ausgelastet war. Umgekehrt proportional zu meiner körperlichen Leistungsfähigkeit – gerade im ersten Jahr nach dem Attentat hatte ich mit vielen Komplikationen zu kämpfen – waren meine Popularitätswerte angestiegen. Nach dem Einigungsvertrag, dem Medienrummel um meinen Schicksalsschlag, meiner Rückkehr nach Bonn und der Hauptstadtrede hatte ich öffentlich einen Aufmerksamkeitsschub erfahren, der in den Beliebtheitsskalen des Politbarometers abzulesen war. Kohl unterstützte mich in diesen Monaten sehr, unser Verhältnis war ohne jede Trübung, wahrscheinlich enger denn je. Als er mich im April 1991 in einem Gespräch mit der *Süddeutschen Zeitung* zu seinem potenziellen Nachfolger erklärte, habe ich das als anerkennende Äußerung registriert. Aber es hat keine großen Auswirkungen auf meine Arbeit gehabt. Vermutlich meinte er das aufrichtig und wollte mir damit einen Gefallen tun. Er wusste zudem um meine Loyalität, und auch mein allgemeiner Zustand machte mich in dieser Zeit nicht gerade zu einem gefährlichen Rivalen um die Macht. Das öffentliche Rätselraten um die Nachfolge war eine unvermeidliche Begleiterscheinung, wenn ein Kanzler in seine dritte Amtszeit ging. Kohl und ich haben das nur begrenzt ernst genommen, wenn wir offen darüber sprachen. Wir sahen uns ja dauernd und waren im permanenten Dialog. Gelegentlich äußerte er sich in dem Sinne, dass er das alles nur mache, damit ich einmal sein Nachfolger werde.

Auch vor der Wahl 1994 hat Kohl verschiedentlich Pläne offenbart, dass er im Laufe der nächsten Legislaturperiode den Stab an mich übergeben würde. Ich habe das für unklug gehalten und ihn dazu gedrängt, klarzustellen, dass er die volle Amtszeit anstrebe, weil man keine Wahlen überzeugend gewinnt, wenn man den eigenen Rücktritt in Aussicht stellt. Auch in unseren Gesprächen sprach er seine Rückzugspläne bisweilen an, und die letzten Sätze seiner *Erinnerungen*, die 1994 enden, bekräftigten noch einmal die Legende: »Längst hatte ich für mich beschlossen, in der Mitte der Legislaturperiode einen Stabwechsel im Kanzleramt vorzunehmen. Nur ein einziger Kandidat stand für mich zur Diskussion: Wolfgang Schäuble. Ihm traute ich am ehesten zu, für unser Land, für unsere Partei ein erfolgreicher Nachfolger zu sein.«

Ich habe solchen Bemerkungen nie sonderlich viel Gewicht beigemessen, denn ich wusste um seine Launen und seine Art. Außerdem kennt die Demokratie keine Kronprinzen. Wenn man sie ausruft, sind sie zumeist Platzhalter. Kürt man den einen, hält man sich andere vom Leibe. Eigentlich fast alle Versuche eines Regierungschefs, einen Nachfolger erfolgreich zu installieren, sind bislang gescheitert. Ich hatte keine Lust, zum Prinz Charles der deutschen Politik zu werden (zu dem mich die *Bild am Sonntag* zur Freude der Opposition im Februar 1997 ernannte), und wusste ohnehin, dass – anders als beim sympathischen englischen Thronfolger – jedes Warten vergeblich sein würde: Zum einen wollte Kohl seinen Platz noch nicht räumen, in der letzten Amtsperiode nach 1994 immer weniger. Zum anderen waren die Mehrheitsverhältnisse schließlich so knapp, dass es für mich nach rationalem Kalkül gar keine Mehrheit gegeben hätte. Dass die CSU gegen mich Vorbehalte hatte, war bekannt, zumal sie meine schwarz-grünen Ambitionen nicht goutierte; auch innerhalb der FDP waren die Reserven mir gegenüber ausgeprägt. Dort beäugte man meine Verständigungsbemühungen Richtung SPD skeptisch und verdächtigte mich, auf eine große Koalition hinzuarbeiten. Beide Koalitionsparteien vertrauten Kohl als verlässlichem Partner. Dort gab es also lange keinen Bedarf für eine Alternative zu Kohl.

Diese Konstellation war mir bewusst, denn sie entsprach einer über Jahre eingeübten Aufgabenteilung zwischen uns. Eine führende Stellung in der eigenen Partei innezuhaben, deren Profil in Abgrenzung zu den Mitbewerbern zu schärfen, zur Not auch harte Auseinandersetzungen zu führen, das war etwas anderes als Kanzler einer Koalition zu sein, der am Ende Streit schlichtete oder auch aussaß.

Bis heute werde ich mit der Frage konfrontiert, ob ich denn nicht enttäuscht von Kohl gewesen sei, ob mein Karriereehrgeiz nicht viel weiter ging und inwiefern Kohls Erklärung seiner erneuten Kanzlerkandidatur im Frühjahr 1997 der finale Schlag war, der unser Verhältnis zerstörte. Meine Erinnerung ist eine ganz andere, und die Dinge liegen zugleich einfacher und komplizierter. Zunächst zum Einfachen: Ich kannte Kohl, war über Jahre sein wichtigster politischer Partner. Darum wusste ich auch, wie er tickt, und hatte niemals damit gerechnet, dass er die Kanzlerschaft freiwillig aufgibt. Da gab es keine Überraschungen. Seine Regierungszeit ließ sich nur durch eine verlorene Wahl beenden. Dieser Entscheidung konnte und wollte ich nicht vorgreifen, egal wer mich dazu drängte. Das hätte nicht meinem Verständnis von Loyalität entsprochen. Helmut Kohl hatte ich meine Karriere zu verdanken, und ich war Teil seines Erfolgs gewesen. Mein Wort, dass ich ihn nicht hintergehen werde, galt. Das wusste er und glaubte er mir auch, jedenfalls die längste Zeit.

Zur komplizierteren Seite gehörte, dass sich in der letzten Legislaturperiode unsere Beziehung verschlechterte. Das waren kaum vermeidbare Abnutzungserscheinungen. Kohl kümmerte sich nur noch wenig und eher lustlos um Fragen der Innenpolitik; die lange Amtszeit forderte ihren Tribut, und es schlichen sich immer mehr Hofstaatallüren ein, die es schwerer machten, an ihn heranzukommen. Für Beratung wurde er weniger empfänglich. Es ist das wiederkehrende Problem zu lang dauernder Amtszeiten, dass der Amtsinhaber sich zunehmend unfehlbar fühlt. Als sich im »Herbst des Patriarchen« (so ein *Spiegel*-Titel im Februar 1997) die Nachfolgedebatte verschärfte, gerieten Partei und Koalition zusätzlich unter Druck. Zugleich legte sich Kohl ein neues Narrativ zurecht: dass er nämlich so lange wie möglich regieren müsse, um sein Lebenswerk – die europäische Einigung, konkret: die Einführung des Euros – zu sichern. Dazu sah er nur sich selbst in der Lage, und vielleicht hatte er damit sogar recht, denn die Vorbehalte gegenüber der Gemeinschaftswährung waren in allen politischen Lagern erheblich. Gleichzeitig verlor Kohl das Gespür für innenpolitische Fragen, für wirtschafts- und sozialpolitischen Reformbedarf, und sein Misstrauen mir gegenüber wuchs. Das galt gerade in den Phasen, als ich in den letzten beiden Jahren die Bilanz der Koalition zu retten und die wirtschaftliche Lage zu verbessern versuchte und mich dafür im Bundesrat um notwendige Kompromisse mit der SPD bemühte, aber mit diversen Vorhaben aufgrund der sozialdemokratischen Blockadepolitik scheiterte. Die Etappen dieser Entfremdung sind von den Medien begierig aufgenommen und mit Lust dramatisiert worden. Natürlich nervten mich der Mangel an Zukunftsvision sowie die behäbigen alten Formeln, und ihm missfiel mit Sicherheit, dass meine Motivationsreden auf den Parteitagen mehr Begeisterung freisetzten als seine etwas langatmigen Vorträge – und dass ich darin den Erneuerungswünschen in der Partei Ausdruck verlieh.

Ich halte daran fest: Die Frage, ob ich Kanzler werde oder nicht, hat mich nicht so sehr umgetrieben. Überhaupt gehen mir bis heute Unterstellungen auf die Nerven, dass ich vor allem meine Karriere geplant und alles auf die Kanzlerschaft ausgerichtet hätte. So war es nicht. Mit Blick auf meinen Lebensweg fällt mir ohnehin auf, dass bei allem Ehrgeiz, Arbeitswillen und bei aller Lust an der politischen Gestaltung meine strategischen Fähigkeiten in eigener Sache wenig ausgeprägt waren. Ich wollte eher Probleme lösen und mich in politischen Fragen durchsetzen, als bestimmte Posten zu ergattern. Darauf konzentrierte sich meine Arbeit – nicht auf bestimmte Ämter. In der Retrospektive wundert es mich selbst, welche Intensität die mediale Debatte erreichte und was alles in bestimmte Äußerungen oder Gesten hineininterpretiert und zu Titelstorys ausgewalzt wurde. Ich habe das selbst als weniger dramatisch empfunden und könnte die Etappen dieser Nachfolgedebatte gar nicht exakt rekonstruieren. Die Erinnerung lässt die Dinge verschwimmen, zumal wir in der Koalition immer stärker unter Druck gerieten und ich genug damit zu tun hatte, meinen »täglichen Kram« zu erledigen. Das hieß vor allem, Maßnahmen und Entscheidungen der Regierung zu verteidigen und manche Kompromisse als Problemlösungen zu verkaufen, an die ich selbst nicht mehr recht glaubte – vor allem in der letzten Legislaturperiode.

Ein Beispiel für die erstaunliche Fähigkeit, gewisse Dinge zu vergessen oder vielleicht auch zu verdrängen, ist das bekannte Doppelporträt in Kohls Büro, als wir im Herbst 1996 mit Strickjacke und Pullover posierten. Ich habe wirklich nicht mehr die geringste Erinnerung daran, wie dieses Foto zustande gekommen ist, und kann mich auch nicht entsinnen, darüber nachgegrübelt zu haben, ob Kohl selbst damit eine bestimmte Absicht verband. Vielleicht weil ich dem Bild damals keine besondere Bedeutung zugemessen hatte und über Jahre ohnehin klar war, dass wir beide die maßgeblichen politischen Akteure der Union waren. Auch der *Stern*-Aufmacher »Kann ein Krüppel Kanzler werden?« von Anfang 1997 lieferte eigentlich keine Neuigkeiten. Die Diskussion, ob ich mit meiner Behinderung ein Spitzenamt ausfüllen konnte, begleitete mich seit meiner Rückkehr in die Politik nach dem Attentat, und ich bin diesem Thema nie ausgewichen. Der von mir wiedergegebene Satz, dass ich der Versuchung des Amtes wohl nicht widerstehen würde, sollte sich die Gelegenheit ergeben, war sehr defensiv formuliert – und enthielt zudem einen doppelten Konjunktiv. Meine öffentlichen Äußerungen zu diesem Dauerthema drückten immer einen leisen Zweifel aus, ob ich die Kanzlerschaft wirklich wollte. Dieser Zweifel war keine Koketterie. Gerhard Schröder hat einmal in Bezug auf Sigmar Gabriel betont: Das Wichtigste sei: Man müsse es unbedingt wollen. Damit hat er recht. Unbedingt habe ich es nie gewollt. Ich bin mir auch nicht sicher, ob ich ohne das Attentat jemals in die Rolle gekommen wäre, die ich in der Öffentlichkeit spielen durfte.

Anders als oft insinuiert hing mein Lebensglück keineswegs von der Kanzlerschaft ab. Im Unterschied zu vielen anderen hatte ich auch eine ziemlich genaue Vorstellung davon, wie groß die Bürde des Amtes war und welche Verantwortung sich damit verband. Schließlich hatte ich Kohl lange genug aus unmittelbarer Nähe erleben können. Einen Anspruch darauf zu formulieren, verbat sich ohnehin in einer Situation, in der sich die Frage nach meinem Empfinden noch gar nicht stellte. Es liegt in der Natur der Sache, dass die meisten Politiker eben nicht Kanzler werden können, ohne dass sie deswegen in Depressionen versinken, und spätestens als Kohl am 3. April 1997 seine erneute Kanzlerkandidatur ankündigte, sah auch die Öffentlichkeit, was ich schon länger wusste: Kohl würde nicht freiwillig abtreten.

Damit war das Thema aber noch nicht abgeräumt, zumal die Koalition nach einem kleinen Zwischenhoch 1996/97 durch die SPD-Blockadepolitik im Bundesrat wieder in schwieriges Fahrwasser geriet und die Sozialdemokraten nach Jahren der Selbstzerlegung (Mannheimer Parteitag, Wettstreit um die Kanzlerkandidatur) wieder erstarkten. Eine Folge meiner Leipziger Parteitagsrede im Herbst 1997 bestand darin, dass Kohl buchstäblich direkt im Anschluss – Kabinett und Fraktionsspitze warteten am Flughafen schon im Flieger, bis der Kanzler endlich eintraf – ein Fernsehinterview gab, in dem er mitteilte, dass er mich als Nachfolger im Amt wünsche. Obwohl er das schon öfter in der einen oder anderen Form gesagt hatte, wirkte dieses Statement unter dem Eindruck des gerade beendeten Parteitags auf einige Journalisten wie eine Sensation. Bei Lichte besehen war das jedoch kaum eine Erwähnung wert. Eine Nachfolge – wann? Drei oder fünf Jahre später? Beides ergab wenig Sinn. Kohls Äußerungen ordnete ich spontan in die Kategorie »Gut gemeint« ein, denn er hatte meine Parteitagsreden früher oft mit sichtbarer Sympathie begleitet, sich erhoben und applaudiert. In der Presse schossen jedoch bald die Spekulationen ins Kraut, er habe mich mit dieser Einlassung bewusst einfangen und mir Grenzen aufzeigen wollen. Ich selbst dachte nicht an eine intrigante Aktion, es war aber vorauszusehen, dass ich nun permanent in der Verlegenheit war, zu diesem kryptischen Wunsch irgendwie Stellung zu nehmen. Ich rief Kohl sogleich an und teilte ihm meine Bedenken mit: »Das ist doch Blödsinn, was du jetzt da wieder gemacht hast. Hast du dir das eigentlich gut überlegt?« Kohl sah darin kein Problem, präzisierte aber einen Tag später öffentlich, bei der Bundestagswahl 1998 für die vollen vier Jahre antreten zu wollen.

Das machte die Sache nicht viel besser. Denn für mich hatte die ganze Angelegenheit die unangenehme Folge, dass nahezu alles, was ich unternahm und äußerte, unter dem Aspekt gesehen wurde, wie ich meinen Weg ins Kanzleramt plante. Ich hatte kein Problem damit, als Hoffnungsträger und Führungspersönlichkeit der Partei zu gelten – aber ich war es leid, in Nachfolgespielchen verwickelt zu werden, die im Konditionalis stattfanden. Meine Überzeugung blieb, dass die Partei Kohl nicht ohne selbstzerstörerische Konsequenzen stürzen konnte. Deshalb durfte ein solcher Putsch nicht stattfinden. Ob diese Festlegung ein Fehler war, mögen andere entscheiden. Für mich war dies eine Gewissensfrage, und ich bin froh, in dieser Hinsicht mit einem reinen Gewissen zu leben.

Der einzige Weg, Kohl doch noch von seiner Kanzlerkandidatur abzubringen, hätte darin bestanden, ihn zu überzeugen, dass er zum Wohl der Partei das Handtuch wirft und den Weg frei macht. Solche Überlegungen kamen auf, als Schröder nach seinem Sieg bei den niedersächsischen Landtagswahlen zum Spitzenkandidaten der SPD wurde. Er hatte das politische Momentum für sich, und die Meinungsumfragen dokumentierten wöchentlich, dass uns die Felle davonschwammen. Gegen die allgemeine Wechselstimmung kamen wir kaum mehr an, und in den Führungsgremien der Union schwand der Glaube, die Bundestagswahl doch noch gewinnen zu können. In der allgemeinen Trostlosigkeit kam es Ende des Frühjahrs innerhalb der CDU zu Diskussionen, auf den letzten Metern doch noch einen neuen Kanzlerkandidaten ins Rennen zu schicken. Allen war klar, dass eine solche Entscheidung nur von Kohl selbst ausgehen konnte. Irgendjemand musste also das Gespräch mit ihm suchen.

Die endgültige Entscheidung des Europäischen Rates über die Einführung des Euros am 3. Mai 1998 erschien als geeigneter Zeitpunkt. Allerdings wollte niemand von denen, die auf die Ablösung Kohls drängten, selbst zu ihm gehen. Nicht wenige kamen bei mir vorbei – Bernhard Vogel, Erwin Teufel, Kurt Biedenkopf, auch einige Jüngere – und deponierten ihre Sorgen auf meinem Schreibtisch. Sogar die FDP sondierte mittlerweile, wie ein Weg ohne Kohl gangbar wäre. Schon Wochen vorher kamen Hermann Otto Solms und Wolfgang Gerhardt – nicht Klaus Kinkel – zu mir, um mich zu bitten, jetzt doch noch zu übernehmen. Das war überraschend – und ein starkes Stück, nachdem sie in den Jahren zuvor alles Mögliche getan hatten, um mir das Leben schwer zu machen. Zu solchen Manövern war ich nicht bereit, und das alles kam ohnehin zu spät – ganz davon abgesehen hätte sich die CSU dagegen gewehrt. Zu meinen Parteifreunden, die mich bedrängten, meinte ich immer: »Sagt's ihm doch selbst.« Bis meine Frau irgendwann genervt von dem Thema bemerkte: »Du machst es ja auch nicht, ihr seid doch Feiglinge.« Ihr Beharren darauf, dass ich das Gespräch führen müsse, war letztlich ausschlaggebend. Ich wusste allerdings, dass mein Verhältnis zu Kohl danach nicht mehr so sein würde wie davor – und prophezeite das auch meiner Frau. In Kohls Verständnis war die Initiative bereits ein Loyalitätsbruch.

Als ich ihn schließlich um ein Gespräch bat, ahnte er natürlich, worüber ich mit ihm reden wollte. Die Unruhe in der Partei war ihm nicht entgangen. Ich sagte ihm ehrlich: »Helmut, ich glaube nicht, dass wir mit dir die Wahl noch gewinnen.« Ich hatte gedacht, dass er entgegnen würde, ob ich denn meinte, wir könnten es mit mir als Spitzenkandidaten eher schaffen. Dann hätte ich geantwortet, dass ich auch das nicht glaube, weil wir die Wahl auf keinen Fall gewinnen, aber vielleicht mit mir nicht ganz so hoch verlieren würden. Doch er ging auf keinerlei Alternativszenario ein, sagte lediglich, er sei da schlicht anderer Auffassung, und erläuterte mir ungewöhnlich kurz angebunden die Gründe, warum er doch noch gewinnen würde. Wir müssten halt kämpfen, und das gehe nur gemeinsam. Ich versicherte ihm, dass ich tun würde, was in meiner Kraft stehe – und das Gespräch war beendet.

Meinen Auftrag hatte ich erfüllt, wie vorhergesehen: vergeblich – und unser Verhältnis war kaputt. Ich konnte es schon während des Gesprächs spüren. Ich nehme es ihm nicht einmal übel, auch die späteren Defätismusvorwürfe, die er gegen mich und andere erhob, als er uns in der Rückschau mangelnden Einsatz im Wahlkampf vorwarf, lagen in der Logik seines Denkens. Kohl, dessen Stärke lange Jahre darin gelegen hatte, sich mit einer Vielzahl ganz unterschiedlicher Berater zu umgeben und in der Partei die Positionen der verschiedenen Flügel gelten zu lassen, entwickelte zunehmend eine Wagenburgmentalität, witterte überall Verrat und vertraute den Einflüsterungen seiner Ja-Sager-Umgebung. Aus eigener Kraft kam er nicht mehr aus seiner Kanzlerrolle heraus, ordnete alles dem Machterhalt unter. Dass er sich nach 25 Jahren Parteivorsitz und sechzehn Jahren Kanzlerschaft über den Dingen wähnte und niemanden mehr als gleichrangig akzeptierte, war die Folge eines langen politischen Lebens in Führungspositionen. Er hatte den Status des Patriarchen verinnerlicht, nicht nur habituell.

## WAHLNIEDERLAGE 1998: ENDE EINER ÄRA

Der 27. September 1998 brachte das vorhersehbare und unvermeidliche Ende der Ära Kohl. Der Wahlkampf schien aussichtslos, aber ich musste mir von niemanden vorhalten lassen, nicht meine Pflichten erfüllt zu haben. Ich absolvierte wieder eine Vielzahl von Veranstaltungen, bei denen allerdings zu spüren war, dass wir vergeblich gegen eine Wechselstimmung ankämpften. Schröder reklamierte sogar den sich abzeichnenden ökonomischen Aufschwung für sich – die freudige Erwartung des neuen Kanzlers als Konjunkturphänomen, das hatte man vorher noch nicht gehört. Ich hatte im Bundesvorstand vorgeschlagen, der durchgestylten Schröder-Kampagne, die mit klassischer SPD-Programmatik wenig zu tun hatte, seriöse politische Argumente unseres Zukunftsprogramms entgegenzusetzen. Dies fand zunächst Zustimmung, denn es war offensichtlich, dass in der unmittelbaren Gegenüberstellung der Kandidaten Kohl weit abgeschlagen war. Unabhängig davon, wie überzeugend es gewesen wäre, den Kanzler und die CDU nach sechzehn Jahren unter dem Motto der Reform auflaufen zu lassen, zeigte sich bald, dass im Adenauer-Haus und im engeren Zirkel um Kohl, zu dem ich nun nicht mehr gehörte, andere Prioritäten gesetzt wurden. Dort mied man alle unbequem erscheinenden Botschaften und fuhr eine auf Kohl zentrierte Kampagne – »Weltklasse für Deutschland«, »Keep Kohl!«. Es war unwahrscheinlich, das Blatt so noch zu wenden.

Die Spekulationen um den Ausgang der Wahl beinhalteten – wie bereits 1994 – Planspiele für eine große Koalition. In den Sommermonaten wurde dies in den Medien als wahrscheinliche Option gehandelt. Daran glaubte ich nicht so recht. Ich hielt den Gang in die Opposition für wahrscheinlicher, zumal die erdrückende Bundesratsmehrheit der SPD jeder Regierungsbeteiligung enge Fesseln angelegt hätte. Abgesehen davon wäre die CSU für ein Regierungsbündnis mit der SPD kaum bereit gewesen. Am wichtigsten war für mich aber die realistische Einsicht, dass man nach sechzehn Jahren in der Exekutive nicht so leicht in veränderter Konstellation weitermachen konnte. Gleichwohl wäre es unverantwortlich gewesen, völlig unvorbereitet in die Niederlage zu gehen. Dass Kohl sich aus der ersten Reihe zurückziehen und den Parteivorsitz abgeben würde, stand fest. Als Kandidaten für die Nachfolge und die Neuaufstellung der Union schien alles auf Volker Rühe und mich zuzulaufen. Wir kannten uns seit über zwei Jahrzehnten, schätzten uns und wollten uns nicht gegeneinander ausspielen lassen. Außerdem wussten wir, dass die Partei in einer zu erwartenden schwierigen Phase vor allem die Kooperation ihres Führungspersonals brauchte, keine aufreibenden Machtkämpfe. Einige Wochen vor dem Wahltermin setzten wir uns zusammen, um über die künftige Aufstellung der Partei zu beratschlagen. Rühe war ein selbstbewusster Minister, ein erfahrener Außenpolitiker und hatte in seiner dreijährigen Amtszeit als Generalsekretär der CDU bewiesen, dass er als Generalist in politischen Auseinandersetzungen nicht nur bestehen, sondern auch erfolgreich die Partei organisieren und Wahlkampagnen führen konnte. Seine Lagebeurteilungen waren präzise, und im Umgang war er ein geradliniger Charakter, der keine falschen Spiele spielte.

In unserem Gespräch ging es nicht darum, wer von uns beiden Kanzler sein könne. Die Frage zu erörtern, wäre uns in der damaligen Situation völlig unrealistisch erschienen. Unser Anliegen war, eine dauerhafte Schwächung der CDU zu verhindern und Wege zu finden, die Partei neu aufzustellen, programmatisch, personell und strategisch. Natürlich hatten wir beide eine Vorstellung von unserer jeweiligen Rolle, aber wir konnten darüber offen sprechen. Er wollte Fraktionsvorsitzender werden, und ich sagte ihm, dass ich das Amt nicht abgeben würde. »Ich bin ein guter Fraktionsvorsitzender, vielleicht der Beste, den wir je hatten – du wirst das nicht so gut machen«, teilte ich ihm halb frotzelnd mit: »Mach du den Parteivorsitz!« Damals war die übliche Annahme, dass der Fraktionsvorsitz in der Union die bessere Ausgangslage für eine spätere Kanzlerkandidatur war – eine Auffassung, die wenige Jahre später auch Friedrich Merz vertrat, und die von Angela Merkel widerlegt worden ist. Als Rühe einsah, dass ich auf den Fraktionsvorsitz nicht verzichten würde, sagte er, dann solle ich auch Parteivorsitzender werden. In der Frage der Regierungsbeteiligung waren wir uns einig. Wenn es zu einer großen Koalition unter der Führung von Gerhard Schröder kommen werde – ein Ergebnis, bei dem die SPD nicht stärkste Partei sein würde, legten wir überhaupt nicht mehr zugrunde –, sollte Rühe Vizekanzler und Außenminister werden, während ich Fraktionsvorsitzender bleiben würde. Dieses Gespräch sorgte dafür, dass in der Folgezeit kein Keil zwischen uns getrieben werden konnte.

## EIN LETZTER ABEND IM KANZLERBUNGALOW

Am 27. September morgens, gemeinsam mit meiner Frau auf dem Weg zum Wahllokal in Gengenbach, war mir bewusst, dass nach diesem Tag einiges anders sein würde. Aus einem merkwürdigen Impuls, als ob es die Querelen der vergangenen Monate nicht gegeben hätte, sagte ich zu ihr: »Es könnte alles so bleiben, wie es ist. Das wäre doch am schönsten.« Diese Worte spiegelten eine tiefe Empfindung wider, vielleicht auch die Dankbarkeit, die man fühlt, wenn ein Lebensabschnitt zu Ende geht. Als ich später am Nachmittag in Bonn ankam, war die einzige Frage, wie hoch die Niederlage ausfallen werde.

Normalerweise rief mich Kohl an Wahltagen immer an, das gehörte zum Ritual. Dieses Mal klingelte kein Telefon, und auch der Bundesgeschäftsführer, der mich normalerweise ab 16 Uhr mit den Zahlen der Wahlprognose versorgte, die uns etwas früher als der Öffentlichkeit zur Verfügung gestellt wurden, meldete sich an diesem Tag nicht. Ich erfuhr das desaströse Ergebnis von meinem Pressesprecher, nachdem ich im Adenauer-Haus angekommen war. Dort traf ich Norbert Blüm, Erwin Teufel, Volker Rühe und andere Präsidiumsmitglieder. Die Stimmung war niedergeschlagen, das Ergebnis noch schlimmer als befürchtet.

Kohl trat mit seinem Tross und einigen Präsidiumsmitgliedern gegen halb sieben vor die Kameras im großen Saal des Adenauer-Hauses und gab eine kurze, gefasste und von allen als sehr würdig empfundene Erklärung ab, in der er unumwunden seine Niederlage einräumte, die Verantwortung dafür auf sich nahm, seinem Nachfolger Gerhard Schröder gratulierte und zugleich seinen Rückzug vom Vorsitz der CDU ankündigte. Kohl zeigte in der Niederlage noch einmal Größe. Ich hatte mir mit meinem Rollstuhl das Gedränge erspart und saß mit Volker Rühe in der Lobby. Wir hatten uns vorgenommen, die angefragten Fernsehinterviews gemeinsam zu absolvieren, um den Spekulationen über eventuelle Nachfolgekämpfe in der CDU den Wind aus den Segeln zu nehmen.

Als wir den Ansturm bewältigt hatten, überredete ich ihn, dass wir uns noch in den Kanzlerbungalow begeben sollten. Es war früher selbstverständlich, sich am Wahlabend zu späterer Stunde dort zu treffen. Aber dieses Mal hatte uns Kohl, der mit seinen Mitarbeitern schon verschwunden war, nicht ausdrücklich eingeladen. Dies schien kein Versehen zu sein, aber wir hatten beide das Gefühl, dass wir nach dieser Wahlniederlage dort sein sollten. Um eine unangenehme Situation auszuschließen, bat ich Peter Hintze, der das Adenauer-Haus gerade verlassen wollte, doch bitte unser Kommen anzukündigen. Wir saßen bis tief in die Nacht dort zusammen, zuletzt in kleiner Runde. Die alte Vertrautheit stellte sich ein, wir redeten über vergangene Zeiten, erfreuten uns an Anekdoten, etwas sentimental und unterstützt durch einige Gläser Wein. Der geschlagene Kanzler wirkte, als sei eine Last von ihm abgefallen, und hatte noch einmal einen großen Abend. Es schien so, als seien in der Niederlage alle wieder zusammengerückt – harmonisch, gelöst, friedlich. Wir saßen dort in dem Bewusstsein, dass eine Epoche zu Ende ging. Die Agonie der vergangenen Monate wurde verdrängt vom Stolz, gemeinsam etwas vollbracht zu haben. Über die Zukunft redeten wir nicht.

# VII.

## OPPOSITIONSFÜHRER, STURZ UND NEUANFANG

◂ Wolfgang Schäuble während seiner Rücktrittserklärung am 16. Februar 2000 im CDU/CSU-Fraktionssaal des Reichstagsgebäudes.

16. FEBRUAR 2000, BERLIN, CDU/CSU-FRAKTIONSSAAL IM REICHSTAGSGEBÄUDE. Nach Wochen zermürbender öffentlicher Auseinandersetzung hatte ich für diesen Mittwochnachmittag um 14:30 Uhr eine Presseerklärung anberaumt. Was ich zu verkünden hatte, war nach Lage der Dinge keine Überraschung mehr. Der Konflikt mit der ehemaligen Schatzmeisterin Brigitte Baumeister um die Spende des Waffenhändlers Karlheinz Schreiber hatte unerträgliche und für alle Beobachter schwer nachvollziehbare, wenn nicht absurde Ausmaße angenommen. Da Brigitte Baumeister zusätzlich als Parlamentarische Geschäftsführerin agierte, wurde der Streit mitten in die Fraktion getragen. Es blieb mir nicht verborgen, dass mein Rückhalt dort schwand. Ich war zur Belastung für eine Partei geworden, die sich in der schwersten Krise seit ihrer Gründung befand und wichtige Landtagswahlen in Schleswig-Holstein und Nordrhein-Westfalen vor sich hatte. Bereits am Vortag hatte ich meine Entscheidung unumstößlich getroffen und vor der Fraktionssitzung den Chef der CSU-Landesgruppe Michael Glos, Angela Merkel und Hans-Peter Repnik über meine Absicht in Kenntnis gesetzt. Ich würde den Fraktionsvorsitz niederlegen und nicht mehr für das Amt des Parteivorsitzenden kandidieren. Anders als wenige Wochen zuvor, als Helmut Kohl sich beharrlich geweigert hatte, die vorgeblichen Spender zu nennen, und dafür auf seinen Ehrenvorsitz zu verzichten bereit war, versuchte nun niemand mehr, mich umzustimmen. Es hätte auch keinen Sinn gehabt. Mein Rückzug war unausweichlich. Der Gang vor die Hauptstadtpresse markierte – für alle sichtbar – den Tiefpunkt und vorerst das Ende meiner politischen Karriere.

In einer knappen Erklärung kündigte ich den Rückzug von meinen Ämtern als Partei- und Fraktionsvorsitzender an. Dass nur dieser Entschluss Schaden von der CDU abwenden konnte, war keine Floskel, sondern entsprach meiner Einsicht. Mir war klar geworden, dass sich mein Sturz mit einer gewissen Zwangsläufigkeit vollzog. Ich musste nicht allein aufgrund der Machenschaften eines Herrn Schreiber oder wegen des Verhaltens von Baumeister zurücktreten, auch keine Intrige Helmut Kohls (die es zweifellos gab) war dafür ausschlaggebend. Nicht einzelne Fehler, die ich fraglos gemacht hatte, führten zu diesem Rücktritt, sondern die Rolle, die ich als Politiker in der Ära Kohl gespielt hatte – mein Weg war zu eng mit Kohl verwoben, um dem notwendigen Neuanfang glaubwürdig ein Gesicht geben zu können.

Nun konnte ich lediglich versuchen, die Aufgabe so aufrecht wie möglich hinter mich zu bringen – nach Wochen eines medialen Aufruhrs, der mir und auch meiner Familie das Letzte abverlangt hatte. In meinem Statement wollte ich jeden Anschein einer rechtfertigenden Rückschau vermeiden – dafür war es zu früh – und die Aufmerksamkeit auf die Zukunft lenken. Nicht um die Befindlichkeiten eines Einzelnen sollte es gehen, sondern um die Regeneration und den Erhalt der CDU. So bemühte ich mich, meinen Auftritt wenig pathetisch und im Hinblick auf die künftigen Aufgaben der Union mit freundlich-optimistischer Haltung zu absolvieren. Wenigstens das schien mir im Lichte der späteren Kommentierung meiner Erklärung in den Zeitungen gelungen zu sein.

Nur ungern schaue ich mir die Bilder aus diesen Monaten an. Mir stehen die Strapazen und die Ausweglosigkeit, die meine Lage damals kennzeichneten, ins Gesicht geschrieben. Allein die Tatsache, dass nahezu tägliche Neuigkeiten zur Spendenaffäre die Öffentlichkeit über Monate in Atem hielten, verdeutlicht das Ausmaß der Notlage, in der sich die CDU befand. Ich hatte nicht mehr die Kraft und auch nicht mehr die innerparteiliche Autorität, um die Partei aus ihrer Existenzkrise zu führen. Insofern verspürte ich am Tag meines Rücktritts Wehmut und ein Gefühl der Zwangsläufigkeit.

Direkt nachdem ich die Presse informiert hatte – ich verzichtete auf die Beantwortung von Fragen –, begab ich mich in den Plenarsaal des Bundestags, um an der Debatte über die EU-Maßnahmen gegen Österreich teilzunehmen, wo erstmals die FPÖ an der Regierung beteiligt war. Für mich war es ein eindringlicher Moment, als Bundestagsvizepräsidentin Antje Vollmer, nachdem ich meinen Platz eingenommen hatte, die Sitzung kurz unterbrach, um mir Respekt und Teilnahme zu bekunden. Der anschließende Beifall vieler Kolleginnen und Kollegen aus allen Fraktionen tat mir wohl, ebenso die zahlreichen Sympathiebekundungen aus den Reihen der FDP. Denn an einem solchen Tag bleibt man ansonsten ziemlich einsam.

Besonders dankbar erinnere ich mich daran, dass der damalige Bundespräsident Johannes Rau am Abend bei meiner Frau anrief, um sich nach ihrem Befinden zu erkundigen. Ganz privat, ohne davon Aufhebens zu machen, wollte er ihr sein Mitgefühl ausdrücken. Das habe ich ihm nicht vergessen. Auch Altbundespräsident Richard von Weizsäcker stattete mir sehr bald einen Solidaritätsbesuch in meinem Bundestagsbüro ab, in der ihm eigenen fröhlich-zuversichtlichen Art, worüber ich mich aufrichtig freute. Gerade weil ich in diesen Tagen in der eigenen Partei nicht nur Freunde hatte, tat die parteiübergreifende Anteilnahme einzelner Kollegen, etwa von Katrin Göring-Eckardt, die in den Tagen nach dem Rücktritt bei mir im Büro vorbeikam, um einfach nur nach mir zu sehen, unheimlich gut. Wer die Erfahrung gemacht hat, tief zu stürzen, weiß, was in einem solchen Moment auch die kleinste Geste bedeutet.

Hinter mir lag eine Zeit bitterer Erfahrungen. Die Spendenaffäre wirkte sich auch auf meine Familie aus. Es gab in unserer Heimatstadt Leute, die die Straßenseite wechselten, wenn sie meiner Frau begegneten, und meine Kinder litten ebenfalls darunter, dass sie für die in der Öffentlichkeit ausgebreiteten Verfehlungen des Vaters haftbar gemacht wurden. Am meisten traf mich der Verdacht, ich hätte Geld unterschlagen oder mich gar selbst bereichert. In diesen Wochen kannte der denunziatorische Furor in manchen Kreisen keine Grenzen. In unserer Familie heißt es bis heute überspitzt, dass die Zeit der Spendenaffäre schlimmer war als die Monate nach dem Attentat.

Mein Bruder Thomas, damals Innenminister in Baden-Württemberg, gab kurz nach meinem Rücktritt ein emotionales Interview, in dem er seiner »Abscheu« gegenüber Helmut Kohl Ausdruck verlieh und betonte, damit für die ganze Familie zu sprechen. Das war nicht sehr diplomatisch und auch mit Blick auf seine Rolle in der Partei nicht besonders klug, aber ich konnte ihm diese Einmischung nicht übelnehmen. Während sich meine Frau darüber ärgerte, war ich der Meinung, dass er das durfte. Es war seine ehrliche und unverstellte Art, brüderliche Verbundenheit zu zeigen. Er hatte nie viel von Kohl gehalten, mein Verhältnis zu ihm immer schon kritisch gesehen und daraus auch in der Vergangenheit keinen Hehl gemacht. Gerade deswegen hat mich seine unbedingte Unterstützung besonders bewegt.

Zur aufrichtigen Auseinandersetzung mit der eigenen Vergangenheit gehört, dass man den schmerzhaften Teilen der Erinnerung nicht ausweicht. Aber vieles in mir sträubt sich dagegen, die Wochen im Herbst und Winter der Jahrtausendwende noch einmal minutiös zu vergegenwärtigen. Oft genug bin ich zu den Umständen meines Rücktritts befragt worden, Bücher sind zur Spendenaffäre erschienen – auch ich habe eines geschrieben. Der 16. Februar war für mich ein Schlusspunkt. Ich war erschöpft und musste eine Entscheidung vollziehen, die ich eigentlich bereits Wochen zuvor getroffen hatte. Denn mir war schon im Januar klar, dass ich diese Krise politisch wohl nicht überleben konnte.

Damals kam mir Schillers Satz aus *Wilhelm Tell* in den Sinn: »Der See rast und will sein Opfer haben.« In der Tat schien es mir so, als ob ohne ein sichtbares Opfer die öffentliche Erregung nicht abgeklungen wäre. In dem Augenblick, da die Dimensionen des Skandals im hessischen CDU-Landesverband sich deutlicher abzeichneten, wurden die Dinge noch unausweichlicher: Mein Rücktritt hat Roland Koch sicher gerettet, umgekehrt hätte mir sein Rücktritt nichts genützt. Insofern gab es an meiner Entscheidung nichts zu rütteln. Das änderte nichts daran, dass mir die Opferrolle auf grundsätzlicher Ebene zutiefst widerstrebte. Weder entsprach sie meinem Empfinden von Verantwortung, noch war sie für mich in dieser Phase mit irgendeinem moralischen Mehrwert verbunden. Ich wusste, dass es – während der See noch raste – kaum Chancen gab, mich vernünftig zu erklären und die (später von den meisten zugestandene geringe) Bedeutung der eigenen Verfehlungen im Gesamtbild der Spendenaffäre auseinanderzulegen. Zumal die Dimension des Skandals der Öffentlichkeit und auch mir selbst erst nach und nach klar wurde. Ich musste akzeptieren, dass meine Mission als Parteivorsitzender und Erneuerer gescheitert war. Zwar hatte sich unter meiner Führung die Partei im Jahr nach der Wahlniederlage von 1998 zunächst »wie Phönix aus der Asche« erhoben, wie die *FAZ* einmal schrieb. Aber der Schatten der Kohl-Ära hatte mich eingeholt.

Der 16. Februar 2000 bedeutete für mich einen Fall ins Ungewisse, keine Befreiung. Mit 57 Jahren hatte ich keinen konkreten Plan für ein Leben jenseits der Politik. Mein Ruf war erst einmal beschädigt. Ich konnte kaum damit rechnen, dass mich besonders attraktive Angebote für Führungspositionen in der Wirtschaft ereilen würden. Ich hatte nicht vor, mein Mandat niederzulegen, das hätte auch meinem Verständnis von Verantwortung gegenüber meinen Wählern widersprochen, wenngleich ich noch überhaupt nicht wusste, ob ich 2002 noch einmal für den Bundestag kandidieren sollte. Jedenfalls wollte ich mich nicht verbittert von der politischen Bühne verabschieden. Mir lag daran, meine persönliche Integrität wiederherzustellen – und ich fühlte mich verpflichtet, an den Weichenstellungen für die Union mitzuwirken. Klar war auch, dass der Prozess der Selbstzerstörung in der Auseinandersetzung mit dem Kohl-Erbe aufgehalten werden musste. Für mich war es eine Sache der selbstverständlichen Loyalität zu meiner Partei, meine Nachfolger in den Ämtern des Fraktions- und Parteivorsitzes zu unterstützen. Da man mich überredete, im Präsidium der Partei zu verbleiben, konnte ich zumindest davon ausgehen, dass mein Rat und mein Mitwirken im Rahmen künftiger Entscheidungen erwünscht waren. Damit allerdings Pläne für ein Comeback zu verknüpfen, wäre mir zu diesem Zeitpunkt reichlich fantastisch erschienen. Zu frisch war die Erfahrung des Scheiterns.

## 1998 – NEUANFANG IN DER OPPOSITION

Dabei war der CDU der Neustart in die Zeit nach Kohl unter meiner Führung zunächst viel versprechend gelungen, ohne dass dies absehbar gewesen wäre. Der deutliche Wahlsieg von Rot-Grün bei der Bundestagswahl am 27. September hatte keinen Zweifel daran gelassen, dass die Union ihre Rolle als Opposition akzeptieren musste. Kohls Auftritt am Wahlabend als aufrechter und fairer Verlierer schien den Weg für einen Neuanfang zu ebnen. Es würde allerdings nicht einfach werden. Zum einen drängten nicht wenige Kritiker, die Kohls Kandidatur für einen Fehler gehalten hatten, auf eine schonungslose Aufarbeitung der Wahlniederlage. Zum anderen hatte der Kanzler enge Bindungen in seine Partei, die er am Ende nach Gutsherrenart geführt hatte. Dass er nach der ersten Fraktionssitzung wie selbstverständlich die bis dato lediglich intern besprochene Entscheidung für mich als Parteivorsitzenden als *fait accompli* verkündete, konnte ich nicht glücklich finden. Zumal sich Parteifreunde bei mir beschwerten, dass Kohl weiterhin so agiere, als hätte er das Sagen.

Ich wusste, dass der Umgang mit ihm einem Drahtseilakt gleichen würde, allein weil er seit Jahrzehnten daran gewöhnt war, in der Führungsrolle zu agieren. Ein kalter Entzug von der Macht war für ihn schwer vorstellbar, soweit kannte ich ihn. Um eine Zerreißprobe in der Partei zu vermeiden, musste ich verhindern, dass die unterschiedlichen Strömungen sich um die Vergangenheit stritten. Kohl sollte eine Integrationsfigur der Union bleiben, aber es war ratsam, meine Arbeit in erster Linie auf die Zukunft auszurichten. Wenn ich es schaffen könnte, als amtierender Parteivorsitzender mit Kohl in Frieden zu leben, dann hätte ich viel erreicht. Dass diese Aufgabe anspruchsvoll genug war, darüber machte ich mir keine Illusionen.

Bis zum Parteitag im November mussten auch personell die Weichen für eine CDU nach Kohl gestellt werden. Meine Rolle als Partei- und Fraktionschef in Personalunion stieß auf erstaunlich wenig Kritik, obgleich ich mich damals schon – und im Nachhinein erst recht – fragte, ob diese Entscheidung richtig war. Rainer Barzel und Kurt Biedenkopf hatten mir davon abgeraten. Es sei besser, die Arbeit in der Opposition auf mehrere Schultern zu verteilen. Ihre Argumentation hatte einiges für sich, zumal 1999 allein sieben Landtagswahlen anstanden, deren Ausgang keine Triumphe der CDU erwarten ließ. Wir mussten uns auf einen langen Marsch durch die Tiefebene einstellen; auch diese Perspektive mag erklären, warum sich keine Mitbewerber um Führungsämter zu erkennen gaben. Womöglich sahen mich nicht wenige Parteifreunde als eine Übergangslösung, die ich dann aus ganz anderen Gründen auch war. Nach der langen Ära Kohl standen ebenso talentierte wie ehrgeizige Exponenten einer jüngeren Generation in den Startlöchern, vornehmlich die Mitglieder des sogenannten Anden-Pakts. Sie gaben der Partei vor allem in den Ländern eine Perspektive – Roland Koch in Hessen, Peter Müller im Saarland, Christian Wulff in Niedersachsen – und traten selbstbewusst auf. Wie zielstrebig die so apostrophierten »jungen Wilden« mittelfristig ihren Weg an die Spitze planten, wurde mir in einem Gespräch mit Koch drei Tage nach der Bundestagswahl klar, der schon relativ genau kalkulierte, wie er sich gegenüber seinem Hannoverschen Konkurrenten Wulff für eine Kanzlerkandidatur in Stellung bringen konnte. Die überzeugende Wahl zum Ministerpräsidenten als Sprungbrett für Höheres: Diese Lektion von Gerhard Schröder hatte man verinnerlicht.

Vorerst aber waren wir noch weit entfernt, überhaupt wieder etwas gewinnen zu können, deshalb hielt ich mich nicht mit derlei theoretisch-strategischen Überlegungen auf. Ich musste mich bemühen, im Hinblick auf das Personaltableau der Parteiführung in Präsidium und Vorstand die Erneuerung sichtbar werden zu lassen, und benötigte eine verlässliche und kompetente Partnerin in der Parteiführung, sprich: eine neue Generalsekretärin. Letzteres war vermutlich die wichtigste Entscheidung, die ich zu treffen hatte. Dass es eine Frau sein sollte, stand für mich bald außer Frage, denn in Sachen Gleichberechtigung und Sichtbarkeit der Frauen hatte unsere Partei Nachholbedarf. Im Übrigen war auch die sich formierende rot-grüne Koalition von Alphamännern (Schröder, Lafontaine, Schily, Fischer, Trittin) geprägt. Hier ließ sich ein Kontrapunkt setzen. Zunächst aber musste ich Peter Hintze, dem amtierenden Generalsekretär, klarmachen, dass er trotz seiner gegenteiligen Absicht den Posten räumen musste. Doch mit Hintze verstand ich mich gut, und er sah schnell ein, dass er nicht an seinem Amt kleben konnte – es wäre das völlig falsche Signal gewesen, denn er war das Gesicht der letzten Kohl-Jahre.

Es dauerte allerdings einige Tage, bis mir die richtige Nachfolgelösung einfiel. Zunächst dachte ich an Annette Schavan, die seit 1995 als durchsetzungsstarke Kultusministerin in Baden-Württemberg agierte. Aber sie wollte auf ihrem Posten bleiben. Mein Bruder Thomas, der seine Kabinettskollegin anders einschätzte als ich, zog mich noch lange damit auf. Ich dachte auch über Renate Köcher nach, die das Institut für Demoskopie in Allensbach leitete, bis ich auf eine viel naheliegendere Kandidatin kam: Ich fragte Angela Merkel, die ich seit den Verhandlungen zum Einigungsvertrag kannte, deren Arbeit als Familien- und Umweltministerin ich sehr schätzte und die überdies den schwierigen Landesverband Mecklenburg-Vorpommern führte. Zu meiner Freude und Erleichterung sagte sie ohne Zögern zu. Vielleicht war sie ein wenig überrascht, aber sie besaß Gestaltungswillen und vermittelte mir auf erfrischende Weise, dass sie die Herausforderung des Amtes mit Engagement angehen werde. Vermutlich hatte ich damit die beste (und wie sich im Nachhinein herausstellen sollte: folgenreichste) Entscheidung meiner Amtszeit getroffen. Ich sollte sie zu keinem Zeitpunkt bereuen. Angela Merkel war ein Glücksfall.

Es kam ihr zugute, dass sie sich (von den männlichen Konkurrenten ihrer Generation unterschätzt) ein tragfähiges Netzwerk in der Partei aufgebaut hatte: Sie war zeitweise Vorsitzende des Evangelischen Arbeitskreises gewesen, amtierte seit 1992 als stellvertretende Bundesvorsitzende und hatte, wie sich später zeigen sollte, eine Reihe wichtiger Verbindungen geknüpft. Für die Vorbehalte, die teilweise aus einer etwas borniert westlichen Perspektive in der Partei geäußert wurden, hatte ich überhaupt kein Verständnis. Ihre Auffassungsgabe, ihre politische Klugheit und Urteilskraft waren mir früh aufgefallen, dazu ihre Eigenständigkeit. Wenn man nach Kontinuitätslinien in unserem Verhältnis sucht, dann springen sie schon in dieser ersten Phase unserer Zusammenarbeit ins Auge. Wir waren keineswegs immer einer Meinung, hatten nicht selten differierende politische Auffassungen, aber das tat einer vertrauensvollen Kooperation keinen Abbruch. Beispielsweise hegte sie Vorbehalte gegen die mit Roland Koch abgesprochene Unterschriftenkampagne gegen die doppelte Staatsbürgerschaft – und trug sie doch mit. Wir waren auch unterschiedlicher Meinung, als es um die Haltung zur ÖVP ging, die sich zu einer Koalition mit Haiders FPÖ entschlossen hatte: Während Merkel dafür plädierte, Distanz zu unserer Schwesterpartei zu demonstrieren, beharrte ich auf dem Prinzip der Nichteinmischung, was mir der österreichische Kanzler Wolfgang Schüssel hoch angerechnet hat. Wir schafften es sogar, die Besonderheit unseres Arbeitsverhältnisses mit einem Anflug von Selbstironie auf ein Plakat zur Europawahl 1999 zu bannen: ein Doppelporträt von uns beiden, überschrieben mit dem Satz »Europa ist wie wir: Nicht immer einer Meinung, aber immer auf demselben Weg«. Mir gefiel die Aktion, sie war authentisch und zeigte, dass die Partei über eigenständige Köpfe verfügte. Überdies hatten wir Erfolg, denn wir gewannen mit über 48 Prozent.

Den Aufstieg in höchste politische Ämter traute ich Angela Merkel durchaus zu. Ich wusste, dass sie klug, umsichtig und ehrgeizig genug war, ihren eigenen Weg zu gehen. Mir ist dazu ein weinseliger Abend in Erinnerung, den meine Frau und ich mit ihr wohl im November 1999, zu Beginn der Spendenaffäre, in unserem Haus in Gengenbach verbrachten. Sie ließ in einer Bemerkung erkennen, dass es womöglich schwierig für mich werden würde, mich als Parteivorsitzender zu halten. Das war ebenso eindrucksvoll analysiert wie selbstbewusst vorgetragen, tatsächlich erkannte sie die Lage viel früher als ich. Wenn man mittendrin ist, wehrt man sich am längsten gegen die Einsicht in nüchterne Tatsachen. Jedenfalls gaben mir ihre Worte zu denken, und ich wusste, dass mit ihr in Zukunft zu rechnen sein würde.

# ERSTE SCHRITTE UND FEHLSTART VON ROT-GRÜN

Die Zusammenarbeit mit Angela Merkel war eine wichtige Voraussetzung dafür, dass die Neuaufstellung der Union gelingen konnte. Allerdings ging es nach der Niederlage nicht allen nur um die gemeinsame Sache, sondern selbstverständlich auch um die Karriereperspektiven der Einzelnen. Eine Oppositionspartei hat wenig Posten zu vergeben, und die Unruhe war nach der krachenden Abwahl im September groß. Der eintägige Bonner Sonderparteitag am 7. November 1998, auf dem ich als einziger Kandidat zum Parteivorsitzenden gewählt werden sollte, war für mich ein Balanceakt. Auf der einen Seite gab es das vitale Interesse an einer Aufarbeitung der Niederlage und das Bedürfnis nach einer Zukunftsperspektive; auf der anderen Seite sollte Helmut Kohl mit allen Verdiensten seiner Kanzlerschaft gewürdigt werden. Natürlich war der Verlust der Regierung kein Betriebsunfall, aber die in den Medien (und auch von einigen Parteimitgliedern) geforderte schonungslose Auseinandersetzung mit der Vergangenheit oder die Suche nach den Schuldigen musste ich allein aus Gründen der Parteiräson vermeiden. Die Verleihung des Ehrenvorsitzes an Kohl sollte dokumentieren, dass die Partei Verdienste würdigte, aber für einen Neuanfang bereit war – in der selbstverständlichen Annahme, dass sich Kohl nach 25 Jahren der Parteiführung nun aus der aktiven Partei- und Personalpolitik heraushalten würde.

Es war vor allem erforderlich, den Blick nach vorn zu richten. »Wir nehmen die Herausforderung an« – so lautete das Motto des Parteitags, und wir mussten uns daran gewöhnen, dass die öffentliche Aufmerksamkeit sich erst einmal auf den Start der rot-grünen Koalition richtete und wir gewissermaßen im Windschatten operierten. Die Erwartungen an die Regierung Schröder/Fischer waren ebenso groß wie deren Selbstbewusstsein. Ich ging davon aus, dass wir uns auf eine längere Zeit in der Opposition einzustellen hatten. Es wäre naiv gewesen, nach sechzehn Jahren Regierung sofort wieder auf eine Kehrtwende der öffentlichen Stimmung zu setzen. Wir hatten die Aufgabe, uns konzeptionell und programmatisch zu rüsten, um mit Geduld und Geschick unserer Rolle gerecht zu werden – mit inhaltlicher Überzeugungskraft, mit Demut, aber auch mit wiedererwachender Angriffslust. Vor allem nahm ich mir vor, den Fehler der Union aus dem Jahr 1969 nicht zu wiederholen, als die Partei innerlich nicht akzeptiert hatte, die Wahl verloren zu haben. Wir mussten den Bürgerinnen und Bürgern zeigen, dass wir ihr Votum begriffen hatten. Deswegen wollte ich vermeiden, dass die Union mit Schaum vor dem Mund auf Rot-Grün losstürzt. Es ging um harte Auseinandersetzung in der Sache, aber wir durften uns keinesfalls aufführen, als hätten wir das natürliche Recht, die Regierung zu stellen. Aus diesem Grund wollte ich auch jede vorzeitige Diskussion über eine Kanzlerkandidatur vermeiden und schlug vor, darüber erst Anfang 2002 zu entscheiden.

Uns kam zugute, dass die neue Regierung nach ihrem siegestrunkenen Beginn nicht frei von Überheblichkeit agierte. Die alte Erfahrung, dass Siege im politischen Alltag eine kurze Halbwertzeit haben, bewahrheitete sich aufs Neue. Viel schneller als gedacht entzauberte sich Rot-Grün selbst. Sie waren als gesellschaftliches Modernisierungsprojekt angetreten, im festen Bewusstsein vermeintlicher moralischer Überlegenheit. Achtundsechziger endlich an den Schalthebeln der Macht, das war die Verheißung. Bereits der Koalitionsvertrag zeigte einerseits einen Spielwiesenidealismus, der den Atomausstieg, die Reform des Staatsbürgerschaftsrechts und soziale Wohltaten ohne ein erkennbares Gefühl für die jeweiligen gesellschaftlichen und fiskalischen Kosten dekretierte. Andererseits wurde rasch deutlich, wie wenig sich die Partner gegenseitig vertrauten: Bestimmte Personalentscheidungen wurden sogar im Vertrag festgelegt (Bundespräsident aus der SPD, ein EU-Kommissar für die Grünen). Die Ränkespiele innerhalb der SPD demonstrierten, wie uneinig man sich über den künftigen Kurs war: Scharpings Ambition, den Fraktionsvorsitz zu behalten, wurde durchkreuzt, und er wurde mit dem Verteidigungsministerium abgespeist; Lafontaine erhob nicht – was mich erstaunte – Anspruch auf die Führung der Fraktion, die eine eigene Machtbastion hätte sein können, sondern ließ sich als Finanzminister in die Kabinettsdisziplin einbinden. Der Preis dafür war allerdings, dass er sich besondere Zuständigkeiten für Wirtschafts- und Europapolitik sicherte. Dieser Umstand wiederum führte zum Rückzug des designierten Wirtschaftsministers und Unternehmers Jost Stollmann, den Schröder in seinem Wahlkampf noch als Wunderwaffe für die »neue Mitte« präsentiert hatte.

Es war unübersehbar, dass der gemeinsame Erfolg den grundlegenden Konflikt zwischen Kanzler und Parteivorsitzenden nur auf Eis gelegt hatte. Nun brach er erneut aus, wie wir in der Opposition sehr genau registrierten. Bald wurde offensichtlich, dass Schröders Machtpragmatismus, den ich damals (und ich sehe kaum Gründe, das heute anders zu beurteilen) für substanzlos hielt, darauf zielte, Lafontaine und den linken Flügel der SPD auszumanövrieren. Lafontaine hatte sich verschätzt. Ich hatte es ohnehin für einen Fehler gehalten, dass er Schröder die Kanzlerkandidatur auf einem Silbertablett serviert hatte – und möglicherweise fehlte eben auch ihm der unbedingte Wille, es noch einmal zu versuchen. Die neue Regierung bot jedenfalls aufgrund ihrer handwerklichen Fehler, ihrer Großspurigkeit und ihrer Uneinigkeit überraschend früh Angriffsflächen, wodurch unsere Oppositionsarbeit in der Öffentlichkeit viel schneller auf fruchtbaren Boden fiel, als wir hatten hoffen dürfen.

## UNTERSCHRIFTENAKTION IN HESSEN

Zur Koalitionsvereinbarung gehörte die Forderung, doppelte Staatsbürgerschaften bei allen Einbürgerungen zu akzeptieren. Mit dem Einbürgerungsrecht war ein Minenfeld betreten – mit vielen differenzierten Vorschlägen, die diverse Optionsmodelle umfassten. Meine Skepsis gegenüber Mehrfachstaatsbürgerschaft im Hinblick auf Rechte und Pflichten habe ich bereits an anderer Stelle dargelegt. Nun wäre es für die Union schwierig geworden, eine einheitliche Linie zu vertreten und im Hinblick auf die FDP eine Isolation in der Opposition zu vermeiden, wenn die rot-grüne Regierung hier einen klugen Vorstoß gewagt hätte. Im Koalitionspapier fand sich allerdings eins zu eins die grüne Position wieder, die Union und FDP gleichermaßen entschieden ablehnten. Auch in der SPD wurde sie allenfalls halbherzig mitgetragen, und so konnte man sich nur fragen, wie den Genossen ein derartiger strategischer Fehler unterlaufen konnte. Es war ein Beleg für die Leichtfertigkeit, ja Fahrlässigkeit im Umgang mit einem sensiblen Thema. Das Politisierungspotenzial dieses Konflikts war offensichtlich – er bedeutete eine Einladung für weite Teile der Union. Aus dem Impuls, einen Streit mit den Grünen zu vermeiden, hatte die SPD eine gesellschaftliche Debatte heraufbeschworen.

Der bayerische Ministerpräsident Edmund Stoiber beschleunigte die Auseinandersetzung, indem er sich dazu hinreißen ließ, das rot-grüne Ansinnen, Volksbegehren und Volksentscheide im Grundgesetz zu verankern, wie es im Koalitionsvertrag stand, gleich auf die Frage der doppelten Staatsbürgerschaft anzuwenden. Damit hatte er sich in eine prekäre Situation manövriert, denn die Gefahr, hier Populisten und *terribles simplificateurs* Tür und Tor zu öffnen, war erheblich – ganz davon abgesehen, dass Stoiber etwas unbedacht die von der Union generell vertretene Ablehnung von Plebisziten aufgab. Mir war das Risiko bewusst, dass die Union mit Überreaktionen den Vorwurf der Ausländerfeindlichkeit provozieren konnte, und darum suchte ich nach einem moderaten Ausweg. Ich meinte ihn mit der Idee einer Unterschriftenaktion gegen das Regierungsvorhaben gefunden zu haben. Zugleich wollte ich sichergestellt wissen, dass wir eine solche Kampagne mit einem positiven Angebot verbanden: einem Programm zur Förderung der tatsächlichen Integration von Zuwanderern, auch mit der Option der Einbürgerung, aber ohne den Doppelpass zur Norm zu erklären.

Jürgen Rüttgers, der für Rechts- und Innenpolitik zuständige stellvertretende Fraktionsvorsitzende, sollte ein Programm zur Integrationsverbesserung ausarbeiten, und der bayerische Innenminister Günther Beckstein war mit dem Entwurf eines Textes für die Unterschriftenaktion betraut. Stoibers Enthusiasmus für diesen Plan ging jedoch so weit, dass er ohne jede Absprache in einem Interview zwischen den Jahren mit der Neuigkeit herausplatzte. Außer mit Rüttgers und dem hessischen Spitzenkandidaten Roland Koch hatte ich noch mit niemandem aus dem Vorstand oder Präsidium reden, geschweige denn die Unterschriftenaktion vorbereiten können. Das Medienecho war dementsprechend mies und stand unter dem Eindruck, dass Stoiber die CDU zum Angriff treibe. Die Parteigremien fühlten sich übergangen, die öffentliche Debatte hatte sich innerhalb weniger Tage aufgeheizt, und es schien kaum noch möglich, die Unterschriftenkampagne mit einer positiven Botschaft zu orchestrieren. Zurücknehmen ließ sich die Aktion allerdings auch nicht mehr, zumal der hessische Landesverband darin großes Mobilisierungspotenzial für die anstehende Landtagswahl sah, die schon am 7. Februar 1999 stattfinden sollte.

Aus dieser Lage heraus war ich entschlossen, die Kampagne auch unter widrigen Bedingungen fortzuführen. Ich verkniff mir damals den Hinweis auf die Urheberschaft der Idee, wollte jedoch deutlich machen, dass die CDU sich keineswegs von ihrer Schwesterpartei drängen lassen musste. Ich nahm die Verantwortung auf mich und sah eine reelle Chance, einerseits wieder die Deutungshoheit über das Thema zu gewinnen, andererseits entscheidende Punkte im Wahlkampf zu machen. Weil ich von der Richtigkeit unserer Argumente überzeugt war, konnte ich das für mich rechtfertigen, auch wenn zu erkennen war, dass eine solche Aktion auf Kosten differenzierter Argumentation ging. Nach dem müden und perspektivlosen Bundestagswahlkampf zeigte die Partei nun wieder Leben und Engagement. Binnen weniger Wochen unterzeichneten mehr als vier Millionen Bürgerinnen und Bürger unseren Aufruf. Die Polarisierung in der Mitte sorgte dafür, dass das prognostizierte Anwachsen rechter Parteien ausblieb. Die CDU gewann stark hinzu, die SPD immerhin einen Prozentpunkt, während die Grünen vom Wähler abgestraft wurden und die FDP nur hauchdünn die Hürde für den Landtag nahm. Für viele überraschend löste Roland Koch den seit acht Jahren amtierenden Hans Eichel ab und wurde Ministerpräsident einer schwarz-gelben Koalition. Die Hessen-Wahl war nicht nur ein Aufbruchssignal, weil sie der Partei wieder Zuversicht vermittelte. Sie hatte auch eine unmittelbare bundespolitische Wirkung, weil sie die rot-grüne Mehrheit im Bundesrat und damit den Traum vom Durchregieren beendete.

## ROT-GRÜN IN ERSTER KRISE: LAFONTAINES RÜCKZUG UND KOSOVOKRIEG

In der Opposition gelingt es einem nicht eben häufig, die Agenda zu bestimmen. Das Ende der Doppelpasspläne zählte zu den seltenen sichtbaren Erfolgen unserer Arbeit. Aber die Regierung geriet auch im Rahmen ihrer sozialpolitischen Vorhaben ins Schlingern. Mit großer Geste hatte sie die mühsam erarbeiteten Reformgesetze der vergangenen Legislaturperiode, die den Arbeitsmarkt etwas flexibler machen, die Rentenversicherung um den demografischen Faktor ergänzen und die Krankenversicherung konsolidieren sollten, kassiert – und damit vieles, worum ich im Sinne der Wettbewerbsfähigkeit und Nachhaltigkeit unseres Sozialsystems lange gerungen hatte, zunichtegemacht. Das hat mich damals richtig aufgeregt.

Aber der Wind in den Medien begann sich langsam zu drehen. Die Beobachter staunten über das Maß an Dilettantismus und Uneinigkeit, denn es wurde immer deutlicher, dass es der Regierung an einem klaren Konzept mangelte. Man konnte den Eindruck gewinnen, dass der Medienkanzler Schröder die Verantwortung für die Planlosigkeit gern dem Superminister und Parteivorsitzenden Lafontaine überließ. Sicherlich war es nicht zum Besten um die Harmonie der beiden bestellt. Aber niemand konnte auch nur ahnen, dass es schon im März zum abrupten Ende ihrer Zusammenarbeit kommen sollte – und dass dieses Zerwürfnis für die Sozialdemokraten eine folgenschwere Nachgeschichte haben würde.

Es traf mich – wie alle, die es in den Nachrichten hörten – aus heiterem Himmel, als Oskar Lafontaine am 11. März 1999 von seinen Ämtern als Finanzminister und Parteivorsitzender zurücktrat. Am Tag zuvor hatte ich noch mit ihm telefoniert und fand ihn ungewöhnlich entspannt. Wir hatten uns in der Talkshow »Sabine Christiansen« heftig duelliert, und beim Plausch nach der Sendung waren wir beide so sehr überzeugt, dass der jeweils andere viel mehr Redezeit in Anspruch genommen hatte, weshalb wir dann um eine Flasche Wein wetteten. Im Ergebnis behielt er recht, was er mir am Telefon erzählte, wenn auch nur wegen Sekunden. Ansonsten machte er in dem Gespräch aber nicht die Spur einer Andeutung, was kommen würde. Die Flasche Wein hat er im Übrigen bekommen.

Womöglich handelte es sich um eine Kurzschlusshandlung. Vermutlich sah er nicht nur unüberbrückbare Differenzen zwischen dem Bundeskanzler und ihm selbst als Finanzminister respektive Parteivorsitzenden, sondern merkte auch, dass seine sozialpolitische Agenda fiskalisch nicht zu realisieren, geschweige denn politisch durchsetzbar war. Dies führte offensichtlich nicht dazu, dass er seine Position abschwächte, sondern – wie die kommenden Jahre zeigten – eher noch radikalisierte und verschärfte. Lafontaine selbst hat damals keine überzeugende Erklärung zu liefern versucht, sieht man von der Klage über »fehlendes Mannschaftsspiel« ab. Aber der Rückzug einer der tragenden Säulen der Regierung nach nur wenigen Monaten bedeutete eine Erschütterung. Schröder nutzte die Chance, um mit der Berufung des hessischen Wahlverlierers Hans Eichel die Finanzpolitik in seriösere Gewässer zu steuern und mit neuer Ernsthaftigkeit zu versehen. Anstelle des Konkurrenten hatte er nun einen loyalen Mitstreiter, der den zunehmend pragmatischeren Kurs stützte. Mit dem Rückzug Lafontaines fiel ihm auch der Parteivorsitz in den Schoß, den er für die zeitweise durchaus beeindruckende Festigung seiner Machtposition nutzte.

Dass das Zerwürfnis der SPD-Granden nicht allzu lange das beherrschende Thema blieb, dafür sorgte der Kosovokrieg, der die Beteiligung von deutschen Soldaten im Rahmen eines NATO-Einsatzes erneut auf die Tagesordnung brachte und damit einen Präzedenzfall schuf. Die notwendigen Entscheidungen waren bereits im engen Einvernehmen zwischen der damals noch geschäftsführenden Regierung Kohl und der künftigen Regierungsmehrheit getroffen worden. Als Fraktionsführer machte ich im Oktober 1998 klar, dass die

Opposition auch in Zukunft zur staatspolitischen Verantwortung stehen und dem Einsatz von Luftstreitkräften zustimmen werde. Am 24. März 1999 trat dann der Ernstfall ein, und die Bundeswehr beteiligte sich an den Luftschlägen der NATO, um den serbischen Kriegsverbrechen Einhalt zu gebieten.

Eine besondere Pikanterie der Geschichte lag darin, dass ausgerechnet eine rot-grün-geführte Regierung die Entscheidung über den ersten deutschen Militäreinsatz nach dem Zweiten Weltkrieg treffen sollte. Man kann sich leicht ausdenken, welchen öffentlichen Zerreißproben die Bundesrepublik ausgesetzt worden wäre, wenn Union und FDP einen solchen Beschluss im Bundestag hätten durchsetzen müssen. Statt durch die gesamte Gesellschaft schien der Riss nun vor allem durch die Partei der Grünen zu gehen, deren Außenminister Joschka Fischer alle argumentativen und rhetorischen Register aufbot, um seine Partei von der Notwendigkeit des Kriegseinsatzes zu überzeugen. Seine kämpferische Parteitagsrede, die er nach der ins bundesrepublikanische Gedächtnis eingegangenen Farbbeutelattacke blutrot besudelt hielt, war in ihrer Wirkung schwerlich zu unterschätzen. Fischer zögerte nicht, den Militäreinsatz damit zur rechtfertigen, dass sich Auschwitz nie wieder ereignen dürfe – dass damit nebenbei das Tabu der Unvergleichbarkeit der Shoah zumindest abgeschwächt wurde, war bemerkenswert. In der Sache gab ich ihm recht, war allerdings der Meinung, dass man das Engagement der NATO im Blick auf die Kriegsverbrechen der Serben auch etwas gedämpfter begründen konnte. In einem unserer Gespräche zu dieser Zeit, bei einem gemeinsamen Abendessen, kritisierte er meine Position, den Einsatz von Landstreitkräften von vornherein auszuschließen. Während ich vor den verheerenden Folgen des Bodenkriegs gewarnt hatte, der in meinen Augen kaum zu gewinnen war, wollte Fischer die Drohkulisse aufrechterhalten und war zum Äußersten bereit. Wir einigten uns schließlich darauf, wie erleichtert wir waren, dass uns diese Entscheidung erspart blieb. Eine bemerkenswerte Auseinandersetzung zwischen einem Grünen und einem Christdemokraten.

Auch rückblickend denke ich, dass Regierung und Opposition die wahrhaft ernste Bewährungsprobe des ersten Kriegseinsatzes gut bestanden haben. Man konnte nicht umhin zu registrieren, dass Bundeskanzler, Außenminister und Verteidigungsminister dadurch staatsmännische Statur gewannen. Mit etwas politischer Erfahrung konnte man sehen, dass politische Krisen nicht in den Kollaps führen mussten, sondern die Möglichkeit boten, daran zu wachsen. Als Oppositionsführer und Parteivorsitzender arbeitete ich vor allem daran, dass wir auf Kurs blieben. Grund zum Übermut sah ich keinen, aber Perspektiven für eine erfolgreiche Oppositionsarbeit. Wir mussten Fehler vermeiden und unsere programmatischen Alternativen deutlich machen.

## KONSOLIDIERUNG UND DER HERBST DES ERFOLGS

Das Jahr 1999 hatte sich auf fast wundersame Weise zur Erfolgssträhne der Union entwickelt. Die Nominierung von Dagmar Schipanski zur Kandidatin für das Amt der Bundespräsidentin war ein allseits anerkannter Achtungserfolg für die angesehene Professorin und Vorsitzende des Wissenschaftsrats. In der Bundesversammlung am 23. Mai unterlag sie Johannes Rau erst im zweiten Wahlgang, und es war uns gelungen, sie einer breiten Öffentlichkeit bekannt zu machen. Dabei hatte sie sich parteiübergreifend große Sympathien und Respekt erworben. Im Herbst trat sie als Kultusministerin in Bernhard Vogels Thüringer Kabinett ein und agierte dort wie in der Partei überhaupt als eine wichtige Stimme für die Wissenschafts- und Bildungsbelange, auch als Mitglied des Präsidiums und später des Bundesvorstands.

Der Erfurter Parteitag im April hatte die programmatische Erneuerung fortgesetzt und bestätigte die zuversichtliche Stimmung, die in der Partei herrschte. Die Arbeitsgruppen waren engagiert, und ich versuchte in meiner Rolle als ewiger Mahner, immer wieder daran zu erinnern, dass die Bundestagswahl 2002 noch weit entfernt lag. Mir entging auch nicht, dass Altkanzler Kohl den Erfolg seiner Partei durchaus genoss und am zweiten Tag seinen Einzug mit einer Traube von Fotografen und Kameraleuten zelebrierte. Dass er für seine anstehenden Auftritte im Europawahlkampf wie selbstverständlich das aufwendigste Equipment anforderte und auch sonst kaum von seinen Chefallüren ließ, machte den Umgang mit ihm nicht einfacher.

Angela Merkel und ich waren gezwungen, ihm zu erklären, dass wir fortan mit unseren Mitteln sparsamer sein und haushalten mussten. Ich konnte auch nicht hinnehmen, dass Kohl, Ehrenvorsitz hin oder her, weiterhin versuchte, Mitarbeitern des Konrad-Adenauer-Hauses Weisungen zu erteilen. Das alles trug nicht zur Entspannung unseres Verhältnisses bei – und wahrscheinlich war er später der Auffassung, dass seine Person den wesentlichen Ausschlag für das überwältigende Ergebnis bei der Europawahl gegeben hatte. Kohls Fähigkeit zur Autosuggestion war mir nicht unbekannt, aber es war frappierend, wie er die jüngste Erfolgswelle der Union vor allem auf sich bezog.

Edmund Stoiber wandte sich einmal an mich, weil ihm zu Ohren gekommen war, dass Kohl immer das große Wort in den Fraktions- und Vorstandssitzungen führte, und echauffierte sich darüber: Das müsse ich unterbinden. Ich fragte ihn im Gegenzug, was er denn im Fall Franz Josef Strauß getan hätte. Daraufhin blieb Stoiber, was bei ihm wirklich selten vorkommt, einige Sekunden sprachlos. Aber mein Dilemma war mit diesem Vergleich ganz gut beschrieben. Aufgrund des hohen Renommees, das Kohl nach wie vor in der Partei genoss, aber auch mit Blick auf sein unersättliches Bedürfnis nach Anerkennung musste ich einiges ertragen – und hoffte lediglich, dass die Zeit darüber hinweggehen würde. Diese Hoffnung trog.

Ich schien in einer vertrackten Situation: Gab es Spannungen oder Konflikte, dann war das der Beleg, dass ich es eben »nicht konnte«. Fuhren wir Wahlsiege ein, dann fühlte sich Kohl als Patriarch wie der eigentliche Vater des Erfolgs, unabhängig davon, dass er mit der parlamentarischen und praktischen Arbeit nichts mehr zu tun hatte. Manchmal hatte ich den Eindruck, dass er sich positive Ergebnisse ohne sein Zutun gar nicht vorstellen konnte. Und er pflegte natürlich die Netzwerke seiner Getreuen in der Partei.

Anlass zur Freude über Siege hatten wir auch nach der Sommerpause: Peter Müller erreichte am 5. September im Saarland ein sensationelles Ergebnis und wurde mit absoluter Mehrheit Ministerpräsident; eine Woche später verteidigten Bernhard Vogel in Thüringen und zwei Wochen später Kurt Biedenkopf in Sachsen ihre Alleinregierungen mit souveränen Wahlsiegen, während die SPD in den neuen Bundesländern mit erheblichen Verlusten hinter die PDS auf den dritten Platz zurückfiel. Mit den großen Zugewinnen bei den Kommunalwahlen in Nordrhein-Westfalen und Baden-Württemberg im Rücken und dem Blick auf die verteidigte Mehrheit im Berliner Abgeordnetenhaus hatten wir allen Grund, stolz und auch ein wenig überschwänglich zu sein. Beim CSU-Parteitag am 9. November gönnte ich mir darum einmal das Vergnügen, das bayerische Selbstbewusstsein der Delegierten zu irritieren: »Von der CDU lernen, heißt siegen lernen!«

Der 9. November war auch der zehnte Jahrestag des Mauerfalls, zu dem Helmut Kohl wie ein nationaler Held gefeiert wurde. »Kohl ist Kult«, stellte das ihm nicht immer unbedingt gewogene Magazin *Stern* damals fest. In diesen Tagen schlug ihm eine überwältigende Welle der Sympathie entgegen, seine Beliebtheitswerte waren sogar besser als zu jedem Zeitpunkt seiner Amtszeit. Diese Momentaufnahmen illustrieren, wie sehr sich die Welt der Union in den kommenden Wochen verändern sollte. Niemand hatte eine Vorstellung davon, auf welche ganz andere Weise uns die Vergangenheit der Kohl-Ära einholte und alles einriss, was wir innerhalb eines Jahres erreicht hatten.

## SPENDEN, KOFFER, KONTEN

In den Novemberwochen entspann sich mit atemberaubender Geschwindigkeit die sogenannte Spendenaffäre, deren Dimensionen sich in der damaligen Parteiführung niemand hatte vorstellen können. Startschuss war eine Agenturmeldung vom 4. November 1999 über den Haftbefehl der Staatsanwaltschaft Augsburg gegen den früheren CDU-Schatzmeister und niedersächsischen Finanzminister Walther Leisler Kiep. Ihm wurde vorgeworfen, eine Million D-Mark vom zur Fahndung ausgeschriebenen Kaufmann und Lobbyisten Karlheinz Schreiber angenommen zu haben. Damit stand Kiep im dringenden Verdacht, Steuern hinterzogen zu haben. Er meldete sich umgehend bei der zuständigen Behörde, und der Haftbefehl – erwirkt wegen vermeintlicher Fluchtgefahr – wurde gegen Kaution ausgesetzt. Der Vorsitzende der Atlantikbrücke und Träger des Großen Bundesverdienstkreuzes gesucht wegen illegaler Geldübergaben? Nach seiner ersten Vernehmung in den nächsten Tagen fielen die Namen Horst Weyrauch, der als Wirtschaftsprüfer für die CDU tätig war, und Uwe Lüthje, Bevollmächtigter der CDU-Schatzmeisterei. Es ging um Geldkofferübergaben auf Parkplätzen, Reisen in die Schweiz, Treuhandkonten und Abfindungszahlungen für Prozesskosten. Diese Nachrichten alarmierten mich im höchsten Maße, und die sukzessiven Enthüllungen über das Finanzgebaren der Partei unter Helmut Kohl trafen die neue Parteiführung bis ins Mark.

Die Monate von November 1999 bis Februar 2000 verbrachte ich im absoluten Ausnahmezustand. Es war kaum fassbar, welche Neuigkeiten nahezu täglich zu verarbeiten waren: Das weitverzweigte Netz schwarzer Konten, die Höhe der verschleierten Geldbeträge und die Systematik, mit der rechtliche Bestimmungen gebrochen bzw. umgangen wurden, waren erschütternd. Zwar hatte ich seit dem Flick-Skandal eine Ahnung davon, wie Kohl agierte. Die endlos erscheinende Kette der Enthüllungen traf uns dennoch unvorbereitet. Das »System Kohl« offenbarte nun rückwirkend seine Abgründe, denn ganz offenbar hatte er im Hinblick auf die Finanzen der Partei wenig Transparenz zugelassen. Nicht jeder musste oder durfte alles wissen, und wie es schien, waren ihm die Tätigkeiten seiner Gehilfen und Mittelsmänner aus dem Ruder gelaufen. Wo es um viel Geld geht, wo Rechtsbrüche gedeckt werden, ist die Freisetzung krimineller Energie eine nahezu unvermeidliche Nebenfolge. Mir hatte die Fantasie gefehlt, mir diese Schattenwelt vorzustellen – und unversehens geriet ich selbst in den Sog des Verdachts.

Man kann mir nicht vorwerfen, dass ich mich zum Spendenskandal, zu den Verstößen der CDU gegen das Parteiengesetz und zur 100 000-DM-Spende von Karlheinz Schreiber nicht schon ausführlich geäußert hätte – in meinem Buch *Mitten im Leben* (2000) habe ich die Ereignisse und meine Rolle eingehend dargelegt, vor dem Untersuchungsausschuss Rede und Antwort gestanden, in Interviews und Fernsehdokumentationen immer wieder meine Sicht der Dinge erläutert. Im Strudel von Ereignissen ist kaum jemand in der Lage, die Logik der Abläufe zu verstehen. Mit dem Abstand der Jahre sieht man klarer, erkennt Ausweglosigkeiten, so wie ich die eigenen Versäumnisse und Fehler schärfer als unter dem unmittelbaren Druck der Vorwürfe und des schwebenden Verfahrens sehe. Inzwischen sind einige Linien deutlicher, und ich kann die damaligen Entwicklungen besser, aber auch gelassener nachvollziehen.

## DIALEKTIK DER AUFKLÄRUNG

Organisationen haben die Eigenschaften von schweren Tankern. Kurskorrekturen und Wandlungsprozesse müssen behutsam eingeleitet werden. Abrupte Kehrtwenden führen zu Turbulenzen. Will man zu viel auf einmal, stößt man auf Widerstände und bewirkt nicht selten das Gegenteil des Intendierten. Als ich den Parteivorsitz antrat, war mir dieser Balanceakt bewusst. Dass ich einen anderen Führungsstil als Kohl etablieren wollte, stand außer Frage. Kohl selbst hatte sich im Amt verändert, und keiner Partei kann es guttun, über Jahrzehnte von einer Person dominiert zu werden. Sachorientierter, dialogbereiter und vielstimmiger sollte die Partei werden – dafür hatte ich bereits in meiner Zeit als Fraktionsvorsitzender plädiert. Zwar war ich seit Jahrzehnten in der

Partei verwurzelt, aber anders als Kohl hatte ich nie Energie darauf verwendet, mir ein besonderes Netzwerk aufzubauen. Wie weit sein Arm reichte, hatte ich spätestens bei den Ereignissen des Bremer Parteitags von 1989 mitbekommen. Da hatte er sein ganzes Repertoire als Virtuose der Macht demonstriert. Sein Sinn für die Nöte der Landes- und Bezirksverbände, die Bereitschaft zu helfen – auch in finanzieller Hinsicht, wie sich zeigte – und seine Fähigkeit, die Stimmungen in der Partei wahrzunehmen, spiegelten ein patriarchalisches Selbstverständnis wider. Das konnte und wollte ich nicht kopieren. Ich hatte überdies den Eindruck, dass diese Form der Machtabsicherung viel zu viel Energie absorbierte, abgesehen davon, dass sie nicht mehr in die Zeit passte.

Ich kann nicht sagen, dass mich die Frage der Parteifinanzen bis zu meinem Amtsantritt besonders gekümmert hätte. Aber mir war doch klar, dass die neue Parteiführung sich auf diesem Gebiet von der Ära Kohl absetzen musste. Da mich das Verhalten der bisherigen Schatzmeisterin Brigitte Baumeister irritiert hatte, als ich im Herbst 1997 darauf gestoßen war, dass sie eine ihr anvertraute Spende nicht ordnungsgemäß verbucht hatte, und ich überdies um ihre unbedingte Loyalität zu Kohl wusste, hielt ich eine personelle Veränderung für unausweichlich. Ich bat den ehemaligen Verkehrsminister Matthias Wissmann bei meinem Antritt als Parteivorsitzender, diese Aufgabe zu übernehmen – auch wegen seiner hohen Akzeptanz in Wirtschaftskreisen (die ihm später eine beachtliche Karriere als Verbandsfunktionär ermöglichte).

Wissmann, Merkel und ich begriffen bald, dass die finanzielle Lage der Partei angespannt war, und es war uns in mancherlei Fällen schwer erklärlich, wie in der Vergangenheit bestimmte Mittel aufgebracht werden konnten. Wir standen immer wieder vor Rätseln, mussten uns aber gleichzeitig darum kümmern, die Aufgaben des Tages zu bewältigen. Als die staatsanwaltlichen Ermittlungen gegen Kiep einsetzten und sich rasch auf Horst Weyrauch ausweiteten, gerieten wir in die Bredouille, denn unsere eigenen Bemühungen um die Aufklärung der Tatbestände blieben einigermaßen fruchtlos. Die unmittelbar Beteiligten waren zu Auskünften nicht bereit, weil sie Beschuldigte in Ermittlungsverfahren waren. Insofern war die Lektüre der Tageszeitungen, vor allem die Recherchen der *Süddeutschen Zeitung*, auch unsere wichtigste Informationsquelle. Alle Versuche, von Kohl nähere Informationen zu erhalten, scheiterten erwartungsgemäß. Er mauerte und gab vor, weder von der Millionenspende Schreibers noch von irgendwelchen Treuhandkonten etwas zu wissen – so seine Auskunft vor den Gremien der Partei am 8. November. Unsere aufrechte öffentliche Klarstellung, dass es unter der neuen Parteiführung keine Anderkonten mehr gebe, auf denen nicht deklarierte Spenden lägen, wirkte wie ein einsames Rufen im Wald.

Schnell wurde offensichtlich, dass uns die Aufdeckung immer neuer Tatbestände überfordern würde. Kaum hatte man die Tragweite eines Vorwurfs realisiert, fiel der nächste Dominostein. Die Aufgabe, eine argumentative Verteidigungslinie zu entwickeln, wurde zusehends unmöglich, und es war den Regierungsparteien und einer kritischen Öffentlichkeit nicht zu verdenken, dass die Empörungswelle sich schnell zu einer Art Tsunami aufbaute. Tag für Tag wurde es aussichtsloser, zu den politischen Gegenwartsfragen zurückzukehren. Die Staatsanwaltschaft hatte bei einer Hausdurchsuchung in der Kanzlei Weyrauch & Kapp Akten beschlagnahmt, anschließende Aussagen von Horst Weyrauch und Uwe Lüthje ließen Stück um Stück die Ausmaße des Systems »schwarzer Kassen« erkennen, und nach dem Salamiprinzip räumte auch Helmut Kohl seine Kenntnis von der Existenz solcher Konten ein. Alle Maßnahmen, die wir ergriffen, um auf die Vorwürfe zu reagieren, kamen zu spät; alle Absichten, zur Aufklärung beizutragen, wurden sofort zur Makulatur, weil schon der nächste Vorwurf im Raum stand.

Ein ernstes Anzeichen dafür, unter welcher Belastung ich stand, war ein Schwächeanfall, der mich gegen Ende einer Präsidiumssitzung am 22. November ereilte. Ich quälte mich durch eine Pressekonferenz und sah entsprechend angeschlagen aus. Alle Kameraobjektive blieben auf mich gerichtet, obwohl ich aufgrund starker Erkältungssymptome Angela Merkel die Ergebnisse der Sitzung mitteilen ließ: das Ende der Zusammenarbeit mit der Wirtschaftsprüfungskanzlei Weyrauch & Kapp, die Zurückweisung des Vorwurfs, dass Regierungsentscheidungen käuflich gewesen seien, und die Forderung, dass ein Untersuchungsausschuss schnellstmöglich die Arbeit aufnehmen solle, um die im Raum stehenden Anschuldigungen entkräften zu können. Ich konnte mich nur mühsam aufrecht halten, den Kollaps in aller Öffentlichkeit aber vermeiden und ließ mich erst kurz nach Abschluss der Pressekonferenz mit dem Notarztwagen ins Krankenhaus bringen. Da einige findige Journalisten den Berliner Polizeifunk abgehört hatten, ging die entsprechende Agenturmeldung bereits raus, bevor ich überhaupt die Notaufnahme erreichte. Meine in Washington studierende Tochter sah die Meldung im Internet und rief sofort bei meiner noch ahnungslosen Frau an, um sich zu erkundigen, was denn passiert sei. Nach einigen Stunden war das Schlimmste überstanden, aber ich brauchte dringend einige Tage Ruhe und musste mich bei der anstehenden Haushaltsdebatte von Volker Rühe vertreten lassen.

Doch aus der Schonung wurde nichts, denn im Plenum des Bundestags kam es zu einer erregten Szene. Der SPD-Fraktionsvorsitzende Peter Struck brachte die Anschuldigung vor, die CDU habe bei Spendengeldern eine besondere Form von Moral gezeigt und solle klarstellen, ob sie bei gewissen Entscheidungen käuflich gewesen sei. Daraufhin meldete sich Kohl aufgebracht zu Wort und verwahrte sich gegen Verleumdungen. Spätestens nach diesem Auftritt richteten sich alle Scheinwerfer auf die Affäre, deren verschiedene Dimensionen sich mittlerweile kaum mehr entwirren ließen, wie die Verlautbarungen der letzten Novemberwoche zeigten.

Heiner Geißler bestätigte öffentlichkeitswirksam die Existenz von »schwarzen Kassen«, die allerdings ausschließlich dem Parteivorsitzenden und der Schatzmeisterei zur Verfügung gestanden hätten. Der CDU-Bundesgeschäftsführer Willi Hausmann legte mir nach Einsicht in die von der Staatsanwaltschaft beschlagnahmten Unterlagen dar, dass Weyrauch für die CDU ein ganzes System von Treuhandkonten unterhalten hatte, welches im Rechenwerk der Bundespartei nicht enthalten war. Schließlich kündigte mir Helmut Kohl eine Mitteilung seines Vertrauten und langjährigen Verwaltungschefs des Adenauer-Hauses Hans Terlinden an, der mir kurz vor der Krisensitzung des CDU-Präsidiums am 30. November eröffnete, dass er noch Ende 1998 aus den verborgenen Geldbeständen der Partei jeweils 100 000 DM an den ehemaligen CDU-Landesvorsitzenden Ottfried Hennig und an den Kreisverband Ludwigshafen weitergeleitet habe. Er bot mir seinen Rücktritt an, aber nachdem ich mich danach erkundigt hatte, ob er mir noch weitere pflichtwidrige Handlungen gestehen müsse, was er verneinte, beließ ich ihn im Amt. Das war ein Fehler – denn Terlinden beging nur wenige Tage später die nächste Indiskretion, als er das Protokoll der Vernehmung Weyrauchs nicht an mich, sondern an Kohl weiterleitete.

Die Kaskade von Ereignissen erwies die praktische Unmöglichkeit, Tatbestände aufzuklären, solange in Teilen des eigenen Verantwortungsbereichs ohne meine Kenntnis weiterhin nach den Regeln des Vorgängers gehandelt wurde. Es war naiv von mir zu glauben, es könnte gelingen, jede Differenz mit dem Ehrenvorsitzenden Kohl zu vermeiden. Das wurde umso schwieriger, als Kohl sich zur Vorwärtsverteidigung entschied und die ZDF-Sendung »Was nun, Herr Kohl?« dazu nutzte, ein Schuldbekenntnis abzulegen. Er übernahm die volle Verantwortung dafür, dass er unter Umgehung des Parteiengesetzes bis zu zwei Millionen DM an Spenden in bar gesammelt, den Gebern (vier bis fünf »Bundesbürgern«) aber versprochen habe, dass sie anonym blieben. Unabhängig davon, ob man dieser Erklärung glaubte oder nicht – ich hatte schon damals große Zweifel, weil der Konstruktionscharakter der Geschichte ins Auge fiel –, konnte die Partei kaum akzeptieren, dass ein Ehrenwort höher stehen sollte als das Gesetz. Wir mussten Kohl also auffordern, die Spendernamen zu nennen. Kohl war sich bewusst, dass ich seine Version bezweifelte, aber die Erklärung passte zu seinem patriarchalen Stil, auch weil sie auf den ersten Blick die Verantwortung von der Partei zu nehmen schien. Er hatte einen Mediencoup gelandet und mit dieser Nebelkerze eine ganze Republik zum Rätselraten über die Spendernamen animiert.

Unsere Aufklärungsbemühungen wurden dadurch allerdings ein weiteres Mal torpediert, denn es war nach Kohls Statement kein gemeinsamer Weg mehr aus der Krise denkbar. Meine Formel »Aufklären und Bewahren« war unglaubwürdig geworden, ohne dass ich mir das selbst schon eingestehen konnte. Angela Merkel erkannte die Lage am schnellsten, und als ich am Morgen des 22. Dezember auf meiner Fahrt von Gengenbach nach Bonn ihren *FAZ*-Artikel las, in dem sie die Partei dazu aufforderte, sich von Kohl zu emanzipieren und sich zuzutrauen, ohne ihr »politisches Schlachtross« auszukommen, konnte ich innerlich nur zustimmen. Sie hat auch rückblickend recht gehabt. Gleichwohl musste ich den Akt selbst als Vertrauensbruch empfinden. Wir waren dauernd in Kontakt, aber sie hatte mir kein Wort von ihrem Vorhaben gesagt. Als wir uns kurze Zeit später vor der nächsten Präsidiumssitzung trafen, machte ich meinen Unmut deutlich und äußerte zugleich die Sorge, dass es in der Sitzung sehr ungemütlich werden könnte. Die ersten aufgeregten Anrufe hatte ich bereits auf der Fahrt erhalten. Sie antwortete, dass sie von der Richtigkeit des Inhalts überzeugt sei, weil eine Abnabelung von Kohl so dringend wie unvermeidlich sei. Sie wollte mich vorher nicht mit dem Inhalt belasten und schätzte auch richtig ein, dass ich einer Veröffentlichung nicht zugestimmt hätte. Die Wirkung des Artikels war jedoch anders, als ich befürchtet hatte – er erfuhr größtenteils Zustimmung und löste womöglich manche Blockade in der Partei. Eines jedoch war mir klar: Kohl selbst würde darin einen Affront sehen und mir keinesfalls glauben, dass ich vorab nichts gewusst hatte.

Der sogenannte Scheidungsbrief war ein mutiger und entschlossener Schachzug, der Merkel Respekt und Ansehen in der Partei verschaffte. Sie hatte Gedanken der Kohl-Kritiker auf den Punkt gebracht und sich zugleich ein eigenständiges Profil verschafft. Damit hatte sie zu erkennen gegeben, dass sie bereitstand, in der Partei Führungsverantwortung zu übernehmen.

## DIE SCHREIBER-SPENDE

Meine eigene Lage hatte ich durch einen missglückten Auftritt in der Plenarsitzung vom 2. Dezember 1999 verschärft, indem ich mich in der Debatte über die Einsetzung eines Untersuchungsausschusses zu einer unbedachten Reaktion hinreißen ließ. Als ich von einem Treffen mit Karlheinz Schreiber anlässlich eines Sponsorenessens berichtete, das unsere Schatzmeisterin Brigitte Baumeister organisiert hatte, lancierte Hans-Christian Ströbele einen seiner vielen Zwischenrufe: »Mit oder ohne Koffer?« Darauf reagierte ich falsch, weil ich die Wiederbegegnung mit Schreiber am nächsten Tag erwähnte, seine Barspende jedoch nicht. Das war mir in der Situation selbst gar nicht bewusst. In der Anspannung der Debatte wollte ich unbedingt vermeiden, mich durch die aufgeheizte Atmosphäre im Plenum provozieren zu lassen – in solchen Belastungssituationen macht man Fehler. Die Szene im Plenum war verhängnisvoll, weil sie in wenigen Sekunden das ganze Drama der Spendenaffäre zu verdichten schien.

Bis heute streite ich mit meiner Frau darüber, ob es sich um eine Lüge handelte. Ich war mir im Augenblick der Äußerung darüber gar nicht klar und hatte subjektiv nicht das Gefühl, gelogen zu haben. Aber ich hatte die Unwahrheit gesagt. Eine Lüge wäre nach rationalem Ermessen ohnehin unsinnig gewesen, da ich die Schreiber-Spende bereits zuvor, in der Sitzung vom 30. November, dem Präsidium mitgeteilt hatte. Warum mir mit diesem entlastenden Hinweis niemand aus diesem Kreis beigesprungen ist, als die Medien später begannen, sich auf mich einzuschießen, frage ich mich heute noch. So wurde vor allem der Satz »Das war es!«, der sich auf die Begegnung mit Schreiber beim Abendessen bezog, für mich verhängnisvoll. Mein Pressesprecher Walter Bajohr öffnete mir unmittelbar nach der Debatte die Augen und machte mir deutlich, was für ein fataler Lapsus mir damit unterlaufen war.

Ob es für mich insgesamt glimpflicher abgelaufen wäre, wenn ich in der

Bundestagsdebatte auch die Tatsache der Spende erwähnt hätte, bezweifle ich stark. Der Name Schreiber in Kombination mit Bargeld hätte als toxische Mischung wahrscheinlich für einen Tumult gesorgt, ohne dass eine ruhige Darlegung der Fakten möglich gewesen wäre. Ich wusste, dass mir nun nicht mehr allzu viel Zeit blieb, um den Hergang der Begegnung mit Schreiber aufzuklären, denn dieser unterhielt die Presse mit reger Interviewtätigkeit aus Kanada, wohin er vor den deutschen Strafverfolgungsbehörden geflohen war.

Rückwirkend ist es fast erstaunlich, dass die Geschichte der Schreiber-Spende nicht eher an die Presse durchgestochen wurde. Ich nahm aus verschiedenen Richtungen wahr, dass etwas gegen mich im Gange war und ich nach der Weihnachtspause die Fakten auf den Tisch legen musste, um aus der Rolle des Getriebenen herauszukommen. Aber auch dieses Ziel sollte sich als Illusion erweisen. Ich entschied mich im Einvernehmen mit Merkel, dieses Mal den Presseenthüllungen zuvorzukommen und in der ARD-Sendung »Farbe bekennen« die Umstände der 100 000-DM-Spende darzulegen. Die Krux bei der Sache lag nicht allein in der Person des Spenders, dessen Name im Kontext der Debatte über Waffendeals und Millionenspenden auf Parkplätzen bereits kontaminiert war, sondern auch in der nicht ordnungsgemäßen Behandlung der Spende durch die Schatzmeisterin.

Wie es zur Überreichung der Spende kam, schilderte ich in der Fernsehsendung, im späteren Untersuchungsausschuss und in meinem Buch *Mitten im Leben* ausführlich: Bei dem besagten Abendessen für potenzielle Spender am 21. September 1994 fragte Schreiber, den ich an diesem Abend kennenlernte, ob er mich am nächsten Morgen kurz in meinem Büro aufsuchen könne. Am folgenden Tag kam er in mein Büro, wir unterhielten uns nicht allzu lange, und er sagte: »Sie gefallen mir, hier sind 100 000 Mark, verwenden Sie sie, wofür Sie wollen.« Ich bedankte mich und stellte klar, dass ich die Spende gleich an die Schatzmeisterei weiterleiten werde. Dementsprechend ließ ich das Kuvert ungeöffnet zu Brigitte Baumeister bringen, in dem Glauben, dass sie alles ordnungsgemäß verbuchen würde. Eine Barspende in dieser Höhe war ungewöhnlich – deshalb erzählte ich einigen Leuten in meinem Umfeld davon –, aber sie bewegte sich im Rahmen der gesetzlichen Vorgaben. Ich erinnerte die Schatzmeisterin bei nächster Gelegenheit daran, dass sie Herrn Schreiber eine Quittung ausstellen solle. Ein paar Wochen später kam sie noch einmal auf mich zu und fragte, ob ich ihm zum Dank ein Buch mit Widmung schicken könne. Damit war die Sache für mich erledigt. Erst im Herbst 1997 holte mich auf unangenehme Weise die Erinnerung an diese Spende wieder ein, als ich den Namen Schreiber im Zusammenhang eines Ermittlungsverfahrens in der Zeitung las. Da klingelten bei mir die Alarmglocken, und ich wollte wissen, wie die Angelegenheit damals geregelt worden war.

Als ich Baumeister darauf ansprach, tat sie so, als hätte sie den Namen noch nie gehört. Das kam mir komisch vor, und es dauerte längere Zeit, bis sie dann zugab: Schreiber wollte keine Quittung, und deshalb sei das Geld auch nicht in den Rechenschaftsbericht der Partei gekommen. Das brachte mich sehr auf, und ich berichtete dem Parteivorsitzenden Kohl von dem Fall. Ich hätte natürlich Anzeige beim Bundestagspräsidenten erstatten können, aber musste ich das wirklich? Immerhin insistierte ich darauf, dass mir Baumeister mit erheblicher Verzögerung schließlich eine Quittung ausstellte, die belegte, dass sie das Geld von mir erhalten hatte. Diesen Zettel habe ich nach fieberhafter Suche sogar noch wiedergefunden.

All diese Details spielten später eine Rolle, weil seit Mitte Januar 2000, für mich völlig überraschend, meine Schilderung der Vorgänge durch anderslautende Berichte von Schreiber und Baumeister in Zweifel gezogen wurde. Die Sache an sich war unangenehm genug, aber ich hätte mir kaum träumen lassen, welcher Aufwand betrieben wurde, um Fakten zu verdrehen. Auf einmal sollte ich die Spende gar nicht weitergeleitet haben – Baumeister und Schreiber berichteten abweichende Versionen des Verlaufs, deren Sinn nur darin bestehen konnte, meine Glaubwürdigkeit insgesamt anzuzweifeln. In der Öffentlichkeit wurde darüber spekuliert, wie viele Spenden von Schreiber ich denn noch erhalten hätte. Baumeister wirkte spätestens nach meiner Offenlegung des Sachverhalts im Fernsehen nervlich mitgenommen und schien wie von fremden Kräften gelenkt, als sie im Laufe der Wochen immer neue Versionen der Spendenübergabe lancierte. Dass es schließlich zueinander widersprechenden eidesstattlichen Versicherungen von Baumeister und mir kam, deren abweichende Details für niemanden mehr zu durchschauen waren, erschütterte meine Autorität in der Partei und meine öffentliche Glaubwürdigkeit insgesamt, ohne dass ich etwas dagegen zu tun vermochte.

Spätestens das Intrigenspiel um die Schreiber-Spende offenbarte mir, dass ich zu viel damit zu tun hatte, meine eigene Rolle zu erklären, und dass ich dem Sog der Affäre kaum mehr entrinnen konnte. Ich habe in der Vergangenheit davon gesprochen, dass die damaligen Aktivitäten in die Dimension krimineller Machenschaften gerieten. Viele Aspekte bleiben weiterhin ungeklärt, aber die destruktive manipulative Energie, die Helmut Kohl mit seinen Drähten nach Kanada und in Teilen der Medien entfaltete, war bemerkenswert.

Bald hatte ich verstanden, dass er in der Phase, in der sein Lebenswerk zertrümmert zu werden drohte, zu der Auffassung kam: Wenn es mich das kostet, dann reiße ich euch alle mit – und meinen Nachfolger zuallererst. Mir war bewusst, dass jede Absetzbewegung von Kohl bei ihm zu furchtbaren Verletzungen führte. Jeder, der von ihm abrückte, wurde zum Verräter oder Feigling erklärt. Insofern überraschte mich die Tendenz seines Verhaltens nicht, die Dimension der Zerstörung konnte allerdings niemand vorhersehen. Ich war immer ein guter Kohl-Erklärer, aber Dinge zu verstehen, heißt nicht, sich wirksam dagegen wehren zu können. Es blieb ein anstrengender Prozess, die unzweifelhaften Verdienste des Politikers Kohl vom Bruch unseres persönlichen Verhältnisses zu trennen. Für mich war unsere Beziehung zu Ende, als er andeutete, ich sei doch auch jemand, von dem man nicht wissen könne, ob er nicht krumme Sachen gemacht habe.

Mein letzter Versuch, mit ihm eine Lösung zu finden, fand in der Woche nach meinem Fernsehinterview statt. Jetzt waren es die Enthüllungen über die Hessen-CDU, die die Krise weiter eskalieren ließen. Der Landesvorsitzende und Ministerpräsident Roland Koch befand sich in der »erfreulichen« Lage, etwa siebzehn Millionen DM zusätzlicher Mittel auf Schweizer Konten vorzufinden – sie tauchten in keinem Rechenschaftsbericht auf. Da war »brutalstmögliche Aufklärung« (Roland Koch) ein tapferer Vorsatz. Meine Initiative, eine hochrangige Kommission angesehener Persönlichkeiten wie Ex-Bundespräsident Herzog, den ehemaligen Verfassungsrichter Paul Kirchhof und den früheren Bundesbankpräsidenten Hans Tietmeyer damit zu beauftragen, Vorschläge für das Finanz- und Verantwortungssystem der Partei zu erarbeiten, war mit einem Schlag völlig verpufft. Die Vorgänge im hessischen Landesverband, ihre vermutete Verbindung zum Spendensystem der Bundespartei und die dreiste Praxis, illegale Spenden als jüdische Vermächtnisse zu tarnen, lösten den nächsten Super-GAU aus. Die Empörung kannte aus nachvollziehbaren Gründen keine Grenzen, und es schien mir zunehmend aussichtslos, dass es irgendwie gelingen könne, zu politischen Themen zurückzukehren, geschweige denn einen aussichtsreichen Wahlkampf in Schleswig-Holstein zu führen. Ich musste im Lichte der Berichterstattung wahrnehmen, dass mein Auftritt in Kiel am 15. Januar 2000 als Belastung für die Partei interpretiert wurde – obwohl ich während meiner Rede vor Ort durchaus Zustimmung und Anteilnahme in der Zuhörerschaft spürte.

Jedenfalls war ich am Montag, den 17. Januar, als ich zusammen mit meiner Frau nach Berlin flog, entschlossen, die Konsequenzen aus dem für mich desaströsen Medienecho zu ziehen. Unpassenderweise wollten wir genau an diesem Tag unsere endlich fertiggestellte Wohnung in Grunewald beziehen. Ich hatte vor, vom Amt des Vorsitzenden zurückzutreten. Zunächst setzte ich Volker Rühe und Roland Koch ins Bild, die meine Entscheidung akzeptierten. Es war Angela Merkel, die im Gespräch mit den Mitarbeitern aufs Äußerste betroffen war und mich dazu drängte, meinen Entschluss noch einmal rückgängig zu machen, vor allem nicht einsam zu entscheiden, sondern darüber eine Diskussion im Präsidium und Vorstand der CDU zu führen. Zumindest insoweit überzeugte sie mich, und wir beriefen für den folgenden Tag entsprechende Sitzungen ein. Auch die CSU unterstützte mich. Edmund Stoiber beschwor mich am Telefon, auf jeden Fall durchzuhalten, und Michael Glos ließ nicht davon ab, mir Mut zuzusprechen. Gleichwohl blieb die Stimmung in den abendlichen Sitzungen der Landesgruppen gespannt, sodass bald Rücktrittsgerüchte vernehmbar und von der Presse begierig aufgenommen wurden.

In der schwierigen Stimmungslage der Partei musste ich nun einen letzten Versuch unternehmen, um Kohl zu einem öffentlich sichtbaren Schritt zu bewegen, der der Partei einen Weg aus dem Dilemma zwischen Loyalität und Absetzung weisen konnte. Er konnte nicht mehr mauern, sondern musste im Interesse der Partei sein Wissen über die Spendenskandale wahrheitsgemäß offenbaren. Den Gesprächstermin mit ihm hatte ich bereits einige Tage zuvor vereinbart. Die Unterhaltung war (wie alle unsere unter Problemdruck getroffenen Verabredungen) sehr kurz. Es war völlig klar, dass persönlich nichts mehr zu kitten war. Schon seine frohgemute Begrüßung, ob ich denn nun zurückträte, setzte den Ton. Kaum verborgene Selbstzufriedenheit und eine gewisse Lust am Untergang des Nachfolgers waren für mich unübersehbar. Von der Bereitschaft, etwas Neues zur Frage der Spendernamen zu sagen, konnte bei ihm keine Rede sein. Die Atmosphäre war noch eisiger als in den Wochen zuvor.

Ich forderte Kohl auf, sein Bundestagsmandat niederzulegen, weil er nicht einfach erklären könne, die politische Verantwortung zu übernehmen, ohne irgendwelche persönlichen Konsequenzen zu ziehen. Er wies das zurück, weil er sich bei Aufgabe seines Mandats dem Untersuchungsausschuss schutzlos ausgeliefert sehe. Meine Ankündigung, dass ich dann wohl keine Wahl hätte als zurückzutreten, weil ich als sein ehemals engster Weggefährte die Partei so kaum aus der Krise führen könne, bekümmerte ihn nicht. Leichthin erklärte er mir, dass die ganze Angelegenheit an sich nicht so schlimm sei, weil weite Teile der Bevölkerung für seine Handhabung der Spenden Verständnis hätten. Auch die Geschichte in Hessen sei nicht so dramatisch. Lediglich meine Spende von Schreiber habe die Krise eine fatale Wendung nehmen lassen. Da platzte mir endgültig der Kragen. Mit dem Satz, schon zu viel meiner knapp bemessenen Lebenszeit mit ihm verbracht zu haben, verließ ich sein Büro. Wir sprachen danach nie wieder miteinander.

Da ich nichts erreicht hatte, hielt ich meinen Rücktritt für unabwendbar – und sagte dies sowohl Hans-Peter Repnik, mit dem ich anschließend vom Bundestag zum Adenauer-Haus fuhr, als auch meinem Bruder, der mich zwischenzeitlich angerufen hatte. In der Präsidiumssitzung begründete ich meinen Entschluss, vom Amt des Parteivorsitzenden zurückzutreten, kurz und bündig. In einer intensiven Debatte wurde mein Vorhaben abgelehnt. Das Präsidium müsse ansonsten geschlossen zurücktreten, weil es falsch sei, dem Parteivorsitzenden die alleinige Verantwortung zuzuschieben. Die anschließende Vorstandssitzung, in der Kurt Biedenkopf aus dem Präsidium Bericht erstattete, bestätigte im Wesentlichen die getroffene Richtungsentscheidung. Es war eine lange und offene Diskussion, die den geplanten Zeitrahmen sprengte. Der Presseandrang vor dem Adenauer-Haus war groß, und gegen 14 Uhr wurde bereits vom *Tagesspiegel* mein Rückzug gemeldet. Erstaunlicherweise war aus der Sitzung nichts nach außen gedrungen, und wir konnten in der anschließenden Pressekonferenz verkünden, dass die Partei Kohl aufforderte, seinen Ehrenvorsitz ruhen zu lassen. Er legte ihn noch am selben Nachmittag nieder.

Dass dies kein Befreiungsschlag wurde, war sehr bald abzusehen. Die Krise hatte sich festgefressen. Mir blieb es schleierhaft, warum in der Folge einer offensichtlich psychisch labilen Ex-Schatzmeisterin und einem vorbestraften Waffenhändler (die zudem noch freundschaftlich miteinander verbunden waren, was ich erst im Nachhinein erfuhr) mehr Glauben geschenkt wurde als mir. Es war die Zeit des Generalverdachts, und ich machte den Fehler, mir anfangs keinen anwaltlichen Beistand zu holen. Insofern waren die vier darauffolgenden Wochen bis zur eingangs geschilderten Pressekonferenz eine Qual.

Mir blieb die Einsicht ins Unvermeidliche: Ich hatte bei meinem Amtsantritt als Parteivorsitzender das Feld der Finanzen gründlich unterschätzt. Meine Priorität lag auf der Fraktionsarbeit; im Adenauer-Haus war ich kaum präsent. Im Rückblick lässt sich gewiss sagen, dass ich in meiner Partei Einfluss hatte und über Jahrzehnte hinweg politische Linien mitbestimmte. Aber als Parteivorsitzender war mir nur eine kurze Zeit beschieden, in der ich kaum stilprägend wirken konnte.

## REGENERATION NACH DEM ABSTURZ

Warum ich nach meinem Rücktritt in der Politik geblieben bin und meine Arbeit in der zweiten Reihe fortgesetzt habe? Dieser Weg entsprach meinem Gefühl von Verantwortung und Loyalität. Zunächst wollte und konnte ich auch mithelfen, dass mit Angela Merkel und Friedrich Merz jüngere und sehr fähige Nachfolger in meine Ämter rückten. Beide hatten meine volle Unterstützung, und ich war davon überzeugt, dass ihre Talente der Partei guttun würden. Ich hatte noch in meiner Amtszeit die Idee der Regionalkonferenzen entwickelt, um der Parteibasis die Möglichkeit zur Aussprache über die tiefe Krise und den künftigen Weg der Union zu ermöglichen. Diesen Prozess wollte ich begleiten, auch um zu vermeiden, dass er als Wahlkampfveranstaltung der Generalsekretärin für den künftigen Parteivorsitz missdeutet wurde. Das ist uns gelungen, und Merkel erfuhr auf natürliche Art den Zuspruch und die Sympathie der Mitglieder.

Mir blieb die Verbundenheit zu meiner Partei enorm wichtig. Biedenkopf, Teufel und Merkel überredeten mich, bei den Wahlen für das Präsidium als Beisitzer wieder zur Verfügung zu stehen. Sehr bald, nachdem ich den Parteivorsitz niedergelegt hatte, schrieb ich das Buch *Mitten im Leben*, um Rechenschaft über die Spendenaffäre abzulegen und detailliert das zu schildern, was in den Wochen des öffentlichen Aufruhrs kein Gehör gefunden hatte. Ich wollte mich persönlich und politisch rehabilitieren, ohne mein Schicksal zu bejammern, und zudem weiterhin helfen, die Aufgaben der CDU in der Opposition inhaltlich mitzugestalten. Die positive Resonanz auf mein Buch im Herbst 2000 zeigte mir, dass das möglich war.

Das Jahr 2000 wurde für mich auch familiär einschneidend. Der Silvesterabend war noch einmal ein schöner Großfamilienabend – wir waren alle zusammen, Eltern, Brüder, Schwiegertöchter, Enkelkinder. Es war das letzte Fest im Hornberger Zuhause, denn meine Mutter erlitt wenige Tage später einen Schlaganfall und musste ins geriatrische Krankenhaus. Sie starb erst im Dezember 2000. Mein Vater erlebte noch einige gute Monate in einer Seniorenresidenz, immer stolz, wenn seine Söhne vorbeikamen, und das soziale Leben dort genießend, bevor er im Juni 2000 mit 93 Jahren starb. Die Sorgen um die Eltern in ihren letzten Monaten bedeuteten eine zusätzliche Belastung, aber sie boten auch einen Kontrast zu den Absurditäten und Aufregungen der Spendenaffäre. Möglicherweise haben diese grundlegenden gemeinsamen Familienerfahrungen manchmal sogar geholfen, die Dramatik der eigenen Lage zu relativieren.

Ich gewöhnte mich langsam daran, nicht mehr in unmittelbarer Führungsverantwortung zu stehen, und hatte bald mehr Zeit, mich als Spezialist fürs Allgemeine einzubringen. Jedenfalls registrierte ich als sogenannter einfacher Abgeordneter doch mit Genugtuung, dass ich bald wieder zu Themen jenseits der Spendenaffäre gehört wurde – in der Partei ohnehin, aber auch in der Öffentlichkeit. Mich interessierte die Debatte über die Gentechnologie, in der ich mich zu Wort meldete, um für eine offenere Haltung in der Stammzellenforschung zu werben, damit man den Anschluss an die medizinische Forschung nicht verpasste. Ich wollte klarmachen, dass Technologie und Verantwortung zusammengehen müssen, und dachte über die von Theologen und Biologen ventilierte Frage nach, ob die Mutter zum Ursprung des Lebens gehört. Ich fand es wichtig, sich über Grundlagen zu verständigen, Maßstäbe und Werte zu artikulieren. Es schien mir richtig, im Falle der Embryonenforschung zu sagen: im Zweifel lieber nicht, bei der Unverfügbarkeit von Leben soll es bleiben. Wir können aber nicht alles regeln, bevor wir überhaupt wissen, welche Möglichkeiten sich bieten. Selbstregulierung ist besser als vorzeitige Kodifizierung. Das könnte auch die politischen Debatten bescheidener machen. Denn in einer freiheitlichen Demokratie ist Bescheidenheit eine Tugend, nicht die Verhängung von Denkverboten. Damals konnte ich wieder erfahren, dass meine Wortmeldungen kontrovers aufgenommen wurden – aber als Diskussionsbeitrag, nicht als Skandalon. Auch für die Reflexion über Europa sowie außen- und sicherheitspolitische Probleme nahm ich mir mehr Zeit.

Nach und nach fiel mein Name wieder, wenn es um Ämter in der Partei ging. In der Öffentlichkeit wurde der Ton freundlicher, fast sentimental. »Toter Indianer, guter Indianer«, so kam es mir manchmal vor. Wenn die neue Führung in die Kritik geriet, erinnerte man sich an den Untoten, der noch im Parlament saß. Dabei übersah man leicht die Schwierigkeiten, denen die neue Partei- und Fraktionsführung ausgesetzt war, die in dieser besonderen Lage in Verantwortung kamen. Man konnte Friedrich Merz wirklich nicht vorwerfen, kein guter Debattierer zu sein. Trotzdem wurde er von der Regierung als Neuling behandelt. Symptomatisch dafür war der Anruf, den ich am 11. September 2001 von Kanzler Schröder erhielt: Er diente einzig dem Zweck, Erkundigungen über Merz einzuholen, der da bereits seit knapp anderthalb Jahren Oppositionsführer war. Schröder wollte wissen, ob er mit ihm vertraulich reden könne, weil er ihn noch gar nicht richtig kennengelernt hatte. 1998 besaß ich den Vorzug, schon ziemlich lange in der ersten Reihe gestanden zu haben. Neue müssen sich diese Autorität erst erwerben.

In meinen Erinnerungen verbindet sich der 11. September 2001 im Übrigen untrennbar mit einem Konzert in der Berliner Philharmonie, das ich wenige Tage nach den Terroranschlägen mit einer meiner Töchter besuchte. Gespielt wurde Beethovens viertes Klavierkonzert in G-Dur, am Klavier saß Alfred Brendel. Im Saal herrschte gespannte Stille, als die ersten Takte erklangen. Sie schienen mir wie komponiert für diesen Augenblick. Vielleicht hatte nicht jeder im Saal die gleiche Empfindung, aber bis heute bin ich überzeugt, dass niemand im Publikum saß, der in diesem Moment nicht mit seinen Gedanken in New York war und die Bilder dieser menschlichen Tragödie vor Augen hatte. Dass große Musik das Hier und Jetzt zu transzendieren vermag, dass sie universell ist und trösten, erheben und Menschen miteinander zu verbinden vermag, das konnten an diesem Tag in der Berliner Philharmonie alle Anwesenden spüren.

Ungern werde ich allerdings, zurück in den Niederungen der Politik, an die Posse erinnert, die sich um eine mögliche Spitzenkandidatur für die Wahlen zum Berliner Abgeordnetenhaus im Frühsommer 2001 abspielte. Eberhard Diepgen hatte mich vermutlich ins Gespräch gebracht, Angela Merkel unterstützte dieses Unterfangen – und als ich gefragt wurde, fiel mir kein vernünftiger Grund ein, es abzulehnen, denn ich hatte ja keine anderen Verpflichtungen. Möglicherweise war meine Hauptstadtrede ausschlaggebend, dass man mich für bürgermeistertauglich hielt. Meine Frau verstand nicht, dass ich die Debatte überhaupt zuließ. Möglicherweise ging in diesem Moment meine Loyalität zur Partei etwas zu weit. Auch Richard von Weizsäcker meldete Zweifel an: »Wollen Sie sich das wirklich antun?« Falls es tatsächlich so war, dass die Einflussnahme des Altkanzlers dafür sorgte, mir diese Bürde zu ersparen und stattdessen Frank Steffel durchzusetzen, wäre das sogar ein Grund, an seinem Grab noch einmal Blumen niederzulegen.

Gegen Ende des Jahres mutmaßte *Der Spiegel*, dass ich bereits wieder der »Mann im Schatten« sei – bereit zu Höherem. Das war übertrieben. Ich war allenfalls im Gespräch, als Gesandter des Bundeskanzlers zum EU-Verfassungskonvent berufen zu werden, aber auch dieses Ehrenamt ging aufgrund von Parteiquerelen an mir vorbei. Das wichtigste Signal, dass ich bei der Vergabe verantwortungsvoller Aufgaben wieder eine Rolle spielen könnte, gab im Juni 2002 der Kanzlerkandidat der Union Edmund Stoiber, als er mich mit der Zuständigkeit für Außen-, Europa- und Sicherheitspolitik in sein Kompetenzteam berief. Damit schien ich theoretisch wieder ministrabel, wenngleich es unwahrscheinlich war, dass die Union in einer Koalition je das Auswärtige Amt für sich hätte beanspruchen können. Bekanntlich verpasste Stoiber seine Chance aufs Kanzleramt, obwohl Merkel ihn nach dem berühmten Frühstück in Wolfratshausen loyal und nach Kräften im Wahlkampf unterstützt hatte. Unsere Niederlage kam für mich nicht unerwartet. Die Union war nach ihrer Krise zwar schon wieder erstaunlich gestärkt, aber noch nicht konsolidiert, und der gewiefte Wahlkämpfer Schröder zog im Sommer 2002 zwischen Elbflut und dem sich abzeichnenden Irakkrieg alle Register, mit einem untrüglichen Sinn für Stimmungen.

## ENTZWEIUNG DES WESTENS – NEUE AUSSENPOLITISCHE HERAUSFORDERUNGEN

Bereits im Wahlkampf 2002 zeigte sich, dass die »uneingeschränkte Solidarität«, die Schröder nach den Anschlägen des 11. September den USA zusicherte, brüchiger wurde. Sie war im Hinblick auf den NATO-Bündnisfall ausgesprochen worden und fand einhellige Unterstützung bei der Union und bei der FDP. Mit Blick auf die militärische Intervention in Afghanistan prägte Verteidigungsminister Struck die Wendung, dass die deutsche Sicherheit auch am Hindukusch verteidigt werde. Das war ein neuer außenpolitischer Ton, den ich gar nicht kritisieren wollte. Als die USA unter Führung von Präsident George W. Bush eine Invasion des Irak ins Kalkül zogen, wurde das transatlantische Band harten Belastungsproben ausgesetzt. Auch die Union war nicht glücklich mit der amerikanischen Position, aber wir wollten es vermeiden, den Bündnispartner offen zu brüskieren. Eine zur Schau gestellte Antikriegskoalition gemeinsam mit Frankreich musste zur Vergiftung des deutsch-amerikanischen Verhältnisses führen. Die deutsche Außenpolitik hatte das Axiom, die Politik der Bundesrepublik in transatlantische Strukturen einzubinden, unvorsichtig aufgegeben. Man konnte insbesondere bei den Sozialdemokraten eine Renationalisierung der Außenpolitik beobachten – in Europa und im westlichen Bündnis insgesamt. Darum kritisierte ich damals Schröders Politik gegenüber Amerika als unverantwortlich. Kritik und Einfluss hätten wir über diplomatische Kanäle und im Dialog besser zur Geltung bringen können, auch um über den Weltsicherheitsrat mit einer gemeinsamen Position stärkeren Druck auf Saddam Hussein auszuüben. Dazu ist es nicht gekommen, weil die Bundesregierung sich zu früh auf grundsätzliche Kritik an den USA eingeschossen hatte. Das ändert nichts an der Tatsache, dass der Irakkrieg falsch begründet war und die Ideen von Demokratieexport und *nation building* an offensichtliche Grenzen stoßen mussten. Bereits die außenpolitischen Überlegungen, die ich in meinem Buch *Scheitert der Westen?* (2003) entwickelt habe, gingen dahin, dass die USA mit einer *coalition of the willing* zwar einen Krieg gewinnen, kaum aber einen dauerhaften Frieden sichern könnten. Kurzfristige Erfolge bedeuteten langfristige Überlastung – denn das Engagement im Irak musste in der Folge Kräfte binden, die beispielsweise in Afghanistan fehlen würden.

Wenn man damals einen politischen Irrweg anprangerte – und die Kriegsentscheidung samt Begründung war, wie auch ich heute sage, ein Fehler –, dann musste man überlegen, was schieflief. Die richtige Konsequenz für die Europäer war und ist meines Erachtens, die europäische Einigung und Verteidigungsfähigkeit zu verstärken, aber zugleich klarzustellen, dass unser Gegner nie Amerika sein darf. Schröders gefährliche antiamerikanische Affekte begannen uns in dieser Situation zu irritieren. In späteren Jahren sollten sie vollends die Oberhand gewinnen. Europäische Eigenständigkeit sollte sich nie gegen die USA richten. Sie lag ja im Sinne eines geeinten Westens stets im Interesse der Amerikaner und diente dazu, die atlantische Partnerschaft zu stärken. Im Zerwürfnis mit der Bush-Administration lag der Keim eines transatlantischen Misstrauens, das bis in die Gegenwart wirkt und an dessen Folgen wir heute im Angesicht akuter Bedrohung aus Russland und China laborieren. Im Zentrum muss nach wie vor die Bemühung um eine gemeinsame westliche Position stehen. Als überzeugter Transatlantiker habe ich immer zuerst das Verbindende, die Fundamente deutsch-amerikanischer Freundschaft und die geteilten Interessen einer westlichen Schicksalsgemeinschaft sehen wollen. Das bedeutet keineswegs kritiklose Gefolgschaft, sondern die Pflege eines Vertrauensverhältnisses, das Partnerschaft auf Augenhöhe möglich macht. Angela Merkel und ich vertraten in dieser Frage weitgehend übereinstimmende Auffassungen.

## MERKELS WEG ZUR KANZLERSCHAFT

2002 hatte ich die Kanzlerkandidatur Edmund Stoibers noch unterstützt, mit dem Gefühl, dass ein erfahrener Ministerpräsident für die Aufgabe besser geeignet sei. Damals musste sich die Republik noch an die Vorstellung gewöhnen, eine Frau in höchster Führungsverantwortung zu sehen – wohl auch ich, obgleich ich bereits Jahre zuvor zur Überraschung meiner Gesprächspartner gesagt hatte, Angela Merkel habe das Zeug dazu, die erste weibliche Regierungschefin zu werden. Wir dürfen nicht vergessen, dass jahrelang Heide Simonis die erste und einzige Ministerpräsidentin war und auch das rot-grüne Kabinett im Kern eine Männerbastion blieb.

Merkels Entwicklung als Oppositionsführerin hatte mich allerdings beeindruckt, und sie sorgte bald dafür, dass sie auch von den übrigen männlichen Parteifreunden nicht mehr unterschätzt wurde. Als Erstes bekam dies Friedrich Merz zu spüren, der von ihr nach der Bundestagswahl 2002 im Amt des Fraktionsvorsitzenden abgelöst wurde. Aus strategischer Sicht hatte Merkel alle Argumente auf ihrer Seite, vor allem hatte sie sich beim Frühstück in Wolfratshausen die Unterstützung Stoibers gesichert und damit einen Schritt weitergedacht als Merz. Ich konnte seinen Unmut zwar verstehen, versuchte ihm aber noch in der Wahlnacht begreiflich zu machen, dass er mit einer

Kampfkandidatur keine Chance haben werde. Es dauerte noch einen weiteren Tag, bis er das realisierte. Zeit genug, um das Verhältnis der beiden wohl für alle Zukunft zu beschädigen – was für die Partei eine Belastung blieb.

Ich selbst übernahm die Aufgabe eines stellvertretenden Fraktionsvorsitzenden. Anders als der Mittvierziger Merz, der sich mit seiner Rolle als Vize nur schwer arrangieren mochte, hatte ich mit der Erfahrung meines Sturzes und dem, was folgte, eine neue Freiheit gewonnen. Die Leidenschaft und Freude zu gestalten, spürte ich noch immer. Und in der Politik gibt es viele Möglichkeiten dazu. Das Ziel musste nach Jahren der Opposition jetzt darin liegen, die Union insgesamt zu stärken, und ich freute mich darüber, dass meine Stimme wieder mehr Gehör fand. Zugleich bemühte ich mich darum, mich auf mein Themengebiet der Außen- und Europapolitik zu konzentrieren und nicht auch alle übrigen Gebiete zu kommentieren.

Es war aber leider absehbar, dass die Liberalisierungseuphorie des Leipziger Parteitags 2003 der CDU auf die Füße fallen könnte. In der geneigten Öffentlichkeit sah man in Merkel bereits eine zweite Margaret Thatcher, und auch Merz' charmante Vereinfachungsvorschläge für ein Steuerkonzept, das auf den sprichwörtlichen Bierdeckel passte, löste bei mir keine Freude aus. Ich hatte durch genügend Anläufe zu Steuerreformplänen in den vergangenen Jahrzehnten eine gewisse Vorstellung davon, wie schwierig das mit dem Bierdeckel werden könnte. Und ich sah auch mit Sorge, dass die Partei sozialpolitische Themen eher stiefmütterlich behandelte. Die Lektion, dass die Union in all ihren Strömungen integriert oder neudeutsch: mitgenommen werden musste, sollte Merkel erst mit der Bundestagswahl im September 2005 verinnerlichen.

Mich persönlich führte schließlich die Debatte über die Nachfolge des Bundespräsidenten Johannes Rau wieder in die Schlagzeilen. Über die Geschichte dieser abgeblasenen Kandidatur ist viel geschrieben worden, oft genug mit der Unterstellung, dass hier schon wieder ein Lebenstraum zerplatzt war. Das ist Unsinn. Nach diesem Amt hatte ich mich nun wirklich nie gesehnt. Als die Frage aufkam, ob ich dafür bereitstünde, war meine Reaktion nicht enthusiastisch. Merkel hatte im Herbst 2003 bei mir sondiert, und verschiedene Parteifreunde aus der Union – vorneweg Edmund Stoiber und Roland Koch – unterstützten die Idee. Mir war zwar klar, dass der Prozess der Kandidatenfindung gerade für dieses Amt schwer ausrechenbar ist und die frühzeitig Genannten selten die Ziellinie erreichen. Aber ich hielt es immerhin für angebracht, meine Familie auf diese Eventualität vorzubereiten, denn die Wahl zum Bundespräsidenten hätte unser Leben grundlegend verändert. Gerade darum schwang bei mir und uns allen eine gehörige Erleichterung mit, als der Kelch an mir vorüberging.

Ich habe mit Merkel nie darüber gesprochen, welche Erwägungen und Faktoren letztlich dazu führten, dass ich – wie es hieß – »verhindert« wurde. Vermutlich war ich später am Kabinettstisch unbequemer für sie, als ich es im Schloss Bellevue je hätte sein können. Die Vorbehalte der FDP gegen meine Person habe ich nie verstanden. Es gab ja niemanden, der mit der FDP länger zusammengearbeitet hatte als ich. Aber es gehört zur Grundregel eines politischen Lebens, die parteipolitischen Mechanismen und Taktierereien auf Dauer nicht persönlich zu nehmen – zumal die öffentliche Resonanz auf meine theoretisch gebliebene Präsidentschaft überaus freundlich war. Plötzlich durfte ich in der *Süddeutschen Zeitung* von Heribert Prantl lesen, dass ich nun wirklich »alle Voraussetzungen für das Amt« erfüllte. Auch *DIE ZEIT* stimmte zu, dass die Union seit Richard von Weizsäcker »keinen überzeugenderen Kandidaten« hatte aufbieten können. So hatte selbst diese Episode ihren Sinn.

## DAS ENDE VON ROT-GRÜN

Schröder und ich sind uns immer fremd geblieben. Er konnte in Gesellschaft durchaus gewinnend sein, mit Witz und Präsenz, aber er hatte etwas Kaltschnäuziges. Sein Stil, Politik zu inszenieren – bisweilen hemdsärmelig nach dem Bier verlangend, konzentriert auf *Bild*, *BamS* und Glotze, dann wieder mit Cohiba im Brioni-Zwirn –, war beeindruckend erfolgreich. Aber ich konnte Lafontaine als politischen Gegner immer besser respektieren, weil ich bei ihm wusste, woran ich war – und weil er eine intellektuelle Kapazität darstellte, jemand mit dem man in der Sache streiten musste. Erst zum Ende von Schröders Regierungszeit, als er aufgrund der verfahrenen Wirtschaftslage die Agenda 2010 auflegte, zeigte er Statur. Allerdings hielt sich inhaltlich mein Respekt in Grenzen, weil es sich um Reformen handelte, die wir in den Grundzügen schon in den neunziger Jahren entworfen hatten. Wenn die Zahl der Arbeitslosen Anfang 2005 über fünf Millionen lag – und damit höher als zu Beginn seiner Amtszeit, konnte man keineswegs davon sprechen, dass Rot-Grün den versprochenen Aufschwung für die »neue Mitte« in irgendeiner Weise bewerkstelligt habe. Dass die sieben Jahre in mancherlei Hinsicht verlorene Jahre waren, bemerkte ich daran, dass die Reformüberlegungen, mit denen wir uns bereits am Ende der Ära Kohl auseinandersetzten, keineswegs aus der Zeit gefallen, sondern weiterhin aktuell waren.

Die Zerreißprobe, die die Sozialdemokraten in der Auseinandersetzung um die Agenda 2010 durchmachten, destabilisierte die Regierung. Nicht so sehr im Verhältnis der Koalitionspartner, denn die Grünen zeigten sich als Partei der Besserverdienenden gegenüber sozialpolitischen Einschnitten erstaunlich immun. Aber der alte Lafontaine-Flügel und die Gewerkschaften wehrten sich gegen den »Genossen der Bosse«. Die SPD-Niederlage bei den Landtagswahlen in Nordrhein-Westfalen am 22. Mai 2005, die dem CDU-Spitzenkandidaten Jürgen Rüttgers ein Plus von über acht Prozent und den Regierungsauftrag bescherte, wurde zum schwarzen Tag für die Sozialdemokratie. Dennoch hatte Franz Münteferings Ankündigung direkt am Wahlabend, dass die SPD vorgezogene Neuwahlen anstrebe, die durch eine Vertrauensfrage im Bundestag herbeigeführt werden sollten, niemand vorhersehen können. Nun war klar, dass Angela Merkel die Kanzlerkandidatin der Union sein würde – und die Partei machte sich zu Recht Hoffnung, wieder in Regierungsverantwortung zu kommen.

Hinter mir lagen sieben sehr wechselhafte Jahre, die schwerste Zeit meines politischen Lebens – mit großen Zielen, schweren Enttäuschungen, Niederlagen und am Ende, im Alter von 63 Jahren, mit der Perspektive eines Neubeginns. Vermutlich liegt Joschka Fischer richtig mit seiner These, dass es die rot-grüne Epoche ohne den Spendenskandal gar nicht gegeben hätte – so fragil wie der Beginn 1998/99 sich gestaltet hatte. Er sieht darin ein Stück historischer Gerechtigkeit, denn immerhin wäre es ohne den Fall der Mauer auch nie zur Wiederwahl Kohls gekommen. Wir stimmen darin überein, dass Glück und Zufall in der Politik eine erhebliche Rolle spielen. Darum lässt sich auch schwerlich ein Anspruch auf bestimmte Ämter formulieren oder eine Karriere akribisch planen. »Wir Menschen«, so hat es der Philosoph Odo Marquard formuliert, »sind stets mehr unsere Zufälle als unsere Wahl.« Für Politiker gilt das erst recht. Für sie ist es immerhin förderlich, sich für alle Kontingenzen und Eventualitäten bereitzuhalten – auch für eine zweite politische Karriere.

# VIII.

## KEIN »ENDE DER GESCHICHTE« – NEUE HERAUSFORDERUNGEN ALS INNENMINISTER

◂ Medienauflauf am Tag der *Idomeneo*-Wiederaufnahme in der Deutschen Oper Berlin, 18. Dezember 2006. Neben Wolfgang Schäuble: Opernintendantin Kirsten Harms.

18. DEZEMBER 2006, DEUTSCHE OPER, BERLIN. Diesen Opernabend werden die meisten Gäste nicht so schnell vergessen haben. Das lag allerdings weniger am herausragenden Belcanto, sondern an den massiven Sicherheitsvorkehrungen vor Ort. Unter dem Blitzlichtgewitter eines beachtlichen Medienauflaufs bahnte ich mir als Bundesinnenminister, vorbei an Sicherheitsschleusen, wie man sie sonst nur vom Flughafen kennt, den Weg ins Opernfoyer. Einen solchen Aufruhr hatte die Deutsche Oper wahrscheinlich das letzte Mal beim Schah-Besuch 1967 erlebt. Der *ZEIT*-Journalist Jörg Lau spottete noch am Abend: »Man sollte in Betracht ziehen, das Kulturressort wieder ins Innenministerium zurückzuverlegen. Denn dieser Minister kann kulturpolitische Weihnachtswunder bewirken. Zum Beispiel vermag er halbtote Opern zum Leben erwecken.«

Wieso diese Aufregung, und was hatte ich damit zu tun? Auf dem Programm stand Mozarts nicht allzu häufig gespielte Götteropferoper *Idomeneo*, inszeniert von Hans Neuenfels, der in der Abschlussszene die abgeschlagenen Häupter von Jesus, Buddha, Mohammed und Poseidon auf die Bühne tragen ließ. Ein vielleicht unappetitlicher Regieeinfall eines notorischen Bühnenprovokateurs – aber Ausdruck der künstlerischen Freiheit, die wir aus gutem Grund schützen und verteidigen. Den Feinden westlicher Kultur ist sie regelmäßig Zielscheibe ihrer Attacken, bis hin zum Mordanschlag. Die brutale Hinrichtung des niederländischen Filmemachers Theo van Gogh durch einen islamistischen Fanatiker 2004 hatte es einmal mehr gezeigt. Zudem steckte allen noch der Streit über die Mohammed-Karikaturen, die 2005 in der dänischen Tageszeitung *Jyllands-Posten* erschienen waren, in den Knochen. Die gewalttätigen Proteste hatten weltweit viele Tote gefordert. Ich wünschte mir in diesem über Jahre wiederkehrenden Karikaturenstreit, alle europäischen

Zeitungen hätten sie gedruckt – mit der Erklärung, dass wir sie auch miserabel finden, aber dass die Inanspruchnahme von Pressefreiheit niemals ein Grund für Gewalt sein dürfe.

Vor diesem Hintergrund und aus Furcht vor islamistischen Anschlägen – es gab zuvor Warnungen der Berliner Sicherheitsbehörden – hatte die Intendantin der Deutschen Oper Kirsten Harms im September 2006 die *Idomeneo*-Inszenierung vorläufig vom Spielplan genommen. Bei allem Verständnis für den Zwiespalt der Verantwortlichen fand ich diese Entscheidung falsch. Die Empörung war riesig und reichte weit über die Theaterwelt hinaus. Der Skandal platzte in die von mir initiierte, lange und akribisch vorbereitete erste Runde der Deutschen Islamkonferenz, dem nach Einschätzung vieler Beobachter ambitioniertesten Projekt meiner zweiten Amtszeit als Bundesinnenminister. Der integrationspolitische Impuls, den ich damit setzen wollte, drohte in der allgemeinen Erregung unterzugehen.

Stattdessen wurde die brenzlige Situation zu einem ersten Erfolg der Konferenz. Denn bevor wir in der Sitzung mit der eigentlichen Arbeit begannen, befassten wir uns mit der Opernabsage. Ich unterstützte die Anregung eines Vertreters der Muslime, gemeinschaftlich zu fordern, die Entscheidung rückgängig zu machen und das Stück umgehend wieder in den Spielplan aufzunehmen, und schlug zusätzlich vor, die Vorstellung dann auch gemeinsam zu besuchen. Deshalb das große Medieninteresse an dem Abend in der Deutschen Oper.

Die zunächst fast einhellig getroffene Entscheidung erwies sich im Scheinwerferlicht der Öffentlichkeit als nicht mehr ganz so geschlossen. Schnell stand der Populismusvorwurf im Raum, den einzelne Konferenzteilnehmer mit der Klage nährten, sie würden politisch instrumentalisiert. Am Ende erwies sich das meiste als bloßer Theaterdonner, und nachdem in den Medien zuvor mit klammheimlicher Freude darüber spekuliert worden war, wie viele muslimische Verbände mich wohl hängen lassen würden, konnte ich befriedigt feststellen, dass die meisten Mitglieder der Islamkonferenz gekommen waren. Kenan Kolat unterstrich als Vorsitzender der Türkischen Gemeinde vor Ort die Bedeutung, an dieser Stelle gemeinsam Flagge für die Freiheit der Kunst zu zeigen – auch wenn es wehtue. Und selbst der Vorsitzende des Islamrats Ali Kizilkaya, der zuvor die Aktion kritisiert hatte, kam zumindest vor die Oper, wenn auch nur, um die große Bühne zu nutzen und vor jedem Mikrofon zu erklären, warum er dem Stück nicht beiwohnen wolle.

Meine Einladung an alle Mitglieder der Islamkonferenz, nach der Aufführung bei einem Essen in entspannter Atmosphäre über die Inszenierung und alle damit zusammenhängenden Fragen zu diskutieren, nahm auch er an. Mir reichte das, schließlich war er durch seine bloße Anwesenheit dafür eingetreten, dass die Oper aufgeführt werden sollte. Die von mir erhoffte Botschaft ging von dem Abend tatsächlich aus, wie Jörg Laus hübsch formuliertes Resümee bestätigt: »Dass der Kulturkampf bei einem gemeinsamen Opernbesuch beigelegt wird – bestrickt von Mozarts Musik, die die Verschonung eines Opfers durch gnädige Götter feiert –, ist sicher eine sehr deutsche Idee. Doch der sympathische kulturprotestantische Idealismus des Innenministers ist diesmal aufgegangen.«

Ich habe die Islamkonferenz nicht als Erziehungsveranstaltung verstanden, um den Muslimen zu erklären, was sie zu tun oder zu lassen hätten. Vielmehr sollten ein verlässlicher Raum und Rahmen geschaffen werden, um den offenen interkulturellen Dialog zwischen dem deutschen Staat und den Muslimen in Deutschland sowie die religions- und gesellschaftspolitische Integration der muslimischen Bevölkerung voranzutreiben. Wir wollten die Muslime in Deutschland dabei unterstützen, sich aus sich selbst heraus klar darüber zu werden, was sie eigentlich vom deutschen Staat erwarten, wie sie sich dazu organisieren müssen und was sie selbst dafür tun können, um wie die christlichen Kirchen oder die jüdische Gemeinschaft als Körperschaft des öffentlichen Rechts behandelt zu werden.

Dabei ging ich von den Realitäten aus. Der Islam war mit der Herkunft von Millionen zugewanderter Menschen aus muslimisch geprägten Ländern und Regionen längst Teil Deutschlands und Europas geworden. Ich wollte einen pragmatischen Weg jenseits der ideologischen Stellungskämpfe beschreiten. Unter den Bedingungen weltweiter Migrationsbewegungen war das Verhältnis von Zuwanderung und den Grenzen der Integrationsfähigkeit einer Gesellschaft immer neu auszuloten. »Herz und Härte«: In diese Formel hat später mein Schwiegersohn Thomas Strobl als baden-württembergischer Innenminister eine Migrationspolitik gefasst, die sich der moralischen Verpflichtung stellt, Menschen in Not zu helfen, und gleichzeitig bereit ist, Missbrauch des Asylrechts im rechtsstaatlichen Rahmen konsequent zu verfolgen.

Herz und Härte beschreibt für mich aber auch grundsätzlicher den Politikansatz, den ich nach meiner Rückkehr ins Amt des Bundesinnenministers 2005 verfolgte. Denn Integration wird besser gelingen, wenn sie nicht als Einbahnstraße verstanden wird, sondern als Verhältnis von Geben und Nehmen – wobei sich die aufnehmende Bevölkerung genauso integrationsbereit zeigen muss, wie Hinzukommende offen dafür sein müssen, in diesem Land heimisch werden zu wollen. Zuwanderung und den gesellschaftlichen Umgang mit anderen Kulturen und Religionen habe ich als Herzensanliegen verstanden, das zugleich fordert, konsequent Vernunft walten zu lassen. Auf das richtige Gleichgewicht kommt es an.

## DER WEG ZUR GROSSEN KOALITION 2005

Angela Merkel hatte mich im Sommer gefragt, was ich im Falle eines Wahlsiegs präferieren würde: Bundestagspräsident zu werden oder in ihre Regierung einzutreten. Mit Norbert Lammert stand ein ausgezeichneter Kandidat für die Parlamentsspitze bereit, und ich wollte als Minister erneut Verantwortung übernehmen. Obwohl ich in der Fraktionsführung und auch in Merkels Wahlkampfteam für Außenpolitik zuständig war, konnten wir nach Lage der Dinge nicht damit rechnen, bei einer Kanzlerin Merkel das Außenministerium zu besetzen. Nach dem Koalitionspartner würde zunächst die CSU noch vor der CDU zum Zuge kommen. Merkel sicherte mir aber zu, das erste Ressort, das die CDU besetzen könne, frei wählen zu dürfen. Sie hat, woran ich auch nicht gezweifelt hatte, Wort gehalten. Die Option, auf die Hardthöhe zu wechseln, verwarf ich. Bereits früher hatte ich entsprechenden Avancen widerstanden. Ende der achtziger Jahre schien mir das Amt des Verteidigungsministers, da ich nicht gedient hatte, unpassend. Und als 2005 die Frage erneut aufkam, verwies ich ironisch darauf, dass sich Afghanistan wohl kaum rollstuhlgerecht machen ließe.

Zum Zeitpunkt dieser Gedankenspiele lag die Union in allen Umfragen so deutlich vorn, dass keiner von uns daran zweifelte, die Wahl zu gewinnen. Joschka Fischer hatte versucht, den Kanzler davon abzubringen, wegen der verlorenen Landtagswahl in Nordrhein-Westfalen das Risiko von Neuwahlen einzugehen. Gerhard Schröder, mürbe von den Konflikten in der eigenen Koalition, erwies sich jedoch als risikofreudiger Spieler – und bewies in der Folge seine Wahlkampfqualitäten. Wie schon 2002 setzte er rücksichtslos auf Distanzierung von der Politik der USA unter George W. Bush – was 2005 noch wirkungsvoller war, weil sich ja inzwischen bestätigt hatte, dass er zumindest mit seinen Zweifeln an der Sinnhaftigkeit des Zweiten Irakkriegs recht behalten hatte.

Anstelle von Merkel, die sich im Wahlkampf nicht mit Bush zeigen wollte, war ich zu dem damals für uns vor einem Wahlkampf selbstverständlichen Informationsbesuch nach Washington gefahren. Als ich Bush entschuldigend erläutern wollte, warum Merkel in dem kurzfristigen Wahlkampf keine Zeit für die Reise fand, unterbrach er mich lachend und sagte »Das ist o.k. Ich bin im deutschen Wahlkampf derzeit für sie keine Unterstützung, wichtig ist nur, dass sie gewinnt.« Er bekannte mir gegenüber auch, dass er Schröder 2002 seine abweichende Haltung nicht übelgenommen hatte, wohl aber, dass ihm der Kanzler zuvor das Gegenteil gesagt habe. Bush und ich unterhielten uns länger als eine Stunde im kleinsten Kreis. Und obwohl mir längst klar ist, welche verheerenden Folgen der amerikanische Einmarsch im Irak 2002 bis heute nach sich zieht, habe ich seit diesem Gespräch auch die Erinnerung an einen Präsidenten, der persönlich um seine große Verantwortung als Führer der Weltmacht USA wusste. Zu diesem im persönlichen Gespräch gewonnenen Eindruck eines sehr viel sensibleren Charakters, als es das öffentliche Bild vermittelt, passt die Erzählung Merkels über ein Telefonat mit Bush am Tag nach der Wahl Barack Obamas. Als Republikaner hatte er ihn im Wahlkampf natürlich nicht unterstützt, aber dass erstmals ein Afroamerikaner gewählt worden sei, zeigte ihm, wie er der Kanzlerin sagte, was für ein großartiges Land die USA seien.

Schröder erzielte 2005 seinen stärksten Wirkungstreffer mit seiner abschätzigen Rede vom »Professor aus Heidelberg«, mit der er den früheren Verfassungsrichter Paul Kirchhof ins Lächerliche zog. Merkel hatte ihn spät in ihr Kompetenzteam berufen, weil sie sich von seiner großen Reputation als Staatsrechtslehrer, der auch mit vielen grundlegenden Beiträgen zur Finanz- und Steuerpolitik eine Autorität war, viel versprach. Allerdings war für Eingeweihte nicht überraschend, dass seine Konzeption eines Einkommensteuerrechts ohne Ausnahmen und Sonderregelungen zwar intellektuell interessant, aber praktisch kaum umsetzbar und sicherlich nicht wahlkampftauglich war. Schröder erkannte die Schwachstelle und nutzte sie wirkungsvoll aus.

Merkel war in diesen Wahlkampf mit einem zukunftsorientierten Grundkonzept gegangen. Nach dem am Ende sehr knappen Wahlausgang hat sie das nie mehr wiederholt. Sie war stattdessen sechzehn Jahre mit dem weitgehenden Verzicht auf inhaltliche Auseinandersetzungen erfolgreich. Dazu gehörte auch das Konzept der asymmetrischen Mobilisierung, also die Vermeidung jeder Konfrontation, um die Wahlbeteiligung im Lager der Wettbewerber zu dämpfen und bei den eigenen Anhängern auf persönliche Beliebtheit zu setzen. Das erwies sich – bei allerdings abnehmenden Wahlergebnissen für die CDU – als erfolgreich, weil durch das Anwachsen extremer Parteien regierungsfähige Mehrheiten ohne die Union nicht möglich waren – jedenfalls solange die Linke als Koalitionspartner für die SPD ausschied. Der Preis davon war neben einer sinkenden Wahlbeteiligung jedoch der Verlust inhaltlicher politischer Alternativen. In der Folge wurde noch weit gravierender, dass das Aufkommen einer Partei am rechten Rand für die strategische Position der Union als eher förderlich hingenommen wurde. Angesichts der heute erreichten Stärke der »Alternative für Deutschland«, längst nicht mehr nur in ostdeutschen Regionen, erwies sich diese Strategie langfristig als fatal. Ich bleibe daher davon überzeugt, dass politische Führung auch über Inhalte, die gesellschaftlich kontrovers sind und der Bevölkerung etwas zumuten, erfolgreich sein kann – wenn sie ihr Handeln plausibel erklärt.

Auch wenn der Wahlausgang 2005 unerwartet eng wurde, war uns ein knapper Sieg natürlich lieber als eine klare Niederlage – zumal ein enger Wahlausgang nach innen diszipliniert. Darauf hatten wir uns beim Kommentieren der Ergebnisse zu konzentrieren. Das – neudeutsch – Framing des Ergebnisses kann für den Verlauf von Koalitionsverhandlungen mitentscheidend sein. Es galt also, entschlossen aufzutreten und nicht erst einmal über das lausige eigene Wahlergebnis zu lamentieren, vielmehr gute Miene zum bösen Spiel zu machen, sich hinter der Kandidatin zu sammeln und als stärkste Partei selbstbewusst den Regierungsanspruch zu erheben. Das ist eigentlich eine Selbstverständlichkeit, trotzdem hat mich beeindruckt, wie auch die innerparteilichen Rivalen Merkels sofort einlenkten, allen voran Roland Koch, der in bester Parteiräson zweifelnden Journalisten gegenüber garantierte, dass Merkel Bundeskanzlerin werde.

Geholfen hatte der bizarre Auftritt Schröders in der »Berliner Runde« am Wahlabend. Mindestens berauscht von seinem zugegeben bemerkenswerten Wahlkampfendspurt wähnte er sich zunächst weiter in der Position, die Kanzlerschaft gegenüber der anfangs sichtlich angeschlagen wirkenden Merkel zu behaupten. Es war eine verkehrte Welt von Siegern und Verlierern live im Fernsehen, wie sich die Gesprächsleiter später erinnerten. Fest stand schließlich, dass Rot-Grün die parlamentarische Mehrheit verloren hatte. Und mit seinem breitbeinigen Auftritt schloss Schröder die Reihen in der Union nur enger, was die fast einstimmige Bestätigung Merkels als Fraktionsvorsitzende zwei Tage nach der Wahl demonstrierte.

Zum inneren Zirkel Merkels gehörte ich nie. Ich trug als Mitglied des Präsidiums aber vor allem aus Mangel an realistischen Alternativen die Linie mit, sich in die große Koalition zu flüchten – auch wenn das für mich die schlechteste aller Optionen war. Für »Jamaika« zu plädieren, traute sich damals noch niemand ernsthaft. Wegen des nur hauchdünnen Vorsprungs der Union kam auch der Gedanke auf, den Kanzler nach dem israelischen Vorbild der achtziger Jahre in der Koalition rotieren zu lassen. Doch das taugte nur zum Spott in den Medien, wo fröhlich über eine Tageslösung spekuliert wurde – vormittags Merkel, nachmittags Schröder.

Der SPD gelang es recht schnell, um an der Macht beteiligt zu bleiben, sich von ihrem Kanzler zu emanzipieren. Mit Schröders Nachfolger Franz Müntefering war gut auszukommen. Mit ihm bin ich bis heute in freundschaftlicher Kollegialität verbunden. Wir duzen uns, seitdem wir in den siebziger Jahren zusammen im FC Bundestag aufgelaufen waren – weshalb ich mir auch die Bemerkung erlauben durfte, Müntefering sei eher ein Hacki Wimmer als ein Günter Netzer, also mehr ein Arbeiter als ein Genie. Echte Fußballfans verstehen sofort, dass das nicht böse gemeint sein konnte – auch Wimmer war zentraler Bestandteil der legendären Europameistermannschaft '72.

Unterdessen erlebten wir in der Union die Selbstdemontage Edmund Stoibers. Zunächst strebte er, weil auch die CSU mit ihrem Vorsitzenden am Kabinettstisch sitzen sollte, ein Super-Ministerium für sich an, um dann urplötzlich einen Rückzieher zu machen, wofür er als Vorwand den Rückzug von Müntefering vom Amt als SPD-Vorsitzenden nahm. Vermutlich war der Grund eher, dass Stoiber glaubte, für seine Profilierung in Bayern gäbe das Amt des Ministerpräsidenten mehr her als ein noch so herausgehobenes Ministeramt in einer großen Koalition unter einer Kanzlerin Angela Merkel. Wie sich bald herausstellte, war das für Stoiber politisch der Anfang vom Ende.

2005 steht für mich am Beginn einer unheilvollen Entwicklung hin zu immer längeren Koalitionsverhandlungen und immer kleinteiligeren Koalitionsverträgen. Dies mag der Herausforderung geschuldet sein, quer zu den über Jahrzehnte eingespielten Lagern Mehrheiten schmieden zu müssen. Aber Koalitionsverträge müssen nicht zwangsläufig in bürokratische Monster ausarten.

Das Parlament, so schrieb ich es meiner eigenen Fraktion zu ihrem siebzigjährigen Jubiläum ins Stammbuch, sei immer auch eine politische Bühne und nicht bloß eine notarielle Veranstaltung, um Festlegungen im parlamentarischen Alltag nur noch abzuarbeiten. In den folgenden Legislaturperioden trieb diese unheilvolle Tendenz immer seltsamere Blüten. Man versuchte tatsächlich, den Erfolg der Regierungsarbeit durch die Zahl von Gesetzesinitiativen zu belegen, und erstellte regierungsamtlich Dokumentationen, wie viele der Einzelpunkte im Koalitionsvertrag durch Gesetzesinitiativen – und mit welchem Verfahrensstand – schon umgesetzt waren. Ich habe nicht verstanden, warum sich das politische Kabarett dieses Thema hat entgehen lassen. Es bedeutet das Ersetzen von Politik durch bloße Bürokratie und ist schon deshalb zum Scheitern verurteilt, weil die Entwicklungen in einer vernetzten Welt mit ihren wechselnden Herausforderungen sich daran sowieso nicht halten. Als ich zu Beginn der Legislaturperiode als Alterspräsident noch einmal auf dieses Erfahrungswissen verwies, konnte ich nicht ahnen, auf wie brutale Weise ich mit meiner Einschätzung recht behalten sollte.

Am 22. November 2005 gratulierte Norbert Lammert als Bundestagspräsident der neu gewählten Bundeskanzlerin. Sie war nicht nur die erste Frau in diesem Amt, fünfzehn Jahre nach der Wiedervereinigung war sie auch die erste Ostdeutsche. Mit ihr und Matthias Platzeck als kurzzeitigem Nachfolger Münteferings standen sogar zwei Ostdeutsche an der Spitze der großen Regierungsparteien.

## ALTES AMT, NEUE GLOBALE HERAUSFORDERUNGEN

In meine zweite Amtszeit als Bundesinnenminister ging ich als »letzter Dinosaurier aus der Ära Kohl« (*FAZ*) unabhängiger und freier als 1989, aber nicht minder loyal zur Regierungschefin. Ich hatte in meiner relativ kurzen ersten Amtszeit zunächst die Jahrhundertaufgabe der Wiedervereinigung im Aushandeln des Einigungsvertrags zu stemmen gehabt und mich dann über Monate erst einmal an mein Leben im Rollstuhl gewöhnen müssen. Die Vorfreude auf die Gestaltungsaufgabe und die Last der Verantwortung, die – wie ich wusste – mit dem Amt verbunden ist, empfand ich gleichermaßen, und nach all dem, was ich die Jahre zuvor erleben musste, war es auch eine gewisse Genugtuung.

Ich trat die Nachfolge von Otto Schily an, der einen bemerkenswerten Lebensweg vom RAF-Anwalt über das Gründungsmitglied der Grünen bis zum sozialdemokratischen Innenminister zurückgelegt hatte. Bei seiner Verabschiedung herrschte Einigkeit, dass mit ihm ein wahrer »roter Sheriff« den Dienst quittierte – ein Bild, das er nach Kräften selbst befördert hatte. Selbst innenpolitischen Hardlinern in der Union hatte er den Rang abgelaufen und ihnen so das Oppositionsleben im Bundestag wie in den Ländern schwer gemacht. Bei seinem Abschied entschuldigte er sich für seine mitunter »zornige Ungeduld« – eine Charaktereigenschaft, die sich bei ihm mit einem kühl-selbstbewussten Auftritt paarte, den ich seit unserem denkwürdigen Aufeinandertreffen im Kreis der Parlamentarischen Geschäftsführer 1983 kannte.

Das Image als schneidend, bisweilen verletzend argumentierender Intellektueller geriet Schily allerdings nicht nur zum Vorteil. Dass man mich demgegenüber als Badener bereits im Stil und Umgang anders wahrnahm, erleichterte mir den Einstieg. Der ansonsten naheliegende und in anderer Konstellation sicher schnell erhobene Verdacht, mit mir als Konservativem würden nun die Zügel noch einmal stärker angezogen, war nach Schily schwerlich zu begründen, denn in den zentralen sicherheitspolitischen Erwägungen, zu denen die Zeitumstände zwangen, lagen er und ich nicht weit auseinander.

Mein Amt hatte ich im Zeughaus Unter den Linden, unmittelbar gegenüber dem Kronprinzenpalais übernommen, wo ich fünfzehn Jahre zuvor den Einigungsvertrag unterschrieben hatte. Wie hatte sich die Welt seitdem verändert. Der Fall des Eisernen Vorhangs 1989/90 löste mit der Überwindung der Bipolarität im Ost-West-Konflikt einen gewaltigen Globalisierungsschub aus, einen rasant beschleunigten Prozess weltweiter Verflechtung – wirtschaftlich, politisch und sozial. Der Fluss von Kapital, Waren, Personen und Informationen findet seitdem in einem Ausmaß grenzüberschreitend statt, wie wir uns das vor 1989 kaum hätten vorstellen können. Als ich 1991 aus dem Amt geschieden war, herrschte noch uneingeschränkter Optimismus, der Glaube daran, dass sich die Welt fortan zum Guten entwickeln würde. »Globalisierung« erschien uns als ein fast euphorischer Hoffnungsbegriff, an den sich nicht nur über die Öffnung der Weltmärkte der Glaube an eine globale Wohlstandsvermehrung knüpfte, sondern auch die quasi siegessichere Erwartung, Freiheit und Demokratie würden sich ab jetzt überall durchsetzen. Ein Trugschluss.

Francis Fukuyama hatte 1989 vom *Ende der Geschichte* geschrieben, vom Sieg der freiheitlich-rechtsstaatlichen Demokratie im Wettbewerb mit totalitären, hierarchischen Systemen aller Art. Aber schon 1996 wies Samuel Huntington in seinem kontrovers diskutierten Buch *Clash of Civilisations* darauf hin, dass das der freiheitlichen Demokratie zugrunde liegende individualistische Menschenbild der beiden großen westlichen Revolutionen am Ende des 18. Jahrhunderts – in Amerika und in Frankreich – von anderen großen Zivilisationen, insbesondere der viel älteren chinesischen Kultur und auch in der islamischen Welt, nicht geteilt werde. An die Stelle der bipolaren Ordnung, in der das gegenseitige Abschreckungspotenzial immer auch eine gewisse Sicherheit gewährleistet hatte, trat mit der Jahrtausendwende eine neue Unübersichtlichkeit.

Allmählich wurde unser Blick auf die Ambivalenzen der ökonomischen Entwicklung frei: auf die globalen Ressourcenkonflikte und die globalen Ungerechtigkeiten, die Kritiker wie die Attac-Bewegung ins öffentliche Bewusstsein hoben. Denn zur Kehrseite des wirtschaftlichen Strukturwandels und eines verschärften internationalen Wettbewerbs gehören soziale Unterschiede und Ungleichheiten – innerhalb unserer Gesellschaft, aber auch zwischen den westlich-europäischen Gesellschaften und anderen Regionen der Welt. Die Globalisierung der Märkte beruht oft darauf, dass menschenunwürdige Arbeitsbedingungen oder ökologischer Raubbau an den Lebensgrundlagen künftiger Generationen aus Gründen der Kostenminimierung und Verbesserung der Wettbewerbsfähigkeit hingenommen werden.

Viele anschauliche Einblicke in globale Realitäten verdanke ich meiner Frau. Seit 1996 stand sie der Welthungerhilfe vor, eine Aufgabe, die sie erkennbar erfüllte und bei der sie nicht müde wurde, sich öffentlich für die Intensivierung der Entwicklungszusammenarbeit und für ihre Vision einer Welt ohne Hunger und Armut zu engagieren. Ich wusste, welche Überwindung es sie kostete, bei Fernsehgalas aufzutreten, um erfolgreich Spenden für die Projekte der Welthungerhilfe einzuwerben. Gerade das machte ihre Auftritte vor einem Millionenpublikum so erfrischend authentisch und brachte ihr viele Sympathien in der Bevölkerung ein. Vor allem aber sehe ich, wenn ich heute Fotos von ihren unzähligen Reisen zu den Projekten vor Ort betrachte, eine glückliche Frau. Sie war zwar immer mit Katastrophen und Krisen konfrontiert, aber konnte mit der Motivation zu helfen in fremde Kulturen eintauchen und beeindruckend starke, stolze Menschen kennenlernen. Sie fand in dieser selbstlosen ehrenamtlichen Arbeit Erfüllung, und ich habe sie für ihren Einsatz immer sehr bewundert. Die Überzeugung, dass Glück und Zufriedenheit nicht von materiellem Reichtum abhängen, teilen wir beide. Sie hat das mit eigenen Augen in einer Welt weit weg von der Überflussgesellschaft, in der wir uns eingerichtet haben, gesehen.

Für die Politik ergaben sich vor allem aus der rasanten technologischen Entwicklung neue Regelungsaufgaben – in meine Innenministerzeit fielen der Siegeszug des Smartphones und der Aufstieg der sozialen Medien, wodurch sich die Grundlagen unserer Öffentlichkeit vollständig verändert haben. Unser analoges Sicherheitsbedürfnis geriet schnell in Konflikt mit dem Freiheitsversprechen der digitalen Welt. Die schier unendlichen Möglichkeiten der Kommunikation eröffneten ganz neue Bedrohungen, auf die sicherheitspolitisch reagiert werden musste. Was irgendwo in der Welt passiert, kann nun faktisch in Echtzeit Einfluss auf uns nehmen – und natürlich auch umgekehrt. Wie die Wirtschaft agieren auch Kriminelle zunehmend grenzüberschreitend, global vernetzt, wobei die Tücke terroristischer Netzwerke gerade in ihrem geringen Organisationsgrad liegt: unabhängige Zellen, die für sich genommen sogar harmlos sein können, die aber miteinander verknüpft zu einem lebensgefährlichen Sicherheitsrisiko werden. Das Internet bietet hierzu den idealen Kommunikationsraum. Die Anschläge vom 11. September 2001 waren in Afghanistan geplant, vom Nahen Osten finanziert und durch Attentäter, die in Deutschland studierten, in den USA ausgeführt worden.

Mit Terrorismus war ich bereits in meiner ersten Amtszeit konfrontiert gewesen. Während aber die linksextremistische RAF in der Folgezeit aufgab und seitdem Angehörige der letzten RAF-Generation nur noch als Phantome bei Raubüberfällen in Erscheinung treten, erreichte der Terror des islamistischen Fundamentalismus eine völlig neue Dimension. Nach dem Schock vom 11. September 2001 verstanden wir, dass die internationale Bedrohung dieses Terrorismus eine Art von Krieg war. Zum ersten Mal war damals die Beistandspflicht aus Artikel 5 des NATO-Vertrags aktiviert worden, und die Sicherheit Deutschlands wurde künftig auch am Hindukusch verteidigt – was im Umkehrschluss bedeutete, dass auch die neue Bedrohung im eigenen Land andere Sicherheitsmaßnahmen erforderte. Der internationale Kampf gegen den islamistischen Terror wurde damit zu einem der beherrschenden Themen meiner Jahre als Innenminister. Die alte Trennung zwischen innerer und äußerer Sicherheit war längst durchbrochen.

## »DIE WELT ZU GAST BEI FREUNDEN« – DIE WM 2006 UND MEIN EINSATZ FÜR DEN SPORT

Mit Amtsantritt erbte ich eine besondere Herausforderung. Die Fußball-WM im eigenen Land bedeutete vor der skizzierten Bedrohungslage für mich zunächst einmal, sicherheitspolitisch Sorge dafür zu tragen, dass das größte Sportereignis seit drei Jahrzehnten in Deutschland nicht zu einem Albtraum wird. Darin lag auch deshalb eine Riesenaufgabe, weil das noch recht neue Phänomen des Public Viewing bei der Heim-WM seinen vorläufigen Höhepunkt erlebte und in jeder mittelgroßen Stadt potenzielle Angriffspunkte für Terroranschläge bot. Nur wenige Wochen vor dem Eröffnungsspiel hatte ein einzelner Amokläufer das Einweihungsfest des Berliner Hauptbahnhofs in ein Blutbad verwandelt und die Verwundbarkeit solcher Anlässe gezeigt.

Meine Gedanken kreisten vor allem um eines der vorangegangenen Großereignisse in Deutschland, die Olympischen Spiele 1972 in München, und das nicht allein wegen des mörderischen Angriffs palästinensischer Terroristen auf die israelische Olympiamannschaft. Die wenigsten wissen noch, dass schon einmal an einem 11. September ein Anschlag aus der Luft zu drohen schien. 1972 fand an diesem Tag die Abschlussfeier in München statt, bei der alle noch unter dem Eindruck des Attentats standen, als plötzlich die Meldung eintraf, ein Passagierflugzeug befinde sich im Anflug auf das Olympiastadion, womöglich als fliegende Waffe. Es ist dazu zum Glück nicht gekommen, aber Joachim Fuchsberger, der als Stadionsprecher den eigentlich »fröhlichen Spielen« seine Stimme verlieh, erzählte noch Jahrzehnte später von seinen anhaltenden Albträumen von dem Moment, als er die beginnende Unruhe auf der Ehrentribüne bemerkte. Der damalige Bundesverteidigungsminister Georg Leber hat in seinen Memoiren eindrucksvoll von seinem Gewissenskonflikt berichtet, als er in Bonn vor der Frage stand, das nahende Flugzeug abschießen zu lassen. Es ging um Minuten, Abfangjäger waren bereits aufgestiegen, als sich herausstellte, dass es sich um einen falschen Alarm durch eine verirrte finnische Passagiermaschine handelte, deren Radaranlage ausgefallen war. Der Abschussbefehl Lebers hätte zur Katastrophe geführt.

Im Kabinett warb ich eindringlich dafür, dass bei Spielen der deutschen Nationalmannschaft die Ministerriege nie vollständig auf der Tribüne erschien. Umgekehrt bemühte ich mich sicherzustellen, dass bei jedem WM-

Spiel wenigstens ein Mitglied der Bundesregierung anwesend war. Schließlich wohnten den Spielen immer auch Vertreter der beteiligten Länder bei. Der Andrang der Kollegen erwies sich allerdings hier – je nach Glanz der Spielpaarung – als wesentlich geringer. Als ein Jahr darauf die deutsche Frauennationalmannschaft zur Weltmeisterschaft nach China aufbrach, blieb er vollständig aus.

Ich sprach deshalb die Kanzlerin an und sagte ihr, bei der WM der Männer sei die Präsenz des Kabinetts ja groß gewesen, und da sich abzeichne, dass die deutschen Frauen in das Finale kommen könnten, müsse rechtzeitig über eine entsprechende nationale Repräsentanz in Shanghai nachgedacht werden. Merkel hatte offensichtlich nicht die geringste Absicht, selbst zu reisen, weshalb sie nur lachend antwortete: »Wozu habe ich denn einen Innenminister?« Also flog ich nach Shanghai, eilte nach kurzer Erfrischung in einem Hotel ins Stadion, nach Schlusspfiff wieder zum Flugplatz und zurück nach München, um von dort weiter nach Lissabon zur Innenministerkonferenz am Montag zu fliegen. Zwischendurch hatte ich einem Fernsehsender in Shanghai das Ergebnis des Endspiels noch richtig vorausgesagt. Torhüterin Nadine Angerer bildete den Rückhalt einer Mannschaft, die mit ihrem begeisternden Spiel Werbung für den Frauenfußball machte. Zeit für den Besuch in der Kabine blieb mir keine – aber anders als bei der Kanzlerin, deren Fotos mit den Spielern Furore machte, hat man mich da wohl auch nicht erwartet. Dass ich den Frauenfußball aber ernst genommen habe, haben das Team um Trainerin Silvia Neid und der Verband sehr wohl registriert – so wie sich im Übrigen die Sportverbände gerade der weniger öffentlichkeitswirksamen olympischen Sportarten, auch der Paralympics, immer auf mich verlassen konnten.

Engeren Kontakt zur Nationalmannschaft um Teamchef Jürgen Klinsmann hatte ich 2006 nicht, da war man beim DFB ganz auf die Kanzlerin fixiert. Zu gern hätte ich natürlich, nachdem ich 1974 in München und 1990 in Rom den deutschen Triumphen beigewohnt hatte, auch im Berliner Olympiastadion ein deutsches Finale gesehen. Italien machte dem bekanntlich einen Strich durch die Rechnung. Im Endspiel gegen Italien unterstützte ich dann Frankreich so lautstark, dass die auf der Ehrentribüne unmittelbar vor mir platzierte Bernadette Chirac ihren Staatspräsidentengatten etwas indigniert fragte, wer denn da bloß in ihrem Nacken so vollständig die von ihr geschätzte Contenance verlor.

Dass die Fußballbegeisterung der Deutschen nach dem Ausscheiden der eigenen Mannschaft nicht abbrach, steht für das, was das Sommermärchen so besonders machte. Offenkundig meinten es die Deutschen ernst mit dem Motto »Die Welt zu Gast bei Freunden«. Das Sommermärchen hat in Deutschland bleibende Spuren hinterlassen, positive wie negative: Geblieben ist, was man als fröhlichen Patriotismus bezeichnet hat. Ganz Deutschland verwandelte sich damals in ein schwarz-rot-goldenes Fahnenmeer, ohne übersteigerten Nationalismus. Wie anders war das noch Mitte der achtziger Jahre gewesen, als den Nationalspielern die Hymne selten über die Lippen kam und Boris Becker für Aufsehen sorgte, weil er nach der legendären Davis-Cup-Schlacht von Hartford, bei der er in einem fast sechseinhalb Stunden dauernden Match John McEnroe niedergerungen hatte, mit Deutschlandflagge in der Hand ausgelassen über den Center Court hüpfte. Heute ist ein unverkrampfteres Verhältnis zur Fahne und unseren Staatssymbolen zum Glück weitgehend Normalität geworden, und das sollten wir uns auch bewahren – schon allein, um die Farben unseres Landes nicht den Demokratieverächtern von rechts zu überlassen.

Dass die Freude über das Sommermärchen nicht mehr ungetrübt ist, hat mit intransparenten Geldflüssen im Vorfeld der FIFA-Entscheidung zu tun, die später den Verdacht nährten, die WM-Vergabe an Deutschland sei gekauft gewesen. Obwohl ich qua Amt Ende 2005 Aufsichtsratsmitglied des Organisationskomitees wurde, war ich in diese Vorgänge nicht mehr involviert. Franz Beckenbauer war vor der Vergabe und auch danach und besonders in den Wochen der WM unglaublich viel unterwegs. Ich habe ihn für seinen Einsatz bewundert, und er tat mir später ehrlich leid, als sich die veröffentlichte Meinung so massiv gegen ihn drehte. Ohne ihn wäre die WM 2006 nicht nach Deutschland vergeben worden. 1974 führte er die deutsche Mannschaft als Libero zum Titel und 1990 als Teamchef wieder. Das Bild, wie er nach dem gewonnenen Finale abseits der jubelnden Menschentraube allein über den Rasen schritt, bleibt im Gedächtnis. Er ist nicht nur ein ganz außergewöhnlich begabter Fußballer, sondern auch sonst eine Persönlichkeit, die offensichtlich lange von den Göttern geliebt wurde.

Ich lernte in meiner langen sportpolitischen Zuständigkeit viele eindrucksvolle und engagierte Funktionäre kennen. Die Verdienste etwa des jahrzehntelangen Präsidenten des Nationalen Olympischen Komitees für Deutschland Willi Daume sind unumstritten. Nicht nur im Fußball wurde aber leider bereits vor Jahrzehnten der Weg in eine Welt des Kommerzes und bedauerlicherweise auch der Korruption beschritten. Einen bleibenden Eindruck vom seltsamen Gebaren von Sportfunktionären gewann ich bei der Bewerbung Hamburgs um die Schwimmweltmeisterschaft 2013. Die Vergabe der Fußball-WM war natürlich Chefsache gewesen, da hatte der Kanzler antreten müssen, bei der Schwimmweltmeisterschaft hatte es aber wenigstens der Innenminister zu sein. Also reiste ich 2009 mit dem großen Airbus des saudischen Innenministers von Riad nach Rom, wo die Zeremonie stattfand. Bei einem Besuch in der Hauptstadt Saudi-Arabiens, in der ich Gespräche über die Zusammenarbeit bei der Bekämpfung des islamistischen Terrors geführt hatte, hielten mich Wartungsarbeiten an der Regierungsmaschine auf, sodass der Gastgeber darauf bestand, mit seiner Maschine zu fliegen. Meinen Mitarbeitern gefiel der Komfort so sehr, dass sie das gerne zur Gewohnheit gemacht hätten.

Gebracht hat der Aufwand trotz eines charmanten Auftritts der Hansestadt und einer gut aufgelegten Britta Steffens nichts. Als ich den Raum im Luxushotel auf einem der Hügel Roms betrat, dachte ich mir bereits im ersten Moment, dass dies eigentlich weniger ein Fall für die Sportabteilung sei. Denn dass hier das große Geld regierte, war fast körperlich zu spüren, sodass ich hinterher wütend sagte, das nächste Mal würde ich besser meinen Abteilungsleiter für organisierte Kriminalität entsenden. Nachdem wir dennoch tapfer präsentiert hatten, gaben die Mitglieder des Exekutivkomitees die Vergabe in ein Land bekannt, dass zwar keine Schwimmer hat, dafür aber viel Öl und noch mehr Geld: das Emirat Dubai. Das Argument, mit der Entscheidung solle der Schwimmsport in einer neuen Weltregion promotet werden, fand ich ungefähr so überzeugend wie die Idee, Fußballer bei der Wüsten-WM in Katar antreten zu lassen. Kein Jahr später gaben die Vereinigten Arabischen Emirate den Verzicht auf die Austragung bekannt.

## REALE GEFAHR: KOFFERBOMBEN UND SAUERLAND-GRUPPE

2006 gelang es, die WM in Deutschland zu einem wirklichen Fußballfest zu machen – nicht martialisch geschützt, sondern als fröhliche, tatsächlich multikulturelle Fanmeile. Selbst das Wetter war die ganze Zeit sommerlich schön, sodass hinterher Brasilianer fragten, ob das bei uns immer so sei, das sei ja besser als bei ihnen. Später stellte sich heraus, dass wir in diesem Sommer nur um Haaresbreite an einer Katastrophe vorbeigeschrammt waren. Das Inferno blieb glücklicherweise aus. Die Menschen, die am 31. Juli um 14:30 Uhr in den Regionalzügen nach Hamm und Koblenz saßen, hatten Glück. Die Zündung erfolgte zwar, aber die in Koffern deponierten Bomben explodierten nicht. Kein Feuerball, keine Splitter. Deutschland entging an diesem Hochsommertag nur knapp einem verheerenden Bombenattentat, vergleichbar mit den Terroranschlägen 2005 in London mit über fünfzig toten Zivilisten.

Die Nachricht über den Fund zweier Gepäckstücke mit Sprengladungen platzte im Ministerium in unsere Freude über die geglückte Weltmeisterschaft ohne gravierende Zwischenfälle, und die Öffentlichkeit begriff auf einen Schlag, dass das Gefahrenszenario, das ich im Vorfeld des Turniers gezeichnet hatte, real gewesen war. Im Prozess gegen die Attentäter stellte sich heraus, dass die Anschläge aus Protest gegen die dänischen Mohammed-Karikaturen ursprünglich tatsächlich noch während der WM hätten erfolgen sollen, aber durch die erhöhten Sicherheitsmaßnahmen verhindert worden waren.

Videoaufnahmen einer Überwachungskamera am Kölner Hauptbahnhof – eines dieser sicherheitspolitischen Themen, die geradezu reflexhaft mich längst ermüdende Debatten auslösen – hatten zu den Tätern geführt. Sie waren zunächst über die Türkei in den Libanon ausgereist. Im Zuge akribischer Ermittlungsarbeit der Sicherheitsbehörden gewannen wir aus einer Quelle die Information über ein bevorstehendes Telefonat aus dem Libanon nach Norddeutschland. Uns trieb die Sorge um, dass weitere Anschläge geplant sein könnten und dies in dem Telefongespräch Thema sein würde. Angesichts der deutschen Rechtslage hatten unsere Behörden allerdings keine Möglichkeit, rechtzeitig Abhörgenehmigungen einzuholen. Daher traf August Hanning als zuständiger Staatssekretär die Entscheidung, zur Verhinderung weiterer Anschläge den libanesischen Nachrichtendienst zu bitten, das für uns zu tun. Der auf diese Weise abgehörte Anruf führte zu einem der Täter, den wir in Kiel festnehmen konnten.

Ein Minister ist zu unterrichten, er trägt die politische Verantwortung. Aber operative Entscheidungen dieser Art sollte er besser den fachlich Zuständigen überlassen – für deren Qualität er bei der Auswahl wiederum die Verantwortung trägt. So habe ich das gehalten. Der parteilose Hanning, der unter Rot-Grün als BND-Chef eng mit Kanzleramtschef Frank-Walter Steinmeier zusammengearbeitet hatte und mir von Hans Neusel empfohlen worden war, erwies sich für mich als »sicherheitspolitisches Meisterhirn« (*FAS*).

Das galt auch für den Zugriff bei der sogenannten Sauerland-Gruppe 2007. Keine zwei Monate nach der Festnahme der Kofferbomber hatte uns ein vager Hinweis aus US-Quellen alarmiert, dass aus Afghanistan heraus Anschläge in Deutschland vorbereitet würden. Ein zweiter 11. September sollte es nach dem Willen einer Gruppe junger, eigentlich gut integrierter Muslime werden, darunter zwei deutsche Konvertiten, die sich erschreckend schnell islamistisch radikalisiert hatten. Der langwierigen und aufwendigen Überwachung durch die Sicherheitsbehörden ist zu verdanken, dass der Gruppe rechtzeitig das Handwerk gelegt werden konnte.

Was die Angriffsziele der Terroristen waren, blieb zunächst unklar. Silvester 2006 gerieten sie allerdings in Frankfurt in eine Polizeikontrolle, als sie gerade US-Kasernen auskundschafteten. Auch wegen der hinter der Zelle stehenden Gruppierung, die in Afghanistan operierte, lag der Verdacht nahe, dass vorrangig amerikanische Ziele im Visier standen. Während der Beobachtung trieb die Sicherheitsbehörden zunehmend die schwierige Frage um, wann der Zugriff erfolgen sollte, zumal auch von US-Seite Druck ausgeübt wurde. Als sich die Erkenntnisse verdichteten, dass sich die Gruppe im Sauerland zurückzog, um den gehorteten Sprengstoff vorzubereiten, sie also in die abschließende Phase eintrat, wurde das BKA nervös und griff zu. Teile der Unterstützer und die Hintermänner konnten so leider nie identifiziert werden.

Das ist immer eine schwierige Abwägungsentscheidung mit hohem Risiko. Dennoch muss sie von jemandem getroffen werden, der in die operative Arbeit eingebunden ist. Nicht vom Minister, der keinen Polizeieinsatz führen kann, am Ende aber die politische Verantwortung trägt – und die kann sehr schnell sehr konkret werden. Der Rücktritt von Rudi Seiters nach dem tödlich missglückten RAF-Zugriff am Bahnhof in Bad Kleinen 1993 ist dafür beispielgebend und vorbildhaft gewesen. Der Innenminister muss kühlen Kopf bewahren, denn wo der Mensch handelt, macht er auch Fehler. Die größte Fehlerquelle liegt allerdings oft darin, Entscheidungen aus Furcht vor Fehlern zu vermeiden. Deshalb muss man Leute um sich haben, die einen beraten und denen man vertrauen kann. Ich hatte das Glück, mich in beiden Amtszeiten auf meine Staatssekretäre fast blind verlassen zu können – und ich bin grundsätzlich dazu geneigt, anderen bis zum Beweis des Gegenteils zu vertrauen.

In der Regierungszeit von Helmut Kohl kam ich als Chef des Kanzleramts einmal dazu, wie der Innenminister den Bundeskanzler in eine nicht risikolose Entscheidung über eine Überwachungsmaßnahme einbinden wollte. Ich schritt dagegen ein. Dafür müsse der Minister die Verantwortung übernehmen, notfalls dann auch zurücktreten, aber eben nicht der Bundeskanzler. Später wurde ich zufällig Zeuge, wie Innenminister Thomas de Maizière mit der Bundeskanzlerin anhand von Lageplänen erörterte, ob und wie eine gewaltsame Befreiung von Geiseln, die in Afrika zum Zwecke der Erpressung entführt worden waren, durchgeführt werden sollte. Ich konnte nur den Kopf schütteln. Nach meinem Verständnis dient die Ministerverantwortung, so wie sie im Grundgesetz angelegt ist, auch dem Schutz des Bundeskanzlers. Kohl hat das eingesehen. Merkel sah es anders.

## MIT MICHAEL CHERTOFF DAS MÖGLICHE DENKEN, UM DAS SCHLIMMSTE ZU VERHINDERN

Das Bild vom Innenminister als Chefdetektiv des Landes ist ein verbreiteter Irrglaube. Die Handlungsmöglichkeiten eines Ministers sind stark eingeschränkt. Aus gutem Grund, denn schließlich begrenzen wir staatliche Organe um der Freiheit willen. Der Doppelschlag aus Kofferbomben und Sauerland-Gruppe hatte die wiederholten Warnungen, die Wahrscheinlichkeit eines Anschlags in Deutschland sei so hoch wie nie zuvor, bestätigt. Die Aufklärungsarbeit von Polizei und Geheimdiensten hatte zudem gezeigt, dass eine enge Kooperation mit unseren in ihren technologischen und rechtlichen Möglichkeiten zur Überwachung der Kommunikation viel höher entwickelten Partnern, namentlich den USA, unverzichtbar war. Mir brachte das hitzige und zugleich weltfremde Debatten darüber ein, wie wir mit Informationen umgehen sollten, die womöglich unter Folter erlangt wurden.

Keinen Zweifel ließ ich daran, dass bei Folter eine rote Linie verläuft, die wir selbst niemals überschreiten würden. Ich hatte die Kontroverse um den Entführungsfall des Jungen Jakob von Metzler im Hinterkopf, bei dem der damalige stellvertretende Frankfurter Polizeipräsident dem Täter mit Schmerzen gedroht hatte, um herauszubekommen, wo er das Kind versteckt hielt; er wusste nicht, dass der Junge längst tot war. Und ich erinnerte mich an ein intensives Gespräch mit meinem Bruder, der als baden-württembergischer Innenminister öffentlich gesagt hatte, unter gar keinen Umständen dürfe das erlaubt sein. Er betonte mir gegenüber, wenn in dieser Frage nicht eine scharfe

Linie gezogen werde, ließen sich Polizisten, die in vergleichbaren Fällen mit Verdächtigen konfrontiert wären und oft fast übermenschliche Beherrschung brauchten, vielleicht nicht mehr abhalten. Mir hat das eingeleuchtet. Aber ich habe genauso meine Position erklärt, dass ich mit meiner Verantwortung für die Sicherheit der Bürger in Deutschland nicht ernsthaft auf Informationen anderer Geheimdienste verzichten würde, weil ich nicht sicherstellen könne, dass diese Informationen ohne Menschenrechtsverletzungen erlangt wurden. Hätte ich das in der Gefahrenabwehr ernsthaft zur Voraussetzung gemacht, hätten wir es gleich lassen können.

Zu einem meiner engsten Vertrauten wurde Michael Chertoff, mit dem ich – wenn auch in seltener gewordenen Kontakten – freundschaftlich verbunden bin. Der Chef des US-Department of Homeland Security, einer Mammutbehörde, die erst infolge der Anschläge vom 11. September 2001 eingerichtet worden war und mit der Zuständigkeit für die innere Sicherheit dem Bundesinnenministerium vergleichbar ist, war ein halbes Jahr vor mir ins Amt gekommen. Chertoff hatte mit den verheerenden Folgen von Hurrikan Katrina zu kämpfen und sah sich scharfer Kritik wegen des missglückten Krisenmanagements seiner Behörden ausgesetzt. Als »lächelndes Fallbeil« porträtierte ihn *Der Spiegel* für die deutsche Öffentlichkeit, freundlich im Ton, aber eisenhart in der Sache. Als einschüchternd habe ich ihn nie erlebt, allenfalls als messerscharf argumentierenden Juristen, geprägt vom US-Krieg gegen den Terror. Er war Republikaner, aber nicht vorrangig Parteipolitiker, sondern eher ein Beamter mit tiefem Verständnis für die Verantwortung eines Innenministers. Ich sah in ihm einen durch und durch seriösen amerikanischen Profi. Wir pflegten einen regen Gedankenaustausch, im Kreis der G7- und G8-Kollegen, aber auch immer wieder bilateral, mit häufigen Telefonaten und regelmäßigen Treffen in Berlin wie in den USA.

Mit dem Gefangenenlager Guantánamo, der Verschleppung des Deutschen Khaled al-Masri durch die CIA nach Afghanistan oder der Inhaftierung des Deutsch-Türken Murat Kurnaz gab es genügend Konflikte, die unser Bild von der demokratischen Führungsmacht USA unterliefen und das deutsch-amerikanische Verhältnis belasteten. Aber Chertoff erkannte, dass ich zu den Europäern gehörte, die nicht allein diese Differenzen herauskehrten, sondern vor allem die noch immer gemeinsamen Werte mit den USA betonten. Ihm war bewusst, dass ich die Amerikaner nicht als Bedrohung unserer Freiheit ansah, sondern als die zentrale Führungsmacht – und dass ich ihre Sorgen verstand. Anders ausgedrückt: Der französische Amtskollege war zwar in Europa mein engster Freund, aber der Amerikaner immer der wichtigste Partner.

Chertoff wiederum ist uns Deutschen mit Respekt begegnet. Mit ihm habe ich in ungewöhnlicher Weise direkt und offen sprechen können, auch jenseits von Büros und Verhandlungsräumen. Im Mai 2007 besuchte er mich mit seiner Frau Meryl in Gengenbach, und ich zeigte ihm meine badische Heimat. Umgekehrt war ich zu einem privaten Abendessen mit ein paar Gästen in sein Privathaus in der näheren Umgebung von Washington eingeladen, was er nach Auskunft des deutschen Botschafters sonst niemals tat. Wir saßen bereits vor Eintreffen der anderen länger zusammen auf der Terrasse, in warmherziger Atmosphäre. Tief eingeprägt hat sich mir Chertoffs Zweifel in die Widerstandskraft selbst der amerikanischen Demokratie, als er mir sagte: »Weißt du, wir würden auch ein zweites 9/11 überleben, 5000 Tote, furchtbar, ja. Aber stell dir vor, wir kriegen ein 9/11 mit einer verschmutzten Bombe, mit Massenvernichtungswaffen und 500 000 Toten – was das mit uns machen und was das für die Stabilität unserer Demokratie bedeuten würde, weiß ich nicht.« Ein Anschlag mit Anthrax, ein pockeninfizierter Reisender oder einer mit einem Koffer voll Plutonium – das waren die Katastrophenszenarien, weshalb wir überzeugt waren, wer in der Verantwortung für die Sicherheit des Landes und der Demokratie steht, dürfe gerade nicht das Schlimmste aussparen, sondern müsse vorsorgende Politik betreiben, damit es nicht Wirklichkeit wird.

Wenn ich, mich auf Experten stützend, öffentlich erläuterte, dass es nicht mehr nur um die Frage gehe, ob, sondern wann ein Anschlag mit chemischem, biologischem oder sogar nuklearem Material erfolgen werde, ging es mir eben nicht um bloßen Alarmismus oder das fahrlässige Herbeireden einer Gefahr. Ich wollte erreichen, dass wir dieser Bedrohung ins Auge sehen. Vorbereitet zu sein, erhöht die Chance, besonnen zu reagieren, wenn etwas passiert. Die relative Gelassenheit der New Yorker, auch der Londoner nach den verheerenden Terrorangriffen hatte mir imponiert – weil sie damit bewiesen, dem eigentlichen Ziel der Terroristen zu trotzen. Deshalb sollten staatliche Verantwortungsträger die Bevölkerung auch nie in dem falschen Glauben wiegen, dass der Staat, die Polizei und Geheimdienste Anschläge mit hundertprozentiger Sicherheit verhindern können.

Ich verwendete viel Zeit darauf, der Bevölkerung die Situation zu erklären, ihnen mein Verständnis verantwortungsvollen Handelns nahezubringen und öffentlich kontrovers zu diskutieren, um ein Bewusstsein dafür herauszubilden, dass wir das Undenkbare denken sollten, um uns auf das vorzubereiten, von dem wir alle gemeinsam hoffen, dass es nie eintritt. Wenn mein amerikanischer Kollege und ich die notwendigen Instrumente zur präventiven Gefahrenabwehr, insbesondere die Kommunikationskontrolle und Datenspeicherung forderten, ernteten wir allerdings vergleichbaren Widerspruch wie Verteidigungspolitiker bei ihren Bemühungen, die Verteidigungsfähigkeit, also Abschreckungspotenziale, sicherzustellen. Hier liegt eine Parallele zur Debatte über die äußere Sicherheit, die mit der Zeitenwende durch Putins Überfall auf die Ukraine jetzt allgemeine Erkenntnis ist.

Mir war wichtig, die notwendige sicherheitspolitische Debatte nicht nur national zu führen, und als Deutsche vor allem nicht überheblich gegenüber anderen. In der Terrorismusbekämpfung hat jedes unserer wichtigsten europäischen Partnerländer seine eigenen Erfahrungen gemacht, der spanische Kollege mit der ETA, der Brite mit der IRA, die Italiener mit den Roten Brigaden, wir Deutschen mit der RAF. Mir war daran gelegen, diese internationalen Erfahrungen einfließen zu lassen in unsere Überlegungen zur Zukunft der Terrorismusbekämpfung. Am Schwielowsee lud ich deshalb 2007 zu einer Konferenz über die Fortentwicklung des Völkerrechts im Lichte des Antiterrorkampfs. Darüber in Deutschland seriös zu streiten, war schwierig. Im Völkerrecht und auch in den zeitgeschichtlichen Debatten der Wissenschaft gab es vereinzelte Stimmen, die darlegten, dass die seit Hugo Grotius zu Beginn des 17. Jahrhunderts klassische Unterscheidung zwischen Völkerrecht in Friedenszeiten und Völkerrecht im Krieg insbesondere durch hybride Formen der Gewaltausübung obsolet geworden sei. Hinzu kam, dass Angriffe wie der Anschlag auf das World Trade Center keinem Staat zugeordnet werden konnten, die Abgrenzung zwischen innerer und äußerer Sicherheit also nicht mehr eindeutig war. Der Vorschlag, das Grundgesetz an solch fundamental veränderte Bedrohungslagen anzupassen, war aus meiner Sicht noch kein Anschlag auf die Verfassung, wie mir damals vorgeworfen wurde. Über den Inhalt einer Änderung kann man unterschiedlicher Meinung sein, aber verweigern sollte man sich der Debatte nicht. Denn zu meinem Verständnis von politischer Führung zählt, wo nötig, solche Kontroversen anzustoßen, notfalls auch mit der Methode, einen Stein ins Wasser zu werfen und zu beobachten, wie er Kreise zieht.

Als ich etwa in einem Interview die Frage aufwarf, ob Osama bin Laden bezogen auf den Krieg in Afghanistan eigentlich als Zivilist oder als Kombattant einzustufen sei, mit der Konsequenz, dass er entweder nur verhaftet oder aber auch getötet werden dürfte, löste ich damit einen medialen Aufschrei aus. *Targeted killing* war ein Tabu für die deutsche Political Correctness. Erstaunlich fand ich allerdings: Nach der weltweiten Veröffentlichung der Fernsehbilder, die Friedensnobelpreisträger Barack Obama und Hillary Clinton bei der Live-Übertragung von bin Ladens Ausschaltung in Pakistan zeigten, blieb die Empörung aus. Dieselben Kommentatoren, die mich kurz zuvor auch persönlich heftig attackiert hatten, blieben stumm. Den Rechtsstaat sah keiner an sein Ende gelangt.

## DIE INTERNATIONALISIERUNG DER INNENPOLITIK

Mir zuliebe begleitete mich Michael Chertoff 2008 zu einem Sicherheitsforum, das die Innenminister der größten europäischen Staaten, Kanadas und der USA in Jerusalem veranstalteten. Mir brachte das bei den Israelis anhaltende Sympathien ein. Wir wollten Israel gemeinsam das Gefühl vermitteln, in seinem Kampf gegen den alltäglichen Terror nicht allein dazustehen und sich auf die Gemeinschaft der rechtsstaatlich verfassten Demokratien verlassen zu können. Auf Einladung des israelischen Innenministers Avi Dichter, mit dem mich seit der gemeinsamen Ministerzeit viel verbindet, berieten wir über die verschiedenen Ansätze bei der Terrorismusbekämpfung, über eine engere Zusammenarbeit und den Aufbau eines Netzwerks zwischen den beteiligten Staaten. Der palästinensische Innenminister wurde als »Beobachter« hinzugeladen. Ich hatte mit Chertoff und Dichter die Initiative dazu ergriffen, weil ich mir für die europäischen Debatten viel von diesem Erfahrungsaustausch versprach, etwa über den Umgang mit sogenannten ticking bombs und die damit zusammenhängenden schwierigen Rechtsfragen.

In meine internationalen Kontakte als Innenminister investierte ich viel Zeit, da ich wusste, in der durch die Globalisierung veränderten Sicherheitslage auf sie angewiesen zu sein. So reiste ich nach Saudi-Arabien, Ägypten, Katar und in die Türkei – und kurz nach einem schlimmen Terroranschlag auch nach Mumbai, um unsere Solidarität zu bekunden. In Indien beeindruckte mich auch bei späteren Reisen vor allem der Oppositionsführer nachdrücklich. Rahul Gandhi merkt man an, dass er aus einer der großen Familien des Landes stammt. Ohne jedes aufgesetzte Gepränge strahlt er eine selbstverständliche Würde aus. Er erklärte mir, das war dann schon zu meiner Zeit als Finanzminister, warum er Narendra Modis Weg der Hinduisierung des Landes für eine gefährliche Rückkehr zu der alten kastenbedingten Spaltung der indischen Gesellschaft hält, die seine Kongresspartei zu überwinden suchte. Wenn ich heute Nachrichten aus dem inzwischen bevölkerungsreichsten Land der Erde lese, muss ich oft an dieses aufschlussreiche Treffen zurückdenken.

Mit den Ministerkollegen kam ich in der Regel gut aus, da spielte es keine Rolle, ob Republikaner oder Demokrat, Konservativer oder strenger Sozialist. Als ich das erste Mal Innenminister war, amtierte auf französischer Seite Pierre Joxe, dessen Vater bereits in der Regierung von General de Gaulle saß, der selbst aber zu den glühenden Anhängern Mitterrands zählte. Mein Vorgänger habe jedes Mal Bauchschmerzen bekommen, wurde mir berichtet, wenn er es nicht vermeiden konnte, diesen jungen Linken zu treffen. Ich sah das ganz anders, für mich war der französische Partner immer ein Freund. Bei meinem ersten Treffen der EG-Innenminister in Madrid besuchte ich Joxe deshalb noch vor Konferenzbeginn in seinem Hotelzimmer und lud ihn als großen Wagner-Fan einige Zeit später nach Bayreuth ein. Als ich kurz darauf in Freiburg auf der Intensivstation lag, kam er mich schon am nächsten Tag besuchen. Das Verständnis dafür, sich um solche Kontakte zu bemühen und sie dann auch zu pflegen, hatten nicht alle meine Kabinettskollegen, was mich wunderte. Denn ich erlebte, dass ich auf diese Weise auch in allen Folgeämtern immer wieder auf ein internationales Netz an Vertrauten aufbauen konnte.

Als ich 2005 ins Amt zurückkehrte, kannte ich meinen französischen Innenministerkollegen aus den anderthalb Jahren als Parteivorsitzender bereits gut. Nicolas Sarkozy war zeitgleich Generalsekretär und kurzzeitig Interimsvorsitzender von Jacques Chiracs damals ziemlich gebeutelter Präsidentenpartei RPR gewesen. Unser erstes Aufeinandertreffen 1999 war nicht spannungsfrei verlaufen, weil ich als CDU-Vorsitzender im Europawahlkampf bei einer Kundgebung zusammen mit Raymond Barre auftreten wollte, dem früheren Premierminister von Valéry Giscard d'Estaing. Im komplizierten Parteiensystem Frankreichs hatte die CDU eben nicht nur eine Schwesterpartei. Sarkozy warf mir jedoch einseitige Parteinahme gegen seine RPR vor und zwang mich, vor dem Wahlkampfauftritt mit Barre zu einer frostigen öffentlichen Begegnung mit ihm in Paris.

Als wir dann Innenministerkollegen wurden, besserte sich unser Verhältnis merklich. Sarkozy war ein durchsetzungsstarker Kämpfer, der später gegen den Widerstand von Chirac Präsidentschaftskandidat wurde. In seiner Rhetorik und der Wahl seiner Methoden war er nicht zimperlich, aber man konnte mit ihm auch sehr ernsthaft reden. Trotzdem bleibt mir vor allem die Situation bei einem informellen Treffen europäischer Innenminister im Gedächtnis, als ich vorschlug, dass wir doch besser alle auf Dolmetscher verzichten sollten. Im direkten Austausch, ohne Simultanübersetzung, entsteht gerade in den informellen Gesprächen am Rande der Treffen eine besondere Chemie untereinander. Sie ermöglicht einen ganz anderen Umgang miteinander. Sarkozy widersprach der Idee jedoch zunächst mit dem Argument, die Briten hätten doch dann einen unangemessenen Vorteil – worauf ich ihm erklärte, dass ich doch genauso schlecht Englisch spräche wie er, wir also beide den gleichen Nachteil hätten. Und wenn wir beide Englisch redeten, würden wir die schöne englische Sprache zerstören, wo solle da der Vorteil der Briten liegen? Darauf musste Sarkozy so herzlich lachen, dass er zustimmte, und seitdem unterhielten wir uns in den informellen Runden immer ohne Dolmetscher – auf *bad English*, der vermutlich weltweit am meisten benutzten Sprache.

Im Übrigen verdanke ich den Gesprächen mit Sarkozy auch die Idee für die Islamkonferenz. Er hatte sich mit der Frage beschäftigt, wie Muslime in Frankreich besser integriert werden könnten, in einem Buch für eine Anpassung des französischen Verständnisses von *laïcité* geworben und mir berichtet, dass er dazu die Sprecher aller Moscheen zu einem Gesprächskreis gebeten habe – ein Ansatz, den ich wenig später aufgriff.

Die informelle Zusammenarbeit der Innenminister der größeren europäischen Mitgliedsländer – neben Deutschland und Frankreich waren das Italien, Großbritannien und Spanien – hatte ich bei Amtsantritt vorgefunden. Der Gedanke gefiel mir, aber ich war überzeugt, dass auch Polen zu dem Kreis gehören müsste. Wir Deutschen verdankten den Polen die Einheit, und die wirkliche Überwindung der Teilung des Kontinents würde nur mit unserem östlichen Nachbarn gelingen. Es ist eines der großen Länder Europas, das mit der Osterweiterung der EU gleichberechtigt sein musste. Als ich zunächst Sarkozy darauf ansprach, bekundete der, das selbst gewollt zu haben, Otto

Schily habe es aber stets abgelehnt. Wir bezogen die anderen Kollegen ein, von denen nur der Spanier Alfredo Pérez Rubalcaba anfangs davor warnte, als nächstgrößtes Land könnten dann die Niederlande auch noch teilhaben wollen. Diese Sorge konnte ich mit Verweis auf das Größengefälle zwischen beiden Ländern ausräumen.

Überraschenderweise erwies es sich dann jedoch als schwierig, den polnischen Innenminister selbst dafür zu gewinnen. Ludwik Dorn, der aus dem Umfeld der PiS-Partei kam, zeigte sich unsicher und blieb zunächst zurückhaltend, ließ sich am Ende aber von mir überzeugen. Mit Dorn habe ich vielfältige, zunehmend belastbare Beziehungen entwickelt. Mit ihm zusammen besuchte ich erstmals Auschwitz. Dort an der Seite eines Mannes zu sein, der aus der Solidarność-Bewegung kam, dessen Vater als jüdischer Kommunist im polnischen Widerstand gegen die Nazi-Herrschaft gekämpft hatte und dessen weitere Familie im Holocaust ausgelöscht worden war, berührte mich zutiefst. Der Ort lässt einen nicht unverändert, an Auschwitz zerschellt jede Gewissheit.

Zum erweiterten Kreis der führenden Industrienationen gehörte in den Jahren der ersten Regierung Merkel auch noch der russische Amtskollege. Die Bemühungen Berlins um die abgestiegene einstige Supermacht waren damals vielfältig. Peter Struck sprach als Fraktionsvorsitzender der SPD sogar davon, es müsse die gleiche Nähe Deutschlands zu den USA wie zu Russland geben, und ich vermute, nicht nur Sozialdemokraten haben so gedacht, sondern auch unter Ostdeutschen in meiner Partei wird das eine verbreitete Meinung gewesen sein. Ich sah das zwar grundanders und bin immer Transatlantiker geblieben, aber an einem guten Verhältnis zu Russland war auch ich interessiert. 2006 führte Russland sogar erstmals den Vorsitz beim Ministertreffen der G8 in Moskau.

Vom damaligen Innenminister Raschid Nurgalijew ist als stellvertretendem Sekretär des russischen Sicherheitsrats im Krieg gegen die Ukraine jetzt wieder häufiger zu hören. In zahlreiche Skandale verstrickt, hatte er 2012 sein Amt als Innenminister räumen müssen. Nurgalijew erschien mir vom Typ her Putin sehr ähnlich, und dass nicht nur, weil auch er ein begeisterter Eishockeyspieler war. Er galt als freudloser Asket, Vegetarier und Antialkoholiker. Ob es allein daran lag, dass er im trinkfesten Russland Medienberichten zufolge als der »unbeliebteste Innenminister der modernen russischen Geschichte« betrachtet wurde? Unpopulär ist er wohl vor allem durch diverse Korruptionsfälle und wegen der unter seiner Ägide wachsenden Polizeigewalt gegen Oppositionelle. Das unverhältnismäßige Eingreifen der russischen Sicherheitskräfte bei Demonstrationen sprach ich ihm gegenüber wiederholt offen an.

Ich erlebte Nurgalijew in unseren Begegnungen entgegen seines Images viel weniger verschlossen, sowohl als Gast bei einem festlichen Abend mit fabelhaften Speisen und Getränken sowie musikalischer Begleitung durch sein eindrucksvolles Polizeiorchester in Moskau, aber auch bei seinem Besuch in Deutschland, als wir uns zum bilateralen Treffen im Rheingau trafen. Der Abend in einem der berühmten Weingüter am Johannisberg führte zu fast rührseligen Szenen deutsch-russischer Verbrüderung, obwohl wir uns nur über Dolmetscher austauschen konnten, weil Nurgalijew kein Wort Englisch sprach.

Im Licht aktueller Entwicklungen wäre eine solche Begegnung heute ebenso undenkbar, wie sie mich rückblickend unangenehm berührt. Denn in den Gesprächen, die ich mit meinem Amtskollegen vor allem darüber führte, wie wir den islamistischen Terror bekämpfen können, der auch russische Städte heimgesucht hatte, hätte ich mich auch genauer informieren können (vielleicht müssen), was Russland in seinem grausamen Krieg in Tschetschenien wirklich treibt.

## REFORMERFOLGE DANK EUROPÄISIERUNG

Die zunehmende Zusammenarbeit in Fragen der inneren Sicherheit in Europa, die durch die offenen Binnengrenzen notwendig geworden war, erforderte Anpassungen auch unserer Sicherheitsstruktur. Die überkommene Unterscheidung von innen und außen taugte in einer globalisierten, digitalisierten, mobilen Welt nicht mehr. Da die Sicherheitsorgane ebenso grenzüberschreitend agieren mussten wie Terroristen und Kriminelle, brauchten wir eine entsprechende Vernetzung und die rechtlichen Grundlagen dafür. Dem diente die Novelle des Bundeskriminalamtgesetzes 2008, mit der wir umsetzten, was der Verfassungsgesetzgeber im Rahmen der Föderalismusreform in das Grundgesetz eingefügt hatte. Der Zusammenhang sei kurz erklärt. Die Polizei hat in Verbindung mit Straftaten dem Grunde nach zwei Aufgaben: Wenn der Verdacht besteht, dass eine Straftat begangen wurde, muss sie unter der Verantwortung der Staatsanwaltschaft deren Aufklärung verfolgen – das ist die repressive Aufgabe. Sie soll aber auch, wenn möglich,

Straftaten präventiv verhindern. Das Bundesverfassungsgericht hatte in seiner Entscheidung über das missglückte nordrhein-westfälische Landesverfassungsschutzgesetz zur Onlinedurchsuchung und zur Aufklärung im Internet 2008 bekundet, die Aufgabe, Straftaten, Anschläge und Gefahren zu verhindern, sei sogar noch wichtiger als die Verfolgung begangener Straftaten. Das ist unmittelbar einleuchtend, denn gegen Selbstmordattentäter hilft die Strafverfolgung relativ wenig. Wegen der besonderen Schwere der Bedrohung durch den Islamismus und weil es dabei in der Regel eine länderübergreifende, internationale Zusammenarbeit braucht, bekam nun auch das Bundeskriminalamt eine Gefahrenabwehrbefugnis, streng begrenzt allerdings auf die Bedrohung durch den internationalen Terrorismus. Bis dahin war das BKA nur Hilfsorgan bei Ermittlungen des Generalbundesanwalts gewesen.

Die Arbeit an der Novelle begleitete eine Diffamierungskampagne, die erheblich zur Verunsicherung in der Öffentlichkeit beitrug. Sie nahm geradezu hysterische Züge an, wenn das Zerrbild einer drohenden Dauerüberwachung à la George Orwell an die Wand gemalt wurde. Ich bemühte mich um Gelassenheit, hatte aber alle Hände voll zu tun, immer wieder zu betonen, worum es wirklich ging: Die Freiheitsrechte, die das Grundgesetz verbürgt, bedürfen des Schutzes durch den freiheitlich verfassten Rechtsstaat. Indem wir das BKA stärkten, beschränkten wir die Freiheitsrechte nicht, sondern verteidigten sie. Wenn die Polizeien Straftaten verhindern sollen, dann müssen sie versuchen, in die Kommunikationsvorgänge einzudringen, die Straftaten immer vorausgehen. Das ergibt bei der Gefahrenabwehr, anders als bei der Strafverfolgung, aber nur dann Sinn, wenn es heimlich erfolgt.

Die Überwachung des Telefonverkehrs, Eingriffe in das Briefgeheimnis oder die Unverletzlichkeit der Wohnung waren unter engen Voraussetzungen aufgrund richterlicher Entscheidung bislang schon möglich. Wir schufen also keine neuen Befugnisse, wie immer behauptet wurde, sondern reagierten auf neue technologische Entwicklungen – mit dem Ziel der Bewahrung unserer Grundrechte durch den freiheitlichen Verfassungsstaat. Die Notwendigkeit des Datenschutzes ist unbestritten, aber ich wollte verhindern, dass sich der Staat durch Wegschauen selbst blind und dumm machte, wenn es um die Vorbereitung schwerster Straftaten geht. Auch die unbestritten notwendige parlamentarische Kontrolle über die Sicherheitsbehörden musste so ausgestaltet werden, dass die Geheimhaltung gesichert blieb, weil sonst die Sicherheitsbehörden von den Erkenntnissen internationaler Partnerdienste ausgeschlossen blieben, auf die wir aber für unsere Sicherheit, wie sich bis heute zeigt, dringend angewiesen sind. Manchmal wurde es in der aufgeheizten Atmosphäre geradezu komisch, etwa wenn Hans-Christian Ströbele, der den Kreuzzug gegen die Videoüberwachung anführte, bei der Suche nach seinem am Reichstagsgebäude gestohlenen Fahrrad auf Videobänder des Bundestagspolizeidiensts zugreifen wollte.

Ich verbuche neben der BKA-Novelle auch die grundlegende Reform der Bundespolizei als Erfolg, die wir dank der beharrlichen Überzeugungsarbeit meines Staatssekretärs Hanning auch gegen erbitterte Widerstände der Polizeigewerkschaften durchsetzten. Die Bundespolizei, bis dahin von einer Abteilung im Bundesinnenministerium geführt, wurde in eine eigene obere Bundesbehörde ausgegliedert, die Struktur gestrafft und die Führung schlanker und effizienter. So konnten wir bei gleichem Stellenbestand mehr Beamte für den Vollzug gewinnen, und es wurde eine bessere Koordinierung großer Einsätze möglich wie auch die grenzüberschreitende Zusammenarbeit der Sicherheitsbehörden erleichtert.

## DIE ERWEITERUNG DES SCHENGEN-RAUMES 2008

Als Bundesgrenzschutz war die Bundespolizei 1951 im Kalten Krieg gegründet worden. Nach dem Fall der Berliner Mauer hatte ich schon in meiner ersten Amtszeit als Bundesinnenminister eine grundlegende Reform auf den Weg bringen müssen. Die Aufgabe der Grenzsicherung war obsolet geworden. Also wurde der Bundesgrenzschutz in die Bundespolizei umgewandelt und mit polizeilichen Aufgaben bei der Bahn und an Flugplätzen betraut, auch mit der Bekämpfung illegaler Migration, mit gefährlichen Polizeieinsätzen im In- und Ausland, insbesondere durch die GSG 9, und mit der grenzüberschreitenden polizeilichen Zusammenarbeit. Das spiegelte die tiefgreifende Veränderung in der Sicherheitsarchitektur durch das Ende des Kalten Kriegs und durch die Abschaffung der Personen- und Warenkontrollen im Schengen-Raum wider.

In meine zweite Amtszeit als Innenminister fiel nun die Erweiterung des Schengen-Raums zum Jahreswechsel 2008, ein bedeutender Schritt bei der Überwindung der jahrzehntelangen Teilung des Kontinents. Mir war bewusst, welche Herausforderung auf mich wartete, wenn unsere östlichen Nachbarn, also Polen und die Tschechische Republik, in das Schengen-System integriert werden sollten. Die Einführung des Schengen-Systems an der Grenze zu Frankreich hatte ich noch in lebhafter Erinnerung, auch weil mein Bruder Thomas damals Justizminister in Baden-Württemberg war und im Folgejahr dort Innenminister wurde. Deshalb erwartete ich große innenpolitische Schwierigkeiten bei der Abschaffung der Grenzkontrollen. Denn damals waren zwischen Kehl und Straßburg die Bedenken in der Bevölkerung groß gewesen, einen Verlust öffentlicher Sicherheit hinnehmen zu müssen, und die Polizeibehörden berichteten später tatsächlich von einem gewissen Anstieg, insbesondere bei Kraftfahrzeugdiebstählen.

Damals haben wir das durch einen stark forcierten Ausbau der grenzüberschreitenden polizeilichen Zusammenarbeit ausgleichen können. Das gelang zu meiner positiven Überraschung auch bei der Abschaffung der Grenzkontrollen zu Polen und Tschechien sogar noch sehr viel besser, als ich das zu hoffen gewagt hatte. Dazu brauchte es jedoch viele Absprachen mit den Verantwortlichen in den Ländern, auch in den Kommunen, und meine Innenministerkollegen von Bayern, Sachsen, Brandenburg und Mecklenburg-Vorpommern, die sich überaus kooperativ zeigten, haben großen Anteil daran, dass wir das so erfolgreich hinbekommen haben.

Mein Eindruck ist: Die Einsicht in die Notwendigkeit zur intensiven polizeilichen Zusammenarbeit förderte mittelfristig allgemein das Bewusstsein für die Bedeutung grenzüberschreitender Kooperationen in den Grenzregionen. Auch diese Annäherung zwischen den Nachbarn gestaltete sich viel besser, als Skeptiker befürchtet hatten. Noch als Bundestagspräsident schlug ich dem sächsischen Ministerpräsidenten Michael Kretschmer vor, Sachsen mit seinen Nachbarn Polen und Tschechien zu einer europäischen Zentralregion zu entwickeln. Zweimal organisierte er daraufhin zusammen mit dem Bundesforschungsministerium einen Wissenschaftskongress, an dem neben mir auch meine mir freundschaftlich verbundenen ehemaligen Finanzministerkollegen Andrej Babiš und Mateusz Morawiecki mitwirkten, zu dieser Zeit beide Regierungschefs.

## FREIHEIT UND SICHERHEIT – ZWEI SEITEN EINER MEDAILLE

Wenn wir die Binnengrenzen in Europa nicht mehr kontrollieren, heißt das im Umkehrschluss, dass wir Informationen, die wir früher an nationalen Grenzen brauchten, jetzt europaweit austauschen müssen. Sonst ginge der Gewinn an Freiheit mit einem Verlust an Sicherheit einher. Schon auf nationaler Ebene ist dieser Austausch zwischen den Polizei- und Nachrichtendiensten von Bund und Ländern aber kaum zu bewerkstelligen. Mit meinem Versuch, nach dem Vorbild der USA, von Großbritannien und Israel, die allesamt bedeutend schlagkräftiger auftreten können, in Deutschland ein gemeinsames Abhörzentrum für die Sicherheitsbehörden einzurichten, konnte ich mich nicht durchsetzen. Das Trennungsgebot zwischen Polizei und Nachrichtendiensten hat vor dem Hintergrund der deutschen Diktaturerfahrung hierzulande fast schon Verfassungscharakter. Der Widerstand in der veröffentlichten Meinung und damit auch in weiten Teilen der Politik war stark, und mein Nachfolger kassierte das Projekt. In Zeiten des *cyberwar* wirbt heute die Innenministerin Nancy Faser in der Ampel-Koalition dafür, nun endlich ohne erkennbaren Widerstand.

Woran liegt es, dass selbst in der demokratisch und rechtsstaatlich verfassten Bundesrepublik manche noch immer eher den freiheitsbedrohenden Staat als den freiheitssichernden Rechtsstaat sehen? Es hat wohl historische Gründe. Wir verfügen in Deutschland über eine Staatstradition, die sich im 19. Jahrhundert nur langsam vom Obrigkeitsstaat zu einem Staat der Bürger entwickelte. Weil darauf im Nationalsozialismus auch noch der totalitäre Staat folgte, müssen die Institutionen unseres Verfassungsstaats bis heute mit einem Grundmisstrauen leben, das in anderen Demokratien nicht ansatzweise so stark ausgeprägt ist. Um Gewalt einzuhegen, brauchen wir aber in der Demokratie die Akzeptanz von Instrumenten für Justiz, Polizei und Sicherheitsdienste.

Freiheit und Sicherheit sind schließlich keine Gegensätze, sie bedingen einander. Wer sich nicht sicher fühlt, ist nicht frei, und wer nicht frei ist, lebt auch nicht sicher. Im Kern ging es mir in meiner Amtszeit immer um die richtige Balance zwischen Freiheit und Sicherheit und damit eben auch zwischen den unterschiedlichen polizeilichen Aufgaben der Repression (Verbrechensaufklärung) und der Prävention (Gefahrenabwehr). Erfolgreiche Sicherheitspolitik muss möglichst frühzeitig ansetzen; bereits im Vorfeld der Entstehung terroristischer Strukturen und von konkreten Anschlagsplanungen. Die Gefahrenabwehr, also der Präventionsgedanke, hat mich deshalb besonders beschäftigt, weshalb wir die Trennung zwischen Polizei und Nachrichtendiensten infrage stellen mussten – mit immensem Skandalisierungspotenzial. Aber ich scheute mich nicht, auch dieses tabubelastete Terrain zu betreten.

Dazu gehörte die hitzige Debatte über den möglichen Abschuss eines mit Passagieren besetzten und für einen Terroranschlag missbrauchten Flugzeugs. Otto Schily hatte den Fall mit einem Luftsicherheitsgesetz regeln wollen, das zu Beginn meiner Amtszeit 2006 vom Bundesverfassungsgericht kassiert wurde. Der Staat, so die Richter mit Verweis auf die Würde jedes einzelnen Menschen, dürfe nicht die Berechtigung dafür geben, Leben gegen Leben abzuwägen, also Menschen zu opfern, um dadurch wahrscheinlich mehr Menschen zu retten. Ich hatte das Schutzanliegen des Gesetzes für grundsätzlich richtig gehalten und deswegen in der Opposition zugestimmt. Bei einem Anschlag aus der Luft mit einer Passagiermaschine, wie er am 11. September 2001 stattgefunden hat, muss die Bundeswehr aus meiner Sicht eingreifen können.

Schilys Versuch, das Dilemma gesetzlich zu regeln, war jedoch nachträglich betrachtet ein Fehler. Es gibt eben Situationen, die sich weder durch Gesetze noch durch Rechtsprechungen abstrakt regeln lassen. Deshalb kennt die Rechtsordnung auch das Institut des übergesetzlichen Notstands. Das Problem war durch das Karlsruher Urteil nun aber nicht aus der Welt, und ich argumentierte, dass zwar von einem Verteidigungsminister erwartet werden könne, sich im Krisenfall auf einen übergesetzlichen Notstand zu berufen. Aber was wäre, wenn der Soldat, dem der Abschussbefehl gegeben würde, diesen mit dem Hinweis verweigerte, der Befehl sei rechtswidrig, er könne ihn nicht ausführen, vielleicht auch deshalb, weil beträchtliche zivilrechtliche Schadenersatzansprüche drohten? Es macht eben einen Unterschied, insbesondere im Hinblick auf die im Ernstfall erforderliche Befehlskette, ob man etwas gar nicht erst regelt oder ob man bereits versucht hat, es zu regeln, aber vor dem Verfassungsgericht gescheitert ist.

Ich sah deshalb weiter die Notwendigkeit, die neue Bedrohungslage mit dem Verteidigungsbegriff des Grundgesetzes in einer vernünftigen Weise in Übereinstimmung zu bringen, und hielt es auch für verfassungsrechtlich möglich, die Bundeswehr zum Abschuss eines entführten Passagierflugzeugs zu berechtigen, wenn ein solcher terroristischer Angriff in seiner Qualität als dem Verteidigungsfall gleichgestellt betrachtet würde. Eine rechtlich einwandfreie Lösung des Problems musste klarstellen, dass mit Auflösung der Grenzen zwischen innerer und äußerer Sicherheit auch die alte Unterscheidung zwischen Angriffen von innen und außen obsolet ist. Immerhin hatte der Weltsicherheitsrat nach den Terroranschlägen vom 11. September 2001 gemäß Artikel 51 der UN-Charta festgestellt, dass es sich dabei um einen Angriff gegen die Vereinigten Staaten von Amerika und einen Anschlag auf den Weltfrieden handelte. Tags darauf beschloss die NATO – mit Zustimmung der rot-grünen Bundesregierung –, dass nach Artikel 5 des NATO-Vertrags ein bewaffneter Angriff vorliege.

Die Karlsruher Richter hatten in ihrer Entscheidung 2006 im Übrigen offengelassen, ob ein solches Vorgehen im Verteidigungsfall juristisch anders zu bewerten sei. Denn dann gilt das Prinzip der Verhältnismäßigkeit. Über die Frage, ob ein Angriff mit Flugzeugen einen Verteidigungsfall darstelle, können Juristen allerdings Bibliotheken füllen. Völlig weltfremd erschien mir, stoisch daran festzuhalten, einen massiven Terrorangriff, der nicht von einem Staat, sondern von einer Gruppe Einzelner verübt wird, nicht als Kriegssituation, sondern bloß als kriminelle Tat anzusehen und dadurch in der Zuständigkeit der Polizei zu verorten. Wer so argumentierte, hatte für mich die veränderte Bedrohungslage durch asymmetrische Kriegführung und Selbstmordattentäter nicht verstanden, in der es keine Kriegserklärung mehr gibt und Krieg nicht mehr eine Angelegenheit von Staat gegen Staat, sondern von Staat gegen terroristische Netzwerke ist.

Ich habe Respekt vor der Auffassung, dass in einer bestimmten Situation der Grundsatz gelten muss: Not kennt kein Gebot. Aber als Verfechter von konstitutionellen Begrenzungen staatlichen Handelns wollte ich mich auch nicht mit der Ausflucht trösten, dass wir gegebenenfalls unser Handeln in einer Krisensituation durch eine nachholende Grundgesetzänderung legitimieren könnten. Deshalb schien es mir nach dem Karlsruher Urteil notwendig zu klären, dass eine Entscheidung durch den Inhaber der Befehls- und Kommandogewalt auch verbindlich ist. Jeder, der Verantwortung trägt, kann mit seiner Entscheidung in große Gewissensnot kommen, in eine höchstpersönliche Zwangslage, in der er zu einem vom Gesetz nicht gedeckten Handeln genötigt wird, weil es sein individuelles Gewissen fordert. Im übergesetzlichen Notstand – daher der Name – muss Verantwortung übernehmen, wer tatsächlich entscheiden kann. Schuldig wird er – wie Helmut Schmidt bei der Trauerfeier für Hanns Martin Schleyer so eindrucksvoll sagte – in jedem Fall.

Generell halte ich übrigens die Tendenz, immer mehr tatsächliche Entscheidungen verfassungsgerichtlich überprüfen zu wollen, für eine bedenkliche Entwicklung im Hinblick auf die Abgrenzung zwischen den verschiedenen staatlichen Gewalten. Die Superiorität des Verfassungsgerichts gegenüber anderen Verfassungsinstitutionen ist nur mit der Begrenzung des Mandats zu rechtfertigen – eine Argumentation, die das Bundesverfassungsgericht bei der Europäischen Zentralbank streng verfolgt, für sich selbst offenkundig aber nicht. Beispielhaft zeigt sich das am Grundrecht auf informationelle Selbstbestimmung, das das Gericht im Volkszählungsurteil 1983 entwickelt hat und seitdem immer stärker ausgestaltet – wobei die Grenze zu dem, was Sache des demokratisch legitimierten Gesetzgebers sein sollte, ebenso überschritten wird wie bei dem merkwürdigen Urteil zur Suizidassistenz aus der jüngeren Vergangenheit. Nicht unproblematisch ist das aus einem einfachen Grund: Der Gesetzgeber kann irren, und er kann auch dann, wenn er nicht geirrt hat, im Lichte neuer Entwicklungen oder neuer Erkenntnisse alte Entscheidungen revidieren. Die Rechtsprechung hat diese Flexibilität nicht in gleichem Maße. Dem Gesetzgeber muss daher ein ausreichender Spielraum verbleiben, wenn die Rechtsordnung lernfähig bleiben soll.

Störungsfrei war mein Verhältnis zu den Richtern in Karlsruhe nicht. Dabei geriet in den Medien allerdings schnell aus dem Blick, dass keines der vom Bundesverfassungsgericht in meiner Amtszeit verworfenen Gesetze aus meiner Feder stammte, weder das rot-grüne Luftsicherheitsgesetz von Schily noch die NRW-Regelung zur heimlichen Onlinedurchsuchung. Als Verfassungsminister war es aber fast ein Steckenpferd von mir, mich mit staats- und verfassungsrechtlichen Fragen zu beschäftigen, weshalb ich mich auch nicht nur einmal mit Karlsruhe anlegte. Warum sollte der Schutz des Grundgesetzes allein dem Verfassungsgericht anvertraut sein? Ich bahnte noch als Innenminister einen Gesprächskreis an, mit dem ich den Austausch unter Staatsrechtlern über die Auswirkungen der Verfassungsrechtsprechung befördern wollte, kam aber selbst nicht mehr dazu, ihn zu realisieren. Ein solches Thema wurde eher mit spitzen Fingern angefasst, und als Thomas de Maizière als mein Nachfolger dann dazu einlud, gewann ich den Eindruck einer Alibiveranstaltung, die man eben vom Vorgänger geerbt hatte. Große Ambitionen, der Sache wegen auch einmal den Ärger aus Karlsruhe auf sich zu ziehen, hatten meine Nachfolger offenbar nicht.

Für mich zeichnete sich damals immer deutlicher ab, dass der klassische Verteidigungsbegriff den aktuellen Bedrohungen des internationalen Terrorismus nicht gerecht wird. Deshalb rückte auch die Bundeswehr ins Zentrum meiner Überlegungen. Es ging mir dabei nicht um eine »Lizenz zum Töten«, wie Sabine Leutheusser-Schnarrenberger mit dem Gespür für die öffentlichkeitswirksame Zuspitzung mein Petitum denunzierte. Vielmehr erkannte ich eine Verantwortung des Gesetzgebers, die staatliche Aufgabenverteilung zwischen Polizei und Militär im Lichte veränderter Bedrohungen neu zu prüfen, und sich nicht einfach in verfassungsrechtlichen Grauzonen einzurichten. Wieso sollten Gefahren, die nur mit militärischen Mitteln abzuwehren sind, deswegen nicht abgewehrt werden können, weil nicht zweifelsfrei feststeht, dass der Angriff von außen kommt? So ist die Rechtslage. Für die Bedrohungslage macht es aber keinen Unterschied, ob ein Flugzeug, das als Waffe eingesetzt wird, in Paris oder in München startet. Daher musste nach meiner Auffassung die Intensität der Gefahr als Abgrenzungskriterium dienen.

Als Chef des Kanzleramts hatte ich im Zuge der Vorbereitung eines G7-Gipfels bereits einmal im Kreis der Staatssekretäre alle möglichen Bedrohungen und Risiken durchgespielt und dabei auch gefragt, was wir denn eigentlich bei einem bemannten oder unbemannten Flugobjekt machen würden. Man antwortete mir, dass dann der Luftraum gesperrt werde, worauf ich zurückfragte, was das denn genau heiße. Das sei, so lautete die Antwort, eine Rechtsverordnung. Das verstand ich natürlich, insistierte aber weiter: Und wenn sich einer nicht daran hält? Antwort: Dann bekommt er ein Bußgeld. Um es kurz zu machen: Die Polizei hätte eine Bedrohung aus der Luft nicht klären können, und die Bundeswehr durfte es nicht. Da half nur beten.

Später, Anfang der neunziger Jahre, hatte ich als Fraktionsvorsitzender gemeinsam mit meinem Kollegen und Staatsrechtler Rupert Scholz den Vorschlag gemacht, die Bundeswehr in einen Teil von länger Dienenden und Berufssoldaten für allfällige Einsätze und daneben in einen Teil einer Reservebereitschaft auch für entsprechende Sicherheitslagen im Inneren umzuorganisieren. Dass die veränderte Sicherheitslage nach der Wiedervereinigung die Wehrpflicht nicht mehr rechtfertigen konnte, war eigentlich lange vor der Aussetzung im Jahr 2011 schon unübersehbar gewesen. Genauso offensichtlich zeigte sich aber, dass nicht nur durch Naturkatastrophen, sondern auch durch andere Entwicklungen eine Erschöpfung der Polizeikräfte von Bund und Ländern eintreten konnte, die gegebenenfalls der Bundeswehr subsidiär zusätzliche Einsatzmöglichkeiten bot.

Unser Vorstoß löste unter der Überschrift »Keinen Einsatz der Bundeswehr im Innern« damals heftigen öffentlichen Widerspruch aus, und auch Kohl zeigte sich nicht bereit, eine solche Debatte überhaupt nur zuzulassen. In meiner zweiten Amtszeit musste ich nun erkennen, dass sich daran seitdem nichts geändert hatte. Bezeichnend dafür war Helmut Schmidt, der während eines Gesprächs auf eine Zigarettenlänge mit der *ZEIT* zwar Verständnis für meine analytischen Überlegungen äußerte, um in deren Konsequenz dann aber den Einsatz des Militärs auszuschließen. Dabei hatte sein beherztes Handeln bei der Flutkatastrophe 1962 in Hamburg, bei der er die Bundeswehr um Hilfe bat, erst dazu geführt, dass die bis dahin bestehende weitgehende Ablehnung einer Inlandsverwendung der Streitkräfte der Einsicht wich, die besonderen Fähigkeiten der Bundeswehr in personeller und technischer Hinsicht seien in Notstandssituationen unverzichtbar.

Symptomatisch für die Reibungsverluste zwischen den deutschen Sicherheitsbehörden und der Bundeswehr war der spektakuläre Fall der Hansa Stavanger, eines deutschen Containerschiffs mit 24 Mann Besatzung, das im April 2009 auf dem Weg nach Kenia von somalischen Piraten gekapert wurde. Wir standen im eingerichteten Krisenstab vor der Frage, mit den Entführern zu verhandeln und dadurch die Entführungsindustrie, die sich vor der ostafrikanischen Küste entwickelt hatte, weiter anzuheizen, oder aber zu demonstrieren, dass wir mit Piraten nicht sprechen – mit der Konsequenz, Besatzung und Frachter mit seiner millionenschweren Ladung gewaltsam befreien zu müssen.

Die GSG 9 stellte in der Bundespolizei eine Einheit, die für solche Einsätze ausgebildet war, und ich war bereit, für das Risiko einer solchen Aktion die volle Verantwortung zu übernehmen. Hanning drängte darauf, zwecks klarer Zuständigkeiten den Verteidigungsminister zu informieren, was ich auch tat. Parallel verhandelten wir mit dem US-Militär über einen für den Einsatz notwendigen Hubschrauberträger, die *USS Boxer*, weil wir selbst darüber nicht verfügten. Alles schien, auch wegen der guten Kontakte Hannings zu den Amerikanern, bestens organisiert, als es plötzlich – in der Formulierung meines Staatssekretärs – Gewehrfeuer von der Bundeswehr gab. Die Marine hätte beim Einsatz unter Führung der Bundespolizei nur Hilfe leisten sollen. Wohl aus Eifersüchteleien, beweisen lässt es sich nicht, wurde die durchgeplante Aktion hintertrieben, und es gelang tatsächlich, die Amerikaner an uns vorbei davon zu überzeugen, dass sie zu gefährlich sei.

Der Einsatz, mit dessen Erfolg zweifellos ein Prestigegewinn für die Antiterroreinheit verbunden gewesen wäre, wurde, obwohl bereits ein Kommando nach Kenia verlegt war, zu unserem großen Ärger abgebrochen. Im Wettbewerb zwischen der seit der *Landshut*-Befreiung in Mogadischu legendären GSG 9 und dem damals öffentlich vielfach in der Kritik stehenden Kommando Spezialkräfte (KSK) der Bundeswehr wurde, so sahen wir das im Bundesinnenministerium, der Spezialeinheit der Bundespolizei kein neuer Triumph gegönnt. Über Wochen harrten die Mitglieder der GSG 9 vor Ort aus und über Monate zogen sich die Lösegeldverhandlungen hin. Erst im August erlangten Schiff und Besatzung gegen eine Millionenzahlung die Freiheit wieder. August Hanning, der sich auch bei anderen Geiselnahmen dafür einsetzte, konsequent zu bleiben, um keine Anreize zu schaffen, schäumte vor Wut. Ich konnte ihn nur zu gut verstehen. Dass scheinbar sogar aus der Bundesregierung heraus die Amerikaner angespitzt worden waren, ärgerte auch mich.

## POPULÄR, ABER ZIELSCHEIBE DER KRITIK

Als Innenminister muss man nicht nur selbstbewusst eine gewisse Härte zeigen, sondern auch selbst einigermaßen robust sein. Viele Entscheidungen, die in diesem Amt zu treffen sind und mit denen man die Verantwortung für die Sicherheit des Landes trägt, können fatale Konsequenzen haben. Es braucht mentale Stärke, weil man als Innenminister unter einem besonderen Druck steht, schließlich muss man bei jedem Telefonanruf damit rechnen, dass etwas Gravierendes passiert ist, was eine schnelle Reaktion erfordert.

Ein Innenminister muss auch Kritik einstecken können, und ich habe in meiner Amtszeit ordentlich Prügel kassiert. Einige der Angriffe waren sogar verletzend und ehrabschneidend. Aber ich bin immer noch der Meinung, dass ich in den großen Linien richtig lag und vieles, was man damals skandalisierte, völlig überzogen war. Ich versuchte, mit gebotener Gelassenheit auf die persönlichen Angriffe zu reagieren, die teilweise skurrile Züge trugen. So sicherte etwa der Chaos Computer Club auf einem Glas, das ich irgendwo benutzt hatte, meine Fingerabdrücke, die im Onlinehandel daraufhin als Kunstwerk in verschiedenen Farbvarianten vermarktet wurden. Auch an mein Büro ging ein Exemplar, das ich kurzerhand signierte und für einen guten Zweck versteigerte. Ich gab mich bewusst entspannt und ließ meine Kritiker wissen, dass meine Fingerabdrücke kein Geheimnis seien und sie jeder haben könne, weil ich nichts zu befürchten habe.

So gelassen ich mich gegenüber der persönlichen Verunglimpfung gab, so sehr ärgerte ich mich über die Folgen der Kampagne, bei denen ein T-Shirt mit meinem Konterfei und der Unterschrift »Stasi 2.0« zu einem Verkaufsschlager im Internet mutierte. Ich begegnete dem mit der ironischen Bemerkung, dass sich wenigstens die Marktwirtschaft durchgesetzt habe. Aber dass junge Menschen, die selbst hemmungslos ihre Daten im Internet verbreiten, als Folge einer unseriösen Berichterstattung glaubten, sie würden staatlicherseits durch den Innenminister pausenlos überwacht, hat mich schon gewaltig gestört.

Womit ich damals auch an die Öffentlichkeit ging, ob ich im Interview die Auffassung vertrat, dass die Unschuldsvermutung in der Gefahrenabwehr nicht gelten könne, weil der Grundsatz im Strafrecht, lieber zehn Schuldige nicht zu bestrafen, als einem Unschuldigen Unrecht zu tun, bei der Abwehr einer Gefahr nicht passe, ob ich vorschlug, Fingerabdrücke in den biometrischen Pässen für Fahndungszwecke zu erfassen, oder aber die Frage stellte, ob potenzielle Terroristen eigentlich wie Kombattanten behandelt werden könnten: Der öffentliche Aufschrei war mir immer gewiss. Heftiger politischer Widerstand, nicht nur bei der Opposition, sondern zunehmend auch beim Koalitionspartner, war also vorprogrammiert. Ich pflegte zwar mit Justizministerin Brigitte Zypries eine angenehme persönliche Zusammenarbeit, unser Umgang war höflich und respektvoll, aber in den Grundsatzfragen war sie eine klare Vertreterin sozialdemokratischer, meines Erachtens ideologisch vorgeprägter Sicherheitspolitik. Als qualifizierte Juristin forderte sie immerhin dazu heraus, ernsthaft zu argumentieren, auch wenn es aussichtslos war, uns bei den verhärteten Positionen annähern zu können. Da war mit der SPD so wenig zu machen wie mit der FDP, von den Grünen ganz zu schweigen. Allein deswegen blieb mir oft nur der Weg über die Öffentlichkeit, um durch Interviews, auch mit gezielten Provokationen, Bewegung in die Debatten zu bringen.

Während medial also ein immer abstruseres Bild von mir gezeichnet wurde – als ein »Verfassungsvernichtungs-Minister«, der sich, besessen vom

Überwachungsstaat, auf »dem Weg in eine andere Republik« befinde –, stiegen meine Beliebtheitswerte in der Bevölkerung. Das war ein Umstand, der vielen per se schon als verdächtig galt und meine politischen Gegner auf den Plan rief. Die Debatte, die zunächst nur von der Opposition gegen mich geführt wurde, gewann an Fahrt und wurde hässlicher, als auch der sozialdemokratische Koalitionspartner die Chance witterte, meine Popularität in der Öffentlichkeit zur eigenen Profilschärfung angreifen zu können. Zusammen mit der kritischen Position des publizistischen Mainstreams wurde der Druck immer größer, zumal ich aus dem Kanzleramt wenig Unterstützung bekam. Gelegentlich hatte ich den Eindruck, dass der damalige Chef des Kanzleramts nicht abwarten konnte, selbst Innenminister zu werden.

Die Angriffe reichten von der Unterstellung, ich verfolge bloß die Strategie, bei einem künftigen Anschlag mit mir und meinem Gewissen im Reinen sein und anderen die Schuld geben zu können, bis zur fast schon perfiden Instrumentalisierung meiner Behinderung, indem meine Politik als unbewusste Folge des Attentats gedeutet wurde. Während ich den Vorwurf inzwischen gewohnt war, durch die Behinderung angeblich hart geworden zu sein, wurde mir nun eine posttraumatische Schreckhaftigkeit angedichtet, »als müsse Deutschland leiden an der Angst des Ministers«, wie die *Süddeutsche Zeitung* schrieb. Wenn ich aber meine Meinung nicht mehr sagen kann, weil mir unterstellt wird, ich sei durch die Ursache meiner Behinderung auch in meiner politischen Urteilsbildung beschädigt, dann grenzt mich das aus der politischen Debatte aus.

Die küchenpsychologische Betrachtung hatte ich keineswegs exklusiv. Bereits die scharfe Sicherheitspolitik meines Vorgängers wurde aus seiner Biografie heraus gern als bloße Kompensation der eigenen bewegten Vergangenheit gedeutet. Dabei sind es die jeweils spezifischen Zeitumstände, die die Anforderungen an das Amt stellen, in meinem Fall: die notwendige Verklammerung von äußerer und innerer Sicherheit. Letztlich zeigten mir die Angriffe jedoch, so hart manche davon auch waren, dass ich die Hoheit über das Thema Sicherheitspolitik für die CDU zurückgewonnen hatte.

Einen Tiefpunkt erreichte die Kampagne, als sich Bundespräsident Horst Köhler in die Debatte einmischte und meinte, sich in der Öffentlichkeit kritisch zu meiner Position äußern zu müssen. »Man kann darüber nachdenken, ob die Art, wie die Vorschläge kommen – vor allem in einer Art Stakkato, ob das so optimal ist«, ließ sich Köhler zitieren, der zu Sensibilität und Augenmaß mahnte. Ich hatte große Mühe, die dem Staatsoberhaupt geschuldete Beherrschung einigermaßen zu wahren. Ich machte allerdings auch deutlich, dass ich mir die Kritik des Bundespräsidenten verbitte. Köhlers Engagement für Afrika hat mir imponiert, aber ob er die Rolle des Bundespräsidenten richtig verstanden hatte, daran wuchsen meine Zweifel. Die Umstände seines Rücktritts 2010 bestätigten mich darin. Ein Interview zur Sicherheitspolitik, das ich in der Sache zwar völlig richtig fand, wurde in der Öffentlichkeit kritisch aufgenommen, und weil sich Köhler von der Kanzlerin nicht genügend unterstützt fühlte, trat er zurück. Joachim Gauck zeigte Jahre später mit seiner Rede auf der Münchner Sicherheitskonferenz, wie man auch auf einem heiklen Politikfeld als Bundespräsident wirkmächtig agieren kann.

## BEGRENZUNGEN EINES BUNDESMINISTERS: DAS VERHÄLTNIS ZU DEN LÄNDERN

Die Möglichkeiten des Bundesinnenministers sind im Föderalstaat begrenzt. Polizei ist grundsätzlich Ländersache, der Verfassungsschutz auch. Seine Rolle als *primus inter pares* muss, wer Einfluss nehmen will, klug spielen, denn die Gefahr, sich mit selbstbewussten Ländern anzulegen, besteht immer. Wenn es aber Ärger mit den Ländern gab, wurde es schwierig – zumal es keinerlei Rückendeckung von der Regierungsspitze gab. Merkel wollte keinen Streit mit den Ländern, da war sie Kohl nicht unähnlich. Überhaupt zeigte sie bereits in der ersten Legislaturperiode die Tendenz, Kontroversen zu meiden. Auch im Kabinett ist eigentlich nie strittig abgestimmt worden, es wurde nicht einmal ernsthaft debattiert. Vorlagen kamen nur ins Kabinett, wenn das Einvernehmen bereits erzielt war, übrigens auch mit den Koalitionsfraktionen. Das hatte immerhin den Vorteil, dass Kabinettssitzungen nie lang gedauert haben.

Als Innenminister wirklich etwas bewegen zu wollen, bedeutet, nicht allein öffentlich mit der Opposition zu ringen, sondern auch in teils elend langen Verhandlungen mit den Ländern, mit der eigenen Partei und Fraktion, mit den Ministerkollegen und gelegentlich auch mit dem Kanzleramt. Bestimmten Aufgaben im Bereich der inneren Sicherheit kann ein Minister nicht entgehen, er muss sich ihnen stellen und dafür kämpfen. Bei anderen geht es auch um rationale Abwägung, was wirklich zu erreichen ist. In einen aussichtslosen Kampf gegen die Überbürokratisierung zu ziehen, ist weitgehend freudlos, das schleppende Reformtempo kann einen zermürben. Ich habe mich etwa über quälende Monate in Arbeitsgruppen mit den Ländern auf Ministerebene herumgeschlagen, um eine einheitliche Behördenrufnummer als Anlaufpunkt für alle Anliegen der Bürger einzuführen. Es war furchtbar, und irgendwann habe ich die Lust daran verloren – zumal ich in einem sich abzeichnenden Streit mit den Ländern den Kürzeren ziehen würde. Wenn man der Partei der Kanzlerin angehört und im Streitfall keine Hilfe erfährt, sollte man es nicht auf den Streit ankommen lassen. In einer solchen Gemengelage braucht es den Fokus auf das Wichtige und Machbare – und dann auch den Gleichmut, Störfeuer zu ignorieren, selbst wenn es aus dem Kanzleramt kommt.

## AUF DEM RECHTEN AUGE BLIND? DAS VERSAGEN BEIM NSU-KOMPLEX

Das Mögliche denken, um das Schlimmste zu verhindern: Mindestens an einem Punkt bin ich diesem Anspruch selbst nicht gerecht geworden. Niemals habe ich mir vorstellen können, dass in Deutschland eine rechtsextremistische Terrorgruppe mordend durch das Land zieht. Wir haben diese Gefahr nicht erkannt, weil wir – wie das Horst Seehofer später einmal ausgedrückt hat – einfach nicht geglaubt haben, dass das möglich wäre. Das war fatal – und es kostete Unschuldigen das Leben.

Der 9. September 2000 war in der Wahrnehmung der meisten Menschen ein Spätsommertag wie viele andere. Heute wissen wir, dass der Tag eine Zäsur für unser Land bedeutete. An diesem Tag trafen Enver Şimşek an einem seiner Blumenstände in Nürnberg mehrere Schüsse. Zwei Tage später erlag er seinen schweren Verletzungen. Es war der erste Mord in der Anschlagserie des selbst ernannten »Nationalsozialistischen Untergrunds« (NSU). Acht weitere Männer, die einzig ihr Migrationshintergrund einte, und eine junge Polizistin wurden in den Folgejahren kaltblütig ermordet. In der Vergangenheit hatte es zwar vereinzelt Beispiele für einen paramilitärisch organisierten Rechtsextremismus gegeben, etwa die »Wehrsportgruppe Hoffmann«. Dennoch haben wir alle – die Sicherheitsbehörden, die Kollegen in den Ländern, mein Amtsvorgänger und auch ich – die Gewaltbereitschaft in der rechtsradikalen Szene und die Gefahr eines terroristischen Rechtsextremismus sträflich unterschätzt. Ich mag auch rückblickend keine faulen Ausreden finden, es ist schlicht kein

Ruhmesblatt für die Sicherheitsbehörden, für die ich politisch die Verantwortung trug.

In den inneren Zirkeln, den Runden aus Vertretern der Ministerien, Geheimdienste und Sicherheitsbehörden, spielten die Morde immer wieder eine Rolle. Aber es herrschte Ratlosigkeit angesichts der verschiedenen Fälle im ganzen Bundesgebiet mit immer derselben Waffe. Was war die Verbindung? Zwischen den Opfern, meist Kleingewerbetreibende, gab es keine, sie waren offenbar willkürlich gewählt – mit einer Ausnahme: Alle hatten, sieht man von der ermordeten Polizistin ab, ausländische Wurzeln. Die Sonderermittlungen verfolgten vorrangig die These, dass es sich um Milieustraftaten handeln müsse, aber auch politische Hintergründe wurden nicht ausgeschlossen. Gegen beide Thesen gab es gravierende Einwände.

Bei Straftaten aus dem Bereich der organisierten Kriminalität würde niemals immer die gleiche Tatwaffe benutzt. Das wäre völlig unprofessionell, versucht man doch gewöhnlich, Spuren zu verwischen. Indem immer dieselbe Waffe verwendet wurde, sollte offenbar gerade eine Beziehung zwischen den verschiedenen Taten hergestellt werden. Gegen die zweite These sprach jedoch, dass keine Botschaften hinterlassen wurden. Terrorismus und auch ausländerfeindliche Gewalt sind üblicherweise mit einer Botschaft verbunden. Menschen werden angegriffen und ermordet, um zu demonstrieren, wogegen sich der Hass richtet. Aber hier gab es das nie, und das war ein entscheidendes Argument gegen einen möglichen rechtsterroristischen Hintergrund. Erst nachdem der NSU aufgeflogen war, wurden die menschenverachtenden Bekennervideos sichergestellt, die an den Motiven keine Zweifel ließen.

Der NSU-Komplex fand nicht nur ein langwieriges juristisches Nachspiel, auch parlamentarisch wurden die Vorgänge in mehreren Untersuchungsausschüssen akribisch aufgearbeitet – in Landtagen und im Bundestag, wo es unter anderem um die Frage ging, warum zur Aufklärung der Mordserie die auf mehrere Länder verteilten Ermittlungen nicht beim BKA konzentriert worden seien. Mein Staatssekretär erinnert sich lebhaft an die Reaktion in den Ländern, als das einmal im Raum stand, vor allem an die aus Bayern, das wegen der Taten in Nürnberg die Federführung für sich reklamierte und den Versuch des Bundes witterte, Zuständigkeiten an sich reißen zu wollen.

Letztlich hat die furchtbare Mordserie eine große Systemschwäche offenbart, weil es am Austausch aller relevanten Informationen und dem notwendigen Zugriff darauf gefehlt hat. Es war ein Problem der Zuständigkeiten –

zwischen Bund und Ländern und zwischen Verfassungsschutzbehörden und Polizei. Banküberfälle des NSU-Trios in Thüringen etwa lagen außerhalb der Zuständigkeit des BKA, und nach unserer Rechtsordnung liegen bei Straftaten die Ermittlungs- und Verfolgungsbefugnisse bei der Polizei, nicht bei den Verfassungsschutzbehörden. Es zeigten sich im Nachhinein die Schwierigkeiten unserer dezentralen Organisation, wenn Informationsfluss und -zusammenführung nicht vernünftig organisiert sind. Die Trennung zwischen Polizei und Nachrichtendiensten macht es umso wichtiger, den Informationsaustausch vernünftig zu koordinieren, denn die Informationen aus der nachrichtendienstlichen Arbeit dienen ja dazu, dass die Polizei nicht nur Straftaten verfolgen, sondern Gefahren auch präventiv abwehren kann. Aus meiner Sicht müsste man sich in einem vergleichbaren Fall wie dem NSU-Komplex am israelischen Vorbild orientieren, wo die federführende Behörde Zugriff auf alle relevanten Daten bekommt. In einer Zeit, in der wir die neue Dimension von *cyberwar* allmählich begreifen, wird das hoffentlich auch bei uns bald möglich werden.

Im Untersuchungsausschuss des Bundestags wurde vor allem kritisiert, dass wir 2006 eine Abteilung beim Bundesamt für Verfassungsschutz zur Beobachtung des islamistischen Terrorismus einrichteten, wofür im Gegenzug wegen haushaltspolitischer Auflagen die bislang getrennten Abteilungen für Links- und Rechtsextremismus zusammengelegt wurden – ohne dass damit etwa eine geringere Gefährdungseinschätzung verbunden gewesen wäre. Auch rückblickend erscheint mir das im Licht der damaligen Bedrohungslage unmittelbar vor der Fußball-WM als eine plausible Abwägungsentscheidung, die ich auf Grundlage der mir vorliegenden Vorschläge traf. Im Nachhinein wussten wir es besser. So teilte ich die Fassungslosigkeit und Scham, von der Norbert Lammert sprach, als er sich 2013 bei den Angehörigen der Ermordeten im Namen des Deutschen Bundestags für die Ermittlungspannen entschuldigte, gerade auch weil einige Angehörige zwischenzeitlich selbst ins Visier genommen worden waren. Die schweren Versäumnisse und Fehler der Ermittlungsbehörden bedeuteten für die Hinterbliebenen über den schmerzvollen Verlust ihrer Nächsten hinaus quälende Ungewissheit und weiteres Leid, weil sie Vorurteilen, Verdächtigungen und Verleumdung ausgesetzt waren.

Ich habe daran 2020 selbst noch einmal im Bundestag erinnert, als ich den Beginn der Mordserie zwanzig Jahre zuvor zum Anlass nahm, um auf die weiterhin schwelende Gefahr rechtsextremistischer Gewalt hinzuweisen.

Die fortwährende Bedrohung eines militanten Rechtsextremismus zeigte sich zuletzt in den antisemitischen und rassistischen Anschlägen von Halle und Hanau und im Mord an Walter Lübcke, der als Repräsentant unseres Staates erschossen wurde, weil er als wehrhafter Demokrat für unsere offene Gesellschaft eintrat.

Für viele engagierte Bürger ist die rechtsextreme Bedrohung heute bereits eine unerträgliche Alltagserfahrung. Was wir in jüngster Zeit über die kruden Vorstellungen in der sogenannten »Reichsbürgerszene« einschließlich der konkreten Pläne für den bewaffneten Umsturz erfahren haben, sollten wir sehr ernst nehmen. Wehrhafte Demokratie heißt für mich, das Machtmonopol des Staates, wo nötig, entschieden durchzusetzen. Das geht aber nur, wenn wir der Polizei und dem Verfassungsschutz die dazu notwendigen Mittel an die Hand geben. Für die innere Stabilität einer Ordnung, der sich Menschen anvertrauen, ist schließlich maßgeblich, dass diese es vermag, das menschliche Bedürfnis nach Sicherheit zu stillen – für alle Menschen, die hier leben.

## »MUSLIME IN DEUTSCHLAND – DEUTSCHE MUSLIME«: DIE ISLAMKONFERENZ

Am 3. Oktober 2010, ich verfolgte den Festakt wegen einer akuten Erkrankung am Fernseher, machte Bundespräsident Christian Wulff mit seiner Rede zum Tag der Deutschen Einheit Furore. Wie bei vielen Reden ist es nur ein Satz, der hängen blieb, und der bis heute der ansonsten glücklosen Präsidentschaft Wulffs etwas Glanz verleiht. Seine Aussage, der Islam gehöre zu Deutschland, bewegte die Republik. Die einen wähnten in reflexhafter Abwehr das Ende des christlichen Abendlands gekommen, die anderen erkannten ein längst überfälliges Bekenntnis des Staates zu einem bedeutenden Teil seiner Bevölkerung. Dabei hatte ich als Bundesinnenminister bereits 2006 gesagt: »Der Islam ist Teil Deutschlands und Europas.« Ich konnte daran allerdings damals genauso wenig etwas Skandalträchtiges erkennen wie Jahre später in der Rede Wulffs etwas neues Wegweisendes – die nationale Aufwallung 2010 erklärt sich mir vor allem aus dem zeitlichen Zusammenhang mit der heftigen Debatte über Thilo Sarrazins Pamphlet *Deutschland schafft sich ab*.

Dass der Islam ein Teil Deutschlands ist, ist angesichts von Millionen Menschen mit Abstammung oder Herkunft aus muslimisch geprägten Teilen der Welt in unserem Land eine schlichte Tatsachenfeststellung. Bei dieser Bestandsaufnahme durfte es allerdings nicht bleiben, denn daran knüpften sich gesellschaftlich und politisch sensible Themen, denen wir uns nach Jahrzehnten, in denen wir ihnen ausgewichen waren, endlich stellen mussten. Ich wollte erreichen, dass Staat und Gesellschaft, Muslime und Nichtmuslime die Fragen des sozialen Miteinanders offen erörtern. Mich trieb dabei die Überzeugung an, dass bei der gegebenen demografischen Entwicklung in Deutschland und der Welt mit ihren Folgewirkungen auf Migration und Zuwanderung eine gelingende Integration notwendige Voraussetzung für die innere Stabilität unserer Freiheitsordnung ist. Dazu musste es gelingen, Verschiedenheit als Bereicherung zu empfinden.

Viele Muslime erwarteten zu Recht, dass so ähnlich, wie der Staat Beziehungen zu den christlichen Kirchen und zur jüdischen Gemeinschaft unterhält, er auch Beziehungen zu den Muslimen entwickelt. Komplizierter daran ist, dass der Islam nicht so verfasst ist wie die christlichen Kirchen. Darüber miteinander zu diskutieren, ist einer der wesentlichen Beweggründe für die Islamkonferenz gewesen. Ich strebte einen ständigen Dialog an, um die Sprachlosigkeit und Distanz, die es in unserem Land lange vor allem zwischen der einheimischen Bevölkerung und den sogenannten Gastarbeitern und ihren in Deutschland geborenen Kindern gegeben hat, zu überwinden. Wir setzten also darauf, was in einem anderen Politikfeld funktioniert hatte: auf Annäherung als Motor für Veränderung.

In den christlichen Kirchen fand das breite Unterstützung, weshalb ich gerade in der evangelischen Kirche manche, die mir gegenüber ansonsten hingebungsvoll das Feindbild eines »Scharfmachers« pflegten, in Erklärungsnot brachte. Vonseiten des Zentralrats der Juden war keine Kritik zu erwarten, im Gegenteil. Schon in den achtziger Jahren hatten Gesprächspartner aus der jüdischen Gemeinschaft immer gemahnt, den Anfängen zu wehren. Aus Erfahrung wussten sie, dass es mit Fremdenfeindlichkeit beginnt und im Antisemitismus endet. Das war mir sehr bewusst, als ich die Islamkonferenz auf den Weg brachte. In einer Zeit, in der ein nicht unbeträchtliches Maß an Bedrohung der Juden in Europa vom importierten Islamismus ausgeht, wurde alles, was der Integration dient, dankbar begrüßt.

Die Vorbereitung für die Islamkonferenz warf im Einzelnen vielfach komplizierte Fragen auf. Die Verbände islamischer Bevölkerungsgruppen verlangten Gleichberechtigung mit den staatlich anerkannten Religionsgemeinschaften, hatten aber selbst keinerlei Binnenstruktur, die auch nur im Ansatz unser Religionsverfassungsrecht auf den Islam übertragbar macht. 1,8 Millionen der in Deutschland lebenden Muslime waren nach damaligen Zählungen türkischer Abstammung, achtzig Prozent gehörten der sunnitischen Glaubensrichtung an, siebzehn Prozent waren Aleviten und drei Prozent Schiiten. Deshalb war zwischen den verschiedenen religiösen Verbänden wie der DITIB, die an der mehr oder weniger kurzen Leine des türkischen Religionsministers geführt wird, oder dem Zentralrat der Muslime und allgemein zwischen Sunniten, Schiiten, Aleviten und den vielen nicht besonders religiösen Menschen aus dem muslimischen Kulturkreis der Streit groß, wer denn für die vielfältige islamische Gemeinschaft in der Bundesrepublik überhaupt zu sprechen berechtigt sei. Für mich ergab es keinen Sinn, vonseiten der Regierung zu Beginn eines solchen Dialogs zu entscheiden, wer alles dabei und wer nicht dabei sein sollte. Ich stellte aber in einem *ZEIT*-Interview öffentlich klar, dass eine Bewegung wie Millî Görüş, wenn sie sich an dem Dialog beteiligen wollte, anerkennen musste, dass in Deutschland nur das Grundgesetz, nicht die Scharia Leitbild staatlicher Ordnung sein kann.

Nur zehn bis fünfzehn Prozent der Muslime in Deutschland waren überhaupt in muslimische Organisationen eingebunden. Daraus ergab sich, dass die breite Mehrheit von religiösen und nichtreligiösen Muslimen durch die Verbände gar nicht hinreichend abgebildet wurde und dass niemand den Anspruch erheben konnte, nur er allein repräsentiere die Muslime. So entschieden wir uns – der Leiter meiner Grundsatzabteilung Markus Kerber hat daran die entscheidenden Verdienste – für eine pragmatische Herangehensweise. Wir luden die einigermaßen relevanten Verbänden ebenso ein wie Persönlichkeiten aus dem muslimischen Kulturkreis, die sich – etwa Navid Kermani – in der deutschen Öffentlichkeit durch ihre Beiträge schon eine bedeutende Rolle und damit auch Verantwortung erworben hatten, weil sie verschiedene Facetten der muslimischen Lebenswirklichkeit in unserem Land repräsentierten. Wir wollten die ganze Bandbreite des muslimischen Lebens in Deutschland widerspiegeln, ohne den Anspruch zu erheben, repräsentativ zu sein: Konservative, Liberale, Säkulare, auch ausgewiesene Islamkritikerinnen wie die Sozialwissenschaftlerin Necla Kelek und die Anwältin Seyran Ateş, die unter Polizeischutz stand – sie alle sollten teilnehmen.

Wir wollten die Muslime ermutigen, eine repräsentative Vertretung selbst zu organisieren, ohne den Islam nach unseren Vorstellungen aus der zweitausendjährigen christlichen Erfahrung heraus zu »verkirchlichen«. Der Staat und damit vor allem die Länder brauchen nach unserem Grundverständnis vom Verhältnis von Staat und Religionsgemeinschaft aber einen Partner, wenn sie Islamunterricht an Schulen einrichten und die Ausbildung von Imamen organisieren sollen. Kermani hatte entsprechend als Ziel ausgegeben, dass in einem Jahr eine andere, demokratisch bestimmte und für die pluralistische Vielfalt der Muslime in Deutschland voll repräsentative Vertretung an der anderen Seite der Tafel sitzen solle. Diese Herausforderung bleibt bis heute bestehen, so wie die Erfüllung meines Wunsches, dass das Motto unserer Islamkonferenz zur Selbstverständlichkeit werde: »Muslime in Deutschland – Deutsche Muslime«.

Kermani, der sich nicht auf eine Identität begrenzen lassen will und es am wenigsten schätzt, wenn er auf seinen Glauben reduziert wird, zeigt mir, dass die Verbindung von Modernität und religiösem Selbstbewusstsein als Muslim in der Pluralität des säkularen Westens möglich ist. Und dass es den Islam im Kollektivsingular nicht gibt. Kermani leugnet nicht, dass es kulturelle Konflikte gibt. Aber er lenkt den Blick auf die sozialen und ökonomischen Bruchstellen in einer Gesellschaft. Ein großer Teil der Integrationsprobleme ist ja nicht zuerst theologisch zu erklären. Sie haben vielmehr soziale Gründe, sie haben mit Herkunft zu tun, mit sozialem Status, vor allem mit Bildung. Kermanis eigener Werdegang zeigt, wie sich Menschen in der offenen Gesellschaft frei entfalten können. Nun wird nicht aus jedem Menschen in der offenen Gesellschaft gleich ein Navid Kermani – doch seine Biografie vermittelt, wie die deutsche Kultur ihn prägt und wie er diese seinerseits bereichert.

Vor dem Hintergrund der vielen unterschiedlichen Herkunftsländer hier lebender Muslime ist es das Leben in Deutschland, was die verschiedenen Menschen verbindet. Deshalb wollten wir versuchen, das spezifisch Deutsche zum Bindeglied für Menschen zu machen, die ganz unterschiedliche Einstellungen zum Islam haben. Das verstand ich allerdings nicht als Beitrag zur damals intensiv geführten Leitkulturdebatte, die ich nicht grundfalsch fand, der ich aber auch nicht viel abgewinnen konnte. Eine Debatte über abstrakte Begriffe wirft wenig gesellschaftlichen Mehrwert ab und neigt zur akademischen Spiegelfechterei. Außerdem emotionalisiert und im schlimmsten Fall radikalisiert sich das gesellschaftliche Klima über aufgeladene Begriffe – dazu zähle ich auch das bloße Bekenntniswort von der »multikulturellen Gesellschaft«. Die Folgen solcher Begriffskämpfe sind nur schwer zu kontrollieren.

Ich habe mich jedenfalls stets mehr darum bemüht, konkrete Lösungen zu finden für Probleme, die man erkannt hat.

Leitkultur beschreibt für mich unsere Art zu leben – nicht mehr und nicht weniger. Ich bin überzeugt, es braucht etwas, was Gemeinschaft schafft. Die Erfahrung des Nationalstaats zeigt, dass man Verbundenheit stiften kann, etwa durch die Verwirklichung bestimmter Werte, aber eben nicht allein abstrakt, sondern durch unsere Art zu leben. Kermani sagt: »Wer die Feinde der offenen Gesellschaft bekämpft, indem er die eigene kulturelle Offenheit aufgibt, hat den Kampf bereits verloren.« Aber er betont auch, dass es um – ganz wörtlich gemeint – selbstbewusste Offenheit gehe, nicht um Selbstaufgabe. Es geht um Selbstachtung, nicht darum, sich selbst zu verleugnen. Wer seiner selbst nicht sicher sei, so hatte ich es in der Patriotismusdebatte formuliert, sei für seine Nachbarn schwer erträglich, und so sehe ich es auch für das Verhältnis zwischen den Religionen. Ich sprach die Hoffnung aus, die Begegnung mit dem Islam werde insgesamt helfen, uns gegenüber der Oberflächlichkeit, mit der wir uns als christlich geprägte Gesellschaft angewöhnt haben, Weihnachten zu feiern, wieder ernsthafter mit den Ewigkeitsfragen zu beschäftigen.

Gleichzeitig müssen die Muslime, die in der modernen Welt leben, auch einen Weg finden, sich mit dieser Welt zu arrangieren. Der Islam hat hier einen weiteren Weg zurückzulegen als das Christentum, aber auch da gibt es noch immer und offenbar wieder zunehmend Fundamentalisten. Nicht alle Normen und Werte, die wir heute zu Recht von den zu uns Kommenden einfordern, gehören bereits seit 75 Jahren zur unbestrittenen bundesdeutschen Leitkultur. Gelebte Homosexualität war lange ein Straftatbestand. Und erst in den siebziger Jahren wurden Frauen ihren Ehemännern rechtlich gleichgestellt. Dieser Wandel des Verhältnisses der Geschlechter ist in meiner Lebenszeit eine der großen Veränderungen, mit vielen Folgen auch in unseren christlichen Kirchen. Die evangelischen Kirchen haben sich inzwischen an Pfarrerinnen gewöhnt, auch an Bischöfinnen, sie haben sogar gelernt, dass Bischöfinnen geschieden werden können. Das ist die moderne Welt, und trotzdem verliert die christliche Botschaft ihre Gültigkeit nicht. Gesellschaftliche Normen ändern sich. Kulturen wandeln sich. Aber dieser Wandel braucht Zeit und offenen Diskurs.

Noch vor der ersten Plenarsitzung der Islamkonferenz war viel vom Scheitern die Rede, wurde der Eklat geradezu herbeigeredet, man suchte förmlich das Fettnäpfchen, fast so, als gönnte man dem Versuch erst gar keinen Erfolg.

*Der Spiegel* mokierte sich pflichtschuldig über den Anfängerfehler, zu einem Imbiss zu laden, obwohl gerade der Fastenmonat Ramadan war. Keiner der Teilnehmer hat das nach meiner Erinnerung beanstandet. Die Bedenkenträger verwiesen auf Integrationsprobleme, Differenzen der Muslime untereinander, Konflikte rund um die islamische Religionsausübung und auch auf die Belastung durch Extremismus im Namen des Islam. Aber gerade deshalb machten wir es doch. Und es fing auch ganz gut an, es wurde offen und kontrovers diskutiert.

Die Plenarsitzungen, in denen wir bis 2009 viermal zusammenkamen, während dazwischen die Arbeitsgruppen tagten, habe ich selbst geleitet. Ich hatte überhaupt keine Berührungsängste, das spürten die muslimischen Vertreter auch. Meiner Aufgabe, den Dialog zu moderieren, kam das sicher zugute. Denn ich spürte unmittelbar, wie stark die Spannungen im Kreis der Teilnehmer waren, und verfolgte von meiner Beobachterposition, wie zum Teil heftig miteinander gestritten wurde. Aber gerade weil auch immer wieder die Türen knallten, ist die Islamkonferenz als Ort, an dem wir um Gemeinsamkeiten ringen können, eine Erfolgsgeschichte gewesen. Es gelang, im Gespräch nicht nur eine Kultur des Zuhörens, sondern auch des demokratischen Streits zu etablieren, die vorbildlich sein kann für die Art und Weise, wie unsere Gesellschaft mit Unterschieden und Konflikten umgeht.

Unter keinen Umständen wollte ich mit der Islamkonferenz nur einen erweiterten Stuhlkreis schaffen, auch wenn das angesichts des über Jahrzehnte angestauten Redebedarfs und des Wunsches nach Sichtbarkeit und Anerkennung schon ein Erfolg gewesen wäre. Aber ich habe den Sinn aller Projekte, die ich im Laufe meines politischen Lebens angestoßen habe, immer daran bemessen, ob diese am Ende auch zu handfesten Ergebnissen führen. Immerhin haben wir in jenen ersten Jahren wesentliche Schritte erreicht, um muslimischen Religionsunterricht – durch ein Landesgesetz entsprechend unserer Grundgesetzordnung – an den staatlichen Schulen anzubieten. Auch islamische Religionslehre hat den Weg an die Hochschulen gefunden, wo nun nach den Regeln unserer Wissenschafts- und Religionsfreiheit geforscht und gelehrt wird.

Jedenfalls kann die Wirkung der Islamkonferenz unter den deutschen Muslimen meiner Erfahrung nach nicht hoch genug eingeschätzt werden. Noch heute winken mir Taxifahrer mit einem Aussehen, das auf einen Migrationshintergrund schließen lässt, freundlich zu, wenn sie an Kreuzungen neben meinem Dienstwagen stehen, vermutlich weil sie das ehrliche Bemühen erkannt hatten, mit dem ich eine viel zu lange verdrängte gesellschaftliche Wirklichkeit zu einem politischen Thema erhoben hatte.

Meine Kritiker stellte dieser Politikansatz vor merkliche Probleme. *Der Spiegel* staunte über den liberalsten Innenminister, den das Land seit Langem hatte – nicht schlecht nach einem Vorgänger, der immerhin einmal in den Reihen der besonders Progressiven gestanden hatte. Schon meine liberale Position, mit der ich gleich zu Beginn meiner Amtszeit beim Bleiberecht für bisher nur geduldete Ausländer gegen große Widerstände meiner Fraktion und insbesondere der unionsgeführten Länder agierte, hatte die politische »Gesäßordnung« – ein Begriff, den Heiner Geißler im Kontext der unsinnigen Rechts-Links-Debatte in der Union geprägt hatte – ernsthaft beeinträchtigt. Denn wie ließ sich das mit dem gern und vielgezeichneten Bild von mir als Hardliner vereinbaren? Dass nicht nur der Innenminister, sondern auch noch ein Christdemokrat in diesem Amt die Initiative ergriffen hatte, machte jedoch womöglich gerade einen Teil des Erfolgs aus. Die Islamkonferenz sollte alle Seiten fordern – mich eingeschlossen.

Ich war überzeugt, dass es neben der Bringschuld der Zuwanderer die grundlegenden Regeln des Aufnahmelands zu akzeptieren und sich vor allem die Sprache anzueignen, auch die Aufgabe der Mehrheitsgesellschaft gibt, denen, die neu hier leben, entgegenzukommen und ihnen zu helfen. Dass es zwischenzeitlich in den Ländern ähnliche Bemühungen gab und das integrationspolitische Engagement in der Regierung mitunter den Charakter eines Wettlaufs bekam, wer es besser kann, habe ich begrüßt. Es ist doch gut, wenn solche Prozesse in Gang gesetzt werden. Als ich am Ende der Legislaturperiode Bilanz zog, konnte ich für mich jedenfalls verbuchen, mit diesem Format bei wichtigen Aspekten vorangekommen zu sein, wenn auch beileibe nicht bei allem, was ich mir gewünscht hätte. Vieles brauchte einen längeren Atem. Die Islamkonferenz war ein richtiger, wichtiger und überfälliger Schritt, und es ist bedauerlich, dass unter meinen Nachfolgern das Langzeitprojekt nicht mit der gleichen Intensität weiterbetrieben wurde. Nach meinem Eindruck begann erst Horst Seehofer wieder, die Sache ernsthaft voranzutreiben, schon indem er Markus Kerber als Staatssekretär ins Bundesinnenministerium zurückholte.

## ERDOĞAN, DIE TÜRKEI UND DIE PRIVILEGIERTE PARTNERSCHAFT

Das anhaltend große Potenzial für Missverständnisse und der Mangel an Gelassenheit in der Integrationsdebatte und im Umgang mit dem Islam zeigten sich in den heftigen Debatten über den Moscheebau in Köln, aber auch an einem tragischen Unglück 2008 in Ludwigshafen. Anfang Februar starben bei einem Brand in einem Mehrfamilienhaus neun Menschen, vier Frauen und fünf Kinder, alle mit türkischen Wurzeln. Kurzzeitig stand im Raum, es habe sich um einen rechtsradikalen Anschlag gehandelt. Erinnerungen an Solingen und Mölln wurden wach. Die Befürchtungen bestätigten sich nicht, aber die Situation eskalierte vor Ort, Einsatzkräfte wurden verdächtigt, versagt zu haben, und tätlich angegriffen.

Als sich der türkische Ministerpräsident Recep Erdoğan einschaltete, der damals um Stimmen der Auslandstürken warb, drohte das Unglück sogar zum außenpolitischen Zankapfel zu werden. Während türkischsprachige Medien immer schriller wurden, traf Erdoğan vor Ort aber den richtigen Ton und trat mäßigend auf. Ich war unmittelbar vorher zu einem längeren Türkeibesuch nach Ankara geflogen und hatte dort auch mit ihm gesprochen. Ich vermittelte ihm unsere Betroffenheit, konnte ihn allerdings zunächst nur schwer davon überzeugen, dass uns keinerlei islamfeindliche Anzeichen vorlagen. Bis heute ist die Ursache des Unglücks nicht zweifelsfrei geklärt.

Wenige Tage später sprach Erdoğan auf Wahlkampftour vor tausenden jubelnden Türken in der Kölnarena, brachte den Saal zum Kochen – und die Integrationsdebatte damit in Wallung. Erstmals konnten in Deutschland lebende Türken in den Konsulaten wählen, ein nicht unbeträchtliches Wählerpotenzial. Erdoğan rief ihnen zu, es sei zwar wichtig, die deutsche Sprache zu lernen, Integration bedeute aber nicht Anpassung. Assimilation, so Erdoğan, sei »ein Verbrechen gegen die Menschlichkeit«. Ich bemühte mich, die allgemeine Aufregung zu dämpfen, verwies auf seine positive Rolle in Ludwigshafen und darauf, dass der türkische Ministerpräsident doch nur gemeint habe, dass man nicht gezwungen werden dürfe, seine Kultur und Identität aufzugeben. Womit er recht hatte.

Ich empfand Erdoğan damals noch als einen einigermaßen eindrucksvollen

Mann. Mit seiner Körpersprache strahlte er seine Macht und seine Stellung aus. Selbst am Tisch vermittelte er mit seiner aufrechten Haltung immer das Gefühl, vor seinem Gegenüber sitze der Präsident der Türkei. Er hatte als Bürgermeister Istanbuls großen Erfolg gehabt, auch die Türkei modernisierte er anfangs in vielen Bereichen. Der Westen hatte nicht ohne Grund lange seine Hoffnungen in ihn gesetzt, auch ich. Erdoğan war immer sehr machtbewusst, aber eben kein radikaler Islamist.

Die Macht mit ihren Möglichkeiten hat ihn dann aber wohl nach und nach immer stärker korrumpiert. Leider ist das bei längerer Amtszeit insbesondere in noch nicht gefestigten Demokratien eher die Regel als die Ausnahme. Wenn dort Staatschefs die Macht erlangen, wollen sie von ihr nur ungern wieder lassen, weil sie irgendwann überzeugt sind, nur sie selbst können es. Und dann wird im Kampf um Macht das politische Überleben vorherrschend, vermischen sich Staat und Familie, öffentliche Gelder und privates Vermögen – mit der Folge, immer weiter hineinzurutschen und an die eigene Allmacht zu glauben, bis ein Ausweg wegen eigener Verstrickung gar nicht mehr möglich erscheint. Menschen verändern sich im Laufe ihres Lebens – und vielleicht in hohen Ämtern noch einmal stärker.

In der Türkei ist die frühere Aufbruchsstimmung, die mich fasziniert hatte, längst einem Klima der Angst gewichen. Als mich Mehmet Şimşek, ein Politiker kurdischer Abstammung und ehemaliger Finanzminister in Erdoğans Regierung, einmal in meinem Präsidialbüro im Bundestag besuchte, ließ er sein Handy im Auto, aus Sorge, abgehört zu werden. Erdoğan hatte den international anerkannten Finanzfachmann inzwischen durch seinen Schwiegersohn ersetzt. Jahre zuvor hatte mir Şimşek noch bei einer G20-Finanzministerkonferenz unter vier Augen geschildert, dass sich Erdoğan in den entscheidenden Stunden des gescheiterten Putsches 2016 tatsächlich in großer Gefahr befunden habe.

Schon Şimşeks Vorgänger Ali Babacan, ursprünglich in der AKP der engste Mitstreiter Erdoğans, hatte die Regierung und Partei verlassen. Rückblickend hat bei meiner wohlwollenden Bewertung Erdoğans die Fixierung auf den Islamismus, den ich ihm zu Unrecht unterstellt sah, dazu geführt, meinerseits den Autoritarismus zu unterschätzen, in den seine Herrschaft zunehmend abglitt. Erdoğan hat als Staatspräsident die Türkei zwar nicht in einen islamistischen Staat umgewandelt, aber von demokratischen Grundbedingungen ist das Land heute weiter entfernt als zuvor.

Damals bewegte sich die Türkei noch in Richtung Europäische Union – auf einem anspruchsvollen Weg, der den Türken viel abverlangte, um im formalisierten Beitrittsprozess die Anforderungen von Rechtsstaatlichkeit und Menschenrechten zu erfüllen. Anders als viele Politiker, die der Türkei eine EU-Mitgliedschaft zugesagt hatten, war ich skeptisch geblieben, was ich den Türken gegenüber ehrlich kommunizierte. Als Innenminister habe ich in Sicherheitsfragen eng mit ihnen zusammengearbeitet. Aber ich hing weiter der Vorstellung einer Europäischen Union als politischer Gemeinschaft an, also der Idee einer schrittweisen Abgabe staatlicher Souveränität an eine europäische Ebene in der Hoffnung, dass sich daraus bei den Menschen in den Mitgliedstaaten eine europäische Identität entwickeln würde. Die schien mir mit einer über die Grenzen des europäischen Kontinents deutlich hinausgreifenden EU zum Scheitern verurteilt.

Deswegen warb ich für das Prinzip der privilegierten Partnerschaft mit den Türken. Gelegentlich führte ich mit dem Historiker Heinrich August Winkler, dessen weiten historischen Horizont ich besonders schätze, einen eher spielerischen Disput, wer von uns beiden diesen Begriff zuerst in die Debatte eingeführt hatte. Es war natürlich Winkler, der in der publizistischen Auseinandersetzung sehr viel wirkmächtiger war als ich. Das Prinzip der privilegierten Partnerschaft bewegt sich gedanklich nahe meiner Vorstellung von einem Kerneuropa, also von einer variablen und flexiblen Konstruktion unterschiedlicher Integrationsstufen. In der Währungsunion oder im Schengen-System ist diese Form bereits heute angelegt, wobei der Lissabon-Vertrag auch das Instrument der verstärkten Zusammenarbeit vorsieht. Die ist allerdings institutionell viel zu kompliziert, um damit die großen Probleme lösen zu können. Die privilegierte Partnerschaft oder eine ähnliche Konstruktion der Flexibilität bleibt für mich schon deshalb aktuell, weil ein solches Prinzip nach dem Brexit eine Plattform für eine weitere möglichst enge Zusammenarbeit mit Großbritannien bietet und auch eine Lösung dafür eröffnet, den westlichen Balkan an die Europäische Union zu binden, ohne die Gesamtproblematik des zerfallenen Jugoslawiens in die Struktur der EU hineinzuziehen. Auf dem Balkan ist die folgenschwere Macht historischer Erinnerung spürbar, insbesondere die spaltende Wirkung, die von ihr ausgehen kann. Die Wunden der Kriege sind noch nicht vernarbt, und die vielfach unaufgearbeiteten Kriegserfahrungen wirken als gewaltige Bürde im Friedensprozess nach. Hinzu kommt: Das Regelwerk des europäischen Binnenmarkts, von der Währungsunion noch gar nicht zu reden, ist in seinen ökonomischen Voraussetzungen und in seinem bürokratischen Perfektionismus für viele Länder auch nicht unbedingt geeignet.

## JAHRHUNDERTAUFGABE ASYL UND MIGRATION

Die Europäische Union hat angesichts der großen globalen und innereuropäischen Krisen der vergangenen Jahrzehnte die Entwicklung auf dem Westbalkan, wo sich bereits früher die europäische Geschichte entschieden hat, viel zu lange nur halbherzig verfolgt. Und sie hat jenseits der aus der Kolonialzeit insbesondere für Frankreich und Großbritannien verbliebenen Interessen auch nicht ausreichend bedacht, wie sehr der afrikanische Nachbarkontinent Europas Zukunft beeinflussen würde. Dabei hatte schon einer der Väter der europäischen Einigung, Robert Schuman, Afrika als gemeinsame Aufgabe beschrieben. In den Fokus unserer Aufmerksamkeit geriet die Nachbarschaft der EU erst durch die Menschen, die diese Regionen massenweise desillusioniert verließen – in Richtung der Wohlstandsgesellschaften im Westen. Wenn der Wohlstand nicht zu den Menschen kommt, gehen sie eben dorthin, wo die Lebensverhältnisse besser sind: Das war in Deutschland nach dem Fall der Mauer so, und es gilt genauso im globalen Maßstab.

Die deutschen Asyldebatten seit den achtziger Jahren, insbesondere die schmerzhafte Auseinandersetzung um den Asylkompromiss von 1993, hatten die gesellschaftliche Sprengkraft unkontrollierter Zuwanderung auf nationaler Ebene gezeigt. Für das ungleich kompliziertere europäische Projekt mit divergierenden nationalen Interessen einer weiterwachsenden Zahl an Mitgliedsstaaten musste das umso mehr gelten. Gleich zu Beginn meiner Amtszeit machte ich mich deshalb im Kreis meiner europäischen Kollegen daran, eine europäische Asyl- und Migrationspolitik zustande zu bringen. Rechts- und Innenpolitik zählten nach dem Amsterdamer Vertrag zur sogenannten Dritten Säule europäischer Politik, also zu den Politikbereichen, die für gemeinsame Entscheidungen in der Regel Einstimmigkeit erfordern. Meine Position lautete im Grundsatz, dass eine europäische Migrationspolitik an den Außengrenzen der EU bzw. des von Binnengrenzkontrollen freien Schengen-Raums ansetzen müsse. Ich setzte mich dafür ein, die Bemühungen, abzuschiebende Nichtasylberechtigte zurückzuführen, als Europäer möglichst gemeinsam zu betreiben. Umgekehrt waren Flüchtlinge, die aus welchen Gründen und auf welchen Wegen auch immer nach Europa gelangt waren, menschenwürdig zu behandeln, und wir mussten gemeinschaftlich das Schlepperunwesen als eine schlimme Form organisierter Kriminalität bekämpfen. In der Langzeitperspektive blieb entscheidend, die politische, wirtschaftliche und soziale Situation in den Herkunftsländern und in deren Nachbarregionen so zu stabilisieren, dass möglichst wenige überhaupt erst zur Flucht aufgrund von Hunger, Not, gewalttätigen Kriegen oder politischer Unterdrückung gezwungen sein sollten – oder schlicht durch die Aussicht auf ein besseres Leben in Europa.

In langen mühsamen Verhandlungen entwickelten wir das ursprünglich schon 1990 unterzeichnete, aber erst 1997 in Kraft getretene Dubliner Übereinkommen so weiter, dass jedem Asylbewerber nur in einem Mitgliedstaat der Weg ins Asylverfahren ermöglicht werden sollte und dass Asylbewerber in sichere Herkunfts- oder Transitländer unmittelbar zurückgeführt werden konnten – analog zur Genfer Flüchtlingskonvention und zu der mit dem Asylkompromiss gefundenen Regelung des Artikels 16a unseres Grundgesetzes. Für ein Land, das – abgesehen von internationalen Flughäfen – praktisch keine Außengrenzen hat, ist das eine höchst komfortable Regelung, weswegen ich von Anfang an dafür plädierte, dass Deutschland mit seiner Wirtschaftskraft und Bevölkerungszahl einen fairen Anteil an Flüchtlingen aufnehmen sollte. Das habe ich in meiner Amtszeit als Innenminister nicht mehr hinbekommen, aber bei der Amtsübergabe meinem Nachfolger sehr ans Herz gelegt. Thomas de Maizière zeigte sich von dem Rat nicht überzeugt, sondern wandte ein, wir hätten in Deutschland doch über viele Jahre die Hauptlast europäischer Asylbewerber getragen. Das war zwar nicht zu bestreiten, aber ich prophezeite ihm schon damals, wenn er eine freiwillige Vereinbarung über eine von den Mitgliedstaaten und deren Bevölkerungen zu akzeptierende Verteilungsregelung für Asylbewerber zustande bringen wolle, müsse er das in einer Zeit tun, in der wir in Europa und hierzulande gerade nicht unter besonderem Druck stünden. De Maizière ignorierte mein Argument, und als dann Jahre danach das Problem virulent wurde, war es zu spät, um eine – einstimmige – Vereinbarung über eine angemessene Verteilung der Asylbewerber zu erreichen. Wenn man aber eine einstimmige Vereinbarung über eine faire Verteilung der Flüchtlinge zur Voraussetzung europäischen Asylrechts macht, zäumt man das Pferd von hinten auf und wird immer wieder scheitern.

## BILANZ EINER AMTSZEIT

Am Ende der Legislaturperiode musste ich mir eingestehen, mit vielen der von mir angestoßenen sicherheitspolitischen Projekte stecken geblieben zu sein. Positiv verbuchte ich die geglückte Schengen-Erweiterung und eine im Kampf gegen den Terror vorangetriebene Europäisierung der Innenpolitik, dazu national die Reform der Bundespolizei und die BKA-Novelle. Vor allem konnte ich erleichtert feststellen, dass das Land weitgehend sicher geblieben war. Anschläge konnten verhindert werden, das Großereignis WM war ein Erfolg.

Vor dem Hintergrund der aktuellen Debatte über die Versäumnisse in der Sicherheits- und Verteidigungspolitik stelle ich für mich fest, dass ich im Rahmen meiner Zuständigkeiten bereits damals darauf gedrungen habe, unsere Handlungsoptionen gerade bei den Herausforderungen zu überdenken, von denen wir hoffen, dass sie uns nie gestellt werden. Dafür habe ich öffentlich geworben, was nicht populär war, aber ich fühle mich im Nachhinein nicht widerlegt. Die Parallelen zu der von Putins Aggression erzwungenen Zeitenwende in der Außen- und Verteidigungspolitik zu der von mir damals betriebenen Stärkung präventiver innerer Sicherheit sind offensichtlich.

Neben stärkeren Anstrengungen gegen die existenziellen ökologischen Bedrohungen bleiben die globalen Migrationsbewegungen mit ihren Auswirkungen auf die Stabilität unserer Ordnung eines der zentralen Zukunftsprobleme. Dabei stehen wir weiter vor dem Dilemma, der Bevölkerung einerseits zu vermitteln, dass sich die Politik dem gewaltigen Problem der Migration annimmt, und gleichzeitig Stimmungen nicht aufzuheizen, sondern deeskalierend zu wirken. Wie gut uns diese Gratwanderung gelingt, ist von entscheidender Bedeutung für das gesellschaftliche Klima. Deshalb kann ich meiner Partei nur raten, nicht die gleichen Fehler wie in der Vergangenheit zu machen. Der verantwortliche Umgang mit dieser hochsensiblen Aufgabe verlangt auch weiterhin Härte *und* Herz.

In die Wahl 2009 ging ich mit dem Gefühl, dass ich – so die Union die Wahl gewinnen würde, was angesichts der Beliebtheitswerte Merkels und der eklatanten Schwäche der Sozialdemokraten ausgemacht schien – wohl auch in der nächsten Legislaturperiode daran weiterarbeiten würde, die schwierige Balance zwischen Sicherheit und Freiheit auszutarieren. Die große Koalition, zu der uns das Wahlergebnis 2005 genötigt hatte, war Ausdruck demokratischer Reife gewesen. Aber es war offensichtlich, dass sie an ihr Ende gekommen war.

Persönlich überschattet wurde meine vierjährige Amtszeit von einer medizinischen Diagnose bereits kurz nach Beginn der Legislaturperiode. Damals rief mich ein Freund an, der mir berichtete, dass er sich wegen eines Prostatakarzinoms einer Operation unterziehen müsse. Ich hatte Tage später bei einer Untersuchung denselben Befund, sodass ich ihn kollegial grüßte. Die offene Frage vor dem notwendigen Eingriff war, ob der Krebs schon gestreut hatte. So leistete ich im Stillen das Gelübde, bei einem erfolgreichen Eingriff das Rauchen aufzugeben. Im Übrigen wollte ich das alles diskret halten, weil ich wusste, dass angesichts meiner Behinderung jede weitere Schwäche in der Öffentlichkeit besonders argwöhnisch beäugt werden würde. Vor dem Eingriff Anfang Januar 2006 unterrichtete ich nur die Kanzlerin. Leider zeigte sich außerhalb der Prostata schon ein kleiner Befall, aber die Ärzte versicherten mir, dass sich die Krankheit nur langsam entwickeln werde. Das war dann auch etwa zehn Jahre lang so. Im Gegensatz zu manchen Kollegen habe ich die Erkrankung auch später nicht öffentlich gemacht, und auch Merkel hat mich niemals wieder danach gefragt. Das Rauchen habe ich gleichwohl nach knapp fünfzig Jahren endgültig und ohne jeden Rückfall aufgegeben. Mein Freund war auf zweifache Weise glücklicher: kein Befall, dafür raucht er noch immer.

Das Wahlergebnis 2009 erwies sich als ambivalent. Einerseits bedeutete die neue Koalition mit der FDP einen Triumph Merkels, indem sie nach einem Jahrzehnt wieder eine sogenannte bürgerliche Mehrheit errang. Andererseits ermöglichte das Bündnis nur eine historisch starke liberale Fraktion unter Guido Westerwelle, während die Union erneut ein miserables Ergebnis einfuhr. Die Stärke der Liberalen zwang uns dazu, uns zu Beginn der neuen Legislaturperiode mit unhaltbaren finanz- und steuerpolitischen Forderungen zu befassen, mit denen die FDP in den Wahlkampf gezogen war. Die Fallhöhe der so geweckten Erwartungen erwies sich als so hoch, dass der Aufprall in den Realitäten für die 2009 an sich selbst berauschten Liberalen vier Jahre später besonders hart war. Für mich bestätigt die Hybris der FDP mit allen gravierenden Folgen für die Partei, dass Wahlergebnisse vor allem Demut lehren sollten. Dass die Aufmerksamkeit nicht allein darauf gerichtet sein sollte, wie Wahlen zu gewinnen sind, sondern wie danach noch glaubwürdig regiert werden kann. Unhaltbare Wahlversprechen sind Gift. Auch auf die Gefahr hin, zu scheitern, kann den Bürgern die Wahrheit zugemutet werden. Darin sehe ich die Führungsaufgabe der Politik und die Verantwortung von uns Politikern.

Auf mich selbst wartete nach dem Wahlausgang eine gehörige Überraschung, als mir Merkel unerwartet das Finanzressort anbot. Als ich meine Entlassungsurkunde als Innenminister entgegennahm, sagte ich zu Bundespräsident Köhler noch erleichtert: »Jetzt kann ich das Telefon auch mal weglegen.« Denn wenn es nachts um drei klingelt, denkt man als Innenminister nur: Welche Katastrophe ist jetzt wieder eingetreten? Mit dieser Einschätzung habe ich mich allerdings gründlich getäuscht. Denn mit den gravierenden Turbulenzen an den Finanzmärkten 2008 hatte gerade erst begonnen, was mich im neuen Amt als Kaskade sich überlappender Krisen über Jahre in Atem halten sollte.

# IX.

## RENDEZVOUS MIT DER GLOBALISIERUNG: ALS FINANZMINISTER IM ZENTRUM NEUER KRISEN

◄ Angela Merkel und Wolfgang Schäuble im Kreis von Beratern und Mitarbeitern beim G-20-Gipfel in Cannes am 3. November 2011.

8./9. MAI 2010, MOSKAU – GENGENBACH – BRÜSSEL. Eigentlich sollte das Wochenende im Zeichen der Erinnerung an das Kriegsende vor 65 Jahren stehen. Der russische Präsident hatte dazu nach Moskau geladen, unter den zahlreichen internationalen Gästen befand sich auch die Bundeskanzlerin. Es blieb vorerst das letzte Mal, dass ein deutscher Regierungschef an der Militärparade auf dem Roten Platz teilnahm, die mehr als dem Gedenken der militärischen Machtdemonstration Russlands dient. Die Gespräche der Staats- und Regierungschefs am Rande der Feierlichkeiten bestimmte jedoch ein ganz anderes Thema: Die internationalen Finanzmärkte waren in Aufruhr. Die Weltwirtschaft erholte sich nur langsam von den Folgen des verheerenden Finanzcrashs von 2008, bei dem die Pleite der Investmentbank Lehman Brothers eine gigantische Immobilienblase in den USA hatte platzen lassen. Im Zentrum der akuten Krise stand mit Griechenland jetzt ein Mitglied der europäischen Gemeinschaftswährung – und damit: der Euro.

Erst am Freitag hatte der Deutsche Bundestag in einem bemerkenswerten Eilverfahren einem finanziellen Hilfsprogramm zugestimmt, mit dem die Mitgliedsstaaten des Euroraums Griechenland vor der Zahlungsunfähigkeit bewahrten. Die Höhe der bilateral vereinbarten Beistandskredite von 110 Milliarden Euro, zu denen der Internationale Währungsfonds (IWF) dreißig Milliarden beisteuerte, erschien riesig, auch wenn sie angesichts der Summen, die später in der Eurokrise und dann im Kampf gegen die wirtschaftlichen Folgen der Coronapandemie aufgerufen wurden, kaum mehr aufregend klingt. Der deutsche Anteil in Höhe von über 22 Milliarden Euro wurde über die Kreditanstalt für Wiederaufbau (KfW) geleistet. Es hatte die Kanzlerin und mich als Bundesfinanzminister eine Menge Überzeugungsarbeit gekostet, die Skepsis der eigenen Fraktion und noch mehr die des liberalen Koalitionspartners zu überwinden, um im Parlament die nötige Zustimmung zu erhalten.

Nur wenige Tage vor meinem Amtsantritt Ende Oktober 2009 hatte der selbst gerade erst neu ins Amt gekommene griechische Finanzminister Giorgos Papakonstantinou zugeben müssen, dass sich Griechenlands Vorgängerregierung den Beitritt zum Euro mit gefälschten Haushaltszahlen erschlichen hatte. Die erschreckende Wahrheit, ein Etatdefizit von fünfzehn Prozent und ein Leistungsbilanzminus in gleicher Höhe, brachte die Finanzministerkollegen in der Eurogruppe in Rage. Sie legte offen, dass das Land über seine Verhältnisse lebte und ein ganz erheblicher Sanierungsbedarf bestand. Die Finanzmärkte reagierten sofort und begannen, mögliche Risiken einer Staatspleite einzukalkulieren. Bereits im Frühjahr 2010 konnte sich Griechenland an den Märkten nicht mehr finanzieren. Es drohte der Staatsbankrott. Die Auswirkungen für die Stabilität der Gemeinschaftswährung und die Entwicklung der Weltwirtschaft waren unabsehbar. Dabei richteten sich die Blicke im Euroraum vor allem auf Irland und Portugal, in begrenzterem Maße auf Spanien und Zypern, und zunehmend bereitete auch das überschuldete Italien große Sorgen.

Da in der gemeinsamen Währung Zweifel an der Kreditwürdigkeit eines Landes nicht durch Veränderungen des Wechselkurses korrigiert werden konnten, führten sie zwangsläufig, besonders bei den größeren Mitgliedsländern im Währungsverbund, zu Unruhe an den Finanzmärkten. Deutschland schien sicher, für andere sah es kritischer aus, und das drückte sich in den Zinsdifferenzen aus, den sogenannten *spreads,* die wegen des engen Zusammenhangs zwischen Banken und Staatshaushalt als Risikoprämie auf Staatsanleihen zu zahlen sind. Daraus ergaben sich Ansteckungsgefahren. Kurz gesagt: Je größer die Krise etwa in Griechenland war, umso größer wurde der Druck, dass selbst Frankreich höhere Zinsen als Deutschland leisten musste – mit entsprechenden wirtschaftlichen Folgen.

Deshalb bestand im Interesse der Stabilität im Euroraum dringender Handlungsbedarf. In der deutschen Öffentlichkeit und in Teilen der Koalition war der Widerstand groß, denn damit stand die von vielen schon immer befürchtete »Transferunion« im Raum, also der Ausgleich unterschiedlicher Leistungsfähigkeit zwischen den einzelnen Euromitgliedsstaaten. Auch die Kanzlerin agierte zunächst zögerlich, zumal die Landtagswahl in Nordrhein-Westfalen Anfang Mai als erste Prüfung der nur schwer in Tritt gekommenen neuen Regierung bevorstand. Als die Bundesregierung unter dem Druck der Märkte und der internationalen Partner dann doch auf den Kurs der Hilfszahlungen einschwenkte, musste ich die Zustimmung des Bundestags für die notwendige Verbürgung der in Größenordnung und Tragweite präzedenzlosen KfW-Kredite innerhalb weniger Tage einholen.

Ich lag am ersten Maiwochenende mit hohem Fieber zu Hause im Bett, als mich die Kanzlerin aus Moskau anrief. Am Sonntag würde ich nach Brüssel reisen, wo sich die Eurogruppe, also die Finanzminister der Mitgliedsstaaten der Gemeinschaftswährung, zusammenfand, um das 110-Milliarden-Hilfsprogramm für Griechenland zu verabschieden. Der Bundestag hatte gerade grünes Licht dafür gegeben. Nun berichtete mir die Kanzlerin, ihre internationalen Amtskollegen seien alarmiert, dass die griechische Krise auf den gesamten Euroraum übergreifen könne. Von allen Seiten, selbst von den Chinesen, werde auf sie eingeredet, die gerade bereitgestellten Finanzhilfen reichten bei Weitem nicht aus. Längst gehe es nicht mehr allein um Griechenland, sondern die Stabilität des Euros insgesamt stehe infrage und drohe zum Problem der internationalen Finanzmärkte und der Weltwirtschaft zu werden.

Seit Wochen arbeiteten wir daran, im Euroraum eine Finanzierungskapazität zu schaffen, mit der wir im Falle einer drohenden Staatsinsolvenz in der Lage wären, durch Garantien oder auch Hilfszahlungen angeschlagene Länder zu stabilisieren. Es ging um Vorsorge, also darum, Mittel bereitzustellen, um jeden noch so aggressiven Versuch der Spekulation gegen einzelne Mitgliedsländer durch die Größenordnung dieser Finanzierungsfazilität im Vorhinein auszuschließen. Das vorgesehene Instrument entsprach auf europäischer Ebene in etwa dem, was wir in Deutschland während der Bankenkrise 2008 mit dem Finanzmarktstabilisierungsfonds SoFFin geschaffen hatten, um illiquide Finanzhäuser zu stützen. Nun zwang uns der internationale Druck, in ganz neuen Dimensionen zu denken. Ich hatte nach dem Kraftakt mit dem Griechenlandhilfspaket tags zuvor im Parlament eine Ahnung, auf welchen Widerstand wir damit in den Koalitionsfraktionen, nicht nur bei der FDP, stoßen würden.

Die Umstände der Reise zur Sondersitzung der Eurogruppe wurden abenteuerlich – und ein Vorgeschmack auf die wilde Zeit, die darauf folgen sollte. Am Sonntag flog mich die Bundeswehr gegen jede ärztliche Vernunft von Lahr nach Brüssel. Meine Frau begleitete mich vorsichtshalber. Kaum angekommen, eröffnete ich dem deutschen Botschafter, der mich am Flughafen abholte, ich müsste zunächst eine Sanitätsstelle aufsuchen. Mein Kreislauf drohte wegzusacken, es ging mir richtig elend. Um den wartenden Journalisten auszuweichen, fuhren wir an einem anderen Eingang des Ratsgebäudes vor. Ich wollte in der an sich schon erregten Situation keinen weiteren Anlass für Spekulationen geben. In der Sanitätsstelle war jedoch schnell klar, dass mir dort nicht auf die Schnelle geholfen werden konnte und ich dringend in eine Klinik eingeliefert werden musste. Also wurde ich mit dem Rettungswagen zur Notaufnahme des Brüsseler Uniklinikums gefahren. Dort ließ man mich zunächst warten, und ich stand noch vor einem anderen Problem: Während meine Englisch- und Französischkenntnisse inzwischen zwar dazu ausreichten, mich über schwierigste Finanzfragen auszutauschen, fehlte mir das medizinische Fachvokabular, um dem Krankenhauspersonal meine komplexe Gesundheitslage zu erläutern.

Als endlich der zuständige, sogar deutschsprechende Chefarzt auf die Station kam, fragte er mich zunächst halb humorvoll, halb ernsthaft besorgt, ob er denn Angst um sein Geld haben müsse. Ich antwortete, dass er das sehr wohl haben müsse – es sei denn, er werde mich für die bevorstehende Krisensitzung umgehend fit machen. Überzeugt habe ich ihn damit nicht, die Teilnahme hielt er in meinem Zustand für völlig ausgeschlossen. »Sie sind sehr krank«, sagte er zum Schluss – ein Satz, der das ganze Jahr 2010 nachhallen sollte.

Bei den anstehenden Verhandlungen im Kreis der Finanzminister durfte Deutschland natürlich nicht fehlen. Auf meine Staatssekretäre konnte man allerdings nicht ausweichen, sie besitzen in Vertretung ihres Ministers kein Rederecht im Rat. Unter meinen Kabinettskollegen fiel nach der Geschäftsordnung der Bundesregierung dem Wirtschaftsminister die Vertretungsaufgabe zu. Aber die Bundeskanzlerin traute Rainer Brüderle offenbar nicht, denn sie entsandte stattdessen meinen Nachfolger im Innenministerium Thomas de Maizière als einen ihrer alten Vertrauten nach Brüssel. Brüderle wurde später mitgeteilt, man habe ihn in der eiligen Situation leider nicht auftreiben können. Dass das nicht der Wahrheit entsprach, war offensichtlich, und es hat Brüderle verständlicherweise verletzt.

Am Abend hatte sich mein Zustand zumindest so weit stabilisiert, dass ich im Brüsseler Krankenbett die deftige Wahlniederlage der christlich-liberalen Koalition in Nordrhein-Westfalen verfolgen konnte – was auch keinen Anlass zur Spontanheilung bot. Jürgen Rüttgers hat noch viele Jahre später seine Abwahl darauf zurückgeführt, dass mit den in der deutschen Öffentlichkeit hochumstrittenen Griechenlandmaßnahmen kurz vor dem Wahltag keine Rücksicht auf ihn genommen worden sei. Ob das wirklich zutrifft, weiß ich nicht, aber das damals insgesamt bescheidene Erscheinungsbild der CDU im Bund wird dazu sicher beigetragen haben – die Affären der Regierungspartei in NRW allerdings auch. Jedenfalls wurde in dieser Brüsseler Nacht ein gigantischer europäischer Schutzschirm aufgespannt. Bis zu 500 Milliarden Euro konnten nun – zunächst zeitlich befristet – unter der Bürgschaft der Euromitgliedstaaten an Anleihen an den Finanzmärkten aufgenommen werden, um in Schieflage geratene Euromitgliedsländer zu stabilisieren. Der IWF beteiligte sich mit weiteren 250 Milliarden. Damit sollte jedem Zweifel an der Stabilität des Euros der Boden entzogen werden.

Griechenland war nach diesen strapaziösen und nervenaufreibenden Tagen damit fürs Erste gerettet, die Finanzmärkte einigermaßen beruhigt, und während es in der Koalition grummelte, war die Opposition voll des Lobes. Ob die Maßnahmen allerdings wirklich tragfähig waren, musste sich erst noch beweisen. Am Montag entließ ich mich selbst aus dem Brüsseler Krankenhaus. Den Ärzten hatte ich zugesagt, mich in die Klinik nach Bad Wildungen zu begeben, wo ich Anfang des Jahres operiert worden war. Meine Frau begleitete mich und trug die Infusionsflasche, die sie im Flugzeug mit einem Schnürsenkel an die Decke band. Das Bild vergesse ich nie: Während meine Gesundheit an einem Schnürsenkel baumelte, hing die Stabilität des Euros – und damit die Zukunft Europas – an einem seidenen Faden.

## WAHLSIEG 2009 – AM ZIEL?

Der Wahlsieg 2009 gehörte vor allem der FDP, die sich in der Opposition gegen die große Koalition profilieren konnte. Das magere Ergebnis der Union, mit 33,8 Prozent noch einmal knapp anderthalb Punkte schwächer als vier Jahre zuvor, fiel nur deshalb nicht so ins Gewicht, weil die SPD über zehn Prozent abgestürzt war. Es reichte also für eine schwarz-gelbe Regierungsbildung. In den Koalitionsverhandlungen wurden Arbeitsgruppen gebildet. Mir kam als Innenminister zusammen mit Sabine Leutheusser-Schnarrenberger die Verantwortung für die Arbeitsgruppe Rechts- und Innenpolitik zu. Alle erwarteten, dass das angesichts unserer Historie besonders schwer werden würde. Wir kannten uns seit Anfang der neunziger Jahre, und sie war im letzten Kabinett Kohl 1996 während der Auseinandersetzungen um den sogenannten Großen Lauschangriff, den sie gegen den Mehrheitsbeschluss ihrer Partei nicht mittragen wollte, als Justizministerin zurückgetreten. Aufgrund unserer unterschiedlichen Standpunkte wussten wir jedoch genau, in welchen Fragen wir Einigungen erzielen konnten und was wir lieber ausklammerten. Da wir uns professionell auf das Machbare konzentrierten, lagen unsere Ergebnisse sogar als erste vor. Ohne jedes öffentliche Gezeter. Weil in diesen Politikfeldern die Unterschiede zwischen Union und FDP traditionell am größten waren, blieb der Spielraum für Einigungen allerdings begrenzt.

An den allgemeinen Koalitionsverhandlungen war ich als Präsidiumsmitglied der CDU beteiligt, hatte aber keinen direkten Einfluss auf die finanzpolitischen Abmachungen. Darin ging es vor allem um die Frage der Haushaltskonsolidierung und steuerpolitische Maßnahmen. In den Jahren der Opposition hatte die FDP sich die Kernforderung nach Steuersenkungen und die Einführung eines Stufentarifs auf die Fahnen geschrieben, und mein an sich geschätzter Kollege Hermann Otto Solms, der selbst gern Finanzminister geworden wäre, verfolgte diese Ziele mit Nachdruck.

Von einem Einkommensteuertarif mit weniger Sätzen, also einem Stufentarif, geschweige denn von einem Einheitssteuersatz, der sogenannten *flatrate*, habe ich nie viel gehalten, auch nicht, als mein Freund Friedrich Merz in seiner berühmten Bierdeckel-Rede auf dem Parteitag in Leipzig dafür gefeiert wurde. Die Einkommensteuer sollte in meinen Augen der persönlichen Leistungsfähigkeit folgen, also höhere Einkommen mit höheren Steuersätzen belasten. Dafür ist der kontinuierlich anwachsende Progressionstarif sehr viel besser – wobei man wirtschaftspolitisch richtig die Unternehmensbesteuerung mit einem einheitlichen, dem Standortwettbewerb um Investitionen Rechnung tragenden Steuersatz belastet und die persönliche Steuerbelastung über die Verrechnung mit den Unternehmensteuern (Körperschaftsteuer und Gewerbesteuer) herstellt. Die wesentliche Hürde für alle Steuerreformpläne lag allerdings darin, dass infolge der Finanz- und Bankenkrise nach dem Zusammenbruch von Lehman Brothers die dramatische Haushaltslage gar keinen Spielraum für Steuerentlastungen hergab.

Es zeigte sich wieder einmal, dass das Aushandeln eines überdimensionierten Koalitionsvertrags, in dem abgelöst von den anstehenden Problemen und

Aufgaben vor allem programmatische Forderungen der beteiligten Parteien ihren Niederschlag finden, eher hinderlich denn zielführend wirkt. Nicht selten machen die Forderungen des Tages, der Einbruch der politischen Wirklichkeit die ambitioniertesten Verhandlungsergebnisse zur Makulatur – man hätte sich also im Nachhinein viel Arbeit sparen können.

## ANGELA MERKELS BITTE

Richtigerweise wurde über Ressortverteilung und Personalfragen erst nach Abschluss der Sachfragen gesprochen. Ich war davon ausgegangen, dass ich auch in der neuen Regierung das Innenressort behalten würde. Zu meiner Freude teilte mir die Bundeskanzlerin am Ende der Koalitionsverhandlungen mit, sie wünsche sich, dass ich in der neuen Regierung das Finanzressort übernähme. Ich sagte ihr, die Bitte sei eine ehrenvolle Zumutung, aber ich würde ihr gern nachkommen. Sie kenne allerdings meine Haltung als sehr eigenständiger Minister. Deswegen bekomme sie mit mir sicherlich keinen bequemen, aber auf jeden Fall einen loyalen Finanzminister. Auch bei Helmut Kohl beinhaltete meine von niemandem je bezweifelte Loyalität immer auch Kritik, Widerspruch und Eigenständigkeit. Bei Angela Merkel hatte ich aufgrund meines Alters und unserer gemeinsamen Geschichte ohnehin eine Sonderrolle. Aber sie wusste, dass sie sich auf mich verlassen konnte, und erwiderte, das sei genau der Grund, warum sie mich als Finanzminister brauche; sie wolle keinen Erfüllungsgehilfen, sondern einen starken Ressortchef, der die Finanz- und Haushaltsinteressen des Bundes auch gegenüber der Kanzlerin vertrete.

Das Reden über Stärke darf ganz besonders im Fall des Finanzministers nicht zur Phrase werden. Ein Finanzminister muss selbstbewusst sein, weil er eine Scharnierfunktion innehat: Alle anderen Kabinettskollegen wollen etwas von ihm und fühlen sich ausnahmslos und grundsätzlich benachteiligt. Es allen recht zu machen, ist jedoch ein Ding der Unmöglichkeit. Eigentlich hielt ich es immer für eine günstige Konstellation, wenn der Finanzminister nicht der Kanzlerpartei angehörte, weil dann das Prinzip der *checks and balances* besser gewahrt blieb und in die Statik der Koalition eingebettet war. Theo Waigel (wenn auch aus der Unionsfamilie), Peer Steinbrück oder mein Amtsnachfolger Olaf Scholz sind gute Beispiele für eine solchermaßen unabhängige Stellung. Oskar Lafontaine scheiterte bekanntlich daran, dass er in der eigenen Partei mehr sein wollte als der Kanzler, und für Hans Eichel wurde es schwierig, als aus den Koalitionsverhandlungen 2002 kolportiert worden war, wie Kanzler Schröder seinen Sparappell abwatschte: »Lass mal gut sein, Hans!« Das hatte seine Autorität irreparabel beschädigt. Mich beeindruckte, wie er vorher beharrlich das Image der »Büroklammer« ins Positive gewendet hatte. Es war sein Markenzeichen wie später vermutlich mein mürrischer Gesichtsausdruck (womit ich mir gerade in Haushaltsverhandlungen manchmal auch einfach nur ein unliebsames Gespräch vom Hals hielt). Aber nach einer derartigen öffentlichen Demontage war sein Ansehen im Keller.

»Der Starke ist am mächtigsten allein«, verkündet Schillers Wilhelm Tell – und hat damit die Sache doch nicht ganz getroffen. Zwar braucht der Finanzminister eine prinzipienfeste Haltung. Aber entscheidend bleiben doch auch ein kollegiales Miteinander, Berechenbarkeit, verbunden mit dem stetigen Bemühen, die eigene Position vernünftig zu erklären, und ein respektvolles Verhältnis zur Regierungschefin. Auf dieser Grundlage verständigte ich mich mit Angela Merkel, und es war dann auch eine positive, meist einvernehmliche Zusammenarbeit.

## DIE HERAUSFORDERUNG DES AMTES

Die Anforderungen, die mit dem Amt verbunden waren, unterschätzte ich nicht. Seit ich Bundestagsabgeordneter war, hatte ich zehn Finanzminister in Regierungsverantwortung beobachten können, anfangs Karl Schiller und Helmut Schmidt, später aus unmittelbarer Nähe Gerhard Stoltenberg und Theo Waigel, allesamt kompetent und führungsstark. Allerdings waren die Aufgaben durch die Währungsunion und die Veränderungen des globalen Finanzsystems komplexer geworden, sodass ich eine Art europäischer Finanzminister war, dessen Entscheidungen teilweise Auswirkungen über die EU hinaus hatten. Doch so sehr ich mich in die europäische Währungspolitik und internationale Finanzwirtschaft einarbeiten musste: Die Grundrechenarten beherrschte ich, und es ist nicht ganz unwichtig, wenn man vielerlei Vorschläge auf ihre Plausibilität überprüfen kann. Von Lafontaine sagte ich gelegentlich, er wäre vielleicht ein guter Finanzminister gewesen, wenn 2 + 2 = 40 wäre, aber leider ergebe es bei aller Intellektualität immer nur 4. Wichtiger als Spezialexpertise ist in der Ministerverantwortung zweifellos die Fähigkeit, politisch führen und kommunizieren zu können.

Die neuen Herausforderungen, vor die uns die Weltfinanzkrise seit Spätsommer 2007 stellte, zwangen uns alle, darüber nachzudenken, wie wir fiskalisch, ökonomisch und gesellschaftlich Schlimmeres verhindern konnten. Im Kabinett, in der Partei, aber auch in der Öffentlichkeit hatte ich mich an diesen Debatten beteiligt, über die mein Vorgänger Peer Steinbrück seit August 2007 immer mehr ins Zentrum der politischen Wahrnehmung gerückt war. Die gemeinsame Pressekonferenz mit der Bundeskanzlerin im Oktober 2008, als beide nach dem Zusammenbruch der Hypo Real Estate eine Garantie für alle Sparguthaben der Bundesbürger abgaben, gehört zu den prägenden Bildern der Koalition. Damit war die Dramatik der Lage ins allgemeine Bewusstsein gedrungen.

Inmitten einer Rezession, die zunächst den Vergleich mit dem Beben des Schwarzen Freitags von 1929 provoziert hatte, war der Ruf nach politischer Steuerung und Kontrolle der Finanzmärkte lauter geworden. Finanzpolitik sollte nicht nur Steuerrecht regeln, die Mittel des Haushalts umsichtig verteilen und die Ressortkollegen zum Sparen anhalten, sondern politisch gestalten – sie hatte nun auch für die Rahmung eines Kapitalismus zu sorgen, der offenbar im Rausch der Deregulierung Maß und Mitte verloren hatte. Das Finanzministerium ist insofern ein umfassendes Ressort, allerdings weniger durch das oft zitierte Vetorecht, das gegenüber einer in der Koalition verabredeten Linie keine reale Bedeutung hat. Vor allem muss der Finanzminister politisch Gewicht haben, in Partei, Koalition und Öffentlichkeit. Er sollte nach meiner Auffassung einer ethischen Richtschnur folgen, die sich an Gerechtigkeit und Fairness orientiert. Gleichzeitig genügt es nicht, Finanzpolitik als Kombination aus wissenschaftlicher Exaktheit und ethischen Erwägungen zu konzipieren. Es geht immer auch um psychologische Wirkung und die politische Einschätzung gesellschaftlicher Stimmungen, um Vertrauen und Zuversicht herzustellen. Ökonomie ist eben keine Naturwissenschaft, sondern eine Sozialwissenschaft, hat also mit Individuen und Gesellschaften zu tun, deren Einstellungen sich nicht zwingend vorhersagen lassen – insoweit ist sie nicht allein rationalen Marktkräften ausgesetzt.

## FINANZWELT

Die globale Finanzkrise hatte gezeigt, dass der gesamte Finanz-, Banken- und Versicherungssektor strengerer Regulierung und Aufsicht bedurfte. Es musste verhindert werden, dass der öffentliche Haushalt, also die Steuerzahler, als *lender of last resort* einspringen musste, wenn zuvor durch immer größere Risiken immer größere Gewinne in private Hände geflossen waren.

Die Geschichte der Subprime-Kredite ist dafür symptomatisch. Aus sozialpolitischen Motiven hatte die US-Regierung von Präsident George W. Bush mit billigen Krediten den Hauserwerb für niedere Einkommensschichten fördern wollen, was in der Folge zu einem überhitzten Immobilienmarkt und in der Erwartung ständig steigender Immobilienpreise zu einer Blase von schlecht gesicherten Krediten führte, die wegen höherer Risiken auch höhere Zinsen abwarfen. Diese Subprime-Kredite wurden Anlegern als hochattraktiv verkauft, ohne dass die meisten die höheren Risiken verstanden, geschweige denn dass solche offengelegt wurden. Zugleich wurden Versicherungsprämien für solche Kredite gehandelt, und das alles wurde zu neuen Finanzprodukten gebündelt und gemischt sowie nach intransparenten Formeln bewertet. Der bekannte Investor Warren Buffett bezeichnete solche Instrumente als Brandbeschleuniger und Massenvernichtungswaffen. Den Rendite suchenden Kunden jedoch wurden die Papiere derart angepriesen, dass auch Kommunen und selbst eine evangelische Landeskirche ihre liquiden Mittel darin anlegten. Unfreiwillig offenbarte der Chef der Deutschen Bank Hilmar Kopper, dass einige Banker genau wussten, was sie taten, als er in einer Fernsehsendung auf die Frage, ob er sein privates Vermögen auch in solchen Immobilienpapieren anlege, aufrichtig empört antwortete: Er vertraue nur grundsoliden Papieren.

Auch die Rankingagenturen spielten eine unrühmliche Rolle. Sie konnten, als die Blase geplatzt war, nicht erklären, mit welchen intransparenten Modellen sie regelmäßig zu Triple-A-Bewertungen gekommen waren, also dem besten Gütesiegel für Finanzanlagen. Zugleich veränderte sich die Struktur der intermediären Finanzdienstleistungen. Investmentbanking, oft verbunden mit aktiver, die Unternehmensgeschäfte mitgestaltender Anleihe- oder Investitionspolitik, versprach höhere Rendite, naturgemäß bei Inkaufnahme steigender Risiken. 25 Prozent benannte Josef Ackermann als Koppers Nachfolger bei der Deutschen Bank als Renditeziel.

Der Finanzsektor wurde so zum entscheidenden Treiber der disruptiven Entwicklung in der Weltwirtschaft. Die Balance zwischen wirtschaftlichem Wettbewerb und sozialem Ausgleich – Grundlage des Stabilitäts- und Wohlstandsversprechens der Sozialen Marktwirtschaft – ging zunehmend verloren. Die Unterschiede zwischen Spitzenbezügen von Managern und Durchschnittslöhnen der Arbeitnehmer explodierten. Im Boom Anfang des neuen Jahrtausends wurde die Grundlage für eine heute schmerzliche Spaltung der Gesellschaft gelegt, global und auch innerhalb jeder einzelnen nationalen Volkswirtschaft. Und wenn heute über mangelnden gesellschaftlichen Zusammenhalt und damit über die Krise des freiheitlich-demokratischen Rechtsstaats nachgedacht wird, dann liegt in dieser Entfesselung der Finanzmärkte genau wie im rücksichtslosen Verbrauch ökologischer Lebensgrundlagen, also im Verlust von Maß und Mitte, gerade in diesen Jahren eine Hauptursache.

Die Entwicklungen im Verantwortungsverständnis führender Manager beobachtete ich zunehmend irritiert. Das früher ehrbare Wort »Bankier« war längst durch »Banker« ersetzt worden. Und das entspricht in etwa dem Weg von Alfred Herrhausen zu Josef Ackermann. Herrhausen betonte stets die gesellschaftliche Macht und Verantwortung der Banken. National wie international setzte er sich nicht nur für den sozialen Zusammenhalt, sondern auch für die Entschuldung der Entwicklungsländer ein. Demgegenüber reduzierte Ackermann seine Verantwortung auf die Profite der Anleger. Wenn ich dann erlebte, wie Vorstandsmitglieder von Institutionen, die vom Steuerzahler gerettet werden mussten, Sturm liefen gegen die ihnen vom Haushaltsgesetzgeber auferlegten Vergütungsbeschränkungen, wurde mein Respekt nicht größer. Daher meine in Interviews und Reden gelegentlich geäußerte Bemerkung, man dürfe nicht zu lange Bundesfinanzminister sein, wenn man nicht als grundsätzlicher Kapitalismuskritiker enden wolle.

Mit der unmittelbaren Aufarbeitung der Bankenkrise hatte ich in meiner Amtszeit weniger zu tun. Die grundlegenden Entscheidungen waren in der Ära Steinbrück getroffen worden – mit der Hypo Real Estate und der Abwicklung der Landesbanken war ich befasst. Manche Dinge liefen glimpflicher ab, als man es inmitten der Krise erhoffen durfte. So führte Ulrich Schröder die Kreditanstalt für Wiederaufbau (KfW) als neuer Vorstandsvorsitzender in solides Fahrwasser zurück. Heute erfüllt sie wieder vielfältige Aufgaben bei der Finanzierung des gewerblichen Mittelstands, nachdem sie sich wenige Tage nach Schröders Amtsantritt den schmachvollen Titel »dümmste

Bank« zwischenzeitlich redlich erworben hatte: Über ihre Tochter IKB überwies sie Lehman Brothers 300 Millionen Euro exakt an dem Tag, als dieses Institut in die Insolvenz ging.

Da alles so schnell in Vergessenheit gerät, sei daran erinnert, dass nach amtlicher Auskunft meines Nachfolgers Olaf Scholz die Bankenrettung den deutschen Steuerzahler rund dreißig Milliarden Euro gekostet hat. Aus dieser Zeit ist mir vor allem im Gedächtnis geblieben, wie hochbezahlte Manager (nicht nur der Banken) in einer mir zunehmend widerlich erscheinenden Weise am eigenen finanziellen Vorteil interessiert waren. Ich erinnere mich daran, wie der Vorstandsvorsitzende eines Instituts, das immerhin mit über 18 Milliarden Euro vom Staat gerettet worden war, sehr bald die politisch durchgesetzte Deckelung der Managergehälter zu ändern versuchte. Eine halbe Million war nicht genug – der Vorstand bewilligte sich selbst bereits 2012 wieder über 1,3 Millionen, immer mit dem Argument, dass das in der Branche eben üblich sei. Anstand ist offenbar auch in diesen Kreisen zu einer knappen Ressource geworden.

Vor den Größen der internationalen Geldpolitik erstarrte ich also nicht in Ehrfurcht. Aber mir war klar, dass ich mich in viele neue Themen einarbeiten musste, und ich war bereit, mich darauf einzulassen – habe viel gelesen, viele Gespräche geführt, klugen Menschen zugehört, ohne allerdings den Anspruch gehabt zu haben, alles besser verstehen zu müssen als die Experten. Zu den wichtigsten Tugenden eines Ministers zählt, auf gute Berater zu hören. Wenn ich auch manchen als Besserwisser galt: Meine eigenen Grenzen konnte ich am Ende des siebten Lebensjahrzehnts ganz vernünftig einschätzen. Natürlich war mir das Feld der Finanzmärkte nicht in allen Feinheiten vertraut, aber ich wusste doch bald ziemlich genau, was etwa ein ungedeckter Leerverkauf war. Ganz generell halfen mir die Erfahrung eines langen politischen Lebens und die Sicherheit eines exzellenten administrativen Apparats: Staatssekretäre, Abteilungsleiter und Mitarbeiter, die mich mit ihrer Expertise unterstützten und meine Jahre im Amt intellektuell zu den forderndsten, aber auch anregendsten meines politischen Lebens machten.

## IM FINANZMINISTERIUM

Die Übergabe der Amtsgeschäfte mit meinem Vorgänger Peer Steinbrück verlief reibungslos. Wir hatten in der vergangenen Legislaturperiode der großen Koalition respektvoll zusammengearbeitet, und ich übernahm von ihm ein gut geführtes Haus. Steinbrück und ich sind nicht nur unserer Herkunft wegen verschieden, was Temperament und Humor anbelangt, wir pflegten auch einen unterschiedlichen politischen Stil. Wahr ist auch, dass Steinbrück und ich in der Finanzkrise zunächst divergierende Auffassungen vertraten. Ich war anfangs gegen das Enteignungsgesetz für die angeschlagene Hypo Real Estate und wollte sie nicht verstaatlichen. Wir hatten darüber eine Auseinandersetzung, denn ich verdächtigte ihn, hier den Impulsen eines sozialdemokratischen Dirigismus nachzugeben. Das war im Nachhinein unbegründet. Von heute aus gesehen gebe ich gern zu, dass er mit seinem entschlossenen Einsatz für die staatliche Rettungsaktion richtig lag, auch weil sie zur Beruhigung der Lage beitrug.

Nach dem Ausscheiden aus dem Amt profilierte sich Steinbrück als öffentlichkeitswirksamer Kritiker. Mit seinem Erfahrungsbuch *Unterm Strich* erzielte er große Resonanz, auch weil er als Autor und Kommentator das offene Wort nicht scheute – weder gegenüber der politischen Konkurrenz noch gegenüber der eigenen Partei. Als ich anlässlich einer Preisverleihung 2011 die Laudatio auf ihn hielt, warnte ich spaßhaft vor seinen wiedererwachenden politischen Ambitionen. Dass er zwei Jahre später als Kanzlerkandidat gegen uns antreten sollte, war damals allerdings nicht abzusehen.

Bei Amtsantritt blieb ich meinem Grundsatz treu, dem gespeicherten Wissen und der Kompetenz im Ministerium zu vertrauen. Es war für mich gar keine Frage, dass der bereits von Hans Eichel berufene Werner Gatzer, den ich aus den Tarifverhandlungen im öffentlichen Dienst kannte und als versierten Haushaltsexperten schätzte, auch künftig Staatssekretär für den Haushalt bleiben sollte. Auch die Kanzlerin stimmte dem zu, und Gatzer, ein Sozialdemokrat, wurde eine meiner wichtigsten Stützen. Er hatte einen wesentlichen Anteil bei der Erfindung und Verwirklichung der »schwarzen Null«.

Natürlich gibt es stets einen gewissen Druck, Positionen mit Leuten der eigenen Partei zu besetzen. Mir wurde Walther Otremba empfohlen, der allerdings nicht lange blieb, weil er bereits Anfang 2010 zu Karl-Theodor zu Guttenberg ins Verteidigungsministerium wechseln wollte. Vom Krankenbett aus fragte ich dann bei Hans Bernhard Beus an, dessen Erfahrung ich bereits im Innenministerium geschätzt hatte und der meinem Angebot glücklicherweise folgte. Sein Nachfolger Johannes Geismann zählte zu meinen langjährigen Vertrauten, genauso wie Bruno Kahl, der mich von der Fraktion über das Innenministerium bis ins Finanzministerium begleitete, bevor er 2016 Präsident des Bundesnachrichtendiensts wurde. Im Übrigen hatte ich mit Steffen Kampeter als Parlamentarischen Staatssekretär einen sachkundigen Mitstreiter, der alle Einzelheiten der Bankenkrise als haushaltspolitischer Sprecher und damit Counterpart von Steinbrück mitgestaltet hatte. Abgesehen davon konnte ich mich immer auf den Sachverstand und die Integrität meiner zuständigen Mitarbeiter verlassen – von Staatssekretär Jörg Asmussen (wie Gatzer ebenfalls ein Sozialdemokrat!) über die Finanzmarktabteilung bis zur Bundesanstalt für Finanzdienstleistungsaufsicht (BaFin) mit ihrem Präsidenten Jochen Sanio, deren sachliche Unabhängigkeit wir als aufsichtsführendes Ministerium sorgsam bewahrten.

## IM KAMPF GEGEN DIE NEUVERSCHULDUNG

Als wir uns im Finanzministerium an die Arbeit machten, bestand unsere vorrangige Aufgabe darin, wirksame Maßnahmen zu ergreifen, um aus der tiefsten Wirtschaftskrise der Nachkriegsgeschichte herauszukommen. Allerdings hatten die Konjunkturpakete I und II aus dem vorangegangenen Jahr (die uns mit der »Abwrackprämie« das Wort des Jahres 2009 bescherten) bereits dafür gesorgt, dass erste Erholungszeichen wahrnehmbar wurden. Es ging nun um den vorsichtigen Abbau kostenintensiver Ankurbelungsmaßnahmen, die eine ansteigende Arbeitslosigkeit verhindert, die Kaufkraft und den Absatz gestärkt sowie den Bankensektor stabilisiert hatten.

Der Haushaltsentwurf 2010, den die große Koalition noch vor der Sommerpause 2009 unter Finanzminister Steinbrück beschlossen hatte, sah immerhin eine Neuverschuldung von über 87 Milliarden Euro bei einem Gesamtvolumen von knapp über 300 Milliarden vor. Wir vereinbarten im neuen schwarz-gelben Koalitionsvertrag, zum 1. Januar 2010 kleinere und mittlere Einkommen, insbesondere die Familien, weiter zu entlasten und zusätzliche Maßnahmen zur Wachstumsbeschleunigung in das Haushaltsverfahren einzubringen. Die konjunkturellen Aussichten für 2010 verbesserten sich weltweit, auch in Deutschland. Dennoch ergab sich in unserem aktualisierten Haushaltsentwurf eine Nettokreditaufnahme von 85,8 Milliarden Euro. Um sich die Dimension einmal klarzumachen: In der mittelfristigen Finanzplanung war im Jahr 2008 für 2010 noch von einer Verschuldung von sechs Milliarden Euro ausgegangen worden. Nicht nur aufgrund der Turbulenzen in der Eurozone war es daher wichtig zu signalisieren, so schnell wie möglich wieder die Defizitgrenze des Stabilitätspakts von drei Prozent anpeilen zu wollen. Wenn ausgerechnet wir Deutschen uns nicht an den Vertrag von Maastricht hielten, würden die Chancen sinken, dass andere dies taten.

Da im Koalitionsvertrag der Vorrang für die Haushaltskonsolidierung vereinbart war, ließen sich die FDP-Pläne für eine Steuerreform umstandslos abräumen. Hinzu kam, dass die FDP gleich in den Anfangswochen der Koalition viel Vertrauen verspielte und ihrem Ziel der Steuersenkung zugunsten des Mittelstands einen Bärendienst erwies, als die Debatte über die sogenannte Mövenpick-Steuer entbrannte. Die Liberalen hatten auf eine Vereinbarung gedrängt, den Mehrwertsteuersatz für Hoteldienstleistungen von neunzehn Prozent auf sieben Prozent zu senken, um damit Forderungen des Hotel- und Gaststättengewerbes entgegenzukommen. Weil diese Lobbyinitiative von beachtlichen Spendengeldern an die FDP begleitet worden war, empörte sich die Öffentlichkeit. Dass ich von diesem Vorhaben der FDP nichts hielt, war kein Geheimnis. Aber in einer Koalition sind Kompromisse notwendig, auch wenn der Partner hinterher für seine Forderungen geradestehen muss.

Ich war generell kein Anhänger von differenzierten Mehrwertsteuersätzen und hätte eigentlich einen einheitlichen Mehrwertsteuersatz vorgezogen. Aber ich musste einsehen, dass der Widerstand gegen eine Abschaffung des ermäßigten Mehrwertsteuersatzes, insbesondere für Lebensmittel, in der Öffentlichkeit massiv gewesen wäre. Jeder Erklärungsversuch, dass einkommensschwächere Bevölkerungsschichten einen relativ geringen Teil ihres verfügbaren Einkommens für Lebensmittel ausgeben, hätte in der öffentlichen Debatte keine Chance gehabt. Gleichwohl halte ich den Weg einer immer stärkeren Differenzierung der Mehrwertsteuersätze noch immer für einen Schritt in die falsche Richtung. In der Politik ist es oft so, dass die systemisch einfachen und klaren Lösungen auf viel Widerstand stoßen. Dazu gehört auch die merkwürdige Erfahrung, dass die Kritik an einer geringen Belastungserhöhung den Beifall für eine an sich viel höhere Entlastung immer übertönt. Das eine wird als Zumutung empfunden, das andere schnell für selbstverständlich genommen. Ich habe das gelegentlich mit dem altrömischen Grundsatz erklärt, dass Schweigen Zustimmung bedeutet, was eben im Umkehrschluss heißt, dass nur die Gegner einer Entscheidung sich öffentlich laut äußern. Darin lag generell das Problem jedes steuerpolitischen Ansatzes, bei der Lohn- und Einkommensteuer mit weniger Ausnahmen insgesamt niedrigere Steuersätze zu etablieren. Es war systemisch richtig, politisch aber nicht machbar. Aufkommensneutrale Reformen wurden so politisch fast immer unmöglich.

Mit der Rückführung der hohen Nettokreditaufnahme ging es schon im Jahr 2010 schneller voran, als wir das zunächst selbst für möglich gehalten hatten. Dabei kam uns die wieder anziehende Konjunktur mit entsprechend steigenden Steuereinnahmen und sinkenden Arbeitslosenzahlen entgegen. Im Zuge der parlamentarischen Haushaltsberatungen bis zur Verabschiedung im März gelang es, die Neuverschuldung auf unter fünfzig Milliarden zu drücken. Wir vereinbarten auch Maßnahmen zur Einnahmenverbesserung, insbesondere eine Zusatzsteuer auf Kernbrennelemente. Als die Koalition die Laufzeiten für Kernkraftwerke verlängerte, vertraten wir den Standpunkt, dass die Energieerzeuger einen Teil der dadurch entstehenden Gewinne der Allgemeinheit zur Verfügung stellen müssten. Dass das Bundesverfassungsgericht dieses Gesetz 2017 nachträglich wieder kassiert hat und die daraus erzielten Einnahmen an die Energieversorger zurückgezahlt werden mussten, steht auf einem anderen Blatt. Außerdem beschlossen wir eine Luftverkehrsabgabe auf Flugbewegungen (Start und Landung) von deutschen Flughäfen. Aufgrund der internationalen rechtlichen Situation waren wir allerdings nicht in der Lage, eine Steuerbelastung für Flugbenzin einzuführen. Diese Luftverkehrsabgabe war hoch umstritten, aber wir haben sie all die Jahre eisern gegen den Widerstand der Luftfahrtindustrie verteidigt. Insbesondere Volker Kauder und Peter Ramsauer haben mich immer wieder bedrängt. Nach meiner Auffassung war es jedoch widersinnig, dass der Flugverkehr als einziger Verkehrsträger von jeder Energiesteuer befreit bleiben sollte. So verfolgte ich mein altes Ziel der Ökosteuern weiter, deren Gegner vor allem im eignen Lager zu finden waren. Über die ökologische Lenkungsfunktion und die maßvolle Verhältnismäßigkeit dieser Initiativen konnte eigentlich kein Zweifel bestehen. Dass darüber hinaus jede Energiesteuer einen ökologisch sinnvollen Abbau von Steuersubventionen realisiert, wollten manche auch nicht sehen.

Damit bestätigte sich eine alte Erfahrung: Jeder ist für Subventionsabbau – bis es konkret wird. Es hat mich einige Kraft gekostet, diese Maßnahmen mit durchzusetzen. Sie waren Inhalt des im Juni 2010 verabschiedeten Zukunfts- respektive Sparpakets, das nicht nur ebenso schmerzhafte wie notwendige Einsparungen im Sozialbereich vornahm, sondern mit der Einführung der Bankenabgabe und der Reduzierung von Ausnahmen bei der Ökosteuer auch Mehrbelastungen der Wirtschaft vorsah. Die Auseinandersetzungen innerhalb der Koalition waren hart, und das öffentliche Erscheinungsbild der Regierung blieb verbesserungswürdig. Dennoch konnte sich das Ergebnis sehen lassen, denn die Initiativen sollten Wirkung zeigen.

## SCHWIERIGES FAHRWASSER FÜR DIE UNION

Im ersten Halbjahr 2010 verwendete ich erhebliche Mühe darauf, die Unstimmigkeiten innerhalb des schwarz-gelben Lagers in der Öffentlichkeit durch weitläufige Interpretationsanstrengungen abzumildern. Das von vielen ersehnte Bündnis fand nicht so leicht zusammen, wie man allgemein erwartet hatte. Anspruch und Wirklichkeit der neuen Regierung klafften auch im Umgangston auseinander, ganz unbürgerlich war von »Gurkentruppen« und »Wildsäuen« die Rede. Die FDP sah ihre Felle davonschwimmen und agierte ungeduldig. Dauernd wurden neue Forderungen lanciert, und im Kabinett herrschte Unruhe.

Außerdem war die CDU in keiner einfachen Lage: Bundespräsident Horst Köhler erklärte nach einem missglückten Interview völlig überraschend seinen Rücktritt und setzte die Bundeskanzlerin unter Zugzwang; auf Köhler folgte Christian Wulff – bekanntlich nur für eine kurze Periode. Nach der krachenden Landtagswahlniederlage in Nordrhein-Westfalen war auch die baden-württembergische Landesregierung unter dem sprunghaften Stefan Mappus, der Günther Oettinger im Februar 2010 nachgefolgt war, zunehmend in Turbulenzen geraten. Die Auseinandersetzungen um das Bahnhofsprojekt Stuttgart 21 verschärften sich, die Proteste sogenannter Wutbürger wurden heftiger und eskalierten. Mappus ließ es insgesamt an Besonnenheit vermissen, sodass im Herbst Heiner Geißler als Vermittler zwischen Befürwortern und Gegnern zum Einsatz kam. Kompromisse herzustellen, gehörte nicht zu den Stärken von Mappus.

Als in der Bundesregierung im Sommer 2010 die Prolongierung der Restlaufzeiten für Atomkraftwerke diskutiert wurde, profilierte sich Mappus mit Rücktrittsforderungen an die Adresse von Umweltminister Norbert Röttgen, der allenfalls zu einer moderaten Verlängerung bereit war. Auch das war keine Hilfe und sah ein halbes Jahr später kaum besser aus. Denn nach dem Reaktorunglück im japanischen Fukushima am 11. März 2011 mussten wir eine Kehrtwende vollziehen. Bis heute wird darüber gestritten, ob diese abrupte Entscheidung für den Atomausstieg im europäischen Alleingang richtig war. Wer sich allerdings an die damalige innenpolitische Lage wenige Tage vor der wichtigen baden-württembergischen Landtagswahl erinnert, sollte bei Kritik an der Bundeskanzlerin faire Zurückhaltung üben. Ökonomische Rationalität und politische Stimmungen passen nicht immer zusammen. Zwar zählten die deutschen Kernkraftwerke zu den sichersten der Welt, aber solche Fakten nützen nichts, wenn Ängste einen derart radikalen Wandel in der öffentlichen Meinung herbeiführen. Mit sachlicher Argumentation ist dann nichts mehr auszurichten. Der Ausstieg aus der Kernenergie entsprach einer überwältigenden demokratischen Mehrheitsmeinung in der Bevölkerung. In einer Demokratie lebt die Regierung eben nicht im luftleeren Raum, auch wenn ich mir einen langsameren Ausstieg aus der Atomkraft gewünscht hätte. Vor allem hielt ich es für einen Fehler, dass die Technik an sich verteufelt wurde, denn es war damals und ist heute weiterhin unklug, sich von der internationalen Forschung zur Nutzung und zur Sicherheit der Kernenergie abzukoppeln – zumal weltweit immer neue Atomkraftwerke gebaut werden.

Diejenigen, die die Kanzlerin für die Kurskorrektur kritisieren, sollten sich übrigens auch daran erinnern, dass Merkel – verglichen mit den ehemals überzeugten Verfechtern der Kernenergie – eher noch moderat reagierte. Es waren andere die vorpreschten: Guido Westerwelle hatte es darauf angelegt, die Initiative an sich zu reißen, als er ohne Absprache mit der Kanzlerin das Moratorium des Kernkraftbeschlusses ins Spiel brachte. Und dass der Wahlkämpfer Mappus verzweifelt in Richtung Ausstieg umsteuerte, passte ins Bild – konnte aber auch nichts mehr retten. Die baden-württembergischen Wähler bescherten der Union eine Niederlage, von der sie sich in ihrem einstigen Stammland bis heute nicht erholt hat. Übrigens kam die reaktionsschnellste Forderung nach einem sofortigen Ausstieg – wie üblich – aus Bayern, wo Horst Seehofer als konvertierter Atomkraftgegner erneut seinen wachen Sinn für Stimmungsumschwünge bewies. Fast überflüssig zu erwähnen, dass sein damaliger Umweltminister Markus Söder sich alle Mühe gab, ihn auch bei diesem Kurswechsel noch zu überholen. In der CSU wirbelte damals ein neuer Jungstar viel Staub auf. Karl-Theodor zu Guttenberg legte innerhalb weniger Jahre vom CSU-Generalsekretär über das Wirtschaftsressort zum Verteidigungsminister eine steile Karriere hin. Sein schnelles Verglühen im Zuge einer Plagiatsaffäre demonstrierte, dass die Inszenierung als öffentliche Person an Grenzen stieß, wenn es an Substanz fehlte. Vom Star zur Sternschnuppe.

## MIT DER KANZLERIN IM KINO

Um meinen siebzigsten Geburtstag 2012 häuften sich die medialen Freundlichkeiten in einer Weise, dass ich fast schon skeptisch werden musste. Ich verhehle nicht, dass es mir wohltat, denn vermutlich hat kaum jemand zu Lebzeiten so viele politische Nachrufe auf sich lesen dürfen wie ich. Während ich allerdings zwei Jahre zuvor noch Mühe gehabt hatte, Zuversicht zu verbreiten, konnte ich nun in Interviews glaubhaft versichern, dass mir meine Arbeit Freude machte. Zu dieser neuen Unbeschwertheit zählt für mich auch ein besonders netter Abend mit Angela Merkel. Im Frühjahr 2012 kamen wir im Anschluss an eine Sitzung beiläufig auf den Film *Ziemlich beste Freunde* zu sprechen, eine Tragikomödie über einen Querschnittsgelähmten und seinen Pfleger, die damals gerade in aller Munde war. Wir kannten den Film beide noch nicht, und er interessierte mich, weil meine Frau ihn gesehen und mir sehr empfohlen hatte. Allein ging ich aber nicht gern ins Kino, und so lud mich Merkel spontan ein. Vorher fragte sie mich noch, ob das jetzt blöd sei, wenn wir gemeinsam ins Kino gingen. Woraufhin wir beide lachten und uns sagten: Wieso eigentlich nicht – warum sollten wir nicht einfach einmal etwas ganz Normales miteinander unternehmen? Wir gingen also zusammen ins Kino, saßen danach noch im angeregten Gespräch beim Italiener und schauten dort die zweite Halbzeit eines Champions-League-Spiels. Alles sehr entspannt, nicht ganz unbemerkt, aber doch ohne jeden Trubel. Es machte wie immer Freude, Zeit mit ihr zu verbringen – sie hat Witz, kennt sich in vielen Dingen aus, ist einfach eine durch und durch angenehme Gesellschaft.

Dieser Abend ist in gewisser Weise charakteristisch für unser Verhältnis, in das zu unterschiedlichen Zeiten, in verschiedenen Konstellationen immer viel hineininterpretiert worden ist, das aber von gegenseitigem Vertrauen und Sympathie getragen war. Außenstehende können kaum abschätzen, wie häufig wir im Regierungsalltag miteinander zu tun hatten. Allein die Eurokrise und das Dauerthema der Haushaltspolitik schufen immer wieder neuen Abstimmungsbedarf. Da der Finanzminister mit allen Ressorts in Verbindung steht und wesentlich über die Grundlinien der Politik mitentscheidet, war ich ein natürlicher Ansprechpartner. Merkel wusste zudem, dass sie in mir einen loyalen Partner hatte, der gleichzeitig die konservativen Skeptiker der Union mit integrierte. Ihren vorsichtigen gesellschaftlichen Modernisierungskurs fand ich richtig, stützte ihn intern und in vielen öffentlichen Äußerungen. Sie hatte viel besser als viele ihrer Kritiker verstanden, wie rasch sich die Welt veränderte und was das für die Politik bedeutete – ob dies nun die Integration ausländischer Mitbürger, die Erweiterung des traditionellen Familienbegriffs oder die Anerkennung gleichgeschlechtlicher Partnerschaften betraf. Sie wägte ab, ging den Dingen auf den Grund und schaffte es, die Interessen einer sehr heterogenen Gesellschaft zu bündeln. Ich schätzte ihre überlegte Art. In einem Interview mit der *Süddeutschen Zeitung* pries ich die Führungsqualitäten der Kanzlerin folgendermaßen: nicht so hurra-mäßig wie Napoleon, aber erfolgreicher! Im kleinen Kreis war es durchaus möglich, mit ihr offen zu streiten. Auch das praktizierten wir häufig. Unsere Arbeitsbeziehung und unser persönliches Verhältnis waren in diesen Jahren intakt. Wir ergänzten uns in vielerlei Hinsicht hervorragend und fanden auch im produktiven Streit immer wieder zueinander.

## AUF DEM WEG ZUR »SCHWARZEN NULL«

In den wirtschafts- und finanzpolitischen Debatten wird regelmäßig ein Gegensatz zwischen sogenannten Keynesianern und Anhängern einer eher restriktiven Finanzpolitik gesehen. Dabei habe ich oft den Standpunkt vertreten, wenn man sich schon auf John Maynard Keynes berufe, sollte man sich auch alle Bestandteile seiner Lehre zu Herzen nehmen und ihn nicht nur auf das Schlagwort *deficit spending* reduzieren. Keynes' Vortrag über das *Ende des Laissez-Faire* von 1926 enthält bis heute wichtige Leitgedanken, die übrigens in abgewandelter Form auch die Ordoliberalen teilten: Erstens folgt der Kapitalismus keinen natürlichen Marktgesetzen, sondern ist in eine soziale

Ordnung eingebunden und durch sie gerahmt; zweitens soll der Staat eine ordnende Funktion ausüben und die Entscheidungen treffen, die niemand sonst treffen kann. Um Schlimmeres zu verhindern, darf der Staat Schwankungen im Konjunkturverlauf entgegensteuern und im Zweifel die Nachfrage ankurbeln, notfalls eben durch *deficit spending*. Wenn sich die Zeiten wieder normalisieren, muss der Staat allerdings auch versuchen, zu einem ausgeglichenen Haushalt zurückzukehren. Insofern kann man nicht nur aktive Konjunkturpolitik, sondern auch die Schuldenbremse auf Keynes zurückführen. Die Regel zur Schuldenbegrenzung stammt übrigens nicht von mir, um einer weitverbreiteten Fehlannahme entgegenzutreten, sondern von meinem Vorgänger Peer Steinbrück. Wir haben es also keineswegs mit einem christdemokratischen Fetisch zu tun, vielmehr mit einem ordnungspolitischen Grundsatz, der parteiübergreifend Akzeptanz genießen sollte.

Ich verfolgte die grundlegende finanzpolitische Linie, im Rahmen des Koalitionsvertrags der Haushaltskonsolidierung den Vorrang zu geben. Wir machten es uns zur Aufgabe, das Gesamtvolumen des Bundeshaushalts nicht zu erhöhen, um auf diese Weise durch Steigerungen der Einnahmen konjunkturgerecht zu einer schnellen Reduzierung der Nettokreditaufnahme zu kommen. Soweit die FDP gegen einzelne Maßnahmen Widerstand leistete, waren die besseren Argumente auf unserer Seite. Die Liberalen gerieten schnell auf die abschüssige Bahn, was Umfrageergebnisse zeigten, und wurden zunehmend nervös. Vermutlich lag ein Teil ihres Dilemmas auch darin, dass sie ihre steuerpolitischen Versprechungen im Wesentlichen nicht realisieren konnten. Westerwelles unbedachte, auf Hartz-IV-Empfänger gemünzte Äußerung über Zustände »spätrömischer Dekadenz« Anfang 2010 hatten den Abwärtsstrudel noch verstärkt, von dem sich die Partei nicht mehr erholte. Auch der neuen Führungsriege unter dem jungen Philipp Rösler, mit dem ich persönlich sehr gut auskam, gelang keine Trendumkehr mehr. Vermutlich trugen die Schwäche der FDP und die mangelnde Durchschlagskraft wirtschaftsliberaler Positionen auch zum Aufstieg der AfD bei, die ja, was heute fast vergessen ist, zunächst das Projekt marktliberaler Eurokritiker war. Für die Statik der Koalition war dies auf lange Sicht keine gute Entwicklung.

Unsere Einsparungsbemühungen wurden in der zweiten Hälfte der Legislaturperiode durch die Gesamtlage begünstigt, denn die allgemeine Zinsentwicklung ergab deutlich geringere Finanzierungslasten für die Bundesschulden. Es zeichnete sich ab, dass wir die öffentliche Erwartungshaltung deutlich übertreffen würden. Deshalb diskutierten wir Ende 2012 im Leitungskreis des Bundesfinanzministeriums darüber, ob wir die »schwarze Null« – also den unter konjunkturellen Normalzeiten ausgeglichenen Bundeshaushalt – als politisches Ziel ausgeben sollten. Sicherlich war das Ziel als solches nicht neu, denn es entsprach von jeher dem Maßstab vernünftiger Haushaltsplanung, eine Balance zwischen Einnahmen und Ausgaben herzustellen. Allerdings war Franz Josef Strauß der einzige meiner Vorgänger, dem dies für das Haushaltsjahr 1969 gelungen war.

In meiner Amtszeit gelang dann die Einhaltung der »schwarzen Null« über Jahre, und zwar – ein Alleinstellungsmerkmal – sowohl im Ist als auch im Soll des Bundeshaushalts. Es ging uns nicht zuletzt um die öffentliche Kommunikation. Konnten wir unseren Kurs wirklich in einem Begriff verdichten? Denn erstens barg die Prägnanz einer solchen Wendung das Risiko einer starken Fixierung und Selbstbindung. Falls unvorhersehbare Krisen und Konjunktureinbrüche einträten, wären wir in der wenig erquicklichen Lage, unser Scheitern erklären zu müssen. Zweitens war mit dem Bild der »schwarzen Null« die Gefahr gegeben, als wenig ambitioniert und politisch indifferent dazustehen – die Identifikation mit der Null hätte in dieser Hinsicht auch schiefgehen können.

Nach meiner Erinnerung setzte sich Staatssekretär Gatzer ganz besonders und sehr überzeugend für das suggestive Bild der »schwarzen Null« ein. Er vertrat die Auffassung, dass damit eine starke politische Verpflichtungswirkung einhergehe und es künftig jede Regierung schwer haben würde, von diesem einmal verkündeten und realisierbar erscheinenden Ziel wieder abzurücken. Am Ende haben wir uns so entschieden, und in der Tat sind die Erwartungen an die kommunikative und politische Wirkung des Begriffs »schwarze Null«, seit wir ihn im Oktober 2012 verkündet haben, voll und ganz erfüllt worden. Die »schwarze Null« wurde als Zielnorm handlungsleitend, und innerhalb der Schwesterparteien verständigten wir uns darauf, sie als zentrales Element im kommenden Wahlprogramm zu nutzen. Zugleich legten wir darin fest, künftig keinen Steuererhöhungen zuzustimmen.

Weil wir uns beharrlich unserem Ziel näherten und nicht aufhörten, die Bedeutung der »schwarzen Null« für die Gestaltungsfähigkeit künftiger Politik und die Generationenverantwortung zu erklären, gewannen wir Glaubwürdigkeit und Vertrauen zurück. Nicht wenige teilen meine Auffassung, dass ihre mobilisierende Wirkung einen entscheidenden Beitrag zum starken

Ergebnis der CDU/CSU bei der Bundestagswahl 2013 leistete. Vor Kurzem noch, im Juli 2023, sagte mir ein Kundendienstmitarbeiter, der bei uns zu Hause in Offenburg eine Küchenmaschine reparierte, er wolle sich bei mir für die »schwarze Null« bedanken, sie habe schließlich unserem Land ein Jahrzehnt Wachstum und gute Beschäftigung ermöglicht.

Mit dem Haushaltsabschluss 2014 hatten wir unser Ziel erreicht, sogar ein Jahr früher als ursprünglich avisiert. Neben einer guten Politik brauchte es günstige Umstände und etwas Glück. Und natürlich immer auch ein Gespür für den passenden Moment – bei der »schwarzen Null« kam das alles zusammen. Die Kritik in der Opposition und in manchen Medien an der vermeintlichen Fantasielosigkeit einer Haushaltspolitik, die es darauf anlege, jedes Opfer für den ausgeglichenen Haushalt zu bringen, und wichtige Bereiche kaputtsparen, konnte ich vorhersehen. Mir ging es darum, ein Bewusstsein für die sorglose Überfinanzierung bestimmter Bereiche zu schaffen. Zur Selbstzufriedenheit gab es jedoch keinen Anlass. Eine einfache Regel besagt außerdem, dass wirtschaftlich gute Zeiten für Finanzminister besonders anstrengend sind, weil die Begehrlichkeiten in den Himmel wachsen und er die Ausgabenwünsche seiner Kollegen kaum bremsen kann. Auch deshalb beschritten wir – mit der Unterstützung der Kanzlerin – den anspruchsvollen Weg, Überschüsse im Haushalt sogar zu verbergen; sie wären sonst nie zu halten gewesen. Der Vorwurf, auf diese Weise Investitionen verhindert zu haben, läuft allerdings ins Leere, denn an den fehlenden Mitteln lag es nie, wenn die tatsächliche Investitionsquote zu gering ausfiel.

## WARUM ES IN DEUTSCHLAND SO SCHWER IST, GELD VERNÜNFTIG AUSZUGEBEN

Mich beschäftigte vor allem ein strukturelles Problem. Ich habe in allen haushaltspolitischen Reden in meiner Zeit als Bundesfinanzminister immer wieder auf meine größte Schwierigkeit im Bundeshaushalt hingewiesen: Sie bestand darin, dass die Sozialleistungsquote stets bei über fünfzig Prozent lag – mit steigender Tendenz. Der größte Einzelposten war der Zuschuss zur gesetzlichen Rentenversicherung, aber auch die nötigen Finanzspritzen zur gesetzlichen Krankenversicherung sind im Laufe der Jahre immer höher dosiert worden. Die Übertragung weiterer Leistungen aus dem Bereich der Arbeitslosenversicherung auf den allgemeinen Sozialleistungsbereich kam erschwerend hinzu. Das alles hat dazu geführt, dass die Investitionsquote im Bundeshaushalt bei Weitem nicht das erfüllt hat, was eigentlich den Bedürfnissen einer auf Wachstum angelegten Politik für die Bundesrepublik Deutschland im Wettbewerb mit anderen Volkswirtschaften entsprochen hätte. Wenn es um die Investitionsquote geht, ist allerdings ein grundlegendes Dilemma zu benennen: Nicht der Mangel an investiven Mitteln im Bundeshaushalt war das Problem, vielmehr liegt der Knackpunkt seit Jahren in unserer schwerfälligen Planungs- und Genehmigungsbürokratie. Die Wucherungen des Verwaltungsapparats mit allen möglichen unsinnigen Bewilligungshürden und die Segmentierung der Zuständigkeiten erreichen nicht selten kafkaeske Ausmaße und verhindern, dass das Geld dort ankommt, wo es gebraucht wird. Die Bundeswehr ist dafür das beste Beispiel. Selbst wenn man einige Milliarden mehr hineingesteckt hätte, wäre nicht unbedingt mehr herausgekommen. Die umständlichen Planungs- und Genehmigungsverfahren machen es nahezu unmöglich, dass Gelder überhaupt abgerufen werden konnten. Wohl noch schlimmer ist deren Dauer. Der Hauptstadtflughafen BER ist dafür fast weltweit bekannt, ähnlich sieht es bei der Umgestaltung des Stuttgarter Hauptbahnhofs und dem Ausbau der Eisenbahnstrecke in der Oberrheinebene aus. Insofern bleibt es auch heute ein frommer Wunsch, dass das Sondervermögen von 100 Milliarden Euro für die Bundeswehr, das nach dem Angriff auf die Ukraine bereitgestellt wurde, die bezweckten Effekte erzielt. Hier verlangt es auf vielen Ebenen nach grundlegenden Reformen.

Dieser Missstand holte mich bei internationalen Diskussionen ein, in denen es immer um den deutschen Überschuss in der Leistungsbilanz ging – getreu dem Argument, unsere Überschüsse führen zwangsläufig zu Leistungsbilanzdefiziten in anderen Ländern. Meine Antwort darauf lautete stets, dass der deutsche Überschuss vom Bundeshaushalt her lediglich über eine Steigerung der konsumtiven (nicht der investiven) Ausgaben reduziert werden könnte, was aber auch international nicht gewollt war. Gelegentlich habe ich ironisch den Kollegen aus der internationalen Finanzwelt meine Entscheidungsbefugnisse als Bundesfinanzminister angeboten, damit sie die Investitionen im Bundeshaushalt entsprechend erhöhen könnten – allerdings unter der Bedingung, dass am Ende des Jahres die Mittel tatsächlich abgeflossen sein müssten. Im Übrigen ist dies nicht nur in Deutschland, sondern überall in Europa – und insbesondere in den Euro-Krisen-Ländern – das eigentliche Problem gewesen. Den ehemaligen italienischen Finanzminister Pier Carlo Padoan habe ich einmal gefragt, ob jemals eine Investition in die öffentliche Infrastruktur Italiens an einem Mangel an Finanzierung gescheitert sei. Da musste er zugeben, dass es eher am Mangel ausreichend baureifer Projekte für öffentliche Infrastrukturinvestitionen gelegen habe. Dasselbe in Griechenland. Zu Zeiten der Regierungszeit von Andonis Samaras bin ich dort gewesen und habe mit der deutschen Wirtschaft darüber verhandelt, ob wir stärkere Initiativen anstoßen könnten, um Investitionen in Griechenland zu fördern. Das Problem waren auch hier niemals die Finanzmittel, sondern das Fehlen vernünftiger Projekte, um rentable Investitionen zu tätigen. Jean-Claude Juncker hatte zu Beginn seiner zweiten Amtszeit als Präsident der EU-Kommission den sogenannten Juncker-Plan lanciert, der im Wesentlichen kreditfinanzierte 315 Milliarden Euro an öffentlichen Investitionen in Infrastrukturprojekte innerhalb von drei Jahren vorsah. Wir griffen im Finanzministerrat unter der Präsidentschaft von Pier Carlo Padoan die Initiative zusammen mit der Europäischen Investitionsbank auf und setzten eine Arbeitsgruppe ein, die wirtschaftlich sinnvolle öffentliche Infrastrukturinvestitionen identifizieren sollte. Doch auch diesem Projekt war nur ein begrenzter Erfolg beschieden.

Die Debatte über Investitionen erleben wir spiegelbildlich auch in der bundesdeutschen Haushaltspolitik. Es ist frustrierend, wie verfahren die Situation ist – ohne realistische Aussicht auf eine Trendumkehr. Während Bürokratie und Verwaltung unaufhörlich aufgebläht werden – konsumtive Mittel! –, marschieren Heerscharen von *Consultants* durch die Ministerien und öffentliche Verwaltungen, ohne einen sichtbaren Effekt zu erzielen. Solche Fehlentwicklungen fallen uns bis heute auf die Füße, in Deutschland und in ganz Europa. Probleme politisch lediglich mit immer mehr Geld lösen zu wollen, ohne die Wurzel des Übels anzugehen, hat seine Konsequenzen – und mit der europäischen Schuldenkrise, die meine Amtszeit prägen sollte, wurden sie allen bewusst, freilich ohne, wie wir heute sehen, dass dies auch bei allen zu einem langfristigen Umdenken geführt hat.

## 2010 – *ANNUS HORRIBILIS:* GRIECHISCHE UND PERSÖNLICHE FIEBERKURVEN

In der Rückschau auf die Kaskade an Krisen seit 2008 erscheint die europäische Schuldenkrise längst wie ein abgeschlossener monolithischer Block zwischen der Finanzmarktkrise und der Flüchtlingskrise, auf die wiederum die Coronapandemie und der Krieg gegen die Ukraine folgten, und das Ganze überwölbt von den Herausforderungen des Klimawandels und – lange unterschätzt – der Krise westlicher Demokratien. Tatsächlich waren und sind das alles immer überlappende, teils zusammenhängende und sich wechselseitig bedingende Krisen gewesen, die ich als unser Rendezvous mit der Globalisierung verstand.

Krisen kennen Phasen relativer Entspannung, und sie haben ihre teils dramatischen Zuspitzungen, die sich in das kollektive Gedächtnis einbrennen, so wie die als griechische Showdownmomente erinnerten Jahre 2010/11 und 2015. Sie stehen unweigerlich auch hier im Fokus, selbst wenn darüber die jahrelangen Verhandlungsmarathons auf europäischer und internationaler Ebene aus dem Blick geraten, in denen ich mich um eine stärkere Regulierung der globalisierten Finanzwelt mit ihren entfesselten Märkten bemühte.

Ich unternehme gar nicht erst den Versuch einer minutiösen Rekonstruktion der Ereignisse; das haben aus ihrer Perspektive andere Beteiligte bereits getan, und Historiker werden folgen. Stattdessen werde ich in Schlaglichtern, ausgerichtet auf einige wichtige Etappen und Akteure der Krise, meine Sicht des Konflikts darstellen, der das europäische Einigungsprojekt an den Rand des Abgrunds führte. Zum Absturz ist es nicht gekommen, denn die Krise erwies sich auch als Chance, Reformen durchzusetzen oder wenigstens anzustoßen, um dem Euro und damit der Europäischen Union wieder Stabilität zu verleihen.

Krise herrschte praktisch vom ersten Tag meiner Amtszeit an. Mich erwartete eine immens fordernde Zeit, in der ich täglich mit meinen europäischen Kollegen telefonierte und unzählige Treffen absolvierte, um mich international abzustimmen – im EU-Rat für Wirtschaft und Finanzen (Ecofin) und der Eurogruppe, im Kreis der G7- und G20-Staaten, am Rande von Tagungen des IWF und der Weltbank oder auch nur, um Zeit zu sparen, bei Zwischenstopps auf Flughäfen.

Von Beginn an stand das Überspringen der Finanz- und Bankenkrise auf die Stabilität der Eurozone insgesamt im Mittelpunkt. Durch den starken wirtschaftlichen Einbruch, die damit verbundenen erheblichen Einnahmeausfälle und zugleich notwendig gewordenen Konjunkturprogramme sowie durch die massiven Aufwendungen zur Rettung von Banken vor der Insolvenz waren die Haushalte aller Euroländer horrend verschuldet, weit über die Kriterien hinaus, die einst in Maastricht festgelegt worden waren. Griechenland war wegen seiner Tricksereien zwar am stärksten gefährdet, aber auch Irland, Spanien und Portugal, dazu Zypern und zunehmend Italien wurden von ihren Schuldenbergen förmlich erdrückt.

Um die hyperventilierenden Märkte, auf denen mithilfe überdrehter Ratingagenturen gezielt gegen einzelne der angeschlagenen Staaten spekuliert wurde, erst einmal wieder zu beruhigen und die Ansteckung anderer Staaten im Euroraum zu verhindern (der Begriff war damals allgegenwärtig und erst durch die Erfahrung der Coronapandemie wurde mir der epidemiologische Duktus auch dieser Krise überdeutlich), antworteten wir auf die akute Krise mit dem eingangs beschriebenen milliardenschweren Hilfsprogramm. Mit Krediten wurden Nehmerländer in kritischen Momenten, in denen Anleihen wieder fällig wurden, dabei unterstützt, diese bedienen zu können – bis zur nächsten Fälligkeit. Als Mitglieder der Eurogruppe hatten wir alle jederzeit eine Liste in unseren Unterlagen, die Auskunft darüber gab, welche Anleihen Griechenlands in welcher Höhe zu welchem Zeitpunkt fällig waren. Die dann wieder notwendigen Hilfen durch Kredite wurden immer konditioniert, verpflichteten Griechenland bis zur nächsten Fälligkeit also zu massiven Reformanstrengungen, deren Umsetzung von Fachleuten von IWF, EU-Kommission und Europäischer Zentralbank (EZB) kontrolliert wurden, der berühmt-berüchtigten Troika. Ein positives Testat der Troika war für die Eurogruppe immer Voraussetzung, um die nächsten Beistandskredite zu gewähren.

In dieser ersten Eskalation der Krise kam für mich persönlich erschwerend hinzu, dass 2010 zu einem gesundheitlich überaus problematischen Jahr wurde – und dadurch zu einem der schwierigsten meiner Politikerlaufbahn überhaupt. In entscheidenden Phasen fiel ich immer wieder durch Krankenhausaufenthalte aus. Ich hatte Anfang des Jahres einen an sich harmlosen Eingriff vornehmen lassen müssen, bei dem ein seit meiner Querschnittslähmung notwendiges Implantat ausgetauscht wurde. Allerdings verheilte die Operationswunde nicht, und ich tat in der damaligen Krisensituation nicht genug dafür, den Heilungsprozess zu unterstützen. Die Entwicklungen in Griechenland zogen mich viel zu schnell wieder an den Schreibtisch, weshalb ich die Rekonvaleszenz regelmäßig zu früh abbrach.

Schon in der Osterpause eilte ich aus dem Marzahner Krankenhaus ins Kanzleramt, um bei einer Kabinettssitzung dabei zu sein, der auf meinen Vorschlag hin auch die französische Finanzministerin Christine Lagarde beiwohnte. Sechzehn-Stunden-Tage zwischen Büro, Sitzungssälen, Flugzeug und Veranstaltungsräumen zwangen mich zum dauernden Sitzen, was an sich schon anstrengend ist, aber Gift für einen Menschen, der auf den Rollstuhl angewiesen ist. Ich muss zwischendurch liegen, um Druckstellen vorzubeugen – und nach einer Operation gilt das erst recht. Anfang Mai verkündete ich zwar vollmundig, dass mein Sitzfleisch inzwischen wieder so sei, dass ich notfalls auch den Götz von Berlichingen zitieren könnte, eine flapsige Bemerkung, die mir das Schmunzeln der Journalisten einbrachte – und den Tadel meiner Frau, weil ich öffentlich so nicht reden solle. Schlimmer wog allerdings, dass ich die Lage völlig falsch eingeschätzt hatte und sich schon wenige Tage später die eingangs geschilderte Szene in Brüssel abspielte. *Der Spiegel* sah damals klarer, als ich es mir selbst eingestand: »Er arbeitet mehr, als ihm guttut. Er lebt gerade in einem Grenzbereich, er lebt gegen den medizinischen Rat.« Vermutlich hätte ich mir diese Analyse zu Herzen nehmen sollen, denn meine diesbezügliche Urteilskraft war zu dem Zeitpunkt offenkundig beschränkt.

Ich setzte mich selbst unter Druck. Krankenakten taugen immer zum Politikum. »Im eingespielten Berliner Machttheater ist die Schwäche eines führenden Protagonisten nicht vorgesehen«, schrieb *DIE ZEIT*, und ich wusste natürlich, dass der »Respekt für die Lebensleistung«, den Wohlwollende für mich einforderten, nicht dauerhaft tragen würde. Am Ende wurde in schwieriger Zeit ein Finanzminister gebraucht, der auch gesundheitlich in der Lage war, seinen Aufgaben nachzukommen. Ich wusste seit dem Attentat um meine Belastungsgrenzen und die damit verbundenen Diskussionen, hatte sie sogar in den neunziger Jahren selbst thematisiert. Und natürlich wollte ich trotzdem meine Aufgaben, solange es meine Kräfte zuließen, erfüllen. Deshalb machte ich mir in diesen Monaten, in denen ich wegen meines von Entzündungen geschwächten Organismus gezwungen war, meine Geschäfte immer wieder vom Krankenbett aus zu führen, selbstverständlich Gedanken, ob ich das noch verantworten konnte – und auch, ob sich die ungeheuren Strapazen des Amtes mir und meiner Familie gegenüber vertreten ließen. Ich nahm während der Zeit, in der ich binnen weniger Monate drei Operationen über mich ergehen lassen musste, auch stark ab, so weit, dass ein befreundeter Arzt mir zur Astronautennahrung riet – und mir später gestand, er habe nicht mehr geglaubt, dass ich Weihnachten noch erleben würde.

Der 27. Mai 2010 ist mir als Ausdruck des Wahnsinns dieser Monate in besonderer Erinnerung geblieben. Ich hatte mich bereits wiederholt vertreten lassen, gerade bei Konferenzen mit langer Anreise. Dafür konnte man angesichts meiner persönlichen Situation Verständnis aufbringen. Als sich aber US-Finanzminister Timothy Geithner für einen Besuch in Berlin ankündigte, war mir klar, dass ich den Termin wahrnehmen musste, um nicht neue Spekulationen über meinen Gesundheitszustand zu befeuern. Die Amerikaner kritisierten damals den Kurs Europas in der Krise scharf und übten gehörigen Druck auf uns aus. Ich lag aber wieder einmal in Gengenbach flach, mit Blasenentzündung und wechselnden Kreislaufzusammenbrüchen, so schlimm, dass meine Frau den Notarzt rief und ich in die Notaufnahme der Klinik in Offenburg gefahren wurde. Nachdem ich mit Spritzen und Infusionen versorgt war, lag ich in meinem Krankenbett und sinnierte darüber, wie es dennoch zu bewerkstelligen wäre, am Folgetag in Berlin zu sein. Es ging inzwischen auf Mitternacht zu, und es war nicht mehr daran zu denken, in der Kürze der Zeit noch eine Bundeswehrmaschine zu organisieren. Also wies ich einen meiner Sicherheitsbeamten an, den ersten Linienflug von Stuttgart nach Berlin zu buchen, auch wenn ich dazu mit dem Hubschrauber von Offenburg nach Stuttgart transportiert werden musste. Der Beamte schaute noch etwas verdattert, schließlich lag ich im Trainingsanzug mit einer Infusion im Arm vor ihm, organisierte mir dann aber Anzug, Rasierapparat und Zahnbürste. Die letzte Hürde war der diensthabende Arzt auf der Notfallstation, der meinen wohldurchdachten Plan rundweg ablehnte und auf den Chefarzt verwies. Der werde aber erst um sieben Uhr morgens kommen, also viel zu spät, um rechtzeitig in Berlin zu sein. Kurzum: Es gelang mir schließlich doch. Sogar der Chefarzt kam noch rechtzeitig. Und so saß ich in meinem Büro im Finanzministerium, als Geithner eintraf. »*You look pretty well*«, rief er mir zur Begrüßung zu, wahrscheinlich aus bloßer Freundlichkeit, aber ich dachte mir dennoch nur: »Wenn du wüsstest.« Erfahren hat Geithner die Umstände seines Besuchs meines Wissens nie. Die anschließende Pressekonferenz war ein Erfolg, und die Aktion zählt sicher zu meinen nicht zur Nachahmung empfohlenen persönlichen Großtaten in diesem vermaledeiten Jahr.

Zu den Nachwehen dieser Erschöpfungsphase gehört meine ungewollte Premiere als YouTube- und Social-Media-Star. In einer Pressekonferenz zur Steuerschätzung am 4. November mussten neue Zahlen präsentiert und interpretiert werden, und ich hatte zuvor meinen Pressesprecher gebeten, vorab die Zahlen an die Journalisten zu verteilen, damit ich mich nicht mit dem Verlesen aufhalten musste. Als ich feststellte, dass noch keine Papiere vorlagen, wollte ich nicht meine Zeit damit vertrödeln, auf die Kopien zu warten, und darüber entwickelte sich ein unfreundlicher Wortwechsel auf dem Podium. Ich war verärgert, reagierte – wie ich rückblickend einräume – zu harsch und gereizt, aber es war auch nicht das erste Mal, dass es zu Missverständnissen zwischen uns kam. Nach meinem Eindruck hatte ich hinreichend klargemacht, worum es ging. Vielleicht war ich an diesem Tag auch besonders angespannt. Jedenfalls ging dieser Auftritt als kleiner Videoschnipsel sofort viral. Während ich während der Pressekonferenz den Eindruck gewonnen hatte, auf breites Verständnis bei den anwesenden Journalisten zu stoßen, erzeugte der Filmausschnitt, der meiner Ansicht nach die Stimmung im Raum nicht wirklich wiedergibt, im Netz eine verheerende Wirkung – er wurde innerhalb weniger Tage hunderttausende Mal abgerufen. Der Bitte um Versetzung meines gekränkten Pressesprechers kam ich anschließend nach, und mit Martin Kotthaus und später Martin Jäger, beides Spitzendiplomaten des Auswärtigen Amtes, fand ich Sprecher, die mein uneingeschränktes Vertrauen genossen. Rückblickend war die Pressekonferenz wahrlich kein Glanzstück und tat mir persönlich leid. Ich begriff dadurch auch, welche Wirkung in der veränderten Medienöffentlichkeit ein sogenannter Shitstorm haben konnte. Es war für mich der Abschluss eines lausigen Jahres, das ich so schnell wie möglich hinter mir lassen wollte. So war ich nach diesen negativen Schlagzeilen, zahlreichen Nachrufen zu Lebzeiten und einem generell schlechten Medienecho froh und dankbar, Mitte November auf dem Karlsruher Bundesparteitag der Union mit einem ordentlichen Ergebnis wieder ins Präsidium gewählt zu werden. Die Partei stärkte mir erneut den Rücken, und ich machte mich daran, als Totgesagter noch einmal zurückzukehren.

Angela Merkel, der ich 2010 zweimal meinen Rücktritt anbot, hat mich in der ausgesprochen schwierigen Situation persönlich und über Bande im Gespräch mit meiner Frau unbedingt unterstützt. Sie gab mir das Gefühl, keinesfalls auf mich verzichten zu wollen, und verkündete dazu in der Fraktion wie öffentlich, dass ich mir jede Zeit zur Genesung nehmen könne, um wieder richtig zu Kräften zu kommen. Das tat mir gut.

## DIE TIEFEREN URSACHEN DER KRISE

Der Ausbruch der griechischen Schuldenkrise deckte die große Schwäche der zehn Jahre zuvor eingeführten Europäischen Währungsunion auf. Mit dem Stabilitäts- und Wachstumspakt waren in Maastricht zwar verpflichtende Rahmenbedingungen für die Finanz- und Haushaltspolitik der Mitgliedstaaten geschaffen worden. Dabei wurde allerdings unterschätzt, wie unvollkommen das Instrumentarium war, um die Einhaltung der eingegangenen Verpflichtungen etwa beim jährlichen Haushaltsdefizit und bei der Gesamtverschuldung durchzusetzen. Letzten Endes konnten oder wollten sich die europäischen Institutionen im Konfliktfall nicht gegenüber den Mitgliedstaaten ausreichend behaupten.

Die Finanzmärkte hatten erst mit der Finanz- und Bankenkrise die Vulnerabilität der Europäischen Währungsunion infolge dieses Konstruktionsfehlers entdeckt. Die Zinsdifferenzen im Euroraum waren bis dahin marginal gewesen, nun gerieten mehrere Staaten unter den gnadenlosen Druck der Märkte und drohten zum Opfer aggressiver internationaler Währungsspekulationen zu werden. Die realistische Gefahr waren Staatsinsolvenzen mehrerer Euroländer, und dies führte zu einer allgemeinen Vertrauenskrise in die Stabilität der Eurozone. Die Finanzmärkte reagierten völlig überzogen, die *spreads* schossen in die Höhe. Für die wirtschaftliche Entwicklung in der Eurozone war das desaströs.

Wir hatten als Finanzminister neben der akuten Rettungsmission für Griechenland und andere Staaten deshalb die Aufgabe, die Eurozone insgesamt auf Dauer zu stabilisieren. Dazu waren Schuldenstände und Haushaltsdefizite durch teils drastische Ausgabenkürzungen abzubauen, Einnahmen zu erhöhen und strukturelle Hindernisse für nachhaltiges Wachstum zu beseitigen. Ich versuchte, nicht allzu dominant aufzutreten, weil Deutschland unter der rot-grünen Vorgängerregierung selbst als Erster die Regeln des europäischen Stabilitäts- und Wachstumspakts gebrochen und aufgeweicht hatte. Andererseits wussten die Partner auch, dass die Bewertung der Kreditwürdigkeit der Eurozone insgesamt an Deutschlands Triple-A-Einstufung durch die Ratingagenturen hing – weswegen auch der deutsche Anteil an den Hilfsprogrammen stetig stieg.

Seit Beginn der Krise zählte ich – das ist über die Folgeereignisse in den Hintergrund getreten – zu denjenigen, die den Griechen in ihrer prekären Lage, in die sie sich selbst manövriert hatten, helfen wollten. Wie meine französische Amtskollegin Lagarde und der damalige Eurogruppenchef Juncker war ich der Auffassung, dass die Europäer diese Probleme aus eigener Kraft lösen mussten. Merkel dagegen pochte von Beginn an auf die Einbindung des IWF in die europäische Krisenpolitik. Dessen besondere Expertise bei der Unterstützung von Währungen, die auf den internationalen Finanzmärkten unter Anpassungsdruck geraten waren, bestritt ich nicht. Hinzu kam, dass wir angesichts der Summen, die zur kurzfristigen Rettung Griechenlands vor der Zahlungsunfähigkeit und zur langfristigen Stabilisierung der Gemeinschaftswährung notwendig waren, auch das Geld des IWF brauchten. Aber ich fragte mich, ob sich dessen Instrumente dazu überhaupt eigneten? Schließlich waren sie niemals für die Unterstützung europäischer Währungen gedacht, sondern für Entwicklungs- und vor allem Schwellenländer konzipiert. Das Regelwerk ist auf kurze Laufzeiten der Hilfszahlungen mit rigorosen Währungsschnitten und mit strenger Konditionalität ausgerichtet, was den IWF aus Sicht der Kapitalismus- und Globalisierungskritiker regelmäßig zum internationalen Bösewicht macht. Die nicht selten gewalttätigen Ausschreitungen bei den Jahrestreffen zeigen es. Eine Abwertung der Währung, die das Maßnahmenreservoir des IWF favorisiert, war innerhalb des Euroraums zudem völlig ausgeschlossen.

So wurden in der Folge denn auch für die Staaten, die in Schieflage gerieten, regelmäßig Hilfszahlungen mit noch strengeren Auflagen zur Defizitreduzierung vereinbart, wozu Experten des IWF mit Blick auf Wachstum und reduzierte Neuverschuldung nach einer bestimmten Rechenformel stets aufs Neue das Erreichen der Schuldentragfähigkeit berechneten. Das Einhalten dieser Auflagen durch immer weitreichendere Strukturreformen wurde bis zur nächsten Auszahlung einer Hilfstranche von der Troika streng überprüft. Die wurde damit zum Sinnbild der streng konditionierten Hilfen, und ihre Prüfungsmission erfreute sich insbesondere in Griechenland einer geringen Popularität. Gelegentlich mussten die Mitarbeiter sogar mit massiven Sicherheitsmaßnahmen vor tätlichen Angriffen geschützt werden.

Die griechische Öffentlichkeit verortete die Schuldigen der rigiden Spar-

und Reformpolitik, die zu massiven Einschnitten auf dem Arbeitsmarkt, im Rentensystem und im beispiellos aufgeblähten Beamtenapparat führten, vor allem in Brüssel und Berlin. Es ist das übliche *blame game*, das die Griechen sehr erfolgreich zu spielen wussten. Wer will schon gerne zugeben, über seine Verhältnisse gelebt zu haben? Giorgos Papakonstantinous Insiderbericht *Game over* sticht demgegenüber als schonungslose Selbstkritik heraus, die nachzeichnet, wie sich die griechische Regierung den Beitritt zum Euro erschlichen hatte. Zur Euro- und Griechenlandkrise gehört, dass sie in der Berichterstattung gerade wegen ihrer Komplexität in hohem Maße personalisiert wurden. Und dass das neben der Kanzlerin auch auf den fachlich zuständigen Minister fokussiert wurde, kann nicht überraschen. Zum Sündenbock zu werden, hat mich nicht wirklich aufgeregt, das muss man in der Politik aushalten – auch Geschmacklosigkeiten ertragen, wenn etwa tief in die Mottenkiste der Nazi-Vergleiche gegriffen wird. Dem Hass in vermeintlich sozialen Medien stand gleichzeitig eine Flut an Zustimmung und Unterstützung in Briefen und E-Mails gegenüber. Seinen unentschuldbaren Tiefpunkt erlebte die Diffamierungskampagne allerdings im Frühjahr 2017, als eine militante Gruppe Paketbomben an den früheren griechischen Übergangspremier Loukas Papadimos und an das Pariser IWF-Büro sandte, wo eine Mitarbeiterin verletzt wurde. Eine mir zugedachte Bombe wurde in der Poststelle des Ministeriums rechtzeitig entdeckt und entschärft.

Mein Image als »harter Hund« in den europäischen Verhandlungen störte mich nicht. Jedenfalls so lange klar blieb, dass ich dabei für die Zukunft Europas stritt. Es ging in der Krise schließlich längst nicht mehr allein um Griechenland, sondern um das europäische Projekt. Deshalb verletzte mich das Zerrbild als »Henker« der europäischen Idee, das im weiteren Verlauf der Krise Kritiker von mir zeichneten, durchaus. Die damalige Verwirrung wird vielleicht am anschaulichsten im Großdenker Jürgen Habermas, der in mir zunächst gönnerhaft den »letzte[n] profilierte[n] Europäer im Kabinett« zu erkennen glaubte, um mich kurz darauf als »Zuchtmeister Europas« abzukanzeln. Rückblickend erstaunt mich dieser Imagewandel selbst. Mit Zuspitzung des Konflikts 2015 geriet in Vergessenheit, dass ich gegenüber der Kanzlerin, die mit ihrem Zögern für die Griechenlandhilfen das Bild von sich als europäische »Madame Non« schärfte, in der Anfangsphase als der Europäer von uns beiden galt. Als derjenige, der nicht nur keine Zweifel an den Hilfsmaßnahmen aufkommen ließ, sondern dabei immer auch das europäische Projekt als Ganzes im Blick behielt. Meine Mitarbeiter im Ministerium überraschte ich stets aufs Neue, wenn ich sie aufforderte, sie sollten mir zuerst sagen, was die beste Lösung für Europa sei und erst danach die für Deutschland. Dahinter stand meine Überzeugung, dass in der globalisierten Welt, in der kein europäischer Nationalstaat alleine bestehen kann, die beste Lösung für Europa immer auch die beste für Deutschland sein würde.

Für Europa zu streiten, sehe ich als ein Grundmotiv meiner langen politischen Karriere – in der damaligen Situation, als ich hoffte, aus der Krise heraus überfällige Reformen anstoßen zu können, erst recht. Die Anerkennung, die ich in dieser Rolle als »Europa-Missionar« (*FAZ*) genoss, fand ihren stärksten Ausdruck in der Verleihung des Aachener Karlspreises 2012. Diese Ehrung, die in der Regel Staats- und Regierungschefs vorbehalten ist, hat mich damals ungemein bewegt. Mit Jean-Claude Juncker und Christine Lagarde würdigten mich zwei meiner engsten Mitstreiter in diesen Jahren. Juncker, damals schon ein Urgestein der europäischen Politik, war ich seit vielen Jahren freundschaftlich verbunden. Er ist ein glühender Europäer von luxemburgischem Naturell, mit Wortwitz und geprägt von den wechselvollen historischen Erfahrungen eines kleinen Landes zwischen großen europäischen Nachbarn, und insofern ein Kontrast zur natürlichen Weltläufigkeit, die Lagarde ausstrahlt. Sie tritt als Dame auf, ohne damenhaft zu wirken, taff, mit einem Selbstbewusstsein, das nicht auftrumpft, sondern einzunehmen weiß. Wir mochten uns von Beginn an, und als es 2011 wegen der peinlichen Affäre um Dominique Strauss-Kahn den Chefposten beim IWF nachzubesetzen galt, war sie meine erste Wahl.

## ALS JURIST UNTER ÖKONOMEN

Ich habe mich selbst nie als Ökonom geriert. Als Jurist, geprägt von der Freiburger Schule und meinem akademischen Lehrer Fritz Rittner, bestimmt mein Denken vor allem die Notwendigkeit einer regelbasierten Ordnung. Richtig ist deshalb, dass Deutschland unter meiner Verhandlungsführung mit Nachdruck auf das Einhalten sich einmal selbst gesetzter Regeln pochte. Dass manche mich deshalb einen »Regelfetischisten« schalten, nahm ich gerne in Kauf, denn ich war überzeugt, dass das, was als deutsche Prinzipienstreiterei geschmäht wurde, zur langfristigen Stabilisierung der Eurozone notwendig war.

So sehr ich auf Beratung immer angewiesen war und auf ökonomischen Sachverstand auch hörte, hatte ich mir dennoch längst abgewöhnt zu glauben, dass uns die Wissenschaft Entscheidungen, die politisch zu treffen waren, abnehmen könne. Den erhobenen Vorwurf, mir habe es an Respekt gegenüber Ökonomen gemangelt, lasse ich allerdings nicht gelten. Die Wissenschaft nötigte mir immer großen Respekt ab. Ich durfte als Finanzminister faszinierende Denker kennenlernen, und der Meinungsaustausch, den ich gerade mit den Wissenschaftlern suchte, die gegenteilige Auffassungen vertraten, war mir sehr wichtig. 2015 lud ich als Gastgeber der G7-Finanzminister erstmals überhaupt in der Geschichte dieser Treffen der wichtigsten Industrienationen führende Wirtschaftswissenschaftler ein, neben Alberto Alesina, Jaime Caruana, Martin Hellwig und Nouriel Roubini, auch Nobelpreisträger Robert Shiller, meinen unerbittlichen Kritiker Larry Summers (den die intellektuelle Offenheit, mit der ich zu diesem Disput eingeladen hatte, immerhin beeindruckte) und Kenneth Rogoff, der mich als Ökonom und ehemaliger Schachgroßmeister gleichermaßen faszinierte. Gemeinsam mit den Spitzen von IWF, EZB, der Weltbank und der OECD diskutierten wir in Dresden kontrovers die Weltwirtschaftslage sieben Jahre nach Ausbruch der internationalen Finanzkrise – und über mögliche Handlungsoptionen. Hier ging es dann allerdings um politische Entscheidungen, nicht mehr allein um wissenschaftliche Modelle.

Vor allem der Ansicht vieler angelsächsischer Ökonomen, dass sich nachhaltiges Wachstum durch schuldenfinanzierte Konjunkturprogramme generieren lasse, bringe ich Skepsis entgegen. Das mag in einer konjunkturell bedingten Wirtschaftskrise funktionieren, aber in einer Staatsschuldenkrise, die vor allem durch neues Vertrauen überwunden werden muss, ergibt ein solcher Ansatz wenig Sinn. Um strukturelle Probleme nachhaltig zu lösen, kommt man um eine Zeit schmerzhafter Anpassungsprozesse nicht herum. Zu all den makroökonomischen Analysen, die Wirkungszusammenhänge quasi mechanisch erklären wollen, hielt ich deshalb Distanz. Mich interessierten demgegenüber vor allem Arbeiten von Verhaltensökonomen wie Robert Shiller und Daniel Kahneman, die vom Menschen im Sinne Kants – also »aus krummem Holz geschnitzt« – ausgehen und deshalb in ihren wirtschaftswissenschaftlichen Studien die Psychologie betonen. Ludwig Erhard hatte diese Zusammenhänge bereits vor Jahrzehnten verinnerlicht.

Geld, ob durch Edelmetall, Assignaten oder einfach Staatsgarantien gedeckt, ist nichts anderes als geronnenes Vertrauen, oder wie es der Soziologe Georg Simmel in seinem Hauptwerk *Philosophie des Geldes* formulierte: »Geld ist vielleicht die konzentrierteste und zugespitzte Form und Äußerung des Vertrauens in die gesellschaftliche Ordnung.« Statt einfach nur fiskalische Spielräume zu erweitern und mehr Liquidität zu schaffen, muss die Politik deshalb für wirklich nachhaltiges Wachstum einen Rahmen setzen, der durch Verlässlichkeit, Kontinuität und Vorhersehbarkeit das nötige Vertrauen bei den Marktteilnehmern schafft. Dazu braucht es ein Fundament an Regeln. Sich an sie zu halten, bedeutet nicht, bürokratisch auf Kreativität oder Originalität zu verzichten. Beides benötigt man, um auch innerhalb einer regelbasierten Ordnung immer wieder neue Lösungen zu finden. Es ist vor allem erforderlich, ein gewisses Maß an Pragmatismus zuzulassen und nicht zuletzt ein Bewusstsein für die menschliche Natur zu haben. Das erkannten die klügeren unter den Kommentatoren, die mein ökonomisches Weltbild zu fassen suchten. Der Wirtschaftsjournalist Mark Schieritz beobachtete in der *ZEIT* ganz richtig: Gegenüber dem Verständnis Larry Summers', der die Aufgabe der Wirtschaftswissenschaften darin sehe, durch die Beschreibung des ökonomisch Denkbaren das Spektrum des politisch Möglichen zu verbreitern, würde die »Schäublenomics«, wie er es nannte, das ökonomisch Denkbare durch das politisch Mögliche begrenzen. Die ökonomische Theorie reibt sich eben nicht selten an den politischen Realitäten – in der Eurokrise ganz offensichtlich vor allem an den europäischen Besonderheiten.

Gerade die Amerikaner verstanden nicht, welchen Restriktionen wir in unserer Krisenpolitik ausgesetzt waren. Während sie uns Lösungen aufdrängen wollten, mit denen sie die Krise in den USA in den Griff bekommen hatten, übersahen sie, dass die Griechen innerhalb der Währungsunion nicht abwerten konnten und die europäischen Verträge nun einmal nicht zuließen, für die Griechen unbegrenzt Haftung zu übernehmen – zumal es dafür innenpolitisch auch keine Mehrheiten gab. Spätestens die wachsamen Richter in Karlsruhe hätten den Versuch, außerhalb der Verträge zu handeln, als verfassungswidrig kassiert. Was hätte es also gebracht, in Brüssel einer Verletzung der No-Bailout-, also Nichtbeistandsklausel, zuzustimmen, wenn das später vom Bundesverfassungsgericht verworfen worden wäre? Als US-Präsident Barack Obama vor dem G20-Gipfel in Toronto 2010 in einem offenen Brief die Europäer scharf anging, antwortete ich darauf in einem Beitrag für die *Financial Times* und machte darin keinen Hehl daraus, dass der Ursprung der europäischen Krise in den USA gelegen hatte: in einer laxen Geldpolitik der amerikanischen Notenbank und einer verfehlten Wirtschaftspolitik auf Pump. Aus sozialpolitischen Gründen hatte man den US-Immobilienmarkt angeheizt, bis die Blase platzte und Banken wie Finanzmärkte global ins Taumeln gerieten – mit desaströsen Folgen für die überschuldeten europäischen Staatshaushalte.

Gerade einen überzeugten Transatlantiker konnten die ständigen Interventionen und Ratschläge aus Washington gehörig nerven. Dabei verstand ich mich mit meinem US-amerikanischen Kollegen persönlich gut. Timothy Geithner, der deutsche Vorfahren hat, besuchte mich sogar – um einmal mehr vergeblich für eine Politik des lockeren Geldes zu werben – im Urlaub auf Sylt. Nachdem er sein Kommen angekündigt hatte, fand ich, dass er genauso gut auf die Insel reisen konnte, damit ich nicht extra meine Ferienzeit für eine Fahrt nach Berlin unterbrechen musste. Es hat ihn nicht gestört, ein Foto seines Aufenthalts im Fährhaus Munkmarsch fand sogar den Weg in seine Memoiren. Wir respektierten uns, wobei ich Geithner gegenüber immer zugestand, dass er von den Finanzmärkten mehr Ahnung hatte als ich. Dafür wusste ich aber einiges über Politik, was für ihn Neuland war. Er hat diese Offenheit geschätzt, auch wenn wir in der Sache hart miteinander gerungen haben. Mit seiner pausenlosen Kritik an den hohen deutschen Exportüberschüssen und seiner Forderung, die Binnenwirtschaft anzukurbeln, reizte er bisweilen die Grenzen meiner Geduld aus. Deutschland erschien darin fast als ein Land, das seinen Erfolg Trickserein verdankte, weshalb ich nicht müde wurde, meinerseits auf die gestiegene Wettbewerbsfähigkeit der deutschen Unternehmen zu verweisen, die auch in unserer konsequenten Reformpolitik gründete. Als Geithners Nachfolger Jack Lew die Interventionen von der Seitenlinie fortsetzte, bot ich in einer Rede bei einer Veranstaltung der Bundesbank scherzhaft an, dass wir ja Puerto Rico als überschuldetes Außengebiet der USA in die Eurozone aufnehmen könnten – falls die Vereinigten Staaten im Gegenzug Griechenland in die Dollar-Union aufnehmen würden. Das war angesichts der Hausaufgaben, die Washington selbst zu erledigen hatte, bewusst mit mokanter Schärfe formuliert – auch wenn mir die ewige deutsche Betroffenheitsschickeria natürlich die Ironie auf Kosten der Griechen sofort ankreidete.

Dass Europa schwerfällig, bürokratisch und kompliziert sei, musste ich mir vor allem in den USA immer wieder anhören – und es war ja auch nicht falsch. Wenn ich allerdings meine Kritiker fragte, ob sie eine Idee dafür hätten, wie man historisch gewachsene Länder, die über Jahrhunderte Kriege gegeneinander geführt haben, besser zusammenbringen könne, erntete ich nur Schweigen. In zahlreichen Gesprächen jenseits des Atlantiks gewann ich zunehmend den Eindruck, dass es vor allem schlicht an Wissen oder auch nur an der Bereitschaft fehlte zu verstehen, wie der Euro mit seinem ganz spezifischen Konstruktionsprinzip funktioniert: als eine Gemeinschaftswährung ohne politische Union, von damals neunzehn, heute zwanzig Einzelstaaten mit je eigener Wirtschafts-, Finanz- und Sozialpolitik.

## »HALBER HERKULES«?

Dass Deutschland in der Krise eine besondere Rolle zukam, lag auf der Hand. Mit seiner wirtschaftlichen Stärke und als bevölkerungsreichstes Land, das gleichzeitig selbst Europa am meisten verdankt, hatte es die anderen zu unterstützen und ihnen zu Hilfe zu kommen. Übersehen wurde dabei schnell, dass auch wir in unserem Handeln Beschränkungen unterlagen. Unsere Entscheidungen hatten wir nicht nur in Brüssel zu vertreten, sondern dafür auch parlamentarische Mehrheiten im Bundestag zu organisieren – und wir mussten die deutsche Öffentlichkeit für diesen Kurs gewinnen, um die Zustimmung zum europäischen Projekt insgesamt nicht zu gefährden. Unsere Krisenpolitik begleitete immer die Sorge weiter Teile der Bevölkerung, für die Verfehlungen anderer zur Kasse gebeten zu werden; das Zerrbild vom »Zahlmeister Europas« feierte damals fröhlich Urstände.

Gegenüber den Kritikern der Griechenlandhilfen, die das Schreckbild einer drohenden Transferunion in immer grelleren Farben zeichneten, verwies ich gerne auf den Rat von Verantwortungsträgern aus der Zeit der Insolvenz der US-Investmentbank Lehman Brothers. Sie hatten mich eindringlich davor gewarnt, die Folgen der Zahlungsunfähigkeit eines Eurolands auszutesten. Wenn ich darüber im Frühjahr 2010 offen sprach, konnte ich im *Spiegel* noch des Übertreibens geziehen werden, was ich rückblickend für die damalige Stimmungslage überaus bezeichnend finde.

Die Bedenkenträger meldeten sich lautstark in der eigenen Fraktion – und innerhalb der Koalition aus der FDP, wo bis auf Einzelne wie Rainer Brüderle viele überaus skeptisch waren, wie weit den europäischen Partnerländern zu helfen war. Der Einfluss Genschers oder Kinkels konnte da nur noch wenig bewirken. All diese Befindlichkeiten waren stets zu berücksichtigen, um bei den weitreichenden Entscheidungen, die wir im Parlament treffen mussten, nicht ohne eigene Mehrheit dazustehen. Die Gesetze waren zudem nicht nur durch den Bundestag zu bringen, wir hatten mit unserem Krisenmanagement auch vor dem Bundesverfassungsgericht zu bestehen, das unsere deutschen Kritiker immer wieder anriefen und das stärker als irgendwo sonst über die Einhaltung der europäischen Verträge wacht. Nimmt man noch die in Deutschland starke Stellung der unabhängigen Bundesbank hinzu, vervollständigt sich das Bild mannigfaltiger Restriktionen, weshalb auch in einer zugespitzten Krisensituation nicht einfach durchregiert werden konnte.

Während mich *DIE ZEIT* in der Krise zu einer Art »europäische[n] Finanzaußenkanzleramtsminister« befördert sah, spottete die *Süddeutsche Zeitung* noch rückblickend über den »halben Herkules«. Die Wahrheit liegt wie meistens dazwischen – oder es stimmt von beidem etwas. Denn natürlich kam mir im Kreis der Finanzministerkollegen gerade durch die ökonomische Kraft des Landes, das ich vertrat, eine besondere Rolle zu. Aber das Korsett meiner Handlungsmöglichkeiten war auf dem europäischen und internationalen Parkett noch weit enger geschnürt als in Haushaltsfragen auf nationaler Ebene. Hier wie dort bedurfte es der Rückendeckung durch die Bundeskanzlerin, Alleingänge waren tabu. Die Koalitionsführung, vor allem Volker Kauder und Guido Westerwelle, hatte mit den nationalen Begleitgesetzen zum Europäischen Stabilitätsmechanismus 2012 den deutschen Finanzminister bei allen Entscheidungen der Eurogruppe an die vorherige Information oder sogar Zustimmung des Parlaments gebunden. In meinem erbitterten Widerstand dagegen unterstützte mich die Kanzlerin nicht. Als ich sie nachdrücklich dazu aufforderte, das unter allen Umständen zu verhindern, lächelte sie mich nur freundlich an.

Diese Einhegung ihres ja nicht einmal zu Unrecht als proeuropäisch eingeschätzten Finanzministers stellte mich vor die zusätzliche Herausforderung, wie ich neue Ideen im Kreis der Eurofinanzminister ventilieren konnte, ohne sie direkt dem Parlament vorlegen zu müssen. Denn dass es unter den Bedingungen der Kapitalmärkte, wo ein unüberlegtes Wort massive Auswirkungen haben kann, für den offenen Austausch eines geschützten Raumes bedurfte, versteht sich eigentlich von selbst – auch wenn ich später die Erfahrung machte, dass das nicht für jeden Kollegen gleichermaßen galt.

Die Sorge in der Koalitionsführung, ich könnte als deutscher Finanzminister auf europäischer Ebene womöglich allzu integrative Entscheidungen treffen, hatte eine Vorgeschichte. Den IWF einzubinden, empfand ich 2010 als eine Kapitulation der Europäer, die ihre Probleme selbst lösen sollten. Meine vielleicht naive Hoffnung in der Anfangsphase der europäischen Währungskrise lag darin, jetzt die Gelegenheit zur Schaffung einer Währungsunion mit einer gemeinsamen Finanz-, Wirtschafts- und Sozialpolitik zu nutzen. Das war – wie geschildert – in den neunziger Jahren zwar von Ökonomen gefordert, aber versäumt worden, weil es politisch nicht durchzusetzen gewesen war. Ich hoffte, die Europäische Währungsunion über einen eigenen Währungsfonds – ähnlich dem IWF – zur Wirtschaftsunion weiterentwickeln zu können, und hatte dabei in Juncker und Lagarde starke Verbündete. Die Instrumente des Stabilitätspakts waren dazu gleichzeitig zu erweitern und so in ihrer Wirkung wesentlich zu schärfen – durch wirksame Automatismen der Bestrafung, bis hin zum Entzug des Stimmrechts für potenzielle Sünder. Denn auch für mich wäre ein Europäischer Währungsfonds nur mit einer deutlichen Regelverschärfung in Betracht gekommen. Es war also ein Gesamtpaket, das in der öffentlichen Debatte von meinen Gegnern allerdings gerne zerlegt wurde, um über die Kritik der Einzelteile das Ganze zu desavouieren.

Aus Sicht vieler deutscher Ökonomen beging ich mit meinen Überlegungen, bisherige Versäumnisse aufzuarbeiten und einen geordneten Umgang mit Schuldenstaaten im Euroraum zu schaffen, »Hochverrat«, wie Mark Schieritz, der mich sonst wahrlich nicht mit Glacéhandschuhen anfasste, in der *ZEIT* anerkennend bemerkte. Es habe Vergleichbares noch nie gegeben, schrieb immerhin die *FAS* und meinte damit, dass sich in der Regierung die Kanzlerin für die Zahlen zuständig fühle und der Finanzminister für die Visionen. Tatsächlich verfolgte ich das Ziel, nicht nur die aktuelle finanzpolitische Herausforderung zu bewältigen, sondern darüber das europäische Integrationsprojekt auch substanziell voranzubringen. Der Wirtschaftshistoriker Adam Tooze, sonst nie um Kritik verlegen, attestierte mir, dass der Europäische Währungsfonds ein ambitionierter Vorschlag gewesen sei, mit dem die Geschichte anders hätte verlaufen können. In welche Richtung, lässt sich von heute aus nicht sagen, und da ich immer von den Realitäten ausgehe, bleibt dazu lediglich zu sagen, dass dieser weitreichende Schritt 2010 nicht realisierbar war. Eine Politik, die mit dem Kopf durch die Wand will, scheitert, denn die Wand wird sich als härter erweisen. Und mit Merkel war es 2010 nicht zu machen. Die Strapazen um den Lissabon-Vertrag, mit dem die Scherben der gescheiterten europäischen Verfassung gerade erst mühsam aufgekehrt worden waren, hingen ihr vermutlich noch nach. Die Aussicht, wegen des Währungsfonds, mit dem Vertragsänderungen einhergegangen wären, den Streit unter den europäischen Mitgliedsstaaten neu anzufachen, konnte ihr nicht gefallen. Vor allem hatte sie kein Interesse am absehbaren Konflikt mit der eigenen Partei und in der Koalition, in der die Skeptiker einer fortschreitenden europäischen Integration stark waren.

Dabei hatte der Kanzlerin ihr Erfolg, eine lange nicht mehr für möglich gehaltene schwarz-gelbe Regierungsmehrheit erreicht zu haben, eine solch starke Stellung verschafft, dass sie in dieser Situation den Machtkampf nicht nur hätte wagen, sondern nach meiner Einschätzung auch bestehen können. Hier unterschied sich unser Verständnis von politischer Führung. Auch wenn ich durch meine Gespräche in der Eurogruppe glaube, dass das Projekt sogar auf europäischer Ebene durchsetzbar gewesen wäre, ging es gegen die eigene Kanzlerin, die im Kreis der Regierungschefs bereits von herausgehobener Bedeutung war, eben nicht. 2010 blieb mir so nur die ausdrückliche Unterstützung seitens der Opposition – und in der Folge der noch wachsamere Blick aus Union und FDP, wie weit ich es mit meiner Europabegeisterung treiben würde.

Merkel hatte sich ohnehin darauf verlegt, den Einfluss der Staats- und Regierungschefs über den Rat weiter zu stärken, was die Kommission, dessen Durchsetzungskraft sie misstraute, noch mehr schwächte. Die Kanzlerin zweifelte, dass die europäischen Institutionen den Willen zur notwendigen Härte aufbringen würden, um die Regeln gegen die Mitgliedstaaten wirkungsvoll durchzusetzen. Im Streitfall legten sie, da musste ich ihr zustimmen, diese Regeln bislang immer im Interesse der Schwächeren in Europa aus. Die so verpasste Gelegenheit zur Einführung eines Europäischen Währungsfonds, um Europa institutionell weiterzuentwickeln, habe ich bedauert. Gleichzeitig habe ich frühzeitig öffentlich zugestanden, dass die Bundeskanzlerin mit ihrer skeptischen Einstellung vielleicht auch recht hatte. Jedenfalls zeigt die Kommission allzu oft, dass sie unter dem starken Einfluss vieler Mitgliedsstaaten agiert und dass es ihr an Unabhängigkeit fehlt – wozu auch nicht immer glückliche Personalentscheidungen bei führenden EU-Positionen beigetragen haben.

Merkels Entscheidung hatte ihren Preis. Wir mussten die Eurokrise nun mit dem Regelwerk des streng agierenden IWF bewältigen. Ich blieb deshalb skeptisch, dass der auferlegte Reformkurs für die griechische Regierung innenpolitisch durchzuhalten sei. Die Anforderungen an Defizitreduzierung und Wachstum erzwangen mit jedem neuen Programm auch neue Strukturreformen, also hohe Kürzungen. Immerhin: Irland, Portugal und Spanien erfüllten als sogenannte Programmländer im Wesentlichen die Auflagen entsprechend der jeweiligen Vereinbarungen pünktlich, wovor ich großen Respekt hatte. Notabene verloren in allen Ländern die jeweiligen Regierungen aber die nächste Wahl. In Griechenland waren die strukturellen Probleme größer und der innenpolitische Widerstand entsprechend auch, außerdem weigerten sich die Regierung und Opposition in der Notlage, einen gemeinsamen Weg zu finden. Hier fehlte es, anders als in Irland, Portugal und Spanien, erkennbar am Willen, sich aus dem Schlamassel zu ziehen.

Meine Zweifel ließen mich früh in Alternativszenarien denken. Bereits 2010 hatte ich die Möglichkeit, dass ein Mitglied aus der Währungsunion ausscheidet, als letztes Glied einer Handlungskette, also als *ultima ratio*, nicht gänzlich ausgeschlossen – damals übereinstimmend mit der Kanzlerin. Mit Staatssekretär Jörg Asmussen diskutierte ich früh die Frage, ob ein Land mit so geringer Wettbewerbsfähigkeit wie Griechenland überhaupt in einer gemeinsamen Währung zu halten sei. Wäre eine Auszeit vom Euro, um die eigene Währung abzuwerten und so wettbewerbsfähig zu werden, ein gangbarer Weg? War ein solches Ende mit Schrecken nicht sogar besser als ein Schrecken ohne Ende, weil ein einmaliger Schock leichter zu verkraften wäre als jahrelange Kürzungsprogramme? So heftig dieser Schritt für alle Beteiligten wäre, würde eine solche Währungsreform doch bedeuten, dass es vom nächsten Tag an wieder aufwärtsginge.

Entscheiden mussten darüber die Griechen selbst, denn ich war überzeugt, dass dem Land nur zu helfen war, wenn es sich selbst helfen wollte. Nachdem als Folge von Massenprotesten gegen das Reformprogramm der Regierung von Giorgos A. Papandreou mit Evangelos Venizelos im Juni 2011 ein neuer Finanzminister in Athen ins Amt gekommen war, lud ich diesen umgehend zu mir nach Berlin ein, um ihm – nicht im Finanzministerium, sondern in angenehmerer Atmosphäre und als Zeichen der Wertschätzung im Sternerestaurant von Tim Raue – meine Zweifel darzulegen. Würde die griechische Regierung die Kräfte aufbringen können, um die notwendigen Reformen zur Verbesserung der Wettbewerbsfähigkeit schnell umzusetzen?

Wir haben darüber lange und sehr offen miteinander geredet. Was ich ihm sagte, schien ihm den Appetit zu verschlagen. Er aß jedenfalls kaum etwas, als ich seine Haltung zu meinen beiden Alternativüberlegungen auslotete. Ich fragte ihn zunächst unumwunden, ob es zur Umsetzung des Reformprogramms nicht zweckdienlich sein könne, wenn die Kommission in Brüssel damit treuhänderisch betraut würde, um die Maßnahmen ohne Rücksicht auf parlamentarische Mehrheiten durchzuführen – ein, das war mir bewusst, in die Souveränität Griechenlands tief eingreifender Vorschlag, den Venizelos, der wohl am liebsten selbst Ministerpräsident geworden wäre, umgehend zurückwies. Griechenland wolle unter allen Umständen in der Eurozone verbleiben, stellte er klar. Aber natürlich habe es seinen eigenen Stolz und werde deswegen niemals Teile der nationalen Souveränität treuhänderisch an eine europäische Institution abtreten.

Da er ebenso ausschloss, zeitweilig aus der Währungsunion auszuscheiden, also das von mir vorgeschlagene Time-out, bei dem Griechenland nach meinen Vorstellungen großzügig von der EU hätte unterstützt werden sollen, blieb nur der schwierige Reformweg im Rahmen der Hilfsprogramme, mit denen wir den Griechen und sie sich selbst viel zumuten mussten. Sie hatten quasi eine große interne Abwertung vorzunehmen, die in Bezug auf die sozialen Härten mit Haushaltskonsolidierung, Verschlankung des öffentlichen Sektors und Flexibilisierung der Arbeitsmärkte einen langen schmerzhaften Prozess bedeutete. Aber das war die Entscheidung der Griechen, nicht der anderen Europäer, und ich habe viele der griechischen Reformanstrengungen mit weitreichenden Eingriffen nicht nur für notwendig gehalten, sondern deren Umsetzung auch teils ehrlich bewundert.

Von Programmperiode zu Programmperiode stiegen die Anforderungen nach dem Rechenwerk des IWF, welche Wachstumsschritte durch Strukturreformen erreicht werden mussten. Der Umstand, dass die Griechen die letzten Auflagen nicht voll erfüllt hatten, machte die nächsten Konditionen zwangsläufig nur noch strenger – und entsprechend unrealistischer. Bestätigt fühlen konnte ich mich in meinen Zweifeln, ob das politisch durchzuhalten war, als Ministerpräsident Papandreou angesichts der wachsenden Wut in der griechischen Gesellschaft die Zustimmung zu dem mühsam ausgehandelten und auf dem EU-Gipfel vom 27. Oktober 2011 beschlossenen massiven Schuldenschnitt vom positiven Ausgang eines Referendums über die damit verbundenen neuen Sparauflagen abhängig machen wollte. Seiner Regierung fehlte es inzwischen am notwendigen Rückhalt, und der geschwächte Ministerpräsident suchte zur Legitimation die Flucht in der direkten Volksbefragung. Auf die unerwartete Ankündigung folgten harsche Reaktionen und binnen weniger Tage die Rolle rückwärts. Noch am Vorabend des G20-Gipfels in Cannes traf Papandreou das geballte Unverständnis der Staats- und Regierungschefs, die ihn – ungewöhnlich genug – zu separaten Gesprächen am Rande des Gipfels einbestellt hatten. Ich erlebte, wie Barack Obama, Nicolas Sarkozy und Angela Merkel, aber auch Christine Lagarde und Mario Draghi auf ihn einredeten, um ihm am Ende den Wortlaut des Referendums selbst zu diktieren. Demnach sollten die Griechen vor die einfache Wahl gestellt werden, das Hilfsprogramm entweder zu akzeptieren oder aber aus dem Euroraum auszuscheiden.

Als ich anschließend meine europäischen Finanzministerkollegen darüber informierte, warf die spanische Finanzministerin Elena Salgado, eine verlässliche Sozialdemokratin, sofort ein, dieses Referendum werde nie stattfinden. Auf meine Replik, ich sei doch dabei gewesen, man habe das vereinbart, bot sie eine Wette an. Venizelos, den sie gut kannte, würde das als innerparteilicher Rivale Papandreous verhindern. Sie behielt recht, das Referendum wurde abgesagt, und Papandreou trat am 9. November 2011 zurück – meine Wettschuld bei Salgado in Form einer Flasche Rotwein beglich ich natürlich. Regierungschef wurde Venizelos dennoch nicht. Die Möglichkeit eines Ausscheidens Griechenlands aus der Währungsunion aber war niemals zuvor in dieser Deutlichkeit erwogen worden wie in den dramatischen Stunden von Cannes.

Die Frage, wie das notfalls zu bewerkstelligen sei, wurde auch in den europäischen Gremien schon frühzeitig diskutiert, streng auf Arbeitsebene und ohne Papiere, die hätten bekannt werden können. Deshalb argumentierte ich auch gegen öffentlich leichthändig vorgetragene Grexit-Vorschläge, denn hätte ich auch nur Andeutungen in diese Richtung gemacht, ohne dass es eine Vereinbarung darüber gab, wäre das ein tölpelhafter Fehler gewesen, für den man mich auf der Stelle hätte entlassen müssen. In vertraulicher Runde ventilierte ich den Gedanken allerdings schon, auch mit der griechischen Seite.

Junckers Devise, man müsse notfalls eben lügen, war mir fremd. Ich lüge nicht gerne. Aber um später nicht dementieren zu müssen, kann man auch nicht immer offen die Wahrheit sagen.

Cannes kostete noch einen zweiten europäischen Regierungschef das Amt. Der Druck auf Italien an den Finanzmärkten war inzwischen stark angestiegen, und Silvio Berlusconi zeigte sich der Krise nicht gewachsen. Innenpolitisch angeschlagen, von einer Vertrauensabstimmung zur nächsten taumelnd und so fast handlungsunfähig, glaubten immer weniger an seine Fähigkeiten, die notwendigen Strukturreformen durchzusetzen. Am Ende band er seinen Rücktritt an die Zustimmung zu einem neuen Sparpaket. Es war das Ende einer populistischen Ära in Italien – und wie wir heute wissen, nur eine Atempause, bevor sich neue populistische Bewegungen in ganz Europa formierten. Letztlich blieb keines der Länder, die in der Krise Hilfen in Anspruch nahmen und die damit verbundenen Auflagen zu erfüllen hatten, ohne Neuwahlen und Regierungswechsel – auch die politischen Kosten des eingeschlagenen Weges waren hoch.

## MEIN EINTRETEN FÜR EINEN SCHULDENSCHNITT

In der Zusammenarbeit mit Venizelos waren für mich die Verhandlungen über den erwähnten griechischen Schuldenschnitt ins Zentrum gerückt. Ich musste dafür lange kämpfen – gegen den Rat der EZB und vieler Ökonomen. Und nicht zuletzt gegen die Enttäuschung anderer Programmländer wie Irland, die einen solchen Schuldenschnitt anfangs der Krise auch für sich gerne in Anspruch genommen hätten, ohne dass das gegenüber der EZB durchzusetzen gewesen wäre. Im Europäischen Rat stritten die Regierungschefs darüber unter maßgeblicher Beratung von großen Banken, die Griechenland schon gegen ein ordentliches Honorar beim Frisieren der Haushaltszahlen geholfen hatten. Es war grotesk und die Auseinandersetzung fürchterlich zäh.

Während der IWF mit Blick auf die Schuldentragfähigkeit immer stärker auf den Erlass griechischer Schulden auch durch die öffentlichen Gläubiger in Europa drängte, was wir wegen des Bailout-Verbots in den europäischen Verträgen ablehnen mussten, konzentrierten wir uns aus guten Gründen auf die Privatgläubiger. Die Gewinne hatten im Wesentlichen Banken, auch Versicherungen und Hedgefonds gemacht, die Verluste sollten nun aber allein die Steuerzahler tragen – so waren den nationalen Öffentlichkeiten die staatlichen Hilfsprogramme, um die Krisenländer auf ihrem Weg zurück zum Wachstumskurs zu unterstützen, auf Dauer nicht zu vermitteln. Wer jahrelang prima Geschäfte gemacht und an hohen Risikoaufschlägen auf Staatsanleihen verdient hatte, sollte endlich das Risiko mittragen.

Wie wir die Lasten auf die Finanzinstitutionen einerseits und die Steuerzahler andererseits aufteilen, würde nach meiner Einschätzung über Jahre hinweg die Legitimität nicht nur der Marktwirtschaft, sondern auch der demokratischen Ordnung entscheidend mitbeeinflussen. Die Bevölkerung sollte das Gefühl behalten, dass es auch unter den Bedingungen der ökonomischen Globalisierung noch einigermaßen fair zugeht. Dazu brauchte es eine angemessene Beteiligung des privaten Sektors – im Übrigen auch des marktwirtschaftlichen Grundsatzes wegen, dass Risiko und Haftung nicht voneinander zu trennen sind. Es ging um disziplinierende Maßnahmen für die Player auf einem Feld, auf dem der Hang zur Maßlosigkeit besonders ausgeprägt war.

Als Gegenargument wurde ins Feld geführt, dass jeder Schuldenschnitt zu panikartigen Reaktionen der Finanzmärkte führen werde. Vor allem EZB-Präsident Jean-Claude Trichet war strikt gegen die private Gläubigerbeteiligung. Wir gerieten wiederholt heftig aneinander – bis hin zu einer Sitzung in kleiner Runde in Luxemburg, als Trichet wutentbrannt den Raum verließ. An einem Treffen, bei dem über eine Gläubigerbeteiligung auch nur geredet werde, nehme er nicht teil. Als er sich in einem Disput mit mir zu der Einschätzung verstieg, wir würden mit diesem Schritt eine Krise herbeiführen, die schlimmer sei als alles, was wir seit der Weltwirtschaftskrise 1929 erlebt hätten, konterte ich mit dem Hinweis, der Zweite Weltkrieg sei gewiss noch schlimmer gewesen. Mit solchen Übertreibungen war niemandem geholfen.

Angela Merkel wollte richtigerweise die Beteiligung privater Gläubiger beim Schuldenschnitt eng mit dem französischen Präsidenten abstimmen. Als sie mit Sarkozy im Juli 2011 zum Abendessen verabredet war, sollte ich mich darauf einstellen, notfalls von ihr hinzugezogen zu werden, auch weil ich mit Sarkozy durch unsere inzwischen lange gemeinsame Vorgeschichte umzugehen wusste. Ich selbst saß mit Edmund Stoiber in einem Restaurant, ein jährliches Ritual, als die Kanzlerin tatsächlich anrief, um mir mitzuteilen, sie komme mit Sarkozy nicht mehr weiter, ich solle kommen. Also musste ich Stoiber sitzen lassen und fuhr ins Kanzleramt. Dort angekommen, dauerte es nicht lange, bis ich mit Sarkozy in Streit geriet. Der erhöhte dabei seine Tonlage, wie er es gewohnt war, wenn er bei anderen auf Widerspruch stieß. Übertriebenen Respekt nur eines Amtes wegen hatte ich allerdings noch nie. Wir waren zudem bis vor Kurzem noch Kollegen gewesen, und er nannte mich gerne demonstrativ seinen Freund. Also wurde auch ich deutlicher, und wenn nötig, kann ich ja auch unfreundlich sein. Die Kanzlerin hatte sichtbare Freude an unserem Disput, bis wir über die vielen zu klärenden Details den Weg zueinander fanden. Am Ende willigte Sarkozy in das gefundene komplexe Konstrukt ein, verwies aber darauf, dass er nicht gegen den EZB-Präsidenten handeln könne. Also wurde noch am selben Abend Trichet kurzerhand aus Frankfurt eingeflogen, um in der Nacht tatsächlich eine Einigung zu erzielen. Die Beteiligung privater Gläubiger an der Umschuldung sollte freiwillig erfolgen, weil jeder weitergehende Schritt die überdrehten Märkte nur noch mehr zu reizen drohte. Commerzbank-Chef Martin Blessing raunte allerdings später, die Beteiligung sei in etwa so freiwillig gewesen wie ein Geständnis während der spanischen Inquisition.

Über die Höhe des Schuldenschnitts verhandelten Merkel und Sarkozy danach persönlich mit Josef Ackermann als Sprecher des Internationalen Bankenverbands, was ich nicht gerade für einen klugen Schachzug hielt. Ackermann vertrat wie andere Vertreter großer deutscher Banken die Auffassung, mit einer marginalen Beteiligung des Privatsektors das Problem lösen zu können. Als ich über die zwischenzeitlich erzielte Einigung unterrichtet wurde, wonach die privaten Gläubiger auf etwas über zwanzig Prozent ihrer Forderungen verzichten würden, sagte ich spontan, alles unterhalb von fünfzig Prozent sei indiskutabel.

Ackermann bot mir gegenüber in einem Telefonat alle möglichen Zahlen und Daten auf, um zu erklären, dass die zwanzig Prozent unter Berücksichtigung des *net present value*, einer Kennzahl zur Bemessung der Rendite einer Investition, schon das Äußerste sei. Ich antwortete – vermutlich barsch –, dass ich schon wisse, wie man durch Abzinsung den aktuellen Wert künftiger Forderungen ermittle. Man könne damit Regierungschefs, die andere Aufgaben hätten, hinter die Fichte führen, nicht aber den zuständigen Finanzminister. Unter fünfzig Prozent werde es keine Vereinbarung geben.

Es wurden am Ende 53 Prozent – und anders als vielfach prophezeit, ist die Welt davon nicht untergegangen. Der Schuldenschnitt bedeutete für die Gläubiger tatsächlich viele Milliarden Verlust, in seiner Größenordnung war er historisch – was die Kritiker meiner Griechenlandpolitik später übrigens gerne unterschlugen. Clevere Investoren, die zum Teil ihre Papiere zu einem weit niedrigeren Kurs erworben hatten, machten dennoch vielfach einen ansehnlichen Reibach. Meine Beziehung zu Ackermann, der den begangenen »Sündenfall« öffentlich laut beklagte und dessen Rolle als Kreditgeber und Berater griechischer Regierungen mir wiederum schon lange missfallen hatte, blieb von da an unfreundlich.

Der Schuldenschnitt konnte nicht alle Probleme Griechenlands lösen, aber er hat dem Land mehr Luft verschafft. Vor allem sorgte er für eine gerechtere Lastenverteilung zwischen Steuerzahlern und privaten Anleiheinvestoren. Auf die staatlichen Rettungsaktionen, die künftig Verluste privater Gläubiger vorsahen, reagierten die hochnervösen Märkte mit neuen Spekulationsattacken gegen Krisenländer wie Spanien, Irland und auch Italien. Der Druck war so hoch, dass sich die Staats- und Regierungschefs der Euroländer darauf festlegten, nie wieder einen Schuldenschnitt zu exekutieren, was im Sinne einer überflüssigen Selbstbeschränkung der Mittel natürlich problematisch war. Um private Gläubiger dennoch weiter zu beteiligen, wurden ab 2013 alle künftigen Staatsanleihen von Euroländern mit Umschuldungsklauseln versehen, den sogenannten Collective Action Clauses, die bei Zahlungsunfähigkeit eines Landes dazu führen, dass mit Gläubigern eine Restrukturierung ausgehandelt und mit Mehrheit auch für alle beschlossen werden kann.

Die Beteiligung privater Gläubiger stand auch im Zentrum einer anderen Krisensituation, die uns von Ende 2012 bis ins Frühjahr 2013 in Atem hielt. Zypern, profiliert als Steueroase und Anlageparadies vor allem für russische Oligarchen, zudem ausgestattet mit einem völlig überdimensionierten, noch dazu mit griechischen Staatsanleihen vollgepumpten Bankensektor, war nicht zuletzt durch Milliardenverluste beim vollzogenen Schuldenschnitt in Griechenland in eine Abwärtsspirale aus wirtschaftlichem Niedergang und Haushaltskrise geraten. Über Liquiditätsnotfallhilfen hielt die EZB die Geschäfte am Laufen – ein auf Dauer untragbarer Zustand, der 2013 beendet wurde. Damit wurden dramatische Stunden eingeläutet, weil bei einem Bankenkollaps auch Kleinanleger um ihre Ersparnisse fürchten mussten. Unvergessen bleibt mir die Brüsseler Nacht, als bei angespannten Verhandlungen auch der neu gewählte Staatspräsident Zyperns anwesend war. In kleiner Runde, die über die notwendigen Schritte diskutierte, führte sich Nikos Anastasiadis als treuer Anhänger des Atlantischen Bündnisses ein, um dann zu drohen, wenn wir ihn hängen lassen würden, müsse er sich – auch wenn er gegen ein Kuba im Mittelmeer wäre – an Moskau wenden. Beeindrucken konnte er damit nicht. Ich erinnerte ihn daran, dass der Kalte Krieg nun doch schon eine Weile her sei und das Beispiel Kuba wirklich nicht mehr als Drohkulisse tauge. Wir blieben stattdessen konsequent und bewahrten Zypern zwar mit einem milliardenschweren Hilfsprogramm vor der Staatspleite, verbanden das aber mit der Auflage, im Gegenzug den zypriotischen Bankensektor völlig umzustrukturieren, inklusive der Liquidation der Laiki Bank als zweitgrößte Bankengruppe des Landes. Sparguthaben von Kleinanlegern blieben gesichert, Großanleger, Eigentümer und Gläubiger aber machten deutliche Verluste. Hier hatten wir tatsächlich einmal Härte gezeigt, weil Zypern zu klein war, um den Euro insgesamt zu gefährden.

## »WHATEVER IT TAKES« – »ZAUBERLEHRLING« MARIO DRAGHI UND DIE EZB

Langfristig folgenreich wurde ein Weg, den wir in Europa zur Krisenbekämpfung einschlugen, dem ich aber nur mit vielen Skrupeln folgen konnte. Angela Merkel hatte zu Beginn der Eurokrise auf strenge Einhaltung der Verträge gepocht, was unsere Spielräume begrenzte. Während ich aktiv auf ein erstes Hilfspaket hinarbeitete, tendierte die Kanzlerin zu meinem Befremden schon damals dazu, der EZB den Ankauf von Staatsanleihen zu ermöglichen, um die Zinsunterschiede zwischen den Ländern zu senken. Merkel hatte in einem Gespräch mit dem griechischen Ministerpräsidenten diese Meinungsverschiedenheit zwischen uns zur Überraschung ihres Gesprächspartners offen angesprochen. Ich warnte die Kanzlerin, nicht zu viel auf die Aufgabenseite der europäischen Notenbank zu schieben, denn das entsprach nicht mehr deren begrenztem Mandat, und ich war sicher, es würde uns eines Tages auf die Füße fallen. Merkels Antwort darauf war typisch für ihren Führungsstil. Sie entgegnete bloß, mit allem, was die EZB zur Krisenbewältigung beitrage, müsse sie wegen deren Unabhängigkeit nicht in die Fraktion mit ihren kritischen Fragen. Solchen Auseinandersetzungen suchte sie auszuweichen.

Zu den Stärken des Kanzleramts zählt seine große Diskretion, deshalb weiß ich nicht, welchen Einfluss Merkels wirtschaftspolitischer Berater bei der Bewältigung der Finanz- und Bankenkrise in dieser Anfangsphase der Eurokrise hatte. Als Präsident der Bundesbank übte dieser Jens Weidmann später die Rolle des Wächteramts der Zentralbank für die Stabilität unserer Währung und für das Vertrauenskapital, das sich die Bundesbank in den Jahrzehnten ihres Bestehens erworben hat, kraftvoll aus. Bei G7- und G20-Konferenzen sowie in den informellen Ecofin-Räten saßen wir einträchtig nebeneinander und stimmten in vielen grundsätzlichen Positionen überein. Mit meiner notorischen Neigung zur Stichelei stellte ich die Frage nach Weidmanns damaliger Rolle allerdings doch noch einmal – in einer Laudatio, die ich beim Wirtschaftstag 2022 auf ihn hielt, als er bereits aus dem Amt geschieden war. Sie blieb unbeantwortet, und zu meinem Erstaunen griff sie auch keiner der anwesenden Medienvertreter auf.

Die Soziale Marktwirtschaft ist ohne eine konsequente Politik der Preisstabilität nicht denkbar. Ludwig Erhard und Walter Eucken haben die fundamentale Bedeutung stabilen Geldes für eine Gesellschaft freier Bürger betont und warnten vor politischer Einflussnahme auf die Notenbanken. Denn die Verfügungsmöglichkeit über die Notenpresse stellt auch für demokratisch legitimierte Entscheidungsträger eine unwiderstehliche Versuchung dar. Die Zentralbanker in Frankfurt, denen in der Eurozone die Geldpolitik überantwortet ist, sind deshalb nach dem Vorbild der Deutschen Bundesbank unabhängiger als die US-amerikanische Federal Reserve oder die Bank of England. Die EZB hat deshalb aber auch ein begrenztes Mandat, begrenzter als das aller anderen Notenbanken in der westlichen Welt. Während etwa die Federal Reserve auch für Wirtschaftswachstum und Beschäftigung zu sorgen hat, ist die EZB allein der Stabilität der Währung verpflichtet und hat die Gemeinschaft angemessen mit Geld zu versorgen.

Es gibt unter Ökonomen viele gute Argumente, warum eine Notenbank sich nicht allein auf die Geldwertstabilität konzentrieren sollte. Solange wir aber in Europa nur eine Währungs- und keine Fiskalunion haben, würde ein weitergehendes Mandat der EZB dazu nicht passen. Die Zentralbank, die zum Ausüben eines allgemeinen politischen Mandats über keine demokratische Legitimation verfügen würde, könnte dann nicht länger politisch unabhängig sein. Diese Unabhängigkeit ist für Politiker manchmal unbequem, aber sie ist unverzichtbar. In der Eurokrise erlebten wir allerdings, dass politischer Druck auch indirekt ausgeübt werden kann: indem die Regierungen der Mitgliedstaaten ihrer Verantwortung für eine stabilitäts- und wachstumsorientierte Finanz-, Wirtschafts- und Sozialpolitik nicht gerecht wurden. Sie überließen so Entscheidungen, um den Euro zu bewahren, der Notenbank – *»whatever it takes«*.

Was immer nötig ist: Mit dieser berühmt gewordenen, in einer Rede auf einer Londoner Investorenkonferenz beiläufig, aber bewusst platzierten Formulierung trug EZB-Präsident Mario Draghi im Juli 2012 entscheidend zur Stabilisierung und Beruhigung der hyperventilierenden Märkte bei. Es war der Wendepunkt in einer Entwicklung, bei der mit massiven Spekulationen gegen den Euro einmal mehr die Zukunft der Gemeinschaftswährung auf dem Spiel stand. Die Kanzlerin und ich stützten Draghi damals umgehend, was den durchschlagenden Effekt seiner Rede noch mal verstärkte. Draghi stieg in der öffentlichen Wahrnehmung zum heldenhaften »Super-Mario« auf, zum »Zauberer«, der die Börsen im Griff hat.

Seine ungewöhnliche Intervention war die in der damaligen Situation richtige und gleichzeitig fast schon verzweifelte Reaktion auf die politischen Versäumnisse der Mitgliedsstaaten der Eurozone. Der Preis dafür war allerdings hoch. Denn die EZB hat dadurch zwangsläufig eine Funktion übernommen, mit der sie eigentlich überfordert ist oder zumindest an die Grenzen ihres Mandats stößt. Vor allem in Deutschland löste der massenweise Ankauf von Staatsanleihen eine Flut an rechtlichen Debatten bis hin zu Verfassungsgerichtsentscheidungen darüber aus, inwieweit die EZB eigentlich noch im Rahmen ihres Mandats handeln und nicht bereits den unerlaubten Weg in die direkte Finanzierung taumelnder Einzelstaaten beschreiten würde.

Ich bin kein Anhänger einer Politik monetärer Lockerung. Mein kritischer Einwand war vor allem, dass Draghis Geldpolitik den Staaten erleichtere, Reformen weiter zu vermeiden – also genau das, was zur Reaktion der EZB erst geführt hatte. Draghi hat selbst oft bekräftigt, dass die EZB niemals das ersetzen könne, was die Mitgliedstaaten tun sollten. Aber solange die Mitgliedsstaaten es nicht täten, müsse die EZB im Rahmen ihres eigenen begrenzten Mandats tun, was sie könne. Auf Dauer kann aber keine Geld- und Finanzpolitik ersetzen, was an grundlegenden Reformen demokratisch umzusetzen ist. Sie kann die wirtschaftspolitisch getroffenen Entscheidungen ergänzen und deren Auswirkungen abmildern. Sie kann jedoch nicht als Standardwerkzeug verwendet werden.

Politik neigt immer dazu, unpopuläre Entscheidungen erst dann zu treffen, wenn es keine einfachere Alternative mehr gibt. Es ist eben nicht leicht, erst recht nicht in wirtschaftlich angespannter Lage, Entscheidungen zu treffen, die kurzfristig unpopulär, aber mittel- bis langfristig notwendig sind. Das langfristige Vertrauen der Bevölkerung ist aber etwas sehr viel Solideres als die täglich schwankende Gunst der sogenannten öffentlichen Meinung. Ausgerechnet mein sozialistischer französischer Amtskollege Michel Sapin pflichtete mir in dieser Einschätzung – wenn auch mit Bedauern – ausdrücklich bei. Die Erfahrung lehrt, dass Politiker zwar viel von Strukturreformen reden, wenn es konkret wird, aber lieber fiskalpolitisch auf weitere Defizitausgaben und geldpolitisch auf höhere Liquidität ausweichen.

Das viele Geld schützt die Politik vor unbequemen Maßnahmen, also davor, die für wirklich nachhaltiges Wachstum notwendigen Strukturreformen anzugehen – und trägt gleichzeitig zur Blasenbildung bei, wie es im von zinsgünstigen Krediten befeuerten US-Immobilienboom mit fatalen Folgen zu sehen war. Ökonomen auf der ganzen Welt sind zu Recht alarmiert angesichts der erhöhten Risiken durch die Anhäufung von immer mehr Liquidität. Wir sind in der lange vorhergesagten Stagflationssackgasse von ultralockerer Geldpolitik bei wachsender Gesamtverschuldung weltweit und nachlassendem Wirtschaftswachstum angelangt – mit gravierenden Folgen für unsere Fähigkeit, die existenziellen Krisen, vor denen wir stehen, zu bewältigen.

Die Unabhängigkeit der Zentralbank habe ich immer respektiert. Wie mit seinem Vorgänger kreuzte ich aber auch mit Draghi, der später als italienischer Ministerpräsident seine politischen Qualitäten bewies und Italien effizient durch die Pandemie führte, manche Klinge. Mehr hinter verschlossenen Türen als öffentlich. Ich sagte ihm etwa, dass er mit expansiver Geldpolitik den deutschen Exportüberschuss zwangsläufig weiter in die Höhe treiben werde. Diese Überschüsse liegen in der unterschiedlichen wirtschaftlichen Leistungsfähigkeit begründet, die ein strukturelles Problem des Euroraums bleibt. Während für Deutschland das Zinsniveau zu niedrig lag, war es für andere zu hoch. Die EZB muss aber eine einheitliche Geldpolitik machen. Ich versprach damals, diesen Kurs nicht öffentlich zu kritisieren. Aber ich wollte auch nicht für dessen Folgen verantwortlich gemacht werden – ein Kurs, der im Übrigen in Deutschland auch innenpolitische Konsequenzen hatte. Die Niedrigzinspolitik mit ihren gravierenden Auswirkungen auf den deutschen Sparer, der sich plötzlich mit Nullzinsen oder sogar Negativzinsen konfrontiert sah, wurde zum Nährboden neu auftretender populistischer Kräfte.

Zu seinem Abschied aus dem Amt schickte ich Draghi, diese kleine Spitze konnte ich mir nicht verkneifen, eine italienische Übersetzung von Goethes *Zauberlehrling* – denn ich ahnte, dass mit der Geldflutung damals Geister geweckt wurden, die nur schwer wieder einzufangen sind. Draghi verstand den subtilen Wink sofort. Auch wenn ich weiterhin von mir nicht behaupte, der größte Ökonom zu sein, stelle ich dennoch fest, in manchem leider recht behalten zu haben.

## ERFOLGE AUF DEM WEG ZU MEHR STABILITÄT

In unendlich langen Verhandlungen und erbitterten Auseinandersetzungen mit unseren Partnern gelangen uns noch in der laufenden Legislaturperiode substanzielle Fortschritte, um den Euroraum zu stabilisieren und dabei die Mitgliedsstaaten über eine Verschärfung sanktionierbarer Regeln zu mehr Haushaltsdisziplin anzuhalten. Die harte Haltung Deutschlands zahlte sich aus. Merkel hatte während des legendären Spaziergangs mit Präsident Sarkozy auf der Promenade von Deauville im Herbst 2010 einen Kompromiss erzielt. Zwar mussten wir Abstriche bei den auch von der Brüsseler Kommission und EU-Parlamentariern geforderten automatischen Sanktionen gegen Länder hinnehmen, die gegen den Stabilitäts- und Wachstumspakt verstoßen. Im Gegenzug unterstützte Sarkozy aber Vertragsänderungen, um hartnäckigen Sündern das Stimmrecht entziehen zu können und einen tragfähigen Rahmen für ein wirkungsvolleres Krisenmanagement zu schaffen.

Bereits seit Sommer 2010 hatten wir in einer Taskforce unter Leitung von EU-Ratspräsident Herman Van Rompuy damit begonnen, ein Regelwerk zum Stabilitäts- und Wachstumspakt zu erarbeiten, um nach den bitteren Erfahrungen die Finanzdisziplin im Euroraum zu stärken, ein Frühwarnsystem zu etablieren und ein besseres Krisenmanagement mit wirkungsvolleren Sanktionen zu ermöglichen. Die Regeln sollten in Rechtsvorschriften umzusetzen sein, also keine Vertragsänderungen bedingen, die politisch ja nicht zu haben waren. Erarbeitet wurde so ein Maßnahmenbündel, das öffentlichkeitswirksam als »Sixpack« firmierte. Manchmal schien mir die Kreativität in Brüssel im Verkaufen von Entscheidungen größer zu sein als beim Ersinnen der Maßnahmen.

Während wir mit dem Sixpack neue fiskalpolitische Regeln aufstellten, ergänzte und vertiefte der Fiskalpakt, den wir Anfang März 2012 als zwischenstaatlichen Vertrag von 25 Mitgliedstaaten der Europäischen Union schlossen, das bereits bestehende Regelwerk. Wir entwickelten uns so stärker hin zu einer fiskalischen und politischen Union, um den grundlegenden Strukturfehler der Gemeinschaftswährung zu überwinden. Die Finanz- und Wirtschaftspolitik der Nationalstaaten in der Eurozone waren fortan besser und verbindlich aufeinander abzustimmen. Eine gemeinsame Stabilitätsorientierung mit institutionellen Strukturen ermöglichte zudem, Mitgliedsstaaten der Eurozone über eine nationale Schuldenbremse zu einer Fiskal- und Haushaltspolitik zu verpflichten, die ihrer Verantwortung für die gemeinsame Währung wirklich gerecht wird. Und gegen viele Widerstände, nicht zuletzt Frankreichs, setzten wir doch noch eines unserer Hauptanliegen durch: nämlich die EU-Kommission bei Nichteinhalten der Defizitgrenzen künftig zu ermächtigen, automatisch Sanktionen zu verhängen.

Die Strafgelder würden in den Europäischen Stabilisierungsmechanismus (ESM) einfließen, den wir zeitgleich mit dem Fiskalpakt im Bundestag ratifizierten. Die zu Beginn der Krise zwar koordinierten, aber von den Staaten bilateral mit Griechenland vereinbarten Beistandskredite wurden mit dem ESM in eine internationale Finanzinstitution überführt. Damit verfügten wir nun unter den Euromitgliedsstaaten anstelle der Akutmaßnahmen, die, kaum beschlossen, schon wieder überholt waren, über einen wirkungsvollen Schutzschild gegen die wilden Spekulationen auf den Finanzmärkten. Wir hatten dahinter genug Feuerkraft, um jedes Mitgliedsland vor solchen gezielten Angriffen zu schützen und es zu stabilisieren. Das war die berühmte »Bazooka«, von der damals viel die Rede war, ein Instrument, das als Waffe unübersehbar ins Schaufenster gestellt wurde, aber gerade darauf angelegt war, durch seine abschreckende Wirkung nie zum Einsatz zu kommen – ein entscheidender Unterschied zu 2020, als die Bazooka im Kampf gegen die Folgen der Coronapandemie bei meinem Amtsnachfolger begrifflich eine Neuauflage erfuhr.

Das Martialische spiegelt treffend unsere Stimmungslage in der Krise wider, denn die Märkte hatten sich zu Kampfplätzen entwickelt, auf denen gezielt einzelne Mitglieder des Euroraums angegriffen wurden. Mit dem ESM und dem Fiskalpakt hatten wir nun unmittelbar vor der Sommerpause 2012 in Deutschland immerhin zwei Großprojekte durchs Parlament gebracht, denen allgemein historische Bedeutung beigemessen wurde. Wie groß die Anspannung dieser Monate war, verdeutlicht die wilde Aufregung noch am Tag der Abstimmung, zu der unwillentlich auch die Kanzlerin beitrug.

Die Staats- und Regierungschefs hatten bei einem ihrer Brüsseler Gipfel bis in die Nacht vor dem Abstimmungstag am 29. Juni 2012 über die Modalitäten einer geplanten europäischen Bankenunion gerungen. Auch wenn ich viel Zeit und Kraft in die Verhandlungen über eine gemeinsame europäische Bankenaufsicht unter dem Dach der EZB und ein einheitliches Regime zur Abwicklung zahlungsunfähiger Banken steckte, kann ich diesen wichtigen Baustein zur Stabilisierung des Euros hier nur kursorisch erwähnen. Staatsverschuldung und Bankenverschuldung hingen ja eng zusammen, zumal die Banken den Großteil der Staatsanleihen halten und die Staaten im Zweifel die Banken retten müssen.

Ich kämpfte für gleich hohe Standards bei der Aufsicht und dafür, die richtigen Anreize zu setzen, um kostspieligen Fehlentwicklungen zulasten der öffentlichen Hand und der nationalen Haushalte vorzubeugen. Von hoher Bedeutung für die Bundesregierung war deshalb eine vorrangige Beteiligung privater Eigentümer und Gläubiger an den Abwicklungskosten strauchelnder Banken. In der hochumstrittenen Frage einer gemeinsamen Einlagensicherung, mit der die Vergemeinschaftung von Bankverlusten im Raum stand, pochte ich auf die richtige Reihenfolge. Zuerst war auf der Ebene der Mitgliedstaaten sicherzustellen, dass die jeweiligen Bankbilanzen bereinigt würden und notwendige Sanierungen nicht auf Kosten gesunder Institute in anderen Ländern erfolgen müssten. Ansteckungsrisiken war schließlich auch hier vorzubeugen. Ich habe aber im Unterschied zu Merkel und anderen nie ausgeschlossen, dass es perspektivisch zur gemeinsamen Einlagensicherung kommen müsse. Mir widerstrebte nicht nur, etwas zu versprechen, von dem ich nicht sicher sein konnte, dass ich es auch würde halten können. Vor allem habe ich öffentlich klargestellt, dass eine Bankenunion ohne gemeinsame Einlagensicherung aus meiner Sicht unvollendet bliebe – durchaus zum Leidwesen der Bankenverbände, auch der Sparkassen und Volksbanken, die es aber ertrugen, weil sie mir vertrauten, dass ich gleichzeitig auf die richtige Reihenfolge achten würde.

Gegen vier Uhr nachts brach die erschöpfte Kanzlerin an diesem 29. Juni in ihr Hotel auf, ohne, wie sonst üblich, den wartenden Journalisten die Details der getroffenen Verabredungen zu erläutern. Das übernahmen dafür andere, die dem Verhandlungsergebnis in der Öffentlichkeit einen Spin gaben, der

der Kanzlerin nicht gefallen konnte. Denn bereits am frühen Morgen drehte sich das Berliner Gerüchtekarussell mit der Eilmeldung, die Kanzlerin sei in den Verhandlungen umgefallen und habe in einer 180-Grad-Wende mit ihren Zugeständnissen bisherige rote Linien gerissen. Demnach sollten angeschlagene Banken nun einfacher direkte Hilfen aus dem Eurorettungsschirm erhalten können, um die Staatsverschuldung durch Notkredite nicht noch zu erhöhen. Dadurch schienen die weitreichenden Auflagen im ESM, über den der Bundestag doch erst zu befinden hatte, auf den ersten Blick Makulatur zu sein. Der italienische Ministerpräsident Mario Monti erweckte sogar den Eindruck, als würde sich Europa auf gemeinsame Staatsanleihen zubewegen, also das deutsche Schreckgespenst der Eurobonds, die die Kanzlerin kurz zuvor noch einmal mit Nachdruck ausgeschlossen hatte – »solange ich lebe«.

Die Lage drohte darüber, völlig außer Kontrolle zu geraten. Ich erinnere mich an das bleiche Gesicht Volker Kauders, als ich morgens in den Plenarsaal kam. Die Aufregung war nicht nur in der eigenen Fraktion und in der Koalition groß. Die Opposition, auf deren Stimmen wir im Ratifizierungsprozess des ESM-Vertrags angewiesen waren, nutzte die Verunsicherung und kündigte an, die Abstimmung am Nachmittag möglicherweise platzen zu lassen. Sie erzwang eine Sondersitzung im Haushaltsausschuss, bei der ich große Mühe hatte, die Verschiebung abzuwenden. Es gelang mir, die erregten Gemüter zu beruhigen, indem ich das gründliche Studium der Details anmahnte und die Bedeutung der Einführung einer einheitlichen Bankenaufsicht mit scharfen Kontrollen unter dem Dach der EZB herausstrich. Als die Kanzlerin in Berlin eintraf, um sich nach dem Gipfel am späten Nachmittag im Plenum zu erklären, war bei der Abstimmung über den ESM zwar die eigene Kanzlermehrheit nicht gesichert, aber die notwendige Zweidrittelmehrheit erreicht.

## DAS GEZERRE UM EINE FINANZTRANSAKTIONSSTEUER

Für die zur Ratifizierung des ESM notwendige Zweidrittelmehrheit im Bundestag hatte die oppositionelle SPD die Einführung einer Finanztransaktionssteuer zur Bedingung gemacht. Ich war selbst ein Anhänger davon, auch Finanzdienstleistungen mit einer Art Umsatzsteuer zu belegen. Als der Euro eingeführt worden war, hatte sich noch niemand das Ausmaß der Globalisierung auf den Finanzmärkten vorstellen können. Statt eine vernünftige, nachhaltig wachsende Wirtschaft zu finanzieren, hatten sich Finanz- und Realwirtschaft entkoppelt. Der Finanzsektor war im explodierenden Austausch von Finanzdienstleistungen selbstreferenziell geworden.

Ludwig Erhard hatte einst viel Häme erfahren, als er mit der Forderung zum Maßhalten vor den Abgründen warnte, die sich auftun, wenn man in der Wirtschaft nur noch Wachstum um jeden Preis anstrebte. Was die Globalisierung mit weltoffenen Märkten im Übermaß eben auch bedeuten kann, sehen wir heute angesichts der Abhängigkeit von China und Russland, der Verwundbarkeit von Lieferketten und Absatzmärkten oder mit Blick auf die Gefährdung unserer natürlichen Lebensgrundlagen. Es braucht immer Gegenkräfte; Regeln, die den zum Übersteuern neigenden Märkten Grenzen setzen.

Der Crash 2008 hatte uns gelehrt, dass der Finanzmarkt zwar der wirkungsvollste Mechanismus ist, um Fehlentwicklungen schonungslos offenzulegen, und ein unverzichtbares Disziplinierungsinstrument für Regierungen, diese zu korrigieren. Gleichzeitig hatte die Finanzkrise aber die irrationalen Züge offenbart, die blindes Vertrauen in die regulierende Kraft der Märkte verbieten. In der Eurokrise machten wir zudem die Erfahrung, wie auch über die rücksichtslos ausgeübte Macht der Ratingagenturen gezielte Spekulationen Länder ganz plötzlich in die Zahlungsunfähigkeit rutschen ließen.

Ich war Realist genug zu wissen, dass unter den Bedingungen globalisierter Finanzmärkte, bei denen Geschäfte von überall per Knopfdruck abgewickelt werden können, eine wirksame Regelung nur global umzusetzen sein würde. Ein nationaler Alleingang hätte allenfalls dazu geführt, dass in Deutschland keine Börsengeschäfte mehr getätigt würden. Was eine internationale Verständigung an Aufwand bedeuten würde, war mir allerdings bewusst. Deshalb betonte ich von vornherein, dass die Bundesregierung zwar international alle erdenklichen Verhandlungsbemühungen unternehmen werde, ich aber einen erfolgreichen Abschluss nicht versprechen könne. In die mittelfristige Finanzplanung hatten wir auf Druck von Guido Westerwelle sogar bereits einen Milliardenbeitrag aus Einnahmen einer zukünftigen Finanztransaktionssteuer eingestellt. Die SPD hat dennoch später immer wieder den Vorwurf erhoben, dass wir unsere vermeintliche Zusage nicht einhalten würden. Aber das ist das normale politische Geschäft.

Letztlich steckten wir in den jahrelangen Verhandlungen in einer Art Teufelskreis fest, solange sich die USA auf der Ebene der G20-Staaten, aber auch die Staaten anderer großer Börsenplätze in der Welt querstellten. Denn wenn ich den Vorschlag machte, es doch wenigstens auf europäischer Ebene zu versuchen, lautete die Antwort meines britischen Kollegen George Osborne, der seinen Finanzplatz London im Blick hatte: Sicher, Wolfgang, gerne – aber nur wenn die Amerikaner mitmachen. Wenn ich darauf das Thema in der Eurozone anschnitt, hieß es etwa vonseiten des Niederländers Jeroen Dijsselbloem wegen der Konkurrenzsituation des Finanzplatzes Amsterdam zu London: Sicher, Wolfgang, gerne – aber nur wenn die Briten mitmachen. Der an sich richtige Gedanke, dass die Finanztransaktionssteuer wirklich sinnvoll nur global eingeführt werden kann, erwies sich so als beste Ausrede, gar nicht erst zu beginnen. Da dies nie mein Ansatz war, suchte ich nach anderen Wegen – zumal ich die Erfahrung gemacht hatte, dass ein wenig Druck selbst in den USA etwas bewegen konnte. Einmal rief mich vor einem G20-Gipfel mein US-Kollege Geithner an, um sich danach zu erkundigen, wie stark ich das Thema bei dem anstehenden Treffen pushen wolle. Offenbar sorgte man sich im Weißen Haus, im bevorstehenden Wahlkampf Farbe bekennen zu müssen und dass es dem Präsidenten schaden könnte, wenn er einen populären Vorstoß ablehnen würde.

In Europa aber blieb unter der geschilderten Selbstblockade nur das Instrument der verstärkten Zusammenarbeit, das im Lissabon-Vertrag genau geregelt ist. Das Initiativrecht liegt demgemäß bei der Kommission, und es braucht dazu mindestens zehn Länder, die mitmachen. Mir gelang es zunächst, einige von ihnen wie Frankreich und Österreich aus Überzeugung, andere eher zähneknirschend für eine solche Initiative zu gewinnen. Doch dann bröckelte die Bereitschaft wieder – aus unterschiedlichen Gründen. Die einen störten sich an der Einbeziehung des Derivatenhandels, der längst den größeren Teil des Börsenumsatzgeschäfts ausmachte, andere fürchteten um die Rentabilität ihrer Pensionsfonds, wieder andere verwiesen darauf, dass ihnen dadurch nur Verwaltungskosten entstehen würden, weil es ihnen schlicht am zu besteuernden Aufkommen fehlte. Der Österreicher Hans Jörg Schelling bemühte sich sehr, dennoch eine Vereinbarung zustande zu bringen. Er scheiterte letztlich an den unterschiedlichen Interessen. Wir drehten uns zunehmend im Kreis, und irgendwann verlor ich darüber auch die Lust. Zudem bereitete mir in den Haushaltsverhandlungen der in die mittelfristige Finanzplanung eingestellte

Milliardenbetrag Ärger, weil damit fröhlich gerechnet wurde, obwohl wir ihn nie bekommen würden. In den Koalitionsverhandlungen nach der Bundestagswahl 2013 gelang es mir schließlich, das Phantom mangels Realisierbarkeit zu streichen. Wir gaben das aussichtslose Unterfangen auf, was politisch auch nicht einfach war. Mein sozialdemokratischer Nachfolger im Finanzministerium ließ es später zunächst an vollmundigen Versprechen nicht fehlen, ohne in der Frage dann selbst substanziell einen Schritt weiterzukommen – und der Koalitionsvertrag der Ampel-Regierung unter seiner Kanzlerschaft erwähnt die Finanztransaktionssteuer mit keinem Wort mehr.

Den Vorwurf, bei der Regulierung der Finanzmärkte nicht genug erreicht zu haben, muss ich annehmen. Aber es waren eben auch immer komplexe Zusammenhänge und immens schwierige Verhandlungen. Und wenn ich mich gelegentlich mit der fordernden Frage konfrontiert sah – ich überspitze bewusst –, warum denn eigentlich die Soziale Marktwirtschaft noch nicht weltweit eingeführt sei, dachte ich bei mir wieder an Lessings Worte, wie viel leichter es doch ist, andächtig zu schwärmen als gut zu handeln.

Auf lange Sicht erfolgreicher erwies sich immerhin mein Eintreten für eine globale Mindestbesteuerung, bei der sich Martin Kreienbaum als Unterabteilungsleiter Internationales Steuerrecht im Bundesfinanzministerium große Meriten erworben hat. Noch viele Jahre später, nach erfolgreichem Abschluss des jahrelangen Tauziehens, schrieb mir Japans Finanzminister und ehemaliger Premierminister, um mir den Durchbruch in den Verhandlungen mitzuteilen. Während sich kurz vor den Bundestagswahlen 2021 mein Nachfolger Olaf Scholz medial im Glanz der Vereinbarung sonnte, erinnerte Taro Aso in seinem persönlich gehaltenen Schreiben an die Anfänge des Projekts, als ich der einzige unter den G7-Finanzministern gewesen war, der ihn dabei unterstützt habe, die globale Besteuerung auf die Agenda zu setzen. Mit Aso teilte ich die Einschätzung, dass es sich um einen signifikanten Schritt vorwärts auf dem steinigen Weg zu einer gerechteren globalen Besteuerung handelte – ein wirklich historischer Fortschritt, der allerdings, auch da stimmte ich mit ihm überein, nur einen Anfang bedeutete.

## CUMEX UND CUMCUM

Die fortschreitende globale Verflechtung der Finanzmärkte begleitet das Bemühen der Kapitalanleger, Besteuerungsdifferenzen zwischen den Ländern nicht nur bei der Standortwahl von Investitionen auszunutzen, sondern auch ausgeklügelte Steuervermeidungsmodelle immer weiter zu optimieren – wobei die Grenzen zwischen kreativ und kriminell fließend sind. Es stellt alle Beteiligten aufseiten des Staates, vom Gesetzgeber über die Verwaltung bis zur Rechtsprechung, vor wachsende Herausforderungen, zusätzlich dadurch verschärft, dass sich über Zweidrittel des Eigentums an deutschen Kapitalgesellschaften inzwischen in der Hand von ausländischen Anlegern befinden.

Seit der Jahrtausendwende erblühte im Wertpapierhandel eine komplizierte Konstruktion, um im zeitlichen Zusammenhang mit der Dividendenzahlung über sogenannte Leerkäufe und Leerverkäufe Aktien mit (»cum«) und ohne (»ex«) Ausschüttungsanspruch zu verschieben. So ließ sich verschleiern, wer bei der Dividendenzahlung tatsächlich Anteilseigentümer ist. Bescheinigungen über die Kapitalertragsteuer und den Solidaritätszuschlag wurden in der Folge mehrfach ausgestellt, und es konnte über die Finanzämter die Erstattung von Steuern, die gar nicht gezahlt worden waren, eingestrichen werden. Es war eine Praxis, die vor allem von kapitalertragsteuerpflichtigen ausländischen Institutionen in Zusammenarbeit mit kapitalertragsteuerbefreiten inländischen Institutionen massenhaft betrieben wurde – mit entsprechend großen Ausfällen für den Fiskus. Diese CumEx- und CumCum-Deals stehen seit einigen Jahren im Zentrum eines der größten deutschen Steuerskandale. Die Zahl der Beschuldigten, der Verfahren und der darin verstrickten Banken ist riesig, der allein dem deutschen Fiskus entstandene Schaden in zweistelliger Milliardenhöhe immens.

Die steuerfachliche Debatte, ob solche nach dem Gesetzeswortlaut nicht unbedingt ausgeschlossenen Deals den Tatbestand der rechtswidrigen Steuerhinterziehung erfüllen, beschäftigte Verwaltung, Gesetzgeber, Literatur und Rechtsprechung über Jahre. Die sogenannte Fachliteratur, ganz überwiegend geprägt von Experten großer Steuerkanzleien mit entsprechenden Mandanteninteressen, spielte hier eine große und meistens nicht sehr rühmliche Rolle. Da die Entscheidungen der Steuerverwaltungen in der Regel finanzgerichtlich angegriffen wurden, gab es eine Vielzahl von unterinstanzlichen Entscheidungen, und es dauerte Jahre, bis der Bundesfinanzhof höchstrichterlich eine gewisse einheitliche Rechtsprechung schuf.

Da die Steuerverwaltung nach dem Grundgesetz Ländersache ist, sind die Länder auch für die Auslegung von Bundesgesetzen zuständig. Um eine einheitliche Praxis zu erreichen, bedarf es endloser Konferenzen zwischen allen Finanzministerien der Länder und des Bundes – und das auf allen Ebenen, vom Referatsleiter über den Abteilungsleiter bis zu den Staatssekretären und den Ministern. Die Landesregierungen berücksichtigten dabei immer auch ihre vielfach in diese Problematik involvierten Landesbanken und die Finanzinstitutionen, die ihren Sitz in deren Bundesland haben. Die Auslegung war entsprechend schwierig. Der Bund konnte die Problematik aber auch nicht einfach gesetzgeberisch lösen, denn entsprechende Bundesgesetze sind nach dem Grundgesetz zustimmungspflichtig, bedürfen also der Mehrheit im Bundesrat.

In der Gesamtschau vermag das erklären, warum trotz aller Bemühungen schon meine beiden Vorgänger Hans Eichel und Peer Steinbrück die Lücken nicht wasserdicht schließen konnten – zumal findige Berater immer neue Wege beschritten, um Haarrisse in den Regelungen so konsequent auszunutzen, dass daraus riesige Steuerausfälle resultierten. Mit entsprechend hohen Gewinnen für die Berater natürlich. Der bekannteste unter ihnen ist der inzwischen mehrfach verurteilte Hanno Berger, dessen Karriere ausgerechnet mit der steuerlichen Bankenprüfung in der hessischen Finanzverwaltung begonnen hatte.

In meiner Amtszeit fanden wir schließlich einen Weg, um CumEx-Geschäfte künftig auszuschließen. Das Problem konnten wir lösen, indem wir die Einbehaltung der Kapitalertragsteuer und die Auszahlung an das zuständige Finanzamt des Eigentümers nicht länger durch die depotführende Bank, sondern durch das dividendenpflichtige Unternehmen vornehmen ließen. Diese Umstellung war allerdings für Banken wie für Unternehmen kompliziert und zog sich auch wegen der benötigten Software hin, genauso wie die Abstimmung mit den Ländern einige Zeit dauerte. Deshalb verstrichen von der Erkenntnis, wie das Problem zu lösen sei, bis zur gesetzlichen Umsetzung noch einmal gut zwei Jahre. Seit 2012 ist die CumEx-Problematik auf »technischem« Weg gelöst. Während ein Parlamentarischer Untersuchungsausschuss bis 2017 das staatliche Handeln beleuchtete, dauert die rechtliche Aufarbeitung weiter an.

Dass die CumEx-Deals illegal waren, weil sie allein darauf abzielten, sich Kapitalertragsteuer erstatten zu lassen, die zuvor gar nicht abgeführt worden war, ist ohne juristische Vorbildung nachzuvollziehen. 2021 entschied der Bundesgerichtshof, dass sie auch strafbar sind. Bei den verwandten CumCum-Geschäften erwies sich die Rechtslage komplizierter, bis der Bundesfinanzhof 2015 in einer Grundsatzentscheidung auch in diesen Deals eine rechtswidrige missbräuchliche Steuergestaltung erkannte, die nach der Abgabenordnung verboten und als Steuerhinterziehung zu werten ist. 2016 wurden auch sie unterbunden.

Zögerlich und mit unterschiedlichem Nachdruck haben die Steuerverwaltungen der Länder begonnen aufzuarbeiten, wie groß der Steuerschaden für die Einnahmen von Bund, Ländern und Gemeinden tatsächlich ist. Weil Rückforderungsansprüche verjähren, entstand dabei ein zusätzliches Problem, das durch die Zurückhaltung der Hamburger Finanzbehörden im Fall der an illegalen CumEx-Geschäften beteiligten Warburg Bank öffentlich bekannt wurde. Die Behörde, die zuvor bereits eine Rückforderung in die Verjährung hatte laufen lassen, musste ich als Bundesfinanzminister 2017 per Weisung dazu zwingen, 43 Millionen Euro zu Unrecht erstatteter Kapitalertragsteuern von der Privatbank kurz vor der Verjährung zurückzufordern – was den Verdacht begründet, dass in Hamburg jemand ein Interesse daran hatte, Warburg vor der Steuernachzahlung und womöglich auch vor einer Strafe zu schützen.

Die Hintergründe dieser Affäre und insbesondere die Rolle des damaligen Ersten Bürgermeisters (und heutigen Bundeskanzlers) in einem Bundestagsuntersuchungsausschuss parlamentarisch aufzuarbeiten, ist bislang an der Ampel-Koalition gescheitert. Weil nur geprüft werden dürfe, was auch in den Kompetenzbereich des Bundes falle, wurde erstmals in der Geschichte des Parlaments ein von einer einsetzungsberechtigten Minderheit beantragter Untersuchungsausschuss nicht eingesetzt – ein bemerkenswerter Vorgang, auch weil hier die Mehrheit des Bundestags, offenbar gestützt auf einen ausgerechnet im Kanzleramt gefertigten Vermerk, die Zuständigkeit des Bundes in der Sache negiert. Dabei hat der Bund die Aufsicht über die Steuerverwaltung der Länder inne, wie sonst hätte ich 2017 der Hamburger Finanzbehörde die Anweisung zur Rückforderung geben können?

## STEUERSÜNDERN AUF DER SPUR – DIE SCHWEIZ UND IHR BANKGEHEIMNIS

Bereits kurz nach Amtsantritt 2009 rief mich an einem Freitagnachmittag der damalige nordrhein-westfälische Finanzminister und Parteifreund Helmut Linssen an. Er berichtete mir, dass seiner Steuerverwaltung eine Datensammlung angeboten worden sei, mit der deutsche Steuerflüchtige, die in der Schweiz unter Umgehung der steuerlichen Vorschriften ihre Kapitalien angelegt hätten, überführt werden könnten. Der Vollzug der Steuergesetze ist – wie gesehen – im Wesentlichen Ländersache, und die nordrhein-westfälische Steuerverwaltung verfügte über eine besonders effiziente Steuerfahndung, die sich auf diesem Feld große Verdienste erworben hat. Sollte sich aber der Staat zum Kauf einer solchen CD entschließen, deren Provenienz unbekannt war? Nicht nur, dass der Verkäufer ziemlich viel Geld verlangte, schwerer wog, dass sich die Datensammlung wegen Verletzung des Bankgeheimnisses eines jedenfalls nach Schweizer Recht strafbaren Verhaltens verdankte. Deutschland würde sich mit deren Erwerb aus Sicht der Eidgenossenschaft gewissermaßen der Hehlerei schuldig machen.

Mit Linssen vereinbarte ich, darüber am Wochenende nachdenken zu wollen. Klar war nur, dass die Kosten, sollten wir uns zum Ankauf entscheiden, vom Bund und den Ländern jeweils zur Hälfte zu tragen gewesen wären. Am Wochenende führte ich die notwendigen Gespräche, auch mit der Bundeskanzlerin, die auf eine sofortige Entscheidung drängte. Ich bestand jedoch darauf, die Rechtslage zunächst genau zu prüfen. Es hatte bereits in der Vergangenheit den Ankauf solcher Datensammlungen gegeben, erstmals 2006, als Liechtensteiner Bankdaten zur spektakulären Verurteilung des Vorstandsvorsitzenden der Post AG Klaus Zumwinkel wegen Steuerhinterziehung führte, und ich überzeugte mich, dass bislang, wenn auch nur durch Gerichte unterer Instanz, keine Bedenken gegen die Rechtmäßigkeit dieser Beweismittel im Straf- und Steuerverfahren erhoben worden waren. Auf dieser Grundlage rang ich mich gegen kritische Stimmen aus den eigenen Reihen, insbesondere aus der FDP, schließlich dazu durch, dass sich der Bund am Ankauf der Datensammlung beteiligen sollte. Die Kanzlerin war einverstanden.

Es blieb nicht der letzte Ankauf, und allein Hinweise auf weitere sogenannte Steuersünder-CDs führten zu einer Flut an Selbstanzeigen bei deutschen Finanzämtern in der Hoffnung auf strafmildernde oder sogar strafbefreiende Wirkung. Im Herbst 2010 bestätigten auch die Richter in Karlsruhe, dass angekaufte Daten als Beweismittel im Straf- und Steuerverfahren verwendet werden dürfen. Millionen an Ankaufskosten standen über die Jahre Milliarden an Einnahmen gegenüber. Zu dieser Zeit spielte sich bereits Linssens Amtsnachfolger, der Sozialdemokrat Norbert Walter-Borjans, in der Öffentlichkeit mit beachtlichem politischem Geschick als unerschrockener Kämpfer gegen die Steuerhinterzieher auf. Er vergaß dabei allerdings darauf hinzuweisen, dass der Ankauf solcher Datensammlungen keineswegs zu seiner Amtszeit begonnen hatte, sondern dass er lediglich eine Praxis fortsetzte, die zwischen Bund und Ländern schon zu Zeiten seines Vorgängers verabredet worden war. Es ist einigermaßen bemerkenswert, wie sich die selbst zugeschriebene Rolle eines Steuer-Robin-Hood in der Öffentlichkeit durchsetzen konnte. So befremdlich ich das damals fand, so sehr beeindruckte mich später, wie sich Walter-Borjans in schwierigsten Zeiten seiner Partei als Co-Vorsitzender in die Pflicht nehmen ließ und sich geräuschlos wieder zurückzog, nachdem die Aufgabe mit der Wahl von Olaf Scholz zum Bundeskanzler erfolgreich bewältigt war.

Ich war mir 2010 in meiner Entscheidung zum Ankauf sicher gewesen, bemühte mich aber in dieser überaus delikaten Angelegenheit um Kollegialität gegenüber unserem Nachbarn, indem ich meinen Schweizer Amtskollegen unmittelbar vor der Bekanntgabe darüber informierte. Im Stil musste ich einen Kontrapunkt zu meinem Amtsvorgänger setzen. Steinbrück hatte vor Jahren im Kampf gegen die Steuerhinterziehung mit der ihm eigenen Art von Humor verkündet, notfalls die Kavallerie zu schicken, um auch Länder wie Liechtenstein, Luxemburg und die Schweiz zur Transparenz zu zwingen. Sie sollten nicht weiter als Steueroasen zulasten des deutschen Fiskus Steuerhinterzieher begünstigen. Das war eine kernige Aussage, die in den betreffenden Ländern überhaupt nicht gut ankam. Jean-Claude Juncker hatte als luxemburgischer Ministerpräsident erwidert, die Luxemburger hätten die Wehrmacht schon im Zweiten Weltkrieg als Besatzungsmacht erlebt; sie bräuchten nicht an die deutsche Kavallerie erinnert zu werden – eine Replik ohne jeden Humor, die Steinbrück wiederum mit einem flapsigen »Heulsusen«-Spruch konterte.

Das war natürlich alles ein wenig albern, dennoch habe ich auch deswegen am Anfang meiner Finanzministerzeit einige Sorgfalt darauf verwenden müssen, das schwer belastete Verhältnis zu unseren kleineren Nachbarn zu verbessern. Ich hielt mich hier an mein Motto *fortiter in re, suaviter in modo*, außerdem hatte ich in der Zusammenarbeit mit Helmut Kohl gelernt, dass den großen europäischen Staaten zwar eine besondere Führungsverantwortung zukommt, dass sie aber gerade deshalb umso mehr darauf bedacht sein müssen, kleineren Mitgliedsstaaten nicht das Gefühl zu geben, sie würden dominiert. Dieses Prinzip hatte der gerne breitbeinig auftretende Steinbrück offenbar nicht verinnerlicht. In der Schweiz habe ich ihn dennoch immer in Schutz genommen, auch wenn mein Hinweis, er habe das sicher nicht so böse gemeint, wie es geklungen habe, wahrscheinlich nur begrenzt zur Befriedung beitrug.

Immerhin gelang es mir, die Wogen so weit zu glätten, dass ich Luxemburg zur Teilnahme am automatischen Informationsaustausch bewegen konnte. Das war ein Fortschritt in unseren Bemühungen, die Steuerhinterziehung durch einen verbesserten Datenaustausch zu bekämpfen. Auch mit der Schweiz trat ich in Verhandlungen ein. Als Drittstaat hatte sie 2004 zwar die Europäische Zinsrichtlinie umgesetzt, bei der es im Wesentlichen darum ging, Zinseinkünfte von dem Land, in dem die Einkünfte erzielt wurden, an die jeweiligen Wohnsitzstaaten zu übermitteln. Wie Österreich (und zuvor Luxemburg) beteiligte sich aber auch die Schweiz nicht an der automatischen Auskunftserteilung, sondern behielt die Zinssteuer selbst ein, um sie anonym an die Wohnsitzstaaten der Kapitalanleger abzuführen. So ließ sich für Finanzanlagen in der Schweiz weiterhin mit dem Steuergeheimnis und dem Bankgeheimnis werben.

Letztlich kollidierten hier verschiedene Rechtsordnungen. Ich vertrat auch öffentlich die Auffassung, dass das Bankgeheimnis im 21. Jahrhundert kein Instrument mehr sein dürfe, staatlicherseits Steuerhinterziehung zu ermöglichen. Völlig ausgeschlossen war damals dennoch nach Meinung aller, die sich jemals mit dieser Materie befasst hatten, dass die Schweiz für einen automatischen Informationsaustausch ihr Bankgeheimnis aufgeben würde. Es galt als unantastbar und war gewissermaßen Teil der Schweizer Staatsräson – wobei das hochgehaltene, moralisch begründete Selbstverständnis, ein sicherer Hafen für Kapitalanleger zu sein, die ihr Geld dem Zugriff rechtswidriger Diktaturen entziehen wollen, mehr mythenumrankt als historisch gedeckt war. Erste Risse bekam dieses Selbstbild spätestens in den neunziger Jahren, als Vertreter jüdischer Organisationen in den USA Anlagen ehemals jüdischer

Eigentümer ins Visier nahmen, von denen keiner mehr wusste, ob sie überhaupt noch lebten. Vermutet wurden Beträge in Milliardenhöhe, die auch Jahrzehnte nach dem Zweiten Weltkrieg noch immer auf Schweizer Konten lagen. Das Bankgeheimnis geriet so unter massiven amerikanischen Druck.

Gemeinsam mit dem Schweizer Bundesrat Hans-Rudolf Merz und später Eveline Widmer-Schlumpf entwickelten wir in schwerfälligen Verhandlungen ein Abkommen, nach dem deutsche Bankkunden mit in der Vergangenheit unversteuerten Geldern auf Schweizer Banken eine erhebliche einmalige Pauschalsteuer auf diese Vermögen bezahlen müssten. Ihre Namen würden zwar weiter anonym bleiben, aber immerhin hatten wir so eine auch rückwirkende Lösung gefunden. Zukünftig würden die Kapitalerträge deutscher Bankkunden dann mit einer Abgeltungsteuer von rund 26 Prozent besteuert, und Schweizer Banken hatten ihren Kunden mitzuteilen, ihre Einlagen gegenüber dem deutschen Fiskus anzumelden oder sie aber von den Schweizer Banken abzuziehen. Es war aus meiner Sicht eine für die Zukunft saubere und die Vergangenheit befriedende Lösung, die noch dazu Milliardeneinnahmen für den deutschen Fiskus bedeutet hätte.

Das Abkommen verblüffte gerade diejenigen, die sich qua Amt selbst mit der Materie befasst hatten. Theo Waigel sagte mir am Telefon, er habe ein solches Ergebnis nie für möglich gehalten, und auch Baden-Württembergs Ministerpräsident Winfried Kretschmann von den Grünen fand, ein solches Abkommen könne man schon deshalb nicht ablehnen, weil die Milliarden an Pauschalzahlungen für die Vergangenheit auf andere Weise niemals zu erhalten seien. Ich durfte also einigermaßen zufrieden mit dem Verhandlungsergebnis sein – und war umso erstaunter, als die Sozialdemokraten im Zuge des heraufziehenden Bundestagswahlkampfs 2013 begannen, dagegen als »Amnestie für Steuerhinterzieher« zu mobilisieren. Es folgten heftige Debatten, die auch im Bundestag zu polemischen Angriffen gegen mich führten. Mit Walter-Borjans als Wortführer, der in einem Gespräch mit Bundesrätin Widmer-Schlumpf – freundlich ausgedrückt – keinen besonders sachkundigen Eindruck hinterlassen hatte, segelten die Genossen auf einer Empörungswelle gegen Steuerbetrug, unter der am Ende mein beachtliches Verhandlungsergebnis zerschellte. Meine Position war im Laufe der Debatte auch deshalb schwächer geworden, weil unter dem Druck neuer CD-Ankäufe immer mehr Steuersünder das Instrument der strafbefreienden Selbstanzeige nutzten.

Auf endgültig verlorenem Posten stand ich schließlich, als sich die Attacken gegen mich an einem Prominenten festmachen ließen. Der Präsident des FC Bayern München Uli Hoeneß, der offensichtlich schlecht beraten worden war, kam mit einer verspäteten Selbstanzeige, die er im Januar eingereicht hatte, nicht mehr in den Genuss der strafbefreienden Wirkung. Gegen ihn ermittelte im Frühjahr 2013 die bayerische Steuerverwaltung, und er wurde später zu einer Gefängnisstrafe verurteilt. Zu seiner Entschuldigung hatte er vorgebracht, er habe auf die mit Schäuble verabredete Steueramnestie gehofft. Der Skandal brachte die deutsche Öffentlichkeit erst recht in Wallung – und die Erregung gegen prominente Steuersünder verstellte den Blick auf den rückwirkenden Kern des Abkommens vollends. Gegen die so entfachte Wahlkampfpolemik der SPD konnte sich jedenfalls der sachliche Hinweis, die Milliardenzahlungen für die Vergangenheit würden ohne diese Vereinbarung unwiederbringlich verloren gehen, nicht mehr durchsetzen.

Unter den Bedingungen des als unantastbar geltenden Bankgeheimnisses hatte ich das Optimum herausgeholt. Zeitgleich war die Schweiz unter so massiven Druck der USA geraten, die damit drohten, Schweizer Banken wegen Beihilfe zur Steuerhinterziehung strafrechtlich zu verfolgen, dass sie sich in einem bilateralen Abkommen 2013 zur Umsetzung des Foreign Account Tax Compliance Act verpflichtete, einem US-Gesetz, das umfassende Berichtspflichten enthält. Das galt allerdings nur für Vermögen, Einkommen und Vermögenseinkünfte ab dem 1. Januar 2014 – im Unterschied zu meinem Abkommen also nicht rückwirkend. In der nächsten Legislaturperiode gelang uns dann immerhin, auch auf europäischer Ebene den automatischen Informationsaustausch mit der Schweiz zu vereinbaren. Das strikte Bankgeheimnis war fortan Geschichte.

## REFORMERFOLGE UND REFORMMÜDIGKEIT

In meine zweite Amtszeit als Finanzminister war ich 2013 mit dem Wissen um beträchtliche Konsolidierungserfolge im Euroraum gestartet. In Irland, Spanien und Portugal trugen die auferlegten Reformprogramme längst Früchte, die Perspektiven waren nicht schlecht, nur in Griechenland wurde weiter beständig auf die besondere Schwere der Lage verwiesen. Dabei deuteten auch in Athen zwischenzeitlich alle Zeichen auf eine relative Stabilisierung. Griechenland machte beim Wirtschaftswachstum durch eine Reihe von tiefgreifenden Strukturreformen gute Fortschritte, die in Verbindung mit einer soliden Haushaltspolitik die Schuldenquote sinken ließen. Der IWF sah Griechenland bis Ende des Jahrzehnts bei einem Schuldenstand von 112 Prozent der Wirtschaftsleistung.

Für diese Reformanstrengungen der wechselnden Regierungen in Athen hatte ich Respekt. Allerdings deuteten die wachsenden Proteste in der Gesellschaft, die sich vor allem an der Troika festbissen, auf genau die Probleme hin, vor denen ich meinen griechischen Finanzministerkollegen immer gewarnt hatte. 2014 bewahrheitete sich meine Prophezeiung, dass es auf Dauer schwer sein würde, die notwendigen Einschnitte politisch durchzuhalten. Andonis Samaras, der in der Opposition zuvor gegen die Spar- und Reformauflagen heftig polemisiert hatte, als Ministerpräsident dann aber auf einen Kurs bemerkenswert zielstrebiger Sanierung eingebogen war, verließen im Laufe des Jahres die Kräfte, und seine Regierung war kaum mehr zu weiteren Reformanstrengungen in der Lage. In Berlin erläuterte er auf einer Konferenz, man müsse, wie bei einem schwierigen Anstieg am Berg, nun erst einmal eine Pause einlegen, um mit Blick auf die Bereitschaft der griechischen Bevölkerung dann die nächste Etappe angehen zu können.

Hinter diesem Bild verbarg sich der eigentliche Grund, denn die innenpolitische Lage in Griechenland hatte sich dramatisch verschlechtert. Die Zustimmung zu Samaras' konservativer Nea Dimokratia schwand zusehends, auch die sozialdemokratische Partei PASOK erlitt Einbußen, und die Stimmung in der Bevölkerung polarisierte an den Rändern: Während mit der »Goldenen Morgenröte« eine offen rechtsradikale Partei aufkam, wurde mit SYRIZA eine linkspopulistische Bewegung immer stärker. Den Umfragen zufolge besaß Samaras keine Mehrheit mehr, das traditionelle Parteiensystem schien zwischen den Extremen zerrieben zu werden. Hinzu kam, dass die Wahl eines neuen Staatsoberhaupts anstand. Nach der griechischen Verfassung erfordert das eine sechzigprozentige Mehrheit im Parlament, das andernfalls vorzeitig aufgelöst wird. SYRIZA und ihr charismatischer Vorsitzender Alexis Tsipras setzten mit aller Entschlossenheit auf vorzeitige Neuwahlen, und das gelang ihnen auf diesem Weg auch. SYRIZA ging daraus als triumphaler Sieger hervor.

Tsipras hatte ich noch als Oppositionspolitiker 2013 persönlich kennengelernt. Mich interessierte dieser Mann einer aufstrebenden Bewegung, die massiv gegen die europäische Politik wütete. Wie glaubte er, die Krise lösen zu können? Während ihn damals in Berlin noch kaum einer empfangen wollte, lud ich ihn zum Meinungsaustausch ins Finanzministerium ein. In der gut einstündigen Unterredung, in der er mir zunächst darzulegen versuchte, wie falsch die Politik der Austerität sei, erklärte er mit entwaffnender Offenheit, er werde im kommenden Wahlkampf das Versprechen abgeben, Griechenland unter allen Umständen im Euroraum zu halten, mit ihm als Regierungschef aber keine Konditionalität, also kein Reformprogramm, mehr zu akzeptieren. Ich entgegnete ihm darauf mit gleicher Offenheit, dass ich ihm in seinem eigenen Interesse persönlich wünschen würde, die Wahl nicht zu gewinnen, denn dieses Versprechen, das ihm zwar den Wahlerfolg einbringen werde, sei unter gar keinen Umständen einzuhalten. Griechenland könne ohne entsprechende Verpflichtungen zu Reformen nicht Mitglied der Eurozone bleiben. Das wusste auch Tsipras. Meine Replik hatte ihn dennoch nicht beeindruckt. Mir blieb aus diesem Gespräch die bemerkenswerte Rücksichtslosigkeit im Gedächtnis, mit der Tsipras seine Position durchzusetzen bereit war, wie schwach sie auch immer sein mochte. Ich wusste von da an, dass dem nur gewachsen sein konnte, wer selbst entschlossen auftrat. Mit Nachgiebigkeit würde hier nichts zu erreichen sein.

Der in den europäischen Hauptstädten befürchtete Machtwechsel hatte, nachdem er im Januar 2015 eingetreten war, unmittelbare Folgen auf den Kapitalmärkten. Griechenland geriet erneut in eine Abwärtsspirale. Wir trieben so unaufhaltsam auf einen letzten Höhepunkt zu, der die Griechenlandkrise, wie der historisch geschulte Wirtschaftsjournalist Ralph Bollmann unkte, als Farce wiederkehren ließ – denn auch nach Einschätzung der deutschen Wirtschaftsweisen drohten wegen der inzwischen eingerichteten Krisenbewältigungsmechanismen in Europa durch eine Verschärfung der Lage in Athen keine bedeutenden finanziellen oder realwirtschaftlichen Ansteckungseffekte mehr. Die konfrontative Brechstangenpolitik der neuen griechischen Regierung stürzte die Währungsunion trotzdem in eine tiefe *politische* Krise.

## »WE AGREE TO DISAGREE«: DIE EPISODE YANIS VAROUFAKIS

Diese Krise provozierte nicht zuletzt ein Mann, der mit dem Regierungswechsel in Athen als neuer griechischer Finanzminister auf den Plan trat. Yanis Varoufakis war als Ökonom mit einer gewissen Expertise im Bereich der Spieltheorie bekannt, die politischen Spielregeln verstand er allerdings nicht – oder er ignorierte sie bewusst. Sein erster Auftritt im Kreis der Eurogruppe, bei dem er uns in einer Art universitärer Vorlesung bedeutete, wie ahnungslos wir alle seien, erwies sich als Stimmungskiller und war für die weitere Zusammenarbeit verheerend.

Provokative Ansichten und eine betont unkonventionelle Art gingen bei Varoufakis Hand in Hand. Die bisherige Politik hatte er als Ensemble »toxischer Fehler« abgekanzelt und ihr bereits zuvor öffentlich den Stinkefinger gezeigt – ein Minister mit Popstarallüren, die mich weitgehend kaltließen. Das alles empfand ich als albern und fern der Seriosität, die in der Runde der Finanzminister vorauszusetzen und der angespannten Lage angemessen war. Ich dachte weder daran, mit seinem unbestrittenen Starpotenzial konkurrieren zu wollen, das Medienschaffende vor allem in Deutschland in Entzücken versetzte, noch wollte ich vor seiner medialen Omnipräsenz zurückweichen.

Unter den für ihn wichtigsten europäischen Kollegen besuchte mich Varoufakis demonstrativ als letzten. Als er schließlich nach Berlin kam, rieten mir meine Mitarbeiter wegen seiner vielgepriesenen kommunikativen Fähigkeiten von einem gemeinsamen öffentlichen Auftritt ab. Ich bestand aber auf dem üblichen Besuchsprotokoll, also vor Fahne und mit Pressekonferenz. Varoufakis kam in Begleitung des stellvertretenden Außenministers Efklidis Tsakalotos, und als mir Varoufakis ausufernd erklärte, in seiner Regierung hätten sie mit Ausnahme von ihm selbst alle keine Ahnung, und er noch dazu betonte, selbst kein SYRIZA-Mitglied zu sein, warf Tsakalotos ein, er schon – was mich zu der Reaktion provozierte, er sei offenbar als Aufpasser dabei. Übrig blieb von diesem Meinungsaustausch, was als Fazit über der kurzen Amtszeit Varoufakis stehen kann: »We agree to disagree« – wobei Varoufakis, der immer gerne das letzte Wort für sich behalten wollte, in der gemeinsamen Pressekonferenz ergänzte, wir würden nicht einmal darin übereinstimmen.

Da wir uns als Finanzminister alle auf Englisch unterhielten, nannten wir uns beim Vornamen, ohne dass ich mich allerdings von seinen Komplimenten blenden ließ. Varoufakis warb gern mit übertriebenen Freundlichkeiten um Gunst, um fast im selben Atemzug, nicht weit vom plumpen Verschwörungsmythos, von »schwarzen Mächten« zu raunen, die Demokratie und Menschenrechte auszuhöhlen trachteten. Indem er so ein Demokratiedefizit in Europa postulierte, suchte er vom eigentlichen Problem, dem griechischen

Staatsdefizit, abzulenken – ein durchschaubares Manöver, dem jedenfalls im Kreis der Eurofinanzminister niemand auf den Leim ging.

Mein französischer Kollege Michel Sapin nannte ihn einmal einen »komischen Vogel«, voller Ideen, dem nie gelungen sei, aus einer imaginären intellektuellen Welt in die reale Welt überzugehen, eine Welt des Handelns und auch der Widersprüche. Willkommen in der Realität dachte ich still bei mir, wenn Varoufakis öffentlich darüber jammerte, keine Zeit zur Einarbeitung bekommen zu haben, sondern – hier kam womöglich die für das Amt aufgegebene Professur in Texas durch – »in einen Gewehrlauf« zu blicken, nach schlaflosen Nächten hetzend von Sitzung zu Sitzung. Es mag einem nicht schmecken, aber dem entkommt man in der Politik nicht.

Ein Tiefpunkt innerhalb der Eurogruppe war erreicht, als im Juni bekannt wurde, dass Varoufakis unsere Verhandlungen insgeheim aufzeichnete, um davon Abschriften zu veröffentlichen – wobei offenbleiben muss, was mehr empörte: der Vertrauensbruch an sich oder die Begründung, es sei seine »moralische Pflicht« gewesen, weil er sich hinterher im Parlament und in den Medien habe rechtfertigen müssen. Im Vergleich zu anderen Kollegen regte ich mich noch am wenigsten darüber auf, schließlich hatte ich noch mit SED-Ministern verhandelt, verfügte also in dieser Hinsicht über einen reichen Erfahrungsschatz.

Während Varoufakis offenbar bis zum Ende annahm, uns mit endlosen Vorträgen überzeugen zu können, dass wir gar keine andere Wahl hätten, als einen erneuten Schuldenschnitt zu akzeptieren, war auch für Sapin, der als Franzose den Griechen traditionell nahestand und sie in ihren Interessen noch am ehesten unterstützte, Solidarität nur im Gegenzug zu verantwortlichem Verhalten zu haben. Varoufakis verstand das nicht und brachte so noch den Wohlwollendsten unter den Kollegen gegen sich auf. Gerade die Vertreter der osteuropäischen Staaten hatten ob der ständigen griechischen Litanei über drohende Wohlstandsverluste längst genug, denn wie sollten sie ihrer Bevölkerung, der die Zumutungen der schwierigen Transformationsprozesse nach dem Fall des Eisernen Vorhangs in den Knochen steckten, gegenüber vertreten, bei viel geringerem eigenen Wohlstand diese Verluste zu kompensieren? »Hör auf, Yanis!«, habe ich einen von ihnen noch im Ohr. »Ich kann es nicht mehr ertragen. Du jammerst rum, was du an Sozialleistungen kürzen musst. Eure Renten sind doppelt so hoch wie bei uns. Und ich muss meiner Bevölkerung erklären, dass wir für euch die Risiken übernehmen.«

In Irland, Spanien und Portugal war das Verständnis auch deshalb aufgebraucht, weil man schließlich bewiesen hatte, einen strengen Reformkurs trotz sozialer Härten und entsprechendem Widerstand in der Bevölkerung durchhalten zu können. Selbst längst mit populistischen Herausforderungen im eigenen Land konfrontiert, hielt sich zudem die Bereitschaft spürbar in Grenzen, einer populistischen Regierung Zugeständnisse zu machen. Sie setzten ihre Hoffnungen nicht zuletzt auf mich und bedrängten mich ein ums andere Mal, standhaft zu bleiben.

Die frustrierenden Auseinandersetzungen lassen sich in der bekannt gewordenen Bemerkung Christine Lagardes zusammenfassen, als sie zwar schwer genervt, aber dennoch Haltung bewahrend in der ihr eigenen Art feststellte, es sei dringend notwendig, wieder zu einem Dialog mit Erwachsenen im Raum zu kommen. Jeroen Dijsselbloem, der Chef der Eurogruppe, hat in seinen Erinnerungen weniger höfliche Zurückhaltung walten lassen. »Niemals hat ein Finanzminister in so kurzer Zeit seinem Land so großen Schaden zugefügt«, schreibt er – ein ähnlich vernichtendes Urteil über einen Kollegen habe ich kein zweites Mal gelesen.

## TEAMGEIST IN DER EUROGRUPPE

Im grundsätzlich guten Teamgeist lag die eigentliche Stärke der Eurogruppe. Wir waren uns in vielen Fragen einig, was in der medialen Fokussierung auf die Konflikte gerne unterschlagen wurde. In diese Kontakte habe ich viel investiert und bin den Ministerkollegen mit größter Offenheit und Ehrlichkeit begegnet. Sie wussten, was von mir zu erwarten war. Auch Varoufakis gestand mir später zu, aus seiner Sicht der Einzige gewesen zu sein, der ehrlich zu ihm gewesen sei – was natürlich nur eine seiner üblichen Gemeinheiten gegenüber den Kollegen war. Ich war in diesem Kreis nie isoliert, sondern erfuhr von vielen Seiten Unterstützung. Der große Wortführer musste ich in den Sitzungen gar nicht sein, zumal hier, wo jedem Wort Gewicht beigemessen wurde, Englisch zu reden, eine ungleich größere Herausforderung war als in meinen Ämtern zuvor. Vor allem Jutta Urpilainen, eine leidenschaftliche Europäerin und obwohl Vorsitzende der finnischen Sozialdemokraten eine Vertreterin strenger Haushaltsdisziplin, hat mich regelmäßig so demonstrativ unterstützt, dass Kollegen schon mit den Augen rollten, wenn sie nur dazu ansetzte. Urpilainen war im Übrigen nicht nur erfolgreich als finnische Finanzministerin, sondern auch eine begabte Sängerin, und so kam es schon einmal vor, dass im Büro des musikaffinen deutschen Finanzministers mitreißend schön die *Internationale* angestimmt wurde.

Dem Niederländer Dijsselbloem, der auch auf meinen Vorschlag hin Nachfolger von Juncker als Vorsitzender der Eurogruppe wurde, kam eine besondere Aufgabe zu. Dieses Amt hatte ich entgegen allen öffentlichen Mutmaßungen selbst nicht übernehmen wollen, weil es zu mir als Vertreter des stärksten Landes in der Runde nicht gepasst hätte. Pierre Moscovici durfte es als französischer Gegenspieler zur deutschen Haltung strikter Haushaltsdisziplin allerdings auch nicht werden. Dijsselbloem, wie Urpilainen ein Sozialdemokrat, zugleich ein verlässlicher Partner und ein solider Haushälter, hat seine in der Eurogruppe vermittelnde Rolle nicht immer nach meinem Geschmack, aber insgesamt sehr gut wahrgenommen.

Ich hatte keine Berührungsängste, auch außerhalb der Eurozone und im Kreis der G7- und G20-Minister nicht, wo ich etwa mit den türkischen Ministern Ali Babacan und Mehmet Şimşek oder dem Mexikaner Agustín Carstens einen vertrauensvollen Austausch pflegte. Zum schillernden Tschechen Andrej Babiš, mit dem ich sehr offen auch über die diversen Skandale reden konnte, die ihn in seiner Heimat verfolgten, und zu Mateusz Morawiecki entstand in diesen Jahren ein enges Verhältnis, das auch noch trug, als beide in ihren Ländern längst an die Regierungsspitze aufgerückt waren. Der polnische Kollege Morawiecki, hochintelligent und gebildet, dazu nach jahrelanger Tätigkeit in westlichen Finanzinstituten fließend Englisch sprechend, war in seiner Partei kein Scharfmacher, und es gelang uns, in der vielfach verminten deutsch-polnischen Tagespolitik immer die gemeinsamen Interessen beider Länder im Blick zu behalten.

Um die Osteuropäer habe ich mich auch deshalb bemüht, weil Frankreich, das traditionell anderen Ländern, nicht zuletzt Griechenland, nahestand, wenig Verständnis für sie aufbrachte und kaum Nähe suchte. Mein französischer Amtskollege war als Ansprechpartner für mich natürlich zentral, das galt in der ersten Zuspitzung der Griechenlandkrise für Christine Lagarde und François Baroin genauso wie später für ihre Nachfolger, vom machtbewussten Sozialisten Pierre Moscovici bis zum Bürgerlichen Bruno Le Maire, der nicht nur exzellent Deutsch spricht, sondern mich in französischer Tradition auch mit seinen literarischen Ambitionen beeindruckt.

Die längste Zeit, vor allem die dramatischen Monate 2015, hatte ich es in Paris aber mit Michel Sapin zu tun, einem menschlich sehr anständigen »orthodoxen« Sozialdemokraten, der Präsident François Hollande schon aus seiner Zeit als Zimmerkamerad an der Elitehochschule ENA kannte. Auf seine Idee hin veröffentlichten wir später einen gemeinsamen Gesprächsband als Beitrag zum besseren gegenseitigen Verständnis der Unterschiede in den Traditionen und im Denken beider Länder. In den Sitzungen konnten wir uns auch nur mit Blicken verständigen. Mit dem Ausscheiden aus dem Amt verloren wir den Kontakt, aber wenn wir uns begegnen würden, könnten wir sicher daran anknüpfen. Und er trüge wohl noch immer als unübersehbares Markenzeichen rosafarbene Socken.

Sapin konnte zwar Russisch, Latein und Griechisch, aber kein Englisch, was bei internationalen Treffen ein echtes Manko ist. Ich verspürte zwar selbst keine große Neigung dazu, Englisch zu sprechen, wusste aber, wie einsam es gerade in den Pausen mit dem nicht unwichtigen Small Talk um Sapin werden könnte, wenn er dabei auf einen Dolmetscher angewiesen wäre. Deshalb riet ich ihm, Englisch zu lernen, und kümmerte mich bei der ersten IWF-Tagung in den Pausen intensiv um ihn. Er verstand das, bedankte sich am Ende der Tagung und fügte hinzu: »Ich werde jetzt Englisch lernen.« Wir wussten, dass wir in bestimmten Fragen nicht einer Meinung waren, aber auch, dass wir niemals einem Dritten erlauben würden, uns gegeneinander auszuspielen. Einen Keil zwischen Frankreich und Deutschland zu treiben, gelang in meiner Amtszeit nie.

Ein besonderes Verhältnis pflegte ich auch zu George Osborne, dem noch jungen britischen Schatzkanzler, ein Amt, in dem man, wie er mir voller Stolz berichtete, einmal im Jahr mit der Königin ihre Vermögensangelegenheiten besprechen müsse. Osborne verfügte über das auf Bildung und finanziellen Möglichkeiten beruhende typische Selbstbewusstsein der britischen Oberklasse, leicht arrogant und eitel, aber sehr einnehmend. Obwohl wir qua Herkunft und Alter aus völlig unterschiedlichen Welten kamen, verstanden wir uns gut.

Als ich ihn in seinem Amtssitz in der Downing Street 11 besuchte, machte ich die interessante Erfahrung, dass seine Wohnung und die des britischen Premierministers nebenan mit Mauerdurchbrüchen verbunden sind – weshalb sich im Laufe des Abends dann auch David Cameron zu uns gesellte und wir gemeinsam über die Gefahren eines inzwischen drohenden Brexits sprachen. Während der Kampagne lud Osborne mich nach London ein, um für einen Verbleib der Briten zu werben. Auf meinen Einwand hin, dass es bestimmt nicht besonders gut ankomme, sogar eher kontraproduktiv wirken könne, sich als Ausländer in die Debatte einzumischen, entgegnete er nur, ich stünde mit meiner Haltung für viele Briten für ein Europa, aus dem man nicht austreten müsste. Doch meine spontane Antwort in einem auf Englisch geführten Interview, dass ich im Falle des Brexits weinen würde, hat damals zwar Schlagzeilen produziert, die Brexit-Entscheidung aber augenscheinlich nicht gedreht. Der Austritt Großbritanniens aus der EU bedeutete 2016 einen echten Tiefschlag, zumal ich damit im Ecofin auch einen wichtigen Verbündeten gegenüber den romanischen Staaten mit ihrem anderen Ordnungsverständnis verlor.

## »ISCH OVER«? AUF DEM WEG ZUM SHOWDOWN

Zurück in die zermürbenden ersten Monate 2015, als im Konflikt mit der neuen Regierung in Athen viel Zeit mit Belanglosigkeiten verloren ging. Den griechischen Vorschlägen fehlte es immer wieder an ausreichender Substanz. Der sich deshalb weiter verstärkende zeitliche Druck war immens. Ihre dramatische Zuspitzung erlebte die Krise immer dann, wenn Kreditraten fällig wurden und sich abzeichnete, dass Griechenland die Anleihe nicht ausreichend würde bedienen können. Das wäre nach den Regeln der Finanzmärkte der Default, die Zahlungsunfähigkeit, also der Staatsbankrott. Die absehbaren Turbulenzen an den hochnervösen internationalen Finanzmärkten galt es unbedingt zu verhindern.

Wir wussten genau, zu welchem Zeitpunkt griechische Anleihen in Milliardenhöhe fällig wurden. Die Anspannung war stets groß, und nicht selten konnte erst auf den letzten Metern der Default und damit der Vertrauensverlust für die Gemeinschaftswährung insgesamt abgewendet werden. Unter einer solchen Zuspitzung ist auch meine fast sprichwörtlich gewordene Aussage »Am 28. Februar *isch over*« entstanden, denn nur mit solch ultimativen Drohungen war letztlich doch noch ein gewisses Einlenken Griechenlands zu erreichen.

Das zweite Hilfsprogramm für Griechenland war eigentlich Ende Dezember 2014 ausgelaufen, und wir hatten es bis Ende Februar 2015 verlängert. Ich hatte Samaras damals vergeblich zu überzeugen versucht, die Frist bis 31. Juli zu verlängern, weil mir zwei Monate viel zu kurz erschienen. Nun musste unsere Forderung an die neue Regierung zwangsläufig lauten, sich bis Ende Februar zu den Verpflichtungen zu bekennen, sonst wäre das Hilfsprogramm zu Ende. In einem dramatischen Manöver gelang es Tsipras wenige Tage vor dem Stichtag, eine Erklärung zustande zu bringen, mit der das Programm um weitere vier Monate verlängert wurde. Es ging damals also nur darum, zu vereinbaren, dass das Programm noch nicht beendet ist. Geld wurde nicht ausgezahlt, Konditionen eines dritten Hilfsprogramms wurden noch nicht verhandelt. Wenn auch der Crash so gerade noch einmal abgewendet werden konnte, lief es auf ein letztes Kräftemessen im Frühsommer hinaus.

Wieder reisten wir hektisch von einer Sondersitzung zu nächsten, aber es bewegte sich lange kaum etwas. Daran änderte auch nichts, dass Tsipras seinen unglücklichen Finanzminister Varoufakis Ende April längst entmachtet hatte und faktisch Tsakalotos die Verhandlungen führte. Allerdings wuchs, nachdem schon 2011 am Rande des Gipfels in Cannes ein Austritt Griechenlands immerhin als Alternative diskutiert worden war, die Bereitschaft zu diesem letzten Schritt im Kreis der Eurogruppe. Schließlich war allen klar, dass bei einem Scheitern der Verhandlungen mit Griechenland eine ganz neue Situation eintreten würde.

Ich habe nie, weder in meinen internen Gesprächen noch öffentlich, einen Zweifel daran aufkommen lassen, dass es die souveräne Entscheidung Griechenlands sei, welchen Weg das Land einschlagen möchte. Allerdings hielt ich es für entscheidend, dass die Griechen um die Alternativen wussten und realisierten, dass weitere achtzehn souveräne Staaten ihre jeweils eigenen Interessen zu wahren hatten. Ich betonte deshalb, dass die Ursachen der Krise in Griechenland selbst lagen: Die politisch Verantwortlichen hatten versäumt, Reformen rechtzeitig einzuleiten, schon beim Eurobeitritt getrickst und letztlich auch ein Leben auf Pump gedeckt.

Verantwortliches Handeln erfordert, sich auf alle Szenarien einzustellen. Die Bindung des deutschen Finanzministers an die vorherige Information des Parlaments machte die Reflexion verschiedener Handlungsoptionen allerdings besonders herausfordernd. Über eine Time-out-Lösung konnte ja nicht vor der Entscheidung öffentlich diskutiert werden, weshalb Staatssekretär Thomas Steffen anhand einer persönlichen Notiz mit jedem seiner Kollegen einzeln besprach, wie ein solcher Schritt praktisch umgesetzt werden könne.

Die Kollegen hatten darum gebeten. Griechenland hätte dafür vom freien Kapitalverkehr ausgeschlossen, darüber hinaus hätten Vorkehrungen gegen kurzfristige Spekulationsgewinne getroffen werden müssen.

Als Tsipras in dieser explosiven Situation mit der Ankündigung, ein Referendum anzusetzen, den Weg der Konfrontation suchte, festigte sich das Bild vom bevorstehenden Showdown. Regelrecht schockiert reagierte Frankreich, als sich Tsipras beim Referendum auch noch klar im Nein-Lager positionierte, also für die Ablehnung der von der EU geforderten Reformen eintrat. Später meinte Sapin in dieser Volte einen Geniestreich des griechischen Ministerpräsidenten zu erkennen, was stimmen mag, vielleicht aber auch nur kaschieren sollte, wie sehr sich die Franzosen durch die griechische Regierung düpiert fühlen mussten. Wenn Tsipras das Referendum tatsächlich strategisch eingesetzt haben sollte, im Glauben, ein knappes Nein, wonach es lange aussah, würde ihm in den Brüsseler Verhandlungen ein starkes Argument liefern und gleichzeitig aber auch einen Ausweg lassen, das Einlenken in der Heimat zu begründen, dann wurde er jedenfalls von dem eindeutigen Ergebnis überrascht. Denn über sechzig Prozent Nein-Stimmen manövrierten ihn in eine Lage, aus der er eigentlich ohne Gesichtsverlust nicht mehr herauskam.

Den Beweis für seine These sah Sapin darin, dass Tsipras später ein Programm akzeptierte, das sogar härter war als das, was Griechenland im April hätte haben können. Vielleicht war es aber auch nur Chuzpe und eben die Rücksichtslosigkeit eines Machtmenschen, die ich an ihm wahrgenommen hatte und die ihm ermöglichte, schnell auf eine neue Situation reagieren zu können. Dass es Tsipras tatsächlich gelang, weiter eine Mehrheit der Griechen hinter sich zu versammeln, ist womöglich die eigentliche Leistung, denn das war in der damaligen Situation zur Stabilisierung der Lage ungemein wichtig.

Erwähnt sei, auch wenn es längst nicht mehr wirklich ins Gewicht fiel, dass mit Ausgang des Referendums und seinem erzwungenen Rücktritt auch die Episode Varoufakis beendet war. Nachfolger wurde nun offiziell sein »Aufpasser« Tsakalotos – als Wirtschaftswissenschaftler und bekennender Marxist ebenfalls ein besonderer Charakter. Ich erlebte ihn im wohltuenden Unterschied zu seinem Vorgänger dennoch als seriös und persönlich vertrauenswürdig. Aus einer wohlhabenden Familie stammend, könne er es sich leisten, Marxist zu sein, bekannte er. Er war in Rotterdam geboren und in England aufgewachsen (seine Familie war während der griechischen Militärdiktatur im Exil), wo er Schule, Studium und auch seine akademische Laufbahn absolvierte. Zur Ableistung seines Wehrdiensts ging er nach Griechenland und lernte wohl erst dort wirklich die griechische Sprache. »*No triumphalism*«, keine Überheblichkeit, hatte er sich auf einen Sprechzettel notiert, den prompt Kameras einfingen. Und auch wenn sich inhaltlich wenig änderte, verzichtete Tsakalotos immerhin darauf, der ganzen Welt Lektionen erteilen zu wollen. Betrachtet man die jahrelange Hängepartie mit Griechenland, bleibt erstaunlich, wie stark die nur wenige Monate dauernde Episode Varoufakis das Bild der Krise geprägt hat – vor allem in Deutschland.

Nach dem Referendum vom 5. Juli 2015 war für das darauffolgende Wochenende ein Treffen der Staats- und Regierungschefs der Eurogruppe angesetzt, für das die Finanzminister einen Entscheidungsvorschlag vorbereiten sollten. Meine Überlegungen habe ich vorher immer mit der Kanzlerin besprochen. Deshalb trafen wir uns am Donnerstagabend zur koalitionsinternen Absprache im Kanzleramt – Angela Merkel, Peter Altmaier, Sigmar Gabriel, Frank-Walter Steinmeier und ich. Ich plädierte für ein Time-out, weil mir anders eine Lösung nicht mehr erreichbar zu sein schien. Zu meinem eigenen Erstaunen stimmte mir Gabriel wiederholt zu, während Steinmeier schwieg. Dafür geriet ich in einen Disput mit Merkel, die auf meine Ausführungen erwiderte, sie mache das nur im Einvernehmen mit François Hollande, und der stimme nicht zu. Sie werde das deutsch-französische Verhältnis dafür nicht opfern.

Das waren, wer um mein Engagement für die deutsch-französische Zusammenarbeit weiß, schwere Geschütze. Ich antwortete, das natürlich auch nicht zu wollen, dass ich aber überzeugt sei, Hollande würde über die traditionell Athen-freundliche Position Frankreichs die enge deutsch-französische Partnerschaft auch nicht riskieren. Voraussetzung dafür sei aber eine klare eigene Haltung von Merkel. Erst später trug man mir zu, dass Gabriel wohl ein doppeltes Spiel gespielt hatte. Im Kanzleramt stimmte er mir zu und danach ließ er noch über die sozialen Medien verlauten, in einer derart schwierigen Situation müsse jeder denkbare Vorschlag unvoreingenommen geprüft werden. Gleichzeitig wiegelte er im Kreis der europäischen Sozialdemokraten gemeinsam mit Moscovici gegen einen möglichen Ausschluss Griechenlands auf. Die geäußerte Vermutung, der SPD-Vorsitzende habe im Kanzleramt nicht verstanden, was ich vorgetragen habe, vermag ich angesichts der unbestrittenen intellektuellen Qualitäten Gabriels nicht zu glauben.

Am Ende des Abends gab es jedenfalls keine Festlegung, den griechischen Time-out in der Eurogruppe nicht zu diskutieren. Im Kreis der Eurofinanzminister kamen wir nach außergewöhnlich schwierigen und hart geführten Verhandlungen am Samstag mit überwältigender Mehrheit zu einer entsprechenden Beschlussempfehlung für die Regierungschefs. In eckiger Klammer – das ist das übliche Verfahren, wenn es keinen Konsens gibt und am Ende die Staats- und Regierungschefs selbst entscheiden müssen – stand als Alternative der Grexit auf Zeit. Fünfzehn der neunzehn Finanzminister hatten dem zugestimmt. Der Vertrauensverlust in die griechische Regierung war inzwischen einfach zu groß, und die vorgelegten Reformpläne reichten nie weit genug, um neues Vertrauen aufzubauen. Außer Tsakalotos hatten nur Sapin, der Italiener Pier Carlo Padoan und (wegen der engen Verflechtung insbesondere zyprischer Banken mit Griechenland) der Zypriote Harris Georgiades dagegen gestimmt.

Das interne Papier wurde noch während der Verhandlungen am Folgetag in die Öffentlichkeit lanciert, ohne allerdings deutlich zu machen, dass es um einen temporären Austritt ging und die Entscheidung darüber weiterhin allein bei den Griechen lag. Stattdessen wurde von einem »deutschen Diktat« gesprochen, was angesichts der Mehrheitsverhältnisse in der Eurogruppe absurd war. Es ging nie um eine deutsche Machtdemonstration. Zudem haben wir Finanzminister der Eurogruppe allen gegenteiligen Behauptungen zum Trotz nie gefordert, dass Griechenland aus der Eurozone austreten *soll.* Wir haben allerdings verdeutlicht, dass Athen, indem es die Bedingungen für ein weiteres Hilfsprogramm ablehnt, selbst über eine Auszeit entscheidet. Bei den Staats- und Regierungschefs war abzusehen, dass es entlang der Beschlussempfehlung keine gemeinsame Position geben würde, jedenfalls konnte sie nicht im Widerspruch zwischen Frankreich und Deutschland getroffen werden, und seit meinem Gespräch im Kanzleramt wusste ich, dass die Kanzlerin zu zögerlich sein würde.

Das eigentliche Gipfeltreffen am Samstag zog sich dann bis in die frühen Morgenstunden hin. Tsipras wurde dabei sekundiert von eifrig twitternden Befürwortern einer großzügigen Fiskalpolitik wie Jeffrey Sachs, Paul Krugman und Joseph Stiglitz. Solche Treffen sind für die anwesenden Minister meist nur schwer erträglich, vor allem die ewigen Wartezeiten zehren an den Nerven, man muss also äußerste Leidensfähigkeit mitbringen. Die meisten der Kollegen sitzen eigentlich nur rum, vertreiben sich wartend die Zeit, bis andere wieder etwas Neues vereinbart haben. Die Atmosphäre ist hinreichend kühl, und mich erfasste nicht selten ein richtiges Unbehagen. Zwischendurch werden einzelne Teilnehmer rausgeschickt, um eine kompromissfähige Formulierung zu finden, dann wird es wieder still, und die Nächte gehen rum. Mein maltesischer Kollege Edward Scicluna formulierte es anschaulich, als er schilderte, wie gegen Ende einer Sitzung alle Teilnehmer im komatösen Zustand vor sich hin dämmerten, kaum noch fähig, dem Vortragenden zu folgen. Das ist Einigung durch Ermüdung. Merkel war eine Meisterin darin.

Ins Zentrum der quälenden Verhandlungen um die Konditionen eines neuen Hilfsprogramms rückte bei diesem denkwürdigen Sondergipfel die Einrichtung eines weiteren fünfzig Milliarden schweren Treuhandfonds. Darin sollten Einnahmen aus zusätzlichen Privatisierungen griechischen Staatseigentums fließen, um Schulden zurückzahlen zu können. Tsipras setzte durch, dass er seinen Sitz nicht, wie von mir vorgeschlagen, in Luxemburg, sondern in Griechenland haben sollte. Vor allem erreichte er mit sozialdemokratischer Hilfe unter den Mitgliedern, einen Teil der Erlöse für Investitionen verwenden zu dürfen. Während 25 Milliarden Euro der Rückzahlung für die Rekapitalisierung von Banken und anderen Vermögenswerten verwendet werden sollten, sah der Kompromiss vor, den Rest je zur Hälfte für die Schuldentilgung und für Investitionen einzusetzen. Wenn ich heute über eine zu starke Abhängigkeit Europas in der Verkehrsinfrastruktur kritisch nachdenke, fällt mir ein, dass bei der weiteren Privatisierung griechischer Vermögenswerte damals nur China überhaupt zu entsprechenden Investitionen bereit war.

In die Ausarbeitung und Formulierung der Details durch die Regierungschefs war ich eng eingebunden. Da mich eine 24-stündige Bereitschaftspräsenz im Rollstuhl aber an die Grenzen der gesundheitlichen Belastung führt und ich nicht einsah, die Nacht herumzusitzen, um womöglich vier Stunden später einmal hinzugezogen zu werden, verabredete ich mit Merkel, im Hotelbett liegend Telefonbereitschaft zu halten. Wenn sie mich vor Ort bräuchte, wäre ich in zwanzig Minuten da. Sapin verstand das nicht nur, ich glaube sogar, er hat mich darum beneidet. Die Kanzlerin und ich hielten in der Nacht, in der sich ständig neue Grüppchen zum Gespräch zurückzogen, regen Telefonkontakt, aber das war immer noch weit besser, als in den Verhandlungsräumen rumzulungern. Ich war mit mir jedenfalls ganz zufrieden, als ich am nächsten Tag im Vergleich zu anderen Kollegen einigermaßen frisch und ausgeruht auftreten konnte.

Am Montagvormittag endete der Rat mit einer Beschlussfassung, in der Tsipras Auflagen akzeptierte, die er zuvor entschieden abgelehnt hatte. Merkel hatte aus ihrer Sicht Europa und die deutsch-französische Partnerschaft gerettet. War das also jetzt das Ergebnis der »Hyperdialektik«, die sie in Tsipras Changieren zwischen Referendum und Zustimmung zum Brüsseler Reformkurs gewittert haben soll? In einer bemerkenswerten Volte drehte Tsipras jedenfalls den Spieß um und begründete sein Ja zu den neuen Auflagen des dann ausgehandelten dritten Hilfsprogramms damit, dass man sich nicht von Hardlinern wie mir aus dem Euro drängen lassen dürfe. Damit kam er bei den Griechen durch, setzte Parlamentsneuwahlen an, weil er für diese gegenüber seinem Wahlkampf diametral veränderte Position ein neues Mandat benötige, und siegte überraschend deutlich. Das war ein mutiger Schritt, und Tsipras leistete in der Folge Beachtliches, was der nachfolgenden Regierung ermöglichte, auf dieser Grundlage Griechenland weiter zu stabilisieren. Das verdient Anerkennung.

Die Regierungschefs hatten gegen das Votum der großen Anzahl ihrer Finanzminister entschieden, und ein Teil von ihnen fragte mich am Morgen kritisch, warum die Kanzlerin nicht unserer Empfehlung gefolgt sei. Merkel hatte wie ihre Amtskollegen ihre Gründe dafür, und ich war zwar entschieden anderer Auffassung, aber ich akzeptierte die Entscheidung. Nach übereinstimmender Meinung sehr unterschiedlicher Beobachter hatte ich mit meiner harten Haltung in den Verhandlungen nicht unwesentlichen Anteil daran, dass die Brüsseler Entscheidung im Bundestag mehrheitsfähig wurde, besonders in der eigenen Fraktion.

Über die Differenzen in der Griechenlandkrise zwischen mir und der Kanzlerin ist viel geschrieben worden. Sie lagen ja offen zu Tage – und die Kanzlerin selbst bat mich, nicht als Finanzminister zurückzutreten. Auf dem Höhepunkt der Krise stellte ich mich zwar nicht öffentlich gegen die Meinung der Kanzlerin, bemühte mich aber hinterher auch nicht, sie wegzureden. Warum auch? »Nicht immer einer Meinung, aber immer auf demselben Weg«: So hatten wir im Europawahlkampf 1999, ich war CDU-Vorsitzender, Merkel meine Generalsekretärin, plakatiert, und so war es geblieben, auch wenn sich die Grundlage unserer Arbeitsbeziehung geändert hatte. Jeder hat Überzeugungen, und unterschiedliche Meinungen gehören zur Demokratie, genauso wie bestimmte Rollen und Machtpositionen, die man mit Ämtern in der Regierung einnimmt.

Mir musste niemand die Regeln der Ressortverantwortung erklären, auch nicht die Richtlinienkompetenz der Kanzlerin. In diesem Spannungsfeld ging ich teils an die Grenzen des für mich Erträglichen – nicht weniger die Kanzlerin im Verhältnis zu mir. Unvergessen ist mir eine Ecofin-Sitzung Ende 2012, in der wir bei der Bankenregulierung um die private Gläubigerbeteiligung, die Einbeziehung der europäischen Institutionen und die staatliche Haftung stritten. Merkel und ich vertraten in der Frage unterschiedliche Standpunkte. Als mir meine Mitarbeiter in den überaus mühsamen Verhandlungen mitteilten, die Kanzlerin versuche mich zu erreichen, weil ihre Berater im Kanzleramt offenkundig den verhandelten Kompromiss ablehnten, ignorierte ich das, und als die Bitten aus dem Kanzleramt immer drängender und fordernder wurden, gerieten meine Mitarbeiter schon in helle Aufregung. Ich war aber der Ansicht, dass wir mit dem, was ich herausgeholt hatte, gut leben konnten, und ließ deshalb ausrichten, ich sei beschäftigt – überzeugt davon, eine tragfähige Regelung zu finden, die am Ende auch die Kanzlerin nicht rückgängig machen würde. Als der Verhandlungsdurchbruch erreicht war, rief ich die Kanzlerin schließlich an. Spürbar verärgert, sagte sie, ich dürfe dem Kompromiss nicht zustimmen. Als ich entgegnete, das bereits getan zu haben, forderte sie mich auf, die Zustimmung zurückzunehmen, was ich ablehnte. Es sei natürlich ihr Recht, den Beschluss der Finanzminister im Kreis der Regierungschefs wieder zu kassieren, ich sei allerdings sicher, dass sie das nicht tun würde, wenn sie erst mal gesehen habe, was gerade vereinbart wurde.

Als der Beschluss schließlich öffentlich wurde, waren die Reaktionen einhellig positiv, auch in der Fraktion und beim Koalitionspartner. Und als ich am nächsten Tag in meinem Büro mit Martin Kotthaus zusammensaß, meinem exzellenten Pressesprecher, scherzte ich noch, es fehle jetzt eigentlich nur noch ein Anruf. In dem Moment ließ man mich wissen, die Kanzlerin sei am Telefon. Kotthaus und ich mussten herzlich lachen, und, wie vorhergesehen, pflichtete mir Merkel bei, dies sei ja doch ein gutes Ergebnis. Es blieb deshalb keine ernste Verstimmung zwischen uns, weil wir beide wussten, dass wir eine solche Situation nicht allzu oft haben sollten.

Eine abgesprochene *Good-Cop-Bad-Cop*-Strategie, über die viel gerätselt wurde, war das 2015 zwischen uns nicht – auch wenn der Ausgang der Verhandlungen wie das Ergebnis einer solchen Strategie gewertet werden konnte. Immerhin gingen sogar die Wirtschaftsweisen in Deutschland mehrheitlich davon aus, dass es ohne die Erwägung eines temporären, freiwilligen Austritts Griechenlands aus dem Euroraum als eines realistischen Szenarios kaum zum Einlenken Tsipras' gekommen wäre. Dass diese Option angesprochen wurde, sei deshalb sinnvoll gewesen, um auf ein drittes Hilfsprogramm mit umfangreichen Auflagen hinzuarbeiten.

Ich hatte immer, bei Kohl wie bei Merkel, großen Respekt davor, dass ein Regierungschef die vielen Einzelteile zusammenfügen muss. Die Kanzlerin hatte, wie die *FAZ* richtig ausführte, die außenpolitischen Konsequenzen einer Staatspleite in Athen und eines Ausscheidens Griechenlands aus dem Euroraum zu bedenken. Sie hatte aus der Verantwortung ihres Amtes heraus in einer über Europa hinausreichenden Perspektive auch internationale Zwänge zu berücksichtigen, Allianzen, die es im Rahmen der anderen Krisen zu erhalten oder aufzubauen gab – mit der Folge, nachgiebiger, jedenfalls kompromissbereiter aufzutreten. Der Hinweis der *FAZ*, ich sei als Finanzminister demgegenüber vorrangig darauf verpflichtet, dass am Ende die Rechnung aufgehe, war dann allerdings eine allzu verkürzte Sicht auf die Rollenverteilung und mein Selbstverständnis als Finanzminister. Denn wer mein Wirken in diesem Amt während der Eurokrise über all die Jahre hinweg betrachtet, wird mir zugestehen, dass ich immer vorrangig darauf bedacht war, über ein Scheitern der Währungsunion nicht das gesamte Projekt Europa zu gefährden. Ich blieb der überzeugte Europäer, der ich immer gewesen war, aber ich war inzwischen realistischer in der Einschätzung, wie sich dieses Europa auf Grundlage der bestehenden Verträge weiterentwickeln ließe – eine Ernüchterung, die mich lehrte, dass wir in Europa intensiver als bisher nach pragmatischen Lösungen suchen müssen. Dass europäische Verantwortungsträger auf den Brexit, den ich mir nicht hatte vorstellen können, mit der ewig gleichen Litanei reagierten, jetzt müsse eben der große Wurf in Europa her, empfand ich 2016 nur noch als nervtötend. Krisenhafte Phasen beschleunigter Globalisierung, in denen die Menschen von Europa Antworten erwarteten, sind eben nicht die Zeit für Visionen, sondern für eine realistische Einschätzung des Machbaren und für eine besonnen-pragmatische Herangehensweise, um notfalls auch in verschiedener Geschwindigkeit intergouvernemental voranzuschreiten – jedenfalls so lange, wie Vertragsänderungen unmöglich bleiben.

## FLÜCHTLINGSKRISE: WILLKOMMENSKULTUR, LAWINEN UND BAYERISCHE PUTSCHISTEN

Das Einzige, worauf man sich in der Politik verlassen kann: Es gibt kaum Atempausen. Auch wenn die öffentliche Aufmerksamkeit sich zumeist auf wenige Krisenherde konzentriert, rumort es an anderen Stellen weiter. Nach der dritten Griechenlandrettung hatten wir zunächst die trügerische Aussicht auf eine zeitweise Beruhigung der Lage. Auch innenpolitisch: Sogar die AfD, die 2014 quasi aus dem Stand ins Europäische Parlament eingezogen war und den Sprung in die Landtage von Thüringen, Sachsen und Brandenburg geschafft hatte, schien sich als ein Übergangsphänomen zu erweisen, sobald sie im Zuge der Eurorettung ihr wesentliches Mobilisierungsthema verloren hatte. Nach der Spaltung im Mai 2015, die mit dem Rückzug der Parteispitze um Bernd Lucke und Konrad Adam vollzogen wurde und eine sektiererische Radikalisierung zur Folge hatte, meinten nicht wenige Beobachter, dass sie sich selbst zerlegt und marginalisiert habe. Doch weit gefehlt. Die Ereignisse der Flüchtlingskrise im Sommer 2015 sollten zu einer neuen politischen Polarisierung führen, die das Überleben dieser Partei auf Jahre hinaus zu sichern half. Über die Verantwortung, die unsere Regierungspolitik an dieser Entwicklung trug, wird bis heute gestritten.

Was damals passierte, ist eingehend beschrieben worden, vor allem in dem Buch *Die Getriebenen* des *Welt*-Journalisten Robin Alexander, das sogar als Doku-Spiel verfilmt wurde. Es bot den damals Beteiligten die seltene Gelegenheit, sich innerhalb kürzester Zeit als Handelnde in einem zeitgeschichtlichen Drama besichtigen zu können. Nicht alle spielten dabei eine glückliche Rolle. Aber in den Grundzügen sind die Dinge doch einigermaßen treffend dargestellt. Auf die Details werde ich an dieser Stelle gar nicht eingehen, auch weil ich institutionell keine verantwortliche Position in den politischen Abläufen innehatte. Aber der Gang der Ereignisse, die getroffenen und versäumten Entscheidungen konnten niemanden unberührt lassen, drohte doch angesichts der Konflikte um die Flüchtlingspolitik eine veritable Regierungskrise. Wieder einmal verlief der Riss nicht zwischen CDU und CSU, sondern mitten durch die CDU. Ich hatte Gefahren kommen sehen und mich zu verschiedenen Zeiten eingemischt, um an einer Lösung der Probleme mitzuwirken.

In den Grundzügen hat sich in der Asyl- und Flüchtlingsproblematik über die Jahrzehnte wenig geändert. Der moralische Imperativ der Hilfeleistung kollidierte stets mit den Aufnahme- und Integrationskapazitäten. Grenzen der finanziellen Mittel und der gesellschaftlichen Toleranz waren naturgemäß endlich, die Zahl potenzieller Migranten, die zu uns wollten, allerdings nicht. Von jeher kämpften wir damit, diese Faktoren in der Öffentlichkeit sachlich und ohne moralische Überfrachtung zu diskutieren. Es kostete Mühe auseinanderzulegen, dass jemand, der für eine Begrenzung der Aufnahmekapazität eintrat, nicht zugleich ein Gegner von Integrationsbemühungen war. Der allfällige Hinweis auf die sogenannten Einwanderungsländer, die Kriterien für die Aufnahme formulierten und die Zuwanderung steuerten, schien in Deutschland weiterhin zu verpuffen. Dass das Asylrecht von den Müttern und Vätern des Grundgesetzes ursprünglich für ganz andere Fälle konzipiert worden war, blieb schwer zu vermitteln.

Weltweite Migrationsströme sind die natürlichen Folgen der Globalisierung, aber ihre Größenordnung wurde lange unterschätzt. Als hellsichtige Stellungnahme empfiehlt sich immer noch Hans Magnus Enzensbergers bemerkenswerter Essay *Die Große Wanderung* aus dem Jahr 1992. Er liest sich wie eine Vorhersage der Ereignisse im Sommer 2015. Enzensberger vermutete schon damals, dass sich erst ein Bruchteil der potenziellen Migranten in Bewegung gesetzt habe und dass die eigentliche Völkerwanderung noch bevorstünde. In wenigen Pinselstrichen zeichnet er das Bild einer verfehlten Debattenlage, die von Ängsten, ethischer Überforderung und der Vernachlässigung politischer Selbstverständlichkeiten geprägt ist. Seine Reflexionen über den Verlust des staatlichen Gewaltmonopols, über die drohende Regellosigkeit in Einwanderungsgesellschaften, die auf Regulierung verzichten, sowie seine Warnungen vor einer Überforderung des Sozialstaats und vor den fatalen Vermeidungsstrategien der Politik haben bis heute wenig an Aktualität eingebüßt.

Schon eine ganze Weile hatte man beobachten können, dass das Dublin-Verfahren in den Ländern, die dem Andrang der Flüchtlinge ausgesetzt waren, nicht mehr ordnungsgemäß eingehalten wurde. Jetzt rächte sich, dass entgegen meines Rates an meinen Nachfolger Thomas de Maizière die EU-Innenminister eine faire Verteilung der Flüchtlinge viel zu zögerlich angegangen waren – das Dublin-System hatte sich gerade für uns Deutsche in der europäischen Mittellage als viel zu bequem erwiesen. Die Registrierung in den Ankunftsländern war lückenhaft, die Zustände in den Auffanglagern in Griechenland so desaströs, dass sogar das Bundesverfassungsgericht untersagte, die Flüchtlinge dorthin zurückzuschicken. Die Folgen des »Arabischen Frühlings«, den so viele westliche Hoffnungen begleiteten, der aber in den meisten nordafrikanischen Staaten statt Freiheit und Demokratie einen Verlust staatlicher Ordnung, Instabilität und in vielen Teilen bürgerkriegsähnliche Zustände brachte, und vor allem der brutale Krieg in Syrien hatten die Flüchtlingszahlen rapide ansteigen lassen. Bereits im Jahr 2014 erreichten das Bundesamt für Migration und Flüchtlinge wieder mehr als 200 000 Asylanträge, das bedeutete eine Versechsfachung innerhalb weniger Jahre. Die Bilder von überladenen Booten und die furchtbaren Nachrichten von tausenden Toten dieser waghalsigen Fluchten über das Mittelmeer waren bereits allgegenwärtig. All dies zeigte, dass wir Europäer zu lange den Kopf in den Sand gesteckt hatten. Die später wohlfeile Rede von der Bekämpfung der Fluchtursachen hat hier ihren tieferen Sinn. Man kann sich nur schwer damit abfinden, dass die Initiativen zu koordinierten, vorausschauenden Maßnahmen in der Politik meist zu kurz greifen. Zu oft – so auch in diesem Fall – ist unser Handeln eher Krisenreaktion als Krisenprävention, zumal es bei gelungenen präventiven Maßnahmen selten einen Lorbeer zu gewinnen gibt. Die Rettung aus einer katastrophalen Lage ist allemal spektakulärer als die stille Entschärfung ihrer Ursachen im Vorfeld.

Mag sein, dass ich durch meine Erfahrungen als Innenminister und die bereits Jahrzehnte zurückliegenden Debatten über den Asylkompromiss im Frühsommer 2015 alarmierter war als meine Kabinettskollegen. Jedenfalls nehme ich für mich in Anspruch, dass ich die Bundeskanzlerin relativ zeitig auf die gefährliche Entwicklung, die sich auf der später sogenannten Balkanroute andeutete, hinwies. Unabhängig von meiner unmittelbaren Ressortverantwortung wollte ich mir einen Überblick über die Situation verschaffen, weil mich die allgemeine Lage beunruhigte: das Schicksal der Menschen, die Überlastung der unmittelbaren Ankunftsländer, aber auch der politische Sprengstoff, der die präzedenzlose Zahl an Flüchtlingen für die EU bedeuten würde. Ich rief einige meiner engsten Mitarbeiter zusammen, um ein Lagebild zu erstellen und zu diskutieren. Daraus ging das bei Robin Alexander zitierte »Strategiepapier« hervor, das tatsächlich allerdings nur aus einer Seite mit Stichworten bestand und in wenigen Punkten Handlungsoptionen markierte.

Im Juli bat ich um einen Termin bei der Kanzlerin, um mit ihr über die

Flüchtlingssituation zu sprechen. Mein Appell an sie lief darauf hinaus, die EU-Außengrenzen effektiver zu schützen, an der Einrichtung und Finanzierung außereuropäischer Auffanglager mitzuwirken und eine verlässliche Einigung mit der Türkei zu etablieren. Darin würde zunächst die größte Schwierigkeit liegen, denn die Beziehungen zwischen Merkel und Erdoğan, zwischen der EU und der Türkei überhaupt, waren an einem Tiefpunkt angelangt.

Schon Otto Schily hatte als Innenminister vorgeschlagen, in Nordafrika Lager zu schaffen, in denen entschieden werden sollte, wer in Europa als Asylbewerber oder aus anderen Gründen Aufnahme finden könne. Das Problem der Abschiebungen hätte sich so weitgehend erledigt. Dass ich Schily damals nicht unterstützt habe, erfüllt mich nicht mit besonderem Stolz, denn inzwischen sah ich es ähnlich: Man brauchte diese Orte außerhalb der EU zur Unterbringung der Menschen, um sie von da entweder in ihre Heimatländer zurückzuführen oder nach Europa einreisen zu lassen. Diese Lager müssten menschenwürdig eingerichtet sein und als Siedlungen in Nordafrika, Ägypten oder der Türkei selbst Lebensmöglichkeiten bieten. Sie dürften keine im Chaos versinkenden Zeltstädte werden, sondern sollten nach Maßstäben eines geordneten Gemeinwesens funktionieren. Durch sie sollte die EU in die Lage versetzt werden, die Aufnahme von Flüchtlingen kontrolliert zu steuern. Dieses Vorhaben war kostenintensiv und gewiss nicht einfach, aber es war ein Versuch, die Initiative des Handelns wiederzugewinnen. Die Lösung des Problems konnte nur in europäischer Abstimmung erfolgen und verlangte enge Kooperation mit der Türkei und den nordafrikanischen Staaten. Weder durften wir die Lasten auf die in erster Linie betroffenen Zufluchtsländer wie Griechenland oder Italien abwälzen, noch konnten wir uns einfach aus der Verantwortung kaufen. Wir benötigten einen konzertierten Ansatz, und nach meinem Empfinden war es Aufgabe der Bundeskanzlerin, diesen Prozess so entschlossen wie möglich anzustoßen. Bundesinnenminister de Maizière schien mir in dieser Phase überfordert. Eigentlich wäre es seine Aufgabe gewesen, sich auf verschiedene Szenarien einzustellen und Vorschläge zu entwickeln.

Natürlich war mir klar, dass jede Verhandlung mit Erdoğan der Kanzlerin widerstrebte, zumal die Beziehungen zur Türkei auf vielen Ebenen problematisch geworden waren. Aber man musste die Realitäten anerkennen: Die Türkei hat mehr Flüchtlinge aus Syrien aufgenommen als alle europäischen Länder zusammengenommen und behandelte sie besser, als viele europäische Länder dies taten. Wenn Erdoğan Hilfe forderte, war dies nachvollziehbar, und wenn er damit drohte, die Schleusen zu öffnen, musste man damit umgehen, so sehr uns dies missfiel. In der Flüchtlingsfrage konnte man sich seine Verhandlungspartner leider nicht aussuchen, aber immerhin ließen sich Erdoğans Interessen relativ vorhersehbar rational entschlüsseln. Anstatt zu warten und nur zu hoffen, dass er nichts tue, was uns in Bedrängnis brachte, musste Europa aktiv werden. Wichtig war beides: humanitäre Hilfe und die Klarstellung, dass der Zugang für Flüchtlinge auch in Europa begrenzt ist. Mein Ziel war es, die Kanzlerin dazu zu bewegen, nicht lediglich die Entwicklungen abzuwarten, um zu spät zu reagieren, sondern planvoll zu agieren und das Heft des Handelns in der Hand zu behalten. Diese Beratungen und meine Initiative waren streng vertraulich, nichts davon geriet an die Öffentlichkeit.

Doch leider habe ich damals erst einmal nicht viel bewirken können, obwohl die Kanzlerin sich gegenüber meiner Argumentation durchaus aufgeschlossen zeigte. Ich sagte ihr auch, sie müsse das persönlich mit Erdoğan verhandeln, weil er nur sie, nicht aber die EU-Kommission, als Gesprächspartner akzeptiere. Sie blieb zögerlich, weil sie den innenpolitischen Ärger, den eine Verhandlung mit Erdoğan über dieses Thema unvermeidlich mit sich brachte, fürchtete. Ich drängte sie dennoch, und schließlich reiste sie tatsächlich in die Türkei. Bedauerlicherweise eher zu spät. Nach monatelangem Tauziehen konnte im März 2016 das Ergebnis verkündet werden, das als EU-Türkei-Deal in die Geschichte einging, freilich unter starkem Druck und forciert von wahrlich »Getriebenen«.

Als die Kanzlerin am 4. September 2015 die im Rückblick für diese Krise zentrale Entscheidung traf, die Grenzen angesichts der katastrophalen Zustände am Bahnhof von Budapest, wo Flüchtlinge zu tausenden gestrandet waren, weiterhin offenzuhalten, fand ich dies aus humanitären und europapolitischen Gründen richtig. Ich habe Merkel nach Kräften unterstützt. Die Willkommenskultur, die sich damals in München und bundesweit zeigte, war beeindruckend und freute mich, weil sie einmal für alle die immensen Potenziale in unserer Gesellschaft offenlegte. Auch Merkels Ende August 2015 geäußerten Satz »Wir schaffen das!« fand ich richtig, ich habe mir ihn in öffentlichen Äußerungen ebenfalls zu eigen gemacht; und auch ihr emotionales Bekenntnis zum »freundlichen Gesicht Deutschlands« an die Adresse derjenigen, die ihren Entschluss für offene Grenzen kritisierten – »dann ist das nicht mein Land« –, fand ich glaubwürdig. Das waren starke Statements. Sie hätten eben nur von einer Vielzahl weiterer Maßnahmen und Anstrengungen begleitet werden müssen, um zu verdeutlichen, dass diese einmalige Notmaßnahme unwiederholbar war. Denn die Bilder aus Deutschland gingen rasend schnell um die Welt und entwickelten ihren eigenen Sog. Ich habe früh gesagt, dass wir aufpassen müssen, nicht die Kontrolle zu verlieren. Sogar der Papst lobte Deutschland für seine Großzügigkeit bei der Aufnahme von Flüchtlingen und machte zugleich sein Verständnis dafür deutlich, dass die Möglichkeit zur Hilfeleistung irgendwann erschöpft sei, weil allein mit gutem Willen noch keine gute Ordnung entstehe. Dieses Dilemma hat für mich am besten Joachim Gauck zum Ausdruck gebracht, als er sagte: »Unser Herz ist weit, doch unsere Möglichkeiten sind endlich.« Gaucks Amtszeit verdient aus meiner Sicht ohnehin eine besondere Würdigung – er ist einer unserer stärksten Bundespräsidenten gewesen.

Im Unterschied zur Kanzlerin hielt ich es für richtig, den Bürgerinnen und Bürgern reinen Wein einzuschenken und klarzumachen, dass der Einsatz für die Flüchtlinge eben auch mit Kosten und Opfern verbunden ist. Appelle allein nützten nichts. Um Zustimmung für bestimmte Maßnahmen zu erlangen, müssen Alternativen durchgespielt werden, die den Ernst der Lage deutlich machen. Ich regte einen Solidarbeitrag für Flüchtlinge über eine Benzinabgabe an. Mit solchen Vorschlägen zielte ich nicht nur auf den Opfersinn der Bürger, sondern wollte der Kanzlerin Spielräume verschaffen. Und so war ich gelegentlich frustriert darüber, dass Merkel in mancherlei Hinsicht beratungsresistent blieb. Nach meiner Einschätzung hätte sie ganz andere Möglichkeiten gehabt, um wirklich politisch zu führen und nicht nur zu reagieren.

Im November 2015 versuchte ich bei einer Podiumsdiskussion, die unvorhergesehene Sogwirkung der Entscheidung von Anfang September auf den Flüchtlingszustrom zu erklären, und sagte wörtlich: »Lawinen kann man auslösen, wenn irgendein etwas unvorsichtiger Skifahrer ein bisschen Schnee in Bewegung setzt. Ob wir schon in dem Stadium sind, wo die Lawine im Tal unten angekommen ist, oder ob wir in dem Stadium noch im oberen Ende des Hanges sind, weiß ich nicht.« Doch damit trat ich wohl selbst eine Lawine los, weil eine starke öffentliche Reaktion darin einen Konflikt mit der Kanzlerin vermutete.

Die zögerliche Haltung der Kanzlerin belastete nicht nur mich, sondern auch die Partei. Kanzleramtsminister Peter Altmaier, nun als Flüchtlingsbeauftragter eingesetzt, was de facto ein Misstrauensvotum gegenüber dem Innenminister war, zog viel Kritik auf sich. Die kritischen Stimmen in der Öffentlichkeit nahmen zu. Führende Intellektuelle des Landes, die unverdächtig waren, auf der politischen Rechten zu reüssieren, warnten vor deutschen Alleingängen und moralischer Selbstüberhebung. Die Rede war von Staatsversagen, Hilflosigkeit und der Außerkraftsetzung der Asylrechtsbestimmungen. Das waren alles begründete Vorwürfe. Ich hatte den Eindruck, dass Merkel und Altmaier sich verrannt hatten, als sie am Familiennachzug festhielten und jeder Möglichkeit einen Riegel vorschoben, die Zahl der Flüchtlinge aus Syrien zu begrenzen. Deshalb entschloss ich mich, am 8. November der ARD-Sonntagssendung »Bericht aus Berlin« ein Interview zu geben, um doch noch einmal Einfluss zu nehmen und den Kräften in der Union eine Stimme zu geben, die den Kurs der Kanzlerin mit Sorge beobachteten und darauf pochten, dass unsere Aufnahmekapazität begrenzt sei. Vor allem galt es, dem anfangs strauchelnden und nun wieder initiativ werdenden Innenminister de Maizière den Rücken zu stärken. Das musste zurückhaltend geschehen, um das Kanzleramt nicht zu brüskieren. Nach allgemeiner Einschätzung gelang das. Manche sagen sogar, ich hätte de Maizière mit diesem Interview das Ministeramt gerettet.

Die Lage in der Union war im Herbst schwierig geworden. Höhepunkt war der CSU-Parteitag, als der Bayerische Ministerpräsident und CSU-Vorsitzende der Kanzlerin wie einem Schulmädchen die Leviten las. Schaut man sich diese Szene noch einmal an, bekommt man eine Ahnung von den Verspannungen unter den Akteuren. Nun muss man Horst Seehofer zugutehalten, dass der Freistaat Bayern in der Tat Großes bei der Aufnahme der Flüchtlinge leistete. Aber seine Ausfälle gegenüber Merkel verloren jedes Maß und machten vertrauensvolle Krisengespräche immer schwieriger. Die schrillen Stimmen gerieten in einen Überbietungswettbewerb, weil hinter den Kulissen auch ein Machtkampf um die Staatskanzlei tobte. Finanzminister Söder wollte Seehofer, der unvorsichtigerweise seinen Abschied aus dem Amt zum Ende der Legislaturperiode angekündigt hatte, so früh wie möglich als Bayerischen Ministerpräsidenten beerben – aus Sicht Seehofers für jeden erkennbar das schlechteste aller Szenarien. Jeder versuchte sich gegen den anderen zu profilieren, und die Kritik an der Kanzlerin bot dafür nach bayerischer Sitte Gelegenheit. Inzwischen wurde auch Edmund Stoiber aktiv und feuerte Seehofer, seinen Nach-Nachfolger im Ministerpräsidentenamt, in dessen Attacken gegen Merkel an. Und mich wollte er dazu bewegen, Merkel zu stürzen, um selbst Kanzler zu werden. Ich lehnte das entschieden ab. Wie Jahrzehnte zuvor bei Kohl blieb ich bei meiner Überzeugung, dass der Sturz der eigenen Kanzlerin unsere Partei langfristig nur schaden könnte, ohne das Problem wirklich zu lösen. Das war mein Verständnis von Loyalität, das nach heutigen Maßstäben vielleicht ein wenig antiquiert erscheint.

Die ganze Debatte amüsierte mich fast ein wenig, weil ich ja mein Alter kannte, seit mehr als einem Vierteljahrhundert querschnittsgelähmt war und insgesamt eine angeschlagene Gesundheit hatte. Vielfach hatte ich in den Jahren zuvor meine Nachrufe lesen können – und jetzt sollte ich, dessen Karriere angeblich immer »unvollendet« geblieben war, endlich den Sprung ins Kanzleramt wagen? Das war einigermaßen absurd. So warf ich aus lüsterner Provokation einmal ein, dass ja Adenauer auch mit 73 Jahren Regierungschef geworden sei. Da man aber mit humorigen Bemerkungen in der Regel eher Missverständnisse auslöst, wurde auch dieser hingeworfene Satz als Beweis für meine Ambitionen genommen. Eigentlich konnte Merkel in jeder Phase wissen, dass sie sich auf mich verlassen konnte. Aber natürlich hatte unser Arbeitsverhältnis aus vielerlei Gründen seine beste Zeit hinter sich. Und so verlangte die Debatte über die Flüchtlingsfrage uns beiden viel ab.

## SCHIFFBRUCH – VON KOMMUNALFINANZEN UND HEBESÄTZEN

Viele Betätigungsfelder der Finanzpolitik sind alles andere als glamourös, komplex im Detail, wenig talkshowtauglich, anstrengend zu verhandeln, und die Erfolge lassen sich zuweilen nur auf Millimeterpapier vermessen. Oder man scheitert – manchmal auf absehbare Weise, manchmal aus ganz kontingenten Gründen. Jeder demokratische Politiker kennt das Gefühl der Vergeblichkeit eigener Anstrengungen. Häufiger als mühsam errungene Siege oder Teilerfolge sind Rückschläge und Niederlagen. Bisweilen beschleicht einen das Gefühl, sehr oft gegen Wände gerannt und nicht viel erreicht zu haben. Meist sind diese Niederlagen wenig spektakulär. Sie stehen am Ende von ausgetüftelten Positionspapieren, langen Sitzungen, endlosen Diskussion, und man kommt gelegentlich ins Grübeln, ob die Aushandlungsprozesse der Demokratie wirklich Teil einer effizienten Regierung sind. Demokraten müssen in dieser Hinsicht Idealisten sein. Mit Sicherheit ist es selten, dass »der eigentümlich zwanglose Zwang des besseren Arguments« zum Sieg verhilft, wie die Diskurstheoretiker glauben machen. Machtkonstellationen, Strategien, eigene Fehler und Versäumnisse, kurzfristige taktische Manöver und Stimmungsumschwünge bei den Handelnden sowie in der auf sie einwirkenden Öffentlichkeit können unvorhergesehene Folgen zeitigen.

Als leidenschaftlicher Politiker, der seine Tätigkeit als Berufung ansieht, muss man die Begeisterung für Details und den Blick für ganz verschiedene Faktoren in politischen Aushandlungsprozessen mitbringen. Die alltägliche Politik ist systembedingt langsam. Selten sind die Momente dramatischer Entscheidung, meistens gehört eine gewisse Trägheit, verbunden mit dem mühsamen Ringen um Kompromisse, zum demokratischen Prozess. Pragmatismus allein reicht nicht, Beharrlichkeit und Geduld helfen, die langfristigen Ziele nicht aus den Augen zu verlieren. Um zu demonstrieren, woran zähe Verhandlungen scheitern können, möchte ich zwei Themenbereiche herausgreifen, die beileibe keine kurzen Episoden waren, sondern meine Aufmerksamkeit über Monate beanspruchten. Dass ich sie nur verkürzt darstelle, werden mir wohl die meisten Leser und Leserinnen danken – aber auch sie beanspruchen einen Platz in meinen Erinnerungen. Zwar vergisst der Mensch glücklicherweise vieles, was ihm lästig ist, manche Misserfolge haben sich jedoch derart ins Gedächtnis eingebrannt, dass man sie nur schwer loswird.

In meiner finanzpolitischen Linie ging es mir eigentlich immer darum, systemisch richtige und zugleich politisch machbare Lösungen zu finden, was in der Praxis nicht selten zu erheblichen Widersprüchen führen kann. Deswegen befürwortete ich nicht nur einen einheitlichen Mehrwertsteuersatz, sondern warb auch dafür, jeder Ebene im föderalen System ihre eigenen originären Ausgaben und Einnahmen zuzuweisen. Die Länder und Gemeinden sollten unabhängiger von Zahlungen des Bundes und in ihrer Eigenverantwortung gestärkt werden. Es ist weitaus sinnvoller, wenn Kommunen im Rahmen ihrer Zuständigkeit selbst über Ausgaben entscheiden und zugleich auch über die dafür notwendigen Einnahmen verfügen, um sich dann vor ihrer jeweiligen Bevölkerung, dem Souverän, dafür zu rechtfertigen. Bis heute besteht das Elend in vielen Kommunalparlamenten darin, dass man Infrastrukturprojekten, die wirtschaftlich eher fragwürdig sind, allein deswegen zustimmt, weil dafür Zuschüsse vom Land oder vom Bund in einer Größenordnung von siebzig Prozent aufwärts zur Verfügung stehen. Das trägt nicht gerade dazu bei, in Kommunalparlamenten haushaltspolitische Vernunft zu verankern. Deswegen bin ich dafür eingetreten, den Ländern nicht immer mehr Anteile am Mehrwertsteueraufkommen zuzuweisen, sondern lieber eigene originäre Steuern. Anteile an Mehrwertsteueraufkommen waren der eigentliche Wunsch der Bundesländer, weil diese ständig steigende Quelle mit Abstand interessanter ist als Anteile an stärker konjunkturabhängigen Lohn-, Einkommen- und Körperschaftsteuern. Aus diesem Grund wollte ich für die Kommunen erreichen, dass sie neben ihrem Hebesatzrecht bei Gewerbe- und Grundsteuer auch ein Hebesatzrecht auf ihren Anteil der Lohn-, Einkommen- sowie Körperschaftsteuer haben sollten.

Ich bin dabei davon ausgegangen, dass die Kommunen am Einkommen- und Körperschaftsteueraufkommen einen Anteil von fünfzehn Prozent haben; 42,5 Prozent jeweils für Bund und Länder. So entwickelte ich den Vorschlag, dass im Rahmen dieses fünfzehnprozentigen Kommunalsteueranteils die kommunale Ebene die Möglichkeit bekommen sollte, bis zu zehn Prozent nach oben oder unten abzuweichen. Vorausgegangen waren Konsultationen mit Experten, die sich über Wochen hingezogen hatten – das Feld der kommunalen Steuern ist eine Wissenschaft für sich und verlangte allen Beteiligten einiges ab. Dieser Vorstoß stieß auf starken Widerstand bei den Kommunen, die auf gar keinen Fall auf die Gewerbesteuer verzichten wollten. Deswegen war der Vorschlag politisch auch nur realisierbar, indem wir versprachen, zunächst einmal an der Gewerbesteuer nichts zu ändern. Lediglich die gewisse Variabilität bei einem Hebesatz auf die Lohn- und Einkommensteuer sollte optional für die kommunale Ebene eingeführt werden. Allein für dieses Reförmchen war eine Heerschar von Experten zu konsultieren.

Unter dieser Bedingung war auch Seehofer als CSU-Vorsitzender damit einverstanden, dass wir entsprechende Gespräche mit den kommunalen Spitzenverbänden führten. Es war ein zäher und mühsamer Prozess, am Ende befürworteten aber auch sie das Konzept. Leider kippte dann der damalige Vizepräsident des Deutschen Städtetags, der Münchner Oberbürgermeister Christian Ude, diese Vereinbarung im März 2011. Die Präsidentin Petra Roth hatte schon zugestimmt, aber Ude mobilisierte in der Nacht die großen Städte erfolgreich dagegen, sodass der Städtetag sein Einverständnis zurückziehen musste. Roth hat sich dafür bei mir persönlich entschuldigt. Der Städte- und Gemeindebund und auch der Landkreistag blieben zwar bei ihrem Einvernehmen, aber ohne die Zustimmung des Städtetags war dieser Reformansatz gescheitert. In dem Bestreben, den Kommunen mehr Spielraum bei der Festlegung ihrer Steuersätze einzuräumen, hatte Ude einen Nachteil für größere Städte erkannt, da dadurch ein »materieller Anreiz für Besserverdienende, ins Umland zu ziehen«, entstehe. Die Gefahr der Entvölkerung Münchens war mir neu, aber es nützte alles nichts. Die Einführung einer kommunalen Einkommensteuer war gescheitert. Stattdessen mussten wir vier Jahre später ein milliardenschweres Investitionsprogramm für notleidende Kommunen auflegen, die keine Möglichkeit hatten, ihre Schulden abzubauen. München gehörte nicht dazu.

## IM REGEN STEHEN GELASSEN: SECHZEHN MINISTERPRÄSIDENTEN UND EIN SCHÄUBLE

Die zweite Episode führt noch einmal in die Zeit nach der gewonnenen Bundestagswahl 2013, als wir eine neue Koalition bilden mussten, weil die FDP nicht mehr im Bundestag vertreten war. Es gab rechnerisch die Chance für ein Zusammengehen mit den Grünen, und die Kanzlerin bot ihnen auch Sondierungsgespräche an. Aber die Grünen trauten sich nicht und waren auf Bundesebene noch zu sehr im alten Lagerdenken befangen – besonders der damals maßgebliche Jürgen Trittin. Auf die Aussage der Grünen, wir könnten ja noch mal kommen, falls es mit der SPD nicht klappen sollte, erwiderte die Kanzlerin, dass Türen nicht immer endlos lang offen stünden. Es war eine verpasste Gelegenheit, die ich sehr bedauerte, denn vieles sprach damals dafür. So landeten wir wieder in einer großen Koalition, und trotz des starken Wahlergebnisses – Angela Merkel stand im Zenit ihres Ansehens – wollte keine richtige Aufbruchsstimmung aufkommen.

Für die Koalitionsverhandlungen, bei denen mich der damalige Kanzleramtschef Ronald Pofalla vorbildlich unterstützte, wurde als Leitlinie verabredet, in einer zentralen Steuerungsgruppe der Partei- und Fraktionsvorsitzenden mit dem Bundesfinanzminister den vorrangigen Bedarf an Ausgabensteigerungen bzw. Einnahmesenkungen für die kommende Legislaturperiode zu definieren. Am Ende wurden das etwa 22 Milliarden Euro, alles Weitere sollte aus den jeweiligen Fachbereichen der Politik durch Gegenfinanzierung erwirtschaftet werden. In den Koalitionsverhandlungen erörtern die Fachpolitiker der jeweiligen Koalitionspartner miteinander unendlich viele Details – mit der Tendenz, sich gegenseitig in Ausgaben zu übertreffen, weil alle glauben, die bessere Familienpolitik würde machen, wer mehr Ausgaben dafür aus dem Bundeshaushalt vorsehe. Finanzpolitische Vernunft ist in diesen Arbeitsgruppen rar gesät. Die zuvor getroffene Absprache, die Pofalla mit seinem Partner in der SPD mustergültig ausgearbeitet hatte, ermöglichte jedoch, am Ende aus den Verhandlungen mit einer ziemlich verantwortungsvollen haushaltspolitischen Linie herauszukommen.

Mein Ansehen als Finanzminister war in dieser Zeit so hoch, dass nicht einmal die SPD ernsthaft gewagt hatte, das Finanzministerium von der Union als Preis für die Koalition zu fordern. Der SPD-Parteivorsitzende Sigmar Gabriel sagte mir einmal, dass er aus Respekt vor meiner Amtsführung davon abgesehen habe, einen Anspruch auf das Ressort zu stellen. Insofern war meine Ausgangslage für die Legislaturperiode ab 2013 gar nicht so schlecht. Allerdings stand ich vor dem Problem, dass die Bundesländer ziemlich am Beginn der Legislaturperiode einstimmig eine Entschließung gefasst hatten, im Bundesrat keiner steuerpolitischen Entscheidung zuzustimmen, die die Einnahmen für die Länder auch nur um einen Euro mindern würde. Dies, kombiniert mit der Festlegung der Union, keine Steuererhöhungen zuzulassen, ließ den steuerpolitischen Gestaltungsspielraum für die Legislaturperiode ziemlich gegen null schrumpfen. Deswegen war der Vorwurf mangelnder steuerpolitischer Fantasie oder mangelnden steuerpolitischen Engagements, der mir in Teilen der Presse immer wieder gemacht worden ist, umso absurder. Fantasie hatte ich genug, aber meine Möglichkeiten, Neues anzustoßen, waren arg begrenzt.

Dennoch wollte ich versuchen, größere Handlungsspielräume zu erreichen. Mit Zustimmung der Parteivorsitzenden Merkel und Gabriel und mit einer gewissen Tolerierung durch Seehofer gewann ich den Hamburger Ersten Bürgermeister Olaf Scholz als Partner, um Verhandlungen zwischen Bund und Ländern und zwischen Union und SPD vorzubereiten. Ich schätzte Scholz' Sachlichkeit, seinen finanzpolitischen Verstand und seine Verlässlichkeit. Wir verfolgten das Ziel, die finanzpolitische Gesamtsituation in dieser Legislaturperiode auf befriedigende Weise zu regeln. Ein Ausgangspunkt war der Solidaritätszuschlag, der dem Bund alleine zukam und deswegen keiner Zustimmung des Bundesrats bedurfte. Allerdings war seine Legitimationsgrundlage, nämlich die Kosten für die Deutsche Einheit abzufedern, im Laufe der Jahrzehnte politisch (und zunehmend verfassungsrechtlich) brüchig geworden.

Ich wollte den Ländern anbieten, den Solidaritätszuschlag in die gemeinsame Berechnungsbasis von Einkommen- und Körperschaftsteuer einzubeziehen. Das hätte je nach Konjunkturlage für die Länder und Kommunen einen finanziellen Mehrertrag von acht bis zehn Milliarden bedeutet. Damit war ein Ansatz gewonnen, um mit den Ländern auch über begrenzte steuerpolitische Maßnahmen Gespräche zu führen.

Zugleich verfolgten Scholz und ich den Ansatz der vorherigen Föderalismusreformkommissionen weiter. Wir wollten eine systemisch sinnvollere Aufgabenverteilung zwischen Bund und Ländern verabreden. Scholz entwickelte die Vorstellung, dass der Bund all jene Ausgaben tragen sollte, die mit der wirtschaftlichen Entwicklung zu tun hätten, also insbesondere die Kosten für die Bundesagentur für Arbeit, weil der Arbeitsmarkt eben eine Folge der Finanz- und Wirtschaftspolitik des Bundes sei. Die Länder hingegen sollten die Zuständigkeit für den sozialen Wohnungsbau und für die Gestaltung von Jugend- und Sozialhilfe übernehmen. Dementsprechend waren die Finanzierungsanteile zwischen Bund und Ländern neu zu justieren. Wir haben diese Verhandlungen intensiv geführt und sind am Ende zu einer Lösung gekommen, die ich so überzeugend fand, dass ich Anfang September 2014 in Absprache mit Scholz der Bundeskanzlerin Bescheid gab, wir seien bereit, unseren Parteivorsitzenden unseren Vorschlag zu unterbreiten. Die Kanzlerin lud daraufhin zu einem Gespräch ins Kanzleramt. An jenem Sonntagabend traf Seehofer mit sichtlich schlechter Laune ein – und wie immer verspätet. Aber das war schon seit Strauß das Zeichen von CSU-Vorsitzenden, um die eigene Bedeutung zu unterstreichen. Als Merkel nach einigem Small Talk schließlich einleitete, jetzt sollten doch mal der Finanzminister und der Erste Bürgermeister von Hamburg ihre Vorstellungen vortragen, verkündete Seehofer, er rede heute über gar nichts. Erst müsse endlich die Verabredung der Koalition zur Einführung einer Ausländermaut im Straßenverkehr im Kabinett beschlossen sein.

Dabei handelte es sich um den Dauerbrenner der CSU, die bereits im Wahlkampf 2013 eine Ausländermaut für Pkws gefordert hatte, also eine Autobahnbenutzungsgebühr nur für Ausländer. Den Deutschen wollte sie keine Mehrbelastung zumuten. Dabei war jedem halbwegs einsichtigen Menschen klar, dass eine solche nur auf Ausländer bezogene Autobahnbenutzungsgebühr unter keinem denkbaren Gesichtspunkt europarechtlich zulässig sein konnte. Merkel hatte im Wahlkampf öffentlich ausgeschlossen, dass es mit ihr eine

Ausländermaut geben würde. Allerdings gab sie diesen Vorsatz nach der Wahl auf, als die CSU damit drohte, ohne das Zugeständnis der Maut keine Koalitionsverhandlungen führen zu wollen. Das blieb einer meiner grundlegenden Kritikpunkte an Merkel, dass sie solchen Erpressungsversuchen nachgab. Ich hätte Seehofer damals erwidert: »Schau mal, wie weit du kommst, wenn du die Gemeinschaft von CDU/CSU an diesem Punkt aufkündigen willst!« Ich bin sicher, dass er am Ende klein beigegeben hätte. Schließlich hatte ich die Geschichte des Kreuther Trennungsbeschlusses noch deutlich in Erinnerung. Um es kurz zu machen: Da auch die SPD keinen Widerstand leistete, geriet diese unsinnige Forderung in den Koalitionsvertrag.

Zwar war ich nach der Ressortaufteilung in der Bundesregierung nicht für Europapolitik zuständig – das war Sache des Wirtschaftsministers Sigmar Gabriel –, aber natürlich richteten sich an diesem Abend, als Seehofer sich darüber echauffierte, dass die Ausländermaut noch immer nicht im Kabinett beschlossen worden sei, alle Blicke auf mich. Ich erklärte daraufhin, mein Problem sei es nicht, ich wolle jedoch sichergestellt wissen, dass die Einführung einer Ausländermaut – von der ich nichts hielte, was allgemein bekannt war – nicht am Ende noch zu einer Nettobelastung für den Bundeshaushalt führen würde. Aber wenn der zuständige Wirtschaftsminister europarechtlich keine Bedenken habe, dann würde ich das auch nicht blockieren. Als Jahre später der unglückliche Verkehrsminister Andreas Scheuer mit seiner voreiligen Entscheidung zur Einführung, die durch das Urteil des Europäischen Gerichtshof aufgehoben wurde, hohe dreistellige Millionenzahlungen für den Bundeshaushalt verursachte, habe ich mich voller Ärger an diesen Abend erinnert.

Nachdem das soweit geklärt war, kehrten wir zur Tagesordnung zurück, damit Scholz und ich unser Konzept vorstellen konnten. Da Seehofer aber nun seinen wesentlichen Punkt gemacht hatte, gab es keine vertiefte Beratung mehr. Dafür hatte der Abend ein böses Nachspiel. Denn zwei Tage später meldete die *Passauer Neue Presse*: Schäuble plant Steuererhöhungen! Absichtsvoll wurde darin mein Vorschlag, den Solidaritätszuschlag in die Bemessungsgrundlage der Einkommen- und Körperschaftsteuer einzubeziehen, als Steuererhöhung interpretiert. Das war völliger Blödsinn, denn ob ein Steuerpflichtiger 100 Euro Einkommensteuer und acht Euro Solidaritätszuschlag zahlt oder am Ende 108 Euro Einkommensteuer, ist substanziell einerlei. Es interessiert den Steuerpflichtigen auch nicht wirklich, weil für ihn zählt, was unterm Strich steht. Doch zu meiner völligen Überraschung schloss sich nicht nur die CSU, die natürlich für diese Indiskretion verantwortlich gewesen sein musste, dieser Argumentation an, sondern auch die Bundeskanzlerin. Sie folgte offenbar dem Rat ihres Kanzleramtschefs Altmaier, von dem ich im Gegensatz zu seinem Vorgänger nie ernsthafte Unterstützung bei der Durchsetzung haushalts- oder finanzpolitischer Vernunft erwarten konnte. Ich versuchte daraufhin erfolglos, mit Merkel zu argumentieren. Es war hoffnungslos. Das war eines unserer ersten wirklich schweren Zerwürfnisse. Anschließend suchte ich das Gespräch mit dem Fraktionsvorsitzenden und appellierte an ihn, er sei doch viel zu intelligent, um den Blödsinn nicht zu erkennen. Aber Volker Kauder sah sich außerstande, mir zu helfen, denn im Umfeld der Kanzlerin glaubte man, dass die ganze Initiative nun in der Öffentlichkeit verbrannt und kommunikativ nicht mehr zu retten sei.

Ich war völlig verzweifelt, denn damit hatte das ganze Konzept, das ich mit Scholz entwickelt hatte, seine Grundlage verloren. Scholz sprach mich kurz danach an und äußerte sein Unverständnis für die Lage. Nachdem ich ihm erklärt hatte, wie furchtbar leid es mir tue, dass ich jedoch alles versucht hätte und machtlos sei, beschloss er vermutlich, die Konsequenz zu ziehen und sich im Tauziehen mit dem Bund auf die Seite der Bundesländer zu stellen. Das konnte ich ihm kaum verübeln.

Damit mussten wir die schwierigen Finanzverhandlungen mit den Bundesländern über die Verteilung der finanziellen Einnahmen und Belastungen gegen eine Einheitsfront der Bundesländer führen. Seehofer genoss dabei sichtlich, die Schlüsselrolle zu spielen, weil er als Parteivorsitzender und Bayerischer Ministerpräsident auf der Seite der Bundesregierung und der Länder zugleich vertreten war. Auch von der SPD, bei der die Länderinteressen gegenüber einer von Merkel geführten Bundesregierung dominierten, blies uns starker Wind entgegen. Es war darüber hinaus nicht verwunderlich, dass im Lichte von Merkels neutraler bis abwartender Haltung die Ministerpräsidenten der CDU ebenfalls mit aller Macht gegen die Interessen des Bundes arbeiteten. So wurden wir als Bundesregierung in diesen Verhandlungen in einer unerträglichen Weise ausgenommen. Das hat in den beiden Koalitionsfraktionen zu erheblichem Widerstand geführt. Es gab wortgewaltige Ankündigungen, was die Fraktion – Ralph Brinkhaus war damals der zuständige stellvertretende Vorsitzende – alles unter gar keinen Umständen akzeptieren würde.

Als es in die Endphase der Verhandlungen ging, die sich knapp zwei Jahre hinzogen, war zwar die Unionsfraktion an den Verhandlungen beteiligt, aber wenn Merkel anwesend war, exponierte sich niemand. Als Bundesfinanzminister erhielt ich am Ende weder Unterstützung von meiner Partei noch durch meine Fraktion, und zum Schluss kam es an einem Oktobertag 2016 morgens gegen halb vier im Kanzleramt zu einer üblen Zuspitzung. Als es so aussah, dass keine Einigung zwischen Bund und Ländern zustande kommen würde, waren sechzehn Ministerpräsidenten mit der Kanzlerin zusammen in einem Raum. Sie hatte ihren Finanzminister mitgenommen, um den Sündenbock gleich dabei zu haben. *DIE ZEIT* sollte denn auch adäquat titeln: »16 Sieger und ein Schäuble«. Als der niedersächsische Ministerpräsident Stephan Weil sagte: »Frau Merkel, so hat eigentlich Ihre Regierungszeit auch nicht verdient, zu Ende zu kommen«, war klar, dass ich auch diesen Kampf verloren hatte. Die Bundeskanzlerin hatte sich von den Ländern und vor allem von Seehofer ausmanövrieren lassen und versagte mir die Unterstützung. Das war vermutlich der letzte Grund für mich zu beschließen, unter keinen Umständen über die Legislaturperiode hinaus einer weiteren Regierung von Angela Merkel als Finanzminister anzugehören.

## BILANZ BEWEGTER JAHRE

Als ich 2009 ins Finanzministerium einzog, antwortete ich auf die Frage der *Süddeutschen Zeitung*, an welchen Erfolgskriterien ich mich am Ende meiner Amtszeit messen lassen wolle: die Schuldenkrise mit geringen Schäden überstehen, die deutsche Position in der Weltwirtschaft halten, auf einen Konsolidierungskurs einschwenken und das Steuersystem ein Stück weit gerechter und handhabbarer machen. So betrachtet, konnte ich – abgesehen davon, dass eine Regierung stets mit ganz anderen Problemen konfrontiert wird, als sie anfangs vorzufinden glaubt – 2017 eine zumindest in Teilen ordentliche Bilanz vorweisen. Einzig auf dem langen Weg zu einem gerechteren und vereinfachten Steuersystem war ich im Geiste des Sisyphos allenfalls in Trippelschritten vorangekommen.

Die Medien haben einmal vorgerechnet, ich hätte als Finanzminister eine kontinentale Schuldenkrise und Rezession, drei Staatsrettungen, zwei Bankenrettungen, eine EU-Bankenabwicklung und sieben griechische Finanzminister überstanden. Ich habe das nicht nachgezählt. Aber es war tatsächlich eine fordernde Zeit, inhaltlich anspruchsvoll, in den Verhandlungen strapaziös und mit der Verantwortung, die ich trug, weitreichender noch als alle anderen Aufgaben zuvor. Faszinierend war es immer. Ich habe in diesem Amt unendlich viel gelernt – über ökonomische Zusammenhänge, die Komplexität der modernen Finanzwelt, vor allem aber über den Menschen und seine Fehler. Über seinen Hang zur Übertreibung und zur Gier und über die Notwendigkeit, ihm deshalb Grenzen zu setzen, verbindliche Regeln zu haben. Über Hybris und Eitelkeiten, aber auch über den Zusammenhalt in Europa.

Letztlich ist es uns in der Eurogruppe gelungen, die Währung stabiler zu machen, als viele es für möglich gehalten hatten. Nicht nur Irland, Portugal, Spanien und Zypern konnten die Krise bestehen, auch Griechenland steht heute bemerkenswert gut da. Die Anstrengungen der Griechen in den Reformprogrammen, die ihnen auferlegt wurden, und die vielen Härten, die die Bevölkerung damit erduldeten, sind nicht vergeblich gewesen. Die Wirtschaft wächst, die Wettbewerbsfähigkeit ist gestiegen, und die Arbeitslosigkeit sinkt. Es ist noch längst nicht alles gut, aber vieles ist tatsächlich besser geworden.

Bundespolitisch war ich mit dem geerbten Titel des größten Schuldenmachers gestartet und konnte zum Ende meiner Amtszeit beanspruchen, als solidester Haushälter der Nachkriegsgeschichte das Ministerium wieder zu verlassen. Das hatte natürlich auch mit mancherlei günstigen Umständen zu tun: wirtschaftlicher Aufschwung, zu geringe Zinsbelastung, ausgebliebene sonstige Katastrophen. Aber ich hatte hart dafür argumentieren müssen, dass es sich lohnt, Begehrlichkeiten nicht nachzugeben, sondern den Haushalt weiter entschlossen zu sanieren, um für schlechtere Zeiten gerüstet zu sein – und dass dazu vor allem eine Trendwende bei den öffentlichen Ausgaben notwendig ist. Wenn sich seither die »schwarze Null« als weiterhin erstrebenswerte Norm erwiesen hat und ein Beispiel bleibt, habe ich schon viel erreicht – auch wenn ich in der gegenwärtigen politischen Debatte eine, wie ich finde, fatale Umkehr wahrnehme. Denn auch jetzt fehlt es doch nie an den Mitteln zur Sanierung und Weiterentwicklung unserer Infrastruktur, sondern an der Umsetzung investiver Projekte.

Die Arbeit auf europäischer Ebene ließ nach den Ereignissen im Sommer 2015 nicht nach, das Problem der Verschuldung in den Mitgliedsstaaten begleitete mich weiter bis zum Ausscheiden aus dem Amt 2017, allerdings in den letzten beiden Jahren mit deutlich weniger öffentlicher Anteilnahme. Als sich fast zeitgleich zum Griechenlandshowdown die Migrations- und Fluchtbewegungen verstärkten, stand Europa vor einer neuen (alten) Herausforderung. Die tausendfachen menschlichen Tragödien zogen nachvollziehbarerweise alle Aufmerksamkeit auf sich und lenkten alsbald von den komplexen finanzpolitischen Fragen der Eurorettung ab. Wir erfahren immer stärker, wie eine schnell zur Übersteuerung neigende mediale Öffentlichkeit in Deutschland sich immer nur mit einer Krise pro Zeiteinheit befassen kann.

Dass die Krisen zunehmen, sich überlappen oder ineinander verwoben sind, scheint eine Grunderfahrung der vergangenen Jahre zu sein. Nicht eingegangen bin ich auf die Annexion der Krim durch Russland 2014, ein Völkerrechtsbruch, der dazu führte, dass dort seither permanent gewaltsame Auseinandersetzungen stattgefunden haben, kulminierend in einem offenen Angriffskrieg, den Russland 2022 begann. Auf die Konsequenz dieser Entwicklung blicken wir heute mit Schrecken. Im Zuge der Krim-Besetzung hatte ich bei einer Podiumsveranstaltung in einer Berliner Schule Ende März 2014 auf Parallelen zwischen Putins Strategie und dem nationalsozialistischen Schüren von Nationalitätenkonflikten im Sudetenland hingewiesen. Die Ähnlichkeiten revisionistisch-gewaltsamer Landnahme waren ebenso augenfällig wie besorgniserregend. Die furchtbaren Ereignisse, die folgten, habe ich dennoch nicht kommen sehen. Auch ich hoffte lange auf friedliche Kooperation mit Russland und unterstützte den Kurs der Bundesregierung, auf dem Verhandlungsweg eine friedliche Lösung des Konflikts zu erreichen. Zugleich aber bewahrte ich mir eine gewisse Skepsis gegenüber manchen Aspekten unserer Ostpolitik. Nord Stream 1 und 2 habe ich von Anfang an für Fehler gehalten, und es erstaunt mich rückwirkend, dass darüber meines Wissens nie in einem Gremium abgestimmt worden ist, weder im Kabinett noch im Parlament.

Mit meinem Schulbesuch entfachte ich damals einen Sturm der Entrüstung, weil ich – so die von Emotionen statt Ratio getriebene kurzsichtige Lesart – Putin mit Hitler verglichen hätte: FDP-Chef Christian Lindner beschuldigte mich, eine Grenze übertreten zu haben, und forderte eine Entschuldigung, die Kanzlerin distanzierte sich von mir. Die schrillen Stimmen aus den Reihen der Sozialdemokraten und der Linken muss ich nicht eigens erwähnen. Auch dies zählte zu den Abnutzungskämpfen der zweiten Legislaturperiode als Finanzminister. Wenn alle dieselben Reflexe zeigen, dann wird differenzierte Argumentation schwierig. Politik braucht Streit, braucht Kontroverse und die harte Auseinandersetzung um den richtigen Weg. Im

Rückblick meine ich, dass die politische Partnerschaft zwischen Angela Merkel und mir deshalb über lange Zeit produktiv sein konnte, weil wir uns – die Euro- und Griechenlandkrisen belegen es eindrücklich – unbedingt gegenseitig vom richtigen Weg überzeugen wollten. Ihren scharfen Verstand und ihre politische Intelligenz habe ich immer bewundert und darum nie aufgegeben, sie von meiner Sicht der Dinge zu überzeugen. Umgekehrt war es ähnlich, das spürte ich durchweg. Beide meinten wir zwar, vieles besser zu wissen, aber in der Gegenwart des anderen waren wir dann doch nie so sicher. Demokratie lebt von der Leidenschaft, andere argumentativ gewinnen zu wollen, vom gegenseitigen Vertrauen und der Fähigkeit, nach Enttäuschungen immer wieder miteinander ins Gespräch zu kommen.

Eine solche Spannung lässt sich aber auch nicht ewig aufrechterhalten. Eine Spitzenpolitikerin, die über sechzehn Jahre die Regierung führt, verändert sich. Das Feld der Außenpolitik nimmt größeren Raum ein. War es bei Kohl die Einführung des Euros, die ihn am Amt festhalten ließ, so war es bei Merkel womöglich das Wissen um die Schwäche des westlichen Bündnisses und die Gefährdung der freien Welt, was dazu führte, sich als dienstälteste Staatsfrau in der Pflicht und vielleicht auch unersetzlich zu fühlen. Brexit, Trump, die neuen populistischen Bewegungen, das Auftrumpfen Chinas und Russlands – diese Entwicklungen ließen Politikwissenschaftler und Zeithistoriker die Frage stellen, ob die Demokratie ende und ob das Licht der Freiheit langsam erlösche. Dass Merkel als Lotsin nicht einfach von Bord gehen wollte, habe ich nachvollziehen können. Deshalb habe ich sie in ihrer Entscheidung, 2017 noch einmal anzutreten, bestärkt.

Meine Zeit in der Exekutive war jedoch abgelaufen, unsere Zusammenarbeit hatte sich erschöpft, vielleicht auch weil sie den Fragen der Finanzpolitik – auch hier eine Ähnlichkeit zu Kohl – keine besondere Aufmerksamkeit mehr schenkte. In entscheidenden Momenten fehlte mir ihre Unterstützung. Mehrmals stand ich in der Endphase kurz davor, hinzuwerfen und meinen Rücktritt zu erklären. Ich entschied mich bewusst dagegen, weil ich meine lange politische Karriere auf ihrer Zielgrade nicht durch einen öffentlich ausgetragenen Streit mit der Kanzlerin beschädigen wollte. Es widersprach auch meiner Pflichtauffassung. Möglicherweise hätte ich einige Tage in den Medien Staub aufgewirbelt und den einen oder anderen freundlichen Nachruf auf mich lesen können. Aber ich wäre als Gescheiterter von der Bühne gegangen, der seiner Partei und der Kanzlerin einen Bärendienst erwiesen hätte, indem er auf den letzten Metern Porzellan zerschlägt. Ein solches Ende mit einem spektakulären Krach wollte ich nach einer 45-jährigen Karriere nicht inszenieren. Warum auch, wenn mich kurz vor der Wahl *DIE ZEIT* – vielleicht etwas schmeichelhaft – im Zenit meiner Macht wähnte und die *Süddeutsche Zeitung* einen 75-Jährigen als »Ersatzkanzler mit ungewisser Zukunft« porträtierte. Dieses Rätselraten habe ich gelassen und amüsiert verfolgt – ich hatte meine Zukunftsentscheidung längst getroffen.

# X.

# DEMOKRATIE UND OFFENE GESELLSCHAFT IM STRESSTEST: AN DER PARLAMENTSSPITZE

◀ Bundestagspräsident Wolfgang Schäuble bei der Sitzungsleitung zu Zeiten der Coronapandemie.

25. MÄRZ 2020, BERLIN, REICHSTAGSGEBÄUDE. Der Kontrast konnte kaum größer sein, als ich an diesem Mittwoch zur Sitzung im Plenarsaal fuhr. Die Präsidialebene schmücken aus dem Nachlass des Künstlers Christo Zeichnungen und Fotografien der Reichstagsverhüllung. Auf den meisten Abbildungen sind ausgelassen feiernde Menschen zu sehen – Deutschlands erstes Sommermärchen. An diesem Tag war davon nichts zu spüren, die allgemeine Anspannung dagegen greifbar. War es die richtige Entscheidung, als Parlament in Präsenz zusammenzutreten? Würden die Abgeordneten die empfindlichen Einschränkungen mittragen, die ich mit den Fraktionsführungen vereinbart hatte? Und würde das weitreichende Gesetzespaket, das dem Parlament im Kampf gegen das sich rasant ausbreitende Covid-Virus vorgelegt wurde, eine Mehrheit finden? Über das Land rollte die erste Pandemiewelle, das öffentliche Leben stand seit wenigen Tagen still, und auch im Parlament war es gespenstisch.

Ab Januar hatte Gesundheitsminister Jens Spahn in der Fraktion über das Auftreten des Virus in China informiert, dann über die ersten Coronafälle in Deutschland, doch niemand der Anwesenden hatte den Ernst der Lage begriffen. Die Rechnung, die ich für mich begann anzustellen, besorgte mich allerdings schon: Denn so gering die Mortalitätsrate des Virus oberflächlich betrachtet klang, würde sie auf achtzig Millionen Bürger angewandt erschreckende Ausmaße annehmen. Die Szenen von den Leichentransporten in Bergamo machten aus bloßen Zahlenspielen dann beklemmende Bilder vom Tod. Im Kanzleramt wurden statistische Berechnungen für die naturwissenschaftlich denkende Kanzlerin fortan zu einem zentralen Maßstab ihrer Politik, zumal die Wissenschaft mit Furcht einflößender Genauigkeit exponentielle Pandemieverläufe vorhersagen konnte.

Der Bundestagssitzung Ende März war ein geschäftiges Treiben im Hintergrund vorausgegangen. Nachdem ich mich mit den Parlamentarischen Geschäftsführern zunächst noch in Präsenz getroffen hatte, stimmten wir uns bald nur noch in Schaltkonferenzen ab, teils mehrfach binnen weniger Stunden. Für die üblichen Scharmützel zwischen den Fraktionen, bei denen ich mich im Ältestenrat regelmäßig fragte, für welches Publikum sie eigentlich ausgetragen wurden, gab es keinen Raum. Die Situation zehrte allen an den Nerven, und mir ging es nicht anders. Etwas Vergleichbares hatte ich noch nicht erlebt. Jetzt musste alles getan werden, um das Parlament in dieser besonderen Krisensituation arbeitsfähig zu halten. Als Präsident hatte ich nicht nur für den reibungslosen Ablauf der Sitzungen unter Pandemiebedingungen zu sorgen, um die tiefgreifenden Entscheidungen im Kampf gegen das Virus parlamentarisch legitimieren zu können. Ich trug auch Verantwortung für die Sicherheit und Gesundheit der Abgeordneten, ihrer Mitarbeiter und die der Bundestagsverwaltung.

Alles war an diesem Tag anders. Neben mir nahmen nicht wie üblich die Schriftführer Platz, und trotz der Tragweite der angesetzten Tagesordnung konnten nicht alle Abgeordneten im Plenum anwesend sein. Zettel auf leeren Sesseln zwischen ihnen wiesen auf die einzuhaltenden Abstände hin. Der Großteil verfolgte die Übertragung der Sitzung in ihren Büros. Erst zur namentlichen Abstimmung kamen sie ins Reichstagsgebäude, allerdings nicht wie sonst ins Plenum, sondern in die weitläufige Abgeordnetenlobby, um der üblichen Traubenbildung entgegenzuwirken.

Dass der Bundestag zur Hotspotveranstaltung geriet, galt es unter allen Umständen zu verhindern. Ebenfalls musste jeder Eindruck vermieden werden, dass die Abgeordneten sich selbst Ausnahmen von den verhängten strengen Regeln gönnen würden – auch weil die Augen der Öffentlichkeit sich wie lange nicht auf das Parlament richteten. Zwischen den Redebeiträgen desinfizierte ein Saaldiener mit Handschuhen das Rednerpult. Der erhöhte Sessel der Kanzlerin blieb an diesem Tag leer und unterstrich die Ausnahmesituation: Die Regierungserklärung übernahm Vizekanzler Olaf Scholz, denn Angela Merkel befand sich in Quarantäne. Wenige Tage zuvor hatte sie in einer für Deutschland ungewöhnlichen und noch dazu für sie persönlich bemerkenswert emotionalen Fernsehansprache an die Nation die Coronakrise als größte Herausforderung seit dem Zweiten Weltkrieg bezeichnet.

Ich war gottfroh, die Last der Regierungsverantwortung nicht mehr mittragen zu müssen. Aber immerhin musste ich jetzt das Parlament durch eine dramatische Situation führen. Die Pandemie konnte umstandslos jeden gleich betreffen, ob alt oder jung, Frau oder Mann, arm oder reich – auch wenn sich schon bald zeigte, dass Risiken und Beeinträchtigungen gesellschaftlich ungleich verteilt waren. Die Auseinandersetzungen innerhalb und außerhalb des Parlaments wurden zunehmend in unversöhnlicher Härte geführt, weshalb ich mich als Bundestagspräsident besonders gefordert sah, das Parlament als Forum der Nation und der lebendigen Debatte zu erhalten. Als Ort für den öffentlichen Streit mit Respekt und nach Regeln, wie ich zu sagen pflege, mit sachlichen Argumenten und auch mit Leidenschaft, damit für die Bürgerinnen und Bürger die schwierigen Abwägungsprozesse verständlich und die Unwägbarkeiten nachvollziehbar blieben.

## VON DER MACHT LASSEN – MEINE KANDIDATUR ALS PARLAMENTSPRÄSIDENT

Eigentlich hatte ich mich im Sommerurlaub auf Sylt 2016 entschieden, nicht noch einmal für den Bundestag zu kandidieren. Leicht fiel mir die Entscheidung nicht, aber meine Kräfte ließen doch allmählich nach, und ich würde bei der nächsten Bundestagswahl 75 Jahre alt sein. Druck meiner Partei im Wahlkreis habe ich niemals gespürt. Meine Entscheidung traf ich frei und selbstbestimmt, ohne damit bereits an die Öffentlichkeit zu gehen. Mein Schwiegersohn Thomas Strobl teilte als Landesvorsitzender der CDU in Baden-Württemberg meine Sicht der Dinge nicht. Er informierte Volker Kauder, der mich kurz nach dem Urlaub auf die angespannte Lage der Union hinwies, verursacht durch die Nachwehen der Flüchtlingskrise. Aufgrund erfolgreicher Finanzpolitik, als Hüter der »schwarzen Null« und durch meine klare Haltung in der Eurokrise schien mein Ansehen der Partei weiterhin zu nützen. Im Übrigen wurde ich auch in der Flüchtlingskrise in konservativeren Kreisen als Gegengewicht zur Kanzlerin wahrgenommen. Wohl auch deshalb sagte mir Kauder, wenn ich jetzt ankündigen würde, nicht mehr kandidieren zu wollen, würde das der CDU in ihrer ohnedies sehr schwierigen Lage zusätzlich große Probleme bereiten. Da müsse ich schon das Gespräch mit der Kanzlerin suchen.

Merkel hörte sich meine Beweggründe, nicht mehr anzutreten, an, aber auch sie argumentierte dagegen. Wir kannten uns nun schon über ein Vierteljahrhundert, viel kann man sich da nicht mehr vormachen. Als ich danach meiner Frau davon berichtete, dass ich der ausdrücklichen Bitte der Kanzlerin – ungewöhnlich genug für Angela Merkel – folgen und noch einmal antreten würde, lachte sie schallend: »Du hast es doch gern gehört.« Ich bestreite das nicht, aber in gewisser Hinsicht empfand ich die Kandidatur auch als Ausdruck meiner Loyalität zur CDU. Dass Angela Merkel nach ihrem Rückzug aus der Politik diese Verbundenheit mit ihrer Partei nicht aufzubringen vermag, sogar eher demonstrativ das Gegenteil vermittelt, irritiert mich auch deshalb. Dass sie dabei sogar treue politische Gefährten meidet, tut fast schon weh.

Auch wenn ich 2017 nun doch erneut kandidierte, war ich fest entschlossen, nicht wieder in die Regierung einzutreten. Dies hatte weder die Kanzlerin noch ich in unserem Gespräch auch nur mit einem Wort angesprochen. Natürlich wurde über meine angeblichen Ministerambitionen öffentlich dennoch kräftig spekuliert. Meinen selbstbestimmten Verzicht vor der Wahl anzukündigen, verbot sich allerdings, denn das hätte zwangsläufig die Frage aufgeworfen, weshalb ich dann eigentlich antrete. Es hätte den Sinn meiner erneuten Kandidatur zerstört. Umgekehrt wollte ich nach der Wahl klarmachen können, dass es mein freier Entschluss sei. Mich plagte deshalb zunehmend die Frage, wie ich nach der Wahl darauf verzichten könnte, in die Regierung einzutreten, ohne meine Unterstützer in Partei und Öffentlichkeit, insbesondere auch in meinem Wahlkreis zu enttäuschen. Erst in der Woche vor der Wahl kam mir der rettende Gedanke, als ich an einem sonnigen Vormittag mit dem Handbike durch die Ortenau fuhr. »Heureka, ich habe die Lösung«, rief ich meiner verdutzten Frau zu, als ich zu Hause eintraf, so groß war meine Erleichterung.

Nach dem angekündigten Rückzug Norbert Lammerts, der eine geradezu ideale Besetzung für die Parlamentsspitze gewesen war, schien mir das Amt des Bundestagspräsidenten meinem Dienstalter zu entsprechen, und ich konnte davon ausgehen, damit auch in der Partei- und Fraktionsspitze auf Gegenliebe zu stoßen. Die Unabhängigkeit, die Lammert im Amt ausgezeichnet, und die Art, wie er das Parlament repräsentiert hatte, als glänzender Redner, mit Intellekt und vor allem Witz, hat allgemein Anerkennung gefunden. Dass ausgerechnet ich Älterer ihm, dem Jüngeren, im Amt folgte, nachdem er selbst nicht zuletzt aus Altersgründen darauf verzichtet hatte, nahm er mit Humor.

Ich dachte, gegenüber dem strapaziösen Alltag als Finanzminister würde die

Präsidentschaft nun besser zu meiner sich alters- und kräftemäßig verändernden Lebensphase passen. Am Vorabend der Wahl – bei einer privaten Feier zu meinem 75. Geburtstag – verkündete ich in einem Kreis enger Freunde und Mitarbeiter, unabhängig vom Wahlausgang nicht mehr der Regierung angehören zu wollen, dafür aber als Bundestagspräsident zur Verfügung zu stehen. Die Sache war dann am Montag nach der Wahl, aus der die Union geschwächt, aber als klar stärkste Kraft hervorging, rasch entschieden. Ich sprach zunächst mit Kauder, weil ich mich nicht noch einer Debatte in der Fraktion stellen wollte. Dass Kauder selbst Ambitionen auf das Amt hegte, wusste ich nicht. Er wolle Politik gestalten und sie nicht ansagen: Diese Replik Alfred Dreggers, als wir ihn aus dem Fraktionsvorsitz in den Präsidentenstuhl komplimentieren wollten, hatte ich noch im Ohr, und ich selbst wäre als Fraktionsvorsitzender niemals auf die Idee gekommen, einen solchen Rollenwechsel vorzunehmen. Ich glaube auch nicht, dass Merkel, mit der ich noch am selben Tag sprach, Kauder hätte ziehen lassen, dafür brauchte sie ihn in der Fraktion viel zu sehr. Widerstand gegen meine Kandidatur spürte ich daher nirgends, womöglich auch weil damit ein etwaiges Personalproblem bei künftigen Koalitionsverhandlungen aus dem Weg geräumt war.

Am 24. Oktober 2017 konstituierte sich das neu gewählte Parlament, das mit nun sieben Parteien und sechs Fraktionen politisch bunter war als die Jahrzehnte zuvor und nach Jahren der großen Koalition versprach, auch lebhafter zu debattieren. Der Einzug der »Alternative für Deutschland« war das bestimmende Thema und die Sorge vor den Populisten groß, zumal Alexander Gauland am Wahlabend mit verbalen Attacken gegen die Kanzlerin unangenehm aufgefallen war. Wegen einer Änderung der Geschäftsordnung noch unter Lammert, der sogenannten Lex AfD, eröffnete kein neu gewählter AfD-Abgeordneter, sondern Hermann Otto Solms als Alterspräsident die erste Sitzung des 19. Bundestags. Nicht mehr Alter, vielmehr die Dauer der Parlamentszugehörigkeit sollte ausschlaggebend sein. Da ich selbst jedoch als dienstältester Parlamentarier für das Präsidentenamt kandidierte, wäre es nicht nur mir komisch vorgekommen, meiner eigenen Wahl vorzusitzen. Besonders klug hatte ich die Abkehr von der parlamentarischen Tradition nicht gefunden, weil sie die AfD aufwertete und ihr Munition lieferte, und ich ahnte, dass weitere Entscheidungen kommen würden, an denen sich messen lassen musste, wie souverän das Parlament mit der populistischen Herausforderung umgehen würde.

Jedem Anfang wohnt ein Zauber inne, heißt es, aber aller Anfang ist eben auch schwer – und das galt nicht nur dafür, dass ich nicht sofort den Knopf fand, mit dem ich künftig mir selbst und den Rednern den Ton am Mikrofon geben würde. Doch die so unfreiwillig provozierten Lacher halfen sogar in der angespannten Atmosphäre dieser konstituierenden Sitzung. Die persönliche Umstellung auf die neue Aufgabe fiel mir anfangs nicht immer leicht. Den Rollenwechsel, im Zusammenspiel zwischen Parlament und Regierung, Regierungsfraktion und Opposition nun vorrangig die parlamentarische Perspektive einzunehmen, fand ich durchaus anspruchsvoll. Es war ein Prozess der Gewöhnung und Entwöhnung, denn die gestalterischen Spielräume sind als Parlamentspräsident begrenzt.

In meiner Antrittsrede erinnerte ich an die Rechte und Pflichten des einzelnen Abgeordneten – und daran, dass wir als gewählte Repräsentanten dem Gemeinwohl verpflichtet seien. Ich ahnte nicht, dass das, was ich als Selbstverständlichkeit ansehe, zu einem zentralen Thema meiner Amtszeit werden würde, bei dem ich angesichts der identitätspolitischen Aufladung des politischen Diskurses immer wieder gegen ein falsches Verständnis des Prinzips Repräsentation argumentieren musste. Die repräsentative Demokratie leistet, was auf keinem anderen Wege vergleichbar gelingt: nicht nur die Vertretung mobilisierbarer Interessen, sondern auch den Ausgleich widerstreitender Interessen – nicht nur fordern, sondern auch gestalten, nicht nur entscheiden, sondern auch verantworten. Abgeordnete vertreten die legitimen Interessen ihrer Wähler und Parteien, aber sie dienen nicht allein dem Eigeninteresse einer gesellschaftlichen Gruppe oder Meinungsblase, vielmehr haben sie darüber hinaus immer das Gemeinwohl im Auge zu behalten. Gewählte Repräsentanten vertreten die Repräsentierten – also wie es das Grundgesetz sagt: das ganze Volk. Auch wenn sich die gewachsene Vielfalt unserer Gesellschaft in der Volksvertretung wiederfinden soll, muss der Bundestag kein exaktes Spiegelbild der Bevölkerung sein. Er kann es auch gar nicht sein. Repräsentation ist nicht gleichzusetzen mit Repräsentativität.

## DAS SCHEITERN VON JAMAIKA – LIEBER ALS MINDERHEIT REGIEREN ALS EINE GROSSE KOALITION BILDEN

Die erste Herausforderung der neuen Legislaturperiode war, trotz der unübersichtlichen Mehrheitsverhältnisse eine stabile Regierung zu bilden. Die seit 2005 ausufernden Koalitionsverhandlungen hatten schon eine gewisse Routine im Parlament erzeugt. Während die neue Regierung auf sich warten ließ, setzten wir im November 2017 erneut einen Hauptausschuss ein, damit das Parlament bis zur Regierungsbildung seinen Aufgaben angemessen nachkommen konnte. Dabei standen wir unter dem Eindruck ergebnislos abgebrochener Sondierungsgespräche zwischen Union, FDP und Grünen. Ich verwendete viel Zeit darauf, gegen ein verbreitetes Gefühl anzureden, das Land gleite in eine Staatskrise ab, und appellierte stattdessen an die staatspolitische Verantwortung aller Beteiligten in dieser ersten Bewährungsprobe der Legislatur.

Während der langwierigen Koalitionsverhandlungen hielt ich mich im CDU-Präsidium, dem ich als Bundestagspräsident kraft Satzung weiter angehörte, wegen meiner neuen Rolle zurück. Meine Vermutung bleibt, dass Christian Lindner bei seiner Entscheidung, lieber »nicht zu regieren, als falsch zu regieren«, letztlich auch Opfer von Angela Merkels berüchtigtem Verhandlungsstil der Konsensbildung durch physische und psychische Ermüdung wurde, und ich war froh, daran selbst nicht mehr beteiligt sein zu müssen. Allerdings riet ich in einem langen Gespräch der Bundeskanzlerin dringend dazu, nach dem Scheitern der Bemühungen um Jamaika nicht auf eine Neuauflage der großen Koalition zu setzen – entgegen der Haltung von Bundespräsident Frank-Walter Steinmeier, der nach Meinung nicht weniger Beobachter mit seinem öffentlich wahrnehmbaren Drängen die Rolle des Staatsoberhaupts strapazierte. Neben allen anderen Argumenten fürchtete ich vor allem, dass Merkel auf die weiter geschwächte SPD noch viel mehr Rücksicht würde nehmen müssen als bereits in den Jahren zuvor, was am Ende keiner Seite und vor allem nicht dem Land nützen würde. Stattdessen sollte sie auch ohne eine Koalition die Kanzlerwahl riskieren. Spätestens im dritten Wahlgang sei ihr eine klare relative Mehrheit sicher, und wenn der Bundespräsident sie zur Kanzlerin ernennen würde, woran kein ernsthafter Zweifel bestand, sei ihre Stellung nach dem Grundgesetz so stark, dass damit gut zu regieren wäre. Merkel hatte in allen Legislaturperioden zuvor angesichts der differenzierten Mehrheitsverhältnisse im Bundestag und Bundesrat immer wieder auf Kompromisse mit allen Parteien des demokratischen Spektrums setzen müssen – und konnte sich hier auf ihre unbestreitbaren Stärken verlassen. Die Kanzlerin blieb jedoch dabei, erst einmal eine Neuauflage der großen Koalition anzustreben. Gelinge sie nicht, so Merkel, bliebe immer noch der Weg über eine Minderheitsregierung. Davon wiederum riet ich energisch ab. Denn eine solche in Deutschland gänzlich ungewöhnliche Entscheidung hatte als aktiv gewollt zu erscheinen und nicht erst nach dem Scheitern als notwendiges Übel aus Mangel an Alternativen. Da war sie wieder, unsere grundsätzliche Differenz im Verständnis von politischer Führung.

## WELTWEITES NOVUM: DIE DEUTSCH-FRANZÖSISCHE PARLAMENTARISCHE VERSAMMLUNG

Eine schnell handlungsfähige Regierung mahnte ich wiederholt auch deshalb öffentlich an, weil im Herbst 2017 zu spüren war, dass unsere Freunde und Partner in Europa auf Deutschland warteten – allen voran unser wichtigster Nachbar im Westen. Staatspräsident Emmanuel Macron hatte im Mai 2017 sein Amt mit größtmöglicher europapolitischer Geste angetreten, als er nach seiner Wahl zu den Klängen der Europahymne durch den Hof des Louvre geschritten war. Im September hielt er dann an der Sorbonne eine wegweisende Rede. Offenbar hoffte er, mit seiner Initiative für ein starkes Europa auch innenpolitisch den Widerständen gegen seine weitreichenden Pläne zur Reform des hoffnungslos veralteten französischen Sozialsystems eher begegnen zu können. Macron hatte zwar im zweiten Wahlgang die Rechtspopulistin Marine Le Pen klar auf Abstand gehalten (wenn auch deutlich unter dem Ergebnis von Jacques Chirac gegen Le Pens Vater 2002). Aber letztlich stützte er seine nach der Verfassung der Fünften Republik immense Machtfülle auf eine Zustimmung von nur einem knappen Viertel der Wähler im ersten Wahlgang. Macrons Aufstieg – die Bezeichnung »Jupiter« hängt ihm bis heute nach –, mit einer neu gegründeten Bewegung hinter sich, beeindruckt und beunruhigt gleichermaßen. Denn warum sollte, was ihm geglückt ist, nicht auch anderen gelingen?

Die Begeisterung vieler Deutscher, einen Proeuropäer an der Spitze Frankreichs zu wissen, teilte ich – zumal ich Macron aus seiner Zeit als Berater François Hollandes und kurzzeitigen Wirtschaftsminister gut kannte. Obwohl in diesem Amt sein Widerpart in der Bundesregierung der Sozialdemokrat Sigmar Gabriel gewesen war, versuchten wir beide damals zusammen, mit Wissen und Rückendeckung von Merkel und Hollande, programmatische Vorstellungen für eine gemeinsame Europapolitik zu entwickeln. In unseren Grundüberzeugungen fanden wir viel Übereinstimmung. Macron ist wie die meisten französischen Spitzenbeamten und Politiker hervorragend qualifiziert und umfassend gebildet. Vor allem beweist er Sinn für das Charisma politischer Führung.

Gleichwohl würde auch er als Staatspräsident wie alle seine Vorgänger – und wie die deutschen Bundeskanzler – die europäischen Interessen immer auch aus seinem nationalen Blickwinkel begründen müssen. Deshalb brauchte es nach meiner Auffassung umso mehr den deutsch-französischen Austausch, die offene Debatte untereinander. Dass Macrons bemerkenswerter europapolitischer Aufschlag in seiner Rede vor der Sorbonne nicht nur wegen des deutschen Wahlkampfs und der Koalitionsverhandlungen ohne vernehmbare Antwort aus Berlin blieb, habe ich sehr bedauert. Dadurch wurde eine Chance für Europa von deutscher Seite leichtfertig vertan.

Als ich 2019 in der Tradition der »Reden zu Europa« in der Humboldt-Universität sprach, nutzte ich die Gelegenheit, wenigstens meinerseits auf den französischen Präsidenten zu antworten, wobei ich Macrons griffige Formel von einem Europa, das schützt (»*une Europe qui protège*«), aufgriff und die sicherheits- und verteidigungspolitische Zusammenarbeit beider Länder akzentuierte. Das mediale Echo blieb bescheiden. Ein Jahr später stellte Bettina Gaus in einem wohlwollenden Kommentar zu meiner Rede in der *taz* ernüchtert fest: »Machen Sie sich keine Sorgen, wenn Sie sich an die Grundsatzdebatte nicht erinnern, die nach dieser Rede entbrannte. Es hat sie nicht gegeben. Nichts und niemand scheint imstande zu sein, den dichten Nebel aus Ratlosigkeit zu durchdringen, die sich als Selbstbewusstsein tarnt und derzeit die politische Klasse beherrscht. Die Forderung nach Diskussionen über Prinzipien ruft bestenfalls Augenrollen hervor. Interessengeleitete oder wertgestützte Außenpolitik? Mehr Augenrollen. Gibt es eine Möglichkeit, beides miteinander zu verbinden? Das Publikum verlässt den Saal.«

Die von mir hochgeschätzte, im Jahr 2021 viel zu früh verstorbene Journalistin traf einen wunden Punkt. Überblicke ich die Reden in meiner Präsidentschaft, erkenne ich einen Schwerpunkt darin, die Deutschen, die im Bundeswehrsoldaten vorrangig noch immer den Streetworker in Uniform erkennen wollen, dazu zu ermuntern, sich einer längst überfälligen Debatte zu stellen: Was verlangt die gewachsene Rolle Deutschlands in der Welt von uns – im europäischen Rahmen und im transatlantischen Bündnis? Meine Hoffnungen setzte ich gerade deshalb so stark auf einen intensivierten deutsch-französischen Austausch, weil ich (noch immer) glaube, dass wir Deutschen nur mithilfe unserer Freunde die überkommene und längst überholte außen- und sicherheitspolitische Zurückhaltung werden ablegen können.

Auch deshalb griff ich einen fraktionsübergreifenden Anstoß meiner Kollegen Andreas Jung (CDU), Franziska Brantner (Bündnis 90/Die Grünen) und Michael Georg Link (FDP) auf, die – sich zu diesem Zeitpunkt noch auf dem Weg zu einer Jamaika-Koalition wähnend – eine gemeinsame Initiative von Assemblée nationale und Deutschem Bundestag vorschlugen, wenn schon die Bundesregierung nicht auf die französischen Avancen reagieren könne oder wolle. In bemerkenswert kurzer Zeit gelang es uns, eine gemeinsame Resolution zu erarbeiten, die wir am 22. Januar 2018 in Paris und Berlin verabschiedeten. Meinem Amtskollegen François de Rugy hatte ich vorgeschlagen, unsere Reden an diesem 55. Jahrestag des Élysée-Vertrags im jeweils anderen Parlament in der Sprache des Partners zu halten. De Rugy zierte sich zwar, brillierte dann aber im Bundestag mit fast akzentfreiem Deutsch. Ich wiederum hoffte, die Zuhörer in der Assemblée nationale würden wenigstens merken, dass auch ich meine Rede auf Französisch intensiv geübt hatte. Ein starkes Zeichen war es allemal – noch dazu in Zeiten, in denen die Bereitschaft, die Sprache des Nachbarn zu lernen, auf beiden Seiten dramatisch abnimmt.

Die Regierungen mochten zwar mit dem erneuerten deutsch-französischen Freundschaftsvertrag am 22. Januar 2019 in Aachen terminlich vorgelegt haben, der entscheidende Impuls in den deutsch-französischen Beziehungen war trotzdem aus den Volksvertretungen beider Länder hervorgegangen. In beeindruckendem Tempo wurde mit dem ersten quasi völkerrechtlichen Vertrag über die Zusammenarbeit zweier nationaler Parlamente eine völlig neue und weltweit einmalige institutionalisierte Kooperation entwickelt, in deren Zentrum eine gemeinsame Kammer von Assemblée nationale und Bundestag steht. Ich unterstützte die Idee, so gut ich konnte, und gewann auch de Rugys Amtsnachfolger Richard Ferrand dafür. Mit ihm, einem bretonischen

Sozialisten, der zu den frühen Unterstützern von Macron gehörte, habe ich eine politisch enge und fast schon herzliche Beziehung entwickelt, die auf einem gemeinsamen Verständnis davon beruhte, wie zentral die deutsch-französischen Beziehungen für Europa sind.

Ohne diese persönliche Nähe wäre das ambitionierte Projekt schnell unter die Räder gekommen, denn die Führung der Koalitionsfraktionen, insbesondere die meiner eigenen, war nur zögerlich bei der Sache. Offenbar fürchtete sie Beschlussempfehlungen der Kammer, die sich nicht in dem Maße kontrollieren ließen, wie dies in der Koalition der Fall war. Diese Sorge war nicht einmal unbegründet, denn das war nach meinem Willen doch gerade ihr Sinn. Ich erhoffte mir, dass Abgeordnete beider Seiten die Sichtweisen ihrer Kollegen besser kennen- und verstehen lernen, im freien Gedankenaustausch. Der wurde dann allerdings durch ein Format genau austarierter Fraktionsredezeiten mit vorgefertigten Sprechzetteln wirkungsvoll unterbunden, und die intendierte Rückkoppelung mit der eigenen Fraktion, um die gewonnenen Erfahrungen dort in die Meinungsbildung einzubringen, wurde geradezu konterkariert. Denn nun bestimmte umgekehrt die jeweilige Fraktionslinie die Debatten in der Kammer. Darüber konnte ich mich mit dem Parlamentarischen Geschäftsführer meiner Fraktion richtig streiten, und dass das gründliche Missverständnis der Kammer kein Privileg der Union war, machte es nicht besser. Trotzdem entwickelte die deutsch-französische Versammlung eine beachtliche Dynamik. Sie kam insbesondere während der Coronapandemie zum Tragen, als die nationalen Regierungen in ihrer ersten Panik auf die Bedrohung durch das Virus mit überhasteten Grenzschließungen reagierten. Wir leisteten einen Beitrag dazu, in Anhörungen der Innen- und Finanzminister sowie der Regierungschefs diese fast zwanghaften Reflexe, die sich als schwere Belastung innerhalb der Europäischen Union erwiesen, zu korrigieren.

Während die Regierungen – mit so wenig Beteiligung von Parlamentariern wie irgend möglich – den Aachener Vertrag aushandelten, unterbreitete ich dem Kanzleramt dazu einen eigenen Vorschlag. Ich regte an, darin die parlamentarische Begleitung für die vor Jahrzehnten als Vorzeigeobjekt der deutsch-französischen Zusammenarbeit gemeinsam gebildete Brigade der deutsch-französischen Kammer zu übertragen. Für einen französischen Verantwortlichen war schlicht unvorstellbar, vor einer Entscheidung über einen Militäreinsatz eine unvermeidlich öffentliche Debatte zu führen, so wie es der

Parlamentsvorbehalt als deutsche Besonderheit erfordert. Deshalb regte ich an, im Aachener Vertrag die parlamentarische Beteiligung für diese Brigade der deutsch-französischen Kammer zu übertragen. Ich verfolgte damit auch die Absicht, eine erste Bresche ins Dickicht der deutschen Parlamentsbeteiligung zu schlagen, die eine europäische Verteidigungsgemeinschaft nachhaltig blockiert. Dieser Vorschlag wurde im Kanzleramt allerdings nicht aufgegriffen, er wurde nicht einmal bedacht. Ich nehme an, die Verantwortlichen im Kanzleramt hat der Gedanke geleitet, ein solches Ansinnen sei mit dem Koalitionspartner nicht zu machen. Über die Zeitenwende-Rede von Olaf Scholz ist ja fast in Vergessenheit geraten, dass die SPD jahrelang verteidigungspolitisch alles blockierte. Und so folgte man wohl im vorauseilenden Gehorsam der Merkel-Devise, was nicht in der Koalition vereinbart ist, erst gar nicht anzugehen – was im Übrigen eine eigene profilbildende CDU-Agenda zunehmend unmöglich machte.

Eine böse Überraschung erlebte ich auch mit meinem Vorschlag, die im Parlamentsabkommen mindestens alle vier Jahre vorgesehene gemeinsame Tagung beider Parlamente 2021 nicht wie bislang üblich auf den 22. Januar, also den Tag des Élysée-Vertrags von 1963, zu terminieren. Da sich der deutsch-französische Krieg jährte, aus dem 1871 Bismarcks Reichsgründung hervorgegangen war, entwickelte ich die Idee, am 18. Januar in Versailles zusammenzukommen – unter Beteiligung der Staats- und Regierungschefs. In der *longue durée* ließe sich so zeigen, woher wir kommen und wie viel sich in den vergangenen anderthalb Jahrhunderten zwischen Frankreich und Deutschland und damit in Europa zum Guten verändert hatte. Natürlich diskutierten wir intern, wie die französische Seite darauf reagieren würde, weil sich anders als in Deutschland, wo der Krieg weitgehend vergessen ist, in Frankreich daran noch tief sitzende Empfindungen knüpfen. Ferrand war jedoch sofort angetan von dem Vorschlag. Auch der symbolaffine Macron zeigte große Sympathien dafür, und im persönlichen Gespräch hatte auch die Kanzlerin positiv reagiert. Zu meinem Erstaunen hielt sich die Begeisterung in beiden Koalitionsfraktionen dagegen sehr in Grenzen. Ohne Sinn für die große symbolische Geste, die Frankreich so selbstverständlich einzusetzen weiß, glaubte man auf deutscher Seite kleinkariert, sich den Kopf der Franzosen zerbrechen zu müssen, denen ein solcher historischer Brückenschlag nicht zuzumuten sei. Die Sache wurde so lange zerredet, dass sie am Ende tatsächlich scheiterte. In diesem Fall diente die angespannte Coronalage als Feigenblatt für geschichtspolitische Feigheit. Offenbar wollte man auch damals schon an Bismarck am liebsten gar nicht mehr erinnert werden. Vom 150. Jahrestag der Gründung des deutschen Nationalstaats, in dessen Rechtsnachfolge die Bundesrepublik steht, nahmen die Deutschen 2021 praktisch keine Notiz. Dabei wäre es, wenn wir dieses Jubiläum gemeinsam mit unseren französischen Freunden begangen hätten, die passende Antwort auf die dumpf-nationale Vereinnahmung der deutschen Geschichte durch Demagogen und Populisten gewesen. Die Parteien im demokratischen Spektrum täten gut daran, ihnen das Feld nationaler Traditionsbildung nicht so einfach zu überlassen.

## FÜRSPRECHER FÜR DIE OSTEUROPÄISCHE PERSPEKTIVE

So sehr ich mich für die deutsch-französischen Beziehungen engagierte, so wichtig war mir die besondere Mittlerrolle Deutschlands für unsere mittel- und osteuropäischen Nachbarn. Weder gegenüber meinen ungarischen Gesprächspartnern noch denen der PiS in Polen habe ich auf den Verweis verzichtet, dass die europäischen Regeln von Demokratie und Rechtsstaatlichkeit für alle gelten und dass da, wo Entscheidungen des Europäischen Gerichtshofs zu respektieren sind, die rote Linie verläuft. Die Tendenz des Westens aber, insbesondere hierzulande, in Richtung Polen und Ungarn stets als besserwisserische Demokratielehrer aufzutreten, missfiel mir schon länger. Dass wir auch darüber die Sorgen vieler Osteuropäer vor der Aggression Russlands zu lange nicht in angemessener Weise wahrgenommen haben, ist ein schweres Versäumnis. In Reden wies ich wiederholt darauf hin, dass die baltischen Staaten und Polen die russische Politik als latente Bedrohung empfinden und Schutz wie europäischen Zusammenhalt einfordern würden, während andere, gerade wir Deutschen, mit Russland in der Energiepolitik kooperierten. In Paris und Brüssel genauso wie in Berlin und Warschau mahnte ich dazu, unseren Beitrag dazu zu leisten, dass sich die Spaltungen in Europa nicht weiter vertiefen und damit den größten Erfolg des europäischen Einigungsprozesses gefährden: die Überwindung der Teilung des Kontinents nach dem Fall des Eisernen Vorhangs.

Es gelang mir zwar auch in mehreren Anläufen nicht, auf der Ebene der Parlamente das »Weimarer Dreieck« mit Polen und Frankreich wiederzubeleben, aber immerhin nahm Sejmmarschallin Elżbieta Witek meine Einladung an, am 1. September 2019 gemeinsam mit mir in Berlin des deutschen Überfalls auf Polen zu gedenken. In diesem Rahmen sprach ich mich erstmals für eine fraktionsübergreifende Initiative im Bundestag zur Errichtung eines Denkmals aus, das in Berlin an die polnischen Opfer im Zweiten Weltkrieg erinnern soll. Die in Warschau lange erhobene Forderung stieß unter deutschen Kulturpolitikern auf Ablehnung, weil sie – nicht völlig zu Unrecht – eine Inflationierung des Gedenkens befürchteten. Dabei lässt sich eine besondere Verantwortung gegenüber unserem östlichen Nachbarn aber doch ebenso gut begründen, wie dies für die Aussöhnung mit Frankreich galt. Vom Denkmal erhoffte ich mir vor allem einen Impuls für die Entspannung des auch durch die unhaltbaren polnischen Reparationsforderungen belasteten bilateralen Verhältnisses. Es war für mich daher eher ein europa- und außenpolitisches Projekt als vorrangig ein erinnerungskulturelles. Dass das Denkmal am Ende nach elend langen Verhandlungen zwischen den Außen- und Kulturpolitikern, in die ich immer wieder eingreifen musste, nur mit einem zusätzlichen Dokumentationszentrum »Zweiter Weltkrieg und deutsche Besatzungsherrschaft in Europa« zu haben war, gehört zu den Ergebnissen, die für die parlamentarische Kompromissfindung typisch sind.

Offenbar fehlt es in großen Teilen der deutschen Politik, aber auch der veröffentlichten Meinung noch immer am Verständnis für die herausragende Bedeutung des deutsch-polnischen Verhältnisses in Europa. Das war auch zu beobachten, als 2022 Polens Ministerpräsident in der EU eine von Brüssel, Berlin und Paris dominierte Oligarchie zu erkennen glaubte – eine wohlgesetzte Provokation, mit der Mateusz Morawiecki das Empfinden Warschaus zum Ausdruck brachte, die durch Russlands Aggression berührten polnischen Sicherheitsinteressen würden im Westen ignoriert. Morawieckis Intervention löste hierzulande nur die üblichen Reflexe aus. Deshalb griff ich seinen uns zugespielten Ball auf und erinnerte in einem in Deutschland, Frankreich und Polen gleichzeitig publizierten Namensbeitrag daran, dass die Zukunft der Erweiterung Europas geografisch im Osten stattfindet und die weitere Vertiefung politisch von den Osteuropäern abhängt. Vor diesem Hintergrund hat für mich Polen – genau wie Frankreich – eine zentrale wirtschaftliche, geografische sowie sicherheitspolitische Bedeutung. Als meine Fraktion im Januar 2023 aus Anlass meines fünfzigjährigen Bundestagsjubiläums zu einem Empfang einlud, wünschte ich mir auch deshalb als Laudator den polnischen

Ministerpräsidenten. Morawiecki kam der Bitte trotz Bedenken seiner Berater nach und hielt eine überaus kluge Rede. Offenbar fühlte er sich bei der CDU gut aufgenommen, auch wenn er bei seiner Rede natürlich genau beachtete, dass sie in Warschau vermutlich aufmerksamer verfolgt wurde als in Berlin. Deutschen Medien erschien es nicht einmal berichtenswert, dass Morawiecki trotz der eingetrübten Stimmung im deutsch-polnischen Verhältnis in Berlin gesprochen hat.

## ZOFF UMS WAHLRECHT

Reibungen mit der eigenen Fraktionsführung blieben auch auf anderen Politikfeldern nicht aus. Nach Abschluss der Koalitionsverhandlungen hatte mir Volker Kauder – auch im Auftrag seiner Kollegen Alexander Dobrindt und Andrea Nahles – angekündigt, die Koalition werde gesetzgeberisch die absolute Obergrenze für die Parteienfinanzierung einmalig anheben. Die SPD befand sich durch das schlechte Wahlergebnis in finanziellen Schwierigkeiten und musste zur Einbindung ihrer Parteibasis in die Entscheidung über eine erneute große Koalition zwei kostenaufwendige Mitgliederbefragungen durchführen. Kauder wusste, dass ich nicht dafür war, bat mich aber nachdrücklich, die Entscheidung nicht öffentlich zu kritisieren, was ich schweren Herzens zusagte. Kritik gab es daraufhin zu Recht von allen Seiten, und als 2023 das Bundesverfassungsgericht dieses Verfahren, wie vorherzusehen gewesen war, verwarf, dachte ich darüber nach, wie politisch Verantwortliche mit einem solchen Verhalten zum schwindenden Vertrauen in die Institutionen des demokratischen Rechtsstaats beitragen und dass die Rolle als interner Kritiker nicht immer ausreicht, um sich von einer Mitverantwortung auszunehmen. Der neuerliche Beschluss zur Anhebung der Obergrenze für die staatliche Parteienfinanzierung wird das Ansehen von Parteien und Parlament kaum stärken. Im Übrigen bin ich nicht der Auffassung, dass das beständige Ausweiten der Zahl an Mitarbeitern in den Abgeordnetenbüros und Fraktionen die Qualität der parlamentarischen Arbeit erhöht. Im Gegenteil: Es wächst dadurch nur die Quantität an eher überflüssigen Anfragen und Initiativen.

Zur eigentlichen Geduldsprobe mit den Fraktionen wurde das Wahlrecht. Norbert Lammert war es nicht anders gegangen. Mein Vorgänger hatte sich alle Mühe gegeben, war aber nicht zuletzt am Widerstand unserer Fraktion gescheitert. Die zähen Verhandlungen, vor allem ihr ergebnisloser Ausgang, wurden zum größten Ärgernis meiner Amtszeit. Das Wahlergebnis 2017 hatte die Befürchtungen über das weitere Anwachsen des Parlaments bestätigt, und theoretisch war je nach Wahlergebnis eine nach oben offene Zahl an Abgeordneten denkbar – zumal sich das Parteienspektrum auf Kosten der ehemals großen Volksparteien weiter veränderte. Ich bat deshalb unmittelbar nach der Konstituierung des Bundestags die Fraktionsvorsitzenden zum Gespräch. Die unterschiedlichen Interessenlagen waren mir hinreichend vertraut, genauso das Problem einer sich in Regelungshypertrophie gelegentlich selbst verstrickenden Verfassungsgerichtsrechtsprechung.

In einer Arbeitsgruppe mit je einem Vertreter aller Bundestagsfraktionen (inklusive einer eigenen Vertretung der CSU) übernahm ich den Vorsitz. Meine klugen Mitarbeiter, insbesondere der Direktor beim Bundestag Horst Risse, rieten mir davon ab, weil die Erfolgsaussichten gering seien. Sie hatten bereits Lammert scheitern sehen. Mir war das Risiko bewusst, ich betrachtete es dennoch genau umgekehrt. Ich musste meine ganze Autorität in die Waagschale legen, um im Interesse der Verantwortung aller Parteien, Fraktionen und jedes Abgeordneten für das Ansehen der demokratischen Institutionen einen Durchbruch zu erreichen. Denn wie sollte sich in Zeiten eines grassierenden Populismus und konkurrierender autoritärer Gegenmodelle das Vertrauen in die Lösungskompetenz der parlamentarischen Demokratie wieder stärken lassen, wenn sich der Bundestag in eigener Sache reformunfähig zeigte?

Ich strebte wegen der Bedeutung des Wahlrechts einen möglichst breiten Konsens im Bundestag an. Eine wirklich grundlegende Reform war wegen der Komplexität der Materie, der eingefahrenen Gewohnheiten und der parteipolitischen Implikationen jeder Entscheidung von vornherein kaum vorstellbar. Ein radikaler Schritt, wie etwa die Einführung des reinen Verhältniswahlrechts, wäre öffentlich kaum vermittelbar gewesen, dazu erfreute sich das geltende Wahlrecht einer zu hohen Akzeptanz in der Bevölkerung – trotz oder gerade wegen seiner widersprüchlichen Elemente. So wird im Wahlkreis ein Abgeordneter mit relativer Mehrheit nach dem Grundsatz *winner-takes-all* direkt gewählt, die Mehrheitsverhältnisse im Bundestag sollen aber im Wesentlichen dem von den Parteien erzielten Zweitstimmenergebnis proportional entsprechen. Nach dem föderalen Prinzip des Grundgesetzes müssen zudem die Bundesländer entsprechend der Zahl ihrer Wahlberechtigten einigermaßen gleichmäßig im Parlament vertreten sein. Der naheliegende Gedanke, die eine Hälfte der Abgeordneten nach der Erst- und die andere nach der Zweitstimme zu besetzen, das sogenannte Grabenwahlrecht, war bereits in der Vergangenheit verworfen worden, weil es nicht nur die kleinen Parteien benachteiligt, sondern die Union als Erststimmenkönigin über Gebühr bevorteilen würde – was einige »Helden« in meiner Fraktion nicht davon abhielt, es in einem allzu durchsichtigen Ablenkungsmanöver dennoch immer wieder in den Ring zu werfen.

Die Widersprüchlichkeit unseres Wahlsystems macht letztlich jeden Reformansatz zur Quadratur des Kreises. Ein Schlüsselmoment für die Mitglieder der Arbeitsgruppe bedeutete das Gespräch mit dem ehemaligen Verfassungsrichter Michael Gerhardt, der am verhängnisvollen Wahlrechtsurteil vom 25. Juli 2012 maßgeblich beteiligt gewesen war. Das Gericht hatte das Bundeswahlgesetz für verfassungswidrig und unter anderem nur noch maximal fünfzehn Überhangmandate für zulässig erklärt. Gerhardt hatte nicht nur selbst Mühe, sich in der hochkomplexen Materie zurechtzufinden, sondern gab unumwunden zu, dass die Aufgabenstellung schlicht unlösbar sei. Letztlich blieben uns wenige Stellschrauben, an denen gedreht werden konnte, um das Parlament zu verkleinern – mit der Folge allerdings, dass bei den meisten auf der Strecke blieb, was für die Akzeptanz des Wahlrechts entscheidend ist: als Bürger nachvollziehen zu können, wie sich aus Wählerstimmen das Parlament zusammensetzt. Es war grauenvoll, und ich will den Leserinnen und Lesern nicht zumuten, hier noch einmal in all die diskutierten Modelle einzusteigen, in die Untiefen aus Obergrenzen, Kappungen und Divisor. Immer neue Modelle standen im Raum, wurden von Mathematikern kompliziert berechnet und unter Einbeziehung von Formulierungshilfen des Bundesinnenministeriums bereits in Antragsform gefasst.

Trotz der Kompetenz, des guten Willens und des Engagements aller Mitglieder der Arbeitsgruppe wurde in quälend langen Verhandlungen bald klar, dass sich keiner von ihnen (zu)traute, in der eigenen Fraktion die massiven Widerstände zu überwinden – zumal sich jede Fraktion und jeder Abgeordnete bei allen diskutierten Modellen ausrechnete, inwieweit davon die eigenen Wahlchancen betroffen sein würden. So formulierte ich schließlich in meinem eigenen Namen eine Art Zusammenfassung, wie bei aller Interessendivergenz zumindest ein Minimalkonsens aussehen könnte.

Der umfasste, wie das vor allem die kleineren Oppositionsparteien wollten, eine Reduzierung der Zahl der Wahlkreise von 299 auf 270, allerdings bei gleichzeitiger Hinnahme einer begrenzten Zahl nicht auszugleichender Überhangmandate, was unionsseitig gefordert und vom Bundesverfassungsgericht als tolerabel angesehen worden war. Damit wäre zwar keine feste Größe eines künftigen Bundestags festgelegt gewesen, aber doch eine deutliche Verringerung der Sitze. Die kleine Hoffnung, alle Seiten könnten sich so gesichtswahrend aufeinander zubewegen, weil jeder ein wenig nachgeben musste, erfüllte sich nicht. Der Vorschlag stieß bei allen Fraktionen – aus gegensätzlichen Gründen – auf Widerstand, was nur seine Ausgewogenheit bewies. Mir blieb allein die öffentliche Zustimmung vom Bund der Steuerzahler.

Alle weiteren Anläufe zu einer großen Konsenslösung scheiterten bis zum Ende der Wahlperiode nicht zuletzt daran, dass die CSU, aber auch Teile der baden-württembergischen CDU-Landesgruppe sich gegen jede Verringerung der Zahl der Wahlkreise wehrten. Einzelne naseweise junge Abgeordnete glaubten sogar, mich in den internen Debatten über den Wert des Direktmandats belehren zu müssen. Es lohnt daher daran zu erinnern, dass auch die Wertschätzung des Wahlkreisabgeordneten in den vergangenen fünf Jahrzehnten Wandlungen unterworfen war. So brachte *Der Spiegel* 1969 den Listenkandidaten noch als notwendiges Bollwerk gegen allzu viel Provinzialität in der Kandidatenauswahl auf Wahlkreisebene in Stellung – während heute gern der direkt gewählte Abgeordnete als Garant gegen zu viel Proporz und Parteikarrieristen auf den Listen ins Feld geführt wird. Die Zeiten ändern sich. Den einen gegen den anderen Abgeordneten auszuspielen, dem habe ich damals genauso wie heute widersprochen. Wir alle repräsentieren als Abgeordnete gleichermaßen das Volk.

Als die Zeit zunehmend knapp wurde, weil eine komplizierte neue Wahlkreiseinteilung rechtzeitig erfolgen muss, um die rechtlichen Terminvorgaben für die Aufstellung der Kandidaten einhalten zu können, versuchte Ralph Brinkhaus, inzwischen Unionsfraktionsvorsitzender, mit seinem Koalitionskollegen Rolf Mützenich von der SPD, wenigstens noch zu irgendeiner Einigung zu kommen, gegebenenfalls auch ohne die CSU. Durch die Parteiführung erfuhr er allerdings keine Unterstützung, weder von Angela Merkel noch später von Annegret Kramp-Karrenbauer, und auch die Präsidiumsmitglieder aus den Ländern spielten vor allem die regionale Proporzkarte aus.

Am Ende einigte sich die Koalition auf einen Minimalkonsens, den ich so lächerlich fand, dass ich Brinkhaus, der mich beschwor, wegen der öffentlichen Wirkung nicht dagegen zu votieren, mitteilen musste, bei aller Zurückhaltung, die ich in den Medien wahren wollte, dem nicht zustimmen zu können. Warum hatte er nicht die Entscheidung in der Fraktion gesucht und war den mutigeren Weg gegangen, die CSU notfalls zu überstimmen? Schon mit seinem Vorgänger Volker Kauder konnte ich trefflich über die dagegen ins Feld geführte Klausel der Fraktionsgemeinschaft streiten. Für mich ist diese Klausel nur solange akzeptabel, wie sie nicht missbräuchlich eingesetzt wird. Hier lag aber ein exzessiver Missbrauch des Vetorechts vor – und ich hätte sehen wollen, ob von der CSU darüber wirklich die Fraktionsgemeinschaft aufgekündigt worden wäre. Aber das war an Wagnis offenbar zu viel. Es fehlte in der Fraktionsführung am Mut und an der Entschlossenheit, auch ohne Rücksicht auf Freunde das Notwendige durchzusetzen. Beides braucht es aber, um erfolgreich zu führen.

Nachdem mir ein Fernbleiben von der Abstimmung feige erschienen wäre, enthielt ich mich und gab in einer persönlichen Erklärung zu Protokoll: »Die vorgesehenen Maßnahmen sind zu der dringend notwendigen Reform kaum geeignet und reichen nicht aus.« Der 20. Deutsche Bundestag hat nun noch einmal dreißig Abgeordnete mehr. Die Enttäuschung sitzt tief, auch wenn ich mir persönlich zumindest kaum vorwerfen muss, mir nicht alle erdenkliche Mühe gegeben zu haben. Auch die Genugtuung hilft wenig, dass im Kreis der damals Unwilligen die Klage heute besonders laut ist, man hätte meinen Konsensvorschlag bloß annehmen sollen. Denn die von der Ampel-Koalition nun nicht mehr konsensual vollzogene Reform zieht nach sich, dass mit Mehrheit gewählte Direktkandidaten leer ausgehen werden. Hier wird, wie ich im *Spiegel* auch öffentlich kritisierte, ein System geschaffen, das auf Täuschung und Enttäuschung des Wählers ausgelegt ist. Ihm wird suggeriert, seine Wahlkreiskandidaten direkt wählen zu können – obwohl der Kandidat am Ende womöglich gar nicht ins Parlament gelangt.

An einer Klage meiner Fraktion vor dem Bundesverfassungsgericht hatte ich mich zunächst dennoch nicht beteiligen wollen. Eine unbegreifliche Volte der Ampel-Koalition auf der Zielgeraden der parlamentarischen Beratungen führte bei mir dann jedoch zum Umdenken. Denn in einer Nacht- und Nebelaktion wurde von der Ampel-Koalition auch die Grundmandatsklausel gekippt, nach der eine Partei, die bundesweit zwar keine fünf Prozent erreicht, bei mindestens drei errungenen Direktmandaten dennoch entsprechend ihres Zweitstimmenergebnisses in den Bundestag einzieht. Für die Linke erwies sich diese Klausel wiederholt als existenzsichernd, perspektivisch könnte ihre Abschaffung auch für die CSU, die zuletzt bundesweit nur knapp über fünf Prozent lag, in Bayern aber gleichzeitig fast alle Direktmandate erhielt, das Aus im Bundestag bedeuten. Das nicht als einen Frontalangriff zu deuten, fällt schwer, und es ist verfassungsrechtlich wie staatspolitisch problematisch.

Nach den Mechanismen der Aufmerksamkeitsökonomie konzentrierte sich die Berichterstattung auf meine Kritik an den Ampel-Parteien. Dabei hatte ich im *Spiegel* selbst eine neue Idee platziert, mit der die Union öffentlichkeitswirksam eine Alternative hätte vertreten können, die im Unterschied zum Modell der Ampel-Koalition sogar die Regelgröße des Bundestags mit 598 Mitgliedern sicherstellen würde. Ich habe es intern als deutsch-französisches Modell propagiert, das zwar den Gedanken des Grabenwahlrechts aufgreift, ihn aber so revolutioniert, dass der Vorwurf der einseitigen Begünstigung nicht mehr trägt.

Bei den Direktmandaten würde eine Stichwahl eingeführt, wie wir sie aus Frankreich, aber auch von Bürgermeisterwahlen in Deutschland kennen. Es gelangt also nur ins Parlament, wer mit absoluter Mehrheit gewählt ist. Dann stünde zwar am ersten Wahlabend noch nicht das Endergebnis fest, aber mit dieser Reform würde nicht nur die unabhängigere Rolle der direkt gewählten Abgeordneten gestärkt, sondern auch der Einfluss der Bürger auf die Regierungsbildung. Denn die Wähler könnten im zweiten Wahlgang ihre Entscheidung auch mit Blick auf etwaige Koalitionspräferenzen treffen, sie gewännen also beträchtlich an Einfluss. Mit den notwendigen Parteiabsprachen zwischen den beiden Wahlgängen würden zudem die heute überaus langwierigen Sondierungen noch vor den eigentlichen Koalitionsverhandlungen in ein Zeitkorsett von weniger als vierzehn Tagen gepresst.

Auch dafür war bislang nicht einmal in der Union hinreichend Zustimmung zu gewinnen. Offenbar ist das Selbstvertrauen der sich für »Wahlkreiskönige« haltenden Kollegen, notfalls auch eine Stichwahl zu gewinnen, doch nicht so groß. Gegenüber der Ambitionslosigkeit, das Wahlrecht nur so weit zu reformieren, dass der Wunsch nach weniger Abgeordneten erfüllt ist, würde dieses Modell dem in seinen Gewohnheiten erstarrten politischen System einen belebenden Impuls geben – und es könnte in seiner Mischung aus deutschen und französischen Wahlrechtselementen sogar ein Modell für Europa sein. Denn reformbedürftig sind auch die Wahlen zum Europäischen Parlament, die in den Mitgliedstaaten nach dem jeweiligen nationalen Wahlrecht erfolgen. Aber auch hier sehe ich die Kraft nicht, die einen solchen deutsch-französischen Anstoß geben könnte. In solchen Momenten bedaure ich fast, nicht noch einmal jung sein zu können, um dafür zu kämpfen, dass wir uns in der Politik immer wieder etwas Großes zutrauen und eine grundlegende Reform wagen.

## POPULISMUS IM PARLAMENT – DIE KRISE DER REPRÄSENTATION

An der Reform des Wahlrechts bin ich gescheitert. Dafür kann ich rückblickend sagen, dass es uns in der 19. Wahlperiode noch einigermaßen gut gelungen ist, die populistischen Kräfte im Parlament zu domestizieren. In meinem parlamentarischen Grundverständnis besitzen wir als Abgeordnete alle das gleiche Mandat, haben damit gleiche Rechte, aber eben auch gleiche Pflichten. Die neue AfD-Fraktion war deshalb wie alle anderen mit der notwendigen Strenge zu behandeln, um die Würde des Hauses zu wahren, ohne dass ich mich deshalb als »parlamentarischen Erziehungsberechtigten« begriff, den Medien in mir erkennen wollten. Eines war mir immer wichtig, und darauf hatten wir uns im Bundestagspräsidium auch verständigt: Der AfD sollte niemals eine Chance gegeben werden, eine unserer Entscheidungen erfolgreich vor Gericht anfechten zu können. Das ist gelungen.

Natürlich versuchte die Partei zu provozieren, und es stieß mir bitter auf, dass es ausgerechnet zum ersten Eklat kam, als die AfD als größte Oppositionspartei die Generaldebatte im Bundestag eröffnen durfte. Niemand erteilt dem Oppositionsführer bei seiner Erwiderung auf eine Regierungserklärung gerne einen Ordnungsruf. Als Alice Weidel in ihrer Rede von »Burkas, Kopftuchmädchen und alimentierte[n] Messermänner[n] und sonstige[n] Taugenichtse[n]« sprach, schoss mir das einen Moment durch den Kopf, und ich ließ mir zunächst noch einmal den protokollierten Text geben. Mir war klar, dass hier eine Vorentscheidung darüber fiel, welcher Ton fortan im Parlament angeschlagen und mit welchen Sanktionen die Sitzungsleitung darauf reagieren würde. Ich las das Zitat noch einmal laut vor und erteilte der Rednerin dafür einen Ordnungsruf. Das stellte zwar die Würde des Hauses wieder her, der besorgniserregenden Verrohung der politischen Kultur wird sich so allerdings auf Dauer alleine auch nicht begegnen lassen.

Weidel erlebte ich in persönlichen Begegnungen dabei immer als höfliche, fast scheue Frau – im Gegensatz zu ihren oft eiskalt wirkenden Redebeiträgen. Komplizierter war das Verhältnis zu ihrem Kollegen Alexander Gauland, der lange meiner Partei angehört hatte und den ich schon seit seiner Zeit als Büroleiter des hessischen Ministerpräsidenten und Bundesumweltministers Walter Wallmann kannte. Ein gebildeter Mann in der Position des klassischen deutschen Konservativen, was auch seine größere Nähe zu Russland als zu den USA erklären mag. Für mich hat es fast tragische Züge, weil ich ihn für viel zu intelligent halte, um auf dem Niveau der AfD Politik zu machen. Aber die Öffnung dieser Partei gegenüber eindeutig rechtsextremen und zu Gewalt neigenden Personen und Gruppen war von ihm strategisch gewollt. Unser Verhältnis blieb von seiner Seite in einer Weise verbiestert, dass ich mir das nur durch eine von ihm tief empfundene Kränkung erklären kann. Dass ihn die persönlichen Angriffe, denen er ausgesetzt ist, aus dieser Ecke nicht mehr herauslassen, weshalb er immer weiter in eine Art Scheinwelt abgleitet, ist vielleicht das eigentliche persönliche Drama Gaulands.

Es war das eine, wie meine Vizepräsidentenkollegen und ich mit den fortgesetzten Provokationen umgingen – wobei neben Petra Pau, die ich als kreuzanständige Linke und immens erfahrene Vizepräsidentin schätzen lernte, insbesondere Claudia Roth zur Zielscheibe wurde. Sie war deshalb nicht nur vor diesen Angriffen, sondern auch vor der eigenen affektgesteuerten Reaktion zu schützen. Das andere war meine Sorge, wie die Fraktionen reagieren würden. Ich riet nachdrücklich dazu, nicht über jedes hingehaltene Stöckchen zu springen. Die AfD-Abgeordneten waren geschickter darin als alle anderen Fraktionen zusammen, die Bühne des Parlaments in die sozialen Medien zu verlängern. Jede sich aufschaukelnde Empörung im Plenum zahlte deshalb nur auf ihr Konto ein. Vor allem Jan Korte, Parlamentarischer Geschäftsführer der Linken, erwies sich in dieser Frage als sehr vernünftig, auch wenn er nicht garantieren konnte, die eigenen Leute immer mäßigend im Zaum halten zu können. Tatsächlich erforderte mancher Wortbeitrag von uns allen eine hohe Schmerztoleranz.

Gleichzeitig erlebte ich eine AfD-Fraktion, die immer wieder peinlich darum bemüht war, im Plenum ihren Störtrieb einzuhegen. Selbst Charlotte Knobloch verwehrten sie 2021 bei der Gedenkveranstaltung zum 27. Januar den stehenden Applaus nicht, obwohl sie sich in ihrer Gedenkrede kurz zuvor im Münchner Landtag und dann auch im Bundestag mit harter Kritik an der AfD nicht zurückgehalten hatte. Letztlich war viel an Verunsicherung zu spüren, insbesondere bei der unerfahrenen Geschäftsführung der Fraktion, die einerseits die parlamentarische Regeltreue besonders zur Schau stellen wollte, um sich als bürgerliche Kraft zu inszenieren, andererseits erkennbar unter dem Druck der Hardliner stand. Insgesamt erwies sich die Fraktion als ausgesprochen bunter Haufen zum Teil widerstreitender Grüppchen, weswegen der Aderlass in der Legislaturperiode auch nicht gering war. Vielleicht haben sich die anderen Fraktionen daher voreilig eines Mittels beraubt, weiter spaltend in die Fraktion zu wirken, als sie umstandslos jeden Kandidaten, den die AfD für Gremien aufstellte, insbesondere für das Präsidium, durchfallen ließen. Ich selbst mahnte konsensfähige Kandidaten für die Parlamentsämter an, ließ aber auch nie einen Zweifel daran aufkommen, dass es keinen Rechtsanspruch auf einen Vizepräsidentenposten gibt. Die Geschäftsordnung sieht zwar ein Vorschlagsrecht für jede Fraktion vor, aber der Kandidat muss von der Mehrheit gewählt werden – aus gutem Grund. Schließlich ist es eine im Parlamentsbetrieb einflussreiche Position, die hohe Akzeptanz und dafür das besondere Vertrauen der Abgeordneten voraussetzt. Nicht im Präsidium vertreten zu sein, ist im Übrigen nicht neu, wie die AfD immer fälschlich behauptet. Bis zur Wahl Antje Vollmers zur ersten grünen Vizepräsidentin saßen die Grünen bereits seit einem Jahrzehnt im Bundestag.

Der Hang einzelner AfD-Abgeordneter, es gerade gegenüber den Kolleginnen in der Sitzungsleitung an Respekt fehlen zu lassen, blieb ein wiederkehrendes Ärgernis. Dabei entlarvte der Mangel an Stil das frauenfeindliche Selbstverständnis von Teilen der Partei, die sich so gerne als bürgerlich camoufliert. Angriffe aus der AfD gegen die sogenannten Altparteien gerieten insbesondere dann zur Farce, wenn ich als Hüter der Parteifinanzierung Spendenskandale gerade dieser Partei zu prüfen und zu sanktionieren hatte – wobei von Jörg Meuthen bis Alice Weidel die Parteispitze immer mit betroffen war.

Angesichts der anhaltenden Radikalisierung der AfD, die sich nicht konsequent von den verfassungsfeindlichen Tendenzen in ihrem Umfeld distanziert, kann ich verstehen, dass etwa beim Parlamentarischen Kontrollgremium der Bock nicht zum Gärtner gemacht werden soll. Und wenn die Fraktion nun bereits seit Jahren in nahezu jeder Sitzungswoche die Wahl eines Vizepräsidenten auf die Tagesordnung setzt, ist das ihr Recht. Es hat sich als Mittel der Provokation allerdings längst totgelaufen. In ihren parlamentarischen

Rechten ist die Partei nicht beschnitten. Die missverständliche Regelung in der Geschäftsordnung, wonach jede Fraktion durch mindestens einen Vize im Präsidium vertreten ist, dieser aber gewählt ist, wenn er die Stimmen der Mehrheit der Mitglieder des Bundestags erhält, ließe sich im Übrigen mit einfacher Mehrheit schnell ändern, die Zahl der Vizepräsidenten ist ja nirgends rechtlich normiert. Sie hat in der Vergangenheit immer geschwankt, und angesichts der wachsenden Ausdifferenzierung des Parteienspektrums im Parlament sind einer Ausweitung auch praktische Grenzen gesetzt.

## BEFRIEDETER RAUM – UND KEIN ORT PLAKATIVER AKTIONEN

In der aufgeheizten Atmosphäre der 19. Legislaturperiode habe ich mich um Gelassenheit bemüht, Humor tat da manchmal gut, auch wenn dieser wohldosiert sein sollte – so wie die Instrumente, zur Ordnung zu rufen. Ein Fußballspiel mit einer Flut an gelben und roten Karten verweist neben der Leidenschaft auf dem Platz immer auch auf die Leistung des Schiedsrichters, dem das Geschehen entglitten ist. Es obliegt der jeweiligen Sitzungsleitung, im eigenen Ermessensspielraum Äußerungen zu sanktionieren. Im Präsidium haben wir uns allerdings regelmäßig auf orientierende Leitplanken für die Anwendung der Ordnungsrechte verständigt. Das betraf die immer wiederkehrenden Nazi-Vergleiche genauso wie die Einsicht, dass Zuspitzungen, die persönlich als unangemessen oder sogar abstoßend empfunden werden, so lange nicht sanktioniert werden, wie sie nicht beleidigend auf eine bestimmte Person oder Personengruppe zielen.

Gelassenheit war auch in anderen Situationen hilfreich. Als etwa durchsickerte, dass im Rahmen des Planspiels »Jugend im Parlament« aus dem Kreis der Teilnehmer einzelne Klimaaktivisten eine Protestaktion planten, liefen im Hintergrund die Drähte heiß. Wie sollte darauf reagiert werden? Ich ließ es einfach auf mich zukommen und die Jugendlichen zunächst gewähren, als sie sich vor dem Rednerpult theatralisch hinlegten – nur um ihnen dann unter dem Gelächter der anderen jungen Anwesenden mitzuteilen: »Bleiben Sie ruhig liegen. Ich sage allerdings, morgen um zwölf Uhr muss ich hier die Sitzung des Bundestages eröffnen, und bis dahin sollten Sie sich entfernt haben.«

Wenn der Bundestag seine Stellung als befriedeter Raum und Ort des Streits nach Regeln behalten will, muss er vor plakativen Aktionen geschützt werden, außerhalb wie innerhalb des Plenums. Die Versuchung ist einfach groß, mit Plakaten, Buttons oder auch nur Aufschriften auf Pullovern Aufmerksamkeit zu erregen. Das gilt für alle politischen Lager. Wenn Aktivisten, denen durch Abgeordnete oder ihre Mitarbeiter Zugang zum Parlament ermöglicht wurde, Flugblätter warfen oder sich öffentlichkeitswirksam sogar am Eingangsportal abseilten, zog das regelmäßig intensive Diskussionen über die Verschärfung der Sicherheitsvorkehrungen nach sich. Es ist dabei ein relativ schmaler Grat, auf dem wir uns bewegen, Angriffe nicht zu bagatellisieren, ihnen aber auch nicht durch Gegenreaktionen mehr Aufmerksamkeit als nötig zu verschaffen. Die Ereignisse auf den Stufen des Reichstagsgebäudes während einer der »Querdenker«-Demonstrationen im September 2020 waren eine Grenzüberschreitung, aber sie waren auch nicht der Sturm auf den Reichstag, zu dem sie stilisiert wurden. Wohin die gezielte Aufwiegelung allerdings führen kann, war wenige Monate später mit den Exzessen eines gewaltbereiten Mobs am und im US-Kapitol zu erleben – aufgeputscht durch einen abgewählten Präsidenten, der die Grundregel der Demokratie verachtete, seine offensichtliche Wahlniederlage einzugestehen.

Dass im Zuge gewalttätiger Proteste am Tag, als der Bundestag das Infektionsschutzgesetz novellierte, ein Minister im Reichstagsgebäude bedrängt wird, sich eine Vizepräsidentin längst nur noch mit Personenschutz durch das Haus bewegt und Abgeordnete wie Mitarbeiter sich auf den Gängen bedroht fühlen, ist erschreckende Realität längst auch bei uns. Gleich mehrfach nutzte ich deshalb mein Rederecht vor Eintritt in die Tagesordnung, um mäßigend einzuwirken. Ich erinnerte bei dieser Gelegenheit nicht nur daran, dass das Grundgesetz auch Meinungen schützt, die von der Mehrheit als grob unsolidarisch oder sogar als abwegig angesehen werden, und dass das Demonstrationsrecht ein hohes Gut ist, das es zu bewahren und zu schützen gilt. Genauso mahnte ich alle Seiten dazu, mit diesen Rechten verantwortlich umzugehen. Niemand kann sich schließlich der eigenen Verantwortung entziehen, wie weit er sich von Extremisten instrumentalisieren lässt. Es gibt vor allem kein einziges politisches Anliegen, das in der Demokratie rechtfertigt, das Gewaltmonopol des Staates und die Durchsetzung des Rechts infrage zu stellen. Wer hier nach Inhalten unterscheiden will, macht sich unglaubwürdig. Gewählte Repräsentanten stehen in der besonderen Pflicht, sich von extremistischen und rassistischen Ausfällen nicht nur verbal zu distanzieren, sondern deren

Urheber konsequent dort zu verorten, wo sie stehen: jenseits jedes bürgerlichen Anstands und außerhalb unserer demokratischen Ordnung. Menschenfeindliche Hetze war in der Vergangenheit und ist auch heute der Nährboden für Gewalt, bis hin zum Mord – und wer diesen Nährboden düngt, macht sich mitschuldig.

## VON DER REGIERUNGSBEFRAGUNG BIS ZUM BÜRGERRAT – NEUES WAGEN

Ich habe in den vielen Stunden aufmerksamer Sitzungsleitung von der Sachkenntnis der Kolleginnen und Kollegen selbst viel gelernt. In den vergangenen fünf Jahrzehnten hat sich allerdings die Debattenkultur verändert. Früher dauerte es Monate, wenn nicht Jahre, bis man als Parlamentsneuling zu seiner Jungfernrede kam, während der Auftritt im Plenum heute gar nicht schnell genug erfolgen kann, schon weil es Bilder braucht, um den eigenen Instagram- und YouTube-Kanal zu bespielen. Die Entwicklung hin zur Debatte mit zwei- bis dreiminütigen Beiträgen hat Vor- und Nachteile. Auch wenn Kürze hilft, sich auf das Wesentliche zu konzentrieren, und heute manche Kolleginnen und Kollegen in ihren Kurzbeiträgen mehr Inhalte liefern als viele zuvor in zwanzigminütigen Reden, zwingt das enge Zeitkorsett dazu, meist vorbereitete Reden vorzutragen. Aus eigener Erfahrung weiß ich, frei sprechend sehr viel mehr Zeit zu beanspruchen, die bei strenger Sitzungsleitung im Plenum aber nun einmal nicht zu bekommen ist. Die Kunst der freien Rede bleibt deshalb mehr und mehr auf der Strecke. Das bedaure ich, denn wenn wir für das repräsentative Prinzip werben und die parlamentarische Demokratie attraktiver machen wollen, dann braucht es dazu die leidenschaftlich geführte Debatte. Von ihr geht noch immer die größte Faszination aus.

Deshalb stieß mir auch das ewige Gezerre um die Regierungsbefragung so bitter auf. Was in anderen Staaten der Höhepunkt der parlamentarischen Auseinandersetzung ist, hat im Bundestag die Spannung einer Lesung aus dem Telefonbuch. Schon früher als Minister hätte ich mir eine Regierungsbefragung gewünscht, wie sie im britischen Unterhaus oder auch in der Assemblée nationale als echter Schlagabtausch zwischen Opposition und Regierung üblich ist. Als Präsident habe ich mich daher nachdrücklich für eine grundlegende Reform eingesetzt, biss aber bei der eigenen Fraktionsführung regelmäßig auf Granit – wohl aus vorauseilendem Gehorsam gegenüber dem Kanzleramt, wo die Vorbehalte besonders groß waren. Dabei bestimmt das Parlament den Rahmen, in dem die Regierung handelt – und nicht die Exekutive die Bedingungen, unter denen das Parlament debattiert. Ich habe die Zurückhaltung auch beim besten Willen nicht verstehen können, vor allem nicht bei dieser Kanzlerin. Als Fraktionsvorsitzender hätte ich früher zwar auch Skepsis gehabt, Helmut Kohl in den Ring zu schicken, weil ich fürchten musste, danach mühsam einfangen zu müssen, wozu er sich absehbar hätte hinreißen lassen. Ich ahnte aber, dass gerade Merkel mit ihrer kontrollierten Art unschlagbar sein und im Unterschied zu ihren Reden in solchen Situationen mit trockenem Humor und Schlagfertigkeit punkten würde – so wie es dann ja auch kam.

Im Parlament zeichnen die Abgeordneten der Mehrheitsfraktionen für die Kontrolle der Regierung mitverantwortlich, dennoch ist die Regierungsbefragung ein Instrument der Opposition. Deshalb empfand ich es als widersinnig, das Fragerecht nach dem üblichen Proporz zu organisieren. Wer wie viele Fragen stellt, ist dadurch bereits vorher genau festgelegt. Das nahm fast alberne Züge an, wenn Mitglieder der Mehrheitsfraktionen in der Befragung ihren Koalitionsstreit austrugen. Ich war allerdings auch regelmäßig irritiert über die Opposition, die ihre Möglichkeiten in der Regierungsbefragung nie voll ausreizte. Wo im House of Commons der Oppositionsführer den Regierungschef »grillt«, übernahm diese Aufgabe im Bundestag die zweite oder dritte Reihe, Fraktionsvorsitzende dagegen nie. Meinerseits reizte ich die Freiheiten der Geschäftsordnung weit aus und räumte der Opposition größeren Gestaltungsspielraum ein, was mir im Ältestenrat regelmäßig die Kritik der eigenen Fraktion einbrachte. Umso überraschter reagierte ich, als mich aus der Unionsführung dieselben Personen nach vollzogenem Rollenwechsel in der Opposition baten, gegenüber meiner Nachfolgerin dafür zu werben, es mir nun gleichzutun. Glaubwürdig ist das nicht.

Ich habe in den fünfzig Jahren gelernt, dass sich das Parlament veränderten gesellschaftlichen Realitäten zu stellen hat. Nur wenn die parlamentarische Demokratie beweglich und offen für Neues ist, bleibt sie stabil. Wer sich dem Parlamentarismus gegenüber verantwortlich fühlt, muss auf den wahrnehmbaren Akzeptanzverlust reagieren, der nicht allein in Deutschland, sondern überall in den westlichen Demokratien zu beobachten ist. Ich begann mich deshalb, gerade weil ich den üblichen direktdemokratischen Reflexen mit

Skepsis begegne, für die Idee sogenannter Bürgerräte zu interessieren, also von Gremien zufällig ausgeloster Bürger, die sich mit einem strittigen, eng umfassten Thema intensiv beschäftigen – nicht etwa als Alternative zur parlamentarischen Demokratie, sondern ergänzend und zu ihrer Stärkung. Entscheidungen können und dürfen Bürgerräte den gewählten Abgeordneten nicht abnehmen, aber ich erwartete mir von einem solchen Bürgervotum zumindest, dass es die Verantwortlichen im Parlament zur besseren Begründung ihrer Entscheidung zwingt.

Beim leidenschaftlichen Streit um das Recht auf Abtreibung in Irland oder in der Reaktion auf die »Gelbwesten«-Bewegung in Frankreich war zu beobachten, was dieses Instrument der deliberativen Demokratie klug eingesetzt zu leisten vermag. In Deutschland hatte die Landesregierung meines Heimatlands unter dem grünen Ministerpräsidenten Winfried Kretschmann nach den Erfahrungen des heftigen Kampfes um Stuttgart 21 den Ansatz erfolgreich aufgegriffen. Ich suchte daher das Gespräch mit der dafür zuständigen Staatsrätin Gisela Erler und übernahm 2019 für einen von Mehr Demokratie e. V. privat organisierten Bürgerrat zur Zukunft der Demokratie die Schirmherrschaft. Daraus entwickelte sich der Gedanke, das Instrument auch im Bundestag zu erproben. Nachdem ich den Fraktionsführungen meine Überlegungen erläutert hatte, erlebte ich überrascht, dass die Idee fast reibungslos akzeptiert wurde.

Allerdings zeigte sich schnell, dass in der konkreten Ausgestaltung der Aufgabenstellung für den Bürgerrat die eigentliche Klippe zum Erfolg lag. Statt mit einem eng gefassten und wirklich kontroversen Problem wurde das Gremium mit einer viel zu weit formulierten Aufgabe überfordert: Deutschlands Rolle in der Welt. Mir hatte dagegen vorgeschwebt, die Frage diskutieren zu lassen, welchen auch moralischen Preis die Deutschen eigentlich bereit seien, für die eigene Sicherheit und Verteidigung zu bezahlen. Aus meiner Sicht wurde in dieser Hinsicht eine große Chance vertan, obwohl im Bürgerrat nach Einschätzung aller Beteiligten ein aufwendiger, zweifellos auch anspruchsvoller Diskurs gelang – noch dazu unter den erschwerten Coronabedingungen. Doch das Ergebnis fiel dann erwartungsgemäß so differenziert aus, dass es im parlamentarischen Raum verpuffte. Die von mir von Beginn an betonte Notwendigkeit, die Ergebnisse auch prominent im Parlament zu debattieren, ignorierten die Fraktionen. Dabei gehört die Frage, wie die Empfehlungen in die parlamentarischen Beratungen einfließen sollen, zu den wesentlichen Aspekten, die geklärt sein müssen, will man am Ende nicht nur Enttäuschung produzieren.

Die Ampel-Koalition vereinbarte nach der Wahl 2021, das Instrument im Parlament dauerhaft zu etablieren, und ich hoffte, die Lehren aus dem von mir angestoßenen Prozess würden dabei helfen. Dass bei der ersten Neuauflage mit der Themensetzung nun wider besseres Wissen der gleiche Fehler gemacht wurde, macht mich skeptisch, mit welcher Ernsthaftigkeit die Fraktionsführungen sich dieses Instruments wirklich bedienen wollen. Statt der zunächst favorisierten Forderung nach einer Dienstpflicht, was thematisch eng umrissen ist und zugleich regelmäßig die Gemüter in Politik und Gesellschaft hochkochen lässt, einigten sich die Koalitionäre auf ein erneut viel zu breit angelegtes Thema: Ernährung.

Ich fürchte, dass es am Ende den Fraktionen am Mut fehlt, die offene Debatte zu ermöglichen, weil der Zwang überwiegt, den Prozess so weit wie möglich kontrollieren zu wollen. So bleiben Bürgerräte wirkungslos und drohen, sich selbst zu desavouieren. Womöglich ist es ein Grundfehler, ein Hilfsmittel, das sich im Ausland in zugespitzter Krise als Ausweg aus einer völlig verfahrenen Situation bewährt hat, hier als parlamentarisches Instrument *sui generis* anzuwenden. Man hätte es in den parlamentarischen Instrumentenkasten aufnehmen können, um es erst zur Anwendung zu bringen, wenn es ein vergleichbar heikles Thema gibt. So entsteht jetzt der Eindruck, dass eine Aufgabe erst aufwendig gesucht wird, um als Parlament diese Form der Bürgerbeteiligung vorweisen zu können – mit der Folge, dass im Bürgerrat vorrangig eine Reaktion auf den vermeintlichen Mangel an Bürgernähe erkannt wird. Das allerdings leistet dann tatsächlich der kritisierten Selbstverzwergung des Parlaments Vorschub. Warum denken wir stattdessen nicht einmal auch hier groß und über unsere Grenzen hinaus – und initiieren zum Beispiel im Rahmen der Deutsch-Französischen Parlamentarischen Versammlung einen binationalen Bürgerrat, um unsere unterschiedlichen Sichtweisen und Erfahrungen produktiv zusammenbringen?

## DAS PARLAMENT IN DER PANDEMIE – HOCHZEIT DES PARLAMENTSRECHTS

»Bei aller Wiedersehensfreude sollte auf allzu herzliche Umarmungen verzichtet werden«: Nicht nur meine Begrüßung der Gäste einer Ausstellungseröffnung im März 2020, auch die Abstände zwischen den Sitzplätzen und Masken im Publikum verwiesen auf außergewöhnliche Umstände. Der Empfang anlässlich des 30. Jahrestags der frei gewählten DDR-Volkskammer wurde für lange Zeit die letzte Veranstaltung dieser Art, die im Bundestag in Präsenz durchgeführt werden konnte, und es ist nicht ohne Ironie, dass ausgerechnet die Würdigung des parlamentarischen Engagements für eine freiheitliche Ordnung am Übergang zu einer Ausnahmesituation stand, die weitreichende Eingriffe des Bundestags in die Freiheitsrechte notwendig machte.

In Krisen ist die Exekutive in Bund, Ländern und Gemeinden besonders gefordert, aber die parlamentarische Demokratie durfte nicht außer Kraft gesetzt werden, denn die gravierenden politischen Entscheidungen zur Bewältigung der Gefahren bedurften der Legitimation durch den Deutschen Bundestag. Gemeinsam mit den Fraktionsvorsitzenden und Parlamentarischen Geschäftsführern konnten wir uns auf interfraktionelle Verfahren verständigen, mit denen die Beschlussfähigkeit des Bundestags und die Regeln des Parlamentarismus auch in dieser ungewöhnlichen Zeit gewahrt blieben – wozu auch gehörte, dass die Fraktionen erstmals in ihrer Geschichte ihre Sitzungen digital abhielten. In dieser Situation bewies der Bundestag für mich eindrucksvoll, über alles ideologisch Trennende hinweg einen überfraktionellen Konsens herstellen zu können.

Das Parlament hatte nach dem Infektionsschutzgesetz eine epidemische Lage von nationaler Tragweite festzustellen, um die Regierung zu ermächtigen, über Rechtsverordnungen Maßnahmen gegen die Pandemie einzuleiten. Die in der Folge verabschiedeten Gesetze zum Schutz der Bevölkerung begleiteten heftige öffentliche Debatten innerhalb und außerhalb des Bundestags. Die vehemente Kritik, das Parlament habe sich in der existenziellen Notsituation der Pandemie selbst ausgeschaltet, teile ich überhaupt nicht. Ein solcher Vorwurf verkennt die parlamentarischen Kontrollmechanismen, die von Beginn an etabliert wurden und zu ständigen Anpassungen, Konkretisierungen und Befristungen führten.

Die Ordnung unseres Grundgesetzes ist eine föderale, das heißt, die Gesetzgebungskompetenz liegt zu großen Teilen beim Bund, der Vollzug ist jedoch ganz überwiegend Ländersache. Das hat sich allen Unkenrufen und tatsächlichen Problemen zum Trotz auch in der Pandemie bewährt: Der Bund schuf den gesetzlichen Rahmen und die Grundlage für notwendige Eingriffe in grundgesetzlich – wenngleich mit Gesetzesvorbehalt – geschützte Freiheitsrechte und stellte den Großteil der finanziellen Mittel zur Verfügung – was für die Bundesregierung im Verhältnis zu den Ländern das wichtigste Steuerungsmittel war. Die Länder wiederum setzten die Beschlüsse in eigener Verantwortung um und konnten dabei regional unterschiedlichen Inzidenzen Rechnung tragen. Um in der Bevölkerung das für eine freiheitliche Ordnung in Krisenzeiten besonders wichtige Vertrauen zu bewahren, bedarf es eines abgestimmten Vorgehens, gerade auch bei unterschiedlichen Reaktionen auf unterschiedliche Gefährdungslagen in den Ländern. Der Vorwurf, die Konferenzen der Regierungschefs im Kanzleramt seien eine im Grundgesetz nicht vorgesehene Institution, war insofern unbegründet. Als allerdings den Ländern diese Abstimmung immer weniger gelang und die Verhandlungen zunehmend zur öffentlichen Kakofonie wurden, musste der Bundestag mit der »Bundesnotbremse« den gesetzlichen Rahmen selbst enger schneidern.

Mit wachsendem Unverständnis hatte ich zuvor zur Kenntnis genommen, dass die Kanzlerin den Bundestag regelmäßig erst nach einer Pressekonferenz über die Ergebnisse ihrer Verhandlungen mit den Ländern unterrichtete. Ich empfand das als Missachtung des Parlaments und verstand auch strategisch nicht, warum Merkel die Gelegenheit ungenutzt ließ, sich vor den schwierigen Treffen mit den sechzehn Länderchefs ihrer Mehrheit im Bundestag zu versichern. Die parlamentarische Unterstützung hätte sie als Pfund in die Diskussion mit einbringen können. Meine Aufforderungen an die Fraktionsführung, hier gegenzusteuern, blieben ungehört, die Konfrontation mit dem Kanzleramt wurde nicht gesucht.

Die anfängliche Unsicherheit, die wir alle im Privaten erlebten, herrschte auch im Parlament. Erschwerend kam hinzu: Wie waren Maskenpflicht und Zutrittsbeschränkung durch 2- und 3-G-Regeln, Testungen und Impfungen mit dem grundgesetzlich geschützten freien Mandat in Einklang zu bringen, wie durchzusetzen und gegebenenfalls zu sanktionieren? Und wie ließen sich mit Blick auf die bevorstehende Bundestagswahl Versammlungen zur Kandidatenaufstellung rechtlich sauber durchführen und unter Kontaktbeschränkungen die erforderlichen Unterstützerunterschriften durch nicht im Parlament vertretene Parteien sammeln? Das waren alles komplizierte rechtliche Fragen, die mich umtrieben und die Coronajahre zu einer Hochphase für Experten im Parlamentsrecht machten – und leider oftmals zum Anschauungsobjekt, wie weit wir uns in der rechtlichen Normierung durch die Rechtsprechung teilweise gefesselt hatten. Wenn ich zurückblicke, hat die Bundestagsverwaltung hier in kurzer Zeit immens viel geleistet, und ich bin stolz, welche Managementfähigkeiten sie unter den Direktoren Horst Risse und vor allem Lorenz Müller nicht zuletzt bei der Umsetzung von Test- und Impfstrecken bewies, um den Parlamentsbetrieb aufrechtzuerhalten.

## RECHT AUF LEBEN

Gesellschaftlich gingen wir in diesen Jahren durch heftig ausschlagende Stimmungswellen, je nach Inzidenzlage verschärft durch neuerliche Lockdowns mit Kontaktbeschränkungen und Ausgangssperren. Auf die Zuversicht am Jahresende 2020, die in bislang nie gekannter Geschwindigkeit entwickelte Impfstoffe ausgelöst hatten, folgte ein jäher emotionaler Absturz, als sich herausstellte, dass nicht nur die Wirksamkeit der Impfstoffe unterschiedlich war, sondern diese – nicht wirklich überraschend – auch nicht an alle gleichzeitig vergeben werden konnten. Die Debatte über die Priorisierung bewies für mich, woran ich kurz vor Weihnachten 2020 anlässlich der Rede von UN-Generalsekretär António Guterres im Bundestag erinnerte: »Wie menschlich eine Gesellschaft ist, bemisst sich an ihrem Umgang mit den Schwächsten – und hier zeigt die Pandemie, dass es in unserer Hand liegt, wie gut wir diesem Anspruch gerecht werden.«

Ich hatte zuvor im Frühjahr in einem Interview mit dem Berliner *Tagesspiegel* deutlich gemacht, dass vor dem Schutz von Leben nicht alles zurückzutreten habe, sondern sich Grundrechte gegenseitig beschränken. Wenn es überhaupt einen absoluten Wert in unserem Grundgesetz gebe, dann sei das die unantastbare Würde des Menschen. Aber diese schließe eben nicht aus, dass wir sterben müssen. Der Staat, argumentierte ich, müsse für alle die bestmögliche gesundheitliche Versorgung gewährleisten, trotzdem würden weiterhin Menschen sterben – auch an Corona. Das erhebliche mediale Echo, das dieses Interview auslöste, und die vielen Reaktionen aus der Bevölkerung zeigten mir, dass ich einen neuralgischen Punkt getroffen hatte – zumal ich auch andeutete, Jüngere hätten eigentlich ein viel größeres Risiko als ich. Mein natürliches Lebensende liegt deutlich näher. Dass ich als Angehöriger einer Hochrisikogruppe eher in der Lage dazu war, diese heiklen ethischen Fragen zu thematisieren, war mir bewusst. Nicht dagegen, wie sehr ich damit Auseinandersetzungen antizipierte, die sich in den Folgemonaten erst entwickeln sollten, nicht zuletzt über sensible Abwägungsfragen im Umgang mit Kindern und Jugendlichen – ein Thema, das nach der Pandemie besonders im Zentrum der kritischen Aufarbeitung der Coronazeit steht, nun allerdings auf Basis wissenschaftlicher Untersuchungen.

Dank der Impfungen haben wir tatsächlich einen Weg gefunden, mit dem Coronavirus zu leben. Vieles, was uns in der zugespitzten Krise bewegte, scheint heute bereits Ewigkeiten entfernt – Bilder vom Krieg haben sich davorgeschoben. Dass die Coronapolitik aufgearbeitet wird, finde ich mit Blick auf vergleichbare Herausforderungen in der Zukunft richtig. Wer aber den Stab über das Krisenmanagement bricht, sollte sich noch einmal in die Zeit zurückversetzen, als niemand – weder Politik noch Wissenschaft – eindeutig wusste, welche der ergriffenen Maßnahmen am wirkungsvollsten sind, ohne dabei die Grundlagen unserer offenen Gesellschaft zu zerstören. Jens Spahns kluger Satz bereits zu Beginn der Pandemie, dass wir uns noch einiges werden verzeihen müssen, ist heute wahrer denn je. Aber haben wir als Gesellschaft die Kraft dazu?

## TURBULENZEN IN DER CDU – ENDE DER ÄRA MERKEL

Zu Beginn der Pandemie erlebten Kanzlerin und Union noch einmal einen unerwarteten Popularitätsgewinn – vergleichbar mit dem Spätsommer 2015. Und wie damals bröckelte diese Zustimmung mit Fortschreiten der Krise rasant. Hier zeichnet sich ein Muster der Krisenreaktion ab, das sich auch beim Angriffskrieg Russlands gegen die Ukraine wiederholte, als sich nach der Zeitenwende-Rede von Olaf Scholz kaum jemand von rechts bis links in seiner Entschlossenheit überbieten lassen wollte, der Ukraine auch durch militärische Hilfe beizustehen. Tatsächlich war es ein Zeitenwende-Moment vor allem für die parlamentarische Linke in Deutschland, die in den Jahren zuvor jede noch so kleine Annäherung an das Zwei-Prozent-Ziel bei den Militärausgaben verhindert hatte. Nun sprach der sozialdemokratische Kanzler plötzlich von mindestens zwei Prozent, was insbesondere den Abgeordneten von Bündnis 90/Die Grünen, die davon erstmals erfuhren, sichtbar die Kinnlade sacken ließ. Inzwischen haben Grüne und SPD-Linke so einige Kröten schlucken müssen, die mit der Regierungsverantwortung einhergehen, von Waffenlieferungen bis zum europäischen Asylkompromiss. Regieren ist eben ein Rendezvous mit der Realität.

In der 19. Wahlperiode erfuhr auch die Flüchtlingskrise noch einmal ein innerparteiliches Nachbeben. Die unionsinternen Auseinandersetzungen waren zwischenzeitlich zwar abgeklungen, kochten aber noch einmal so hoch, dass im Sommer 2018 sogar das Auseinanderbrechen der Fraktionsgemeinschaft von CDU und CSU drohte. In der Fraktion ergriff ich, was ich sonst nur noch selten tat, das Wort, weil ich das Gefühl hatte, mir sonst später Vorwürfe zu machen. Als Ältester in der Fraktion hatte ich eine lebhafte Erinnerung an Kreuth 1976, damals aber in der Opposition, also unter ganz anderen Bedingungen. Ich appellierte an die Verantwortung aller, die über die Fraktion und auch unser Land hinausging, denn Europa konnte sich ein wegen innerparteilicher Querelen geschwächtes Deutschland nicht leisten. Außerdem war der Streit in der Union nichts anderes als ein Förderprogramm für Demagogen am rechten Rand.

Die CDU-Generalsekretärin Annegret Kramp-Karrenbauer bat mich daraufhin, mit Angela Merkel und Horst Seehofer ein vermittelndes Gespräch zu führen. Da ich eine Vorstellung davon hatte, wie es verlaufen würde, legte ich mir den Text der Dublin-Verordnung zurecht. Kurz zuvor hatte Merkel bei einem Bericht im CDU-Präsidium über den Streit mit Seehofer ihre Auffassung dargelegt, dass die Einführung von Grenzkontrollen 2015 europarechtlich nicht möglich gewesen sei, und den früheren Innenminister Thomas de Maizière gebeten, das zu erläutern. Als Bundesinnenminister hatte ich die Ausfertigung der Dublin-Verordnung anfangs noch selbst verhandelt und war deshalb von den Darlegungen überrascht. Vor allen anderen Präsidiumsmitgliedern widersprach ich de Maizière bewusst nicht, sondern rief ihn nach der Sitzung an. Auf meine Bitte, mir seine Position noch einmal zu erklären, reagierte er unsicher und sagte, er habe die Akten nicht bei sich. Ich bot ihm an, ihm den Text vorzulesen, aber es war schon klar, dass seine so einleuchtend klingende Erklärung im Präsidium eine Gefälligkeit gegenüber der Kanzlerin gewesen war. In seiner Unterstützung für Merkel war de Maizière – ähnlich wie Volker Kauder – unerschütterlich. Daran hatte offenbar nicht einmal etwas ändern können, dass Merkel und ihr Kanzleramtschef Peter Altmaier ihn in der Flüchtlingskrise öffentlich gedemütigt hatten.

Als Merkel und Seehofer unerkannt von Journalisten bei mir im Büro Platz nahmen, gerieten beide nach dem üblichen Small Talk schnell in Streit. Dabei ging es weit weniger um die komplexe Sache als vielmehr nur ums Rechthaben. Ich dachte – inspiriert von Christine Lagardes Reaktion auf Varoufakis 2015 – an den alten lateinischen Satz »*Sunt pueri pueri, pueri puerilia tractant*«, hörte mir das eine Weile an und schlug dann vor, wir könnten gemeinsam in die Dublin-Verordnung schauen, den Text hätte ich griffbereit. Beide reagierten sofort – sie kannten meine Neigung zur Rechthaberei: »Um Gottes willen nein«, und dann mussten wir alle drei über diese spontane Reaktion so herzlich lachen, dass das Eis gebrochen war. Zu dritt gelang es uns, eine für beide gesichtswahrende Lösung zu vereinbaren, und die Gemeinschaft von CDU und CSU war wieder einmal gerettet.

In Berlin war seit den verkorksten Koalitionsverhandlungen und einer von keiner Seite gewollten Koalitionsbildung mehr und mehr der Verschleiß einer so langen Kanzlerschaft zu spüren. Gedankenspiele um die Nachfolge Merkels prägten die innerparteiliche Debatte, weil sie eine erneute Kandidatur selbst ausgeschlossen hatte. So stark wie sie als Kanzlerin gefordert war, so wenig einflussreich wirkte sie noch in die Partei. Und wie auch schon bei Helmut Kohl werden selbst sehr erfolgreiche Kanzlerschaften nach langer Zeit irgendwann zäh. Die Kanzlerdämmerung begann für alle sichtbar, wenn auch für viele Beobachter überraschend, mit der Abwahl Volker Kauders als Fraktionsvorsitzender. Kauder hatte drei Legislaturperioden lang den Willen der Kanzlerin in der Fraktion exekutiert und ihr zuverlässig Mehrheiten beschafft. Nun zeichnete sich ab, dass Teile der Fraktion sich stärker emanzipieren und wieder kontroverser intern debattieren wollten. Es waren allerdings nicht die üblichen Verdächtigen, die den Schritt der offenen Konfrontation wagten, allen voran Jens Spahn, der an seinen Ambitionen keine Zweifel ließ, aber er war ja auch Mitglied der Regierung. Statt seiner wagte sich der stellvertretende Fraktionsvorsitzende Ralph Brinkhaus aus der Deckung und siegte. Kauder war zwar bereits mit einem schwachen Ergebnis in die Legislatur gestartet, dass er aber gegen Brinkhaus verlieren würde, hatte kaum jemand erwartet.

Natürlich beschäftigte auch mich, was das für die Stellung der Kanzlerin bedeutete. Merkel hatte immer die Absicht gehabt, selbst das Ende ihrer Amtszeit zu bestimmen, was ihr – im Gegensatz zu allen ihrer männlichen Vorgänger – dann auch tatsächlich gelang. Ursprünglich hatte sie wohl Ursula von der Leyen als Nachfolgerin ins Auge gefasst, zumindest hätte so die Entscheidung Sinn ergeben, von der Leyen 2013 zur Verteidigungsministerin zu ernennen. Allerdings war das Ergebnis genau gegenteilig, weil von der Leyen offenbar eher ihr persönliches Ansehen in der Öffentlichkeit zu pflegen bereit war, als notfalls auch harte Kritik für unumgängliche politische Entscheidungen in der Bundeswehr in Kauf zu nehmen.

So geriet Annegret Kramp-Karrenbauer stärker in Merkels Blickfeld – wir sprachen darüber auch gelegentlich. Kramp-Karrenbauer hatte, gegen den dringenden Rat aller in der Berliner Unionsführung, an der Saar die regierungsunfähige Koalition mit FDP und Grünen beendet und auf Neuwahlen mit dem Ziel einer großen Koalition gesetzt – und hatte damit Erfolg. Das imponierte uns, zumal sie Anfang des kritischen Wahljahrs 2017 mitten in der sozialdemokratischen Martin-Schulz-Euphorie siegte – was den darauffolgenden Wahlerfolgen in Schleswig-Holstein und Nordrhein-Westfalen und letztlich sogar dem Erfolg bei der Bundestagswahl den Weg bereitete.

In der neuen Legislaturperiode wollte Merkel die erfolgreiche Ministerpräsidentin nach Berlin holen, und es war offenbar die Idee von Kramp-Karrenbauer selbst, nicht Kabinettsmitglied, sondern Generalsekretärin der CDU zu werden – eine mutige Entscheidung, die ihren eigenen Kopf und Willen zeigte und ihr in der Partei wie in der Öffentlichkeit viel Respekt eintrug. Die Lage für die Union wurde 2018, auch wegen des Streits mit Seehofer, gleichwohl nicht besser. Zur Nemesis von Merkels Kanzlerschaft wurde in der öffentlichen Wahrnehmung dabei mehr und mehr ein Mann stilisiert, dem ich seit Langem auch außerhalb der Politik freundschaftlich verbunden bin. Ich wusste, dass Friedrich Merz eine Rückkehr in die Politik ausschlagen würde, solange Merkel Kanzlerin war. Allerdings war vermutlich Merkel viel mehr als er selbst entschlossen, niemals eine Zusammenarbeit mit ihm zu akzeptieren.

Im Herbst 2018 standen in kurzer Folge Landtagswahlen in Bayern und in Hessen an, und die Umfragedaten im Bund waren deprimierend. Ich sagte Merz, am Abend der Hessen-Wahl müsse er wissen, was er wolle, denn dann sei alles möglich. Tatsächlich überraschte Merkel am Morgen nach der empfindlichen Wahlniederlage das Präsidium mit der Ankündigung, beim

Parteitag im Dezember 2018 in Hamburg nicht mehr als Vorsitzende zu kandidieren. Merz reagierte umgehend und gab seine Kandidatur bekannt, Kramp-Karrenbauer und Spahn zogen nach. Ich unterstützte die Kandidatur von Friedrich Merz auch öffentlich in einem vielbeachteten *FAZ*-Interview. Das hatte ich mir vorher gut überlegt, und es gab überzeugende Argumente dagegen. Aber warum ich nicht öffentlich sagen sollte, was eh jeder wusste, während andere CDU-Granden wie selbstverständlich für Merkels Kandidatin Kramp-Karrenbauer warben, leuchtete mir überhaupt nicht ein – zumal das unglückliche Wort vom »Parteiestablishment« die Runde machte, was keiner lebendigen Volkspartei zur Ehre gereicht. Die Thronfolge ist in der Monarchie gut geregelt, in der Demokratie entscheidet aber die Mehrheit, und die will errungen sein.

Aus meiner Sicht sollte es nach zwei Jahrzehnten nicht um ein bloßes »Weiter so«, also um die Erhaltung des Status quo gehen, sondern darum, zu verändern. In Friedrich Merz erkannte ich den Mann, der den Mut hat, nicht nur das Ende einer Diskussion abzuwarten, sondern sie selbst zu gestalten. Er würde damit zwar auch auf Widerstand stoßen, aber das würde der zu sehr auf Alternativlosigkeit getrimmten politischen Debatte doch guttun und es dadurch erleichtern, wieder zu einer Integration der politischen Kräfte zur Mitte hinzukommen. Die politischen Ränder würden wieder schwächer, hoffte ich, und unser politisches System dadurch stabilisiert. Es ist müßig, darüber zu spekulieren, wie sich die Union entwickelt hätte, wenn sich Merz damals gleich durchgesetzt hätte – absehbar wäre es zu anderen innerparteilichen Konflikten gekommen. Dass die Jahre bis zur Bundestagswahl nicht zum Vorteil für die CDU waren, ist jedoch ausreichend belegt.

In Merkels Entscheidung sah ich also durchaus eine befreiende Wirkung für die CDU, wie ich in Interviews bekannte. Davon, Parteivorsitz und Kanzlerschaft zu trennen, war ich jedoch noch nie überzeugt, und ich zweifelte öffentlich, warum das jetzt funktionieren sollte. Merkel, die meine Vorbehalte in der Sache grundsätzlich teilte, formulierte selbst zurückhaltend, die Trennung der Ämter »kann« gelingen. Sie ging als Kanzlerin also ein persönliches Risiko ein, als sie vom Amt der Parteichefin zurücktrat. Aber für die CDU würde es eben auch nicht einfach, ahnte ich, jedenfalls mit Blick darauf, was das für eine künftige Kanzlerkandidatur des Nachfolgers an der Parteispitze bedeuten würde, dem der Amtsbonus fehlte. Armin Laschet, der die Aufgabe 2021 schließlich übernahm, musste sich denn auch neben der langjährigen erfolgreichen Bundeskanzlerin profilieren. Er konnte dabei weder sagen, mit ihm würde alles neu, noch konnte er ein »Weiter so« ankündigen. Nach sechzehn Jahren Kanzlerschaft von Merkel war das ein Dilemma der CDU, das aber offenkundig nicht von allen verstanden wurde. Die Berichterstattung spitzte meine Betrachtung der Lage so zu, dass ich der Kanzlerin nicht nur eine Mitverantwortung, sondern gar eine Mitschuld für die sich damals längst abzeichnende Niederlage geben würde. Das sind die üblichen medialen Mechanismen; an der Analyse habe ich aber keine Abstriche zu machen.

Merkwürdig bleibt, dass das Verhältnis zwischen der Kanzlerin und ihrer ehemaligen Generalsekretärin offenbar alsbald abkühlte. Angela Merkel machte keinerlei Anstalten, der von ihr selbst bevorzugten Parteivorsitzenden zu helfen, eher im Gegenteil. Es spricht für mich viel für die Vermutung, dass bereits die Ankündigung Kramp-Karrenbauers, die Flüchtlingspolitik innerhalb der CDU in aufwendigen Konferenzen aufarbeiten und so Spaltungen in der Partei überwinden zu wollen, zu einem Zerwürfnis führte, das sich nicht mehr kitten ließ. Merkel spürte wohl auch, dass Kramp-Karrenbauer Ratschläge erhielt, schon vor der Bundestagswahl Kanzlerin zu werden, nicht zuletzt von Friedrich Merz. In der aufreizenden Reaktion »Versuch es doch«, die später kolportiert wurde, kann ich eine Art von Merkel durchaus wiedererkennen, und sie tat ihre Wirkung. Zum offenen Machtkampf kam es nie.

Mein Eindruck in dieser Zeit bleibt übrigens, dass es Kramp-Karrenbauer nicht an der Loyalität ihrer früheren Mitbewerber Merz und Spahn mangelte, sondern sie eher unter den Ambitionen von NRW-Ministerpräsident Laschet litt, der sich für den besseren Kanzlerkandidaten hielt. Beim Leipziger Parteitag Ende 2019 wagte Kramp-Karrenbauer, bereits von den anhaltenden innerparteilichen Debatten angeschlagen, die Flucht nach vorne mit der Aufforderung: »Wenn ihr diesen Kurs nicht mit mir gehen wollt, dann lasst es uns jetzt beenden.« Zunächst ging das noch einmal gut, aber die verkorkste Thüringen-Wahl und die peinliche Posse, als die Wahl eines FDP-Abgeordneten zum Ministerpräsidenten mit den Stimmen der AfD von der CDU toleriert wurde, gaben ihrer kurzen Zeit an der Parteispitze den Rest.

Dabei hatte Kramp-Karrenbauer anfänglich resolut darauf reagiert. Wir trafen uns an dem Tag im Rahmen einer Anhörung der Deutsch-Französischen Parlamentarischen Versammlung in Straßburg, zu der Kramp-Karrenbauer als Verteidigungsministerin eingeladen war. Die Vorgänge in Erfurt überschatteten alles. Eindrücklich sind mir die Triumphgefühle Wolfgang

Kubickis in Erinnerung, der das Irrlichtern seiner Partei schönredete – eine Peinlichkeit, die er bereut hat. Dass es Kramp-Karrenbauer trotz Intervention nicht umgehend gelang, die CDU Thüringens und die Landtagsfraktion zu einer Korrektur ihres irrsinnigen Verhaltens zu bringen, weckte in der Öffentlichkeit Zweifel an der Führungsstärke der Bundesvorsitzenden. Aber erst die Wortmeldung der Kanzlerin von ihrer Auslandsreise in Südafrika ließen ihr Agieren endgültig blamabel aussehen. Kramp-Karrenbauer stand nun endgültig auf verlorenem Posten.

Kurz darauf kündigte sie denn auch im CDU-Präsidium an, nicht mehr als Kanzlerkandidatin zur Verfügung zu stehen und bei nächster Gelegenheit den Parteivorsitz abzugeben. So kam es im Januar 2021 zu einem neuerlichen Dreikampf, nun zwischen Friedrich Merz, Norbert Röttgen, der – wohl durch das Vorbild Jens Spahns animiert – in der Kandidatur eine Chance zur Neuprofilierung witterte, während Spahn selbst zurückzog und sich dem dritten Kandidaten Armin Laschet in einer Teamlösung als Vize anschloss. Den Mitgliederentscheid – wegen hoher Inzidenzen als digitale Abstimmung mit anschließender Briefwahl durchgeführt – gewann Laschet am Ende mit knappem Vorsprung, sicherlich auch wegen der Unterstützung von Merkel, aber vor allem wegen einer gelungenen Vorstellungsrede.

## NIEDERLAGE BEI DER BUNDESTAGSWAHL

Erste Meldungen, dass ich bei der Bundestagswahl wieder antreten würde, erschienen im August 2020 – da hatte ich selbst noch gar keine Entscheidung gefällt. Meine angeschlagene Gesundheit hatte sich zuletzt stärker bemerkbar gemacht, die Kräfte schwanden spürbar. Bereits 2017 hatte ich die letzte Sitzung der Finanzminister in Luxemburg unter furchtbaren Schmerzen und nur mit relativ starken Medikamenten gemeistert. Zurück in Berlin hatten die Ärzte Metastasen festgestellt, die mich seitdem stark beeinträchtigten, ich aber dank hervorragender ärztlicher Betreuung und immer neuer Therapiemöglichkeiten so weit in den Griff bekam, dass ich nicht von der Politik lassen musste – auch wenn es während meiner Präsidentschaft Momente gab, in denen ich ernsthaft an Rücktritt dachte. Anders als 2016 kamen nun vor allem jüngere Parteimitglieder auf mich zu und forderten mich auf, noch einmal zu kandidieren. Doch am Ende musste ich die Entscheidung selbst treffen, und ich meinte, gerade in einer Zeit, in der so viel Wandel, auch innerparteiliche Veränderung ansteht, könnte meine Erfahrung nicht schaden.

Der Neufindungsprozess der CDU nach dem digitalen Wahlparteitag vollzog sich in einer Phase allgemeiner Anspannung wegen der zunächst nur schleppend anlaufenden Impfungen. Nachdem lange an einen Impfstoff gar nicht zu denken war, konnte es nun nicht schnell genug gehen, das erlebte ich auch in meinem Freundes- und Bekanntenkreis. Hinzu kam eine Affäre, die im Frühjahr meine Partei besonders erschütterte. Dass ausgerechnet Abgeordnete aus der Not Profit geschlagen hatten, taugte zum veritablen Skandal. Die Schlagzahl an Mandatsniederlegungen nahm in dieser Zeit rasant zu. Mich ärgerte vor allem, dass durch das unanständige Verhalten Einzelner das Engagement zahlreicher Abgeordneter in Verruf geriet, die sich seit Beginn der verheerenden Pandemie bei der Beschaffung von Masken in ihren Wahlkreisen engagiert hatten – zumal es in der öffentlichen Debatte vielfach an der Fähigkeit fehlte, zwischen legitimer Interessenvertretung und persönlicher Bereicherung zu differenzieren.

Die Maskenaffäre zog die Union in einen Abwärtsstrudel, verschärft durch massive Interessenkonflikte, die im Zuge bezahlter Lobbytätigkeiten von Fraktionskollegen als Mitglieder der Parlamentarischen Versammlung des Europarats für das autoritäre Regime in Aserbaidschan publik wurden. Im Präsidium des Bundestags reagierten wir konsequent und beließen es in einem besonders krassen Fall nicht wie sonst üblich bei einer Ermahnung, sondern sanktionierten das Fehlverhalten hart, auch wenn das nur wegen des vorsätzlichen und gravierenden Verstoßes gegen die Meldepflichten aus den geltenden Regeln für Abgeordnete möglich war. Niemals zuvor ist im Bundestag eine so hohe Geldstrafe verhängt worden.

Es lohnt, an diese Stimmungslage im Frühjahr 2021 zu erinnern, weil es zu den Gesamtumständen der Niederlage im September gehört. Denn zur selben Zeit schlitterte die Partei mit ihrem noch nicht trittfesten Vorsitzenden in eine Auseinandersetzung um die Kanzlerkandidatur, wie sie lange nicht gesehen worden war. Robin Alexander hat in seinem Bericht *Machtverfall* die entscheidenden Tage ziemlich wirklichkeitsnah wiedergegeben, gleichwohl lässt seine Darstellung erkennen, dass seine Hauptquelle für die internen Gespräche und Verhandlungen hinter verschlossener Tür wohl vor allem in München lag. Mit mir hat er jedenfalls nicht gesprochen. Armin Laschets Wahl war eine demokratische Entscheidung der Partei, und auch wenn ich, wie man weiß, einen anderen Kandidaten bevorzugt hatte, galt in meinem altmodischen Demokratieverständnis das, was mehrheitlich entschieden wurde. Mit seiner Wahl an die Parteispitze war Laschet für mich naturgemäß auch Kanzlerkandidat der CDU – und der Union.

Markus Söder bestritt das, und in einer Sitzung des CDU-Präsidiums wurde ich um eine Einschätzung gebeten. Ich sagte, dass es mit der Selbstachtung der stärksten Partei in unserem Land nicht zu vereinbaren sei, einen Vorsitzenden zu wählen, um ihn gleich anschließend nicht für tauglich zu erklären, auch als unser Kanzlerkandidat anzutreten. Während Söder einen Verzicht ohne jede Beschädigung hätte akzeptieren können, war das für Laschet und zumindest Teile der CDU unmöglich. Eine beschädigte CDU aber, mahnte ich, sei für die Wahlkampfaussichten nicht hilfreich. Alle anderen schlossen sich mir an, genauso der Bundesvorstand. In der Fraktion gab es hingegen Widerstand, weil eine Reihe von Kollegen sich von einer Kandidatur Söders bessere Wahlaussichten versprach. Die Entscheidung wurde vertagt.

Am Wochenende vor der nächsten Fraktionssitzung rief mich nachmittags CDU-Generalsekretär Paul Ziemiak an und teilte mir mit, dass inzwischen im Präsidium nahezu alle umgefallen seien und Laschet zum Nachgeben raten würden. Ich antwortete, dass er dann auch gleich wieder als Bundesvorsitzender zurücktreten könne – und es lag auf der Hand, dass er fortan auch nur noch als NRW-Ministerpräsident auf Abruf gelten würde. Ziemiak fragte mich, ob ich bereit sei, das Laschet auch persönlich zu sagen. Im Telefonat zeigte sich Laschet standfest, und ich glaubte, dass er aus dieser Bewährungsprobe gegen Söder gestärkt hervorgehen würde. Nur kurze Zeit später meldete sich Ziemiak erneut und fragte, ob ich denn am Sonntagabend auch an einem Gespräch mit Söder, Laschet und einigen wenigen anderen teilnehmen würde, und ob man sich dazu in meinem Büro im Reichstag treffen könne. Vor dem Konrad-Adenauer-Haus wie vor der Bayerischen Landesvertretung lagerten jede Menge Journalisten, sodass ein solches Treffen keinesfalls diskret geblieben wäre. Also sagte ich auch das zu, allerdings mit der Maßgabe, dass ich nur für eine gute Stunde dabei sein würde, weil ich kein Freund von ausufernden Nachtsitzungen mehr sei.

Um 23 Uhr trafen wir auf der Präsidialebene im Reichstagsgebäude zusammen, niemand hatte etwas bemerkt: Armin Laschet und Markus Söder, die beiden Generalsekretäre, dazu Volker Bouffier und Alexander Dobrindt – und warum auch immer schoben mir beide Seiten die Gesprächsführung zu.

Ich wiederholte meine Argumente aus dem CDU-Präsidium und vermied wie schon zuvor jede negative Bewertung von Söder. Nach etwa neunzig Minuten wurde das Gespräch beendet. Söder und Laschet hatten inzwischen hinlänglich ihre jeweilige Sicht dargelegt, warum sie sich für den aussichtsreicheren Kandidaten hielten. Söder schloss mit dem Hinweis, er werde das jetzt für sich bewerten und morgen seine Entscheidung treffen. Wir verabschiedeten uns freundlich. Ich hatte keine Ahnung und, soweit ich es verstand, Laschet und die anderen CDU-Kollegen auch nicht, wie Söder sich am nächsten Vormittag entscheiden würde. Wir waren deshalb alle überrascht, als er in einer öffentlichen Erklärung mitteilte, dass er das Votum der CDU akzeptieren werde. Der Bundesvorstand stimmte noch am selben Abend mit klarer Mehrheit für Laschet, auch wenn die chaotisch verlaufene Sitzung den Zweifeln an der Führungsstärke Laschets neue Nahrung gab.

Später wies mir Söder die Hauptverantwortung für seine Entscheidung zu, und offenbar stellte er auch während des Wahlkampfs seine Bemühungen nicht ein, doch noch einen Wechsel in der Kandidatenfrage zu erreichen. Irritiert hat mich die mediale Überbewertung meiner Rolle als Einzelner innerhalb einer großen und vielstimmigen Volkspartei. Vor allem blieb in der Öffentlichkeit völlig unterbelichtet, wieso Söder eigentlich aufgegeben hatte, warum ihn, den Machtmenschen, dann doch der Mut verließ, das Duell auszukämpfen – zumal die Mehrheitsverhältnisse alles andere als klar waren, er sogar noch immer mit großer Unterstützung durch die Fraktion rechnen konnte. Die Sticheleien aus der CSU gegen mich lenkten insofern nur von der Schwäche des eigenen Vorsitzenden ab.

Laschet fasste vor der Sommerpause zwar vorübergehend ein wenig Tritt, als die CDU wieder stabil um die dreißig Prozent lag. Aber nach dem missglückten Auftritt neben dem Bundespräsidenten während der Flutkatastrophe im Ahrtal zeichnete sich die Niederlage ab, und sie wurde spätestens Anfang September für mich zur Gewissheit. Wann zuvor hatte schon einmal ein Lachen im falschen Moment eine Wahl entschieden? In einem zu unentschlossen geführten Wahlkampf blieb letztlich offen, warum auch nach sechzehn Jahren die Union das Land weiter führen sollte. Dafür gelang dem lange abgeschriebenen SPD-Kandidaten Olaf Scholz, was ich befürchtet und wovor ich intern gewarnt hatte, sich in Anlehnung an Merkels legendären Satz »Sie kennen mich« zu präsentieren und den Wählern eine Fortsetzung der Regierung Merkel ohne CDU anzubieten. Die Ampel-Koalition ist letztlich das Ergebnis einer Konstellation aus Versagen der Union mit Fehlern ihres Spitzenkandidaten und der einfachen Tatsache, dass nach sechzehn Jahren Unionsregierung ein Wechsel notwendig war. Das Wahlergebnis, auch mein eigenes, enttäuschte mich natürlich, aber ich erkannte darin auch nicht das ganz große Drama. Wechsel gehören zur Demokratie, Erneuerung in der Opposition kann notwendig werden – das haben mich fünf Jahrzehnte im Parlament gelehrt.

## BILANZ EINER ÄRA

Dass ich Angela Merkel in einem Interview 2023 nicht unter die drei bedeutendsten Kanzler zählte, die diese Republik bislang regierten, hat in der Öffentlichkeit viel Aufsehen erregt. Untergegangen ist dabei, dass ich es als zu früh bezeichnete, dieses Urteil zu fällen, noch dazu in einer Phase, in der Entscheidungen und Entwicklungen ihrer Kanzlerschaft weiterhin auf dem Prüfstand stehen. Die Frage, ob Helmut Kohl ein großer Kanzler war, wurde nach seiner Amtszeit zu verschiedenen Zeiten unterschiedlich beurteilt. Heute wird das eigentlich nicht mehr ernsthaft bestritten. Bilder schwanken in der Geschichte, aber als ostdeutsche Frau an der Spitze der Regierung ist Merkel das Geschichtsbuch schon bei Amtsantritt sicher gewesen.

Die Anforderungen an das höchste Regierungsamt habe ich in der *ZEIT* einmal so formuliert: Man muss den Menschen das Vertrauen vermitteln, das Land auch unter den schwierigsten Bedingungen steuern zu können. Es braucht den Mut zu Entscheidungen, ohne schon zu wissen, ob die Antworten auf Probleme langfristig richtig sind – dieses Vertrauen zu stiften, ist eine große Kunst. Konrad Adenauer und Willy Brandt konnten das, und Angela Merkel ist das auf ihre eigene Weise auch lange gelungen, gerade in Zeiten von Krisen, an denen es in ihrer Kanzlerschaft nicht mangelte. An meiner Einschätzung, zu der ich 2021 in öffentlichen Würdigungen ihrer Kanzlerschaft kam, hat sich auch rückblickend nichts geändert: Als Merkel Vorsitzende wurde, war die CDU wegen der Parteispendenaffäre in der wohl schwierigsten Situation ihrer Geschichte. Damals haben uns manche das Schicksal der untergegangenen italienischen Democrazia Cristiana vorausgesagt. Eines der historischen Verdienste von Merkel besteht darin, die CDU vor diesem Absturz in die Bedeutungslosigkeit bewahrt zu haben. Darüber hinaus habe ich an ihr immer hoch geschätzt, dass sie gesellschaftliche Veränderungen und

Stimmungen insbesondere im großstädtischen Milieu viel besser verstand als der Großteil der traditionellen CDU. Auch darin liegt eines ihrer großen Verdienste für die Partei, deren Vorsitzende sie immerhin achtzehn Jahr lang war.

Als Bundeskanzlerin hat sie wesentlich dazu beigetragen, dass unser Land mit diesen strukturellen gesellschaftlichen Veränderungen ohne allzu große Verwerfungen zurande kam. Im späteren Verlauf überwogen aus meiner Sicht die Nachteile ihrer ständigen Suche nach Kompromissen mit Koalitionspartnern und den anderen Parteien im Bundesrat. Aber über lange Zeit hat sie unser Land gut geführt, mit meist nüchterner Souveränität – auch wenn sie durchaus emotional überraschen konnte, so wie ihr das zum Schluss beim Zapfenstreich noch einmal gelungen ist. Die für viele unerwartet persönliche Musikauswahl zeigte sie ihrer ostdeutschen Herkunft bewusst und im protestantischen Glauben verankert – und nicht zuletzt als Frau mit hintersinnigem Humor. Ich habe eine grundsätzliche Sympathie für sie gehabt, sie menschlich immer gemocht. Richtig ist aber auch, dass wir beide sehr unterschiedliche Ansichten davon haben, was es heißt, politisch zu führen. Sie hat ihren jeweiligen Koalitionspartnern zu sehr nachgegeben und der Fraktion unter Volker Kauder den Anspruch, ein Gegengewicht zu bilden, gar nicht erst zugestanden. Und auch Ralph Brinkhaus, den ich als soliden Finanzpolitiker kannte, hat die bei seiner Wahl offenbar in ihn gesetzten Erwartungen, auch einmal in Konfrontation zum Kanzleramt die Debattenkultur innerhalb der Fraktion wiederzubeleben, nicht erfüllen können.

Merkels Führungsstil hat meine Loyalität strapaziert, auch wenn ich jedes Ansinnen, ihr in den Rücken zu fallen, kategorisch abgelehnt habe. 2017 hatte ich für mich die Konsequenzen daraus gezogen, dass ihre Art des Führens meine Politik in entscheidenden Momenten unterlief. Ich erkenne aber an, dass ihr auf Ausgleich ausgerichteter Politikstil gerade auch unter Nachbarn und Partnern für Vertrauen und Zutrauen in unser Land sorgte – vielleicht das wichtigste persönliche Verdienst von Angela Merkel. Wenn man betrachtet, wer alles in den sechzehn Jahren ihrer Kanzlerschaft in gefestigten Demokratien in Regierungsverantwortung kam – ob der Wiederholungstäter Silvio Berlusconi, die Fünf-Sterne-Bewegung und aktuell die Postfaschisten in Italien, Boris Johnson in Großbritannien und, *horribile dictu*, Donald Trump in den USA –, dann steht die Ära Merkel eben auch für eine bemerkenswerte Phase weitgehend sachlich begründeter Politik.

Sicherlich, in ihrer Regierungszeit konnte sich eine populistische Kraft rechts der Union etablieren, und in wichtigen Entscheidungen provozierte der Blick auf Volkes Stimme teils überstürzte politische Entscheidungen. Aber inwieweit mag man ihr das anlasten? Wie weit geht die persönliche Verantwortung des Spitzenpolitikers? Die vielgepriesene nüchterne Bedächtigkeit, die ihr und ihrem Politikstil zugeschrieben wird, kontrastiert jedenfalls gerade mit den Entscheidungen in ihrer Amtszeit, die unzweifelhaft als historisch eingestuft werden können: die Abschaffung der Wehrpflicht, der Umgang mit den in Ungarn gestrandeten Geflüchteten, der Ausstieg aus der Atomenergie und die dadurch eingeläutete Energiewende. Solche deutschen Alleingänge in Europa gehörten wohl zu den eigentlich problematischen Momenten dieser Ära, zumal es zunehmend an der Bereitschaft zur korrigierenden Selbstkritik mangelte. Dennoch hat Merkel unser Land in einer schnellen Abfolge tiefgreifender Krisen zweifellos lange stabil regiert. Die Zukunft wird zeigen, welchen Platz ihr die Geschichte zuweist.

Gegenüber der Niederlage von 1998, die lange absehbar gewesen war und auf die wir uns deshalb einstellen konnten, war die Partei 2021 binnen weniger Wochen völlig eingebrochen. Das Wahlergebnis ist zudem im Kontext eines grundlegenden Wandlungsprozesses unseres Parteiensystems zu sehen, bei dem die Bindekräfte der einstigen Volksparteien abnehmen, die Ergebnisse vormaliger Mehrheitsbeschaffer wellenartig nach oben oder auch unten ausschlagen und sich ganz neue Parteien etablieren. Das Parlament fragmentiert dadurch auf Kosten stabiler Mehrheiten weiter. Nach der Wahlpleite musste sich die CDU neu sortieren. Friedrich Merz hat Partei und Fraktion in dieser schwierigen Lage gut zurück auf Kurs gebracht und zusammengehalten – wobei er in der einzigartigen Krisenlage durch den russischen Angriffskrieg gegen die Ukraine eine schwierige Balance zu halten hat: als Oppositionsführer einerseits konstruktiv und staatstragend zu agieren, andererseits die nötige Kritik am Kurs der Ampel-Koalition zu üben und eigene politische Gestaltungsvorstellungen zu entwickeln. Es ist, wie der Blick auf andere Demokratien zeigt, nicht selbstverständlich, aber von hohem Wert, wenn ein Parlament wie der Bundestag während der Coronapandemie und jetzt während des Ukrainekriegs bei allem Streit und aller Konfliktbereitschaft, die es in der Politik braucht, immer auch erkennen lässt, dass es nicht allein um die eigenen parteipolitischen Interessen geht, sondern dass mit unterschiedlichen Argumenten für das Gemeinwohl gekämpft wird.

# XI.

## VERWEGENHEIT STIFTEN – WAS BLEIBT

◂ Wolfgang Schäuble vor dem Gemälde *Verwegenheit stiften* von Jörg Immendorff im Präsidialbüro.

Über viele Jahre begleitete mich in meinen Büros ein beinahe wandgroßes Gemälde von Jörg Immendorff. Ich machte mir immer wieder den Spaß, meine Gäste zu fragen, was sie in dem Bild erkennen würden, und war jedes Mal über die Bandbreite möglicher Interpretationen erstaunt. Mir selbst bedeutete allein schon der Titel Inspiration und Ermutigung: *Verwegenheit stiften*. Draufgängertum bekommt einem in der Politik in der Regel nicht. Es ist nie ratsam, mit dem Kopf gegen die Wand zu laufen. Den Willen auch einmal zum kühnen, verwegenen Griff braucht es dagegen schon. Die Idee zum Einigungsvertrag, später die »schwarze Null« waren in meinem politischen Leben solche Momente. Heute muss ich nicht mehr vorpreschen, aber bisweilen wünschte ich mir schon ein Mehr an Wagnis angesichts verkrusteter Gewohnheiten in einer in vielem satt gewordenen Gesellschaft. Dann spüre ich noch immer etwas von der Leidenschaft, gestalten zu wollen, ohne die mir Politik unvorstellbar scheint.

Meine politische Karriere bemisst sich für mich nicht in den Ämtern, die ich innehatte. Auf das permanente Vorhalten, was ich im Leben nicht geworden bin, habe ich schon vor zehn Jahren trotzig bemerkt: Stimmt, nicht mal Papst. Aber ich hatte das Glück, über fünf Jahrzehnte die Geschicke unseres Landes an einflussreichen Positionen mitbestimmen zu können. Das war ein Privileg, das ich manchmal als Last und immer als große Verantwortung empfunden habe. Deshalb wäre mir auch nie eingefallen, mein 2021 zum vierzehnten Mal gewonnenes Direktmandat nicht anzunehmen, auch wenn das Ergebnis für mich selbst enttäuschend war. Die Entscheidung Annegret Kramp-Karrenbauers und Peter Altmaiers nach der Wahlniederlage, auf ihren Listenplatz zu verzichten, respektiere ich. Aber warum sollte daraus abzuleiten sein, es ihnen mit meinem gewonnenen Direktmandat gleichzutun? Das ist ein seltsames Verständnis des Wählerwillens. Dass die damit verbundene Forderung, Ältere sollten für die Jüngeren Platz machen, gerade von denen besonders lautstark erhoben wurde, die Repräsentation mit Repräsentativität verwechseln, finde ich fast komisch – unbenommen davon, dass ich nach meinem Amtsverständnis weder früher Politik nur für die Jungen noch jetzt nur für die Alten mache. Solange es meine Gesundheit zulässt, werde ich meine Verantwortung als Abgeordneter wahrnehmen, alles andere wäre unanständig und würde meinem Pflichtbewusstsein widersprechen. Nach meinem Dafürhalten sollte man mit dem politischen Engagement allerdings spätestens dann aufhören, wenn man keine Bereitschaft mehr für neue Erfahrungen spürt.

Mit dem Wahlausgang stand der SPD als stärkster Fraktion das Vorschlagsrecht für das Amt des Bundestagspräsidenten zu. So leitete ich am 26. Oktober 2021 als Alterspräsident die konstituierende Sitzung mit der Wahl der Sozialdemokratin Bärbel Bas zur neuen Bundestagspräsidentin. Den Wechsel vollzogen wir im kollegialen gegenseitigen Respekt so, wie es sich in einer Demokratie zwischen Amtsvorgänger und Amtsinhaberin gehört. Die Kreise beginnen sich seitdem für mich zu schließen. Es gibt im Hohen Haus nun niemanden mehr, der sich mit mir an die Anfänge in den siebziger Jahren erinnern kann, selbst die Zeit vor der Wiedervereinigung ist für viele keine erlebte Geschichte mehr, zahlreiche meiner früheren Kollegen, Wegbegleiter wie politische Gegner, sind inzwischen verstorben. Auf eine Reihe von ihnen hielt ich im Plenum Nachrufe, darunter Hans-Jochen Vogel, Norbert Blüm, Philipp Jenninger und Kurt Biedenkopf, mit jedem von ihnen teilte ich persönliche Geschichten – Erinnerungen an gemeinsam bestandene Prüfungen und an ausgefochtene Kämpfe. Die meisten Konflikte hatten sich da längst überlebt. Diese Milde des Alters ist das Privileg eines langen Lebens, für das ich dankbar bin, weil es mir nach dem grundstürzenden Einschnitt 1990 so nicht prognostiziert war.

Die Lust an der Debatte und meine Neugierde am »Anderen« habe ich nicht verloren. Als mich im Sommer 2022 während meines Sylturlaubs eine Gruppe von Punkern, die vor dem Rathaus in Westerland ein Protestcamp unterhielten, um ein Gespräch bat, sagte ich unter der Bedingung zu, das Treffen müsse zivilisiert ablaufen. Das hat funktioniert, bei Kaffee und Apfelsaft – Punker sind auch nicht mehr das, was sie als Schreckbild eines Konservativen einmal waren – diskutierten wir lebhaft über die Kurtaxe und eine gerechte Vermögensverteilung, und am Ende verabschiedeten sie mich mit fröhlichen »Wolle, Wolle, Wolle«-Rufen. Dass dieses eigentlich doch ganz normale Gespräch bundesweit für großes Aufsehen sorgte, hat mich überrascht und zeigt mir, dass sich in unserer öffentlichen Diskussionskultur manches verbessern ließe – die Sehnsucht in der Bevölkerung danach ist aus vielen Reaktionen auf die Berichterstattung herauszuhören gewesen.

Ich bin leidenschaftlich gerne Abgeordneter. Wer möglichst viel Geld verdienen will, sollte kein Mandat anstreben. Aber wenn man Freude an der politischen Gestaltung hat, ist es ein wunderschöner Beruf. Für mich war es eine Berufung. Man muss es ja nicht fünfzig Jahre lang machen, wie ich anlässlich meines Jubiläums gesagt habe – wobei die Jahrzehnte schnell verflogen sind. 2022 spöttelte ich angesichts der nicht enden wollenden Feierlichkeiten, man sollte, wenn man achtzig Jahre alt wird, nicht zusätzlich noch fünfzig Jahre im Parlament gesessen haben – auch wenn mich natürlich jede der freundlichen Aufmerksamkeiten zu meinem Doppeljubiläum gefreut hat.

Ich schaue auf eine außergewöhnlich erfüllende Arbeit zurück und zugleich auf eine strapaziöse und vereinnahmende Zeit. Agieren auf offener Bühne verlangt, das Private so weit wie möglich zu schützen – was angesichts meiner Lebenssituation nach dem Attentat zusätzlich herausfordernd war –, und seine Integrität wahrt in diesem Geschäft nur, wer sich in Kollegialität und Fairness übt, wer weiterhin zuhören kann und den inneren Kompass nicht verliert. Ich habe Rückschläge erlitten, wurde kritisiert und habe Niederlagen kassiert – das ist das Leben, ich kann mich nicht beklagen. Bereut habe ich es nie. Gelitten haben unter den Folgen, die mein politisches Engagement hatte, vorrangig andere. In der Politik bin ich sehr mit mir im Reinen – und bei meiner Frau, die sich das Leben mit mir sicher anders vorgestellt hat, entschuldige ich mich so oft, dass es wahrscheinlich nichts mehr nützt.

Hätte ich rückblickend Dinge anders gemacht? Mit dem Wissen von heute sicher ja, aber unter den gleichen Bedingungen von damals würde ich wohl wieder ähnlich handeln – und die gleichen Fehler machen. Deshalb betone ich mit Blick auf die seit dem Überfall auf die Ukraine zu Recht umstrittene Russlandlandpolitik, dass wir die Lage damals falsch eingeschätzt haben – deshalb sind Fehler gemacht worden, die wir heute deutlich sehen. Doch im Nachhinein zu kritisieren, ist das eine, auch das einfachere, wichtiger ist, aus diesen Fehlern zu lernen. Wir haben uns in der Bewertung Putins furchtbar getäuscht. Als der russische Präsident sagte, der Zerfall der Sowjetunion sei die größte geopolitische Katastrophe des 20. Jahrhunderts gewesen, haben wir das leichtfertig abgetan, dabei hat Putin es wortwörtlich gemeint. Schon in der Ära Boris Jelzin war der Einfluss des russischen Geheimdiensts, für den Putin in der Sankt Petersburger Zelle tätig gewesen war und der in Russland offenbar eine beherrschende Rolle hat, immer größer geworden. Aber was daraus werden sollte, das haben wir damals nicht geahnt. Wir dachten wirklich, dass wir mit engeren Beziehungen zu Russland etwas erreichen können, eine echte Partnerschaft für den Frieden.

Auch ich hätte früher erkennen können, dass wir mit dieser Einschätzung grundfalsch lagen. Aber auch bei mir war die Hoffnung größer, nicht noch einmal finstere Zeiten zu erleben, in denen in Europa Grenzen mit militärischer Gewalt verschoben und eine Nation ausgelöscht werden sollen. Dabei hatte der polnische Staatspräsident Lech Kaczyński, der später bei einem Flugzeugabsturz ums Leben kam, bereits nach Russlands Angriff auf Georgien 2008 gewarnt: »Erst kommt Georgien, dann die Ukraine, dann Moldawien, dann die baltischen Staaten und dann Polen.« Wir haben weggehört, aber Kaczyński lag mit der ersten Prophezeiung bereits richtig. Die beste Einsicht hat deshalb für mich Annegret Kramp-Karrenbauer formuliert, als sie zerknirscht bekannte, sie sei so wütend auf uns. Wir hätten alles gewusst, und wollten es nur nicht sehen. Dass sich Kaczyńskis Szenario nicht weiter bewahrheitet, liegt in unserer Hand.

Das Scheitern der um Frieden bemühten Regierungschefs vor dem 24. Februar 2022 habe ich als in gewisser Weise unseren »München-Moment« bezeichnet, aus dem wir schmerzlich haben lernen müssen. Jetzt setzt sich die Erkenntnis bei den meisten durch, dass Abschreckung die beste Form ist, den Frieden zu erhalten. Putin darf den Krieg nicht gewinnen, weil er dann wohl weitermachen würde. Diejenigen, die unter Verweis auf unsere historische Verantwortung weiterhin den Pazifismus beschwören, irren. Denn gerade die Lehren aus den Schrecken zweier Weltkriege verpflichten uns, die Freiheit glaubhaft zu verteidigen. Das Undenkbare denken und darauf vorbereitet sein, damit es nicht passiert: Dieser Leitsatz wurde dennoch zu lange nicht beherzigt. Im Kalten Krieg wurde das Buch von General Maxwell Taylor *The Uncertain Trumpet* breit diskutiert. Taylor betont darin, dass Abschreckung nur funktioniere, wenn Überzeugungen durch klare Ansagen gestützt werden. Das fordert eine andere Entschiedenheit, gerade von uns Deutschen, damit die Putins dieser Welt verstehen, dass wir in Europa keine *uncertain trumpet* sind, sondern für unsere Lebensweise, für Freiheit und Demokratie auch bedeutende Opfer zu bringen bereit sind. Ich bin froh, die dazu notwendigen Entscheidungen, wie die der aktuellen Bundesregierung für Waffenlieferungen, nicht mehr mit fällen zu müssen. Gerade als Kanzler ist man bei solchen Fragen sehr einsam.

Nach dem Angriff Russlands auf die Ukraine ist mir die Begegnung mit Wolodymyr Selenskyj bei seinem Antrittsbesuch in Deutschland 2019 in Erinnerung gekommen. Nachdem das Gespräch damals auch wegen meiner wohl überzogenen Erwartungen ohne nachdrücklichen Eindruck verlaufen ist, bewundere ich die Wandlung, die dieser Mann seit Kriegsbeginn gemacht hat. Sie ist ein Beweis dafür, dass ein Mensch mit den Herausforderungen wächst. Die heldenhafte Art, mit der er sein Land im Krieg führt, als die Rolle seines Lebens zu bezeichnen, ist bei seiner Biografie zwar naheliegend, verbietet sich jedoch angesichts der Bedeutung, die seinem Kampf auch für unsere Freiheit zukommt. Russlands Feldzug lässt sich in Herfried Münklers Worten als hinkendes Comeback eines Imperiums aus dem 20. Jahrhundert deuten, aber der Krieg Putins ist eben auch nicht ohne die Systemrivalität zwischen den USA und China zu denken, die im 21. Jahrhundert die internationalen Beziehungen immer stärker bestimmen wird. Davon, wie sich der Westen mit seinen Werten in diesem Systemkonflikt insgesamt behaupten kann, wird unsere Zukunft als Deutsche in Europa abhängen. Von China sind wir Deutschen noch abhängiger als von Russland. Eine unserer drängendsten politischen Zukunftsaufgaben besteht nunmehr darin, die damit verbundenen Risiken zu minimieren und uns aus der ökonomischen Umklammerung zu lösen. Schon während der Pandemie mussten wir feststellen, dass empfindliche Bereiche unserer Versorgung von anfälligen globalen Lieferketten abhängen und dadurch auf das Wohlwollen konkurrierender Systeme angewiesen sind. Als einzelne europäische Nation sind wir in der globalisierten Welt längst nicht mehr in der Lage mitzuhalten oder gegenzusteuern. Deshalb ist eine starke und handlungsfähige EU ohne Alternative.

In meinen europapolitischen Positionen bin ich dabei in Teilen zurückhaltender geworden, ich sehe heute mehr die Notwendigkeit, behutsam vorzugehen, wenn wir Europa verändern wollen. Die Bindekräfte der Nationen sind stark, und eine freiheitliche Demokratie benötigt diese Bindungen für die eigene Stabilität. Deshalb braucht es unsere Bereitschaft, die Interessen, Erfahrungen, historischen und kulturellen Prägungen des anderen zu kennen und zu respektieren, das gilt besonders für unseren Umgang mit den osteuropäischen Nationen. Die EU wird zweifellos rasch institutionelle Veränderungen durchlaufen und gleichzeitig eine Erweiterung erfahren müssen, einschließlich des westlichen Balkans. Sonst droht ein schwelender Konflikt mitten in Europa jederzeit zu eskalieren. Gleichzeitig wird die Erweiterung nur gelingen, wenn wir verschiedene Stufen der Integration schaffen, wofür sich die Blaupause schon in meinem zusammen mit Karl Lamers verfassten Papier von 1994 findet. Solange wir in der Europäischen Union durch die Fesseln des Lissabon-Vertrags nicht zu einer grundlegenden Reform des europäischen Primärrechts kommen können, müssen wir mit pragmatischer Effizienz Probleme lösen, die kein europäischer Staat alleine bewältigen kann. Zuvorderst gilt das für die Bewältigung der Migration durch Aufnahmezentren außerhalb der EU. Sie müssten mit europäischen finanziellen und personellen Mitteln als Orte für wirtschaftliche Entwicklung mit entsprechenden Bildungs- und Ausbildungskapazitäten und Investitionen in Infrastruktur und Wirtschaft ausgestattet werden. So ließen sich dafür Partner in unseren Nachbarregionen finden, und auch die Mitgliedsländer der EU, die sich bislang einer quotalen Flüchtlingsverteilung widersetzen, würden sich, wie ich von einigen aus persönlichen Gesprächen weiß, daran beteiligen. Ursula von der Leyen legte ich das bei ihrem Wechsel nach Brüssel als vorrangige europäische Aufgabe ans Herz. Bei einem Erfolg würde sich damit auch die Zustimmung in der Bevölkerung zur europäischen Einigung deutlich erhöhen. Sie widersprach mir nicht, aber geschehen ist danach lange viel zu wenig.

Daneben ist von wachsender Dringlichkeit, in Europa einen stärkeren Beitrag zur globalen Stabilität, eigenen Sicherheit und Prosperität zu leisten. Erst recht seit wir angesichts der tiefen Spaltung in der amerikanischen Gesellschaft nicht mehr darauf bauen können, dass die unverzichtbaren Garantien der USA für die europäische Sicherheit von Dauer sind. Die Präsidentschaftswahlen Ende 2024 werden wegweisend, und Europas verantwortliche Politiker müssen alles dafür tun, auf jedes denkbare Ergebnis gut vorbereitet zu sein. Polen, Deutschland und Frankreich sollten vorangehen und gemeinsam Führungsverantwortung übernehmen, um eine hinreichende europäische Abschreckungskraft aufzubauen. Polen ist auf dem Weg zur größten konventionellen Armee in Europa, Deutschland hat noch immer seine Wirtschaftskraft und Frankreich neben seiner Rolle als ständiges Mitglied im Weltsicherheitsrat die atomare Kapazität. Diese drei Länder könnten perspektivisch ihre nationalen Streitkräfte Schritt für Schritt operativ zusammenführen, über deren

Einsatz dann gemeinsam entschieden würde. Ein dabei von Frankreich aus über Europa gespannter nuklearer Schirm als Schlüssel zu einer glaubhaften Abschreckung müsste im Rahmen der ökonomischen Kräfteverhältnisse gemeinsam finanziert werden – wobei die letzte Entscheidungsgewalt in Paris verbliebe.

Die nukleare Kapazität Europas würde dennoch auf absehbare Zeit nicht ohne das amerikanische Potenzial auskommen, deshalb sollten wir innerhalb der NATO zu einer abgestimmten europäischen Nuklearstrategie kommen, die sowohl der europäischen Autonomie als auch den geostrategischen Interessen Amerikas Rechnung trägt und damit den für uns lebensnotwendigen Zusammenhalt im Atlantischen Bündnis stärkt. Europa könnte einen Doppelbeschluss fassen: die eigene nukleare Abschreckung weiterentwickeln und gleichzeitig eine Plattform für Abrüstung von taktischen Atomwaffen und Kurz- und Mittelstreckenraketen in Europa initiieren. Nur verwegene Gedanken? Die politische Kraft, die dazu in Deutschland die Initiative ergreifen, dafür in Frankreich und Polen werben und nicht zuletzt die Deutschen selbst davon überzeugen könnte, suche ich vergeblich.

Die Dominanz der westlichen Welt nimmt zwar spürbar ab. Unsere Ideale üben auf all jene Menschen, die nicht in dieser Ordnung leben dürfen, aber noch immer eine ungeheure Anziehungskraft aus, weil sich mit ihnen eine Lebensform verbindet, die Individualität, Pluralität und Wohlstand ermöglicht. Im Systemkonflikt des 21. Jahrhunderts braucht es deshalb umso mehr das Bündnis der freiheitlichen, rechtsstaatlich verfassten Demokratien, für das ich öffentlich werbe, dazu in Europa das Selbstverständnis, sich nicht nur als ein Wirtschaftsprojekt zu begreifen, sondern immer auch als eine Friedensordnung und Wertegemeinschaft. Putin fürchtet sich nicht vor der Ukraine, genauso wenig wie China vor Hongkong zurückschreckt. Dass die Ukraine Russland bedrohe, hat selbst der Kreml-Herrscher nicht behauptet. Bedrohlich für Russland wäre aber eine Ukraine, die als Teil des zusammenwachsenden Europas und des freien Westens politisch und wirtschaftlich prosperiert – und dadurch selbst eine für Russland gefährliche Anziehungskraft entwickeln könnte.

Wer unter freiheitlichen und demokratischen Bedingungen leben darf, gewöhnt sich schnell daran. In dieser scheinbaren Selbstverständlichkeit liegt eine ernste Gefahr für die Demokratie. Sie sei nur so lange stark, sagte Obama in seiner Abschiedsrede als Präsident der Vereinigten Staaten, wie sich die

Menschen für sie engagieren. Deshalb reicht in Zeiten, in denen überall in den westlichen Demokratien populistische Bewegungen mit vereinfachenden Antworten auf hochkomplexe Herausforderungen anschwellen und auch in Deutschland rechtsextremes Denken wieder floriert, Kritik von der Seitenlinie allein nicht mehr aus. Demokraten müssen selbst aktiv werden, um die Demokratieverächter in die Schranken zu weisen, und sie sollten dazu vor allem in den demokratischen Parteien mitarbeiten und ihnen Rückhalt geben. Denn nur mit Parteien, die in der Breite der Gesellschaft verankert sind, wird unsere parlamentarische Demokratie gegenüber populistischen und extremistischen Angriffen bestehen, die drängenden Aufgaben angehen und den Bürgerinnen und Bürgern Halt und Vertrauen in einer Welt des rasanten Wandels geben können. Freiheit und Demokratie haben wir eben vor den wachsenden Bedrohungen von innen und außen gleichermaßen zu schützen.

In einer Zeit, in der wir beginnen, täglich mehr über die Fortschritte Künstlicher Intelligenz zu staunen, braucht es im Übrigen mehr denn je auch eine wagemutige Politik, um im unaufhaltsamen Prozess des technologischen Fortschritts die menschliche Freiheit zu sichern. Den Ethikrat hatte ich noch als Präsident beauftragt, das Verhältnis von Mensch und Maschine für das Parlament auszuloten – eine Entwicklung, die mich durchaus fasziniert, deren Richtung und Folgewirkungen aber weder ich verstehe, noch offenbar die KI-Entwickler selbst richtig absehen können. Jedenfalls habe ich den Eindruck, dass wir bei aller aktuellen Krisenakkumulation deren teils dramatische Appelle ernst nehmen sollten, um nicht sehenden Auges in die nächste Krise zu stolpern.

Wir leben in disruptiven Zeiten. Es gab natürlich, das ist mir bei der Arbeit an diesem Buch wieder bewusst geworden, auch früher viele Krisen gleichzeitig, wir haben sie nur nicht in einem solchen Ausmaß wahrgenommen, weil wir erst durch die modernen Medien die Entwicklungen in allen Teilen der Welt so stark miteinander teilen. Was wir gegenwärtig erleben, kann einen um den Schlaf bringen, selbst wenn sich inzwischen sogar beim Ukrainekrieg längst wieder ein Gewöhnungseffekt in der deutschen Öffentlichkeit abzeichnet und sich unsere Aufmerksamkeit auf andere Themen verlagert – teils weil sie als Folgen des Krieges unmittelbare Auswirkungen auf unser Leben haben, wie die gestiegenen Preise, teils weil es seit Langem ungelöste Probleme gibt, die nichts von ihrer Brisanz verloren haben. Dazu zähle ich neben dem Umgang mit den weltweiten Migrationsbewegungen, der mit der überfälligen

Entscheidung auf EU-Ebene längst noch nicht abschließend geklärt ist, und dem inzwischen brutal eskalierten Nahostkonflikt insbesondere den Kampf gegen den Klimawandel und das Artensterben – beides Themen, die eng miteinander verwoben sind und zugleich die innere Stabilität unserer demokratischen Ordnung wie die äußere Sicherheit betreffen.

Den 1972, also im Jahr meines Einzugs in den Bundestag, veröffentlichten Bericht des Club of Rome zu den *Grenzen des Wachstums* haben wir damals aufmerksam wahrgenommen. Auch wenn der Bericht das Innovationspotenzial von Wissenschaft und Technologie zur Vermeidung von exponentiell verlaufenden Krisen unterschätzte, leuchtete mir die Mahnung zur Nachhaltigkeit ein. Der Umgang mit unseren natürlichen Ressourcen hat uns als Abgeordnete also durchaus beschäftigt, aber wir haben viel zu lange viel zu wenige praktische Schlussfolgerungen daraus gezogen. Auch deswegen verstehe ich das Drängen der heute jungen Generation, die sich von der Trägheit demokratischer Prozesse enttäuscht zeigt und sofortiges Handeln fordert – und gerade deshalb sehe ich die besondere Herausforderung, für die parlamentarische Demokratie zu erklären, warum es in der freiheitlichen Gesellschaft ohne das mitunter zähe Ringen um Mehrheiten nicht geht und Prozesse daher oft langsamer verlaufen. Wissenschaftliche Erkenntnis allein ist eben noch keine Politik – und gewinnt nicht automatisch eine demokratische Mehrheit.

Dass die Jungen protestieren und Druck machen, ist gut, und es ist wichtig. Es ist ja ihre Zukunft weit mehr als meine. Aber sie müssen sich wie alle Protestbewegungen immer wieder hinterfragen, ob die Wahl ihrer Mittel zielführend ist, ob sie damit Mehrheiten für eine entschlossenere Umweltpolitik schaffen oder nur Widerstände gegen ihre Art von Protest provozieren. Das ist ein schmaler Grat. So fremd mir die Endzeitrhetorik ist, die vor allem den Aktionen der »Letzten Generation« und »Extinction Rebellion« zugrunde liegen, weil sie Ziele und Mittel auf Kosten des demokratischen Prinzips absolut setzen, habe ich mich dem Gespräch jedenfalls mit der »Fridays for Future«-Bewegung nicht entzogen, nicht auf der großen medialen Bühne und auch nicht im Wahlkreis mit jungen Aktivisten vor Ort. Ich bin ebenfalls überzeugt, dass wir drastische Mittel brauchen – aber nicht allein Verzicht und Verbot, sondern auch Innovation und Investition.

Dazu müssten wir vor allem unsere Planungs- und Genehmigungsverfahren viel stärker beschleunigen. Ich weiß nicht, wie viele Entbürokratisierungskommissionen und -initiativen wir in den vergangenen fünf Jahrzehnten hatten – besser geworden ist nichts. Jedenfalls wird niemand ernsthaft behaupten, dass die föderale Ordnung unseres Landes derzeit in guter Verfassung sei. Deshalb werbe ich weiter für eine breite öffentliche Debatte darüber, wie wir unseren Staat, der durch perfektionistische Überregulierung in vielem einem gefesselten Gulliver gleicht, wieder effizienter machen können. Wir müssen darüber hinaus das Verständnis der Bürgerinnen und Bürger fördern, die Demokratie nicht als Supermarkt für Schnäppchenjäger zu begreifen. Denn neben Rechten gibt es auch Pflichten, und der Einzelne kann, darf und muss einen Beitrag für andere und damit für das Gemeinwohl leisten, ob im Rahmen einer allgemeinen Dienstpflicht, in Ehrenämtern oder vielfältigen anderen Möglichkeiten zivilgesellschaftlichen Engagements. Dies nicht zur lästigen Obligation werden zu lassen, sondern sinnstiftende gemeinschaftliche Tätigkeiten zu fördern, ist eine gesamtgesellschaftliche Aufgabe.

Meine Fähigkeit, dafür noch Lösungen zu entwickeln, ist auch altersmäßig begrenzt, was ein guter Beleg dafür ist, dass Innovation eben die Stärke der etwas Jüngeren ist. Ich ermahne mich selbst, andere Prioritäten dieser Generation – Stichwort »Work-Life-Balance« – zu akzeptieren. Das und eine partnerschaftliche Aufgabenteilung zwischen Frauen und Männern, auch in der Wahrnehmung von Elternpflichten, können Großeltern von Kindern und Enkeln lernen – Großväter, das ist mir bewusst, bestimmt in stärkerem Maße. Zur Aufgabe politischer Führung gehört dann allerdings zu erklären, dass weniger Anstrengung und Arbeit angesichts wachsender globaler Konkurrenz den Platz an der Spitze der Wohlstandspyramide nicht mehr garantieren können. Wir müssen dann akzeptieren, dass es auch für uns etwas weniger wird – wobei der Staat immer mehr Mühe haben wird, soziale Ungerechtigkeiten auszugleichen. Oder aber wir arbeiten alle wieder länger und verankern das Bewusstsein von Fleiß und Leistung wieder stärker in der Erziehung, Bildung und Ausbildung unserer Kinder.

Wir übersähen oftmals, schreibt der Soziologe Armin Nassehi, dass Freiheit eine Ordnung sei, also Grenzen zur Voraussetzung habe. Wer Freiheit mit grenzenloser Freizügigkeit verwechselt, untergräbt ihre Grundlagen. Im Alter wird mir immer bewusster, dass das Prinzip unserer freiheitlichen Ordnung darin liegt, auf kluge Weise begrenzt zu bleiben. Grenzen und Knappheit sollten wir deshalb nicht nur als fiskalische Axiome verstehen, sondern als grundlegende Bedingungen unserer Existenz. Natürlich sehe ich das heute sehr viel schärfer, weil meine Lebensgrenze näher rückt und das bloße Wissen darum, dass das Leben endlich ist, was mich nicht betrübt, mehr und mehr zur alltäglichen Erfahrung wird.

Vor diesem Hintergrund wünsche ich mir eine Politik, die nicht glaubt, den Bürgern immer neue Angebote machen zu müssen, nach dem Motto: wer bietet mehr, sondern transparent vermittelt, warum manche Wünsche nicht zu erfüllen sind, manche Forderungen auch abgelehnt werden müssen. Politik heißt für mich eben nicht, möglichst allen Wünschen aller Bürger zu entsprechen, sondern den Menschen auch etwas zuzumuten. Umfragen sind deshalb schlechte Entscheidungshilfen, denn sie sind nur rückwärtsgewandte Stimmungsbilder. Ich sage immer: Ein Auto lenkt man nicht gut und sicher vorwärts, wenn man nur in den Rückspiegel schaut. Eine Führungsaufgabe der Politik besteht darin, eine klare Vorstellung von der Zukunft zu entwickeln und dafür anfänglich auch gegen die Mehrheit einzustehen. Sie muss man gewinnen. Ich verweise in dem Zusammenhang immer gern auf den Erfolg der Grünen, den ich als politischer Konkurrent über vierzig Jahre aus nächster Nähe begleitet habe, denn die Grünen haben einst als alternative Bewegung begonnen und übernehmen heute als etablierte Partei in Regierungen Verantwortung – und sie haben dabei den ökologischen Gedanken politisch wie gesamtgesellschaftlich fest verankert.

Ein Problem entsteht immer dann, wenn das einzige Ziel ist, wiedergewählt zu werden. Natürlich muss man dafür kämpfen, mehrheitsfähig zu sein, aber Franz Josef Strauß hatte recht, als er sagte: »Everybody's darling is everybody's Depp.« Wenn man Mehrheiten von der eigenen Position nicht überzeugt, verliert man eben Wahlen. Davon geht die Welt in einer Demokratie nicht unter. Ich habe erfahren, dass eine Niederlage auch eine Chance ist, wieder zu sich zu finden, um überzeugender für die eigene Sache eintreten zu können. Das zu sagen, fällt nach fünfzig Jahren in der Politik vielleicht leichter, was sicher auch damit zu tun hat, dass ich 1972 in der Opposition gestartet bin und zweimal erlebt habe, wie sich Regierungsverantwortung zurückerobern lässt. Und natürlich auch damit, dass ich mich in der Abenddämmerung des eigenen Weges befinde. Solange man jung ist und sich ausreichend stark fühlt, ist man überzeugt, es selbst am besten zu wissen und zu können. Dieses Selbstbewusstsein braucht es in der Politik auch. Aber die Kräfte lassen nun nach, auch meine Fähigkeit, Ärger zu ertragen, die Geduld wird geringer. Es ist interessant, an sich selbst das Phänomen zu beobachten, wie die Kreise enger werden, und es fasziniert mich selbst, dass mich diese Entwicklung nicht etwa mit Wehmut erfüllt, sondern ich sie dankbar annehme.

Auch wenn die Prozesse in der Demokratie oft langsam und mühsam sind: Die grundsätzliche Fähigkeit zur Selbstkorrektur bleibt für mich die zentrale Errungenschaft unserer westlichen Welt. Weil wir uns aber, solange es uns gut zu gehen scheint, schwertun, für notwendige Änderungen politische Mehrheiten zu finden, bleibe ich gerade in der gegenwärtigen multiplen Krisenlage optimistisch. Das ist die Lehre von Karl Poppers offener Gesellschaft, die mich seit einem halben Jahrhundert in der Politik leitet: im Prozess von *trial and error* doch immer wieder den Weg zu neuen Lösungen zu finden – deshalb sind Krisen tatsächlich immer auch Chancen. Wir haben also Grund zur Zuversicht, das gilt heute genauso wie vor fünfzig Jahren.

# EDITORISCHE NOTIZ

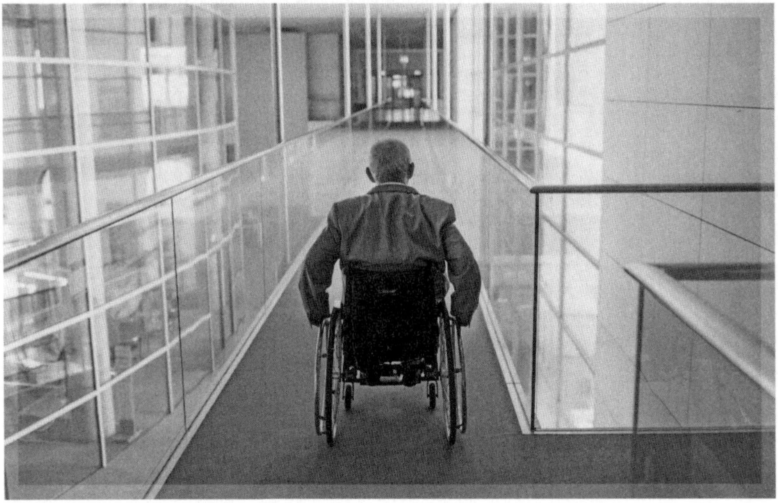

(1942–2023)

◄ Wolfgang Schäuble auf der Präsidialebene im Reichstagsgebäude über dem Plenarsaal.

»Ich bereite mich aufs Sterben vor«: Diesen Satz, den der frühere niedersächsische Ministerpräsident Ernst Albrecht einem Journalisten ins Heft diktiert haben soll, fand Wolfgang Schäuble grandios. Albrecht war damals gerade in seinen Sechzigern. Schäuble, der seit 2006 an einer Krebserkrankung litt, sprach darüber in einem Interview, und auch in den intensiven Gesprächen, die wir mit ihm für dieses Buch führten, kam er darauf zurück. Der nahende Tod war ein ständiger Begleiter, die Arbeit an seinen Memoiren dadurch auch ein Wettlauf mit der Zeit.

Wolfgang Schäuble ist am 26. Dezember 2023 im Kreise der Familie gestorben. Er hat, so erzählte es seine Tochter Christine Strobl in ihrer Trauerrede in der Evangelischen Stadtkirche Offenburg, mit der Familie das Weihnachtsfest gefeiert, noch einmal *Oh du fröhliche* mit den Enkeln gesungen, sich von vielen persönlich verabschiedet und ist dann – der Musikbegeisterte – zu Klängen eines Mozart-Violinkonzerts eingeschlafen.

Wie essenziell Wolfgang Schäubles politisches Erbe bleibt, illustrierte eindrucksvoll der Staatsakt zu seinen Ehren am 22. Januar 2024 im Berliner Dom und im Deutschen Bundestag. Der ökumenische Gedenkgottesdienst, den evangelische, katholische, griechisch-orthodoxe, jüdische und muslimische Würdenträger gemeinsam zelebrierten, bekräftigte sein lebenslanges Engagement für den Dialog der Religionen und Kulturen; die Gedenkrede von Frankreichs Staatspräsident Emmanuel Macron gab seinem Herzensanliegen für ein einiges und starkes Europa Ausdruck – so gab Wolfgang Schäuble noch über seinen Tod hinaus der deutsch-französischen Partnerschaft einen kräftigen Impuls. Nachzulesen ist in seinen Erinnerungen freilich auch, dass er zeitlebens zu den überzeugten Atlantikern gehörte, die sich nicht gegen die früher sogenannten Gaullisten ausspielen ließen.

Unmittelbar vor seinem Tod hatte er die Arbeit am Manuskript abgeschlossen. Mit der ihm eigenen Willensstärke nahm er zwischen zwei Krankenhausaufenthalten noch einmal die Strapazen einer Fahrt nach Berlin auf sich, um in einem knapp vierstündigen Treffen in seinem Büro mit uns die letzten beiden Kapitel zu besprechen. An diesem 14. Dezember wirkte er intellektuell hellwach, zugewandt und leidenschaftlich diskutierend wie immer. Wir hofften darauf, dass er sich ein weiteres Mal erholen würde. Aber es war sein letzter Tag in Berlin.

Dies sind seine Memoiren. Seit Oktober 2021 hat er daran intensiv gearbeitet, lange Gespräche mit uns geführt, alte Reden, Artikel und unzählige Interviews gewälzt, ausgewertet, für sich bewertet und kommentiert, an Formulierungen geschliffen. Die zur Drucklegung notwendige letzte Bearbeitung seines Manuskripts wurde mit der Familie abgestimmt. Seiner Frau, der ganzen Familie, aber insbesondere Juliane Schäuble gebührt unser besonderer Dank für das Verständnis und die Unterstützung noch in der unmittelbaren Trauerzeit.

Danken wollen wir vor allem Nicole Gudehus. Sie war seit dem Bundesinnenministerium an Schäubles Seite und hatte nicht nur stets alle Informationen parat, die es in unseren Gesprächen am besten immer jetzt als gleich brauchte, setzte seine handschriftlichen und auf Kassette diktierten Änderungen um, sondern wusste immer auch für die bestmögliche Gesprächsatmosphäre bei unseren Treffen mit ihm zu sorgen. Auf Cappuccino und ihren Kuchen verzichten wir jetzt nur ungern. David Dodt aus dem Abgeordnetenbüro danken wir für die Bereitstellung aktueller Materialien.

Der Verlag Klett-Cotta hat mit seinem Verleger Tom Kraushaar und Lektor Christoph Selzer den gesamten Entstehungsprozess des Buches begleitet, ebenso Michael Gaeb von der Literarischen Agentur Gaeb & Eggers. Ihnen sind wir auch deshalb zu großem Dank verpflichtet, weil sie nach der Nachricht vom Tod Wolfgang Schäubles umgehend die Verantwortung für sich annahmen, nun nicht mehr allein die Erinnerungen Wolfgang Schäubles, sondern sein Vermächtnis zu publizieren. Das umsichtige Lektorat unter anspruchsvollen Bedingungen bewerkstelligten Christoph Selzer und Michael Lenkeit, das Korrektorat Petra Kunzelmann. Ihnen danken wir für die in jeder Hinsicht angenehme Zusammenarbeit.

Dass sich die Kreise schließen, spürte Wolfgang Schäuble schon länger. Als die Kräfte dann unaufhaltsam nachließen, drehten sich unsere Gespräche auch darum, loslassen zu können. Die Arbeit an diesen Memoiren war Wolfgang Schäuble sehr wichtig, und er hat sie trotz fortschreitender Krankheit mit unermüdlichem Einsatz vorangetrieben. Dass er ihr Erscheinen nicht mehr erlebt, macht uns als Co-Autoren traurig. Aber zu viel der Gefühle ließ er uns nicht durchgehen. Als wir am Weihnachtswochenende das letzte Mal Kontakt hatten, verabschiedete er sich mit einem dieser Sätze, die unverwechselbar für ihn sind: »Das gehört dann wohl zum Leben dazu.«

Hilmar Sack und Jens Hacke,
Berlin/Hamburg, im Februar 2024

Wolfgang Schäuble mit den Co-Autoren Jens Hacke (links) und Hilmar Sack (rechts) in seinem Abgeordnetenbüro.

# ANHANG

# ZEITTAFEL

| | |
|---|---|
| 18.09.1942 | Geboren in Freiburg i. Br. |
| 1961 | Abitur in Hausach |
| 1961–1966 | Studium in Freiburg und Hamburg |
| 1963/64 | Vorsitzender des RCDS in Hamburg bzw. Freiburg |
| 1965 | Eintritt in die CDU |
| 1966 | Erstes Juristisches Staatsexamen |
| 1969 | Heirat mit Ingeborg Hensle (vier Kinder) |
| 1969–1972 | Bezirksvorsitzender der JU Südbaden |
| 1970 | Zweites Juristisches Staatsexamen |
| 1972 | Promotion zum Dr. iur., Eintritt in die Finanzverwaltung des Landes Baden-Württemberg (Regierungsrat) |
| 1972–2023 | Mitglied des Deutschen Bundestags |
| 1973 | Berichterstatter im Steiner/Wienand-Untersuchungsausschuss |
| 1976–1984 | Vorsitzender des Bundesfachausschusses Sport der CDU |
| 1978 | Zulassung als Rechtsanwalt beim Landgericht Offenburg |

| | |
|---|---|
| 1982–1984 | Erster Parlamentarischer Geschäftsführer der CDU-Bundestagsfraktion |
| 1984–1989 | Bundesminister für Besondere Aufgaben und Chef des Bundeskanzleramts, u. a. zuständig für die deutsch-deutschen Beziehungen |
| 1989–1991 | Bundesminister des Innern |
| 1990 | Verhandlungen zum Einigungsvertrag |
| 12.10.1990 | Attentat auf Wolfgang Schäuble bei einer Wahlkampfveranstaltung in Oppenau |
| 1991 | Rede in der Hauptstadtdebatte |
| 1991–2000 | Vorsitzender der CDU/CSU-Bundestagsfraktion |
| 1994 | Schäuble-Lamers-Papier zur Zukunft Europas |
| 1998–2000 | Parteivorsitzender der CDU |
| 2000 | Rücktritt als Partei- und Fraktionsvorsitzender aufgrund der CDU-Spendenaffäre |
| seit 2000 | Mitglied des CDU-Präsidiums |
| 2002–2005 | Stellvertretender Vorsitzender der CDU/CSU-Bundestagfraktion |
| 2005–2009 | Bundesminister des Innern |
| 2009–2017 | Bundesminister der Finanzen |
| 2012 | Träger des Karlspreises |
| 2014 | »Schwarze Null«: erster schuldenfreier Haushalt seit 1969 |
| 2015 | Höhepunkt der Griechenlandkrise |
| 2016 | Ehrenbürger Berlins |
| 2017–2021 | Präsident des Deutschen Bundestags |

| | |
|---|---|
| 2021 | Alterspräsident des Deutschen Bundestags |
| 2022 | Ehrenbürger Offenburgs |
| 2022 | 50-jähriges Jubiläum als Mitglied des Deutschen Bundestags |
| 26.12.2023 | Verstorben in Offenburg |

# AUSWAHLBIBLIOGRAFIE

## MONOGRAFIEN

Die berufsrechtliche Stellung der Wirtschaftsprüfer in Wirtschaftsprüfungsgesellschaften. Dissertation Universität Freiburg im Breisgau, Rechtswissenschaft, 1971.

Der Vertrag. Wie ich über die deutsche Einheit verhandelte. DVA, Stuttgart 1991.

Und der Zukunft zugewandt. Perspektiven deutscher Politik. Siedler, Berlin 1994.

Und sie bewegt sich doch. Siedler, Berlin 1998.

Mitten im Leben. Bertelsmann, München 2000.

Scheitert der Westen? Deutschland und die neue Weltordnung. Bertelsmann, München 2003.

Braucht unsere Gesellschaft Religion? Vom Wert des Glaubens. University Press, Berlin 2009.

Grenzerfahrungen. Wie wir an Krisen wachsen. Siedler, München 2021.

## AUFSÄTZE, INTERVIEWS, GESPRÄCHSBÄNDE

Deutschland wohin? Mit Ignatz Bubis. Hrsg. von Frank Schirrmacher. Herder, Freiburg im Breisgau 1996.

Der Einigungsvertrag im Zusammenhang der deutschen Wiedervereinigung. In: Wiedervereinigung Deutschlands. Festschrift zum 20jährigen Bestehen der Gesellschaft für Deutschlandforschung (1998), S. 371–398.

Interview mit Wolfgang Schäuble. In: Stefan Reker: Der deutsche Bundestag. Geschichte und Gegenwart im Spiegel von Parlamentariern aus fünf Jahrzehnten, Berlin 1999, S. 234–253.

Der Einigungsvertrag als Grundlage wirtschaftlicher Transformation. In: Politik & Verantwortung: Festgabe für Wolfgang Jäger zum 60. Geburtstag. Rombach Druck- und Verlagshaus, Freiburg im Breisgau 2000, S. 48–56.

Für einen neuen Sicherheitsbegriff. In: Festschrift zum 80. Geburtstag von Friedrich Zimmermann. Hrsg. von Michael Glos. BurdaYukom Publ. GmbH, 2005, S. 45–60.

Aktuelle Sicherheitspolitik im Lichte des Verfassungsrechts. In: Zeitschrift für Rechtspolitik 40 (2007), 7, S. 210–213.

Interview mit Wolfgang Schäuble. In: Mein 9. November 1989. Hrsg. von Heribert Schwan und Rolf Steininger. Artemis & Winkler, Düsseldorf 2009, S. 287–299.
Interview mit Wolfgang Schäuble. In: Die Bonner Republik: 1949–1998. Hrsg. von Heribert Schwan und Rolf Steininger. Propyläen Verlag, Berlin 2009, S. 376–387.
Das Grundgesetz als Rechtsrahmen der deutschen Einheit. In: 60 Jahre Bonner Grundgesetz – eine geglückte Verfassung? V & R Unipress, Göttingen u. a. 2010, S. 87–96.
Finanzpolitik auf ordnungspolitischem Fundament. In: Frankfurter Allgemeine Zeitung, 27. 8. 2010.
25 Jahre deutsche Einheit. In: Jahrbuch des Föderalismus. Föderalismus, Subsidiarität und Regionen in Europa. 15 (2014), S. 19–28.
Ein beglückendes Jahr. In: Frankfurter Allgemeine Zeitung, 10. 11. 2014.
Anders gemeinsam: Wolfgang Schäuble und Michel Sapin. Im Gespräch mit Ulrich Wickert und Dominique Seux. Hoffmann und Campe, Hamburg 2016.
Nimm dich nicht so wichtig. In: Der beste Rat, den ich je bekam: Lernen von Denkern und Machern. Hrsg. von Frank Arnold. Carl Hanser, München 2016, S. 236–239.
In kleinen Schritten zum Mauerfall. In: Frankfurter Allgemeine Zeitung, 5. 2. 2018.
Immer wieder ein neues Ja bauen. In: konservativ?! Miniaturen aus Kultur, Politik und Wissenschaft. Hrsg. von Michael Kühnlein, Duncker & Humblot, Berlin 2019, S. 17–20.

## BIOGRAFISCHE INTERVIEWS

Wir werden doch nur vorgeschoben. In: Süddeutsche Zeitung Magazin, 1992.
Ich bin in manchen Dingen nicht hart genug. In: Der Tagesspiegel, 16. 5. 2004.
Die Schicksalsgemeinschaft. In: Stern, 8. 4. 2009.
Ich bewahre mir meinen Konfirmandenglauben. In: Süddeutsche Zeitung, 12. 5. 2010.
Ich bin faul und bequem. In: DIE ZEIT, 10. 2. 2011.
Im Traum bin ich Fußgänger. In: Der Spiegel, 17. 12. 2011.
Herr Schäuble erzählt vom Aufstieg. In: Frankfurter Allgemeine Sonntagszeitung, 1. 5. 2016.
Beethoven ist phänomenal. In: Der Spiegel, 30. 12. 2016.
Die schwarze Null hätte Martin Luther gefallen. In: Frankfurter Allgemeine Sonntagszeitung, 21. 5. 2017.
Wie war's, Herr Schäuble? In: Frankfurter Allgemeine Sonntagszeitung, 22. 10. 2017.
Wir können mit unseren Schwächen zum Vorbild werden. In: Süddeutsche Zeitung Magazin, 31. 10. 2019.
Das ist richtig Scheiße. In: DIE ZEIT, 5. 12. 2019.
Zu wem haben Sie aufgeschaut, Herr Schäuble? In: DIE ZEIT, 16. 9. 2021.

## BIOGRAFIEN

Werner Filmer, Heribert Schwan: Wolfgang Schäuble. Politik als Lebensaufgabe. Goldmann, München 1994.

Ulrich Reitz: Wolfgang Schäuble. Die Biographie. Lübbe, Bergisch Gladbach 1996.

Hans Peter Schütz: Wolfgang Schäuble: Zwei Leben; ein Porträt. Droemer, München 2021 (erweiterte Neuausgabe).

## FESTSCHRIFT

Der fröhliche Sisyphos. Festschrift für Wolfgang Schäuble. Hrsg. von Bruno Kahl, Markus Kerber u. a. Herder, Freiburg im Breisgau 2012.

# BILDNACHWEIS

| | |
|---|---|
| S. 2 | IMAGO/Achille Abboud |
| S. 7 | Uecker, Günther Ouroboros 4 Grafik Terragrafie 2018 © VG Bild-Kunst, Bonn 2024/Kunstsammlung Deutscher Bundestag |
| S. 17 | Popperfoto/Kontributor |
| S. 71 | KAS/ACDP, 10-001-1578 |
| S. 107 | IMAGO/bonn-sequenz |
| S. 171 | IMAGO/Sven Simon |
| S. 241 | picture alliance/akg-images \| akg-images |
| S. 293 | Deutscher Bundestag/Presse-Service Steponaitis |
| S. 355 | picture-alliance/dpa \| Michael Jung |
| S. 395 | ddp/Axel Schmid |
| S. 455 | Pool/Pool |
| S. 561 | IMAGO/photothek |
| S. 609 | Deutscher Bundestag/Jens Liebchen |
| S. 623 | picture alliance/dpa \| Bernd von Jutrczenka |
| S. 627 | privat |

# PERSONENREGISTER

# MITARBEIT

JENS HACKE ist Historiker und Politikwissenschaftler. Er lehrte bislang in Berlin, Hamburg, Greifswald und München. Derzeit vertritt er die Professur für Politische Theorie und Ideengeschichte an der Martin-Luther-Universität Halle-Wittenberg.

HILMAR SACK ist Historiker. Er verantwortet den Fachbereich Geschichte, Politik und Kultur in den Wissenschaftlichen Diensten des Deutschen Bundestags. Zuvor war er Leiter des Präsidialbüros mit den Stabsbereichen des Bundestagspräsidenten und langjährig Leiter des Teams der Redenschreiber der Präsidenten Wolfgang Schäuble und Norbert Lammert.